LANGENSCHEIDTS
UNIVERSAL-WÖRTERBUCH
FRANZÖSISCH

FRANZÖSISCH-DEUTSCH
DEUTSCH-FRANZÖSISCH

LANGENSCHEIDT
BERLIN · MÜNCHEN · WIEN
ZÜRICH · NEW YORK

Inhaltsverzeichnis

Table des matières

Vorbemerkungen	3
Abkürzungen — *Abréviations*	3
Hinweise zur Aussprache des Französischen	5
Französisch-deutsches Wörterverzeichnis — *Vocabulaire français-allemand*	7
Deutsch-französisches Wörterverzeichnis — *Vocabulaire allemand-français*	231
Französische Abkürzungen — *Abréviations françaises*	453
Speisekarte — *Carte*	456
Zahlwörter — *Adjectifs numéraux*	462

Die Nennung von Waren erfolgt in diesem Werk, wie in Nachschlagewerken üblich, ohne Erwähnung etwa bestehender Patente, Gebrauchsmuster oder Warenzeichen. Das Fehlen eines solchen Hinweises begründet also nicht die Annahme, eine Ware oder ein Warenname sei frei.

Auflage:	31.	30.	29.	*Letzte Zahlen*
Jahr:	1996	95	94	93	*maßgeblich*

Copyright 1953, © 1959, 1965, 1976 Langenscheidt KG,
Berlin und München
Druck: Druckhaus Langenscheidt, Berlin-Schöneberg
Printed in Germany · ISBN 3-468-18151-5

Vorbemerkungen

1. Die Tilde (~, bei veränderter Groß- bzw. Kleinschreibung 2) vertritt entweder das ganze Stichwort oder den vor dem senkrechten Strich (|) stehenden Wortteil. Die Teilung der Wörter durch diesen Strich erfolgt aus lexikographischen Erwägungen und weicht in vielen Fällen von den geltenden Regeln der Worttrennung ab, z. B. avid|e ...; ~ité (= avidité); Verzicht...; 2en (= verzichten).

2. Das grammatische Geschlecht wurde bei den Übersetzungen nur dann angegeben, wenn es nicht mit dem Geschlecht des Stichwortes übereinstimmt.

3. Aus Platzgründen wurden nur die Ländernamen und -adjektive angegeben. Die französischen Länderadjektive mit großen Anfangsbuchstaben sind die Einwohnernamen; z. B. **français** französisch; **Français** *m* Franzose.

Abkürzungen
Abréviations

a **auch**, aussi
abr **Abkürzung**, abréviation
A **Akkusativ**, accusatif
adj **Adjektiv**, adjectif
adv **Adverb**, adverbe
Anat **Anatomie**, anatomie
Arch **Baukunst**, architecture
art **Geschlechtswort**, article
Bgb **Bergbau**, exploitation des mines
Bot **Botanik**, botanique

bsd **besonders**, notamment
Chem **Chemie**, chimie
cj **Konjunktion**, conjonction
D **Dativ**, datif
ea **einander**, l'un l'autre
El **Elektrizität**, électricité
e-m, e-n, e-r, e-s **ein**(em, -en, -er, -es) (à bzw. d')un
Esb **Eisenbahn**, chemin de fer
et **etwas**, quelque chose

f weiblich, féminin
F familiär, langage familier
fig figürlich, bildlich, figuré
Flgw Flugwesen, aviation
Fot Fotografie, photographie
f/pl weibliche Mehrzahl, féminin pluriel
fut Zukunft futur
G Genitiv, génitif
Geogr Geographie, géographie
Ggs Gegensatz, contraire
Gr Grammatik, grammaire
h. haben, avoir
Hdl Handel, commerce
Inf Infinitiv, infinitif
j, j-m, j-n, j-s jemand(em, -en, -es, à bzw. de) quelqu'un
jur Rechtswissenschaft, jurisprudence, droit
Kochk Kochkunst, cuisine
l. lassen, laisser
m. machen, faire
m männlich, masculin
Mal Malerei, peinture
Mar Marine, Schiffahrt, marine, navigation
Math Mathematik, mathématiques
Med Medizin, médecine
Mil Militär, militaire
m/pl männliche Mehrzahl, masculin pluriel
mst meist(ens), le plus souvent
Mus Musik musique
n sächlich, neutre
n/pl sächliche Mehrzahl, neutre pluriel
od oder, ou
Opt Optik, optique
P populär, langage populaire

péj verächtlich, herabsetzend, péjoratif
Phys Physik, physique
pl Mehrzahl, pluriel
Pol Politik, politique
prés Gegenwart, présent
p.p. Partizip der Vergangenheit participe passé
p.s. historisches Perfekt, passé simple
q. jemand, quelqu'un
qc. etwas, quelque chose
Rdf Rundfunk, radio
Rel Religion, religion
s siehe, voir
sg Einzahl, singulier
sn sein (Verb), être
s-n seinen, son, sa
Sp Sport, sports
su Hauptwort (beiderlei Geschlechts), substantif (des deux genres)
Tech Technik, technique
Tel Fernsprechwesen, téléphonie
Thea Theater, théâtre
TV Fernsehen, télévision
Typ Buchdruck(erkunst), typographie
u und, et
v von, de
V vulgär, langage vulgaire
Vet Tierheilkunde, art vétérinaire
v/i intransitives Zeitwort, verbe intransitif
v/t transitives Zeitwort, verbe transitif
w. werden, devenir
zB zum Beispiel, par exemple
Zo Zoologie, zoologie
zs zusammen, ensemble

Hinweise zur Aussprache des Französischen

1. Vokale

a	[a]	valise, déjà	kurz und hell wie in Ratte
	[ɑ]	courage	lang und hell wie in Straße
		bas	kurzes dunkles a
		pâte	langes dunkles a
ai	[e]	j'ai	geschlossenes e wie in schwer
	[ɛ]	raison, chaîne	offen wie in Bär
au	[o]	faux, chaud	geschlossenes o wie in Lohn
	[ɔ]	Paul	offenes o wie in Tonne
e	[e]	été, arriver,	geschlossenes e wie in Feder
		rendez-vous	(das -r bzw. -z bleibt stumm)
	[ɛ]	cher, après	offen wie in fällen
		fenêtre, mère	offen wie in gähnen
	[ə]	le, que	kurzes dumpfes ö
ei	[ɛ]	peine	offen wie in gähnen
eau	[o]	bateau	geschlossenes o wie in Boot
eu	[ø]	feu	geschlossenes ö wie in Öse
	[œ]	fleur	offenes ö wie in öfter
i	[i]	cri	kurz und hell wie in Wind
		dire	lang und hell wie in Dieb
o	[o]	pot, hôtel	geschlossen wie in Sohle
		fort	offen wie in Tonne
œu	[ø]	nœud	geschlossenes ö wie in Öse
	[œ]	œuf	offenes ö wie in öfter
ou	[u]	goût, tour	geschlossenes u wie in Mut
u	[y]	sûr, mur	wie deutsches ü in für

2. Gleitlaute

oi	[wa]	choisir	kurzes, gleitendes o + a
oui	[wi]	oui	kurzes, gleitendes u + i
ui	[ɥi]	suite, fuir	kurzes, gleitendes ü + i

3. Nasale

Sie sind eine Eigentümlichkeit der französischen Sprache, für die es keine vergleichbaren Laute im Deutschen gibt.

	[ã]	chambre, chanter, membre, entente
	[ɛ̃]	cinq, timbre, train, éteindre, nymphe

	[wɛ̃]	**coin, moins**	
	[ɔ̃]	**bom**be, **fon**d	
	[œ̃]	**un, hum**ble	(oft wie [ɛ̃] gesprochen)

4. Konsonanten

c	[k]	**c**al**c**ul	vor *a, o, u* und vor Konsonanten wie **k**
	[s]	**c**itron	vor *e* oder *i* wie stimmloses **s**
ç	[s]	fa**ç**on	vor *a* oder *o* stimmloses **s**
ch	[ʃ]	**ch**er**ch**er	wie deutsches **sch** in **Sch**ule
g	[g]	**g**ant	vor *a, o, u* und vor Konsonanten wie **g**
	[ʒ]	**g**enre	vor *e* oder *i* wie stimmhaftes **sch** in **G**enie
gn	[ɲ]	ga**gn**er	wie deutsches **nj** in Champa**gn**er
h	[-]	**h**orizon	**h** ist immer stumm
j	[ʒ]	**j**ournal	wie stimmhaftes **sch** in **G**enie
ll	[l]	vi**ll**e	wie deutsches **l** in Spie**l**
	[j]	fi**ll**e	wie schwaches **j** in **J**acke
ph	[f]	**ph**are	wie **f** in **F**ahrt
qu	[k]	**qu**and	wie deutsches **k** in **k**önnen
s	[s]	**s**ervice	am Wortanfang stimmlos wie in Bu**s**
	[z]	rai**s**on	zwischen Vokalen stimmhaft wie in Ro**s**e
t	[s]	na**t**ion	vor *i* + Vokal oft wie stimmloses **s** in Pa**ss**ion
v	[w]	**v**ariable	wie deutsches **w** in **W**agen
x	[ks]	te**x**te	vor Konsonanten stimmlos wie in Te**x**t
	[gz]	e**x**amen	vor Vokalen stimmhaft wie in lang**s**am
y	[j]	pa**y**er	vor Vokalen wie deutsches **j**
	[i]	t**y**pique	vor Konsonanten wie **i** in L**i**lie
z	[z]	**z**éro	wie stimmhaftes **s** in **S**onne

Französisch - Deutsches Wörterverzeichnis

A

à [a] nach ... hin; um; bis

abaiss|ement [abɛ'mã] *m* Herablassen *n*; Herabsetzung *f der Preise*; Senkung *f*; **~er** [~'se] niedrig(er) m.; herunterlassen, senken; erniedrigen; **s'~er** *Nebel*: fallen; *Wind*: sich legen

abandon [abã'dɔ̃] *m* Verlassenheit *f*; Preisgabe *f*; **~ner** [~dɔ'ne] im Stich l., aufgeben

abat-jour [aba'ʒuːr] *m* Lampenschirm; Schrägfenster *n*

abattant [aba'tã] *m* Rolltür *f*

abatt|ement [abat'mã] *m* Mattigkeit *f*; **~re** [a'batrə] niederschlagen, schlachten; entmutigen; **s'~re** einstürzen; *Wind*: sich legen

abbaye [abe'i] *f* Abtei

abbé [a'be] *m* Abt; Abbé

abcès [ap'sɛ] *m* Geschwür *n*, Abszeß

abdi|cation [abdika'sjɔ̃] *f* Abdankung; **~quer** [~'ke] abdanken; *Amt* niederlegen

abeille [a'bɛːj] *f* Biene

abîm|e [a'biːm] *m* Abgrund *f*; **~é** [abi'me] kaputt; **~er** [~] zugrunde richten

abjurer [abʒy're] abschwören

abnégation [abnega'sjɔ̃] *f* Selbstverleugnung

abol|ir [abɔ'liːr] *v* abschaffen; aufheben; **~ition** [~li'sjɔ̃] *f* Aufhebung

abond|ance [abɔ̃'dã:s] *f* Überfluß *m*; **~ant** [~'dã] reichlich; fruchtbar

abonn|é(e *f*) [abɔ'ne] *m* Abonnent(in*f*) *m*; *Tel* Teilnehmer(in *f*) *m*; **~er** [~]: **s'~er à qc. et.** abonnieren; **~ement** [~'mã] *m* Abonnement *n*

abord [a'bɔːr] *m* Zugang, Zufahrt *f*; **~s** *pl* nahe Umgebung *f*; **d'~** zuerst; **~er** [abɔr'de] *Mar* anlegen

aboutir [abu'tiːr] grenzen (**à** an); *fig* hinauslaufen (**à** auf)

aboyer [abwa'je] bellen

abrég|é [abre'ʒe] *m* Abriß, Auszug; **~er** [~] abkürzen

abreuv|er [abrœ've] tränken; **~oir** [~'vwaːr] *m* Tränke *f* (Abkürzung)

abréviation [abrevja'sjɔ̃] *f*

abri [a'bri] *m* Obdach *n*; Unterstand; Bunker

abricot [abri'ko] *m* Aprikose *f*

abriter [abri'te] schützen (de vor)

abrupt [a'brypt] steil, abschüssig

absen|ce [apsã:s] f Abwesenheit; **~t** [~'sã] abwesend; **~ter** [~sã'te]: **s'~ter** sich entfernen

absinthe [apsɛ̃:t] f Absinth m

absolu [apsɔ'ly] unbeschränkt

absorber [apsɔr'be] auf-} **absoudre** [ap'su:drə] freisprechen

absten|ir [apstə'ni:r]: **s'~ir** sich enthalten; **~tion** [apstã'sjɔ̃] f (Stimm-)Enthaltung

absurde [ap'syrd] unsinnig, absurd

abus [a'by] m Mißbrauch; **~er** [~'ze] mißbrauchen (de qc. et.); (**s'~er** sich) täuschen; **~if** [~'zif] mißbräuchlich

académie [akade'mi] f Akademie

acajou [aka'ʒu] m Mahagoni n

accabl|ant [aka'blã] (er-)drückend; schwül; **~ement** [~blə'mã] m Niedergeschlagenheit f; **~er** [~'ble] niederdrücken; überhäufen (**de** mit)

accalmie [akal'mi] f Windstille

accélér|ateur [akselera-'tœ:r] m Gaspedal n; **~er** [~'re] beschleunigen; Gas geben

accent [ak'sã] m Akzent, Betonung f

accept|ation [aksɛptã'sjɔ̃] f Annahme; **~er** [~'te] annehmen

accès [ak'sɛ] m Zutritt; Med Anfall

access|ible [aksɛ'siblə] erreichbar (**par** mit); zugänglich (**à** für); **~oire** [~'swa:r] m Nebensache f; **~oires** pl. Zubehör n

accident [aksi'dã] m (**de la circulation** Verkehrs-)Unfall

acclamer [akla'me] zujubeln (**q.** j-m)

accommod|ant [akɔmɔ-'dã] gefällig; **~ement** [~mɔd'mã] m Abkommen n

accompagn|ement [akɔ̃paɲə'mã] m Begleitung f; **~er** [~'ɲe] begleiten

accomplir [akɔ̃'pli:r] vollenden

accord [a'kɔ:r] m Einklang, Übereinstimmung f; **d'~!** einverstanden!; **~er** [akɔr-'de] bewilligen; **s'~er** sich vertragen

accoster [akɔs'te] Mar anlaufen, -legen

accouch|ement [akuʃ'mã] m Entbindung f; **~er** [~'ʃe] entbinden

accoupl|ement [akuplə-'mã] m El Schaltung f; **~er** [~'ple] Esb koppeln; El schalten

accourir [aku'ri:r] herbeilaufen

accoutumer [akuty'me] gewöhnen (**à** an)

accréditer [akredi'te] beglaubigen

accroc [a'kro] *m* Hindernis *n*; Schwierigkeit *f*

accrocher [akrɔ'ʃe] an-, auf-hängen; **s'~** hängenbleiben (**à** an)

accroître [a'krwa:tr] vermehren; **s'~** (an)wachsen

accueil [a'kœ:j] *m* Empfang *m*, Aufnahme *f*; **~lant** [akœ'jɑ̃] gastlich, freundlich

accumuler [akymy'le] anhäufen

accus|ation [akyza'sjɔ̃] *f* Anklage *f*; **~é** [~'ze] *m* Angeklagte(r); **~er** [~'ze] anklagen

achat [a'ʃa] *m* (Ein-)Kauf *m*

acheminer [aʃmi'ne]: **s'~** sich auf den Weg m.

achet|able [aʃ'tabl] käuflich; **~er** [~'te] (ein)kaufen; **~eur** [~'tœ:r] *m* Käufer

achever [aʃ've] vollenden

acide [a'sid] *m* Säure *f*

acier [a'sje] *m* (**fin** Edel-) Stahl

acompte [a'kɔ̃:t] *m* Anzahlung *f*

acqu|éreur [ake'rœ:r] *m* Käufer; **~ir** [~'ri:r] erwerben

acquiescer [akje'se] einwilligen (**à** in); **~is** [a'ki] *m* Kenntnisse *f/pl*, Fertigkeiten *f/pl*; **~isition** [akizi'sjɔ̃] *f* Erwerb *m*; **~it** [a'ki] *m* Quittung *f*

acquitt|ement [akit'mɑ̃] *m* Zahlung *f*; *jur* Freispruch; **~er** [~'te] bezahlen; quittieren; *jur* freisprechen

âcre [ɑ:kr] beißend; scharf

acrobate [akrɔ'bat] *m* Akrobat

ac|te [akt] *m* Tat *f*; Urkunde *f*; *Thea* Akt; **~teur** [~'tœ:r] *m*, **~trice** [~'tris] *f* Schauspieler(in *f*)

acti|f [ak'tif] tätig; wirksam; *m* Aktivvermögen *n*; **~on** [ak'sjɔ̃] *f* Tat; Klage; Aktie; **~onner** [aksjɔ'ne] gerichtlich belangen; (an)treiben; **~ver** [~'ti've] beleben, fördern; **~vité** [~ti'vi'te] *f* Tätigkeit; Wirksamkeit

actu|alité [~] *f* Aktualität; **~s** *pl* Wochenschau *f*; **~el** [~'tɪɛl] zeitgemäß, aktuell

acuité [akɥi'te] *f* Schärfe; Heftigkeit

adapt|ation [adapta'sjɔ̃] *f* Bearbeitung; **~er** [~'te] anpassen

addition [adi'sjɔ̃] *f* Zusatz *m*; Rechnung; **~ner** [~sjɔ'ne] zs.-zählen; addieren

adhér|ent [ade'rɑ̃] anhaftend; angewachsen; *m* Anhänger; **~er** [~'re] festkleben, haften (**à** an)

adieu [a'djø] lebe wohl!; **~x** *m/pl* Abschied *m*

adjoint [adʒwɛ̃] beigeordnet; *m* Gehilfe; Stellvertreter

adjudication [adʒydika'sjɔ̃] *f* Zusprechung; (Auftrags-)Vergebung

adjuger [adʒyˈʒe] zuerkennen

adjur|ation [adʒyraˈsjɔ̃] f inständige Bitte; **~er** [~ˈre] anflehen

admettre [adˈmɛtrə] zulassen, zugeben

administr|ateur [administraˈtœːr] m Verwalter; **~atif** [~ˈtif] Verwaltungs...; **~ation** [~straˈsjɔ̃] f (**thermale** Kur-)Verwaltung; Med Verabreichung; **~er** [~ˈtre] verwalten; verabreichen

admir|able [admiˈrablə] bewundernswert; **~er** [~ˈre] bewundern

admissible [admiˈsiblə] zulässig

adolescen|ce [adɔleˈsɑ̃ːs] f Jugend(zeit); **~t** [~ˈsɑ̃] jung; m Jugendliche(r), Jüngling; **~te** [~ˈsɑ̃ːt] f junges Mädchen f

adonner [adɔˈne]: **s'~ à** sich hingeben (D)

adopter [adɔpˈte] adoptieren

ador|able [adɔˈrablə] anbetungswürdig; **~ateur** [~ˈtœːr] m, **~atrice** [~ˈtris] f Verehrer(in) m; f; **~er** [~ˈre] anbeten

adoucir [aduˈsiːr] versüßen, mildern

adress|e [aˈdrɛs] f Geschicklichkeit; (**habituelle, de vacances** Heimat-, Ferien-)Anschrift, Adresse; **~er** [~ˈse] adressieren; **s'~er à** sich wenden an

adroit [aˈdrwa] geschickt

adulte [aˈdylt] erwachsen; m Erwachsene(r)

advers|aire [advɛrˈsɛːr] su Gegner(in) f) m; **~ité** [~siˈte] f Mißgeschick n

aér|ation [aeraˈsjɔ̃] f Lüftung; **~é** [~ˈre] luftig; **~er** [~] lüften

aéro|bus [aeroˈbys] m Airbus; **~drome** [~ˈdrɔm] m Flugplatz, **~dynamique** [~dinaˈmik] stromlinienförmig; **~nautique** [~noˈtik] f Luftfahrt; **~port** [~ˈpɔːr] m Flughafen, **~stat** [~ˈsta] m Luftballon

affaiblir [afɛˈbliːr] schwächen; **s'~** schwächer w.

affaire [aˈfɛːr] f Geschäft n; Angelegenheit

affamé [afaˈme] hungrig; gierig

affect|ation [afɛktaˈsjɔ̃] f Ziererei; Verwendung (e-r Summe); **~er** [~ˈte] bestimmen (**à** für); Med angreifen; **~ion** [~ˈsjɔ̃] f Zuneigung; Med Leiden n; **~ion cardiaque** Herzfehler m; **~ionner** [~sjɔˈne] e-e Vorliebe h. für; **~ueux** [~ˈtɥø] herzlich

affermer [afɛrˈme] (ver-)pachten; **~ir** [~ˈmiːr] (be-)festigen

affich|e [aˈfiʃ] f Anschlag m, Aushang m; **~er** [~ˈʃe] öffentlich anschlagen

affiler [afiˈle] schärfen, schleifen

affili|é [afiˈlje] m Mitglied

agrafe

n; **~er** [~] aufnehmen; **s'~er** sich anschließen
affirm|atif [afirma'tif] bejahend; **~er** [~'me] behaupten; bestätigen
affli|ction [aflik'sjɔ̃] *f* Kummer *m*; **~ger** [~'ʒe] betrüben
afflu|ence [afly'ã:s] *f* Andrang *m*, Zustrom *m*; **heures** *f/pl* **d'~ence** Hauptverkehrszeit *f*; **~ent** [~'ã] *m* Nebenfluß *m*; **~er** [~'e] zuströmen; münden in (*Fluß*); **~x** [a'fly] *m* Andrang *m*, Zulauf
affouragement [afuraʒ'mã] *m* (**du gibier** Wild-) Fütterung *f*
affranch|ir [afrã'ʃi:r] freimachen; frankieren; **~issement** [~is'mã] *m* Frankierung *f*
affres ['a:frə] *f/pl* Schrecken *m*
affreux [a'frø] abscheulich
affriander [afriã'de] (an-) locken, ködern
affront [a'frɔ̃] *m* Beschimpfung *f*; **~er** [~'te] trotzen (*D*)
afin [a'fɛ̃]: **~ de** um zu; **~ que** damit
afri|cain [afri'kɛ̃] afrikanisch; **♀que** [a'frik] *f*: **l'♀que** Afrika *n*
agacer [aga'se] necken; reizen; ärgern
agate [a'gat] *f* Achat *m*
aga|ve, ~vé [aga'v, ~'ve] *m* Agave *f*
âg|e [a:ʒ] *m* Alter *n*; **quel ~e**

avez-vous? wie alt sind Sie?; **~é** [a'ʒe] alt; **~é de 5 ans** 5 Jahre alt
agence [a'ʒã:s] *f* Agentur; **~ de voyages** Reisebüro *n*
agenda [aʒɛ̃'da] *m* Notizbuch *n*
agenouiller [aʒnu'je]: **s'~** niederknien
agent [a'ʒã] *m* Agent; Vertreter; **~ de police** Polizist; **~ de liaison** Verbindungsmann
agglomération [aglɔmera'sjɔ̃] *f* Anhäufung; Ortschaft
aggrav|ant [agra'vã] erschwerend; **~ation** [~va'sjɔ̃] *f* Verschlechterung (*a Med*); **~er** [~'ve] erschweren; verschärfen; verschlechtern
agile [a'ʒil] behende, flink; **~ité** [~li'te] *f* Beweglichkeit, Gewandtheit
agioter [aʒjɔ'te] an der Börse spekulieren
agir [a'ʒi:r] handeln; **il s'agit de ...** es handelt sich um ...
agit|ateur [aʒita'tœ:r] *m* Aufwiegler; **~ation** [~ta'sjɔ̃] *f* (heftige) Bewegung; Aufwiegelung; **~er** [~'te] bewegen, schütteln; aufhetzen
agneau [a'ɲo] *m* Lamm *n*
agoni|e [agɔ'ni] *f* Todeskampf *m*, Agonie; **~ser** [~ni'ze] mit dem Tod ringen
agraf|e [a'graf] *f* (**dentaire**

agrafer

Zahn-)Spange; **~er** [~'fe] an-, zu-haken

agrand|ir [agrɑ̃'diːr] vergrößern; **~issement** [~dis'mɑ̃] m Vergrößerung f (a Fot)

agréable [agre'ablə] angenehm

agré|é [agre'e] m Sachwalter; **~er** [~] genehmigen; gefallen; **~ger** [~'ʒe] aufnehmen; **~ment** [~'mɑ̃] m Genehmigung f; Annehmlichkeit f; **voyage** m **d'~ment** Vergnügungsreise f

agress|eur [agrɛ'sœːr] m Angreifer; **~if** [~'sif] angriffslustig, aggressiv; **~ion** [~'sjɔ̃] f Überfall m

agri|cole [agri'kɔl] landwirtschaftlich; **~culteur** [~kyl'tœːr] m Landwirt; **~culture** [~'tyːr] f Ackerbau m

aid|e [ɛːd] f Hilfe; **à l'~e de** mit Hilfe von; **~er** [~'de] helfen (q. j-m)

aïeul (f) [a'jœl] m Großvater m, Großmutter f

aigle [ˈɛːglə] m Adler

aiglefin [ɛglə'fɛ̃] m Schellfisch

aigr|e [ˈɛːgrə] sauer; Stimme: schrill; **~-doux** [~'du] süßsauer; **~eur** [ɛ'grœːr] f Säure; **~eurs** pl **d'estomac** Sodbrennen n; **~ir** [ɛ'griːr] säuern; verbittern

aigu [ɛ'gy] spitz; Med akut; Schmerz: stechend

aiguille [ɛ'gɥiːj] f (Näh-)Nadel; Esb Weiche; **~er** [egɥi'je] die Weiche stellen; **~ette** [~'jɛt] f Schnürsenkel m

aiguillon [egɥi'jɔ̃] m Stachel; **~ner** [~jɔ'ne] (an-)stacheln; anspornen

aiguiser [egɥi'ze] schärfen; (an)spitzen; reizen; Appétit anregen

ail [aj] m Knoblauch

ail|e [ɛːl] f Flügel m; Kotflügel m; **~é** [ɛ'le] geflügelt; beschwingt

ailleurs [a'jœːr] woanders; **d'~** übrigens

aim|able [ɛ'mablə] liebenswürdig; **~ant** [ɛ'mɑ̃] liebevoll, zärtlich; m Magnet; **~er** [~'me] lieben; gern h., essen od trinken; **~er mieux** vorziehen

aîné [ɛ'ne] älter, ältest

ainsi [ɛ̃'si] so; **pour ~ dire** sozusagen; **~ soit-il** amen; **~ que** (so)wie

air [ɛːr] m (**chaud** Heiß-) Luft f; Wind(zug); Miene f; Melodie f; **en plein ~** unter freiem Himmel

airelle [ɛ'rɛl] f Blau-, Heidelbeere

aisance [ɛ'zɑ̃ːs] f Ungezwungenheit; **cabinets** m/pl **d'~** Abort m

ais|e [ɛːz] f Behaglichkeit; **à l'~e, à son ~e** behaglich, bequem; **à votre ~e** nach Belieben; **être bien ~e** sich freuen; **~é** [ɛ'ze] ungezwungen

ajourn|ement [aʒurnə'mɑ̃] m Vertagung f; jur Vorladung f; ~er [~'ne] vertagen; jur vorladen

ajouter hinzufügen

ajust|ement [aʒystə'mã] m Anpassung f; Eichen n; ~er [~'te] anpassen, ausgleichen; eichen; ~eur [~-'tœːr] m Monteur, Schlosser

alacrité [alakri'te] f Munterkeit

alanguir [alã'giːr] schlaff m., schwächen; s'~ erschlaffen

alarm|e [a'larm] f Alarm m; Beunruhigung; ~er [~'me] alarmieren; erschrecken

album [al'bɔm] m Album n

alcool [al'kɔl] m Alkohol; sans ~ alkoholfrei; ~ique [~'lik] alkoholhaltig; m Alkoholiker, Trinker; ~isme [~'lism] m Alkoholvergiftung f; Alkoholismus

aléa [ale'a] m Risiko n; Zufall; ~toire [~'twaːr] auf Zufall beruhend; riskant

alentour [alã'tuːr] ringsherum; d'~ umliegend; ~s m/pl Umgebung f

alerte [a'lɛrt] rege, flink; f Alarm m

algèbre [al'ʒɛːbrə] f Algebra

Algér|ie [alʒe'ri] f: l'~ie Algerien n; 2ien algerisch

algue [alg] f Alge

alibi [ali'bi] m Alibi n

alién|able [alje'nablə] veräußerlich; ~ation [~na'sjɔ̃] f Veräußerung; Entfremdung; ~é [~'ne] m Irre(r);

~er [~] veräußern; entfremden; verrückt m.; ~iste [~'nist] m Irrenarzt

align|ement [aliɲ'mã] m Bau-, Straßen-flucht f; ~er [~'ɲe] (aus)richten, abstecken

aliment [ali'mã] m Nahrungsmittel n; ~aire [~'mɛːr] Nähr..., Nahrungs...; ~ation [~tɑ'sjɔ̃] f Ernährung; ~er [~'te] ernähren

alit|é [ali'te] bettlägerig; ~er [~]: s'~er das Bett hüten

allaiter [alɛ'te] säugen, stillen

allécher [ale'ʃe] ködern

allée [a'le] f Gang m; Allee

allég|ement [alɛʒ'mã] m Erleichterung f; ~er [~le-'ʒe] erleichtern; Mar löschen

all|ègre [a'lɛːgrə] frisch, munter; ~égresse [~'grɛs] f Jubel m

alléguer [ale'ge] anführen; Entschuldigung vorbringen

Allem|agne [al'maɲ] f: l'~ Deutschland n; 2and [~-'mã] deutsch

aller [a'le] gehen, reisen, fahren; ~ à pied zu Fuß gehen; ~ en voiture Auto fahren; ~ en avion fliegen; ~ à bycyclette radfahren; ~ chercher holen; ~ voir q. j-n besuchen; s'en ~ fortgehen; **je vais bien** (**mal**) es geht mir gut (schlecht); **allons!** vorwärts!; *m* Hinfahrt *f*; ~ **(et) retour** Hin- und Rückreise *f*

allerg|ie [aler'ʒi] *f* Allergie; **~ique** [~'ʒik] allergisch

alli|ance [al'jɑ̃:s] *f* Bund *m*, Bündnis *n*; Ehe(ring *m*); **~é** [~'je] *m* Verbündete(r); **~er** [~] verbünden

alloc|ation [alɔka'sjɔ̃] *f* Unterstützung, Beihilfe; **~ution** [~ky'sjɔ̃] *f* Ansprache

allonger [alɔ̃'ʒe] verlängern

allouer [a'lwe] Geld bewilligen

allum|age [aly'ma:ʒ] *m* Zündung *f*; **~e-gaz** [~'ga:z] *m* Gasanzünder; **~er** [~'me] anzünden; einschalten; **~ette** [~'mεt] *f* Streich-, Zünd-holz *n*

allure [a'ly:r] *f* Gang(art) *m*; **~s** *pl* Auftreten *n*; **prendre des ~s de** sich benehmen wie

aloès [alɔ'εs] *m* Aloe *f*

alors [a'lɔ:r] damals; dann; nun; **jusqu'~** bis dahin

alouette [a'lwεt] *f* Lerche

alourdir [alur'di:r] be-, erschweren

alpage [al'pa:ʒ] *m* Alm *f*

Alpes [alp] *f*/*pl*: **les ~** die Alpen

alphabet [alfa'bε] *m* Alphabet *n*

alpinisme [alpi'nism] *m* Bergsteigen *n*

Alsac|e [al'zas] *f*: **l'~** das Elsaß; **~ien** [~'sjɛ̃] elsässisch

altér|ation [altera'sjɔ̃] *f* Veränderung; Verschlechterung; **~er** [~'re] verschlechtern; durstig m.

altern|atif [altεrna'tif] abwechselnd; **~ative** [~'ti:v] *f* Alternative; **~er** [~'ne] (ab)wechseln

Altesse [al'tεs] *f* Hoheit

alt|ier [al'tje] hochmütig; **~mètre** [~ti'mεtrə] *m* Höhenmesser; **~tude** [~'tyd] *f* Höhe

alunissage [alyni'sa:ʒ] *m* Mondlandung *f*

amabilité [amabili'te] *f* Liebenswürdigkeit

amaigrir [amε'gri:r] dünner m.; **s'~** abmagern

amande [a'mɑ̃:d] *f* Mandel

amant(e *f*) [a'mɑ̃, ~'mɑ̃:t] *m* Geliebte(r *m*) *m*/*f*

amarre [a'ma:r] *f* Tau *n*

amas [a'mɑ] *m* Anhäufung *f*; **~ de neige** Schneeverwehung *f*; **~ser** [~'se] anhäufen

ambassad|e [ɑ̃ba'sad] *f* Botschaft; **~eur** [~sa'dœ:r] *m* Botschafter

ambi|ance [ɑ̃'bjɑ̃:s] *f* Umgebung; Milieu *n*

ambigu [ɑ̃bi'gy] zweideutig

ambit|ieux [ɑ̃bi'sjø] ehrgeizig; **~ion** [~'sjɔ̃] *f* Ehrgeiz *m*

ambulance [ɑ̃by'lɑ̃:s] *f* Unfallstation; Krankenwagen *m*

ambulant [ɑ̃by'lɑ̃] umherziehend, ambulant

âme [ɑ:m] *f* Seele

amélior|ation [ameljɔra-'sjɔ̃] *f* Verbesserung; **~er** [~'re] verbessern

aménager [amena'ʒe] einrichten; bewirtschaften

amen [a'men] *m* Amen *n*

amende [a'mɑ̃:d] *f* Geldstrafe

amène [a'mɛn] höflich, zuvorkommend

amener [am'ne] mitbringen

amer [a'mɛ:r] bitter

améri|cain [ameri'kɛ̃] amerikanisch; **2que** *f*: **l'2que** Amerika *f*

amertume [amɛr'tym] *f* Bitterkeit; Gram *m*

ameublement [amœblə-'mɑ̃] *m* (Haus-, Wohnungs-)Einrichtung *f*

ameuter [amø'te]: **s'~** sich zs.-rotten

ami|(e) [a'mi] *m* Freund (-in *f*) *m*; **~able** [a'mjabl]: **(à l')~able** gütlich; **~ante** [a'mjɑ̃:t] *m* Asbest; **~cal** [ami'kal] freundschaftlich

amidon [ami'dɔ̃] *m* Stärke *f*; **~ner** [~dɔ'ne] Wäsche stärken

amitié [ami'tje] *f* Freundschaft; Gefälligkeit; **~s** *pl* Grüße *m/pl*

amnésie [amne'zi] *f* Gedächtnisschwäche

amnisti|e [amnis'ti] *f* Amnestie; **~er** [~'tje] begnadigen

amodier [amɔ'dje] verpachten

amoindrir [amwɛ̃'dri:r] verringern; **s'~** abnehmen

amollir [amɔ'li:r] erweichen

amonceler [amɔ̃s'le] an-, auf-häufen

amont [a'mɔ̃] stromaufwärts

amorc|e [a'mɔrs] *f* Köder *m*; Zündhütchen *n*; **~er** [~'se] ködern (*a fig*); in Gang bringen

amort|ir [amɔr'ti:r] lindern; amortisieren; **~isseur** [~ti'sœ:r] *m* Schall-, Stoß-dämpfer

amour [a'mu:r] *m* Liebe *f*; Liebling; **~ette** [~'rɛt] *f* Liebelei; **~eux** [~'rø] verliebt (**de** in); *m* (**~euse** [~'rø:z] *f*) Liebhaber(in *f*) *m*; **~-propre** [~'prɔprə] *m* Eigenliebe *f*

ampère [ɑ̃'pɛ:r] *m* Ampere *n*

amphithéâtre [ɑ̃fite'ɑ:trə] *m* Amphitheater *n*

ampl|e ['ɑ̃:plə] weit, umfassend, reichlich; **~eur** [~'plœr] *f* Weite, Breite; Umfang *m*

ampli|ficateur [ɑ̃plifika-'tœ:r] *m Rdf* Verstärker; **~fier** [~'fje] verstärken; übertreiben; **~tude** [~'tyd] *f* Weite

ampoule [ɑ̃'pul] *f* Glühbirne; Ampulle; **~ flash** *Fot* Blitzlampe

amput|é [ɑ̃py'te] *m* Amputierte(r); **~er** [~] amputieren

amulette [amy'lɛt] *f* Amulett *n*

amusant

amus|ant [amy'zã] lustig, amüsant; **~ement** [~zˈmã] *m* Belustigung *f*; **~er** [~'ze] unterhalten; belustigen; **s'~er** sich unterhalten; **s'~er de** sich lustig m. über
amygdal|es [amig'dal] *f/pl* Halsdrüsen, Mandeln; **~ite** [~da'lit] *f* Mandelentzündung
an [ã] *m* Jahr *n*; **jour *m* de l'~** Neujahrstag
analogue [ana'lɔg] ähnlich, entsprechend
analphabète [analfa'bɛt] *su* Analphabet(in *f*) *m*
ananas [ana'na] *m* Ananas *f*
anatomie [anatɔ'mi] *f* Anatomie
ancêtres [ã'sɛ:trə] *m/pl* Ahnen, Vorfahren
anchois [ã'ʃwa] *m* Anschovis *f*
ancien [ã'sjɛ̃] alt; ehemalig; **~neté** [ãsjɛn'te] *f* Alter *n*; Dienstalter *n*
ancre [ˈã:krə] *f* Anker *m*; **~r** [ã'kre] verankern
andouille [ã'du:j] *f* Schlackwurst
âne [ɑ:n] *m* Esel
anéant|ir [aneã'ti:r] vernichten, ausrotten; **~issement** [~tis'mã] *m* Vernichtung *f* [armut]
anémie [ane'mi] *f* Bluta-
ânerie [ɑn'ri] *f* Dummheit, Eselei
aneth [a'nɛt] *m* Dill
ang|e [ã:ʒ] *m* Engel; **~élique** [~ʒe'lik] engelhaft
angine [ã'ʒin] *f* Angina

anglais [ã'glɛ] englisch
angle [ˈã:glə] *m* Winkel; Kante *f*
Angleterre [ãglə'tɛ:r] *f*: l'~ England *n*
angoiss|e [ã'gwas] *f* (Herzens-)Angst; **~er** [~'se] ängstigen
anguille [ã'gi:j] *f* (**fumée** Räucher-)Aal *m*
angulaire [ãgy'lɛ:r] eckig
animal [ani'mal] tierisch; *m* Tier *n*
anim|ation [anima'sjõ] *f* Belebung; Lebhaftigkeit; **~ation balnéaire** Badebetrieb *m*; **~er** [~'me] beleben; anfeuern; **~osité** [~mozi'te] *f* Groll *m*, Unwille *m*
anis [a'ni] *m* Anis; **~ette** [~'zɛt] *f* Anislikör *m*
annales [a'nal] *f/pl* Jahrbücher *n/pl*, Annalen *pl*
anneau [a'no] *m* Ring
année [a'ne] *f* (**bissextile, scolaire** Schalt-, Schul-) Jahr *n*; Jahrgang *m*
annex|e [a'nɛks] *f* Zubehör *n*; Anbau *m*; Filiale; **~er** [~'kse] beifügen; annektieren; **~ion** [~'sjõ] *f* Einverleibung
anniversaire [anivɛr'sɛ:r] *m* Jahrestag, Geburtstag
annonc|e [a'nõ:s] *f* Anzeige; **~er** [~nõ'se] ankündigen; **~eur** [~'sœ:r] *m* Rdf Ansager
annot|ation [anɔta'sjõ] *f* Anmerkung, Erläuterung; **~er** [~'te] anmerken

annu|aire [a'nɥɛːr] m Jahrbuch n, Adreßbuch n; ~aire des téléphones Telefonbuch n; ~el [a'nɥɛl] jährlich

annul|aire [any'lɛːr] ringförmig; m Ringfinger; ~er [~'le] abbestellen, annullieren

anoblir [anɔ'bliːr] adeln

anodin [anɔ'dɛ̃] schmerzstillend; harmlos

anomalie [anɔma'li] f Anomalie

anorak [anɔ'rak] m Anorak

anse [ãːs] f Henkel m

antagonisme [ãtagɔ'nism] m Gegnerschaft f, Rivalität f

antalgique [ãtal'ʒik] schmerzstillend

antécédent [ãtese'dã] vorhergehend

antenne [ã'tɛn] f Fühler m; (aérienne Hoch-)Antenne

antérieur [ãte'rjœːr] vorhergehend; früher (à als)

antiaérien [ãtiae'rjɛ̃] Flugabwehr...; Luftschutz...

antibiotiques [ãtibjɔ'tik] m/pl Antibiotika n/pl

antichambre [ãti'ʃãːbrə] f Vorzimmer n

anticyclone [ãtisi'klɔn] m Hoch (Wetter)

anticip|ation [ãtisipa'sjɔ̃] f Vorwegnahme; ~er [~'si'pe] vorwegnehmen

anti|gel [ãti'ʒɛl] m Frostschutzmittel n; ~gréviste [~grɛ'vist] m Streikbrecher

antilope [~'lɔp] f Antilope

antiqu|aire [ãti'kɛːr] m Antiquitätenhändler; ~e [ã'tik] antik; f Antiquität; ~ité [~ki'te] f Altertum n, Antike

antre ['ãːtrə] m Höhle f; Spelunke f

Anvers [ã'vɛːr] m Antwerpen n

anxi|été [ãksje'te] f Angst, Ängstlichkeit; ~eux [ã'ksjø] ängstlich

août [u] m Au'gust

apaiser [apɛ'ze] beruhigen

apathique [apa'tik] teilnahmslos, apathisch

apercevoir [apɛrsə'vwaːr] wahrnehmen, bemerken; s'~ de qc. etc. merken

aperçu [apɛr'sy] m Übersicht f; ~s pl Bemerkungen f/pl, Ideen f/pl

apéritif [aperi'tif] appetitanregend; m Aperitif

apeuré [apœ're] verängstigt, eingeschüchtert

apiculteur [apikyl'tœːr] m Imker

apitoyer [apitwa'je]: s'~ sur q. j-n bemitleiden

aplanir [apla'niːr] ebnen, fig aus dem Weg räumen; ~issement [~nis'mã] n Ebnen n

aplatir [apla'tiːr] platt m.

aplomb [a'plɔ̃] m senkrechte Stellung f; d'~ senkrecht

apologiste [apɔlɔ'ʒist] m Verteidiger

apoplexie [apɔplɛ'ksi] f Schlaganfall m

apostroph|e [apɔs'trɔf] f

apostropher

Verweis *m*; F Anpfiff *m*; ~er q. j-n anschnauzen
apôtre [apo'tr] *m* Apostel
apparaître [apa're:tr] erscheinen, auftauchen
apparat [apa'ra] *m* Pomp, Prunk
appareil [apa'rɛ:j] *m* (**photographique** Foto-)Apparat; *Flugw* (**affrété** Charter-)Maschine *f*
appareiller [aparɛ'je] sortieren
apparen|ce [apa'rã:s] *f* Aussehen *n*; Anschein *m*; ~t sichtbar, scheinbar
apparier [apa'rje] paaren
apparition [apari'sjõ] *f* Erscheinung
appartement [apartə'mã] *m* (**de vacances** Ferien-)Wohnung, Appartement *n*
apparten|ance [apartə'nã:s] *f* Zugehörigkeit; ~ir [~'ni:r] (an-, zu-)gehören
appât [a'pɑ] *m* Köder; Reiz; ~er [apa'te] ködern
appauvr|ir [apo'vri:r] arm m.; s'~ir verarmen, ~issement [~vris'mã] *m* Verarmung *f*
appel [a'pɛl] *m* (Auf-)Ruf; ~ **au secours** Hilferuf; ~er [a'ple] (herbei)rufen; s'~er heißen
appendic|e [apɛ̃'dis] *m* Anhang; *Med* (Wurm-)Fortsatz; ~ **Blinddarm**; ~ite [~'sit] *f* Blinddarmentzündung
appesant|ir [apəzã'ti:r] schwer(fällig) m.; s'~ir

träge w.; ~issement [~tis'mã] *m* Schwerfälligkeit *f*
appét|issant [apeti'sã] appetitlich; ~it [~'ti] *m* Appetit
applaud|ir [aplo'di:r] Beifall klatschen; ~issement [~dis'mã] *m* Applaus, Beifall
appli|cation [aplika'sjõ] *f* Anwendung; Fleiß *m*; ~qué [~'ke] fleißig; ~quer [~'ke] an-, ver-wenden; s'~quer à sich befleißigen
appoint|ements [apwɛ̃t'mã] *m/pl* Gehalt *n*; ~er [~'te] besolden
apporter [apɔr'te] (mit-)bringen; *s-n Teil* beitragen
apposer [apo'ze] *Plakat* anbringen; *Siegel* aufdrücken
appréci|able [apre'sjabl] schätzbar; beachtlich; ~er [~'sje] schätzen
appréhension [apreã'sjõ] *f* Besorgnis
apprendre [a'prã:drə] lernen; erfahren, hören; mitteilen; lehren
apprenti [aprã'ti] *m* Lehrling; ~ssage [~ti'sa:ʒ] *m* Lehre *f*, Lehrzeit *f*
apprêt [a'prɛ] *m* Zu-, Vor-bereitung *f*; ~er [~'te] zu-, vor-bereiten
apprivoiser [aprivwa'ze] zähmen
approbateur [aprɔba'tœ:r] zustimmend, beifällig
approch|e [a'prɔʃ] *f* Annäherung; Anflug *m*; ~er [~'ʃe] näher bringen; her-

ankommen; s'~er de sich nähern
approfondir [aprɔfɔ̃'di:r] vertiefen
approprier [aprɔpri'e] anpassen; s'~ sich aneignen
approuver [apru've] billigen
approvisionner de [aprɔvizjɔ'ne] (mit *Proviant*) versorgen
approximatif [aprɔksima-'tif] annähernd
appui [a'pɥi] *m* Stütze *f*; Unterstützung *f*
appuyer [apɥi'je] (unter-)stützen; ~ **sur le bouton** auf den Knopf drücken
âpre ['ɑ:pr] rauh, scharf (*Wind*)
après [a'prɛ] nach, hinter; *adv* nachher; **d'~** gemäß; **~ que** nachdem; **~-demain** übermorgen; **~-midi** *m u f* Nachmittag *m*; **~-ski** [~'ski] *m* Après-Ski *m*
apt|e [apt] fähig (à zu); **~itude** [~ti'tyd] *f* Fähigkeit; Begabung
aquaplane [akwa'plan] *m* Wellenreiten *n*
aqua|relle [akwa'rɛl] *f* Aquarell *n*; **~rium** [~'rjɔm] *m* Aquarium *n*
aqueduc [ak'dyk] *m* Aquädukt
aqueux [a'kø] wässerig
arabe [apt] arabisch; **2ie** [~'bi] *f*: **l'2ie** Arabien *n*
araignée [arɛ'ɲe] *f* Spinne
arbitr|age [arbi'tra:ʒ] *m* Schiedsspruch; **~aire** [~

'trɛ:r] willkürlich; **~e** [~'bi-trə] *m* Schiedsrichter; **~er** [~bi'tre] als Schiedsrichter entscheiden
arborer [arbɔ're] aufrichten, hissen
arbre ['arbr] *m* Baum; *Tech* (à cames Nocken-) Welle *f*
arbrisseau [arbri'so] *m* Strauch
arbuste [ar'byst] *m* Bäumchen *n*
arc [ark] *m* Bogen; **~ade** [~'kad] *f* Bogengang *m*
arc-en-ciel [arkɑ̃'sjɛl] *m* Regenbogen
arche [arʃ] *f* Brückenbogen *m*
archéologique [arkeɔlɔ'ʒik] archäologisch
archevêque [arʃə'vɛ:k] *m* Erzbischof
architect|e [arʃi'tɛkt] *m* Architekt; **~ural** [~ty'ral] architektonisch; **~ure** [~'ty:r] *f* Architektur
archiv|es [ar'ʃi:v] *f/pl* Archiv *n*
arctique [ark'tik] arktisch
ardent [ar'dɑ̃] glühend
ardeur [ar'dœ:r] *f* Glut
ardoise [ar'dwa:z] *f* Schiefer
ardu [ar'dy] steil; schwierig
arène [a'rɛn] *f* Arena
arête [a'rɛ:t] *f* Gräte
argent [ar'ʒɑ̃] *m* Silber *n*; Geld *n*; **~é** [~'te] silbern; **~er** [~'te] versilbern
argile [ar'ʒil] *f* Ton *m*
argot [ar'go] *m* Argot *n*,

Sonder-, Fach-, Gaunersprache f
arguer [ar'gɥe] folgern
argument [argy'mã] m Beweis(grund), Argument n; Inhaltsangabe f; ~**ation** [~ta'sjõ] f Beweisführung; ~**er** [~'te] begründen, folgern

arid|e [a'rid] dürr, trocken; ~**ité** [~di'te] f Dürre
aristocrat|e [aristo'krat] m Aristokrat; ~**ie** [~kra'si] f Aristokratie
armat|eur [arma'tœːr] m Reeder; ~**ure** [~'tyːr] f (Eisen-)Beschlag m
arm|e [arm] f Waffe; coll Wappen n; ~**é** [~'me] bewaffnet; ~**ée** [~] f Heer n
armement [armə'mã] m Bewaffnung f, Bemannung f, Ausrüstung f; ~**er** [~'me] bewaffnen, ausrüsten (**de** mit)
armistice [armis'tis] m Waffenstillstand
armoire [ar'mwaːr] f Schrank m; **à pharmacie** Hausapotheke f
armoiries [armwa'ri] f/pl Wappen n
armure [ar'myːr] f Rüstung; Panzerung f, Beschlag m
aromatique [aroma'tik] würzig, aromatisch
arôme [a'roːm] m Aroma n
arquer [ar'ke] biegen, wölben
arracher [ara'ʃe] aus-, los-, ent-reißen

arrang|ement [arãʒ'mã] m Einrichtung f; Übereinkunft f, Arrangement n; ~**er** [~'ʒe] ordnen; arrangieren; **s'~er** sich verständigen, sich einigen (**de** über)
arrestation [arɛsta'sjõ] f Verhaftung
arrêt [a're] m Aufenthalt; Stillstand; **facultatif** Bedarfs(-)Haltestelle f; ~**é** [~'te] m Erlaß; Verfügung f; ~**er** [~] an-, auf-halten; verhaften; festsetzen; **s'~er** stehenbleiben, halten; aufhören (**de** zu)
arrhes [aːr] f/pl Anzahlung f
arrière [a'rjɛːr] zurück; **en ~** rückwärts; hinten; **en ~ de** hinter; **à l'~** hinten; m Heck n; Sp Verteidiger
arriéré [arje're] rückständig; m Rückstand
arrière/-pays [arjɛrpe'i] m Hinterland n; ~**saison** [~sɛ'zõ] f Nachsaison
arrivée [ari've] f Ankunft
arriver [ari've] ankommen
arriviste [ari'vist] m Streber
arrogan|ce [aro'gãːs] f Anmaßung, Arroganz; ~**t** [~'gã] überheblich, arrogant
arrond|ir [arõ'diːr] abrunden; ~**issement** [~dis'mã] m Bezirk
arros|er [aro'ze] besprengen, begießen; ~**euse** [~'zøːz] f Sprengwagen m; ~**oir** [~'zwaːr] m Gießkanne f

art [a:r] *m* (**populaire** Volks-)Kunst *f*
artère [ar'tε:r] *f* Pulsader
arthrite [ar'trit] *f* Med Arthritis (schocke *f*)
artichaut [arti'ʃo] *m* Arti-
article [ar'tikl] *m* Artikel; **~ de fond** Leitartikel; **~s de voyage** Reisebedarf *m*
articulation [artikyla'sjɔ̃] *f* Gelenk *n*
artific|e [arti'fis] *m* Kunstfertigkeit *f*; Kniff; **feu** *m* **d'~** Feuerwerk *n*; **~iel** [-'sjɛl] künstlich; **~ieux** [-'sjø] arglistig
artisan [arti'zɑ̃] *m* Handwerker
artist|e [ar'tist] *su* Künstler(in *f*) *m*; Artist(in); **~ique** [-'tistik] künstlerisch
as [ɑ:s] *m* As *n*; *F* **~ (du ski** Ski-)Kanone *f*
as [a] *prés s* avoir
ascendant [asɑ̃'dɑ̃] *m* aufsteigend
ascens|eur [asɑ̃'sœ:r] *m* Fahrstuhl; **~ion** [-'sjɔ̃] *f* Aufstieg *m*; Besteigung; **l'~ion** *f* Himmelfahrt
ascète [as'sεt] *m* Asket
asiatique [azja'tik] asiatisch
Asie [a'zi] *f*: **l'~** Asien; **l'~ Mineure** Kleinasien
asile [a'zil] *m* Asyl *n*
aspect [as'pε] *m* Anblick, Ansicht *f*; Gesichtspunkt
asperge [as'pεrʒ] *f* Spargel *m*
aspérité [asperi'te] *f* Rauheit

asphyxier [asfik'sje] ersticken
aspira|nt [aspi'rɑ̃] *m* Bewerber; **~teur** [-ra'tœ:r] *m* Staubsauger; **~tion** [-ra'sjɔ̃] *f* Einatmen *n*
aspirer [aspi're] einatmen, einsaugen; **~ à** streben nach
aspirine [aspi'rin] *f* Aspirin *n*
assaill|ant [asa'jɑ̃] *m* Angreifer; **~ir** [-'ji:r] (plötzlich) angreifen, überfallen
assaisonner [asεzɔ'ne] würzen
assassin [asa'sɛ̃] *m* Mörder; **~at** [-'si'na] *m* Mord; **~er** [-'si'ne] (er)morden
assaut [a'so] *m* Angriff
assembl|age [asɑ̃'bla:ʒ] *m* Zusammenfügung *f*; **~ée** [-'ble] *f* Versammlung; **~er** [-'] zs.-bauen, zs.-fügen; **s'~er** sich versammeln
assentiment [asɑ̃ti'mɑ̃] *m* Einwilligung *f*
asseoir [a'swa:r] hin-, niedersetzen; **s'~** sich (hin-) setzen
asser|menter [asεrmɑ̃'te] vereidigen; **~tion** [-'sjɔ̃] *f* Behauptung; **~vir** [-'vi:r] unterwerfen
assez [a'se] genug; ziemlich
assidu [asi'dy] emsig, eifrig; **~ité** [-dyi'te] *f* Emsigkeit
assiéger [asje'ʒe] belagern
assiette [a'sjεt] *f* Teller *m*; **~ anglaise** kalte(r) Aufschnitt *m*
assignation [asiɲa'sjɔ̃]

assigner

jur Vorladung; **~er** [‿ɲe] vor Gericht laden

assis [a'si] sitzend; **être ~** sitzen

assist|ance [asis'tɑ̃ːs] *f* die Anwesenden; **~ant** [‿'tɑ̃] *m* Anwesende(r); Assistent; **~er à** beiwohnen (D); **~er q.** j-m helfen; j-m assistieren

associ|ation [asɔsjɑ'sjɔ̃] *f* Vereinigung; **~é** [‿'sje] *m* Teilhaber; **~er** [‿] zugesellen; **s'~er avec** sich verbinden mit

assoiffé [aswa'fe] durstig

assommer [asɔ'me] totschlagen

assort|iment [asɔrti'mɑ̃] *m* Sortiment *n*; **~ir** [‿'tiːr] sortieren

assoup|ir [asu'piːr] einschläfern; **~issement** [‿pis'mɑ̃] *m* Schlummer

assourdir [asur'diːr] betäuben; *Schall* dämpfen

assujettir [asyʒe'tiːr] unterwerfen

assurance [asy'rɑ̃ːs] *f* Versicht; **(accidents, de[s] bagages, tous risques** Unfall-, Gepäck-, Vollkasko-)Versicherung; **~-maladie** Krankenversicherung; **~-responsabilité (civile)** Haftpflichtversicherung

assur|ément [asyre'mɑ̃] sicher(lich); **~er** [‿'re] versichern

asthme [asm] *m* Asthma *n*

asticot [asti'ko] *m* Made *f*

astre ['astrə] *m* Gestirn *n*

astreindre [as'trɛ̃ːdrə] nötigen (à zu)

astro|naute [astrɔ'not] *m* Astronaut; **~nef** [‿'nef] *m* Raumschiff *n*

astuc|e [as'tys] *f* Verschlagenheit; **~ieux** [‿'sjø] hinterlistig

atelier [atə'lje] *m* **(de réparation** Reparatur-)Werkstatt *f*; Atelier *n*

athée [a'te] *m* Atheist

athl|ète [at'lɛt] *m* (Leicht-)Athlet; **~étisme** [‿le'tism] *m* Leichtathletik *f*

atmosphère [atmɔs'fɛːr] *f* Atmosphäre

atom|e [a'toːm] *m* Atom *n*; **~ique** [atɔ'mik] Atom...; **bombe ~ique** Atombombe *f*

atout [a'tu] *m* Trumpf

atroc|e [a'trɔs] (sehr) grausam, gräßlich; **~ité** [‿si'te] *f* Abscheulichkeit, Grausamkeit

attach|e [a'taʃ] *f* Band *n*, Schnur; Büroklammer; **~ement** [‿'mɑ̃] *m* Anhänglichkeit *f*; **~er** [‿'ʃe] festmachen; anbinden

attaqu|e [a'tak] *f* Angriff *m*; *Med* Anfall *m*; **~er** [‿ke] angreifen

attarder [atar'de] verzögern; **s'~** sich verspäten

atteindre [a'tɛ̃ːdrə] erreichen; *Med* befallen

atteinte [a'tɛ̃ːt] *f* Reichweite; Stoß *m*, Schlag *m*; *Med* Anfall *m*

attel|age [at'la:ʒ] *m* Gespann *n*; ~**er** [at'le] an-, bespannen

attenant [at'nã] angrenzend

attend|ant [atã'dã]: **en ~ant** unterdessen; ~**re** [a'tã:dr] warten, erwarten

attendr|ir [atã'dri:r] weich m.; *fig* rühren; ~**issement** [~dris'mã] *m* Rührung *f*

attentat [atã'ta] *m* Attentat *n*

attent|e [a'tã:t] *f* Erwartung; **salle** *f* **d'~e** Wartesaal *m*; ~**if** [a'tã'tif] aufmerksam (**à** auf); ~**ion** [~'sjõ] *f* Aufmerksamkeit; ~**ion!** Achtung!; **faire** ~**ion** aufpassen (**à** auf)

atténuer [ate'nɥe] vermindern, abschwächen

atterr|ir [ate'ri:r] *Flgw* landen; ~**issage** [~ri'sa:ʒ] *m* (**forcé** Not-)Landung *f*

attest|ation [atesta'sjõ] *f* Bescheinigung; ~**er** [ates'te] bescheinigen

attir|ail [ati'ra:j] *m* Zubehör *n*; ~**er** [~'re] (her)anziehen

attiser [ati'ze] schüren

attitude [ati'tyd] *f* Haltung

attrait [a'trɛ] *m* Reiz

attrape [a'trap] *f* Attrappe; Scherzartikel *m*; ~-**mouches** *m* Fliegenfänger

attraper [atra'pe] fangen; erwischen

attrayant [atrɛ'jã] anziehend

attribuer [atri'bɥe] zuteilen

attrister [atris'te] betrüben

aube [o:b] *f* Morgendämmerung

auberge [o'bɛrʒ] *f* Wirtshaus *n*, Gasthof *m*; ~ **de (la) jeunesse** Jugendherberge

aubergine [obɛr'ʒin] *f* Aubergine

aubergiste [obɛr'ʒist] *su* (Gast-)Wirt(in *f*) *m*; **père** *m* ~ Herbergsvater

aucun [o'kœ̃] irgendein; **ne ... ~**, ~ **... ne** kein

audacieux [oda'sjø] kühn, verwegen

au-deçà de [od'sa] diesseits

au-dedans [od'dã] innen; ~ **de** innerhalb

au-dehors [odə'ɔ:r] (dr)außen; ~ **de** außerhalb

au-delà de [od'la] jenseits

au-dessous [od'su] unten; ~ **de** unter(halb)

au-dessus [od'sy] oben; ~ **de** oberhalb, über

au-devant de [od'vã də] entgegen

audi|ence [o'djã:s] *f* Audienz; Zuhörerschaft; ~**teur** [odi'tœ:r] *m* (Zu-)Hörer; ~**toire** [~'twa:r] *m* Hörsaal; Zuhörerschaft *f*

auge [o:ʒ] *f* Trog *m*

augment|ation [ogmãta'sjõ] *f* Vergrößerung; Zunahme; Erhöhung; ~**er** [~'te] vermehren; erhöhen

aujourd'hui [oʒur'dɥi] heute, heutzutage

aumôn|e [o'mo:n] *f* Almo-

aumônier

sen *n*; ~**ier** [omo'nje] *m* Anstalts-, Feld-geistliche(r)
aune [o:n] *m* Erle *f*; Elle *f*
auparavant [oparɑ'vã] vorher
auprès [o'prɛ] nahebei, ~ **de** (nahe) bei
auréole [ɔre'ɔl] *f* Heiligenschein *m*
auri|**culaire** [ɔriky'lɛ:r] Ohr(en)...; ~**ste** [o'rist] *m* Ohrenarzt
aurore [ɔ'rɔ:r] *f* Morgenröte
ausculter [ɔskyl'te] *Med* abhorchen
aussi [o'si] auch; ~ ... **que** ebenso ... wie; ~**tôt** [~'to] sogleich; ~**tôt que** sobald
austère [os'tɛ:r] streng
autant [o'tã] ebenso(viel); **d'**~ **plus** um so mehr
autel [o'tɛl] *m* Altar
auteur [o'tœ:r] *m* Urheber *m*; Verfasser *m*
authenticité [otɑ̃tisi'te] *f* Echtheit
auto [o'to] *f* Auto *n*; ~**bus** [oto'bys] *m* Autobus; ~**bus régulier** Linien(auto)bus; ~**car** [~'ka:r] *m* (**de tourisme**) Reise(omni)bus; ~**chenille** [~'ʃni:j] *f* Raupenschlepper *m*; ~**drome** [~'drɔm] *m* Autorennbahn *f*; ~**-école** [~e'kɔl] *f* Fahrschule; ~**gare** [~'ga:r] *f* (Omni-)Busbahnhof *m*; ~**mation** [~mɑ'sjɔ̃] *f* Automation; ~**matique** [~ma'tik] automatisch; ~**mécanicien** [~mekani'sjɛ̃] *m* Autoschlosser

auto|**mobiliste** [otɔmɔbi'list] *m* Auto-, Kraftfahrer; ~**motrice** [~mo'tris] *f* Triebwagen *m*
auto|**nome** [oto'nɔm] autonom; ~**rail** [~'raj] *m* Schienen(omni)bus; ~**rama** [~ra'ma] *m* Autokino *n*
autori|**sation** [otɔriza'sjɔ̃] *f* Genehmigung; ~**ser** [~'ze] bevollmächtigen; **se** ~**ser de** sich berufen auf; ~**té** [~ri'te] *f* Autorität; Behörde
auto|**route** [oto'rut] *f* Autobahn, -straße; ~**route urbaine** Stadtautobahn; ~**stop** [~'stɔp] *m*: **faire de l'**~ per Anhalter fahren
autour [o'tu:r] **1.** *m* Habicht; **2.** umher; ~ **de** um ... (herum)
autre [o:tr(ə)] andere(r); **l'**~ **jour** neulich; **d'**~ **part** andererseits; ~**fois** früher, ehemals; ~**ment** anders, sonst
Autrich|**e** [o'triʃ] *f*: **l'**~ Österreich *n*; 2**ien** [~'sjɛ̃] österreichisch
autruche [o'tryʃ] *f* Zo Strauß *m*
autrui [o'trɥi] *m* ein anderer; andere
auxiliaire [ɔksi'ljɛ:r] Hilfs-...; *m* Helfer, Gehilfe
aval [a'val]: **en** ~ stromabwärts; ~**anche** [~'lɑ̃:ʃ] *f* Lawine
avaler [ava'le] verschlucken; verschlingen; *F Kilometer* fressen

avanc|e [a'vã:s] f Vorsprung m; Vorschuß m; ~ement [~'mã] m Fortschritt; Beförderung f; ~er [~'se] nach vorne bringen, vorrücken; Uhr: vorgehen

avant [a'vã] vor(her); ~tout vor allem; en ~ vorwärts, nach vorn; ~ que bevor, ehe; m Sp Stürmer

avantag|e [avã'ta:ʒ] m Vorteil; ~er [~ta'ʒe] bevorzugen; ~eux [~ta'ʒø] vorteilhaft

avant|-goût [avã'gu] m Vorgeschmack; ~hier [~'tjɛ:r] vorgestern; ~propos [~prɔ'po] m Vorwort n; ~scène [~'sɛn] f Orchesterloge

avar|e [a'va:r] geizig; m Geizhals; ~ice [ava'ris] f Geiz m; ~icieux [~ri'sjø] knauserig

avarie [ava'ri] f Havarie; ~ de machine Maschinenschaden m

avec [a'vɛk] mit; bei

avenant [av'nã] angenehm, freundlich

avènement [avɛn'mã] m Regierungsantritt

avenir [av'ni:r] m Zukunft f; à l'~ in Zukunft

avent [a'vã] m Advent

aventur|e [avã'ty:r] f Abenteuer n; ~er [~'ty're] wagen; s'~er sich e-r Gefahr aussetzen, sich wagen; ~eux [~'rø] abenteuerlich; ~ier [~'rje] m Abenteurer

avenue [av'ny] f Allee

avérer [ave're]: s'~ sich als ... erweisen

averse [a'vɛrs] f Platzregen m

aversion [avɛr'sjɔ̃] f Abneigung (**pour** gegen)

avert|ir [avɛr'ti:r] benachrichtigen; warnen; ~issement [~tis'mã] m Nachricht f; Warnung f; ~isseur [~ti'sœ:r] m (lumineux Licht-)Hupe f; ~isseur d'incendie Feuermelder

aveu [a'vø] m Geständnis n

aveugl|e [a'vœgl] blind; ~ement [~'mã] m Verblendung f; ~er [~'gle] (ver)blenden

aviat|eur [avja'tœ:r] m Flieger; ~ion [~'sjɔ̃] f Luftfahrt

avid|e [a'vid] gierig (**de** nach); ~ité [~di'te] f Gier

avil|ir [avi'li:r] erniedrigen; ~issement [~lis'mã] m Erniedrigung f

avion [a'vjɔ̃] m (à réaction, de sport Düsen-, Sport-)Flugzeug n; **par** ~ mit Luftpost; ~-type [~'tip] m Modellflugzeug n

aviron [avi'rɔ̃] m Ruder n; Rudern n

avis [a'vi] m Meinung f; Bekanntmachung f; ~é [~'ze] besonnen; ~er [~] bemerken; benachrichtigen

avocat [avɔ'ka] m Rechtsanwalt

avoine [a'vwan] f Hafer m

avoir [a'vwa:r] haben; **il y a**

avoisiner

es gibt; **il y a 2 ans** vor 2 Jahren; **~ 15 ans** 15 Jahre alt sein; *m* Habe *f*

avoisiner [avwazi'ne] angrenzen (**qc.** an et.)

babeurre [ba'bœ:r] *m* Buttermilch *f*

babil [ba'bil] *m* Geschwätz *n*

babill|ard [babi'ja:r] geschwätzig; *m* Schwätzer; **~er** [~'je] schwatzen

bâbord [ba'bɔ:r] *m* Backbord *n*

babouin [ba'bwɛ̃] *m* Pavian *m*

babysitter [bebisi'tɛ:r] *m* Babysitter

bac [bak] *m* (**à voitures** Auto-)Fähre *f*

bac(calauréat) [bak(alore'a)] *m* Abi(tur *n*) *n*

bâche [ba:ʃ] *f* Plane, Decke *f*

bacille [ba'sil] *m* Bazillus

bâcler [ba'kle] *F* hinhauen, pfuschen

badiner [badi'ne] schäkern

bagages [ba'ga:ʒ] *m/pl* (**à main** Hand-)Gepäck *n*

bagarre [ba'ga:r] *f* Krawall *m*, Rauferei

bagne [baɲ] *m* Bagno *n*

bague [bag] *f* (Finger-) Ring *m*

baguette [ba'gɛt] *f* Gerte; Weißbrotstange

bahut [ba'y] *m* Truhe *f*

baie [bɛ] *f* Beere; Bucht

baign|ade [bɛ'ɲad] *f* Badestelle; **~er** [~'ɲe]: **se** ~ baden; **~eur** [~'ɲœ:r] *m*

26

avou|é [a'vwe] *m* Sachwalter; **~er** [~] eingestehen; zugeben; anerkennen

avril [a'vril] *m* April

axe [aks] *m* Achse *f*

B

Badegast; (*Heilbad*) Bademeister *m*; **~oire** [~'nwa:r] *f* Badewanne; *Thea* Parkettloge

bâiller [ba'je] gähnen

bail [baj] *m* Pacht-, Mietvertrag

bain [bɛ̃] *m* Bad *n*; **salle de** ~ Badezimmer *n*; **~ de boue** Moorbad *n*; **~ de curatif** Heilbad *m*; **~ de mousse** Schaumbad *n*; **~ de siège** Sitzbad *n*; **~ de soleil** Sonnenbad *n*; **~ de vapeur** Dampfbad *n*; **~s** *pl* Badeanstalt *f*; Badeort

baise|main [bɛz'mɛ̃] *m* Handkuß; **~r** [~'ze] *m* Kuß

baisser [bɛ'se] herunterlassen; niedriger m.; senken; **se** ~ sich bücken

bal [bal] *m* (**masqué** Masken-)Ball

balade [ba'lad] *f* Bummel *m*

baladeuse [bala'dø:z] *f* Anhänger *m* (*Fahrzeug*); Karren *m*

balai [ba'lɛ] *m* Besen

balance [ba'lɑ̃:s] *f* Waage; Gleichgewicht *n*; Bilanz

balancer [balɑ̃'se] schaukeln; se ~ schwanken

balay|er [balɛ'je] (aus-, weg-)fegen; **~ette** [~'jɛt] *f*

barreau

Handfeger m; **~eur** [.'jœːr] m Straßenfeger; **~ures** [.'yːr] f/pl Kehricht m
balbutier [balby'sje] stottern
balcon [bal'kɔ̃] m Balkon; Thea erste(r) Rang
Bâle [bɑːl] m Basel
baleine [ba'lɛn] f Wal(fisch) m; **~ier** [.'nje] m Walfänger
balise [ba'liːz] f Bake, Boje
balle [bal] f (Spiel-)Ball m, Hdl Ballen m
ballet [ba'lɛ] m Ballett n
ballon [ba'lɔ̃] m (Luft-)Ballon; (Fuß-)Ball; **~nements** m/pl Blähungen f/pl
ballottage [balɔ'taːʒ] m Stichwahl f
balnéaire [balne'ɛːr] Bade...; **station** f ~ Badeort m
balustrade [balys'trad] f Geländer n, Balustrade
banane [ba'nan] f Banane
banc [bɑ̃] m Bank f
bandage [bɑ̃'daːʒ] m Verband, **(de gaze** Mull-)Binde f; **~e élastique** Elastikbinde f; **~e magnétique** Tonband n; **~e médiane (verte)** Mittel-(Grün-)streifen m; **~eau** [.'lo] m (Augen-)Binde f; **~er** [.'de] verbinden
banderole [bɑ̃d'rɔl] f Wimpel m; Spruchband n
banlieue [bɑ̃'ljø] f Vororte m/pl, Umgebung; **train de ~** Vorortzug

bannière [ba'njɛːr] f Banner n
bannir [ba'niːr] verbannen
banque [bɑ̃ːk] f Hdl Bank f; Spielbank; **~e de données** Datenbank; **~eroute** [bɑ̃-'krut] f Bankrott m; **~et** [.'kɛ] m Bankett n; **~ette** [.'kɛt] f (Sitz-)Bank (gepolstert); **~ier** [.'kje] m Bankier; Bankhalter; **~ise** [.'kiːz] f Packeis n
baptême [ba'tɛːm] m Taufe f; **~ême des tropiques** Äquatortaufe f; **~iser** [.ti'ze] taufen
baquet [ba'kɛ] m Kübel, Zuber
bar [baːr] m Bar f
baraque [ba'rak] f Baracke
barbe [barb] f Bart m; **grande ~** Vollbart m
barbeau [bar'bo] m Barbe f
barbelé [barbə'le] zackig; **(fil de fer) ~** (m) Stacheldraht
barboteuse [barbɔ'tøːz] f Spielanzug m
barbouiller [barbu'je] besudeln
barbu [bar'by] bärtig
barbue [.'by] f Steinbutt m
barcasse [bar'kas] f Barkasse
baril [ba'ri] m Fäßchen n
baroque [ba'rɔk] m barock
barque [bark] f Barke
barrage [ba'raːʒ] m Staudamm, Talsperre f; Straßensperre f
barre [baːr] f Stange, Sandbank; **~eau** [.'ro] m

barrer

Gitterstange *f*; ~er [~re] verriegeln; ~icade [~ri'kad] *f* Barrikade; ~icader [~rika'de] verrammeln; ~ière [ba'rjɛːr] *f* Schlagbaum *m*; *Esb* Schranke

bas [bɑ] niedrig; leise; **en ~** unten; ~ (**élastique**, **nylon** Gummi-, Nylon-)Strumpf

bascul|e [bas'kyl] *f* Waage, Schaukel(brett *n*); **~er** [~ky'le] schaukeln

baser [bɑ'ze] gründen (**sur** auf)

basket [bas'kɛt] *m* Turn-, Sportschuh; **~-ball** [~'bɔl] *m* Basketball

bas-relief [bɑrə'ljɛf] *m* Flachrelief *n*

basse [bɑs] *f* Baß *m*; **~-cour** [~'kuːr] *f* Geflügelhof *m*, **~sse** [~'sɛs] *f* Gemeinheit; **~-fosse** [~'fɔs] *f* Verlies *n*

bassin [bɑ'sɛ̃] *m* (**de natation** Schwimm-)Becken *n*, Schale *f*

basson [bɑ'sɔ̃] *m* Fagott *n*

baste! [bast] genug!, basta!

bastingage [bastɛ̃'gaːʒ] *m* Reling *f*

bas-ventre [bɑ'vãːtr] *m* Unterleib

bataille [ba'taːj] *f* Schlacht

bâtard [bɑ'taːr] *m* Bastard

bateau [ba'to] *m* Boot *n*; **~ à moteur** (**de pêche**, **pneumatique**, **de sauvetage**, **à voiles**) Motor-(Fischer-, Schlauch-, Rettungs-, Segel-)boot *m*

bâtiment [bɑti'mɑ̃] *m* Ge-

28

bäude *n*, Bau; *großes* Schiff *n*; **~ de guerre** Kriegsschiff *n*

bât|ir [bɑ'tiːr] bauen; **~isse** [~'tis] *f* Bauwerk *n*

bâton [bɑ'tõ] *m* Stock; **~ de rouge** Lippenstift; **~ de ski** Skistock *m*; **~ner** [~to'ne] (ver)prügeln

batt|age [ba'taːʒ] *m* Dreschen *n*; **~ant neuf** nagelneu; *m* (Tür-)Flügel; (Glocken-)Klöppel; **~ement** [bat'mɑ̃] *m* Schlagen *n*; **~erie** [~'tri] *f* Batterie; Schlagzeug *n*; **~erie de cuisine** Küchengeschirr *n*

battre ['batrə] schlagen; Karten mischen; **se ~** kämpfen

battue [ba'ty] *f* Treibjagd

baume [boːm] *m* Balsam

bavard [ba'vaːr] schwatzhaft; *m* Schwätzer; **~age** [~var'daːʒ] *m* Geschwätz *n*; **~er** [~'de] schwatzen

bav|e [baːv] *f* Geifer *m*; **~er** [~'ve] geifern; sabbern; **~ette** [~'vɛt] *f* Lätzchen *n*

Bavière [ba'vjɛːr]: **la ~** Bayern *n*

béant [be'ɑ̃] klaffend

béatitude [beati'tyd] *f* (Glück-)Seligkeit

beatnik [bit'nik] *m* Gammler

beau [bo], **bel** (*m*), **belle** [bɛl] (*f*) schön; **il fait beau** (**temps**) es ist schönes Wetter; **beau** *m* Schöne(s) (*n*); **faire le beau** Männchen machen (*Hund*)

beaucoup [bo'ku] viel(e)
beau|-fils [bo'fis] *m* Stief-, Schwieger-sohn; **~-frère** [~'frɛːr] *m* Schwager; Stiefbruder; **~-père** [~'pɛːr] *m* Schwieger-, Stief-vater
beauté [bo'te] *f* Schönheit
bébé [be'be] *m* Baby *n*
bec [bɛk] *m* Schnabel
bécane *F* [be'kan] *f* Drahtesel *m*
bêch|e [bɛʃ] *f* Spaten *m*; **~er** [~'ʃe] umgraben
bedaine [bə'dɛn] *F f* Schmerbauch *m*
Bédouin [be'dwɛ̃] *m* Beduine
beffroi [be'frwa] *m* Rathaus-, Wacht-, Glockenturm
bégayer [bege'je] lallen, stottern, stammeln
beige [bɛːʒ] beige
beignet [bɛ'ɲe] *m* Krapfen
bel s. **beau**
bêler [bɛ'le] blöken
belette [bə'lɛt] *f* Wiesel *n*
belg|e [bɛlʒ] belgisch; ☆ique [bɛl'ʒik]: **la** ☆ique Belgien *n*
bélier [bel'je] *m* Widder
belle s. **beau**; **~-fille** *f* Stief-, Schwieger-tochter; **~-mère** *f* Schwieger-, Stief-mutter; **~s-lettres** *f/pl* schöne Literatur *f*; Belletristik *sg*; **~-sœur** *f* Schwägerin; Stiefschwester
belli|gérant [bɛliʒe'rɑ̃] kriegführend; **~queux** [bɛli'kø] kriegerisch

bellot [bɛ'lo] niedlich
belvédère [bɛlve'dɛːr] *m* Aussichtsturm
béné|dicité [benedisi'te] *m* Tischgebet *n*; **~diction** [~dik'sjɔ̃] *f* Segen *m*
bénéfic|e [bene'fis] *m* Gewinn, Vorteil; **~iaire** [~'sjɛːr] *m* Nutznießer
bénévole [bene'vɔl] wohlwollend; freiwillig
bénignité [beniɲi'te] *f* Güte
béni|n, ~gne [be'nɛ̃, ~'niɲ] gütig; gutartig
bénir [be'niːr] segnen
béquill|e [be'kij] *f* Krücke; **~on** [~'jɔ̃] *f* Krückstock
berc|eau [bɛr'so] *m* Wiege *f*; **~er** [~'se] schaukeln; **~euse** [~'søːz] *f* Wiegenlied *n*; Schaukelstuhl *m*
béret [be'rɛ] *m* Baskenmütze *f*
berge [bɛrʒ] *f* Böschung
berg|er [bɛr'ʒe] *m* Schäfer; **(chien ~ de)** ~ Schäferhund; **~ère** [~'ʒɛːr] *f* Schäferin; Lehnsessel *m*
berlingot [bɛrlɛ̃'go] *m* Milchtüte *f* (foppen)
berner [bɛr'ne] prellen;
besogn|e [bə'zɔɲ] *f* Arbeit; **~eux** [~'nø] bedürftig
besoin [bə'zwɛ̃] *m* Bedürfnis *n*; **avoir ~ de** nötig haben, brauchen; **au ~** im Notfall
besti|al [bɛs'tjal] tierisch, bestialisch; **~aux** [~'tjo] *m/pl* Vieh *n*
best-seller [bɛstsɛ'lœːr] *m* Bestseller

bétail

bétail [be'taj] *m* Vieh *n*;
bête [bɛ:t] dumm; *f* Tier *n*; *fig* Dummkopf *m*
bêtise [bɛ'ti:z] *f* Dummheit *f*
béton [be'tɔ̃] *m* Beton
betterave [bɛ'tra:v] *f* (**sucrière** Zucker-)Rübe
beugler [bø'gle] brüllen
beurr|e [bœ:r] *m* Butter *f*; **~ée** [**~**'re] *f* Butterbrot *n*; **~ier** [**~**'rje] *m* Butterdose *f*
bévue [be'vy] *f* Versehen *n*
biais [bjɛ] schräg, schief; *m* Schräge *f*; *fig* Ausweg
bibelot [bi'blo] *m* Nippsache *f*
biblio|thécaire [biblioteˈkɛ:r] *m* Bibliothekar; **~thèque** [**~**'tɛk] *f* Bücherei, Bibliothek
biche [biʃ] *f* Hirschkuh
bicolore [bikɔ'lɔ:r] zweifarbig
bicyclette [bisi'klɛt] *f* Fahrrad *n*
bidet [bi'dɛ] *m* kleines Reitpferd *n*; Bidet *n*
bidon [bi'dɔ̃] *m* Kanister
bielle [bjɛl] *f* Pleuelstange
bien [bjɛ̃] gut, wohl, sehr; **je veux ~!** gerne!; **~ que** obgleich; *m* Gute(s) *n*; Vermögen *n*; **~-aimé** [**~**nɛ'me] vielgeliebt; *m* Liebling; **~-être** [**~**'nɛ:tr̩ə] *n* Wohl-stand, **~**-befinden *n*; **~faisance** [**~**fə'zɑ̃:s] *f* Wohltätigkeit; **~faisant** [**~**fə'zɑ̃] wohltätig; **~fait** [**~**fɛ] *m* Wohltat *f*; **~faiteur** [**~**fɛ'tœ:r] *m* Wohltäter *m*; **~-fondé** [**~**fɔ̃'de] *m*

Wohlbegründete(s) *n*; **~heureux** [**~**nø'rø] (glück-)selig
biennal [bje'nal] zweijährig
bienséan|ce [bjɛ̃seˈɑ̃:s] *f* Anstand *m*; **~t** [**~**se'ɑ̃] schicklich, anständig
bientôt [bjɛ̃'to] bald; **à ~!** bis bald!
bienveillan|ce [bjɛ̃vɛˈjɑ̃:s] *f* Wohlwollen *n*; **~t** [**~**veˈjɑ̃] wohlwollend
bienvenu [**~**və'ny] willkommen; **soyez le(s) ~(s)!** herzlich willkommen!
bière [bjɛ:r] *f* 1. **blonde, brune** helles, dunkles Bier *n*; **en boîte (en bouteille, de malt)** Dosen-(Flaschen-, Malz-)bier; **~ de Pilzen** Pilsner Bier; **~ à la pression** Bier vom Faß; 2. Sarg *m*
biffer [bi'fe] durchstreichen
bifteck [bif'tɛk] *m* Beefsteak *n*
bifur|cation [bifyrka'sjɔ̃] *f* (Weg-)Gabelung; **~quer** [**~**'ke] abzweigen
bigarré [biga're] bunt (-scheckig)
bigot [bi'go] frömmelnd, **~erie** [**~**gɔ'tri] *f* Frömmelei
bigoudi [bigu'di] *m* Lockenwickel
bijou [bi'ʒu] *m* Juwel *n*; **~terie** [**~**'tri] *f* Juweliergeschäft *n*; Schmuck *m*; **fausse ~terie, ~terie de fantaisie** Modeschmuck *m*; **~tier** [**~**'tje] *m* Juwelier
bikini [biki'ni] *m* Bikini

bilan [bi'lɑ̃] *m* Bilanz *f*
bile [bil] *f* Galle
billard [bi'ja:r] *m* Billard *f*
bille [bi:j] *f* Kugel
billet [bi'jɛ] *m* Fahrschein; Eintrittskarte *f*; Zettel; ~ **de banque** Banknote *f*; ~ **de faveur** Freikarte *f*; ~ **de week-end** Sonntagsfahrkarte *f*
billot [bi'jo] *m* Hauklotz
bimensuel [bimɑ̃'sɥɛl] zweimal monatlich
binocle [bi'nɔklə] *m* Kneifer; Opernglas *n*
biologie [biɔlɔ'ʒi] *f* Biologie
bi|place [bi'plas] *m* Zweisitzer; ~**plan** [~'plɑ̃] *m* Doppeldecker
bis¹ [bi] dunkelgrau; **pain** ~ Schwarzbrot *m*
bis² [bis] da capo; *bei* Hausnummern a
bisaïeul [biza'jœl] *m* Urgroßvater
biscuit [bis'kɥi] *m* Zwieback; Biskuit; Keks
bise [bi:z] *f* Nordwind *m*
bisque [bisk] *f* Krebssuppe
bistro(t) [bis'tro] *P m* Kneipe *f*
bitter [bi'tɛr] *m* Magenbitter
bizarre [bi'za:r] seltsam, sonderbar
blafard [bla'fa:r] bleich
blague [blag] *f* Tabaksbeutel *m*; *F* Bluff *m*; Scherz *m*; ~**r** [~'ge] aufschneiden, flunkern
blaireau [blɛ'ro] *m* Rasierpinsel; *Zo* Dachs

blâm|able [blɑ'mabləl] tadelnswert; ~**e** [blɑ:m] *m* Tadel; ~**er** [~'me] tadeln
blanc [blɑ̃] (*m*), **blanche** [blɑ̃:ʃ] (*f*) weiß; nitr; *su* Weiße(r); ~**-bec** [~'bɛk] *F m* Grünschnabel
blanch|âtre [blɑ̃'ʃɑ:trə] weißlich; ~**ir** [~'ʃi:r] weißen; bleichen; ergrauen; ~**isserie** [~ʃis'ri] *f* Wäscherei; ~**isseuse** [~ʃi'sø:z] *f* Wäscherin
blancseing [blɑ̃'sɛ̃] *m* Blankovollmacht *f*
blasé [blɑ'ze] blasiert
blason [blɑ'zɔ̃] *m* Wappenschild *n*
blasphème [blas'fɛm] *m* Gotteslästerung *f*
blatte [blat] *f* *Zo* Schabe
blé [ble] *m* Weizen; Getreide *n*
blêm|e [blɛ:m] leichenblaß, bleich; ~**ir** [~'mi:r] erblassen
blennorragie [blenɔra'ʒi] *f* *Med* Tripper *m*
bless|er [blɛ'se] verwunden, verletzen; ~**ure** [~'sy:r] *f* Wunde, Verletzung
bleu [blø] blau; ~**âtre** [~'ɑ:trə] bläulich
blind|age [blɛ̃'da:ʒ] *m* Panzerung *f*; ~**er** [~'de] panzern
bloc [blɔk] *m* Block, Klotz; **à dessein** Zeichenblock; ~ **oriental** Ostblock; **en** ~ im ganzen; ~**notes** [~'nɔt] *m* Notizblock; ~**us** [~'ky:s] *m* Blockade *f*

blond [blɔ̃] blond

bloquer [~'ke] blockieren

blottir [blɔ'tiːr]: se ~ sich kauern, sich ducken

blouse [bluːz] f Kittel m, Bluse

blouson [bluˈzɔ̃] m (**en cuir**) (Leder-)Jacke f; ~ **noir** m Halbstarke(r)

bobine [bɔ'bin] f Spule

bob(**sleigh**) [bɔb(ˈsleː)] m (**à quatre** Vierer-)Bob

bocage [bɔ'kaːʒ] m Gehölz n

bœuf [bœf, pl bø] m Ochse; Rind(fleisch n) n; ~ **à la mode** Schmorbraten

bohème [bɔ'ɛːm] f Künstlerwelt; m Bohemien

Bohême [~]: **la** ~ Böhmen n

bohémien [bɔeˈmjɛ̃] m Zigeuner

boire [bwaːr] trinken; Tier: saufen

bois [bwa] m (**de chauffage** Brenn-)Holz n; Gehölz n; Schwarte f; ~er [~'ze] täfeln

boisson [~'sɔ̃] f Getränk n

boîte [bwat] f Schachtel, Dose; ~ **aux lettres** Briefkasten m; ~ **postale** Postfach n; ~ **à conserves** Konservenbüchse f; ~ **de nuit** Nachtbar, ~ **de vitesses** Getriebe n

boit|**er** [bwa'te] hinken; ~**eux** [~'tø] hinkend, lahm, wack(e)lig

bol [bɔl] m Trinkschale f

bolchevisme [bɔlʃəˈvism] m Bolschewismus

bombe [bɔ̃b] f (**à hydrogène** Wasserstoff-)Bombe

bon gut; **de ~ne heure** früh (-zeitig); **à quoi ~?** wozu?; m Gute(s) n; (Gut-)Schein, ~ **d'essence** Benzingutschein

bonbon [bɔ̃'bɔ̃] m Bonbon

bond [bɔ̃] m Sprung; Satz

bondé [bɔ̃'de] überfüllt

bondir [bɔ̃'diːr] (auf)springen

bonheur [bɔˈnœːr] m Glück n

bonhom|**ie** [bɔnɔˈmi] f Gutmütigkeit; ~**me** [~'nɔm] m Überschuß m; guter Kerl; Männchen n

boni [bɔ'ni] m Überschuß m; Gewinn; ~**fier** [~'fje] verbessern

bonjour [bɔ̃'ʒuːr] m guten Morgen, guten Tag

bonne [bɔn] f Dienstmädchen n

bonnet [bɔ'nɛ] m Mütze f; (**de bain** Bade-)Kappe f

bon|**soir** [bɔ̃'swaːr] m guten Abend; ~**té** [~'te] f Güte

boomerang [bumˈrɑ̃ːg] m Boomerang

bord [bɔːr] m Rand; Ufer n; Borte f; ~**er** [~'de] säumen; ~**ure** [~ˈdyːr] f Borte; Saum m

borgne [bɔrɲ] einäugig; fig finster, berüchtigt

born|**e** [bɔrn] f Grenzstein m; ~ **kilométrique** Kilometerstein m; ~**é** [~'ne] beschränkt, dumm; ~**er** [~] abgrenzen; **se ~er à** sich beschränken auf

bosquet [bɔsˈkɛ] *m* Wäldchen *n*, Baumgruppe *f*
boss|e [bɔs] *f* Buckel *m*; Beule; ~**u** [~ˈsy] buck(e)lig; *m* Bucklige(r)
botte [bɔt] *f* Bündel *n*; Stiefel *m*; Hieb *m*
bouc [buk] *m* Ziegenbock
bouch|e [buʃ] *f* Mund *m*; Maul *n*; ~**ée** [~ˈʃe] *f* Mundvoll *m*, Bissen *m*; ~**er** [~ˈʃe] zu-, verstopfen
boucher [~] *m* Schlächter
boucherie [buʃˈri] *f* Fleischerei
bouch|e-trou [buʃˈtru] *m* Lückenbüßer; ~**on** [~ˈʃɔ̃] *f* Stöpsel, Korken; Stau
boucle [ˈbuklə] *f* Öse, Schnalle; Locke; ~ **d'oreille** Ohrring *m*
bouder [buˈde] schmollen (q. mit j-m)
boudin [buˈdɛ̃] *m* Blutwurst *f*
boue [bu] *f* Schlamm *m*; Straßenschmutz *m*
bouée [buˈe] *f* Boje; ~ **de sauvetage** Rettungsring *m*
bouff|ant [buˈfɑ̃] bauschig; ~**ée** [~ˈfe] *f* (Wind-)Stoß *m*; *Med* Aufstoßen *n*; ~**er** sich bauschen; *P* fressen; ~**on** [~ˈfɔ̃] *m* Spaßmacher; Hofnarr
bouger [buˈʒe] sich bewegen
bougie [buˈʒi] *f* Kerze; ~ **(d'allumage)** Zündkerze
bouillabaisse [buja'bɛs] *f* Fischsuppe
bouill|ant [buˈjɑ̃] kochend;
~**ir** [buˈjiːr] sieden, kochen; ~**oire** [~ˈjwaːr] *f* Teekessel *m*
bouill|on [buˈjɔ̃] *m* Fleischbrühe *f*; ~**otte** [~ˈjɔt] *f* Wärmflasche
boulang|er [bulɑ̃ˈʒe] *m* Bäcker; ~**erie** [~ˈʒri] *f* Bäckerei
boule [bul] *f* Kugel; ~ **de neige** Schneeball *m*
bouleau [buˈlo] *m* Birke *f*
boulette [buˈlɛt] *f* Bulette
bouleverser [bulvɛrˈse] umstürzen
bouquet [buˈkɛ] *m* (**de fleurs**) (Blumen-)Strauß
bouquetin [bukˈtɛ̃] *m* Steinbock
bouquiniste [bukiˈnist] *m* Antiquar(iatsbuchhändler)
bourbe [burb] *f* Morast *m*
bourdon [burˈdɔ̃] *m* Hummel *f*; ~**ner** [~dɔˈne] summen
bourg [buːr] *m* Marktflecken; ~**ade** [burˈgad] *f* kleiner Marktflecken
bourgeois [burˈʒwa] bürgerlich; *m* Bürger
bourgeon [burˈʒɔ̃] *m* Knospe *f*; ~**ner** [~ʒɔˈne] Knospen treiben
bourgmestre [burgˈmɛstrə] *m* Bürgermeister
bourgogne [burˈgɔɲ] *m* Burgunder(wein)
bourrasque [buˈrask] *f* (jäher) Windstoß
bourreau [buˈro] *m* Henker
bourrer [buˈre] vollstopfen
bourru [buˈry] mürrisch

bourse [burs] *f* Börse (*a Gebäude*); Geldbeutel *m*; Stipendium *n*

bousculer [busky'le] durcheinanderwerfen; drängeln, schubsen

boussole [bu'sɔl] *f* Kompaß *m*

bout [bu] *m* Ende *n*; Spitze *f*; Mundstück *n*

boutade [bu'tad] *f* Laune, Einfall *m*

bouteille [bu'tɛj] *f* Flasche; ~ **de gaz** Gasflasche

bouteroue [bu'tru] *f* Prellstein *m*

boutiqu|e [bu'tik] *f* kleiner Laden *m*; Boutique; ~**ier** [~ti'kje] *m* Händler

bouton [bu'tɔ̃] *m* Knopf, Knospe, *Med* Pickel; ~ **de manchette** Manschettenknopf; ~**-d'or** [~'dɔːr] *m* Butterblume *f*; ~**ner** [~tɔ'ne] zuknöpfen; Knospen treiben; ~**nière** [~tɔ'njɛːr] *f* Knopfloch *n*; ~**pression** [~prɛ'sjɔ̃] *m* Druckknopf

box|e [bɔks] *f* Boxen *n*; ~**er** [~'se] boxen

box|er [bɔk'sɛːr] *m Zo* Boxer; ~**eur** [~'sœːr] *m* Boxer

boyau [bwa'jo] *m* Darm

bracelet [bras'lɛ] *m* Armband *n*

braconn|er [brakɔ'ne] wildern; ~**ier** [~'nje] *m* Wilddieb

braill|ard [braːˈjaːr] *m* Schreihals; ~**er** [~ˈje] grölen

braise [brɛːz] *f* Kohlenglut

brancard [brɑ̃'kaːr] *m* Tragbahre *f*; ~**ier** [~karˈdje] *m* Krankenträger, Sanitäter

branche [brɑ̃ːʃ] *f* Ast *m*, Zweig *m*; (Brillen-)Bügel *m*; Branche; Fach *n*; ~**ement** [~ˈmɑ̃] *m* Verzweigung *f*

branler [brɑ̃'le] wackeln

bras [bra] *m* (Ober-)Arm

braser [brɑ'ze] löten

brasier [~'zje] *m* Kohlenglut *f*

brassard [braˈsaːr] *m* Armbinde *f*

brasserie [brasˈri] *f* Brauerei; Bierlokal *n*

brasure [brɑ'zyːr] *f* Lötstelle

bravache [braˈvaʃ] *m* Großmaul *n*

brav|e [braːv] tapfer; rechtschaffen; ~**er** [bra'veˈ] *q.* j-m trotzen

brebis [brəˈbi] *f* Schaf *n*

brèche [brɛʃ] *f* Spalte, Öffnung; (Zahn-)Lücke

bredouille [brəˈduj] unverrichteterdinge

bref, brève [brɛf, brɛv] kurz

breloque [brəˈlɔk] *f* Anhänger *m* (*Schmuck*)

Brésil [breˈzil]: **le** ~ Brasilien *n*; 2**ien** [~ˈljɛ̃] brasilianisch

bretell|es [brəˈtɛl] *f/pl* Hosenträger *m/pl*

brevet [brəˈvɛ] *m* Diplom *n*; Patent *n*; ~**er** [brəv'te] patentieren

bribe [brib] f Brocken m

bric-à-brac [brika'brak] m Gerümpel n; **marchand m de ~** Trödler

bricol|er [briko'le] basteln; **~eur** [~'lœːr] m Bastler

bride [brid] f Zaum m; Zügel m

bridge [bridʒ] m Bridge n; (Zahn-)Brücke f

briève|ment [brjɛv'mã] adv kurz; **~té** [~'te] f Kürze

brigade [bri'gad] f Brigade f

brigand [bri'gã] m Räuber; **~age** [~'daːʒ] m (Straßen-)Raub (um et. bewerben)

briguer [bri'ge] qc. sich

brill|ant [bri'jã] glänzend, m Brillant; **~er** [~'je] glänzen; Sonne: scheinen

brin [brɛ̃] m Halm

brioche [bri'ɔʃ] f Brioche

brique [brik] f Ziegelstein m; **~t** [bri'kɛ] m (à gaz Gas-)Feuerzeug n

brisant [~'zã] m Felsenklippe f

brise [briːz] f Brise f; **~bise** [~'biːz] m Scheibengardine f; **~-glace** m Eisbrecher; **~-lames** [~'lam] m Wellenbrecher

bris|er [bri'ze] zerbrechen, -schlagen; **~ure** [~'zyːr] f Bruch m, Sprung m

broc [bro] m Kanne f

brocant|er [brokã'te] verschachern; **~eur** [~'tœːr] m Trödler

brocart [bro'kaːr] m Brokat

broch|e [brɔʃ] f Bratspieß m; Brosche; **rôti à la ~e**

am Spieß gebraten; **~er** [brɔ'ʃe] heften, broschieren

brochet [brɔ'ʃɛ] m Hecht

brochure [brɔ'ʃyːr] f Broschüre

brod|er [bro'de] sticken; **~ie** [~'dri] f Stickerei

broncher [brɔ̃'ʃe] stolpern

bronchite [brɔ̃'ʃit] f Bronchitis

bronzer [brɔ̃'ze]: **se ~** braun werden

bross|e [brɔs] f (**à dents, à habits, à ongles** Zahn-, Kleider-, Nagel-)Bürste; Pinsel m; **~er** [brɔ'se] (ab-, aus-)bürsten

brouet [bru'ɛ] m dünne Suppe f, pej Brühe f

brouette [bru'ɛt] f Schubkarre

brouillard [bru'jaːr] m Nebel

brouill|e [bruj] f Zwist m; **~er** [bru'je] mischen; **se ~er** trübe w.; fig sich überwerfen

brouillon [bru'jɔ̃] m Konzept n, Kladde f

broussailles [bru'sɑːj] f/pl Gestrüpp n

brouter [bru'te] abweiden, grasen

broyer [brwa'je] zermalmen, zerreiben; F **~ du noir** Trübsal blasen

bru [bry] f Schwiegertochter

bruin|e [brɥin] f Sprühregen m; **~er** [~'ne] nieseln; **~eux** [~'nø] naßkalt

bruire [brɥ'iːr] rauschen, brausen

bruit

bruit [brɥi] *m* Lärm; Gerücht *n*
brûl|ant [bryˈlã] heiß, brennend; **~er** [~ˈle] (ver-, an-)brennen; *Esb* durchfahren; *Signal* überfahren; **se ~er la cervelle** sich eine Kugel durch den Kopf jagen; **~eur** [~ˈlœːr] *m* Brenner; **~ot** [~ˈlo] *m* Hetzblatt *n*; **~ure** [~ˈlyːr] *f* Brandwunde
brum|e [brym] *f* dichter Nebel *m*; **~eux** [~ˈmø] neb(e)lig
brun [brœ̃] braun; **~âtre** [bryˈnɑːtr] bräunlich; **~e** [bryn] *f* Brünette; Abenddämmerung; **~ir** [bryˈniːr] bräunen; polieren
brusqu|e [brysk] barsch, plötzlich; **~er** [~ˈke] hart anfahren, brüskieren; überstürzen; **~erie** [~kəˈri] *f* Brüskierung
brut [bryt] roh, unbearbeitet; **poids** *m* **~** Bruttogewicht *n*
brutal [bryˈtal] brutal; **~iser** [~liˈze] mißhandeln; **~ité** [~liˈte] *f* Brutalität
Bruxelles [bryˈsɛl] *f* Brüssel *n*
bruyère [bryˈjɛːr] *f* Heidekraut *n*
bûche [byʃ] *f* Scheit *n*; **~r** [byˈʃe] *m* Scheiterhaufen; **~ron** [~ˈrɔ̃] *m* Holzfäller
buée [bɥe] *f* Wrasen *m*, Beschlag *m*
buffet [byˈfɛ] *m* Büfett *n*; Schanktisch; **~ (de la gare)** Bahnhofsrestaurant *n*
buffle [ˈbyflə] *m* Büffel

building [bilˈdiŋ] *m* Hochhaus *n*
buisson [bɥiˈsɔ̃] *m* Busch, Gebüsch *n*
bulbe [bylb] *f* Knolle
bulldozer [buldoˈzœːr] *m* Planierraupe *f*
bulle [byl] *f* Blase
bulletin [bylˈtɛ̃] *m* Wahlzettel; Bericht; Schein; **~ d'enregistrement** Gepäckschein; **~ d'expédition** Paketkarte *f*; **~ météorologique** Wetterbericht
bureau [byˈro] *m* Büro *n*; Amt *n*; **~ de change** Wechselstube *f*; **~ de poste** Postamt *n*; **~ des chèques postaux** Postscheckamt *n*; **~ de renseignements** Auskunftsbüro *n*, Informationsschalter; **~ des objets trouvés** Fundbüro *n*
burette [byˈrɛt] *f* Kännchen *n*
bus [bys] *p.s.s* **boire** [chen/]
buse [byːz] *f* Bussard *m*
but [byt, by] *m* Zweck, Ziel *n*; *Sp* Tor *n*; **avoir pour ~** bezwecken; **~er** [byˈte] stoßen
butin [byˈtɛ̃] *m* Beute *f*
butoir [byˈtwaːr] *m* Prellbock
butte [byt] *f* Erdhügel *m*
buv|able [byˈvabl] trinkbar; **~ard** [~ˈvaːr] *m*: **(papier** *m***) ~ard** Löschblatt *n*; **~ette** [~ˈvɛt] *f* Erfrischungsraum *m*; Trinkhalle; **~eur** [~ˈvœːr] *m* Trinker

C

ça [sa] F (= **cela**) das, dies; **c'est ~!** richtig!

çà [~] ~ **et là** hier und da

cabane [ka'ban] f Hütte

cabaret [kaba'rɛ] m Schenke f; ~ (**artistique**) Kabarett n; **~ier** [kabar'tje] m Schankwirt

cabas [ka'ba] m Einkaufskorb od. -tasche f

cabillaud [kabi'jo] m Kabeljau

cabine [ka'bin] f Kajüte; Kabine; (Bade-; Fernsprech-)Zelle; ~ **individuelle** (**intérieure, extérieure**) Einzel- (Innen-, Außen-)kabine

cabinet [kabi'nɛ] m Kabinett n; **~s** pl WC n, Toilette f

câbl|e ['kɑ:blə] m Kabel n, Tau n; (**de remorquage** Abschlepp-)Seil n; **~er** [ka'ble] kabeln

cabotage [kabɔ'taːʒ] m Küstenschiffahrt f

cabrer [ka'bre]: **se ~** sich (auf)bäumen

cabriole [kabri'ɔl] f Luftsprung m; **~t** [~briɔ'lɛ] m Kabriolett n

cacah(o)uète [kaka'ɥɛt] f Erdnuß

cacao [ka'ao] m Kakao

caca|toès [kakatɔ'ɛs], **~tois** [~'twa] m Kakadu

cache|-cache [kaʃ'kaʃ] m Versteckspiel n; **~-nez** [~'ne] m Wollschal; **~-sexe** [~'sɛks] m Schlüpfer

cacher [ka'ʃe] verbergen

cachet [ka'ʃɛ] m Siegel n, Stempel; **~er** [kaʃ'te] (ver-)siegeln

cachette [ka'ʃɛt] f Versteck n; **en ~** heimlich

cachot [ka'ʃo] m Kerker, **~terie** [~'tri] f Geheimnistuerei; **~tier** [~'tje] m Geheimniskrämer

cact|ier [kak'tje], **~us** [~'tys] m Kaktus

cadastre [ka'dastrə] m Grundbuch n

cadavre [ka'daːvrə] m Leichnam

cadeau [ka'do] m Geschenk n

cadenas [kad'nɑ] m Vorhängeschloß n

caden|ce [ka'dɑ̃ːs] f Takt m; **~cé** [~dɑ̃'se] rhythmisch; (**au**) **pas ~cé** (im) Gleichschritt

cadet [ka'dɛ] jünger; m Jüngste(r)

cadr|an [ka'drɑ̃] m Zifferblatt n; **~e** [ˈka:drə] m Rahmen; leitender Angestellter; **~er** [ka'dre] übereinstimmen

caduc [ka'dyk] bau-, hinfällig; gebrechlich

cafard [ka'faːr] F m Heuchler

café [ka'fe] m Kaffee; Café n; **~ noir** schwarzer Kaf-

cafetière 38

fee; ~ **crème (au lait)** Kaffee mit Sahne (mit Milch); ~ **glacé** Eiskaffee
cafetière [kaf'tjɛːr] f Kaffeekanne
cage [kaːʒ] f Käfig m
cahier [ka'je] m (Schreib-)Heft n
cahoter [kao'te] (rüttteln) stoßen,
caille [kɑːj] f Wachtel
caill|é [ka'je] m dicke Milch f; ~**ebotte** [kaj'bɔt] f Quark m; ~**er** [ka'je] gerinnen lassen
caillou [ka'ju] m Kieselstein; ~**tage** [~'taːʒ] m Schotter
caïman [kai'mã] m Kaiman
caiss|e [kɛs] f Kiste; Kasse; ~ **d'épargne(-construction)** (Bau-)Sparkasse; ~**ier** [kɛ'sje] m Kassierer
calamité [kalami'te] f Unheil n, Übel n
calandre [ka'lãːdrə] f (Wäsche-)Rolle f, Heißmangel f
calcaire [kal'kɛːr] m kalkhaltig; m Kalkstein
calcul [kal'kyl] m Rechnen n; Med ~ **biliaire (rénal)** Gallen- (Nieren-)stein; ~**er** [~ky'le] (aus-, be-)rechnen
cale [kal] f Schiffsraum m; **(sèche** Trocken-)Dock m
caleçon [kal'sõ] m Unterhose f; ~ **de bain** Badehose f
calendrier [kalãdri'e] m Kalender
calepin [kal'pɛ̃] m Notizbuch n

caler [ka'le] Motor abwürgen
calibre [ka'liːbrə] m Kaliber n
calice [ka'lis] m Kelch
califourchon [kalifur'ʃõ]: à ~ rittlings
câliner [kɑli'ne] liebkosen, (ver)hätscheln
callosité [kalozi'te] f Schwiele
calmant [kal'mã] m Beruhigungsmittel n
calm|e [kalm] ruhig, still; m (Wind-)Stille f; (innere) Ruhe f; ~**er** [kal'me] lindern; beruhigen
calomni|ateur [kalomnja'tœːr] verleumderisch; ~**e** [~'ni] f Verleumdung; ~**er** [~'nje] verleumden
calquer [kal'ke] durchpausen
camarade [kama'rad] m Kamerad; ~**rie** [~'dri] f Kameradschaft
cambrer [kã'bre] krümmen, wölben
cambrioleur [kãbriɔ'lœːr] m Einbrecher
caméléon [kamele'õ] m Chamäleon
camelot [kam'lo] m Straßenhändler
camelote [~'lɔt] f Schund m
caméra [kame'ra] f Filmkamera
camion [ka'mjõ] m Lastwagen; ~**-citerne** [~si'tɛrn] m Tankwagen; ~**nette** [~'nɛt] f Lieferwagen m

camomille [kamɔ'mij] *f* Kamille

camouflage [kamu'fla:ʒ] *m* Tarnung *f*

camp [kã] *m* (Feld-)Lager *n*; ~ **de jeunes** (**de vacances**) Jugend- (Ferien-)Lager *n*; ~**agnard** [~pa'na:r], ländlich; *m* Landmann; ~**agne** [~'paɲ] *f* Feld *n*, Land *n*; Feldzug *m*; ~**agnols** [~pa'ɲɔl] *m* Feldmaus *f*

campan|ile [kãpa'nil] *m* Glockenturm; ~**ule** [~'nyl] *f* Glockenblume

camp|er [kã'pe] lagern, kampieren; ~**ing** [~'piŋ] *n* Zelten *n*, Camping *n*; **faire du** ~**ing** zelten

canal [ka'nal] *m* Kanal

canard [ka'naːr] *m* Ente *f*; (Zeitungs-)Ente *f*

canari [kana'ri] *m* Kanarienvogel

cancan [kã'kã] *m* Klatsch *m*; Cancan

cancer [kã'sɛːr] *m* Med Krebs

cancre ['kãːkrə] *m* Krabbe *f*

cand|eur [kã'dœːr] *f* Arglosigkeit; ~**idat** [~di'da] *m* Kandidat; ~**idature** [~dida'ty:r] *f* Kandidatur; ~**ide** [~'did] arglos

caniche [ka'niʃ] *m* Pudel

cann|e [kan] *f* Rohr *n*; Spazierstock *m*; ~ **à sucre** Zuckerrohr *n*; ~ **à pêche** Angelrute; ~**elle** [ka'nɛl] *f* Zimt *m*; Faßhahn *m*

canoë [kanɔ'e] *m* Kanu *n*

canon [ka'nõ] *f* Kanone *f*;

(Gewehr-)Lauf; *Mus* Kanon *m*

canot [ka'no] *m* Boot *n*, Kahn; ~ **automobile** (**pliant, pneumatique, de sauvetage**) Motor- (Falt-, Schlauch-, Rettungs-)boot *n*

cantatrice [kãta'tris] *f* Sängerin

cantine [kã'tin] *f* Kantine

cantonnier [kãtɔ'nje] *m* Bahn-, Straßen-wärter, -arbeiter

caoutchouc [kau'tʃu] *m* Gummi *n* (*a m*); **animal en** ~ Gummitier *n*

cap [kap] *m* Kap *n*; *Mar*, *Flgw* Kurs

cap|able [ka'pabləˈ] fähig; ~**acité** [~si'te] *f* Rauminhalt *m*; Fähigkeit

capitaine [kapi'tɛn] *m* Hauptmann; Kapitän

capit|al [kapi'tal] hauptsächlich; **peine** ~ **ale** Todesstrafe; *m* Kapital *n*; ~**ale** [~] *f* Hauptstadt

capot [ka'po] *m* Motorhaube *f*; ~**e** [~'pɔt] *f* Regenmantel *m* (*mit Kapuze*); Verdeck *n*

capoter [kapɔ'te] *Flgw* abstürzen; *Kfz* sich überschlagen

câpre ['kɑ:prə] *f* Kaper

capric|e [ka'pris] *m* Laune *f*; **ieux** [~'sjø] launenhaft

capsule [kap'syl] *f* Kapsel

capt|er [kap'te] erschleichen; abhören; ~**ieux** [~'sjø] verfänglich

captif

capti|f [kap'tif] gefangen; **~ver** [~ti've] gefangennehmen (*a fig*); **~vité** [~vi'te] *f* Gefangenschaft

captur|e [kap'ty:r] *f* Fang *m*; **~er** [~ty're] fangen

capuchon [kapy'ʃɔ̃] *m* Kapuze *f*

car¹ [ka:r] *m* (Reise-)Bus; **~ de correspondance** Zubringerbus

car² [kar] denn

carabine [kara'bin] *f* Karabiner *m*; **~ de chasse** Schrotflinte

caractère [karak'tɛ:r] *m* Charakter; **(d'imprimerie** Druck-)Buchstabe

carafe [ka'raf] *f* Karaffe

carambolage [karɑ̃bɔ'la:ʒ] *m* Zusammenstoß

caravane [kara'van] *f* Karawane; Wohnwagen *m*

carbone [kar'bɔn] *m* Kohlenstoff

carbur|ant [karby'rɑ̃] *m* Treibstoff; **~ateur** [~ra-'tœ:r] *m* Vergaser

cardiaque [kar'djak] Herz-...; *m* Herzkranke(r)

cardinal [kardi'nal] Haupt-..., hauptsächlich; *m* Kardinal

carême [ka'rɛm] *m* Fastenzeit *f*

caresser [kаrе'se] liebkosen, streicheln

car-ferry [karfɛ'ri] *m* Autofähre *f*

carg|aison [karge'zɔ̃] *f* Schiffsladung; **~o** [~'go] *m* Frachtschiff *n*

carie [ka'ri] *f* Karies

carillon [kari'jɔ̃] *m* Glockenspiel *n*; **~ner** [~jɔ'ne] (ein)läuten

carlin [kar'lɛ̃] *m* Mops

carnage [kar'na:ʒ] *m* Gemetzel *n*, Blutbad *n*

carnaval [karna'val] *m* Karneval, Fasching

carnet [kar'nɛ] *m* Notizbuch *n*; **~ de tickets** Sammelkarte *f*

carotte [ka'rɔt] *f* Mohrrübe

carpe [karp] *f* Karpfen *m*

carquois [kar'kwa] *m* Köcher

carr|é [kɑ're] quadratisch, *F* viereckig; *m* Quadrat *n*; **~eau** [~'ro] *m* Kachel *f*; Fliese *f*; Fensterscheibe *f*; Karo *n*; **~efour** [kar'fu:r] *m* (Straßen-)Kreuzung *f*; **~eler** [kar'le] mit Platten auslegen; **~eur** [~'lœ:r] *m* Fliesenleger

carrière [kɑ'rjɛ:r] *f* Steinbruch *m*; Laufbahn; Karriere; Beruf *m*

carrosserie [karɔs'ri] *f* Karosserie

carte [kart] *f* (Land-, Spiel-, Visiten-, Speise- *usw*) Karte; **~ grise** Kraftfahrzeugbrief *m*; **~ d'identité** Personalausweis *m*; **~ de membre** (**postale, postale illustrée, routière**) Mitglieds- (Post-, Ansichts-, Straßen-)karte; **~ verte d'assurance internationale** internationale (grüne) Versicherungskarte

carte|**-chèques** [kart'ʃɛk] f Scheckkarte; **~lettre** [~'lɛtrə] f Kartenbrief m
carton [kar'tɔ̃] m Pappe f; Karton
cartouche [kar'tuʃ] f Patrone
cas [kɑ] m Fall; Kasus; **en tout ~** auf jeden Fall
cascade [kas'kad] f Wasserfall m
case [kɑ:z] f Hütte; (Schachbrett) Feld n
casern|**e** [ka'zɛrn] f Kaserne; **~er** [~'ne] kasernieren
casier [kɑ'zje] m Fach n, Kartei f; **~ judiciaire** Strafregister n
casino [kazi'no] m Kurhaus n; **~ de jeux** Spielkasino n
casqu|**e** [kask] m Helm; Kopfhörer; **~ette** [~'kɛt] f (Schirm-)Mütze
cassant [ka'sɑ̃] zerbrechlich
casse|**-croûte** [kas'krut] m Imbiß; Lunchpaket n; **~noisette** [~] m Nußknacker
casser [ka'se] zerbrechen
casserole [kas'rɔl] f Kasserolle
cassis [ka'sis] m schwarze Johannisbeere f
cassure [ka'sy:r] f Bruch m
castor [kas'tɔ:r] m Biber
catalogue [kata'lɔg] m Katalog
cataracte [kata'rakt] f Wasserfall m; Med grauer Star
catarrhe [ka'ta:r] m Katarrh
catégorie [katego'ri] f Kategorie, Klasse
cath|**édrale** [kate'dral] f Kathedrale, Dom m; **~olique** [~tɔ'lik] katholisch
cauchemar [koʃ'ma:r] m Alptraum
caus|**e** [ko:z] f Ursache; Grund m; **à ~e de** wegen; **~er** [ko'ze] verursachen; plaudern; **~erie** [koz'ri] f Plauderei; **~eur** [~'zœ:r] gesprächig
cautériser [koteri'ze] Med ätzen, (aus)brennen
cautionner [kosjɔ'ne] q. sich für j-n verbürgen
cavalier [kava'lje] m Reiter; Kavalier; (Schach) Springer
cav|**e** [ka:v] hohl, eingefallen; f Keller m; **~erne** [~'vɛrn] f Höhle
caviar [ka'vjar] m Kaviar
caviste [ka'vist] m Kellermeister
ce [sə], **cet** (m), **cette** [sɛt] (f); pl **ces** [se] diese(r, -s); **ce qui** (**ce que**) was; **ce soir** heute abend
ceci [sə'si] dies (hier)
cécité [sesi'te] f Blindheit
céder [se'de] überlassen, abtreten; nachgeben
cèdre ['sɛdrə] m Zeder f
ceindre ['sɛ̃drə] umgürten; umgeben (de)
ceinture [sɛ̃'ty:r] f Gürtel m; **~ de sécurité** Sicherheitsgurt m
cela [sə'la, sla] das (da)
célèbre [se'lɛbrə] berühmt
célébr|**er** [sele'bre] feiern, rühmen; **~ité** [~bri'te] f Berühmtheit

celer [sə'le] verheimlichen
céleri [sel'ri] *m* Sellerie (*a f*)
célérité [seleri'te] *f* Schnelligkeit
céleste [se'lɛst] himmlisch; **bleu ~** himmelblau
célibat [seli'ba] *m* Zölibat *n*; **~aire** [~ba'tɛːr] ledig; *m* Junggeselle
cell|ophane [sɛlɔ'fan] *f* Cellophan *n*; **~ule** [~'lyl] *f* Zelle; **~ulose** [~y'loːz] *f* Zellstoff *m*
celui [sə'lɥi] (*m*), **celle** [sɛl] (*f*); *pl* **ceux** [sø], **celles** der, die, das(jenige); **~ci** dieser; **~là** jener
cendr|e ['sɑ̃drə] *f* Asche; **~ier** [~dri'e] *m* Aschenbecher
censur|e [sɑ̃'syːr] *f* Zensur, Tadel *m*; **~er** [~sy're] rügen
cent [sɑ̃] hundert; **pour ~** Prozent *n*
centaine [~'tɛn] *f* Hundert *n*; **une ~ de** etwa hundert
centenaire [sɑ̃t'nɛːr] *m* Hundertjahrfeier *f*
centi|ème [~'tjɛm] hundertste(r); **~mètre** [~ti'mɛːtrə] *m* Zentimeter *n*
central [sɑ̃'tral] zentral; *m* Telefonzentrale *f*; **~e** [~] *f* Zentrale; **~e électrique** Kraftwerk *n*
centre ['sɑ̃ːtrə] *m* Zentrum *n*; **~ d'accueil** Auffanglager *n*; Bahnhofsmission *f*; **~ d'achats** (**culturel**) Einkaufs- (Kultur-)zentrum *n*; **~ de vacances** Feriendorf

n; **~ de la ville** Innenstadt *f*, Stadtzentrum *n*
cep [sɛp] *m* Weinstock
cèpe [sɛp] *m* Steinpilz
cependant [s(ə)pɑ̃'dɑ̃] indessen; doch
céramique [sera'mik] *f* Keramik
cercle ['sɛrklə] *m* Kreis
cercueil [sɛr'kœj] *m* Sarg
céréales [sere'al] *f/pl* Getreide *n*
cérébral [sere'bral] Gehirn...
cerf [sɛːr] *m* Hirsch; **~-volant** [sɛrvɔ'lɑ̃] *m* Hirschkäfer; (Papier-)Drachen
ceris|e [s(ə)'riːz] *f* Kirsche; **~ier** [~ri'zje] *m* Kirschbaum
cerner [sɛr'ne] umzingeln
certain [sɛr'tɛ̃] gewiß, sicher; *vor su:* **un ~ monsieur** ein gewisser Herr; **~s** einige; **~ement** sicher(lich)
certes [sɛrt] sicher(lich)
certifi|cat [sɛrtifi'ka] *m* Bescheinigung *f*, Zeugnis *n*; **~cat médical** Attest *n*; **~cat de vaccination** Impfschein; **~er** [~ti'fje] bescheinigen
certitude [sɛrti'tyd] *f* Gewißheit
cerve|au [sɛr'vo] *m* Gehirn *n*; **~las** [~vɔ'la] *m* Zervelatwurst *f*; **~lle** [~'vɛl] *f* Hirn *n*, Bregen *m*
cessation [sɛsɑ'sjɔ̃] *f* Aufhören *n*, Einstellung
cess|e [sɛs] *f*: **sans ~e** un-

unterbrochen; ~er [sɛ'se] aufhören; ~ion [~'sjõ] f Abtretung

c'est-à-dire [sɛta'di:r] (c.-à-d.) das heißt (d. h.)

chacal [ʃa'kal] m Schakal

chacun(e) [ʃa'kœ̃, ~'kyn] jede(r)

chagrin [ʃa'grɛ̃] m Kummer; ~er [~gri'ne] betrüben

chai [ʃɛ] m Weinlager n

chaîne [ʃɛn] f Kette; *Rdf, TV* Programm n; ~ antidérapante Schneekette; ~ roulante Fließband n

chair [ʃɛːr] f (lebendes od Frucht-)Fleisch n; ~ de poule Gänsehaut

chaire [ʃɛːr] f Kanzel; Lehrstuhl m

chaise [ʃɛːz] f Stuhl m; ~ longue Liegestuhl m

châle [ʃɑːl] m Schal

chalet [ʃa'lɛ] m (Berg-, Ski-) Hütte f; Chalet n; ~ de nécessité Bedürfnisanstalt f

chaleur [ʃa'lœːr] f Hitze; Wärme; ~eux [~'lœ'rø] warm(herzig)

chaloupe [ʃa'lup] f Schaluppe; ~-pilote [~] f Lotsenboot n

chambre ['ʃɑ̃ːbrə] f (à coucher, individuelle Schlaf-, Einzel-)Zimmer n; Kammer; ~ à air (Auto-, Fahrrad-)Schlauch m

cham|eau [ʃa'mo] m Kamel n; ~elier [~mə'lje] m Kameltreiber

chamois [ʃa'mwa] *Fot* chamois; m Gemse f

champ [ʃɑ̃] m Acker; Feld n; ~ de course(s) (Pferde-) Rennbahn f; ~agne [~'paɲ] m Champagner, Sekt; ~être [~'pɛːtrə] ländlich; ~ignon [~pi'ɲɔ̃] m Pilz; ~ignon de couche Champignon

champion [ʃɑ̃'pjɔ̃] m *Sp* Meister; ~nat [~] m Meisterschaft(skampf) f

chance [ʃɑ̃ːs] f Glück n; Chance; ~ler [~ʃɑ̃s'le] (sch)wanken

chancel|ier [ʃɑ̃səˈlje] m Kanzler; ~lerie [~sɛl'ri] f (Staats-)Kanzlei

chandail, pl ~s [ʃɑ̃'daj] m Sporttrikot n

chandel|ier [ʃɑ̃də'lje] m Leuchter; ~le [~'dɛl] f Kerze

chang|e [ʃɑ̃:ʒ] m Tausch; Geldwechsel m; ~eable [~'ʒablə] veränderlich; ~ement [~ʒ'mɑ̃] m Veränderung f; ~ement de vitesse Gangschaltung f; ~ement d'huile Ölwechsel m; ~er [~'ʒe] (aus-, um-)tauschen; wechseln; ~er de train umsteigen

chanson [ʃɑ̃'sɔ̃] f Lied n; Chanson n; ~ à la mode Schlager m; ~nier [~sɔn'nje] m Liedermacher; Chansonnier

chant [ʃɑ̃] m Gesang; ~age [~'ta:ʒ] m Erpressung f; ~er [~'te] singen; faire ~er q. j-n erpressen [ferling m]

chanterelle [ʃɑ̃'trɛl] f Pfif-

chanteur 44

chanteu|**r** m, **~se** f [ʃɑ̃'tœːr, ~'tøːz] Sänger(in) f m
chantier [~'tje] m Baustelle f; **~ naval** Werft f
chanvre ['ʃɑ̃ːvrə] m Hanf
chapeau [ʃa'po] m (**de paille** Stroh-)Hut; **~ de roue** Radkappe f
chapelain [ʃa'plɛ̃] m Kaplan
chapelle [ʃa'pɛl] f Kapelle; **~rie** [~pɛl'ri] f Hutgeschäft n
chapit|**eau** [ʃapi'to] m Kapitell n; **~re** [~'pitrə] m Kapitel n
chaque [ʃak] jede(r, -s)
char [ʃaːr] m: **~ à bancs** Kremser; **~ à bœufs** Ochsenkarren; **~ de combat** Panzer; **~ funèbre** Leichenwagen
charade [ʃa'rad] f Silbenrätsel n
charbon [ʃar'bɔ̃] m Kohle f; **~nage** [~bɔ'naːʒ] m Kohlenbergwerk n; **~nier** [~bɔ'nje] m Kohlenhändler; **~nière** [~bɔ'njɛːr] f Kohlmeise
charcuterie [ʃarky'tri] f (Schweine-)Fleischerei
chardon [ʃar'dɔ̃] m Distel f; **~neret** [~dɔn'rɛ] m Stieglitz
charg|**e** [ʃarʒ] f Last; Ladung (a El); Amt n; **~e utile** Nutzlast; **~e autorisée** zulässige Höchstbelastung; **~é d'affaires** Geschäftsträger; **~ement** [ʃarʒə'mɑ̃] m (Ver-)Ladung f; **~er** [ʃar'ʒe]

(be-, auf-)laden; **~er q. de qc.** j-n mit et. beauftragen; **se ~er de qc.** et. auf sich nehmen
chariot [ʃa'rjo] m Karren, Wagen; **~ à bagages (électrique)** Gepäck-(Elektro-)karren; **~ élévateur** Gabelstapler
charit|**able** [ʃari'tabl] mildtätig; **~é** [~'te] f Nächstenliebe
charme [ʃarm] m Reiz, Zauber; **~r** [ʃar'me] bezaubern, entzücken
charnel [ʃar'nɛl] fleischlich, sinnlich
charnière [ʃar'njɛːr] f Scharnier n
charogne [ʃa'rɔɲ] f Aas n
charpentier [ʃarpɑ̃'tje] m Zimmermann
charrette [ʃa'rɛt] f Handkarren m
charrue [ʃa'ry] f Pflug m
chass|**e** [ʃas] f Jagd; **~e sous-marine** Unterwasserjagd; **~e d'eau** Spülung (WC); **~e-neige** [~'nɛːʒ] m Schneepflug; **~er** [ʃa'se] (ver)jagen; **~eur** [~'sœːr] m Jäger; (Hotel-)Boy, Page
châssis [ʃɑ'si] m (Fenster-, Tür-)Rahmen; Kfz Fahrgestell n
chaste [ʃast] keusch
chat [ʃa] m Katze f
châtai|**gne** [ʃɑ'tɛɲ] f Kastanie; **~gnier** [~tɛ'ɲe] m Kastanienbaum; **~n** [~'tɛ̃] kastanienbraun

château [ʃa'to] *m* Schloß *n*; ~ **fort** Burg *f*
châtelain [ʃat'lɛ̃] *m* Schloßherr
châti|er [ʃati'e] züchtigen; **~ment** [ʃati'mɑ̃] *m* Züchtigung *f*
chatouiller [ʃatu'je] kitzeln
chaud [ʃo] warm, heiß; **j'ai ~** mir ist warm; **il fait ~** es ist warm
chau|dière [ʃo'djɛ:r] *f* (Dampf-)Kessel *m*; **~dron** [~'drɔ̃] *m* (Koch-)Kessel
chauff|age, au mazout Zentral-, Öl-Heizung *f*; **~er** [ʃo'fe] wärmen; heizen; **~eur** [~'fœ:r] *m* Heizer; Chauffeur, Fahrer; **~eur de taxi (routier)** Taxi- (Fern-)fahrer
chaumière [ʃo'mjɛ:r] *f* Strohhütte
chaussée [ʃo'se] *f* Fahrbahn; Landstraße
chauss|e-pied [ʃos'pje] *m* Schuhanzieher; **~er** [ʃo'se] Schuhe anziehen; **~ette** [~'sɛt] *f* Socke; **~on** [~'sɔ̃] *m* Filz-, Haus-schuh
chaussure [ʃo'sy:r] *f* Schuhwerk *n*; **~ de plage (de gymnastique)** Strand-(Turn-)schuhe *m/pl*
chauve [ʃo:v] kahl(köpfig); **~-souris** [~su'ri] *f* Fledermaus
chaux [ʃo] *f* Kalk *m*
chef [ʃɛf] *m* Leiter, Chef; ~ **de gare** Bahnhofsvorsteher; ~ **d'orchestre** Dirigent; ~ **de réception** Empfangschef; ~ **de train** Zugführer
chef|-d'œuvre [ʃɛ'dœ:vrə] *m* Meisterwerk *n*; **~-lieu** [ʃɛf'ljø] *m* Hauptort
chemin [ʃmɛ̃] *m* (**pédestre** Wander-)Weg; ~ **de fer** Eisenbahn *f*
chemin|eau [ʃəmi'no] *m* Landstreicher; **~ée** [~'ne] *f* Kamin *m*, Schornstein *m*; **~ot** [~'no] *m* Eisenbahner
chemis|e [ʃmi:z] *f* Hemd *n*, Oberhemd *n*; **~e de nuit** Nachthemd *n*; **en bras de ~e** in Hemdsärmeln; **~ier** [~'zje] *m* Hemdbluse *f*
chêne [ʃɛn] *m* Eiche *f*
chéneau [ʃe'no] *m* Dachrinne *f*
chenille [ʃnij] *f* Raupe
chèque [ʃɛk] *m* (**barré, de voyage** Verrechnungs-, Reise-)Scheck; **office des ~s postaux** Postscheckamt *n*; **~-essence** [~lɛ'sɑ̃:s] *m* Benzingutschein
cher [ʃɛ:r] teuer; lieb
chercher [ʃɛr'ʃe] suchen; **aller ~** holen
chère [ʃɛ:r] *f*: **aimer la bonne ~** gern gut essen
chéri [ʃe'ri] *m*, **~e** [~] *f* Liebling *m*
chétif [ʃe'tif] schmächtig; dürftig
cheval [ʃval] *m* (**de selle** Reit-)Pferd *n*; ~ **entier** Hengst; **aller à ~** reiten; **~ier** [ʃəva'lje] *m* Ritter; ~

cheval-vapeur

-vapeur [ˌva'pœːr] *m Tech* Pferdestärke *f*
chev|elure [ʃə'vlyːr] *f* Haar (-wuchs) *n*; **~eu** [ʃvø] *m* (Kopf-)Haar *n*
cheville [ʃvij] *f* Fußknöchel *m*
chèvre ['ʃɛːvrə] *f* Ziege
chevreuil [ʃə'vrœj] *m* Reh *n*
chez [ʃe] bei; **~-soi** [ˌ'swa] *m* Zuhause *n*
chicane [ʃi'kan] *f* Schikane; **~r** [ˌ'ne] schikanieren
chicorée [ʃikɔ're] *f* Chicorée; **~ endive** Endivie
chien [ʃjɛ̃] *m* Hund
chiffon [ʃi'fɔ̃] *m* Lappen, Lumpen
chiffre ['ʃifrə] *m* Ziffer *f*; Chiffre *f*; **~ d'affaires** Umsatz
Chili [ʃi'li]: **le ~** Chile *n*
chimie [ʃi'kan] *f* Chemie
Chin|e [ʃin]: **la ~e** China *n*; **ᴅois** [ˌ'nwa] *m* chinesisch
chips [ʃips] *m/pl* Kartoffelchips
chirurgien [ʃiryr'ʒjɛ̃] *m* Chirurg
chlore [klɔːr] *m* Chlor *n*
choc [ʃɔk] *m* Aufprall, Zusammenstoß *m*; **~ nerveux** Nervenschock
chocolat [ʃɔkɔ'la] *m* Schokolade *f*
chœur [kœːr] *m* Chor
choisir [ʃwa'ziːr] (aus-) wählen
choix [ʃwa] *m* (Aus-)Wahl *f*
choléra [kɔle'ra] *m* Cholera *f*
chôm|age [ʃo'maːʒ] *m* Arbeitslosigkeit *f*; **~age partiel** Kurzarbeit *f*; **~er** [ˌ'me] arbeitslos sn
choqu|ant [ʃɔ'kɑ̃] anstößig; **~er** [ˌ'ke] (an)stoßen; beleidigen
chose [ʃoːz] *f* Sache, Ding *n*; **quelque ~** etwas; **petit quelque ~** eine Kleinigkeit
chou [ʃu] *m* Kohl; **~ blanc (rouge, vert)** Weiß- (Rot-, Grün-)kohl; **~ frisé (de Bruxelles)** Rosen(-kohl); **~croute** *f* Sauerkraut *n*; **~fleur** *m* Blumenkohl; **~navet** *m* Kohlrübe *f*; **~rave** *m* Kohlrabi
chrétien [kre'tjɛ̃] christlich; *m* Christ
christianisme [kristja'nism] *m* Christentum *n*
chronique [krɔ'nik] *Med* chronisch; *f* Chronik
chrono|logique [krɔnɔlɔ'ʒik] chronologisch; **~mètre** [ˌ'mɛːtrə] *m* Stoppuhr *f*
chuchoter [ʃyʃɔ'te] flüstern
chute [ʃyt] *f* Fall *m*, Sturz *m*; **~ des cheveux** Haarausfall *m*; **~ d'eau** Wasserfall *m*; **~ de pierres** Steinschlag *m*
Chypre ['ʃiprə] *f* Zypern *n*
ci [si] hier; **~-après** [sia'prɛ] weiter unten
cible ['siblə] *f* Zielscheibe
ciboulette [sibu'lɛt] *f* Schnittlauch *m*
cicatrice [sika'tris] *f* Narbe
ci|-contre [siˈkɔ̃trə] nebenstehend; **~-dessous** [ˌ'dsu]

clair

untenstehend; ~-dessus [‿'dsy] obenstehend
cidre ['sidrə] *m* Apfelwein
ciel [sjɛl] *m* Himmel
cierge [sjɛrʒ] *m* (Wachs-)Kerze
cigale [si'gal] *f* Zo Grille
cigare [si'ga:r] *m* Zigarre; petit ~ Zigarillo *n*; ~tte [‿'rɛt] *f* Zigarette
ci-gît [si'ʒi] hier ruht
cigogne [si'gɔɲ] *f* Storch *m*
ci|-inclus [siɛ̃'kly], ~joint [‿'ʒwɛ̃] anliegend, anbei
cil [sil] *m* Wimper *f*
cime [sim] *f* Gipfel *m*; Spitze
ciment [si'mɑ̃] *m* Zement
cimetière [sim'tjɛ:r] *m* Friedhof
cinéma [sine'ma] *m* Kino *n*
cinq [sɛ̃k] fünf
cinquant|aine [sɛkɑ̃'tɛn] *f* etwa 50; ~e [‿'kɑ̃:t] fünfzig; ~ième [‿kɑ̃'tjɛm] fünfzigste(r) [te(r)]
cinquième [‿'kjɛm] fünf-J
cintre ['sɛ̃trə] *m* Arch. Bogen; Kleiderbügel
cirage [si'ra:ʒ] *m* Schuhcreme *f*
circon|férence [sirkɔ̃fe-'rɑ̃:s] *f* (Kreis-)Umfang *m*; ~scription [‿skrip'sjɔ̃] *f* Bezirk *m*, Wahlkreis *m*; ~spect [‿'spɛ] umsichtig; ~stance [‿'stɑ̃:s] *f* Umstand *m*
circuit [sir'kɥi] *m* Umkreis; Rundfahrt *f*; (Auto-)Rennstrecke *f*; *El* Stromkreis; mettre en ~ einschalten

circul|aire [sirky'lɛ:r] kreisförmig; *f* Rundschreiben *n*; ~ation [‿la'sjɔ̃] *f* Kreislauf *m*; Verkehr *m*; ~er [‿'le] umlaufen; *Esb* verkehren; ~ez! weitergehen!
cir|e [si:r] *f* Wachs *n*; ~er [si're] wichsen; bohnern; ~eur [‿'rœ:r] *m* Schuhputzer
cirque [sirk] *m* (ambulant Wander-)Zirkus
ciseau [si'zo] *m* Meißel; ~x *m/pl* Schere *f*
citad|elle [sita'dɛl] *f* Zitadelle; ~in [‿'dɛ̃] städtisch; *m* Städter
citation [sita'sjɔ̃] *f* Zitat *n*; *jur* Vorladung
cité [si'te] *f* Stadt; Altstadt; ~-jardin *f* Gartenstadt
citer [si'te] zitieren; *jur* vorladen
cithare [si'ta:r] *f* Zither
citoyen [sitwa'jɛ̃] *m* (Staats-)Bürger
citr|on [si'trɔ̃] *m* Zitrone *f*; ~ouille [‿'truj] *f* Kürbis *m*
civet [si've] *m* (de lièvre) Hasenpfeffer; ~te [‿'vɛt] *f* Schnittlauch *m*
civière [si'vjɛ:r] *f* Tragbahre
civil [si'vil] bürgerlich; bureau *m* de l'état ~ Standesamt; ~isation [‿liza'sjɔ̃] *f* Zivilisation; ~iser [‿li'ze] zivilisieren
civique [si'vik] Bürger...
clair [klɛ:r] hell, klar; bleu ~ hellblau; *m* Helle *f*; ~ de lune Mondschein

clairière [klɛ'rjɛ:r] f Lichtung
clairon [klɛ'rɔ̃] m Mus Horn n
clairvoyant [klɛrvwa'jɑ̃] scharfsichtig
clandestin [klɑ̃des'tɛ̃] heimlich; **marché m ~** Schwarzmarkt; **passager m ~** blinder Passagier
clapoter [klapɔ'te] plätschern
claquer [kla'ke] klatschen, knallen
clarine [kla'rin] f Kuhglocke; **~ette** [~'nɛt] f Klarinette
clarté [klar'te] f Helle; Klarheit
class|e [kla:s] f Klasse; Unterricht(sstunde) m; **~e touriste** Touristenklasse; **~er** [kla'se] klassifizieren; **~eur** [~'sœ:r] m Ordner; **~ique** [kla'sik] klassisch; m Klassiker
clause [klo:z] f Klausel
clavecin [klav'sɛ̃] m Cembalo m
clavi|cule [klavi'kyl] f Schlüsselbein n; **~er** [~'vje] m Schlüsselring; Tastatur f
clé, clef [kle] f (**à douille, à vis, de contact** Steck-, Schrauben-, Zünd-) Schlüssel m
clenche [klɑ̃:ʃ] f (Tür-)Klinke
clergé [klɛr'ʒe] m Klerus
client [kli'ɑ̃] m Kunde; (Hotel-)Gast; **~èle** [~'tɛl] f Kundschaft
cligner [kli'ɲe] blinzeln

clignot|ant, ~eur [kliɲɔ'tɑ̃, ~'tœ:r] m Kfz Blinker
climat [kli'ma] m Klima n; **~isation** [~tiza'sjɔ̃] f Klimaanlage
clin [klɛ̃] m: **en un ~ d'œil** im Nu
clinique [kli'nik] klinisch; f Klinik
clip [klip] m (**d'oreille** Ohr-)Clip
cloch|e [klɔʃ] f Glocke; **~er** [~'ʃe] m Glocken-, Kirchturm; **~ette** [~'ʃɛt] f Glockenblume
cloison [klwa'zɔ̃] f Zwischenwand
cloître ['klwa:trə] m Kreuzgang, Kloster n
clos [klo] ge-, verschlossen
clôtur|e [klo'ty:r] f Einfriedung; Schließen n; **~er** [~ty're] einfrieden; (ab-)schließen
clou [klu] m Nagel; Clou, Hauptattraktion f; **~ de girofle** Gewürznelke; **~er** [~'e] (an-, zu-)nageln
club [klœb] m Klub
coaguler [koagy'le]: **se ~** gerinnen
coali|ser [koali'ze]: **se ~ser** sich verbinden; **~tion** [~'sjɔ̃] f Bündnis n, Koalition
cobaye [kɔ'baj] m Meerschweinchen n
cocher [kɔ'ʃe] m Kutscher
cochère [~'ʃɛ:r]: **porte f ~** Torweg m
cochon [kɔ'ʃɔ̃] m Schwein n
coco [kɔ'ko] m Kokosnuß f
code [kɔd] m Gesetzbuch n;

~ **civil** BGB; ~ **pénal** StGB; ~ **de la route** Straßenverkehrsordnung f; ~ **postal** Postleitzahl f
cœur [kœːr] m Herz n; **par** ~ auswendig; **j'ai mal au** ~ mir ist übel
coffre ['kɔfrə] m Kasten, Kiste f; Kofferraum; ~**fort** m Geldschrank
cognée [kɔˈne] f Axt
cohérence [kɔeˈrɑ̃ːs] f Zusammenhang m
cohue [kɔˈy] f Gedränge n
coiff|er [kwaˈfe] den Kopf bedecken; frisieren; ~**eur** [‿ˈfœːr] m Friseur; ~**ure** [‿ˈfyːr] f Frisur
coin [kwɛ̃] m Ecke f, Winkel; ~ **fenêtre** Fensterplatz
coing [kwɛ̃] m Quitte f
coke [kɔk] m Koks
col [kɔl] m Kragen; (Gebirgs-)Paß
col|ère [kɔˈlɛːr] f Zorn; Wut; ~**érique** [‿leˈrik] jähzornig
colique [kɔˈlik] f Kolik
colis [kɔˈli] m Paket n; **petit** ~ Päckchen n
collaborer [kɔlabɔˈre] mitarbeiten (à an)
collant [kɔˈlɑ̃] klebrig; (eng) anliegend; ~**s** m/pl Strumpfhose f
collation [‿laˈsjɔ̃] f Imbiß m
colle [kɔl] f Klebstoff m
collection [kɔlɛkˈsjɔ̃] f (**d'art** Kunst-)Sammlung; ~**ner** [‿ˈne] sammeln
collège [kɔˈlɛːʒ] m Kollegium n; Gymnasium n; ~ **électoral** Wählerschaft f
collégiale [kɔleˈʒjal] f Stiftskirche
collègue [kɔˈlɛg] m Kollege
coller [kɔˈle] (an-, auf-, zs.-) kleben, leimen
colline [kɔˈlin] f Hügel m
collision [kɔliˈzjɔ̃] f Zusammenstoß m
colomb|e [kɔˈlɔ̃ːb] f Taube, ~**ier** [‿lɔ̃ˈbje] m Taubenschlag
colon [kɔˈlɔ̃] m Siedler
colonel [kɔlɔˈnɛl] m Oberst
colonie [kɔlɔˈni] f Kolonie
colonne [kɔˈlɔn] f Säule; (Druck-)Spalte
colorer [kɔlɔˈre] färben; tönen
colporter [kɔlpɔrˈte] hausieren
combat [kɔ̃ˈba] m (**aérien** Luft-)Kampf; ~ **naval** Seeschlacht f; ~**tant** [‿baˈtɑ̃] m Kämpfer; ~**tre** [‿ˈbatrə] (be)kämpfen
combien [kɔ̃ˈbjɛ̃] wieviel; wie teuer; wie (sehr); ~ **de temps** wie lange
combin|aison [kɔ̃bineˈzɔ̃] f Zs.-setzung, Verbindung; Monteuranzug m; ~**er** [‿biˈne] zs.-stellen
comble ['kɔ̃blə] (über)voll; m Höchstmaß n; Gipfel; ~**r** [‿ˈble] anfüllen; zuschütten
combust|ible [kɔ̃bysˈtiblə] brennbar; m Brennmaterial n; ~**ion** [‿bysˈtjɔ̃] f Verbrennung

comédie [kɔme'di] f Komödie

comestible [kɔmes'tiblə] eßbar; m Nahrungsmittel n

comique [kɔ'mik] komisch

comité [kɔmi'te] m Ausschuß; ~ **d'entreprise** Betriebsrat

command|ant [kɔmã'dã] m Major; Befehlshaber; ~**ant de bord** Flugkapitän; ~**e** [kɔ'mãːd] f Bestellung; ~**ement** m Kommando n; Befehl; ~**er** [~mã'de] befehlen; bestellen; ~**itaire** [~di'tɛːr] m stiller Teilhaber

comme [kɔm] wie; als; da, weil

commenc|ement [kɔmãsə'mã] m Anfang, Beginn; ~**er** [~'se] anfangen

comment [kɔ'mã] wie(?, !)

commenter [kɔmã'te] besprechen, kommentieren

commerçant [kɔmɛr'sã] Geschäfts...; m Kaufmann

commerc|e [kɔ'mɛrs] m Handel; Geschäft n; ~**ial** [~mɛr'sjal] kaufmännisch; Handels...

commère [kɔ'mɛːr] f Klatschbase

commettant [kɔme'tã] m Auftraggeber, Mandant

commettre [kɔ'metrə] *Verbrechen, Fehler* begehen

commis [kɔ'mi] m Gehilfe; ~ **voyageur** Geschäftsreisende(r)

commiss|aire [kɔmi'sɛːr] m Kommissar; Zahlmeister; ~**ariat** [~sa'rja] m **de police** Polizeirevier n

commission [kɔmi'sjɔ̃] f Kommission, Ausschuß m; Auftrag m, Bestellung; Provision; ~**naire** [~sjɔ-'nɛːr] m Dienstmann, Bote; Beauftragte(r); ~**ner** [~sjɔ-'ne] beauftragen; bevollmächtigen

commod|e [kɔ'mɔd] bequem; f Kommode; ~**ité** [~di'te] f Bequemlichkeit

commotion [kɔmɔ'sjɔ̃] f (**cérébrale** Gehirn-)Erschütterung

commun [kɔ'mœ̃] gemein (-sam); allgemein; alltäglich

communauté [kɔmyno'te] f Gemeinschaft, -samkeit

commun|e [kɔ'myn] f Pol Gemeinde; ~**ication** [~nika'sjɔ̃] f Mitteilung; Verbindung; Telefongespräch n; ~**ication interurbaine** Ferngespräch n; ~**ion** [~'njɔ̃] f (Glaubens-)Gemeinschaft; Gemeinde; Kommunion; ~**iqué** [~ni'ke] m Kommuniqué n, amtliche Mitteilung; ~**iquer** [~] mitteilen; ~**iquer avec** in Verbindung stehen mit

communis|me [kɔmy-'nism] m Kommunismus; ~**te** [~'nist] m Kommunist

commutateur [kɔmyta-'tœːr] m Schalter

compa|gne [kɔ̃'paɲ] f Gefährtin; ~**gnie** [~pa'ɲi] f Gesellschaft; ~**gnie de**

navigation Reederei; ~gnon [ˌpaˈɲõ] m Gefährte

compar|aison [kõpareˈzõ] f Vergleich m; ~**er** [ˌ're] vergleichen (**à**, **avec** mit); gleichstellen (**à** mit)

comparse [kõˈpars] m Statist

compartiment [kõpartiˈmã] m Abteilung f, Fach n; *Esb* Abteil n

compas [kõˈpa] m Zirkel, Kompaß

compassion [kõpaˈsjõ] f Mitleid n, Teilnahme

compat|ible [kõpaˈtibl] vereinbar; ~**issant** [ˌtiˈsã] mitfühlend

compatriote [kõpatriˈɔt] su Lands|mann m, -männin f

compenser [kõpãˈse] ausgleichen, vergüten

compétition [kõpetiˈsjõ] f Wettbewerb m; ~ **internationale** Länderkampf m

complainte [kõˈplɛ̃ːt] f Klage(lied n)

complai|re [kõˈplɛːr]: **se ~re** Gefallen finden (**dans** an; **à** zu); ~**sance** [ˌˈzãːs] f Gefälligkeit; Wohlgefallen n; ~**sant** [ˌˈzã] gefällig

complément [kõpleˈmã] m Ergänzung f; ~ **direct** Akkusativobjekt n

complet [kõˈplɛ] vollständig; (*Wagen*) besetzt; *Thea* ausverkauft; Anzug

compléter [kõpleˈte] vervollständigen

complexe [kõˈplɛks] verwickelt; m (**hôtelier** Hotel-)Komplex

compli|ce [kõˈplis] m Komplize; ~**cité** [ˌsiˈte] f Mittäterschaft; ~**ment** [ˌˈmã] m Glückwunsch; Gruß; Kompliment n

compliquer [kõpliˈke] komplizieren, erschweren

complot [kõˈplo] m Komplott n, Verschwörung f

comporter [kõpɔrˈte] enthalten; **se ~** sich verhalten, benehmen

compos|é [kõpoˈze] m Zs.-setzung f; Mischung f; ~**er** [ˌˈ] zs.-setzen; ausarbeiten, komponieren; **se ~er de** bestehen aus; ~**iteur** [ˌziˈtœːr] m Komponist

comprendre [kõˈprãːdrə] verstehen; umfassen

comprim|é [kõpriˈme] m Tablette f; ~**er** [ˌˈ] zs.-drücken

compris [kõˈpri]: **y ~** mit einbegriffen

compt|abilité [kõtabiliˈte] f Buchführung; ~**able** [kõˈtabl] m Buchhalter; ~**ant** [ˌˈtã] bar

compt|e [kõːt] m Rechnen n, Berechnung f; Konto n; ~**e rendu** Bericht m; **se rendre ~ de qc.** sich über et. klar w.; ~**e à rebours** Countdown; ~**er** [ˌˈte] zählen, (ab)rechnen; ~**eur** [ˌˈtœːr] m (**kilométrique** Kilometer-)Zähler; ~**oir** [ˌˈtwaːr] m Ladentisch; Theke f; Kontor n

comte 52

comt|e [kõ:t] *m* Graf; **~esse** [kõ'tɛs] *f* Gräfin
concéder [kõse'de] zugestehen
concentrer [kõsã'tre] konzentrieren
concept [kõ'sɛpt] *m* Begriff; **~ion** [~'sjõ] *f* Empfängnis, *fig* Auffassung; **~ion du monde** Weltanschauung
concerner [kõsɛr'ne] betreffen, angehen
concert [kõ'sɛ:r] *m* Konzert *n*
concession [kõse'sjõ] *f* Konzession, Zugeständnis *n*
concev|able [kõs'vabl̥] begreiflich; **~oir** [~'vwa:r] begreifen, verstehen
concierge [kõ'sjɛrʒ] *m* Pförtner, Portier
conciliation [kõsilja'sjõ] *f* Versöhnung
concis [kõ'si] kurz(gefaßt)
concitoyen [kõsitwa'jɛ̃] *m* Mitbürger
conclu|re [kõ'kly:r] (ab-)schließen, folgern; **~sion** [~'zjõ] *f* Schluß(folgerung) *m*; Abschluß *m*
concombre [kõ'kõbr̥] *f* Gurke [tracht]
concorde [kõ'kɔrd] *f* Einconcour|ir [kõku'ri:r] mitwirken (à an); sich bewerben (pour um); **~s** [~'ku:r] *m* (**de beauté** Schönheits-)Wettbewerb; Preisausschreiben *n*
concurrence [kõky'rã:s] *f* Konkurrenz; **~ déloyale** unlauterer Wettbewerb

condamner [kõda'ne] verurteilen, verdammen
condenser [kõdã'se] verdichten
condition [kõdi'sjõ] *f* Bedingung; Beschaffenheit
condoléances [kõdɔle'ã:s] *f/pl* Beileid *n*
conducteur [kõdyk'tœ:r] *Phys* leitend; *m* (Kraft-, Bus-)Fahrer; Zugbegleiter
condui|re [kõ'dɥi:r] führen, leiten; *Auto* fahren; **se ~re** sich betragen; **~t** [~'dɥi] *m* Rinne *f*; Röhre *f*; **~te** [~'dɥit] *f* Führung; Betragen *n*; *Kfz* Lenkung; (**d'essence** Benzin-)Leitung
cône [ko:n] *m* Kegel
confection [kõfɛk'sjõ] *f* Herstellung; Konfektion; **~ner** [~sjɔ'ne] anfertigen
confédération [kõfedera'sjõ] *f* Bündnis *n*, Bund *m*
conférenc|e [kõfe'rã:s] *f* Konferenz; Vortrag *m*; Vorlesung; **~ier** [~rã'sje] *m* Redner
conférer [kõfe're] vergleichen; erteilen; sich besprechen (**avec mit**)
confess|er [kõfɛ'se] gestehen; **se ~er** beichten (**de qc.** et.); **~ion** [~'sjõ] *f* (Glaubens-)Bekenntnis *n*; Beichte
confian|ce [kõfi'ã:s] *f* Vertrauen *n*; Zuversicht; **~t** [~'fjã] vertrauensvoll; arglos
confid|ence [kõfi'dã:s] *f*

vertrauliche Mitteilung; ~ent [~'dɑ̃] m Vertraute(r); ~entiel [~dɑ̃'sjɛl] vertraulich
confier [kɔ̃'fje] (se ~ à q. sich j-m) anvertrauen; se ~ en sich verlassen auf
confiner [kɔ̃fi'ne] grenzen (à an); se ~ sich zurückziehen
confirm|ation [kɔ̃firma'sjɔ̃] f Bestätigung; Konfirmation; ~er [~'me] bestätigen; einsegnen
confis|erie [kɔ̃fiz'ri] f Konditorei; ~eur [~'zœ:r] m Konditor
confisquer [kɔ̃fis'ke] beschlagnahmen
confiture [~'ty:r] f Eingemachte(s) n; Marmelade
conflit [kɔ̃'fli] m Konflikt, Streit
confluent [kɔ̃fly'ɑ̃] m Zs.-fluß
confondre [kɔ̃'fɔ̃:drə] vermischen; verwechseln; verwirren
conforme [kɔ̃'fɔrm] (à) übereinstimmend; gemäß
confort [kɔ̃'fɔ:r] m Komfort; ~able [~fɔr'tablə] behaglich
confrère [kɔ̃'frɛ:r] m Amtsbruder; (Fach-)Kollege
confronter [kɔ̃frɔ̃'te] gegenüberstellen
confus [kɔ̃'fy] verwirrt
congé [kɔ̃'ʒe] m Urlaub; Abschied; Kündigung f; ~dier [~'dje] entlassen; wegschicken

conseiller

congelé [kɔ̃ʒə'le] gefroren; viande f ~e Gefrierfleisch n
congénital [kɔ̃ʒeni'tal] angeboren
congère [kɔ̃'ʒɛ:r] f Schneeverwehung
congr|ès [kɔ̃'grɛ] m Kongreß, Tagung f; ~essiste [~'sist] m Kongreßteilnehmer
conjonctivite [kɔ̃ʒɔ̃kti'vit] f Bindehautentzündung
conjugal [kɔ̃ʒy'gal] ehelich
conjur|ation [kɔ̃ʒyra'sjɔ̃] f Verschwörung; ~er [~'re] beschwören; se ~ sich verschwören
connaiss|ance [kɔnɛ'sɑ̃:s] f (Er-)Kenntnis; Bewußtsein n; Bekanntschaft; ~eur [~'sœ:r] m Kenner
conn|aître [kɔnɛ'trə] kennen; kennenlernen; ~u bekannt
conqu|érir [kɔ̃ke'ri:r] erobern; ~ête [~'kɛt] f Eroberung
consacrer [kɔ̃sa'kre] (ein-)weihen; widmen
conscien|ce [kɔ̃'sjɑ̃:s] f Gewissen n; Bewußtsein n; ~t [~'sjɑ̃] bewußt
conscr|iption [kɔ̃skrip'sjɔ̃] f Aushebung; ~it [~kri] m Rekrut
conseil [kɔ̃'sɛj] m Rat (-schlag; -sversammlung f); ~ de surveillance (fédéral) Aufsichts- (Bundes-)rat; ~ler [~sɛ'je] raten; ~ler q. j-n beraten; m

consentir [kõsã'ti:r] zustimmen; einwilligen (à in)

conséquence [kõse'kã:s] *f* Folge(rung); **en ~** folglich

conserv|e [kõ'sɛrv] *f* Konserve; **~er** [~sɛr've] konservieren; erhalten, bewahren

considér|able [kõside'rablə] beträchtlich; beachtlich; **~ation** [~ra'sjõ] *f* Betrachtung, Erwägung; Rücksicht; Ansehen *n*; **~er** [~'re] (aufmerksam) betrachten; erwägen; achten

consign|ataire [kõsiɲa'tɛ:r] *m* (Waren-)Empfänger; **~e** [kõ'siɲ] *f* Gepäckaufbewahrung; **~e automatique** (Gepäck-)Schließfach *n*; **~er** [~si'ɲe] hinterlegen; *Gepäck* aufgeben

consist|ance [kõsis'tã:s] *f* Festigkeit; Beständigkeit; **~er** [~'te] bestehen (**en, dans** in, aus)

consol|ation [kõsɔla'sjõ] *f* Trost *m*; **~er** [~'le] trösten; **~ider** [~li'de] (be)festigen, sichern

consomm|ateur [kõsɔma'tœ:r] *m*, **~atrice** [~'tris] *f* Verbraucher(in *f*) *m*, Gast *m*; **~ation** [~ma'sjõ] *f* Verbrauch *m*; Verzehr *m* (*im Restaurant*); **~é** [~'me] *m* Kraftbrühe *f*; **~er** [~] verbrauchen; verzehren

consonance [kõsɔ'nã:s] *f* Einklang *m*; Wohlklang *m*

Ratgeber; **(fiscal** Steuer-) Berater

conspir|ation [kõspira'sjõ] *f* Verschwörung; **~er** [~'re] sich verschwören

constant [kõs'tã] standhaft; beharrlich; beständig

constat [kõs'ta] *m* amtliches Protokoll *n*; **~er** [~'te] feststellen

constellation [kõstɛla'sjõ] *f* Sternbild *n*

consterner [kõstɛr'ne] in Bestürzung versetzen

constitu|er [kõsti'tɥe] bilden; begründen; **~tion** [~ty'sjõ] *f* Körperbeschaffenheit; Verfassung

construction [kõstryk'sjõ] *f* Bau(en *n*, -werk *n*) *m*

construire [kõ'strɥi:r] (er-) bauen; entwerfen

consulat [kõsy'la] *m* Konsulat *n*

consult|ation [kõsylta'sjõ] *f* Beratung; Sprechstunde; **~er** [~'te] um Rat fragen, konsultieren

contact [kõ'takt] *m* Kontakt

conta|gieux [kõta'ʒjø] ansteckend; **~miner** [~mi'ne] anstecken; verseuchen

conte [kõ:t] *m* Märchen *n*, Erzählung *f*

contempler [kõtã'ple] betrachten

contemporain [kõtãpɔ'rɛ̃] *m* Zeitgenosse

conten|ance [kõt'nã:s] *f* Fassungsvermögen *n*; *fig* Haltung; **~ir** [~'ni:r] enthalten; fassen

content [kõ'tã] zufrieden;

~ement [ˌtãt'mã] *m* Zufriedenheit *f*; Befriedigung *f*; **~er** [~'te] zufriedenstellen; **se ~er** sich begnügen (**de** mit); **~ieux** [~'sjø] *jur* strittig; **~ion** [~'sjõ] *f* Anstrengung, Anspannung

contenu [kõt'ny] *m* Inhalt
conter [kõ'te] erzählen
contest|ataire [kõtesta'tɛːr] *m* Demonstrant; **~er** [~'te] bestreiten [zend)
contigu [kõti'gy] angren-⌐
contin|ence [kõti'nãːs] *f* Enthaltsamkeit; **~ent** [~'nã] *m* Kontinent
continuer [kõtin'ɥe] fortsetzen; -dauern; weitermachen
contorsion [kõtɔr'sjõ] *f* Verrenkung; Verzerrung; **~ tendineuse** Sehnenzerrung
contour [kõ'tuːr] *m* Umriß
contracter [kõtrak'te] zs.-ziehen; *Vertrag* (ab)schließen
contradict|ion [kõtradik'sjõ] *f* Widerspruch *m*; **~oire** [~'twaːr] (ea.) widersprechend
contrain|dre [kõ'trɛ̃ːdr] zwingen (**à** zu); **~te** [~'trɛ̃ːt] *f* Zwang *m*
contraire [~'trɛːr] entgegengesetzt; *m* Gegenteil *n*; **au ~** im Gegenteil
contrarier [~tra'rje] widersprechen (*q.* j-m)
contraste [kõ'trast] *m* Kontrast

contrat [kõ'tra] *m* Vertrag
contravention [~vã'sjõ] *f* Übertretung; Strafmandat *n*

contre ['kõːtrə] gegen; **~bande** *f* Schmuggel(ware) *m*; **~bandier** *m* Schmuggler; **~cœur: à ~cœur** ungern, widerwillig; **~coup** *m* Gegenstoß; **~dire** widersprechen (*q.* j-m)
contrée [kõ'tre] *f* Gegend
contre|façon [kõtrəfa'sõ] *f* Fälschung; Nachdruck *m*; **~faire** [~'fɛːr] nachahmen; fälschen; **~-fenêtre** [~fə'nɛtrə] *f* Doppelfenster *n*; **~forts** [~'fɔːr] *m*/*pl* Ausläufer; **~maître** [~'mɛːtrə] *m* Werkführer; **~mander** [~mã'de] abbestellen; **~poison** [~pwa'zõ] *m* Gegengift *n*; **~sens** [~'sãːs] *m* Sinnwidrigkeit *f*; **~vent** [~'vã] *m* Fensterladen

contribu|able [kõtriby-a'blə] steuerpflichtig; **~er** [~by'e] beitragen (**à** zu); **~tion** [~by'sjõ] *f* Beitrag *m*; Steuer; **bureau *m* des ~tions** Finanzamt *n*
contrôl|e [kõ'troːl] *m* Kontrolle *f*; **~er** [~'le] kontrollieren; **~eur** [~'lœːr] *m* Kontrolleur; (Zug-)Schaffner
contusion [kõty'zjõ] *f* Quetschung
convaincre [kõ'vɛ̃ːkrə] überzeugen; überführen
convalescence [kõvale-'sãːs] *f* Genesung
conven|able [kõv'nablə]

convenance 56

angemessen, passend; **~ance** [‿'nɑ̃:s] f Angemessenheit, Schicklichkeit; **~ir** [‿'ni:r] übereinkommen (de über); zugeben (de et.); geziemen (à q. j-m); **~u!** abgemacht!; **~tion** [‿vã:'sjɔ̃] f Übereinkunft

convergence [kɔ̃vɛr'ʒã:s] f Übereinstimmung

conversation [‿sa'sjɔ̃] f Unterhaltung

conver|sion [kɔ̃vɛr'sjɔ̃] f Bekehrung; **~tir** [‿'ti:r] bekehren; umstimmen

conviction [kɔ̃vik'sjɔ̃] f Überzeugung

convive [kɔ̃'vi:v] m Tischgenosse

convocation [kɔ̃vɔka'sjɔ̃] f Einberufung

convoi [kɔ̃'vwa] m Geleit n; (Auto-)Kolonne f; **d'enfants** Kinder-)Transport

convoit|er [kɔ̃vwa'te] begehren; **~ise** [‿'ti:z] f Begehrlichkeit

convoquer [kɔ̃vɔ'ke] zs.-rufen, einberufen

coopérer [kɔɔpe're] zs.-arbeiten; mitwirken

copain F [kɔ'pɛ̃] m Kamerad, Kumpel

copi|e [kɔ'pi] f Abschrift, Kopie; **~er** [‿'pje] abschreiben (sur von); kopieren; **~eux** [‿'pjø] reichlich

coq [kɔk] m Zo (**de bruyère, d'Inde** Auer-, Trut-)Hahn

coque [kɔk] f (Eier-, Frucht-)Schale; **~licot** [‿li'ko] m Mohn(blume f); **~luche** [‿'lyʃ] f Keuchhusten m; **~tier** [‿'tje] m Eierbecher

coquill|age [kɔki'ja:ʒ] m Muschel f; **~e** [‿'kij] f Muschel(schale)

coquin [kɔ'kɛ̃] m Schuft

cor [kɔ:r] m (Wald-)Horn n; Med Hühnerauge n

corail [kɔ'raj] m Koralle f

corbeau [kɔr'bo] m Rabe

corbeille [kɔr'bɛj] f (**à papier, à pain** Papier-, Brot-)Korb

corbillard [kɔrbi'ja:r] m Leichenwagen

cord|age [kɔr'da:ʒ] m Tau(-werk n) n; **~e** [kɔrd] f Strick m, Seil n, (Wäsche-)Leine f; Mus Saite f; **~é** [kɔr'de] herzförmig; **~ée** [‿] f Seilschaft; **~er** [‿] drehen, flechten

cordial [kɔr'djal] herzlich

cordier [kɔr'dje] m Seiler

cordon [kɔr'dɔ̃] m Schnur f; **~ littoral** Küstenstreifen; **~ de police** Polizeikette f; **~nier** [‿dɔ'nje] m Schuhmacher

coriace [kɔr'jas] zäh

corn|e [kɔrn] f Horn n; Schuhanzieher m; **~er** [‿'nœ:r] m Sp Eckball

corneille [kɔr'nɛj] f Krähe

cornet [kɔr'nɛ] m Tüte f; Würfelbecher; **~ acoustique** Hörrohr n

corpor|ation [kɔrpɔra'sjɔ̃] f Körperschaft, Innung; **~el** [‿'rɛl] körperlich

corps [kɔːr] m Körper; Hauptteil; Korps n

correct [kɔˈrɛkt] richtig; **~ion** [~ˈsjɔ̃] f Berichtigung

correspondan|ce [kɔrɛspɔ̃ˈdãːs] f Übereinstimmung; Briefwechsel m; Umsteiger m (Fahrschein); *Esb* Anschluß m; **~t** [~ˈdã] m Korrespondent; *Tel* ~ Teilnehmer

correspondre [~ˈpɔ̃ːdrə] à (e-r *Sache*) entsprechen

corrida [kɔriˈda] f Stierkampf m

corridor [kɔriˈdɔːr] m Korridor, Flur

corrig|é [kɔriˈʒe] m Berichtigung f; **~er** [~] verbessern

corrompre [kɔˈrɔ̃ːprə] verderben; bestechen

corrosif [kɔroˈzif] ätzend; m Ätzmittel n

corruption [kɔrypˈsjɔ̃] f Korruption, Bestechung

corsaire [kɔrˈsɛːr] m Seeräuber

Corse [kɔrs]: **la ~** Korsika f

cortège [kɔrˈtɛːʒ] m Gefolge n; (Fest-, Um-)Zug

cosmétique [kɔsmeˈtik] m Kosmetikum n

cosse [kɔs] f *de paprika* Paprika(-)Schote, Hülse

costume [kɔsˈtym] m Anzug; Kostüm n; Tracht f; (*de sport* Sport-)Kleidung f; **~-pantalon** m Hosenanzug

cote [kɔt] f (Kurs-)Notierung; Aktenzeichen n

côte [koːt] f Rippe; Küste; **la ~ d'Azur** die Riviera

côté [koˈte] m Seite f; **à ~ de** neben; **à ~** nebenan; **de tous ~s** von allen Seiten

coteau [kɔˈto] m Hügel, (Ab-)Hang

côtelette [kotˈlɛt] f Kotelett n

côtier [koˈtje] Küsten...

cotis|ation [kɔtizaˈsjɔ̃] f Beitrag m; **~er** [~ˈze] Beitrag zahlen

coton [kɔˈtɔ̃] m Baumwolle f

cou [ku] m Hals

couch|e [kuʃ] f (Ruhe-)Lager n; **~es** f/pl Wochenbett n; **~er** [kuˈʃe] zu Bett bringen; niederlegen; **se ~er** schlafen gehen; m: **~er du soleil** Sonnenuntergang; **~ette** [~ˈʃɛt] f Koje; **~ettes** f/pl Liegewagen m

coucou [kuˈku] m Kuckuck

coud|e [kud] m Ellbogen; **~ée** [kuˈde] f Elle

cou-de-pied [kudˈpje] m Spann

coudre [ˈkuːdrə] (an)nähen

couler [kuˈle] gießen; fließen; auslaufen; lecken; *Schiff:* sinken; *Zeit:* verstreichen

couleur [kuˈlœːr] f Farbe

couleuvre [kuˈlœːvrə] f Natter

coul|isse [kuˈlis] f Kulisse; **porte** f **à ~** Schiebetür; **~oir** [~ˈlwaːr] m (Durch-)Gang; Flur

coup [ku] m Schlag, Stich, Stoß, Wurf; Knall; **~ de**

coupable

feu Schuß; ~ d'œil Blick; ~ de soleil Sonnenbrand; *Sp* ~ franc Freistoß; ~ de téléphone Anruf; **tout à** ~ plötzlich

coupable [ku'pablə] schuldig

coup|e [kup] *f* Schnitt *m*; Pokal *m*; ~e au rasoir Messer(haar)schnitt *m*; ~e glacée Eisbecher *m*; ~é *m* Kutsche *f*, Coupé *n*; ~-circuit *m* Sicherung *f*; ~e--papier *m* Brieföffner

couper [ku'pe] (ab-, durch-, zer-)schneiden; abstellen, unterbrechen; ~ les gaz Gas wegnehmen

couple ['kuplə] *m* Paar *n*, Pärchen *n*

couplet [ku'plɛ] *m* Strophe *f*

coupole [ku'pɔl] *f* Kuppel *f*

coupure [ku'py:r] *f* Schnitt (-wunde) *f*

cour [ku:r] *f* Hof *m*; Gerichtshof *m*

courage [ku'ra:ʒ] *m* Mut

couramment [kura'mɑ̃] *adv* geläufig; fließend

courant [ku'rɑ̃] laufend; fließend; *m* Strom (*a El*); ~ alternatif (continu) Wechsel- (Gleich-)strom; ~ d'air Luftzug; ~ sous--marin Strömung *f*

courb|e [kurb] gebogen, krumm; *f* Kurve; ~er [~'be] krümmen, biegen

coureur [ku'rœ:r] *m* Läufer; Rennfahrer

courge [kurʒ] *f* Kürbis *m*

courir [ku'ri:r] laufen, ren-

58

nen; fließen; durchlaufen; ~ après nachlaufen

couronn|e [ku'rɔn] *f* (Zahn-)Krone; Kranz *m*; ~er [~'ne] krönen

courrier [ku'rje] *m* Kurier; Post(sachen *f/pl*) *f*; **par retour du** ~ postwendend

courroie [ku'rwa] *f* (**trapézoïdale** Keil-)Riemen *m*

cours [ku:r] *m* Lauf *m*; Verlauf, Kurs, Lehrgang, Vorlesung *f*; (Wechsel-)Kurs; ~e [kurs] *f* (Wett-)Lauf *m*; Fahrt; (**automobile, de chevaux, cycliste** Auto-, Pferde-, Rad-)Rennen *n*; ~ aux armements Wettrüsten *n*

court [ku:r] kurz; *m*: ~ (**de tennis**) Tennisplatz

court-circuit [kursir'kɥi] *m* Kurzschluß

courtepointe [kurtə'pwɛ:t] *f* Steppdecke

courtier [kur'tje] *m* Makler

court|isan [kurti'zɑ̃] *m* Höfling; ~iser [~'ze] (q.-j-m) den Hof machen; ~ois [~'twa] höflich, zuvorkommend

cousin [ku'zɛ̃] *m* Vetter; (Stech-)Mücke *f*

coussin [ku'sɛ̃] *m* Kissen *n*

coût [ku] *m* Kosten *pl*; ~ant [~'tɑ̃]: **prix** *m* ~ Selbstkostenpreis

couteau [ku'to] *m* (**de poche** Taschen-)Messer *n*

coût|er [~'te] kosten; ~eux [~'tø] kostspielig

coutum|e [ku'tym] *f* Ge-

wohnheit; Brauch *m*; **~ier**
[~'mje] gewohnheitsmäßig
coutur|e [ku'ty:r] *f* Naht;
Schneiderei; **~ière** [kuty-
'rjɛ:r] *f* Schneiderin
couvent [ku'vã] *m* Kloster *n*
couver [ku've] (aus)brüten
couvercle [ku'vɛrkl̩] *m*
Deckel
couvert [ku'vɛ:r] *m* Gedeck
n, Besteck *n*; **~ure** [~'ty:r] *f*
(de laine Woll-)Decke
couvre-cafetière [kuvrə-
kaf'tjɛ:r] *m* Kaffeewärmer;
~-feu [~'fø] *m* Sperrstunde
f; **~-lit** [~'li] *m* (Bett) Ta-
gesdecke *f* [Dachdecker]
couvreur [ku'vrœ:r] *m*
couvrir [~'vri:r] (be-, zu-,
ver-)decken; überhäufen;
se ~ den Hut aufsetzen
crabe [krab] *m* Krabbe
crach|er [kra'ʃe] spucken;
~oir [~'ʃwa:r] *m* Spucknapf
craie [krɛ] *f* Kreide
crain|dre ['krɛ̃:drə] (be-)
fürchten; **~te** [krɛ̃:t] *f*
Furcht, Bedenken *n*; **~tif**
[krɛ̃'tif] ängstlich
crampe [krã:p] *f* Krampf *m*
crampon [krã'põ] *m* Kram-
pe *f*; Steigeisen *n*; **~ner**
[~po'ne] anklammern
cran [krã] *m* Einschnitt,
Kerbe *f*; *F* Schneid
crâne [krɑ:n] verwegen; *m*
Schädel
crapaud [kra'po] *m* Kröte *f*
craquelé [kra'kle] rissig
craqu|er [kra'ke] krachen,
knacken; **~eter** [krak'te]
knistern; *Storch*: klappern

crasseux [kra'sø] schmutzig
cra|tère [kra'tɛ:r] *m* Krater;
~vate [~'vat] *f* Krawatte
crayon [krɛ'jõ] *m* Bleistift;
(feutre, de couleur Filz-,
Bunt-)Stift
créanc|e [kre'ã:s] *f* Glaub-
würdigkeit; **lettres** *f/pl* **de
~e** Beglaubigungsschreiben
n; **~ier** [~ã'sje] *m* Gläubi-
ger
créa|teur [krea'tœ:r] *m*
Schöpfer; **~tion** [~a'sjõ] *f*
Schöpfung; **~ture** [~a'ty:r]
f Geschöpf *n*, Kreatur
crèche [krɛʃ] *f* (a Kinder-)
Krippe
crédence [kre'dã:s] *f* An-
richte
crédibilité [kredibili'te] *f*
Glaubwürdigkeit
crédit [kre'di] *m* Kredit;
Ansehen *n*; **~er** (q. de qc.
j-m et.) gutschreiben
crédulité [kredyli'te] *f*
Leichtgläubigkeit
créer [kre'e] (er)schaffen,
gründen
crème [krɛm] *f* Sahne; **~
fouettée** Schlagsahne; **~
glacée** Eiscreme; **~ de
beauté** Hautcreme
crémerie [krɛm'ri] *f* Milch-
geschäft *n*
créneau [kre'no] *m* Schieß-
scharte *f*; Parklücke *f*
crêpe [krɛp] **1.** *m* Krepp
(Trauer-)Flor; **~ de latex**
Schaumgummi *n*; **2.** *f*
Eierkuchen *m*
crépuscule [krepys'kyl] *m*
(Abend-)Dämmerung *f*

cresson [krɛˈsɔ̃] *m* Kresse *f*
Crète [krɛt]: **la ~** Kreta *n*
crête [krɛt] *f* (Hahnen-, Berg-)Kamm *m*; Grat *m*
crétin [kreˈtɛ̃] *F m* Dummkopf
creuser [krøˈze] aus-heben, -höhlen; **se ~ la tête** sich den Kopf zerbrechen
creux [krø] hohl; leer; *m* Höhlung *f*, Vertiefung *f*; **~ de la main** hohle Hand
crevaison [krəvɛˈzɔ̃] *f* Platzen *n*; Reifenpanne
crevasse [krəˈvas] *f* Spalte, Riß *m*; **~é** [~vaˈse] zerklüftet
crever [krəˈve] platzen
crevette [krəˈvɛt] *f* Garnele
cri [kri] *m* Schrei
crible [ˈkriblə] *m* Sieb *n*
cric [krik] *m* Wagenheber
crier [kriˈe] schreien; (aus-) rufen
crim|e [krim] *m* Verbrechen *n*; **~inel** [krimiˈnɛl] verbrecherisch; strafbar; *m* Verbrecher
crin [krɛ̃] *m* Roßhaar *n*; **~ière** [kriˈnjɛːr] *f* Mähne
crique [krik] *f* kleine Bucht; **~t** [~kɛ] *m* Heuschrecke *f*
crise [kriːz] *f* Krise; **~ cardiaque** Herzanfall *m*; **~ du logement** Wohnungsnot
critique [kriˈtik] **1.** kritisch; **2.** *m* Kritiker; **3.** *f* Kritik; **~r** [~ˈke] kritisieren, beurteilen
croc [kro] *m* Haken
croch|et [krɔˈʃɛ] *m* Haken; Dietrich; **~u** [~ˈʃy] krumm

croc|odile [krɔkɔˈdil] *m* Krokodil *n*; **~us** [~ˈkys] *m* Krokus
croire [krwaːr] (**q.**, **qc.**) j-m, et.) glauben
crois|ée [krwaˈze] *f* Fensterkreuz *n*; **~ement** [~zˈmɑ̃] *m* Kreuzung *f*; **~er** [~ˈze] kreuzen (**a** Mar); **mots ~és** Kreuzworträtsel *n*; **~eur** [~ˈzœːr] *m* Mar Kreuzer; **~ière** [~ˈzjɛːr] *f* Kreuzfahrt
croiss|ance [krwaˈsɑ̃ːs] *f* Wachstum *n*; **~ant** [~ˈsɑ̃] *m* Hörnchen *n*; Halbmond
croître [ˈkrwaːtrə] wachsen
croix [krwa] *f* Kreuz *n*
croqu|ant [krɔˈkɑ̃] knusprig; **~is** [~ˈki] *m* Skizze *f*
crosse [krɔs] *f* Hockeyschläger *m*
crotale [krɔˈtal] *m* Klapperschlange *f*
crott|e [krɔt] *f* (Straßen-)Schmutz *m*; **~er** [krɔˈte] beschmutzen, bespritzen
croul|ant [kruˈlɑ̃] baufällig; **~ement** [~lˈmɑ̃] *m* Einsturz; **~er** [~ˈle] einstürzen
croup|ier [kruˈpje] *m* Croupier; **~ir** [~ˈpiːr] verfaulen, modern
croûte [krut] *f* Kruste, Rinde
croy|able [krwaˈjablə] glaubhaft; **~ance** [~ˈjɑ̃ːs] *f* Glaube *m*
cru [kry] **1.** roh; **2.** *m* Weinmarke *f*; **grands ~s** Spitzenweine; **3.** *p.p.* *s* **croire**
crû *p.p.* *s* **croître**

cruauté [kryo'te] *f* Grausamkeit
cruche [kryʃ] *f* Krug *m*; *P* dumme Gans
crucifi|er [krysi'fje] kreuzigen; **~x** [~'fi] *m* Kruzifix *m*
crudité [krydi'te] *f* roher Zustand *m*; *fig* Derbheit; **~s** *pl* Rohkost *f*
crue [kry] *f* Hochwasser *n*
cruel [kry'ɛl] grausam
crûment [kry'mã] unverblümt, schonungslos
crustacés [krysta'se] *m/pl* Schaltiere *n/pl*
crypte [kript] *f* Krypta
cube [kyb] *m* Würfel; **~ flash** Blitzwürfel
cueillir [kœ'ji:r] pflücken
cuiller [kɥi'jɛ:r] *f* Löffel *m*; **petite ~** Teelöffel *m*; **~ée** [kɥije're] *f* Löffelvoll *m*
cuir [kɥi:r] *m* Leder *n*
cuirasse [kɥi'ras] *f* Harnisch *m*, Panzer *m*
cuire [kɥi:r] kochen, braten; backen
cuisin|e [kɥi'zin] *f* Küche; Kochen *n*; **faire la ~e** [~'ne] kochen, zubereiten; **~ier** [~'nje] *m* Koch; **~ière** [~'njɛ:r] *f* Köchin; (Koch-)Herd *m*
cuiss|e [kɥis] *f* (Ober-)Schenkel *m*; Keule; **~on** [~'sɔ̃] *f* Kochen *n*; Backen *n*
cuivre [kɥi'vrə] *m* Kupfer *n*; **~ jaune** Messing *n*
cul [ky] *m* Hintern, Arsch; **~-de-sac** *m* Sackgasse *f*
culinaire [kyli'nɛ:r] kulinarisch; **art** *m* **~** Kochkunst *f*
culminant [kylmi'nã]: **point** *m* **~** Höhepunkt
culotte [ky'lɔt] *f* kurze Hose; Schlüpfer *m*
cul|pabilité [kylpabili'te] *f* Schuld; **~te** [kylt] *m* Kult; Gottesdienst
cultiv|ateur [kyltiva'tœ:r] *m* Landwirt; **~é** [~'ve] gebildet; **~er** [~] (an-, be-)bauen
culture [kyl'ty:r] *f* Anbau *m*; Zucht; Kultur; **~l** [~ty'rɛl] kulturell
cumin [ky'mɛ̃] *m* Kümmel
cupid|e [ky'pid] habgierig; **~ité** [~di'te] *f* Habsucht
cur|able [ky'rablə] heilbar; **~ateur** [~'tœ:r] *m* Vormund; **~e** [ky:r] *f* Kur; **~e de repos** Liegekur
curé [ky're] *m* katholischer Pfarrer
cure|-dent [kyr'dã] *m* Zahnstocher; **~-ongles** *m* Nagelreiniger; **~r** [~'re] reinigen
curieux [~'rjø] neugierig, sehenswert
curiosité [~rjozi'te] *f* Neugierde; Sehenswürdigkeit
curiste [ky'rist] *m* Kurgast
curling [kœr'liŋ] *m* Eisstockschießen *n*
cuv|e [ky:v] *f* Bottich *m*; **~ette** [~'vɛt] *f* Waschbecken *n*; **~ier** [~'vje] *m* Waschwanne *f*
cycl|able [si'klablə]: **piste** *f* **~** Radweg *m*; **~isme** [si-

cycliste 62

'klism] *m* Radsport; ~**iste** [~'klist] *m* Radfahrer; ~**omoteur** [~klɔmɔ'tœːr] *m* Moped *n*
cygne [siɲ] *m* Schwan

cylindr|e [si'lɛ̃drə] *m* Zylinder; ~**ée** [~'dre] *f* Hubraum *m*
cynique [si'nik] zynisch
cyprès [si'prɛ] *m* Zypresse *f*

D

dactylo(graphe) [dakti'lo (~lɔ'graf)] *f* Stenotypistin *f*
dada [da'da] *m* Hobby *n*
daigner [de'ɲe] geruhen
daim [dɛ̃] *m* Damhirsch; Wildleder *n*
dame [dam] *f* Dame
dancing [dã'siŋ] *m* Tanzlokal *n*
Danemark [dan'mark]: le ~ Dänemark *n*
danger [dã'ʒe] *m* (**de mort** Lebens-)Gefahr *f*; ~**eux** [dãʒ'rø] gefährlich
danois [da'nwa] dänisch
dans [dã] in, auf, an; **la rue** auf der Straße
dans|e [dãːs] *f* Tanz *m*; ~**er** [~'se] tanzen; ~**eur** [~'sœːr] *m* Tänzer
Danube *m* Donau *f*
dard [daːr] *m* Stachel
dartre ['dartrə] *f* Flechte
dat|e [dat] *f* Datum *n*; Zeitpunkt *m*; ~**er** [~'te] datieren
datte [dat] *f* Dattel
dauber [do'be] schmoren
dauphin [do'fɛ̃] *m* Delphin; Dauphin
davantage [davã'taːʒ] mehr
de [də] von; aus; zu; mit
dé [de] *m* Würfel; Fingerhut
débâcle [de'baːklə] *f* Eisgang *m*; Zs.-bruch *m*

déballer [deba'le] auspakken
débar|cadère [debarka'dɛːr] *m* Landungsbrücke *f*; Anlegeplatz; ~**quer** [~'ke] ausschiffen
débarrasser [debara'se] ab-, weg-räumen; **se ~ de** sich entledigen (*G*)
débat [de'ba] *m* Debatte *f*; ~**tre** [~'batrə] debattieren, durchsprechen
débauch|e [de'boːʃ] *f* Ausschweifung *f*; ~**é** [~bo'ʃe] *m* Wüstling; ~**er** [~bo'ʃe] verführen, -leiten
débil|e [de'bil] schwächlich; ~**iter** [~li'te] schwächen, entkräften
débit [de'bi] *m* Absatz; Verkauf(sstelle *f*); Ausschank; ~**ant** [~'tã] *m* Einzelhändler; ~**er** [~'te] (*im kleinen*) verkaufen; ausschenken; ~**eur** [~'tœːr] *m* Schuld...; *m* Schuldner
déblayer [deblɛ'je] Erde, *Schutt*, Schnee wegräumen
déboire [de'bwaːr] *m* Verdruß; Katzenjammer
déboiser [debwa'ze] abholzen
déboîter [debwa'te] ver-, aus-renken

débord|ant [debɔr'dã] über-strömend, -schäumend; **~ement** [˷də'mã] m Überschwemmung f; **~er** [˷de] über die Ufer treten

débouch|é [debu'ʃe] m Einmündung f (e-r Straße); Hdl Absatzgebiet n; **~er** [˷'ʃe] entkorken; (ein-) münden [schnallen]

déboucler [debu'kle] los-

debout [də'bu] aufrecht; **être ~** stehen; **place** f **~** Stehplatz m

déboutonner [debutɔ'ne] aufknöpfen

débraillé [debra'je] nachlässig gekleidet; fig frei

débrayer [debrɛ'je] auskuppeln

débris [de'bri] m/pl Bruchstücke n/pl; Trümmer pl

débrouiller [debru'je] entwirren

débusquer [debys'ke] aufscheuchen

début [de'by] m Anfang; **~ant** [˷'tã] m Anfänger; **~er** [˷by'te] anfangen (**par** mit)

deçà [də'sa] diesseits

décacheter [dekaʃ'te] Brief öffnen

décaféiné [dekafei'ne] koffeinfrei

décaler [deka'le] verschieben

décamper [dekã'pe] F abhauen

décapiter [dekapi'te] enthaupten

décapsuleur [dekapsy'lœ:r] m Flaschenöffner

décathlon [deka'tlõ] m Zehnkampf

décédé [dese'de] verstorben

déceler [des'le] aufdecken

décembre [de'sã:brə] m Dezember

décen|ce [de'sã:s] f Anstand m; **~t** [˷'sã] anständig; dezent

déception [desɛp'sjõ] f Enttäuschung

décerner [desɛr'ne] anordnen; Preis verleihen

décès [de'sɛ] m Ableben n; Todesfall; **acte** m **de ~** Sterbeurkunde f

décevoir [des'vwa:r] enttäuschen

déchaîner [deʃɛ'ne] losketten; fig entfesseln

décharge [de'ʃarʒ] f Aus-, Ent-laden n; Mar Löschen n; Entlastung; **~e (publique)** Schuttabladeplatz m; **~er** [˷ʃar'ʒe] ab-, ausladen, Mar löschen; (ent-) lasten

déchausser [deʃo'se] (e. j-m) die Schuhe ausziehen

déch|éance [deʃe'ã:s] f Verfall m; **~et** [˷'ʃɛ] m Abfall; Verlust

déchiffrer [deʃi'fre] entziffern

déchiqueter [deʃik'te] zerstückeln, -fetzen

déchir|ant [deʃi'rã] herzzerreißend; **~er** [˷'re] zerreißen; **~ure** [˷'ry:r] f Riß m

déch|oir [de'ʃwa:r] sinken;

déchu nachlassen; **~u** [.'ʃy] heruntergekommen

décid|é [desi'de] entschieden; entschlossen; **~er** [.'~] entscheiden; bestimmen

décis|if [desi'zif] entscheidend; bestimmt; **~ion** [.'zjɔ̃] f Entscheidung; Beschluß m

déclar|ation [deklara'sjɔ̃] f Erklärung; **~ de séjour** (**de départ**) (polizeiliche) An- (Ab-)meldung; **~er** [.'re] erklären; (**n'avez-vous**) **rien à ~er?** (haben Sie) etwas zu verzollen?

déclench|er [deklã'ʃe] auslösen; *Tür* ausklinken; **~eur** [.'ʃœːr] m (**automatique** Selbst-)Auslöser

déclin [de'klɛ̃] m Abnahme f, Verfall; **au ~ du jour** gegen Abend; **~er** [.'kli'ne] zu Ende gehen; deklinieren

déclive [de'kliːv] abschüssig

décoll|age [deko'laːʒ] *Flgw* Start, Abflug; **~er** [.'e] starten

décombres [de'kɔ̃ːbrə] m/pl Schutt m, Trümmer pl

décommander [dekomã'de] abbestellen

décomposer [dekɔ̃po'ze] zerlegen; **se ~** verwesen

décompte [de'kɔ̃ːt] m Abrechnung f; Abzug

déconcerter [dekɔ̃sɛr'te] aus der Fassung bringen

déconseiller [dekɔ̃sɛ'je] abraten

décor [de'kɔːr] m Verzierung f; **~ation** [.kɔra'sjɔ̃] f Dekoration; Orden m; **~er** [.kɔ're] (ver)zieren, (aus-)schmücken; e-n Orden verleihen (**q. j-m**)

découdre [de'kuːdrə] ab-, auf-trennen

découler [deku'le] herabtröpfeln; *fig* herrühren

découper [deku'pe] aus-, zer-schneiden

décourager [dekura'ʒe] entmutigen

décou|su [deku'sy] unzs.-hängend; **~vert** [.'vɛːr] unbedeckt, offen; **~verte** [.'vɛrt] f Entdeckung; **~vrir** [.'vriːr] entdecken; **se ~vrir** den Hut abnehmen; *Wetter*: sich aufklären

décrasser [dekra'se] säubern

décrépit [dekre'pi] altersschwach

décret [de'krɛ] m Erlaß m, Verordnung f

décrire [de'kriːr] beschreiben

décrocher [dekrɔ'ʃe] loshaken; *Tel Hörer* abnehmen

décroître [de'krwaːtrə] abnehmen, kürzer w.

décrott|er [dekrɔ'te] *Schuhe* (ab)putzen; **~oir** [.'twaːr] m Fußabtreter

déçu [de'sy] enttäuscht

dédai|gner [dede'ɲe] ver-, miß-achten; **~gneux** [.'ɲø] geringschätzig, verächtlich; **~n** [.'dɛ̃] m Geringschätzung f, Verachtung f

dedans [də'dã] innen; F

mettre q. ~ j-n reinlegen; *m* Innere(s) *n*

dédi|cace [dedi'kas] *f* Widmung; ~er [~'dje] widmen, weihen

dédit [de'di] *m* Widerruf

dédommager [dedɔma'ʒe] entschädigen (**de** für)

dé|duction [dedyk'sjɔ̃] *f* Abzug *m*; ~**duire** [de'dɥiːr] abziehen; ableiten

déesse [de'ɛs] *f* Göttin

défaill|ance [defa'jɑ̃ːs] *f* Schwäche(anfall *m*); ~**ir** [~'jiːr] schwach w.

défai|re [de'fɛːr] auf-, abmachen; auspacken; in Unordnung bringen; ~**te** [~'fɛt] *f* Niederlage

défaut [de'fo] *m* Fehler; Mangel; Gebrechen *n*; à ~ **de** mangels

défav|eur [defa'vœːr] *f* Ungnade; ~**orable** [~vɔ'rabl] ungünstig; ~**oriser** [~vɔri'ze] benachteiligen

défectueux [defɛk'tɥø] fehlerhaft; schadhaft; unvollständig

défend|eur *m*, ~**eresse** [defɑ̃'dœːr, ~'drɛs] *f* Beklagte(r); ~**re** [~'fɑ̃ːdr(ə)] verteidigen; (be)schützen; verbieten

défens|e [de'fɑ̃ːs] *f* Verteidigung; Verbot *n*; **légitime ~ de l'environnement** Notwehr; ~ **de stationnement** Parkverbot *n*; ~**eur** [~fɑ̃'sœːr] *m* Verteidiger

défér|ence [defe'rɑ̃ːs] *f* Ehrerbietung; ~**ent** [~'rɑ̃] ehrfürchtig

déferlement [defɛrlə'mɑ̃] *m* Brandung *f*

défi [de'fi] *m* Herausforderung *f*; Mißtrauen *n*; ~**ant** [~'fjɑ̃] mißtrauisch; ~**er** [~'fje] herausfordern; **se ~er de** mißtrauen

défil|é [defi'le] *m* Engpaß; Umzug; ~**é de mode** Modenschau *f*; ~**er** [~] vorbeimarschieren

défin|ir [defi'niːr] bestimmen, erklären; ~**itif** [~ni'tif] endgültig

défunt [de'fɥ̃] verstorben

dégag|é [dega'ʒe] ungezwungen; ~**ement** [~'mɑ̃] *m* Einlösung *f*; Befreiung *f*; ~**er** [~'ʒe] einlösen; freimachen

dégât [de'gɑ] *m* Schaden; ~**s matériels** (**de tôle**) Sach- (Blech-)schaden

dégel [de'ʒɛl] *m* Tauwetter *n*; ~**er** [deʒ'le] (auf)tauen

dégivreur [deʒi'vrœːr] *m* Entfroster

dégoût [de'gu] *m* Ekel; Abscheu; ~**ant** eklig, widerlich; ~**er** [~'te] verleiden(**q. de qc.** j-m et.)

dégoutter [degu'te] (herab)tropfen

dégra|der [degra'de] degradieren; ~**fer** [~'fe] aufhaken

degré [də'gre] *m* Stufe *f*; Grad

Uni Franz. 3

dégrèvement [degrɛv'mã] *m* Steuerermäßigung *f*

déguiser [degi'ze] verkleiden (**en** als); *Stimme* verstellen

dégustation [degysta'sjõ] *f* de vins Weinprobe; **~er** [~'te] kosten

dehors [də'ɔ:r] draußen, hinaus; **en ~ de** außerhalb; *m* Außenseite *f*

déjà [de'ʒa] schon

déjeuner [deʒœ'ne] frühstücken; zu Mittag essen; *m* Mittagessen *n*; **petit ~** Frühstück *n*

déjouer [de'ʒwe] vereiteln

délabré [dela'bre] baufällig, in schlechtem Zustand

délai [de'lɛ] *m* Aufschub; Frist *f*; **sans ~** fristlos

délasser [dela'se]: **se ~** sich ausruhen (nunziant)

délateur [dela'tœ:r] *m* Denunziant

délayer [dele'je] verdünnen

délégataire [delega'tɛ:r] *m* Beauftragte(r); **~ation** [~ga'sjõ] *f* Abordnung, Delegation; **~uer** [~'ge] abordnen, beauftragen

délétère [dele'tɛ:r] (gesundheits)schädlich

délibération [delibera'sjõ] *f* Beratung; Beschluß *m*; **~é** [~'re] (wohl)überlegt; **~er** [~] beraten

délicat [deli'ka] zart; delikat (*a fig*); heikel

délice [de'lis] *m* Wonne *f*; **~ieux** [~li'sjø] köstlich

délié [de'lje] dünn, schlank; **~er** [~] losbinden; lösen

délimiter [delimi'te] abgrenzen

délinquant [delɛ̃'kã] *m* Missetäter

délire [de'li:r] *m* Wahnsinn; Fieberwahn; **~er** [~'re] irrereden

délit [de'li] *m* Vergehen *n*; **~ de fuite** Fahrerflucht *f*

délivrer [deli'vre] befreien; aushändigen; ausstellen

déloger [delɔ'ʒe] ausziehen

déloyal [delwa'jal] unredlich; unlauter

déluge [de'ly:ʒ] *m* Sintflut *f*

demain [də'mɛ̃] morgen; **~ matin (soir)** morgen früh (abend)

demande [d(ə)'mã:d] *f* Bitte; Gesuch *n*, Antrag *m*; Frage; **~er** [~'mã'de] bitten (**qc. à q.** j-n um et.); fragen, verlangen; **~eur** *m*, **~eresse** [~'dœ:r, ~'drɛs] *f jur* Kläger(in *f*) *m*

démanger [demã'ʒe] jucken

démarcation [demarka'sjõ] *f* Abgrenzung

démarche [de'marʃ] *f* Schritt *m*, Maßnahme

démarrer [dema're] anlassen, starten; **~eur** [~'rœ:r] *m* Anlasser, Starter

démasquer [demas'ke] entlarven

démêlé [deme'le] *m* Zank; **~er** [~] entwirren; durchschauen

déménagement [demenaʒ'mã] *m* Umzug; **voiture *f* de ~** Möbelwagen *m*; **~er** [~'ʒe] umziehen

démence [de'mã:s] f Wahnsinn m
démentir [demã'ti:r] dementieren, ableugnen
démesuré [demǝzy're] übermäßig, maßlos
démettre [de'metrǝ] aus-, verrenken; absetzen
demeur|ant [d(ǝ)mœ'rã] wohnhaft; **~e** [~'mœ:r] f Wohnung; Aufenthalt(sort m) m; **~er** [~mœ're] wohnen; bleiben
demi [d(ǝ)mi] halb; **~-jour** m Zwielicht n; **~-pension** f Halbpension; **~-saison** f Übergangszeit
démission [demi'sjõ] f Rücktritt m, Demission
demi-tour [d(ǝ)mi'tu:r] m: **faire ~** umkehren, wenden
démodé [demɔ'de] unmodern, altmodisch
demoiselle [d(ǝ)mwa'zɛl] f Fräulein n
démolir [demɔ'li:r] abreißen; *fig* vernichten
démon [de'mõ] m Dämon; Teufel
démon|ter [demɔ̃'te] zerlegen; demontieren; **~trer** [~'tre] beweisen
démordre [de'mɔrdrǝ] m: **ne ~ pas** ~ nicht lockerlassen
dénatalité [denatali'te] f Geburtenrückgang m
dénatur|é [denaty're] entartet, unmenschlich; **~er** [~] entstellen
dénier [de'nje] abstreiten; verweigern

dénigrer [deni'gre] verleumden
dénom|brer [denõ'bre] (auf)zählen
dénoncer [denõ'se] *jur* anzeigen; *Vertrag* kündigen
dénoter [denɔ'te] andeuten; hinweisen (**qc.** auf et.)
dénou|ement [denu'mã] m Lösung f, Ausgang; **~er** [~'nwe] aufknoten, (auf-) lösen
denrées [dã're] f/pl Lebensmittel n/pl
dense [dã:s] f dicht, fest
dent [dã] f (**de sagesse** Weisheits-) Zahn m; Zacken m; **~elle** [~'tɛl] f Spitze; **~ier** [~'tje] m (*künstliches*) Gebiß n; **~ifrice** [~ti'fris] m Zahnpasta f; **~iste** [~'tist] m Zahnarzt; **~ure** [~'ty:r] f (*natürliches*) Gebiß
dénué [de'nɥe] **de** (ganz) ohne
dépann|age [depa'na:ʒ] m Reparatur f, Pannenhilfe f; **~er** [~'ne] abschleppen; **~euse** [~'nø:z] f Abschleppwagen m
départ [de'pa:r] m Abreise f, -fahrt f, Start; **point** m **de ~** Ausgangspunkt; **~ usine** ab Werk; **~ement** [~part'mã] m Departement n; Geschäftsbereich
dépasser [depa'se] überholen; -treffen; -schreiten
dépaysement [depeizmã] m Fremdsein n; Ortswechsel

dépêcher [depɛˈʃe] beschleunigen; **se ~er** sich beeilen

dépend|ance [depãˈdã:s] f Abhängigkeit; Nebengebäude n; **~re** [ˌˈpã:drə] abhängen (**de** von)

dépens [deˈpã] m/pl (Gerichts-)Kosten; **au ~ de** auf Kosten von; **~e** [ˌˈpã:s] f Ausgabe, Aufwand m; **~er** [ˌpãˈse] Geld ausgeben; verbrauchen

dépérir [depeˈri:r] verfallen; zugrunde gehen

dépister [depisˈte] aufspüren; auf e-e falsche Spur bringen

dépit [deˈpi] m Ärger; **en ~ de** trotz

déplac|é [deplaˈse] unpassend; **~ement** [ˌˈmã] m Verlagerung f; Versetzung f; **~er** [ˌplaˈse] verrücken; **se ~er** sich fortbewegen

déplai|re [deˈplɛ:r] mißfallen; **~sant** [ˌˈzã] unangenehm

déplier [depliˈe] ausea.-falten

déplisser [depliˈse] glätten

déplor|able [deploˈrablə] bedauernswert; **~er** [ˌˈre] bedauern, beklagen

déporter [deporˈte] deportieren, verschleppen

dépos|er [depoˈze] ab-, hinterlegen; jur aussagen

dépôt [deˈpo] m Hinterlegung f; Lager n; Depot n, (Fahrzeug-)Schuppen

dépouiller [depuˈje] enthäuten; fig berauben

dépourvu [depurˈvy] entblößt; **~ de** ohne; **au ~** unversehens

dépraver [depraˈve] verderben; verführen

déprécier [depreˈsje] abwerten, herabsetzen

déprédation [depredaˈsjɔ̃] f Veruntreuung; Plünderung

déprimer [depriˈme] schwächen; deprimieren

depuis [dəˈpɥi] seit; von ... an; seitdem

dépurer [depyˈre] reinigen

député [depyˈte] m Abgeordnete(r)

déraciner [derasiˈne] entwurzeln; ausrotten

dérailler [deraˈje] entgleisen

déraisonnable [derɛzɔˈnablə] unvernünftig

déranger [derãˈʒe] stören; in Unordnung bringen

déraper [deraˈpe] rutschen, schleudern

derechef [dərəˈʃef] von neuem

déréglé [dereˈgle] Puls: unregelmäßig; Leben: liederlich

déréglement [dereglɛˈmã] m Unregelmäßigkeit f

déri|der [deriˈde] aufheitern; **~sion** [ˌˈzjɔ̃] f Hohn m, Spott m; **~soire** [ˌˈzwa:r] höhnisch; lächerlich

dériver [deriˈve] abtreiben, ableiten; herrühren

derm|atologue [dɛrmatɔ-

'lɔg] m Hautarzt; ~mite [~'mit] f Hautentzündung
dernier [dɛr'nje] letzt; äußerst; (nach su) vorig; ~rement [~njɛr'mɑ̃] neulich
dérober [derɔ'be] entwenden, stehlen
déroger [derɔ'ʒe] abweichen (à von); verstoßen (à gegen)
dérouler [deru'le] aufrollen; se ~ sich abspielen, ablaufen
déroute [de'rut] f Niederlage, Flucht f
derrière [dɛ'rjɛːr] hinten, hinter; par ~ von hinten; m F Hintern
dès [dɛ] seit, von ... an, ab; ~ lors seitdem; ~ que sobald
désaccord [deza'kɔːr] m Uneinigkeit f
désaccoutumer [dezakuty'me] entwöhnen
désagréable [dezagre'abl] unangenehm; ~ment [~'mɑ̃] m Unannehmlichkeit f
désappointement [dezapwɛ̃t'mɑ̃] m Enttäuschung f; ~er [~'te] enttäuschen
désapprendre [dezaprɑ̃ːdr] verlernen; ~ouver [~pru've] mißbilligen
désarmement [dezarmə'mɑ̃] m Entwaffnung f; Abrüstung f
désarroi [deza'rwa] m Durcheinander n; Verwirrung f
désastre [de'zastr] m Unheil n; ~eux [~'trø] verheerend

désavantage [dezavɑ̃'taːʒ] m Nachteil; ~er [~'taːʒe] benachteiligen; ~eux [~'ʒø] unvorteilhaft
désaveu [deza'vø] m Widerruf; ~ouer [~'vwe] leugnen; widerrufen
descendance [desɑ̃'dɑ̃ːs] f Herkunft f; ~ant [~'dɑ̃] m Nachkomme
descendre [de'sɑ̃ːdr] herab-, hinunter-steigen, -gehen; aus-, ab-steigen; chez q. bei j-m einkehren
descente [de'sɑ̃ːt] f Herab-steigen n, -fahren n; Skiabfahrt; Talfahrt; ~ de lit Bettvorleger m
description [dɛskrip'sjɔ̃] f Beschreibung
désenvelopper [dezɑ̃vlɔ'pe] auswickeln
désert [de'zɛːr] öde, verlassen; m Wüste f; ~er [~zɛr'te] verlassen, desertieren; ~ique [~'tik] Wüsten...
désespérer [dezɛspe're] verzweifeln; ~oir [~'pwaːr] m Verzweiflung f
déshabillé [dezabi'je] m Hauskleid n; ~er [~ ~] entkleiden, ausziehen; ~oir [~'jwaːr] m Umkleidekabine f
déshériter [dezeri'te] enterben
déshonnête [dezɔ'nɛːt] unanständig; ~orer [~nɔ're] entehren
désigner [dezi'ɲe] bezeichnen, bestimmen

désillusionner

désillusionner [dezilyzjɔ-'ne] enttäuschen, ernüchtern

désinfectant [desɛ̃fɛk'tɑ̃] *m* Desinfektionsmittel *n*

désintéress|é [dezɛ̃tere'se] gleichgültig; **~** [~.]: **~er** [~.]: das Interesse verlieren (**de** an)

déso|béir [dezɔbe'i:r] *m* ungehorsam sein; **~bligeance** [~bli'ʒɑ̃:s] *f* Ungefälligkeit; **~dorisant** [~dɔri'zɑ̃] *m* Deodorant *n*

désol|ant [dezɔ'lɑ̃] betrüblich, trostlos; **~er** [~'le] tief betrüben

désordre [de'zɔrdrə] *m* Unordnung *f*; Unruhe *f*

désormais [dezɔr'me] von nun an, in Zukunft

dessécher [dese'ʃe] austrocknen; **se ~** vertrocknen

dessein [de'sɛ̃] *m* Absicht *f*, Plan; Zweck

desser|t [de'sɛ:r] *m* Nachtisch; **~vir** [~sɛr'vi:r] den Tisch abdecken

dessin [de'sɛ̃] *m* Zeichnung *f*; Plan; Muster *n*; **~ animé** Zeichentrickfilm; **~er** [~si'ne] zeichnen

dessous [də'su] darunter; **en ~** unten; *m* Unterteil *n*; **~** *pl* Unterwäsche *f*

dessus [də'sy] darüber, oben; *m* Oberteil *n*

destin [dɛs'tɛ̃] *m* Schicksal *n*, Geschick *n*; **~ataire** [~tina'tɛ:r] *m* Empfänger;

70

~ation [~nɑ'sjɔ̃] *f* Bestimmung(sort *m*); **~ée** [~'ne] *f* Schicksal *n*; **~er** [~.] ausersehen (**à** für)

destruct|eur [dɛstryk'tœ:r] zerstörend; **~if** [~'tif] zerstörerisch; **~ion** [~'sjɔ̃] *f* Zerstörung, Vernichtung

désuet [de'sɥɛ] altmodisch, veraltet

détach|ant [deta'ʃɑ̃] *m* Fleckenwasser *n*; **~er** [~.'ʃe] los-machen, -binden; von Flecken reinigen

détail [de'taj] *m* Einzelheit *f*; Einzelhandel

déteindre [de'tɛ̃:drə] entfärben; abfärben

déten|dre [de'tɑ̃drə] entspannen; **~ir** [~tə'ni:r] (zurück)behalten; **~te** [~'tɑ̃:t] *f* Entspannung; **~tion** [~tɑ̃-'sjɔ̃] *f* (**préventive** Untersuchungs-)Haft; **~u** [~tɔ-'ny] *m* Häftling

détériorer [deterjɔ're] beschädigen

déterminer [detɛrmi'ne] bestimmen; festsetzen

déterrer [detɛ're] ausgraben

détest|able [detɛs'tablə] abscheulich; **~er** [~'te] verabscheuen

détour [de'tu:r] *m* Biegung *f*; Umweg; **~ner** [~'tur'ne] vom Weg abbringen; umleiten

détresse [de'trɛs] *f* Angst, Not

détriment [detri'mɑ̃] *m*: **au ~ de** zum Schaden von

détroit [de'trwa] *m* Meerenge *f*

détruire [det'rɥi:r] zerstören

dette [det] *f* (Geld-)Schuld

deuil [dœj] *m* Trauer *f*

deux [dø] zwei; les ~ beide; **~ième** [~'zjɛm] zweite(r); **~-points** [~'pwɛ̃] *m* Doppelpunkt

déval|iser [devali'ze] ausplündern; **~orisation** [~bəriza'sjɔ̃] *f* Entwertung

devanc|er [dəvã'se] (q. j-m) vorausgehen; **~ier** [~'sje] *m* Vorgänger

devant [də'vã] vorne, vor (-aus); *m* Vorderteil *m od n*; **~ure** [~'ty:r] *f* Schaufenster *n*

dévaster [devas'te] verwüsten

développ|ement [devləp-'mã] *m* Entwicklung *f*; **~er** [~'pe] entwickeln

devenir [dəv'ni:r] werden

déverser [devɛr'se] ausgießen

dévêtir [devɛ'ti:r] entkleiden

dévi|ation [devja'sjɔ̃] *f* Umleitung; **~er** [~'vje] abweichen

devin|er [dəvi'ne] (er)raten; **~ette** [~'nɛt] *f* Rätsel *n*

devis [də'vi] *m* Kostenanschlag; **~es** [~'vi:z] *f/pl* Devisen

dévisser [devi'se] ab-, losschrauben

dévoiler [devwa'le] entschleiern, enthüllen

devoir [də'vwa:r] schulden; müssen, sollen; verdanken; *m* Pflicht *f*; Schulaufgabe *f*

dévorer [devɔ're] verschlingen (*a fig*)

dévot [de'vo] fromm

dévou|é [de'vwe] sehr ergeben; **~er** [~] weihen, widmen

diabète [dja'bɛt] *m* Zuckerkrankheit *f*

diab|le ['djablə] *m* Teufel; **~olique** [~bɔ'lik] teuflisch

diagnostic [djagnɔs'tik] *m* Diagnose *f*

diamant [dja'mã] *m* Diamant

dia|mètre [dja'mɛ:trə] *m* Durchmesser; **~pason** [~pa'zɔ̃] *m* Stimmgabel *f*; **~phane** [~'fan] durchsichtig; **~phragme** [~'fragm] *m* Blende *f* (*Durchfall m*)

diarrhée [dja're] *f Med*

dict|ée [dik'te] *f* Diktat *n*; **~er** [~] diktieren, vorschreiben; **~ionnaire** [~sjɔ'nɛ:r] *m* Wörterbuch *n*

diète [djɛt] *f* Diät

Dieu [djø] *m* Gott

diffamer [difa'me] verleumden, diffamieren

différ|ence [difeˈrã:s] *f* Unterschied *m*; **~encier** [~rã-'sje] differenzieren; **~end** [~'rã] *m* Streit; **~ent** [~'rã] verschieden; **~entiel** [~rã-'sjɛl] *m* Differential *n*; **~er** [~'re] aufschieben; voneinander abweichen

diffi|cile [difi'sil] schwierig; **~culté** [~kyl'te] *f* Schwierigkeit

difformé [difɔr'me] verunstaltet

diffus [di'fy] *Licht:* zerstreut; *Stil:* weitschweifig; **~er** [~'ze] verbreiten, *Rdf* senden; **~ion** [~'zjõ] *f* Ausbreitung; Sendung

dig|érer [diʒe're] verdauen (*a fig*); **~estion** [~ʒes'tjõ] *f* Verdauung

dign|e [diɲ] würdig, wert; **~ité** [~ɲi'te] *f* Würde; Ehrenamt *n*

digression [digre'sjõ] *f* Abschweifung

digue [dig] *f* Damm *m*, Deich *m*

dilater [dila'te] ausdehnen

diligen|ce [dili'ʒɑ̃:s] *f* Eifer *m*, Emsigkeit; Postkutsche; **~t** [~ʒɑ̃] flink, emsig

dimanche [di'mɑ̃:ʃ] *m* Sonntag

dimension [dimɑ̃'sjõ] *f* Dimension; Ausmaß *n*

diminu|er [dimi'nɥe] vermindern, verkleinern; **~tion** [~ny'sjõ] *f* Verminderung; **~tion des prix** Preissenkung

dind|e [dɛ̃:d] *f* Pute; **~on** [dɛ̃'dõ] *m* Truthahn

dîner [di'ne] zu Abend essen; *m* Abendessen *n*

diphtérie [difte'ri] *f* Diphtherie

diplomate [diplɔ'mat] *m* Diplomat

diplôme [di'plo:m] *m* Urkunde *f*, Diplom *n*; **~é** [~plo'me] geprüft

dire [di:r] sagen, vortragen

direct [di'rɛkt] direkt, unmittelbar; **~eur** [~'tœ:r] *m* Direktor, Leiter; **~ion** [~'sjõ] *f* Richtung; Leitung; **~rice** [~'tris] *f* Leiterin

dirig|eable [diri'ʒablə] lenkbar; *m* Luftschiff *n*; **~er** [~'ʒe] leiten, lenken

discerner [disɛr'ne] unterscheiden

disciple [di'siplə] *m* Jünger, Anhänger; **~ine** [~'plin] *f* Disziplin; Fach *n*

discord|ance [diskɔr'dɑ̃:s] *f* Mißton *m*; **~e** [~'kɔrd] *f* Zwietracht

discothèque [diskɔ'tɛk] *f* Diskothek

discours [dis'ku:r] *m* Rede *f*

discréditer [diskredi'te] in Verruf bringen

discret [dis'krɛ] diskret, taktvoll

discu|ssion [disky'sjõ] *f* Diskussion; **~té** [~'te] umstritten; **~ter** [~] erörtern

disette [di'zɛt] *f* (Hungers-) Not

dis|grâce [dis'grɑ:s] *f* Ungnade; **~joindre** [~'ʒwɛ̃drə] trennen; **~loquer** [~lɔ'ke] *Med* ausrenken

dispar|aître [dispa're:trə] verschwinden; **~ition** [~ri'sjõ] *f* Verschwinden *n*

dispens|aire [dispɑ̃'sɛ:r] *m* Poliklinik *f*; **~er** [~'se] befreien (**de** von)

disperser [dispɛr'se] zer-, verstreuen

disponible [dispɔ'niblə] verfügbar

dispos|er [dispo'ze] disponieren, anordnen; **~er de** verfügen über; **se ~ à** sich anschicken zu; **~itif** *m* Vorrichtung *f*; **~ition** [~zi'sjɔ̃] *f* Anordnung; Verfügung

disproportion [dispropɔr'sjɔ̃] *f* Mißverhältnis *n*

disput|e [dis'pyt] *f* Streit *m*; **~er** (~'te] streiten (de über)

disqu|aire [dis'kɛ:r] *m* Schallplattenhändler; **~e** [disk] *m* Scheibe *f*; Schallplatte *f*; *Sp* Diskus; **~e intervertébral** Bandscheibe *f*

dissemblable [disɑ̃'blablə] unähnlich

disséminer [disemi'ne] aus-, zer-streuen

dissen|sion [disɑ̃'sjɔ̃] *f* Zwietracht; **~timent** [~ti'mɑ̃] *m* Meinungsverschiedenheit *f*

dissimuler [disimy'le] verbergen; sich verstellen

dissiper [disi'pe] zerstreuen; vergeuden

dissol|ution [disɔly'sjɔ̃] *f* Auflösung; Gummilösung; **~vant** [~'vɑ̃] *m* Nagellackentferner

dissoudre [di'sudrə] auflösen

dissuader [disɥa'de] (**q. de qc.** j-m von et.) abraten

dist|ance [dis'tɑ̃:s] *f* Abstand *m*; Entfernung *f*; **~ant** [~'tɑ̃] entfernt

distiller [disti'le] abziehen; destillieren

distin|ct [dis'tɛ̃(:kt)] verschieden; deutlich; **~ction** [~k'sjɔ̃] *f* Unterscheidung; Auszeichnung; **~gué** [~'ge] vornehm; **~guer** [~'ge] unterscheiden; auszeichnen [*Med* Verrenkung]

distorsion [distɔr'sjɔ̃] *f*

distraire [dis'trɛ:r] zerstreuen, ablenken; unterschlagen; **~t** [~'trɛ] zerstreut

distribu|er [distri'bɥe] aus-, ver-teilen; **~teur** [~by'tœ:r] *m* (*a* Zünd-) Verteiler; Automat; **~tion** [~by'sjɔ̃] *f* Verteilung; (Post-)Zustellung

divan [di'vɑ̃] *m* Couch *f*; **~-lit** *m* Bettcouch *f*

diverger [divɛr'ʒe] vonea. abweichen

divers [di'vɛ:r] verschieden; **~ion** [~vɛr'sjɔ̃] *f* Ablenkung; **~ité** [~si'te] *f* Mannigfaltigkeit *f*

divertir [divɛr'ti:r] belustigen; **se ~** sich unterhalten, sich zerstreuen

divin [di'vɛ̃] göttlich; **~ité** [~vini'te] *f* Gottheit

divis|er [divi'ze] (ein-)teilen; **~ion** [~'zjɔ̃] *f* (Ein-)Teilung

divorc|e [di'vɔrs] *m* Ehescheidung *f*; **~er** [~'se] sich scheiden l. (**d'avec** von)

divulguer [divyl'ge] verbreiten, unter die Leute bringen

dix [dis, di] zehn; **~ième** [di'zjɛm] zehnte(r)

dizaine [di'zɛn] *f*: **une ~ (de ...)** etwa zehn (...)

docile [dɔ'sil] gelehrig; fügsam

doct|eur [dɔk'tœːr] *m* Doktor, Arzt; **~oresse** [~tɔ'rɛs] *f* Ärztin; **~rine** [~'trin] *f* Lehre

document *n*; [dɔky'mã] *m* Dokument *n*; **~s** *pl* Unterlagen *f/pl*; **~ation** [~ta'sjõ] *f* Belege *m/pl*, Unterlagen *f/pl*; **~aire** [~'tɛːr] *m* Kulturfilm

dodu [dɔ'dy] F feist, fett

doigt [dwa] *m* Finger, Zehe *f*

doléances [dɔle'ãːs] *f/pl* Beschwerde *f*

domaine [dɔ'mɛn] *m* (Land-)Gut *n*; Gebiet *n*, Bereich

dôme [doːm] *m* Kuppel *f*

domestique [dɔmɛs'tik] häuslich, Haus...; *m* Diener; **~s** *pl* Hausangestellte

domicil|e [dɔmi'sil] *m* Wohn-sitz, -ort; **~ié** [~si'lje] wohnhaft

domin|ation [dɔmina'sjõ] *f* Herrschaft; **~er** [~'mine] beherrschen; überragen

dommage [dɔ'maːʒ] *m* Schaden; **quel ~!** wie schade!

dompter [dõ'te] bändigen

don [dõ] *m* Gabe *f*; **~ation** [dɔna'sjõ] *f* Schenkung

donc [dõ, dõːk] denn, doch; folglich

donjon [dõ'ʒõ] *m* Schloßturm

donner [dɔ'ne] geben; **~ sur** gehen auf (*Fenster*)

dont [dõ] von dem, von der; dessen, deren

doper [dɔ'pe] dopen

dorénavant [dɔrena'vã] künftig, von jetzt an

dorer [dɔ're] vergolden

dor|mir [dɔr'miːr] schlafen; **~toir** [~'twaːr] *m* Schlaf-saal, -raum

dos [do] *m* Rücken; Rückseite *f*; (Stuhl-)Lehne *f*

dose [doːz] *f* Dosis

dossier [dɔ'sje] *m* Rückenlehne *f*; Akte *f*

dot [dɔt] *f* Mitgift; **~er** [~'te] ausstatten, dotieren

douan|e [dwan] *f* Zoll(amt *n*) *m*; **~ier** [dwa'nje] *m* Zollbeamte(r)

doubl|e ['dubl] doppelt; *m* Duplikat *n*; **~er** [~'ble] verdoppeln; *Kleid* füttern; *Fahrzeug* überholen; *Film* synchronisieren

douc|ement [dus'mã] leise, behutsam; **~eur** [~'sœːr] *f* Süße; Sanftmut; **~eurs** *pl* Süßigkeiten *f/pl*

douch|e [duʃ] *f* Dusche; **~er** [~'ʃe] duschen

doué [dwe] begabt; **~er** [~] ausstatten, versehen (**de** mit)

doul|eur [du'lœːr] *f* Schmerz *m*; **~oureux** [~lu'rø] schmerzhaft

dout|e [dut] *m* Zweifel; Vermutung *f*; **~er** [~'te]

zweifeln (**de** an); **se ~er de** ahnen; **~eux** [~'tø] zweifelhaft [mild; sanft]
doux, douce [du, dus] süß [f]
douz|aine [du'zɛn] f Dutzend n; **~e** [du:z] zwölf; **~ième** [~'zjɛm] zwölfte(r)
doyen [dwa'jɛ̃] m Dekan
dragée [dra'ʒe] f Dragee n; Bonbon m od n
dragon [dra'gõ] m Drache; Dragoner
drague [drag] f Bagger; **~r** [dra'ge] (aus)baggern
drainer [drɛ'ne] entwässern, trockenlegen
drame [dram] m Drama n
drap [dra] m Tuch n; Laken n; **~eau** [~'po] m Fahne f; **~er** [~'pe] mit Tuch ausschlagen
dresser [drɛ'se] auf-richten, -stellen; *Speisen* anrichten; *Hund* abrichten
dressoir [drɛ'swa:r] m Anrichte(tisch) f
drogu|e [drog] f Droge; **~erie** [drog'ri] f Drogerie; **~iste** [~'gist] m Drogist
droit [drwa] recht; gerade;

aufrecht; **tout ~** geradeaus; *m* Recht *n*; Rechtswissenschaft *f*; Abgabe *f*, Gebühr *f*; **~s pl de sortie (d'entrée)** Ausfuhr-(Einfuhr-)zoll *m*; **~e** [drwat] *f* Rechte, rechte Hand; **à ~e** rechts
drôle [dro:l] drollig; **un ~ de ...** ein komischer ...
dromadaire [droma'dɛ:r] *m* Dromedar *n*
dû [dy] *p.p. s* devoir
duc [dyk] *m*, **duchesse** [dy-'ʃɛs] *f* Herzog(in *f*) *m*
dupe [dyp] *f* leichtgläubig; *f* Betrogene(r); **~r** [dy'pe], anführen; **~rie** [~'pri] *f* Betrügerei
dur [dy:r] hart; rauh; streng; **~able** [dy'rablə] dauerhaft; **~ant** [~'rã] während; **~cir** [dyr'si:r] härten; **se ~cir** hart w.
dur|ée [dy're] *f* Dauer; **~er** [~] dauern; **~eté** [dyr'te] *f* Härte
duvet [dy've] *m* Flaum
dynamo [dina'mo] *f* Dynamo *m* [Ruhr]
dysenterie [disã'tri] *f Med*

E

eau [o] *f* (**gazeuse, potable, douce, de mer** Selters-, Trink-, (Meer-) Wasser *n*; **~ de Cologne** Kölnisch Wasser *n*; **~x** *pl* Gewässer *n*; **~-de-vie** [o'dwi] *f* Schnaps *m*; **~x--vannes** [o'wan] *f/pl* Abwässer *n/pl*

ébahir [eba'i:r] verwundern
ébauch|e [e'boʃ] *f* Entwurf *m*; **~er** [~'ʃe] entwerfen
éb|ène [e'bɛn] *f* Ebenholz *n*; **~éniste** [ebe'nist] *m* Kunsttischler
éblou|ir [eblu'i:r] blenden; **~issement**

éboulement

[..isˈmã] m (Ver-)Blendung f

éboul|ement [ebulˈmã] m Einsturz; Erdrutsch; **~er** [..ˈle]: s'**~er** einstürzen

ébranler [ebrãˈle] erschüttern

ébriété [ebrieˈte] f Trunkenheit

écaill|e [eˈkaːj] f Schuppe; (Austern-)Schale; Schildpatt n; **~er** [ekaˈje] abschuppen; s'**~er** abbröckeln [lachrot]

écarlate [ekarˈlat] schar-

écart [eˈkaːr] m Abstand, Unterschied; Seitensprung; à l'**~** abseits; **~é** [ekarˈte] abgelegen; **~er** [..] spreizen; beseitigen, vertreiben; ablenken

échafaud [eʃaˈfo] m Gerüst n; Schafott n

échange [eˈʃãːʒ] m (**interscolaire** Schüler-)Austausch; **~er** [..ʃãˈʒe] (um-, aus-, ein-)tauschen, (aus)wechseln

échantillon [eʃãtiˈjõ] m Muster n

échapp|ement [eʃapˈmã] m Auspuff; **~er** [..ˈpe] (+dat) entkommen

échar|de [eˈʃard] f Splitter m; **~pe** [eˈʃarp] f Schärpe; (Arm-)Binde

échasse [eˈʃaːs] f Stelze

échaud|é [eʃoˈde] m Windbeutel; **~er** [..] (ver)brühen

échauffer [eʃoˈfe] erwärmen, erhitzen; s'**~** warm, heiß w.; sich eifern

échéan|ce [eʃeˈãːs] f Fälligkeit; Verfalltag m; **~t** [..ˈã] fällig; **le cas ~t** gegebenenfalls

échec [eˈʃɛk] m Mißerfolg; Schach n

échel|le [eˈʃɛl] f Leiter; **~on** [eʃˈlõ] m Sprosse f; **~onner** [eʃlɔˈne] staffeln

échevin [eʃˈvɛ̃] m Schöffe

échi|ne [eˈʃin] f Rückgrat n; **~quier** [..ˈkje] m Schachbrett n

écho [eˈko] m Echo n

éch|oir [eˈʃwaːr] zufallen; fällig w.

échoppe [eˈʃɔp] f (Verkaufs-)Bude

échouer [eˈʃwe] scheitern, mißlingen

éclair [eˈklɛːr] m Blitz; **~age** [ekleˈraːʒ] m Beleuchtung f; **~cie** [..ˈsi] f Lichtung; **~cir** [..ˈsiːr] aufhellen, aufklären; **~er** [..] be-, erleuchten; aufklären

éclat [eˈkla] m Splitter; Knall; Glanz; **~er** [..ˈte] platzen; zersplittern; knallen; glänzen; **~er de rire** laut auflachen

éclipse [eˈklips] f (Sonnen-, Mond-)Finsternis

éclore [eˈklɔːr] ausschlüpfen; *Knospe:* aufbrechen

écluse [eˈklyːz] f Schleuse

écol|e [eˈkɔl] f (**primaire, secondaire** Grund-, Ober-)Schule; **~ier** [..ˈlje] m Schüler

économ|e [ekɔˈnɔm] sparsam; **~ie** [..ˈmi] f (**d'entre-**

prise, politique Betriebs-, Volks-)Wirtschaft; ~ies *pl* Ersparnisse; ~iser [~mi'se] haushalten, sparen; ~iste [~'mist] *m* Volkswirt

écorce [e'kɔrs] *f* Rinde, Borke, (Zitronen-)Schale

écorch|er [ekɔr'ʃe] das Fell abziehen; radebrechen; ~ure [~'ʃyːr] *f* (Haut-)Abschürfung, Schramme

écoss|ais [ekɔ'sɛ] schottisch; 2e [e'kɔs] *f*: l'2e Schottland *n*

écot [e'ko] *m* Anteil *an* der Zeche; *fig* Baumstumpf

écoul|ement [ekul'mã] *m* Abfluß; *Hdl* Absatz; ~er [~'le] *Hdl* absetzen; s'~er abfließen

écourter [ekur'te] kürzen

écout|er [eku'te] zu-, anhören, horchen; ~eur [~'tœːr] *m* *Tel* Hörer

écran [e'krã] *m* (Film-)Leinwand *f*; Bildschirm

écraser [ekra'ze] zermalmen; überfahren

écrevisse [ekrə'vis] *f* *Zo* Krebs *m*

écrier [ekri'e]: s'~ ausrufen

écrire [e'kriːr] schreiben

écri|t [e'kri] *m* Schrift (-stück *n*) *f*; **par** ~**t** schriftlich; ~**teau** [~'to] *m* Anschlag, Schild *n*; ~**toire** [~'twaːr] *f* Schreibzeug *n*; ~**ture** [~'tyːr] *f* (Hand-)Schrift; ~**vain** [~'vɛ̃] *m* Schriftsteller

écrouler [ekru'le]: s'~ ein-, zs.-stürzen

écu [e'ky] *m* (Wappen-)Schild; Taler

écueil [e'kœj] *m* Klippe *f*

écum|e [e'kym] *f* Schaum *m*; ~**er** [~'me] schäumen

écureuil [eky'rœj] *m* Eichhörnchen *n*

écu|rie [eky'ri] *f* Pferdestall *m*; ~**yer** [ekɥi'je] *m* Stallmeister; Kunstreiter

eczéma [egze'ma] *m* Ekzem *n*

édifi|ce [edi'fis] *m* Gebäude *n*; ~**er** [~'fje] (auf)bauen; *fig* erbauen

édit [e'di] *m* Edikt *n*; ~**er** [~'te] *Werk* herausgeben; ~**eur** [~'tœːr] *m* Verleger; ~**ion** [~'sjɔ̃] *f* Ausgabe, Auflage; ~**orial** [~tɔ'rjal] *m* Leitartikel

édredon [edrə'dɔ̃] *m* Daunendecke *f*; Federbett *n*

éducation [edyka'sjɔ̃] *f* Erziehung; Bildung

effacer [efa'se] (aus-, weg-)wischen, (-)streichen

effar|é [efa're] verstört, bestürzt; ~**er** [~]: s'~**er** außer sich geraten

effect|if [efɛk'tif] wirklich, tatsächlich; ~**uer** [~'tɥe] aus-, durchführen

efféminer [efemi'ne] verweichlichen

effervescence [efɛrve'sɑ̃s] *f* Aufbrausen *n*, Brodeln *n*

effet [e'fɛ] *m* Wirkung *f*; Eindruck; *Hdl* Wechsel; **en** ~ in der Tat; ~**s** *pl* Gepäck *n*, Sachen *f/pl*

efficace [efi'kas] wirksam

effleurer [eflœ're] streifen; leicht berühren

effondrement [efɔ̃drə'mã] m Zusammenbruch (a fig)

effor|cer [efor'se]: s'~cer sich anstrengen (de zu); **~t** [e'fɔ:r] m Anstrengung f

effraction [efrak'sjɔ̃] f Einbruch m

effraie [e'frɛ] f Schleiereule

effrayer [efrɛ'je] erschrecken

effréné [efre'ne] zügellos

effroi [e'frwa] m Entsetzen n

effront|é [efrɔ̃'te] frech, unverschämt; **~erie** [~'tri] f Unverschämtheit

effroyable [efrwa'jablə] entsetzlich

égal [e'gal] gleich; gleichgültig; **~ement** [~'mã] ebenfalls; **~ité** [~li'te] f Gleichheit

égard [e'ga:r] m Rücksicht f; à l'~ de hinsichtlich

égarer [ega're] irreleiten; Gegenstand verlegen; s'~ sich verirren

égayer [egɛ'je] aufheitern

église [e'gli:z] f Kirche

égoï|ne [egɔ'in] f Tech Fuchsschwanz m; **~ste** [~'ist] egoistisch; m Egoist

égorger [egɔr'ʒe] erwürgen

égratign|er [egrati'ɲe] kratzen; **~ure** [~'ɲy:r] f Kratzwunde, Schramme

Égypt|e [e'ʒipt]: l'~ Ägypten n; **~ien** [~p'sjɛ̃] ägyptisch

élaborer [elabɔ're] aus-, verarbeiten

élan [e'lã] m Anlauf, Schwung; Zo Elch

élance|ment [elãs'mã] m stechender Schmerz; **~r** [~'se] Med stechen; s'~r sich stürzen

élargir [elar'ʒi:r] verbreitern; *aus der Haft* entlassen

élastique [elas'tik] elastisch; m Gummiband n

élect|eur [elɛk'tœ:r] m Wähler; **~ion** [~'sjɔ̃] f Wahl; **~orat** [~tɔ'ra] m Wahlrecht n

electri|cien [elɛktri'sjɛ̃] m Elektriker; **~cité** [~si'te] f Elektrizität; **~que** [~'trik] elektrisch

élégance [ele'gã:s] f Eleganz

éléphant [ele'fã] m Elefant

élevage [el'va:ʒ] m (Vieh-) Zucht f

élévation [eleva'sjɔ̃] f Erhebung, Anhöhe

élève [e'lɛ:v] su Schüler(in f) m

élev|er [el've] erhöhen; errichten; groß-, er-ziehen; s'~er sich belaufen (à auf); **~eur** [~'vœ:r] m Viehzüchter

éligible [eli'ʒiblə] wählbar

éliminer [elimi'ne] aussondern; beseitigen

élire [e'li:r] (er)wählen

elle(s) [ɛl] f (pl) sie

éloge [e'lɔ:ʒ] m Lob(rede f) n

éloigner [elwa'ɲe] entfernen

éloquen|ce [elɔ'kã:s] f Beredsamkeit; **~t** [ˌˈkɑ̃] beredt

élucider [elysiˈde] aufklären, erläutern

éluder [elyˈde] e-r Frage ausweichen; umgehen

émanation [emanɑˈsjɔ̃] f Ausdünstung

émanciper [emɑ̃siˈpe] emanzipieren; mündig sprechen

émaner [emaˈne] ausströmen; ausgehen (**de** von)

emballer [ɑ̃baˈle] ein-, verpacken

embar|cadère [ɑ̃barkaˈdɛːr] m Anlegeplatz; **~quement** [ˌkəˈmɑ̃] m Einschiffung f; **~quer** [ˌˈke] Mar verladen; **s'~quer** sich einschiffen

embarras [ɑ̃baˈrɑ] m Hindernis n; Verlegenheit f; **~ser** [ˌraˈse] (be)hindern, versperren; in Verlegenheit bringen

embau|cher [ɑ̃boˈʃe] Arbeiter einstellen; **~mer** [ˌˈme] einbalsamieren; duften

embellir [ɑ̃beˈliːr] verschönern

embêt|ant [ɑ̃bɛˈtɑ̃] langweilig, lästig; **~er** [ˌˈte] langweilen; ärgern

emblème [ɑ̃ˈblɛm] m Sinnbild n; Zeichen n

embouchure [ɑ̃buˈʃyːr] f Mündung; Mus Mundstück n

embouteill|age [ɑ̃buteˈjaːʒ] m Verkehrsstockung

f; **~er** [ˌˈje] in Flaschen abfüllen; Straße verstopfen

embranchement [ɑ̃brɑ̃ʃˈmɑ̃] m Ab-, Ver-zweigung f

embras|ement [ɑ̃brazˈmɑ̃] m Festbeleuchtung f; **~ser** [ɑ̃braˈse] umarmen; küssen; um-fassen, -spannen

embrayage [ɑ̃brɛˈjaːʒ] m Kupplung f

embrouiller [ɑ̃bruˈje] verwirren

embrumer [ɑ̃bryˈme] in Nebel hüllen

embuscade [ɑ̃bysˈkad] f Hinterhalt m

éméché [emeˈʃe] beschwipst

émeraude [emˈroːd] f Smaragd m

émerger [emɛrˈʒe] auftauchen (*a fig*)

émeri [emˈri] m Schmirgel

émett|eur [emɛˈtœːr] m Rdf Sender; **~re** [eˈmɛtr] (aus)senden; in Umlauf setzen; Scheck ausstellen

émeute [eˈmøt] f Aufruhr m

émietter [emjɛˈte] zerkrümeln

émigrer [emiˈgre] auswandern

émin|ence [emiˈnɑ̃ːs] f Anhöhe; 2 f Eminenz; **~ent** [ˌˈnɑ̃] hervorragend

émission [emiˈsjɔ̃] f Rdf Sendung; **~ publicitaire** Werbefunk m

emmener [ɑ̃mˈne] wegführen, mitnehmen

émoi [eˈmwa] m Aufregung f

émotion [emoˈsjɔ̃] f Auf-, Er-regung; Rührung

émoussé [emu'se] stumpf
émouvoir [emu'vwa:r] er-, auf-regen; rühren
empaqueter [ãpak'te] einpacken
emparer [ãpa're]: **s'~ de qc.** sich e-r Sache bemächtigen
empâté [ãpa'te] *Zunge*: belegt
empêcher [ãpɛ'ʃe] hindern (de an), verhindern
empereur [ã'prœ:r] *m* Kaiser
empiétement [ãpjet'mã] *m* Eingriff; Übergriff
empiffrer [ãpi'fre]: **s'~** P sich vollfressen
empiler [ãpi'le] aufstapeln
empire [ã'pi:r] *m* Herrschaft *f*; (Kaiser-)Reich *n*; **~ sur soi(-même)** Selbstbeherrschung *f*
empirer [ãpi're] verschlimmern
emplacement [ãplas'mã] *m* Bauplatz; Standort
emplâtre [ã'pla:trə] *m* Pflaster *n*
emplette [ã'plɛt] *f* Einkauf *m*
emploi [ã'plwa] *m* Gebrauch, Anwendung *f*; Anstellung *f*; **mode d'~** Gebrauchsanweisung *f*; **demande d' (offre d') ~** Stellen-gesuch *n* (-angebot *n*)
employ|é [ãplwa'je] *m* Angestellte(r); **~er** [~'je] an-, ver-wenden; **~eur** [~'jœ:r] *m* Arbeitgeber

empocher [ãpɔ'ʃe] einstecken (*a fig*)
empoisonne|ment [ãpwazɔn'mã] *m* (**du sang** Blut-)Vergiftung *f*; **~r** [~'ne] vergiften
emporter [ãpɔr'te] wegtragen, -bringen; mitnehmen; fort-, weg-reißen; **l'~** überlegen sein; **s'~ in Wut geraten**
emprein|dre [ã'prɛ̃:drə] aufdrücken; einprägen; **~te** [~'prɛ:t] *f* (**digitale** Finger-)Abdruck *m*; (Fuß-)Spur
empresser [ãprɛ'se]: **s'~** sich beeilen (de zu)
emprisonn|ement [ãprizɔn'mã] *m* Gefangennahme *f*; **~er** [~'ne] einsperren
emprunt [ã'prœ̃] *m* Anleihe *f*; **~er** [~'te] borgen (à von); *Weg* benutzen
en [ã] in, nach; aus; davon
encadrer [ãka'dre] (ein-)rahmen; einfassen
encaisse [ã'kɛs] *f* Kassenbestand *m*; **~r** [~'se] in e-e Kiste packen; kassieren; *Scheck* einlösen
en-cas [ã'ka] *m* Notbehelf
encaustique [ãkos'tik] *f* Bohnerwachs *n*
encaver [ãka've] einkellern
enceinte [ã'sɛ̃:t] schwanger; *f* Einfriedung; Stadt-, Festungs-mauer
encens [ã'sã] *m* Weihrauch
encercler [ãsɛr'kle] einkreisen

enchaîner [ãʃɛˈne] anketten, in Ketten legen
enchant|é [ãʃãˈte] sehr erfreut; **~ement** [~ˈmã] m Zauber, Entzücken n; **~er** [~ˈte] bezaubern; entzücken
enchère [ãˈʃɛːr] f Auktion; **vendre aux ~s** versteigern
enchér|ir [ãʃeˈriːr] teurer w.; **~issement** [~risˈmã] m Verteuerung f
enchifrènement [ãʃifrɛnˈmã] m Stocksehnupfen
enclo|re [ãˈklɔːr] umzäunen; **~s** [ãˈklo] m Einfriedung f
enclume [ãˈklym] f Amboß m
encombr|ant [ãkõˈbrã] sperrig; **~e** [ãˈkõːbrə] m: **sans ~e** unbehindert; **~ement** [~brəˈmã] m Gedränge n; Verkehrsstockung f; (Zimmer-)Flucht f; **~er** [~ˈbre] versperren; überfüllen
encontre [ãˈkõːtrə] m: **à l'~ de** zuwider, (ent)gegen
encore [ãˈkɔːr] noch; nochmal; **pas ~** noch nicht; **~ que** obgleich
encourager [ãkuraˈʒe] ermutigen
encr|e [ˈãkrə] f Tinte; **~ier** [ãkriˈe] m Tintenfaß n
endetté|e [ãdɛˈte] verschuldet
endive [ãˈdiːv] f Chicorée f
endommager [ãdomaˈʒe] beschädigen
endormir [ãdɔrˈmiːr] einschläfern; **s'~** einschlafen
endos, ~sement [ãˈdo,

ãdɔsˈmã] m Giro n; **~ser** [ãdɔˈse] *Kleider* anziehen; *Hdl* indossieren
endroit [ãˈdrwa] m Stelle f, Platz, Ort
endui|re [ãdɥiːr] überstreichen; **~t** [ãˈdɥi] m Putz
endur|ance [ãdyˈrãːs] f Ausdauer; **~cir** [~ˈsiːr] (ab-, ver-)härten; **~er** [~ˈre] aushalten, erdulden
énergi|e [enɛrˈʒi] f Energie; Tatkraft; **~que** [~ˈʒik] energisch
enfance [ãˈfãːs] f Kindheit
enfant [ãˈfã] su Kind n; **~er** [~ˈte] gebären; **~in** [~ˈtɛ̃] kindlich
enfer [ãˈfɛːr] m Hölle f; **~s** pl Unterwelt f
enfermer [ãfɛrˈme] ein-, um-schließen, einsperren
enfil|ade [ãfiˈlad] f lange Reihe, (Zimmer-)Flucht; F anziehen
~er [~ˈle] einfädeln; *Weg* einschlagen
enfin [ãˈfɛ̃] endlich; kurz
enflammer [ãflaˈme] anzünden; entflammen (*a fig*)
enfl|er [ãˈfle] (an)schwellen; **~ure** [~ˈflyːr] f Geschwulst
enfoncer [ãfõˈse] einrammen, (tief) einschlagen; **s'~** sich senken; (ein-, ver-)sinken
enfouir [ãˈfwiːr] vergraben, verbergen
enfreindre [ãˈfrɛ̃ːdrə] *Gesetz, Vertrag* übertreten, brechen

enfuir [ã'fɥiːr]: **s'~** entfliehen

enfumer [ãfy'me] ein-, ver-räuchern

engag|ement [ãgaʒ'mã] *m* Verpfändung *f*; Verpflichtung *f*; Engagement *n*; **~er** [~'ʒe] engagieren; verpfänden; veranlassen (à zu)

engeance [ã'ʒãːs] *f* Brut, Sippschaft

engelure [ãʒ'lyːr] *f* Frostbeule

engendrer [ãʒã'dre] (er-)zeugen

engin [ã'ʒɛ̃] *m* Gerät *n*, Werkzeug *n*, Maschine *f*

englober [ãglɔ'be] vereinigen; eingemeinden

engloutir [ãglu'tiːr] verschlingen (*a fig*)

engorger [ãgɔr'ʒe] verstopfen

engouer [ã'gwe]: **s'~** schwärmen (**de** für)

engouffrer [ãgu'fre] in e-n Abgrund reißen; verschlingen

engourdir [ãgur'diːr] erstarren l.

engrais [ã'grɛ] *m* Mast *f*; Dung; **~er** [~'se] mästen; düngen

engrenage [ãgrə'naːʒ] *m* Getriebe *n*

engueuler *P* [ãgœ'le] anpöbeln, -schnauzen

enhardir [ãnar'diːr]: **s'~** sich erkühnen

énigm|atique [enigma'tik] rätselhaft; **~e** [e'nigm] *f* Rätsel *n*

enivr|ement [ãnivrə'mã] *m* Rausch; **~er** [~'vre] berauschen (*a fig*); **s'~er** sich betrinken

enjeu [ã'ʒø] *m* (Spiel-)Einsatz

enjôler [ãʒo'le] beschwatzen

enl|èvement [ãlɛv'mã] *m* Wegnahme *f*; Entführung *f*; **~ever** [ãlə've] entfernen, wegnehmen; entführen

enneig|é [ãnɛ'ʒe] verschneit; **~ement** [~'mã] *m* Schneeverhältnisse *n/pl*

ennemi [ɛn'mi] feindlich; *m* Feind

ennoblir [ãnɔ'bliːr] *fig* adeln; veredeln

ennu|i [ã'nɥi] *m* Langeweile *f*; Ärger; Überdruß; **~yer** [ãnɥi'je] langweilen; verdrießen; **~yeux** [~'jø] langweilig, öde; lästig

énoncer [enõ'se] ausdrücken, -sagen

énorme [e'nɔrm] unermeßlich, enorm

enquérir [ãke'riːr]: **s'~ de** sich erkundigen nach

enquête [ã'kɛːt] *f* Untersuchung; Umfrage

enrag|é [ãra'ʒe] wütend, rasend; *Med* tollwütig; **~er** [~] wütend sein

enregistre|ment [ãrəʒistrə'mã] *m* Eintragung *f*; (Schallplatten-, Tonband-) Aufnahme *f*; **~ment des bagages** Gepäckabfertigung *f*; **~r** [~'tre] registrieren; einschreiben; aufzeichnen; *Gepäck* aufgeben

enrhumer [ãry'me] *m:* **s'~** sich erkälten

enrich|i [ãri'ʃi] *m* Neureiche(r); **~r** [~'ʃiːr] bereichern

enrou|é [ãrwe] heiser; **~er** [~'-]: **s'~er** heiser w.

enrouler [ãru'le] aufwickeln, zs.-rollen

enseigne [ã'sɛɲ] *f* Schild *n*; **~ment** [~'mã] *m* Unterricht; Lehre*f*; **~ment obligatoire** Schulpflicht *f*; **~r** [~'ɲe] lehren; unterrichten

ensemble [ã'sã:blə] zusammen, miteinander; *m das* Ganze; Gesamtheit *f*; Kostüm *n*; **(hôtelier** Hotel-) Komplex

en|serrer [ãse're] ein-, um-schließen; **~sevelir** [ãsəv'liːr] begraben

ensoleillé [ãsɔlɛ'je] sonnig

ensui|te [ã'sɥit] dann, darauf; **~vre** [ã'sɥiːvrə]: **s'~vre** sich ergeben (**de** aus)

entaill|e [ã'taːj] *f* Kerbe; Schnittwunde; **~er** [~ta'je] einkerben

entamer [ãta'me] anschneiden (*a fig*); beginnen

entasser [ãta'se] aufhäufen

enten|dre [ã'tã:drə] hören; verstehen; beabsichtigen; **~du** [ãtã'dy] klug, erfahren; **~du!** doch! abgemacht!; **bien ~du** selbstverständlich; **~te** [ã'tãːt] *f* Einverständnis *n*

entérite [ãte'rit] *f* Darmkatarrh *m*

enterre|ment [ãtɛr'mã] *m* Beerdigung *f*; **~r** [~'re] be-, vergraben (*a fig*); beerdigen

en-tête [ã'tɛːt] *m* Briefkopf

entêt|é [ãte'te] eigensinnig, stur; **~er** [~]: **s'~er dans** eigensinnig bestehen auf

enthousiasme [ãtu'zjasm] *m* Begeisterung *f*; **~r** [~'me] begeistern

entier [ã'tje] ganz

entonner [ãtɔ'ne] *Lied* anstimmen

entonnoir [ãtɔ'nwaːr] *m* Trichter

entorse [ã'tɔrs] *f* Verstauchung

entortiller [ãtɔrti'je] einwickeln (*a fig*)

entour [ã'tuːr] *m:* **à l'~ in** der Umgebung; **à l'~ de** um ... herum; **~er** [ãtu're] umgeben

entr|acte [ã'trakt] *m* Zwischenakt; Pause *f*; **~aider** [ãtrɛ'de]: **s'~aider** ea. beistehen

entrailles [ã'traj] *f/pl* Eingeweide *n/pl*

entrain [ã'trɛ̃] *m* Schwung

entraîn|er [ãtrɛ'ne] mit sich fortreißen; trainieren; **~eur** [~'nœːr] *m* Trainer; **~euse** [~'nøːz] *f* Animierdame

entrav|e [ã'traːv] *f* (Fuß-) Fessel; Hindernis *n*; **~er** [~ta've] fesseln; behindern

entre [ã'trə] zwischen; *fig*

entrebâiller

unter; ~bâiller [ãtrəba'je] halb öffnen; *Tür* anlehnen; ~côte [~'ko:t] *f* Mittelrippenstück *n*; ~couper [~ku'pe] unterbrechen

entrée [ã'tre] *f* Eingang *m*; -fahrt; Einreise; Eintritt(sgeld *n*) *m*; Vorgericht *n*

entre|**lardé** [ãtrəlar'de] *Fleisch:* durchwachsen; ~larder [~] spicken; ~mets [~'me] *m* Süßspeise *f*; ~mettre [~'metrə] s'~ sich verwenden (**pour** für), vermitteln; ~mise [~'mi:z] *f* Vermittlung; ~pont [~'pɔ̃] *m* Zwischendeck *n*

entrepôt [~'po] *m* Speicher

entre|**prendre** [ãtrə'prã:drə] unternehmen; ~preneur [~prə'nœ:r] *m* Unternehmer; ~prise [~'pri:z] *f* Unternehmen *n*

entrer [ã'tre] eintreten; hineingehen; ~z! herein!

entre|**sol** [ãtrə'sɔl] *m* Zwischenstock; ~temps [~'tã] inzwischen

entre|**tenir** [ãtrət'ni:r] unterhalten; ~tien [~'tjɛ̃] *m* Unterhalt; Wartung *f*; Unterhaltung *f*; ~vue [~'vy] *f* Zusammenkunft

entrouvrir [ãtru'vri:r] halb öffnen

énumérer [enyme're] aufzählen

envahir [ãva'i:r] *Land* überfallen; *Straße* bevölkern

envelopp|**e** [ã'vlɔp] *f* Hülle; (Brief-)Umschlag *m*; (Bett-)Bezug *m*; (*Reifen*) Mantel *m*; ~er [~'pe] einwickeln, -hüllen

envergure [ãver'gy:r] *f* Spannweite

envers [ã've:r] gegen; *m* Kehrseite *f*; ~ verkehrt; *Stoff:* links

envi [ã'vi]: **à l'**~ um die Wette; ~e [~] *f* Neid *m*; Lust, Verlangen *n*; **~e de vomir** Brechreiz *m*; ~er [~'vje] beneiden; ~eux [~'vjø] neidisch

environ [ãvi'rɔ̃] ungefähr; ~s *m/pl* Umgebung *f*

envisager [ãviza'ʒe] ins Auge fassen

envoi [ã'vwa] *m* Sendung *f*

envol [ã'vɔl] *m* Abflug; ~er [~vɔ'le]: s'~ wegfliegen

envoyer [ãvwa'je] schicken

épagneul [epa'nœl] *m* Spaniel

épais [e'pɛ] dick; dicht

épandre [e'pã:drə] aus-, verstreuen, ausbreiten

épanouir [epa'nwi:r]: s'~ *Gesicht:* sich aufhellen

épargn|**e** [e'parɲ] *f* Sparsamkeit; Ersparnis; ~er [~'ɲe] (er)sparen; schonen

épatant [epa'tã] verblüffend, großartig

épaule [e'po:l] *f* Schulter

épave [e'pav] *f* Wrack *n*

épée [e'pe] *f* Schwert *n*; Degen *m*

épeler [e'ple] buchstabieren

éperdu [eper'dy] außer sich; *Liebe:* glühend

éperons [e'prõ] *m/pl* Sporen
éphémère [efe'mɛ:r] vergänglich; *m* Eintagsfliege *f*
épi [e'pi] *m* Ähre *f*
épic|e [e'pis] *f* Gewürz *n*; **~er** [~'se] würzen; **~erie** [~'sri] *f* Lebensmittel(geschäft *n*) *pl*; **~ier** [~'sje] *m* Lebensmittelhändler
épidémie [epide'mi] *f* Epidemie, Seuche
épier [e'pje] belauern
épinard [epi'na:r] *m* Spinat
épine [e'pin] *f* Dorn (-busch *m*) *m*; **~ dorsale** Rückgrat *n*
épingle [e'pɛ̃:glə] *f* (**de sûreté, à cheveux** Sicherheits-, Haar-)Nadel, Stecknadel
épisode [epi'zɔd] *f* Episode
épître [e'pi:trə] *f* Epistel
épluch|er [eply'ʃe] *Gemüse* putzen; *Kartoffeln* schälen; **~ures** [~'ʃy:r] *f/pl* (Küchen-)Abfälle *m/pl*
éponge [e'põ:ʒ] *f* Schwamm *m*
époque [e'pɔk] *f* Epoche, Zeitabschnitt *m*
épous|e [e'pu:z] *f* Gattin; **~er** [~'ze] heiraten; **~eur** [~'zœ:r] *F m* Freier
épousseter [epus'te] abstauben
épouvant|able [epuvɑ̃'tabl] entsetzlich; **~ail** [~'taj] *m* Vogelscheuche *f*; **~er** [~'te] entsetzen
époux [e'pu] *m* Gatte; *pl* Eheleute
éprendre [e'prɑ̃:drə]: **s'~** de sich begeistern für; sich verlieben in
épreuve [e'prœ:v] *f* Probe; Prüfung; *Fot* Abzug *m*
éprouver [epru've] erproben; empfinden, erleiden
épuis|é [epɥi'ze] erschöpft; *Buch:* vergriffen; **~er** [~] aus-, erschöpfen
épurer [epy're] reinigen, läutern [Äquator]
équateur [ekwa'tœ:r] *m*
équilibre [eki'librə] *m* Gleichgewicht *n*
équip|age [eki'pa:ʒ] *m* *Mar*, *Flgw* Besatzung *f*; **~e** [e'kip] *f* Mannschaft; **~ement** [~'mã] *m* Ausrüstung *f*; **~er** [~'pe] aus-statten, -rüsten; bemannen
équit|able [eki'tabl] (ge-)recht; **~ation** [~ta'sjõ] *f* Reiten *n*, Reitsport *m*; **~é** [~'te] *f* Rechtlichkeit
équivalent [ekiva'lɑ̃] gleichwertig; *m* Gegenwert
équivoque [eki'vɔk] zweideutig
érable [e'rablə] *m* Ahorn
érafl|er [era'fle] schrammen; **~ure** [~'fly:r] *f* Schramme
ère [ɛ:r] *f* Zeitrechnung; Ära; (**atomique** Atom-) Zeitalter *n*
éreinter [erɛ̃'te] abhetzen; *F* runterreißen (*durch Kritik*)
ériger [eri'ʒe] auf-, er-richten
ermite [ɛr'mit] *m* Einsiedler

érosif [ero'zif] ätzend; (zer)fressend

éroti|que [ero'tik] erotisch; **~sme** [~'tism] m Erotik f

err|ant [ε'rɑ̃] unstet; **~er** [ε're] umherirren; fig irren; **~eur** [ε'rœːr] f Irrtum m

érudit [ery'di] gelehrt

éruption [eryp'sjɔ̃] f Ausbruch m; Med Ausschlag m

escabeau [εska'bo] m Hocker (schwader m)

escadre [εs'kɑːdrə] f Geschwader n

escal|ade [εska'lad] f Besteigung; Klettertour; **~e** [~'kal] f Flgw Zwischenlandung; Mar Anlaufen n; **~ier** [~'lje] m (roulant, tournant Roll-, Wendel-) Treppe f

escalope [εska'lɔp] f (Viennoise Wiener) Schnitzel n

escamot|er [εskamɔ'te] verschwinden l.; Flgw Fahrgestell einziehen; **~eur** [~'tœːr] m Taschenspieler

escargot [εskar'go] m (Weinberg-)Schnecke f

escarp|é [εskar'pe] steil; **~ement** [~p'mɑ̃] m Steilhang; **~olette** [~pɔ'lεt] f Schaukel

esclandre [εs'klɑ̃ːdrə] m Skandal

esclav|age [εskla'vaːʒ] m Sklaverei f; **~e** [~'klaːv] su Sklave m, Sklavin f

escompt|e [εs'kɔ̃ːt] m Diskont; **~er** [~kɔ̃'te] diskontieren

escorte [εs'kɔrt] f Eskorte, Geleit n

escrime [εs'krim] f Fechten n

escro|c [εs'kro] m Gauner; **~quer** [~krɔ'ke] ergaunern; **~querie** [~'kri] f Gaunerei

espace [εs'pas] m (Zwischen-)Raum

espadrille [εspa'drij] f Bade-, Strand-schuh m

Espagn|e [εs'paɲ] f: **l'~e** Spanien n; **ɔl** [~'ɲɔl] spanisch

espalier [εspa'lje] m Spalier n

espèce [εs'pεs] f Art; Gattung; **~s** pl Bargeld n

espér|ance [εspe'rɑ̃ːs] f Hoffnung; **~er** [~'re] hoffen

espiègle [εs'pjεːglə] schalkhaft, schelmisch

espion [εs'pjɔ̃] m Spion; **~nage** [~pjɔ'naːʒ] m (industriel Werk-)Spionage f; **~ner** [~pjɔ'ne] spionieren

espoir [εs'pwaːr] m Hoffnung f

esprit [εs'pri] m Geist, Witz; Verstand

esquisse [εs'kis] f Skizze, Entwurf m; **~r** [~'se] skizzieren

essai [ε'sε] m Versuch; Probe f; Essay

essaim [ε'sɛ̃] m Bienenschwarm

essay|age [εsε'jaːʒ] m Anprobe f; **~er** [~'je] versuchen; (an)probieren

essence [ε'sɑ̃ːs] f 1. Wesen n, Sein n; 2. Essenz; 3. (ordinaire Normal-)Benzin n; prendre de l'**~** tanken

essentiel [esɑ̃'sjɛl] wesentlich; m Hauptsache f
essieu [e'sjø] m Achse f
essor [e'sɔːr] m Aufschwung; **en plein ~** aufstrebend
essoufflé [esu'fle] außer Atem
essuie|-glace [esɥi'glas] m Scheibenwischer; **~-mains** [~'mɛ̃] m Handtuch n
essuyer [~'je] ab-wischen, -trocknen
est [ɛst] m Osten; **à l'~** im Osten, östlich (**de** von); **~-allemand** [~al'mɑ̃] ostdeutsch
estaminet [estami'nɛ] m Kneipe f, Schenke f
estamp|e [es'tɑ̃ːp] f (Kupfer-)Stich m, Holzschnitt m; **~er** [~tɑ̃'pe] prägen, stanzen; **~ille** [~'pij] f Warenstempel m
estim|able [esti'mabl] schätzenswert; achtbar; **~ation** [~ma'sjɔ̃] f Schätzung; **~e** [es'tim] f (Hoch-)Achtung; **~er** [~'me] (ab-, ein-)schätzen; (hoch)achten
estiv|al [esti'val] Sommer...; **~ant** [~'vɑ̃] m Sommergast
estomac [ɛstɔ'ma] m Magen
estrade [es'trad] f Estrade, Podium n
estropi|é [estrɔ'pje] m Krüppel m; **~er** [~] verstümmeln
et [e] und; **et ... et ...** sowohl ... als auch
éta|ble [e'tabl] f Stall m; **~bli** [~'bli] m Werkbank f; **~blir** [~'bliːr] einrichten; aufstellen; gründen; **s'~blir** sich niederlassen; **~blissement** [~blis'mɑ̃] m Einrichtung f; Niederlassung f; Anstalt f, Betrieb
étag|e [e'taːʒ] m Stock (-werk n); **~ère** [~'ʒɛːr] f Regal n; Bücherbrett n
étain [e'tɛ̃] m Zinn n
étal|age [eta'laːʒ] m Auslage f; Schaufenster n; **~er** [~] aus-legen; -stellen; zur Schau stellen
étalonner [etalɔ'ne] eichen
étanche [e'tɑ̃ːʃ] wasserdicht; **~r** [~'ʃe] abdichten, *Blut* stillen; *Durst* löschen
étançon [etɑ̃'sɔ̃] m Stützbalken
étang [e'tɑ̃] m Teich
état [e'ta] m Stand, (**des routes** Straßen-)Zustand, Lage f; Stellung f; **~ civil** Familienstand; **♀ Staat**; **~iser** [~ti'ze] verstaatlichen
États-Unis [etazy'ni] m/pl: **les ~** die Vereinigten Staaten
été [e'te] p.p. s être; m Sommer
éteindre [e'tɛ̃ːdr] auslöschen; **s'~** erlöschen
étend|oir [etɑ̃'dwaːr] m Wäscheleine f; **~re** [e'tɑ̃ːdr] ausbreiten; *Wäsche* aufhängen; **~ue** [etɑ̃'dy] f Ausdehnung, Umfang m
étern|el [etɛr'nɛl] ewig; **~ité** [~ni'te] f Ewigkeit

éternuer [ˌ.'nɥe] niesen
éther [e'tɛːr] *m* Äther
ethnologique [ɛtnɔlɔ'ʒik] völkerkundlich
étinceler [etɛ̃s'le] funkeln; **~le** [ˌ.'sɛl] *f* Funke *m*
étiquette [eti'kɛt] *f* Etikett *n*; Preisschild *n*; (Koffer-)Anhänger *m*; Etikette
étoffe [e'tɔf] *f* Stoff *m*
étoile [e'twal] *f* Stern *m*; **~ filante** Sternschnuppe; **~ de mer** Seestern
étonn|ant [etɔ'nɑ̃] erstaunlich; **~er** [ˌ.'ne] in Erstaunen setzen; **s'~er** sich wundern (**de** über)
étouff|ant [etu'fɑ̃] schwül; **~er** [ˌ.'fe] ersticken
étourd|erie [eturdə'ri] *f* Unbesonnenheit; **~i** [ˌ.'di] unbesonnen, leichtsinnig; **~ir** [ˌ.'diːr] betäuben
étourneau [etur'no] *m* Zo Star
étrang|e [etrɑ̃ːʒ] seltsam, sonderbar; **~er** [ˌ.'ʒe] fremd, ausländisch; *m* Fremde(r), Ausländer; Ausland *n*; **à l'~er** im (ins) Ausland
étrangler [etrɑ̃'gle] erwürgen
être [ˈɛtrə] (da)sein; *m* Wesen *n*, Geschöpf *n*
étrein|dre [e'trɛ̃ːdrə] fest umschließen, umarmen
étrenn|e [e'trɛn] *f* Neujahrsgeschenk *n*; **~er** [ˌ.'ne] zum erstenmal gebrauchen, anziehen
étrier [etri'e] *m* Steigbügel

étroit [e'trwa] schmal; eng
étud|e [e'tyd] *f* Studium *n*; Aufsatz *m*; Studie; (Anwalts-)Büro *n*; **faire ses ~es** studieren; **~iant** [ˌ.'djɑ̃] *m* Student; **~ier** [ˌ.'dje] studieren; einüben
étui [e'tɥi] *m* Etui *n*
étuver [ety've] dämpfen, schmoren
eu [y] *p.p. s* **avoir**
Europ|e [œ'rɔp] *f*: **l'~** Europa *n*; **~éen** [ˌ.pe'ɛ̃] europäisch
eus, eut [y] *p.s. s* **avoir**
éva|cuer [eva'kɥe] evakuieren, räumen; **~der** [ˌ.'de]: **s'~er** ausbrechen, entwischen; **~luer** [ˌ.'lɥe] schätzen, veranschlagen
évanou|ir [evaˈnwiːr]: **s'~ir** ohnmächtig w.; **~issement** [ˌ.nwis'mɑ̃] *m* Ohnmacht *f*
éva|porer [evapɔ're]: **s'~porer** verdunsten; **~ser** [ˌ.'ze] ausweiten; **~sif** [ˌ.'zif] ausweichend; **~sion** [eva'zjɔ̃] *f* Flucht *f*
évêché [eve'ʃe] *m* Bistum *n*
éveiller [eve'je] wecken; **s'~** auf-, er-wachen
événement [even'mɑ̃] *m* Ereignis *n*, Begebenheit *f*
évent|ail [evɑ̃'taj] *m* Fächer; **~er** [ˌ.'te] (aus)lüften
évêque [e'vɛk] *m* Bischof
évide|mment [evida'mɑ̃] *adv* natürlich, selbstverständlich; **~nt** [ˌ.'dɑ̃] augenscheinlich, offenbar
évier [e'vje] *m* Ausguß

éviter [evi'te] (ver)meiden, ausweichen

évo|luer [evɔ'lɥe] sich entwickeln; **~lution** [~ly'sjɔ̃] f Entwicklung; **~quer** [~'ke] Geister beschwören; Erinnerungen wachrufen

exact [ɛg'zakt] pünktlich; genau; **~itude** [~ti'tyd] f Pünktlichkeit; Genauigkeit

exagér|ation [ɛgzaʒera'sjɔ̃] f Übertreibung; **~er** [~'re] übertreiben

exalter [ɛgzal'te] preisen, rühmen; aufregen

exam|en [ɛgza'mɛ̃] m Prüfung f; **~iner** [~mi'ne] prüfen

exaspér|ation [ɛgzaspera'sjɔ̃] f Erbitterung; **~er** [~'re] erbittern; Med verschlimmern

excéd|ant [ɛkse'dã] m Über-schuß, -gewicht n; **~er** [~'de] über-schreiten, -steigen

excellen|ce [ɛksɛ'lãːs] f Vortrefflichkeit; **~t** [~'lã] vorzüglich, ausgezeichnet

except|er [ɛksɛp'te] ausnehmen; **~ion** [~'sjɔ̃] f Ausnahme; **~ionnel** [~sjɔ'nɛl] außergewöhnlich

excès [ɛk'sɛ] m Übermaß n

excessif [ɛksɛ'sif] übermäßig, -treiben; **~iter** [~si'te] erregen; anregen

exclamation [ɛksklama'sjɔ̃] f Ausruf m

exclu|re [ɛks'klyːr] ausschließen; **~sion** [~kly'zjɔ̃] f Ausschluß m

expansif

excréter [ɛkskre'te] ausscheiden

excursion [ɛkskyr'sjɔ̃] f Ausflug m; **à bicyclette** Radtour; **~niste** [~sjɔ'nist] su Ausflügler(in f) m

excuse [ɛks'kyːz] f Entschuldigung; **~r** [~'kyːze] entschuldigen

exécut|er [ɛgzeky'te] ausführen; vollstrecken; hinrichten; **~ion** [~'sjɔ̃] f Ausführung; Vollstreckung, Hinrichtung

exempl|aire [ɛgzã'plɛːr] f mustergültig; m Exemplar n; **~e** [~'zã:pl] m Beispiel n; **par ~e** zum Beispiel

exempt [ɛg'zã] frei, befreit; **~ d'impôts (de douane)** steuer- (zoll-)frei

exerc|er [ɛgzɛr'se] üben; ausüben; **~ice** [~'sis] m Übung f

exhaler [ɛgza'le] ausdünsten

exhiber [ɛgzi'be] vorzeigen, zur Schau stellen

exhorter [ɛgzɔr'te] ermahnen

exig|eant [ɛgzi'ʒã] anspruchsvoll; verlangen, (er)fordern

exigu [ɛgzi'gy] gering(fügig), winzig

exil [ɛg'zil] m Verbannung f; **~er** [~'le] verbannen

exist|ence [ɛgzis'tã:s] f Existenz, Vorhandensein n; **~er** [~'te] existieren, bestehen

expan|sif [ɛkspã'sif] mitteilsam; ~sion [~'sjɔ̃] f Ausdehnung

expatrier [ɛkspatri'e] ausbürgern

expectant [ɛkspɛk'tɑ̃] abwartend; m Anwärter

expédi|ent [ɛkspe'djɑ̃] m Ausweg; ~er [~'dje] absenden; erledigen; ausfertigen; ~teur [~'tœːr] m Absender m; ~tion [~di'sjɔ̃] f Versand m; Expedition; ~tionnaire [~disjɔ'nɛːr] m Expedient

expérience [ɛkspe'rjɑ̃ːs] f Erfahrung; Experiment n

expert [ɛks'pɛːr] sachkundig; m Sachverständige(r); ~ise [~pɛr'tiːz] f (Sachverständigen-) Gutachten n

expier [ɛks'pje] sühnen

expir|ation [ɛkspira'sjɔ̃] f Ausatmung; (Frist-)Ablauf m; ~er [~'re] ausatmen; sterben; Frist, Paß: ablaufen

expli|cation [ɛksplika'sjɔ̃] f Erklärung; ~cite [~'sit] ausdrücklich; deutlich; ~quer [~'ke] erklären

exploit [ɛks'plwa] m (Helden-)Tat f; ~ation [~tasjɔ̃] f (Aus-)Nutzung; Gewinnung; Betrieb m; ~er [~'te] aus-nutzen, -beuten

explor|ateur [ɛksplɔra'tœːr] m Forschungsreisende(r); ~er [~'re] erforschen, untersuchen

explos|er [ɛksplo'ze] explodieren; ~if [~'zif] explosiv;

m Sprengstoff; ~ion [~'zjɔ̃] f Explosion, Knall m

export|ation [ɛkspɔrta'sjɔ̃] f Export m; Ausfuhr; ~er [~'te] exportieren

expos|ant [ɛkspo'zɑ̃] m Aussteller; ~é [~'ze] m Darlegung f, Bericht; ~er [~] ausstellen; darlegen; ~ition [~zi'sjɔ̃] f (mondiale Welt-)Ausstellung; Darstellung

exprès 1. [ɛks'prɛ] ausdrücklich; mit Absicht; 2. [~'prɛs]: par ~ durch Eilboten

express [ɛks'prɛs] m Schnellzug; ~if [~'sif] ausdrucksvoll; ~ion [~] f Ausdruck

expr|imer [ɛkspri'me] ausdrücken; ~oprier [~prɔpri'e] enteignen

expulser [ɛkspyl'se] vertreiben; ausweisen

exquis [ɛks'ki] auserlesen

extens|eur [ɛkstɑ̃'sœːr] m Expander; ~ion [~'sjɔ̃] f Ausdehnung

exténuer [ɛkste'nɥe] entkräften

extérieur [ɛkste'rjœːr] äußere(r); Außen...; m Äußere(s) n; à l'~ außen

exter|miner [ɛkstɛrmi'ne] ausrotten; ~ne [~'tɛrn] äußerlich

extincteur [ɛkstɛ̃k'tœːr] m Feuerlöscher

extirper [ɛkstir'pe] ausrotten

extor|quer [ɛkstɔr'ke] (qc.

de q. von j-m et.) erpressen

extraction [ɛkstrak'sjɔ̃] f Ziehen n (Med Zahn, Math Wurzel)

extrader [ɛkstra'de] ausliefern

extrai|re [ɛks'trɛ:r] Bgb fördern; Zahn ziehen; **~t** [~'trɛ] m Auszug; Extrakt

extraordinaire [ɛkstraɔrdi'nɛ:r] außerordentlich

extrême [ɛks'trɛm] äußerst; **~-onction** [~ɔ̃k'sjɔ̃] f Letzte Ölung; ♀**-Orient** [~ɔ'rjɑ̃] m: l'♀-Orient der Ferne Osten

exubéran|ce [ɛgzybe'rɑ̃:s] f Überfülle; **~t** [~'rɑ̃] üppig; überschwenglich

F

fable ['fabl] f Fabel

fabri|cant [fabri'kɑ̃] m Fabrikant; **~que** [fa'brik] f Fabrik; **~quer** [~'ke] herstellen

fabuleux [faby'lø] märchenhaft

façade [fa'sad] f Fassade

face [fas] f Gesicht n; **en ~ de** vor, gegenüber

fâch|er [fɑ'ʃe] ärgern; **être ~é** böse sein (**contre q.** auf j-n); **~eux** [~'ʃø] ärgerlich

facil|e [fa'sil] leicht, mühelos; **~ité** [~li'te] f Leichtigkeit; **~iter** [~li'te] erleichtern

façon [fa'sɔ̃] f Form, Machart; Art und Weise; **de ~ que** so daß; **sans ~** ohne Umstände

facteur [fak'tœ:r] m Briefträger

factur|e [fak'ty:r] f Rechnung; **~er** [~'re] in Rechnung stellen

faculté [fakyl'te] f Fähigkeit; Talent n; Fakultät

fad|aise [fa'dɛ:z] f Albernheit; **~e** [fad] fade, schal

faibl|e [fɛbl] schwach; m Schwäche f (**pour** für); **~esse** [~'blɛs] f Schwäche; Ohnmacht; **~ir** [~'bli:r] schwach werden

faill|ir [fa'ji:r] à verstoßen gegen; **j'ai ~i tomber** beinahe wäre ich gefallen; **~ite** [~'jit] f Bankrott m

faim [fɛ̃] f Hunger m

fainéant [fɛne'ɑ̃] müßig, faul; m Faulenzer

faire [fɛ:r] machen; tun; vor Inf lassen; **fait-il** sagt er; **il fait chaud** es ist warm; **~-part** [~'pa:r] m (Familien)anzeige f

faisan [fə'zɑ̃] m Fasan

faisceau [fɛ'so] m Bündel n

fait [fɛ] m Tat f; (**accompli** vollendete) Tatsache f; **tout à ~** ganz und gar

faîte [fɛt] m First; Gipfel

falaise [fa'lɛ:z] f Steilküste

falloir [fa'lwa:r] nötig sein; **il faut + Inf.** man muß; **il me faut qc.** ich brauche

falsificateur 92

et.; **comme il faut** wie es sich gehört
falsifi|cateur [falsifika'tœ:r] *m* Fälscher; **~er** [~'fje] (ver)fälschen
fameux [fa'mø] berühmt
familier [fami'lje] vertraut
famille [fa'mij] *f* Familie
famine [fa'min] *f* Hungersnot
fanal [fa'nal] *m* Leuchtfeuer *n*
fanatique [fana'tik] fanatisch
faner [fa'ne]: **se ~** welken
fange [fã:ʒ] *f* Schlamm *m*
fant|aisie [fãtɛ'zi] *f* Phantasie; **~asque** [~'task] wunderlich; seltsam
fantôme [fã'to:m] *m* Gespenst *n*
faon [fã] Hirsch-, Rehkalb *n*
farc|e [fars] *f Kochk* Füllung; *Thea* Posse; **~eur** [~'sœ:r] *m* Witzbold; **~ir** [~'si:r] füllen
fard [fa:r] *m* Schminke *f*; **~eau** [far'do] *m* Last *f*; Bürde *f*; **~er** [~'de] schminken; beschönigen
farine [fa'rin] *f* Mehl *n*
farouche [fa'ruʃ] wild; scheu
fasciner [fasi'ne] bezaubern
fast|e [fast] *m* Prunk; **~idieux** [~ti'djø] (sehr) langweilig; **~ueux** [~tɥ'ø] prunkvoll
fat [fat] *m* Geck, Laffe
fatal [fa'tal] verhängnisvoll; schicksalhaft
fatig|ant [fati'gã] ermüdend, lästig; **~ue** [~'tig] *f* Ermüdung; Strapaze; **~uer** [~'ge] ermüden, anstrengen; belästigen
faubourg [fo'bu:r] *m* Vorstadt *f*, -ort
faucher [fo'ʃe] mähen
faucille [fo'sij] *f* Sichel
faucon [fo'kõ] *m* Falke
faudra [fo'dra] *fut s* **falloir**
fauss|aire [fo'sɛ:r] *m* Fälscher; **~er** [~'se] fälschen, verbiegen; *Sinn* verdrehen; **~eté** [fos'te] *f* Falschheit
faut [fo] *prés s* **falloir**
faute [fo:t] *f* Fehler *m*, Schuld; **~ de** mangels
fauteuil [fo'tœj] *m* Sessel, **~-cabine** *m* Strandkorb
faux[1] [fo] *f* Sense
fau|x[2] [~] falsch; verkehrt; **~sse clef** *f* Nachschlüssel *m*; **~sse monnaie** *f* Falschgeld *n*; **~x-monnayeur** *m* Falschmünzer
faveur [fa'vœ:r] *f* Gunst; Begünstigung; **en ~ de** zugunsten von; **billet** *m* **de ~** Freikarte *f*
favor|able [favɔ'rablə] günstig; **~i** [~'ri] Lieblings...; *m* Günstling; *Sp* Favorit; **~is** *pl* Koteletten *pl*; **~iser** [~ri'ze] begünstigen; fördern
fébrile [fe'bril] fiebrig
fécond [fe'kõ] fruchtbar; **~ité** [~di'te] *f* Fruchtbarkeit
fédér|al [fede'ral] Bundes-...; **~ation** [~ra'sjõ] *f* Bund *m*; **~é** [~'re] verbündet

fée [fe] *f* Fee
fein|dre ['fɛ̃:dr̩] vortäuschen; **~te** [fɛ̃t] *f* Verstellung
fêler [fe'le]: se **~** rissig w., springen
félicit|ation [felisita'sjɔ̃] *f* Glückwunsch *m*; **~er** [~'te] q. j-n beglückwünschen, j-m gratulieren (**de** zu)
félin [fe'lɛ̃] katzenartig
fêlure [fɛ'ly:r] *f* Riß *m*, Sprung *m*
femelle [fə'mɛl] weiblich; *f Zo* Weibchen *n*
fémin|in [femi'nɛ̃] weiblich; **~isme** [~'nism] *m* Frauenbewegung *f*; **~iste** [~'nist] *su* Frauenrechtler (-in *f*) *m*
femme [fam] *f* Frau, Ehefrau; **~ de chambre** Zimmermädchen *n*
fenaison [fənɛ'zɔ̃] *f* Heuernte
fendre ['fɑ̃:dr̩] spalten
fenêtre [fə'nɛ:tr̩] *f* Fenster *n*
fenil [fə'ni] *m* Heuboden
fenouil [fə'nuj] *m* Fenchel
fente [fɑ̃:t] *f* Spalte, Ritze
fer [fɛ:r] *m* Eisen *n*; **~ à repasser** (**à cheval**) Bügel- (Huf-)eisen *n*
ferai [fə're] *fut s* faire
fer-blanc [fɛr'blɑ̃] *m* Weißblech *n*
férié [fe'rje]: **jour** *m* **~** Feiertag
ferm|age [fɛr'ma:ʒ] *m* Pachtgeld *n*; **~e** [fɛrm] fest; standhaft; *f* Pacht-, Bauern-hof *m*; *Arch* Dachstuhl *m*
ferment [fɛr'mɑ̃] *m* Gärstoff; **~er** [~'te] gären
ferm|er [fɛr'me] schließen; *Licht* ausschalten; **~er à clef** ab-, zu·schließen; **~eté** [~m'te] *f* Festigkeit (*a fig*); **~eture** [~m'ty:r] *f* Verschluß *m*; Stillegung *f*; **~eture éclair** Reißverschluß *m*; **~ier** [~'mje] *m* Pächter; Bauer; **~oir** [~'mwa:r] *m* (*Schmuck*) Verschluß
féroc|e [fe'rɔs] wild; blutdürstig; grausam; **~ité** [~si'te] *f* Wildheit; Grausamkeit
ferr|aille [fɛ'rɑːj] *f* Alteisen *f*; Schrott *m*; **~er** [~'re] *Pferd* beschlagen; **~oviaire** [~rɔ'vjɛːr] Eisenbahn...
ferry-boat [feri'bɔt] *m* Fährschiff *n*
fertil|e [fɛr'til] fruchtbar; **~iser** [~li'te] *f* Fruchtbarkeit
ferv|ent [fɛr'vɑ̃] inbrünstig, glühend; **~eur** [~'vœːr] *f* Inbrunst, Glut
fess|e [fɛs] *f* Hinterbacke; **~er** [~'se] den Hintern versohlen (**q.** j-m)
festin [fɛs'tɛ̃] *m* Festessen *n*
festival [fɛsti'val] Musikfest *n*, Festspiele *n/pl*, Festival *n*
fêt|ard [fɛ'ta:r] *m* Lebemann; **~e** [fɛt] *f* Fest *n*; Feier-, Namens·tag *m*; **~e-**

-Dieu f Fronleichnam(sfest n) m; **~er** [~'te] feiern
fétu [fe'ty] m Strohhalm
feu [fø] m (**de camp** Lagerfeuer n; **~ arrière** m Schlußlicht n; **~x** pl Ampel f; **~x de croisement de route, de stationnement**) Abblend- (Fern-, Stand-)licht n
feuill|age [fœ'ja:ʒ] m Laub n; **~e** [fœj] f Blatt n (a Papier, Liste, Zeitung); **~e morte** welkes Blatt; **~e de chou** Käseblatt n; F **~e de maladie** Krankenschein m; F **~e mince** Folie; **~et** [~'jɛ] m Blatt n (im Buch); **~eter** [~j'te] (durch-)blättern
feutre [ˈfœːtrə] m Filz; Filzhut
fève [fɛːv] f Saubohne
février [fevri'e] m Februar
fi [fi] (**donc**)! pfui!
fian|çailles [fjɑ̃'sɑːj] f/pl Verlobung f; **~cé(e)** [~'se] su Verlobte(r); **~cer** [~]: **se ~cer** sich verloben
fibr|e [ˈfibrə] f Faser; **~e de bois** Holzwolle; **~eux** [~'brø] faserig
ficel|er [fis'le] verschnüren; **~le** [fi'sɛl] f Bindfaden m
fich|e [fiʃ] f Zettel m; Stecker m; **~er** [fi'ʃe] einschlagen, -rammen; F **~er le camp** abhauen; F **je m'en ~e** das ist mir schnuppe
fichtre! [fiʃtrə] Donnerwetter!; **~u** [~'ʃy] lächer-

lich, mies; m Kopf-, Halstuch n
fidèle [fi'dɛl] treu; gläubig
fidélité [~deli'te] f Treue
fiel [fjɛl] m (Tier-)Galle f
fier 1. [fjɛ]: **se ~ à q.** j-m vertrauen; 2. [~] stolz; hochmütig; **~té** [fjɛr'te] f Stolz m
fièvre [ˈfjɛːvrə] f Fieber n
figue [fig] f Feige
figur|ant [figy'rɑ̃] m Statist; **~atif** [~ra'tif] bildlich; **~ation** [~ra'sjɔ̃] f Komparserie; **~e** [~'gyːr] f Figur; Gestalt; Gesicht n; Aussehen n; **~er** [~'re] darstellen; erscheinen; **se ~er** sich einbilden, vorstellen
fil [fil] m Faden; Garn n; Draht; **~ à plomb** Lot n
fil|ament [fila'mɑ̃] m Heizdraht; Glühfaden; **~ant** [~'lɑ̃]: **étoile ~ante** Sternschnuppe; **~e** [fil] f Reihe; **en ~e indienne** im Gänsemarsch; **~er** [~'le] spinnen; **~er q.** j-m nachgeben
filet [~'lɛ] m Netz n; dünner Faden od (Wasser-)Strahl; Kochk Filet m; Tech Gewinde n
fill|e [fij] f Tochter; Mädchen n; **~ette** [fi'jɛt] f kleines Mädchen; **~eul(e)** [~'jœl] su Patenkind n
film [film] m (**documentaire, policier; en couleurs, inversible, à châssis, format réduit** Kultur-, Kriminal-; Farb-,

Umkehr-, Kassetten-, Schmal-)Film; ~er [~'me] filmen
filou [fi'lu] *m* Gauner
fils [fis] *m* Sohn
filtr|e ['filtrə] *m* (**jaune** Gelb-)Filter; Sperrkreis; ~**er** [~'tre] filtern, filtrieren
fin [fɛ̃] fein, zart; dünn; schlau; *f* Schluß *m*, Ende *n*; Zweck *m*, Ziel *n*; ~**al** [fi'nal] End..., Schluß...; ~**ale** [~] *f Mus, Sp* Finale *n*
financ|e [fi'nɑ̃:s] *f* Finanzwesen *n*; ~**es** *pl* Finanzen; ~**er** [~'se] finanzieren, Finanz...; ~**ier** [~'sje] finanziell, Finanz...; *m* Finanzmann
fin|aud [fi'no] pfiffig; ~**esse** [~'nɛs] *f* Feinheit
finir [fi'ni:r] (be)enden; (ab)schließen; aufhören
Fin|lande [fɛ̃'lɑ̃:d]: **la ~lande** Finnland *n*; ~**nois** [fi'nwa] finnisch
firme [firm] *f* Firma
fis [fi] *p.s. s* **faire**
fisc [fisk] *m* Fiskus
fix|ant [fik'sɑ̃] *m* Haarfestiger; ~**ation** [~sa'sjɔ̃] *f* Festsetzung; *Ski:* Bindung; ~**e** [fiks] fest (-stehend); beständig; ~**er** [fik'se] befestigen, festsetzen
flair [flɛ:r] *m* Witterung *f*; ~**er** [flɛ're] wittern
flamand [fla'mɑ̃] flämisch
flamant [fla'mɑ̃] *m* Flamingo
flamb|ant [flɑ̃'bɑ̃] flammend; ~**ant neuf** nagelneu; ~**eau** [~'bo] *m* Fackel *f*; ~**er** [~'be] auflodern
flanc [flɑ̃] *m* Seite *f*; Flanke *f*; Abhang
flâner [flɑ'ne] bummeln
flanquer *F* [flɑ̃'ke] werfen, schleudern
flaque [flak] *f* Pfütze, Lache
flash [flaʃ] *m* Blitzlicht *n*
flasque [flask] schlaff
flatt|er [fla'te] (*q. j-m*) schmeicheln; ~**erie** [~'tri] *f* Schmeichelei; ~**eur** [~'tœ:r] *m* Schmeichler
flatulence [flaty'lɑ̃:s] *f* Blähung
fléau [fle'o] *m* Dreschflegel; *fig* Geißel *f*
flèche [flɛʃ] *f* Pfeil *m*; Turmspitze
fléché [fle'ʃe] ausgeschildert
fléchir [fle'ʃi:r] beugen; sich biegen; nachgeben
flet [flɛ] *m* Flunder *f*
flétrir [fle'tri:r] brandmarken; **se ~** (ver)welken
fleur [flœ:r] *f* Blume, Blüte; Blütezeit; Beste(s) *n*; **être en ~** blühen; ~**er** [~'re] duften; ~**ir** [~'ri:r] blühen; ~**iste** [~'rist] *su* Blumenhändler(in *f*) *m*
fleuve [flœ:v] *m* Fluß
flexible [flɛk'sibl] biegsam
flic [flik] *P m* Schupo
flocon [flɔ'kɔ̃] *m* Flocke *f*; ~**s d'avoine** Haferflocken *f/pl*
flor|aison [flɔrɛ'zɔ̃] *f* Blütezeit; ~**issant** [~ri'sɑ̃] *fig* blühend

flot [flo] *m* Welle *f*; **~s** *pl* Fluten *f/pl*; **~te** [flɔt] *f* Flotte; **~ter** [flɔ'te] schwimmen, treiben; flattern; flößen; **~teur** [~'tœːr] *m* (Holz-)Flößer; *Tech* Schwimmer

flou [flu] *Mal* verschwommen; *Fot* unscharf

fluctuation [flyktɥa'sjɔ̃] *f* Schwankung

fluet [fly'ε] schmächtig

fluide [flɥ'id] flüssig

flûte [flyt] *f* Flöte

fluvial [fly'vjal] Fluß...

flux [fly] *m* Flut *f*

fœhn [føn] *m* Föhn

foi [fwa] *f* Glaube(n) *m*; Treue

foie [~] *m* Leber *f*

foin [fwε̃] *m* Heu *n*

foire [fwaːr] *f* Jahrmarkt *m*; Messe

fois [fwa] *f* Mal *n*; **une ~** einmal

fol|âtre [fɔ'laːtrə] ausgelassen; **~ichon** *F* [~li'ʃɔ̃] lustig; **~ie** [~'li] *f* Narrheit; Wahnsinn *m*

folklore [fɔl'klɔːr] *f* Folklore, Brauchtum *n*

fomenter [fɔmɑ̃'te] anstiften, *Streit* schüren

foncé [fɔ̃'se] *Farbe:* dunkel

foncier [~'sje] Grund..., Boden...

fonction [fɔ̃k'sjɔ̃] *f* Funktion; Amt(sgeschäft *n*); **~naire** [~sjɔ'nεːr] *m* Beamte(r); **~nel** [~sjɔ'nεl] funktionell; **~ner** [~sjɔ'ne] funktionieren, gehen

fond [fɔ̃] *m* Grund; Boden; Hintergrund; (Ski-)Langlauf; **à ~** gründlich; **au ~** im Grunde; **~ateur** [~da'tœːr] *m* Gründer; **~ation** [~da'sjɔ̃] *f* Gründung; Stiftung; **~ement** [fɔ̃d'mɑ̃] *m* Grundlage *f*; Begründung *f*; **~er** [~'de] gründen; stiften; stützen (**sur** auf); **~erie** [~'dri] *f* Gießerei; **~re** [fɔ̃ːdrə] schmelzen; gießen

fonds [fɔ̃] *m* Grund u. Boden; Grundstück *n*; *pl* (**publics** Staats-)Gelder *n/pl*; (**de roulement**, **social** Betriebs-, Stamm-) Kapital *n*

fontaine [~'tεn] *f* Springbrunnen *m*; Quelle

football [fut'bol] *m* Fußball(spiel *n*); **~eur** [~'lœːr] *m* Fußball(spiel)er

forc|e [fɔrs] *f* Kraft; Stärke; Macht; (**majeure** höhere) Gewalt; **~ené** [~sə'ne] außer sich, rasend; **~er** [~'se] zwingen, *Tür* aufbrechen

forer [fɔ're] bohren

forestier [fɔrεs'tje] Wald..., Forst...; *m* Förster

foret [fɔ'rε] *m Tech* Bohrer

forêt [~] *f* Wald *m*, Forst *m*; **~ vierge** Urwald *m*

foreuse [fɔ'røːz] *f* Bohrmaschine

forfait [fɔr'fε] *m* Missetat *f*, Un-tat *f*; Stücklohn; Pauschale *f*

forg|e [fɔrʒ] *f* Schmiede; **~er** [~'ʒe] schmieden; *fig* erfinden; ~eron [ˌʒə'rɔ̃] m Schmied

form|alité [fɔrmali'te] f Formalität; **~ation** [ˌma'sjɔ̃] f (Aus-)Bildung; **~at** [ˌ'ma] m Format [fɔrm] f Form, Gestalt; **~er** [ˌ'me] formen, (aus)bilden

formidable [fɔrmi'dabl ə] furchtbar; F toll, unvorstellbar

formul|aire [fɔrmy'lɛːr] m Vordruck; **~e** [ˌ'myl] f Formel; Formular n

fort [fɔːr] stark, kräftig, fest; dick; sehr; **~eresse** [fɔrtə'rɛs] f Festung; **~ifiant** [ˌti'fjɑ̃] m Stärkungsmittel n; **~ifier** [ˌ'fje] stärken; Mil befestigen

fortuit [fɔr'tɥi] zufällig

fortun|e [fɔr'tyn] f Schicksal n; Glück n; Vermögen n; **~é** [ˌ'ne] glücklich; vermögend

foss|e [foːs] f Grube; Schacht m; Grab n; **~é** [fo'se] m Graben; **~ette** [fo'sɛt] f Grübchen n

fou [fu], **fol** (m), **folle** [fɔl] (f) verrückt; **fou** m Verrückte(r), Irre(r)

foudre ['fuːdrə] f Blitz m

foudroyer [fudrwa'je] niederschmettern

fouet [fwɛ] m Peitsche f; **~ter** [ˌ'te] peitschen

fougère [fu'ʒɛːr] f Farnkraut n

fouill|e [fuj] f Durchsuchung; **~es** pl Ausgrabungen; **~er** [ˌ'je] durchsuchen; **~is** [ˌ'ji] m Durcheinander n

foulard [fu'laːr] m seidenes Halstuch n, Seidenschal

foul|e [ful] f Menge, Gedränge n; **~er** [ˌ'le] niedertreten; keltern; **~ure** [ˌ'lyːr] f Verstauchung

four [fuːr] m Backofen; **petits ~s** Teegebäck n

fourbe [furb] m Schurke; **~rie** [ˌbə'ri] f Betrügerei

fourch|e [furʃ] f (Heu-, Mist-)Gabel; **~er** [ˌ'ʃe] sich gabeln; **~ette** [ˌ'ʃɛt] f (Eß-)Gabel

fourgon [fur'gɔ̃] m Feuerhaken; Gepäckwagen

fourmi [fur'mi] f Ameise; **~lier** [ˌ'lje] m Ameisenbär; **~lière** [ˌ'ljɛːr] f Ameisenhaufen m; **~ller** [ˌ'je] wimmeln

fourneau [fur'no] m Ofen; Herd; **haut ~** Hochofen

fourn|ir [fur'niːr] liefern; **~isseur** [ˌni'sœːr] m Lieferant; **~iture** [ˌ'tyːr] f Lieferung

fourrage [fu'raːʒ] m (Vieh-)Futter n

fourr|é [fu're] m Dickicht n; **~er** [ˌ're] hineinstecken; -stopfen; **~e-tout** [fur'tu] m großé Reisetasche f; **~eur** [ˌ'rœːr] m Kürschner; **~ure** [ˌ'ryːr] f Pelz m

foutre ['futrə] P: **~ le camp** abhauen; **je m'en fous!** das ist mir Wurscht!

foyer [fwa'je] m Herd, Heim n; Thea Foyer n

fracasser [fraka'se] zerschmettern
fract|ion [frak'sjõ] *f Math* Bruch *m*; **~ure** [~'ty:r] *f* (Knochen-)Bruch *m*
fragil|e [fra'ʒil] zerbrechlich; schwächlich; **~ité** [~li'te] *f* Zerbrechlichkeit
fragment [frag'mã] *m* Bruchstück *n*
fraîcheur [frɛ'ʃœ:r] *f* Frische; Kühle
frais¹, fraîche [frɛ, frɛʃ] frisch; kühl; *fig* neu
frais² [frɛ] *m/pl* Kosten *pl*; Spesen *pl*; Gebühr(en *pl*) *f*
frais|e [frɛ:z] *f* Erdbeere; *Tech* Fräse [Himbeere)
framboise [frã'bwa:z] *f* ʃ
franc¹, franche [frã, frã:ʃ] frei(mütig); **~ de port** portofrei
franc² [frã] *m* Franken
français [frã'sɛ] französisch; **la ~e** [frã:s]: **la ~e** Frankreich *n*
franch|ir [frã'ʃi:r] überschreiten; **~ise** [~'ʃi:z] *f* (**postale** Porto-)Freiheit; (**de bagages**) Freigepäck *n*; Freimütigkeit
franc-maçon [frãma'sõ] *m* Freimaurer
franco-allemand [frãko al'mã] französisch-deutsch
franc-tireur [frãti'rœ:r] *m* Partisan
frange [frã:ʒ] *f* Franse
frapper [fra'pe] schlagen; treffen; verletzen; prägen; überraschen; *an die Tür* klopfen

frater|nel [frater'nɛl] brüderlich; Bruder...; **~nité** [~ni'te] *f* Brüderlichkeit
fraud|e [fro:d] *f* Betrug; Schmuggel *m*; **~er** [fro'de] betrügen; täuschen; **~eur** [fro'dœ:r] *m* Betrüger; Schmuggler
frayeur [frɛ'jœ:r] *f* Schrecken *m*
frein [frɛ̃] *m fig* Zaum, Zügel; *Tech* (**à disque, à main, à pied, de secours** Scheiben-, Hand-, Fuß-, Not-)Bremse *f*; **~er** [frɛ-'ne] bremsen
frêle [frɛl] zerbrechlich; schwach
frelon [frə'lõ] *m* Hornisse *f*
frém|ir [fre'mi:r] schaudern, zittern, beben; **~issement** [~mis'mã] *m* Schauder
frêne [frɛn] *m* Esche *f*
fréquenter [frekã'te] regelmäßig besuchen (*zB Schule*)
frère [frɛ:r] *m* Bruder
fresque [frɛsk] *f* Fresko *n*
fret [frɛ] *m* Fracht *f*
fréter [fre'te] *Schiff, Fahrzeug* (ver)mieten
friand [fri'ã] gierig (**de** nach); **~ise** [~'di:z] *f* Leckerbissen *m*
frica|ndeau [frikã'do] *m* gespickter Kalbsbraten; **~ssée** [~ka'se] *f* Frikassee *n*
friche [friʃ] *f* Brachland *n*
friction [frik'sjõ] *f* Reibung; Einreibung
frigid|aire [friʒi'dɛ:r]

Kühlschrank; ~**ité** [~di'te] f Kälte

frigo [fri'go] m F Kühlschrank; P Gefrierfleisch n; ~**rifier** [~gɔri'fje] kühlen

frimas [fri'ma] m Reif

fringale F [frɛ̃'gal] f Heißhunger m

fripon [fri'pɔ̃] m Spitzbube

frire [fri:r] braten, backen

friser [fri'ze] kräuseln; lockig m.; fig grenzen an

frisson [fri'sɔ̃] m Schau(d)er; ~**ner** [~sɔ'ne] frösteln; zittern

friterie [fri'tri] f Fischbraterei; ~**ure** [~'ty:r] f Braten n; gebackene Fische m/pl

froid [frwa] kalt; m Kälte f; avoir ~ frieren; prendre ~ sich erkälten; ~**eur** f Kälte

froisser [frwa'se] (zer)quetschen; zerknittern; fig kränken, verletzen

frôler [fro'le] streifen

fromage [frɔ'ma:ʒ] m Käse

froment [frɔ'mɑ̃] m Weizen

froncer [frɔ̃'se] falten, runzeln; ~**de** [frɔ̃d] f Schleuder; ~**der** [~'de] kritisieren, tadeln

front [frɔ̃] m Stirn f; Vorderseite f; Front f; ~**alier** [~ta'lje] m Grenz...; ~**ière** [~'tjɛ:r] f Grenze; ~**ispice** [~tis'pis] m Vorderseite f; Titelblatt n

frotter [frɔ'te] (ab)reiben; frottieren; bohnern

frou-frou [fru'fru] m Rascheln n

fructifier [frykti'fje] Früchte tragen; fruchten; ~**ueux** [~'tɥø] einträglich

fruit [frɥi] m Frucht f; ~**s** pl Obst n

fugace [fy'gas] vergänglich, flüchtig; ~**itif** [~ʒi'tif] flüchtig; m Flüchtige(r)

fuir [fɥi:r] fliehen; meiden; ~**te** [fɥit] f Flucht f

fulminant [fylmi'nɑ̃] Blicke: drohend; ~**er** [~'ne] explodieren (a fig)

fume-cigare [fymsiga:r] m Zigarrenspitze f

fumée [fy'me] f Rauch m; ~**r** [~] rauchen; räuchern; düngen; ~**eur** [~'mœ:r] m Raucher; ~**ier** [~'mje] m Mist; ~**oir** [~'mwa:r] m Rauchzimmer n

funèbre [fy'nɛbrə] Leichen..., Trauer...; düster, unheimlich; ~**érailles** [~ne'ra:j] f/pl Bestattung f

funeste [fy'nɛst] unheilvoll

funiculaire [fyniky'lɛ:r] m (Stand-)Seilbahn f

fur [fy:r]: au ~ et à mesure nach Maßgabe

fureur [fy'rœ:r] f Wut; (Spiel-)Leidenschaft; ~**ibond** [~ri'bɔ̃], ~**ieux** [~'rjø] wütend

furoncle [fy'rɔ̃klə] m Furunkel

furtif [fyr'tif] heimlich

4*

fus|eau [fy'zo] *m* Spindel *f*; Keilhose *f*; **~ée** [~'ze] *f* Rakete; **~elage** [~z'la:ʒ] *m* Flugzeugrumpf; **~er** [~'ze] schmelzen; **~ible** [~'zibl] *f El* Sicherung

fusil [fy'zi] *m* Gewehr *n*; **~ler** [~zi'je] erschießen

fusion [~'zjɔ̃] *f* Verschmelzung; Fusion

fût [fy] *m* Faß *n*

futaie [fy'tɛ] *f* Hochwald *m*

futile [fy'til] nichtssagend; bedeutungslos; wertlos

futur [fy'ty:r] (zu)künftig; *m* Zukunft *f*

G

gabardine [gabar'din] *f* Gabardine *m*

gâch|er [gɑ'ʃe] *Mörtel* umrühren; verpfuschen; **~is** [~'ʃi] *m* Mörtel; Matsch; *F* Patsche *f*

gaffe [gaf] *f* Bootshaken *m*; *F* Dummheit

gaga [ga'ga] *F* altersschwach, vertrottelt

gag|e [ga:ʒ] *m* Pfand *n*; Bürgschaft *f*; **~es** *pl* Lohn *m*; **~eure** [~'ʒy:r] *f* Wette

gagn|ant [ga'ɲɑ̃] *m* Gewinner; **~e-pain** [gaɲ'pɛ̃] *m* Broterwerb; **~er** [ga'ɲe] gewinnen; verdienen

gai [ge, gɛ] fröhlich, lustig; **~eté** [~'te] *f* Fröhlichkeit; **~llard** [gɑ'ja:r] munter; ausgelassen; *m* forscher Kerl, Bursche

gain [gɛ̃] *m* Gewinn, Verdienst

gaine [gɛn] *f* Hülle; Futteral *n*; Hüfthalter *m*

gala [ga'la] *m* Festvorstellung *f*, Galaabend *m*

galant [ga'lɑ̃] galant

galère [ga'lɛ:r] *f* Galeere

galerie [gal'ri] *f* Galerie

galette [ga'lɛt] *f* Blechkuchen *m*

galoche [ga'lɔʃ] *f* Überschuh *m*

galon [ga'lɔ̃] *m* Borte *f*, Tresse *f*

galop [ga'lo] *m* Galopp; **~** [~'lɔ'pe] *m* galoppieren; **~in** [~'pɛ̃] *m* Bengel

gambade [gɑ̃'bad] *f* Luftsprung *m*

gamelle [ga'mɛl] *f* Kochgeschirr *m*

gamin [ga'mɛ̃] *m* kleiner Junge, Bengel

gamme [gam] *f* Tonleiter; **~ de produits** Produktpalette

gant [gɑ̃] *m* Handschuh

garag|e [ga'ra:ʒ] *m* Garage *f*; (Reparatur-)Werkstatt; **~iste** [~ra'ʒist] *m* Garagen-, Werkstatt-besitzer

garant [ga'rɑ̃] *m* Bürge; **se porter ~** bürgen (de für); **~ie** [~'ti] *f* Garantie; **~ir** [~'ti:r] verbürgen

garçon [gar'sɔ̃] *m* Junge; Kellner; Geselle; **vieux ~** Junggeselle; **~ne** [~'sɔn] *f* burschikoses Mädchen *n*;

nière [ˌsɔnˈjɛːr] f Junggesellenwohnung
garde [gard] f Wache; Garde; Bewachung; m Wärter m; Wächter m; **~-barrière** [ˌbarˈjɛːr] m Schrankenwärter; **~-boue** [ˌˈbu] m Schutzblech n; Kotflügel; **~-fou** [ˌˈfu] m (Brücken-)Geländer n; **~-malade** [ˌmaˈlad] m Krankenpfleger; **~-manger** [ˌmãˈʒe] m Speise-kammer f, -schrank
gard|er [garˈde] bewachen, behüten; aufbewahren, (zurück)behalten; **~er le lit** das Bett hüten; **se ~er de** sich hüten vor; **~e-robe** [ˌdəˈrɔb] f Kleiderschrank m; Kleidung; **~ien** [ˌˈdjɛ̃] m Wärter, Aufseher; **~ien de la paix** Schutzmann; **~ien de but** Torwart
gare [gaːr] f Bahnhof m
gare! [ˌˈ] Achtung!, Vorsicht!
garer [gaˈre] Auto abstell(en, parken)
gargaris|er [gargariˈze]: **se ~er** gurgeln; **~me** [ˌˈrism] m Gurgelwasser n
gargote [garˈgɔt] f Kneipe
gargouiller [garguˈje] plätschern
garn|i [garˈni] m möbliertes Zimmer od Haus n; **~ir** [ˌˈniːr] ausstatten; versehen (**de** mit); *Kochk* garnieren; **~iture** [ˌniˈtyːr] f Ausstattung; Garnitur; Besatz m; **~iture de frein** Bremsbelag m

général

gars F [gɑ] m Bursche, Kerl
gaspiller [gaspiˈje] vergeuden
gâteau [gɑˈto] m Kuchen
gâter [gɑˈte] verderben; verwöhnen, verziehen
gauch|e [goːʃ] link; linkisch; *f* linke Hand, Linke; **à ~e** links; **~er** [goˈʃe] m Linkshänder; **~erie** [goʃˈri] f Ungeschicklichkeit
gaufre [ˈgoːfrə] f Waffel
Gaul|e [goːl]: **la ~e** Gallien n; **~ois** [goˈlwa] gallisch
gaz [gɑːz] m Gas n; **à pleins ~** mit Vollgas
gazelle [gɑˈzɛl] f Gazelle
ga|zon [gɑˈzɔ̃] m Rasen; **~zouiller** [ˌzuˈje] zwitschern
géant [ʒeˈɑ̃] riesig; m Riese
geindre [ˈʒɛ̃ːdrə] ächzen
gel [ʒɛl] m Frost; **~ée** [ʒəˈle] f Frost m; Gelee n; **~ée blanche** Reif m; **~er** [ʒəˈle] (ein-, er)frieren
gém|ir [ʒeˈmiːr] stöhnen, ächzen; **~issement** [ˌmisˈmɑ̃] m Stöhnen n
gencive [ʒɑ̃ˈsiːv] f Zahnfleisch n
gendarme [ʒɑ̃ˈdarm] m Polizist
gendre [ˈʒɑ̃ːdrə] m Schwiegersohn
gên|e [ʒɛn] f Zwang m; Beklemmung; (Geld-)Verlegenheit; **~er** [ʒɛˈne] beengen, behindern; stören; peinlich sn
général [ʒeneˈral] allge-

généraliser 102

mein; *m* General; **~iser** [~li'ze] verallgemeinern
géné|ration [ʒenera'sjõ] *f* Zeugung; Generation; **~ratrice** [~ra'tris] *f* Generator; **~reux** [~'rø] edel, großmütig; **~rosité** [~rozi'te] *f* Großzügigkeit
genêt [ʒə'nɛ] *m* Ginster
Genève [ʒə'nɛːv] *f* Genf *n*
géni|al [ʒen'jal] genial; **~e** [~'ni] *m* Geist, Genie *n*
genou [ʒə'nu] *m* Knie *n*
genre [ʒãːʀ] *m* Gattung *f*, Geschlecht *n*; Art *f*
gens [ʒã] *m* (*f*) *pl* Leute
gentiane [ʒã'sjan] *f* Enzian *m*
genti|l [ʒã'ti] nett, lieb; **~homme** [~'tjɔm] *m* Edelmann; **~lesse** [~'jɛs] *f* Liebenswürdigkeit
géographie [ʒeɔgra'fi] *f* Erdkunde
geôle [ʒoːl] *f* Gefängnis *n*
gérant [ʒe'ʀã] *m* Geschäftsführer
gerbe [ʒɛʀb] *f* Garbe
ger|cer [ʒɛʀ'se]: (se) **~cer** *Haut*: rissig w.; **~çure** [~'syːʀ] *f* Riß *m*
gérer [ʒe're] verwalten
germ|ain [ʒɛʀ'mɛ̃] leiblich; germanisch; **~ain** *m* Germane; **~anique** [~ma'nik] germanisch; deutsch
germ|e [ʒɛʀm] *m* Keim; **~er** [~'me] keimen
gest|e [ʒɛst] *m* Gebärde *f*, Geste *f*; **~iculer** [~tiky'le] gestikulieren; **~ion** [~'tjõ] *f*

(Amts-)Führung; Verwaltung
gib|ecière [ʒip'sjɛːʀ] *f* Jagdtasche; (Schul-)Ranzen *m*; **~ier** [~'bje] *m* Wild(bret) *n*
giboulée [ʒibu'le] *f* Regen-, Hagel-schauer *m*
gifle ['ʒifl] *f* Backpfeife
gigantesque [ʒigã'tɛsk] riesig
gigot [ʒi'go] *m* Hammelkeule *f*
gilet [ʒi'lɛ] *m* Weste *f*; (**de sauvetage** Schwimm-)Weste *f*
gingembre [ʒɛ̃'ʒãːbʀ] *m* Ingwer
girafe [ʒi'ʀaf] *f* Giraffe
girofle [ʒi'ʀɔfl] *m*: (**clou de**) **~** Gewürznelke *f*
giron [ʒi'ʀõ] *m* Schoß
girouette [ʒi'ʀwɛt] *f* Wetterfahne
gisement [ʒiz'mã] *m* Vorkommen *n*; Lager *n*
gît [ʒi]: **ci-~** hier ruht
gitan [ʒi'tã] *m* Zigeuner
gîte [ʒit] *m* Nachtlager *n*
givre [ʒi:vʀ] *m* Rauhreif
glac|e [glas] *f* Eis *n*; Spiegel(glas *n*) *m*; (Wagen-)Fenster *n*; **~e avant** (**arrière**) Front- (Heck-)Scheibe *f*; **~e** [gla'se] gefrieren l.; kühlen; glasieren; sie erstarren; **~erie** [~'ʀi] *f* Eisdiele, Glasfabrik; **~ial** [~'sjal] eisig; **~ier** [~'sje] *m* Gletscher; **~ière** [~'sjɛːʀ] *f* Eisschrank *m*
glaç|on [gla'sõ] *m* Eisscholle *f*; Eiszapfen *m*; **~ure** [~'syːʀ] *f* Glasur

glaïeul [gla'jœl] *m* Gladiole *f*
glaise [glɛ:z] *f* Lehm *m*, Ton(erde *f*) *m*
glaive [glɛ:v] *f* Schwert *n*
gland [glɑ̃] *m* Eichel *f*
glande [glɑ̃:d] *f* **(salivaire** Speichel-)Drüse
gliss|ade [gli'sad] *f* Rutschen *n*, Gleiten *n*; **~ant** [ˌ~'sɑ̃] glatt, schlüpfrig; **~er** [ˌ~'se] (aus-, ent-)gleiten, rutschen; schlittern; **~oire** [ˌ~'swa:r] *f* Schlitterbahn; **(de secours** Not-)Rutsche
glob|al [glɔ'bal] Pauschal...; **~e** [glɔb] *m* Kugel *f*; Globus
gloire [glwa:r] *f* Ruhm *m*; Ehre
glori|eux [glɔ'rjø] ruhmreich; **~fier** [ˌ~ri'fje] verherrlichen
glouton [glu'tɔ̃] gefräßig; *m* Vielfraß
glu [gly] *f* Vogelleim *m*; **~ant** [ˌ~'ɑ̃] klebrig
glucose [gly'ko:z] *m* Traubenzucker
godet [gɔ'dɛ] *m* Becher; Schöpfeimer; Napf
golf [gɔlf] *m* **(miniature** Mini-)Golf
golfe [ˌ~] *m* Golf
gomm|e [gɔm] *f* Gummi *m* u *n*; Radiergummi *m*; **~er** [ˌ~'me] gummieren; (aus-)radieren
gondole [gɔ̃'dɔl] *f* Gondel
gonfler [gɔ̃'fle] auf-blasen, -pumpen; anschwellen
goret [gɔ'rɛ] *m* Ferkel *n*

gorg|e [gɔrʒ] *f* Gurgel, Kehle; Busen *m*; Schlucht; **~ée** [gu'dro] *f* Schluck *m*
gorille [gɔ'rij] *m* Gorilla
gosse [gɔs] *F su* Kind *n*, Bengel *m*
gothique [gɔ'tik] gotisch
goudron [gu'drɔ̃] *m* Teer; **~ner** [ˌ~drɔ'ne] teeren
gouffre [gufr] *m* Abgrund
goul|ache [gu'laʃ] *m* Gulasch *n*; **~ot** [ˌ~'lo] *m* Flaschenhals; **~u** [ˌ~'ly] gefräßig
goupille [gu'pij] *f* Stift *m*
gourd [gu:r] *vor Kälte* starr, steif
gourde [gurd] *f* Kürbis *m*
gourmand [gur'mɑ̃] naschhaft; gefräßig; *m* Leckermaul *n*; **~ise** [ˌ~'di:z] *f* Naschhaftigkeit; **~ises** *pl* Leckerbissen *m/pl*
gourmet [ˌ~'mɛ] *m* Feinschmecker
gousse [gus] *f* Hülse, Schote; **~ d'ail** Knoblauchzehe; **~t** [ˌ~'sɛ] *m* Westentasche
goût [gu] *m* Geschmack; Neigung *f*; **~er** [ˌ~'te] kosten, (ab)schmecken; schätzen, genießen; *m* Nachmittagskaffee
goutt|e [gut] *f* Tropfen *m*; *Med* Gicht; **~er** [ˌ~'te] tropfen; **~ière** [ˌ~'tjɛ:r] *f* Dachrinne
gouvernail [guvɛr'naj] *m* Steuer *n*, Ruder *n*
gouvern|ante [guvɛr'nɑ̃:t] *f* Haushälterin; Erzieherin; Hausdame; **~ement** [ˌ~nə-

gouverner ['mã] *m* Regierung *f*; **~er** [~'ne] regieren, verwalten; (be)herrschen

grâce [grɑ:s] *f* Gnade; Begnadigung; Grazie, Anmut; Dank *m*; **~ à** dank

graci|er [grɑ'sje] begnadigen; **~eux** [~'sjø] anmutig; freundlich; **à titre ~eux** unentgeltlich

grad|e [grad] *m* Rang; **~uel** [~'dɥɛl] stufenweise; **~uer** [~'dɥe] stufenweise steigern

grain [grɛ̃] *m* Korn *n*; Beere *f*; (Kaffee-)Bohne *f*; *Mar* Bö *f*; **~e** [grɛn] *f* (Samen-)Korn *n*

graiss|age [grɛ'sa:ʒ], **~e** [grɛs] *f* Fett *n*; **~er** [~'se] (ein)fetten; ölen; schmieren

grammaire [gra'mɛ:r] *f* Grammatik

grand [grɑ̃] groß; **au ~ air** im Freien; **au ~ jour** am hellen Tag; **de ~ matin** frühmorgens; **~duc** [~'dyk] *m* Großherzog; **~eur** [~'dœ:r] *f* Größe; **~ir** [~'di:r] größer werden; vergrößern; **~mère** *f* Großmutter; **~messe** *f* Rel Hochamt *n*; **~père** *m* Großvater; **~route** *f* Fernverkehrs-, Landstraße; **~rue** *f* Hauptstraße

grange [grɑ̃:ʒ] *f* Scheune

gran|it(e) [gra'nit] *m* Granit; **~ulaire** [~ny'lɛ:r] körnig; **~ule** [~'nyl] *m* Körnchen *n*

grappe [grap] *f* Traube

gras [grɑ] fett; fruchtbar; **mardi ~** Fastnacht *f*

gratifier [grati'fje] beschenken (**de** mit)

gratin [gra'tɛ̃] *m*: **au ~** überbacken

gratitude [grati'tyd] *f* Dankbarkeit

gratt|e-ciel [grat'sjɛl] *m* Wolkenkratzer; **~er** [~'te] (ab-, aus-)kratzen; *P* schuften; **~oir** [~'twa:r] *m* Radiermesser *n*

gratuit [gra'tɥi] kostenlos, unentgeltlich; grundlos

gravats [gra'va] *m/pl* Schutt *m*

grave [gra:v] schwer; schlimm; ernst; *Ton:* tief

grav|er [gra've] gravieren; **~ier** [~'vje] *m* Kies; **~ir** [~'vi:r] erklimmen

gravi|tation [gravita'sjɔ̃] *f* Schwerkraft; **~té** [~'te] *f* Schwere; Wichtigkeit; Ernst *m*; **centre *m* de ~té** Schwerpunkt

gravure [gra'vy:r] *f* Stich *m*

gré [gre] *m*: **à votre ~** nach Ihrem Belieben; **bon ~ mal ~** wohl oder übel

grec, ~que [grɛk] griechisch

Grèce [grɛs]: **la ~** Griechenland *n*

greff|e [grɛf] **1.** *m* Gerichtskanzlei *f*; **2.** *f* Pfropfreis *n*; **~e du cœur** Herzverpflanzung; **~ier** [~'fje] *m* Gerichtsschreiber

grêl|e [grɛl] *f* Hagel *m*; **~er**

[~'le] hageln; ~on [~'lɔ̃] m Hagelkorn n

grelot [grə'lo] m Schelle f; ~ter [~lɔ'te] vor Kälte zittern

grenade [grə'nad] f Granatapfel m; Handgranate

grenier [grə'nje] m (Korn-, Heu-)Boden; Speicher

grenouille [grə'nuj] f Frosch m

grève [grɛːv] f Strand m; Streik m; **faire ~** streiken

grever [grə've] belasten

gréviste [gre'vist] m Streikende(r)

gribouiller [gribu'je] (hin)schmieren

grief [gri'ef] m Beschwerde f

griffe [grif] f Kralle, Klaue

gril [gri] m (Brat-)Rost

grill|ade [gri'jad] f Rostbraten m; ~age [~ja'ʒe] m Rösten; Gitter n; ~ager [~ja'ʒe] vergittern; ~e [~grij] f Gitter n; ~e-pain [~'pɛ̃] m Brotröster; ~er [~'je] rösten; auf dem Rost braten

grillon [gri'jɔ̃] m Grille f

grimper [grɛ̃'pe] klettern

grincer [grɛ̃'se] knirschen

griotte [gri'ɔt] f Sauerkirsche

grippe [grip] f Grippe f; ~er [~'pe] Tech sich festfressen

gris [gri] grau; düster; angetrunken

grive [griːv] f Drossel

grivèlerie [grivɛl'ri] f Zechprellerei

grog [grɔg] m Grog

grogner [grɔ'ɲe] grunzen; brummen; murren

gronder [grɔ̃'de] knurren; brummen; *Donner:* rollen; (aus)schimpfen

gros [gro] dick, groß; grob; m Hauptteil; Großhandel

groseille [gro'zɛj] f Johannisbeere; **~ à maquereau** Stachelbeere

gross|esse [gro'sɛs] f Schwangerschaft; ~eur [~'sœːr] f Dicke, Stärke; Geschwulst; ~ier [~'sje] m, f grob, plump; flegelhaft; ~ir [~'siːr] dick(er) m., vergrößern; zunehmen

grotte [grɔt] f Höhle, Grotte

group|e [grup] m (**de touristes** Reise-)Gruppe f; ~er [~'pe] gruppieren

gruau [gry'o] m Grütze f

grue [gry] f Kranich m; Tech Kran m

gruyère [~'jɛːr] m Schweizer Käse

gué [ge] m Furt f

guenille [gə'nij] f Lumpen m

guêpe [gɛp] f Wespe

guère [gɛːr]: **ne ~** kaum

guéri|r [ge'riːr] heilen; wohl w.; **~son** [~ri'zɔ̃] f Heilung; Genesung; **~ssable** [~ri'sabla] heilbar

guerr|e [gɛːr] f Krieg m; ~ier [gɛ'rje] kriegerisch; m Krieger

guet [gɛ] m: **faire le ~** auf der Lauer liegen; **~-apens** [geta'pɑ̃] m Hinterhalt

guêtre ['gɛ:trə] f Gamasche
guett|er [gɛ'te] belauern; abpassen; **~eur** [~'tœ:r] m Späher; Aufpasser
gueule [gœl] f Maul n, Schnauze; **~-de-loup** [~də'lu] f Bot Löwenmaul m
gueux [gø] bettelarm; armselig; m Bettler; Strolch
guichet [gi'ʃɛ] m Schalter
guid|e [gid] m (**de conversation**, **touristique** Sprach-, Reise-)Führer; Fremdenführer; **~er** [gi'de] leiten; **~on** [~'dɔ̃] f Lenkstange f

guignol [~'nɔl] m Kasperle (-theater n); Hanswurst
guindé [gɛ̃'de] affektiert; Stil: geschraubt
guinguette [gɛ̃'gɛt] f Vorstadtkneipe f; Ausflugslokal n
guise [gi:z] f: **à sa ~** auf seine Weise
gymnas|e [ʒim'na:z] m Turnhalle f; **~te** [~'nast] m Turner; **~tique** [~nas'tik] f Turnen n, Gymnastik
gynécologue [ʒinekɔ'lɔg] m Frauenarzt
gypse [ʒips] m Gips

H

('h: aspiriertes h, das Apostrophierung und Bindung ausschließt)

habil|e [a'bil] geschickt, gewandt; **~eté** [~'te] f Geschicklichkeit
habill|ement [abij'mɑ̃] m Kleidung f; **~er** [~'je] (an-, be-)kleiden, anziehen
habit [a'bi] m Abendanzug; **~s** pl Kleider n/pl, Sachen f/pl
habit|able [abi'tablə] bewohnbar; **~ant** [~'tɑ̃] m Be-, Einwohner m; **~ation** [~ta'sjɔ̃] f Wohnung f; **~er** [~'te] (be)wohnen
habitu|de [abi'tyd] f Gewohnheit; **d'~de** gewöhnlich; **~el** [~'tɥɛl] m Stammgast; **~ellement** gewohnheitsmäßig; **~er** [~'tɥe] gewöhnen
'hach|e [aʃ] f Axt; **~er** [a'ʃe] (zer)hacken; **~ette** [a'ʃɛt] f Beil n; **~is** [a'ʃi] m Gehackte(s) n; Haschee n; **~oir** [a'ʃwar] m Hackmesser n; Fleischwolf; **~urer** [aʃy're] schraffieren
'haie [ɛ] f Hecke
'haillon [a'jɔ̃] m Lumpen
'hain|e [ɛn] f Haß m; **~eux** [ɛ'nø] gehässig; haßerfüllt
'haïr [a'i:r] hassen
'hâle [ɑ:l] m Sonnenbräune f
haleine [a'lɛn] f Atem m; **hors d'~** außer Atem
'haler [a'le] treideln
'haleter [al'te] keuchen
'hall [o:l] m (**d'hôtel**, **de gare** Hotel-, Bahnhofs-) Halle f; **~e** [al] f Markthalle
'halte [alt] f Pause, Rast; Haltestelle

'hamac [a'mak] *m* Hängematte *f*

'hameau [a'mo] *m* Weiler

hameçon [am'sõ] *m* Angelhaken

'hampe [ã:p] *f* (Fahnen-)Stange, Stiel *m*

'hamster [ams'tɛ:r] *m* Hamster

'hanche [ã:ʃ] *f* Hüfte

'handball ['ãdbal] *m* Handball

'hanneton [an'tõ] *m* Maikäfer

'hanter [ã'te] heimsuchen; spuken

'happer [a'pe] wegschnappen; erfassen

'harangue [a'rã:g] *f* feierliche Ansprache

'haras [a'rɑ] *m* Gestüt *n*

'harass|ement [aras'mã] *m* Übermüdung *f*; **~er** [~'se] erschöpfen (quälen)

'harceler [arsə'le] plagen

'hardes [ard] *f/pl* Klamotten (*Kleidung*)

'hardi [ar'di] kühn; dreist; **~esse** [~'djes] *f* Kühnheit

'hareng [a'rã] *m* Hering; **~ saur** [sɔ:r] Bückling

'haricot [ari'ko] *m* (vert grüne) Bohne *f*

harmon|ie [armɔ'ni] *f* Harmonie; **~ieux** [~'njø] harmonisch

harp|e [arp] *f* Harfe; **~on** [~'põ] *f* Harpune *f*

'hasard [a'za:r] *m* Zufall; **au ~** auf gut Glück; **par ~** zufällig; **~er** [~'de] wagen, aufs Spiel setzen

'hât|e [ɑ:t] *f* Hast, Eile; **~er** [ɑ'te] beschleunigen; **se ~er** sich beeilen

'hauss|e [o:s] *f* (Preis-)Erhöhung; Ansteigen *n*; **~er** [o'se] höher m., erhöhen; **~er les épaules** mit den Achseln zucken

'haut [o] hoch; laut; **en ~** oben; **là-~** da oben; **~eur** *f* Höhe *f*; Gipfel; **~ain** [o'tẽ] hochmütig

'hautbois [o'bwa] *m* Oboe *f*

'hauteur [o'tœ:r] *f* Höhe; Anhöhe; Hochmut *m*

'haut-parleur [opar'lœ:r] *m* Lautsprecher; **~-relief** [oral'jef] *m* Hochrelief *n*

'havresac [avrə'sak] *m* Tornister

hebdomadaire [ɛbdɔma'dɛ:r] wöchentlich; Wochen...

héberger [ebɛr'ʒe] beherbergen

hélas! [e'lɑ:s] ach!, leider!

'héler [e'le] (her)anrufen

hélic|e [e'lis] *f* Propeller *m*; *Mar* Schraube; **~optère** [~kɔp'tɛ:r] *m* Hubschrauber

hémo|rragie [emɔra'ʒi] *f* Blutung; **~rroïdes** [~rɔ'id] *f/pl* Hämorrhoiden; **~statique** [~sta'tik] blutstillend

'hennir [e'ni:r] wiehern

herb|age [ɛr'ba:ʒ] *m* (Vieh-)Weide *f*; **~e** [ɛrb] *f* Gras *n*; Kraut *n*; **mauvaise ~e** Unkraut *n*; **~ier** [~'bje] *n* Herbarium *n*

hérédit|aire [eredi'tɛ:r]

hérédité

erblich; ~é [~'te] f Erbrecht n; Vererbung
hérétique [ere'tik] ketzerisch; su Ketzer(in f) m
'**hériss**|**é** [eri'se] borstig; ~**on** [~'sɔ̃] m Igel
hérit|**age** [eri'ta:ʒ] m Erbschaft f; ~**er** [~'te] (be-)erben; ~**ier** [~'tje] m Erbe
hermétique [ɛrme'tik] hermetisch
héroï|**ne** [erɔ'in] f Heldin f; ~**que** [~'ik] heroisch
'**héron** [e'rɔ̃] m Reiher
'**héros** [e'ro] m Held
hésiter [ezi'te] schwanken, zögern
'**hêtre** ['ɛ:tr(ə)] m Buche f
heure [œ:r] f Stunde; Uhr; (**du dîner** Essens-)Zeit; **quelle ~ est-il?** wie spät ist es?; **de bonne ~** früh; **tout à l'~** gleich; soeben
heureux [œ'rø] glücklich
heurter [œr'te] (an-, zs.-)stoßen; fig verletzen
hibern|**al** [ibɛr'nal] winterlich, Winter...; ~**er** [~'ne] Winterschlaf halten
'**hibou** [i'bu] m Eule f
'**hideux** [i'dø] scheußlich
hier [jɛ:r] gestern
hiérarchique [jerar'ʃik]: **voie ~** Dienstweg m
hilarité [ilari'te] f Heiterkeit(sausbruch m)
hipp|**ique**(i'pik): **concours** m **~que** Reitturnier n; ~**isme** [i'pism] m Reitsport; ~**opotame** [ipɔpɔ'tam] m Nilpferd n

hirondelle [irɔ̃'dɛl] f Schwalbe
'**hisser** [i'se] hissen
histoire [is'twa:r] f Geschichte; Erzählung
histor|**ien** [istɔ'rjɛ̃] m Geschichtsschreiber; ~**ique** [~'rik] geschichtlich
hiver [i'vɛ:r] m Winter; ~**ner** [iver'ne] überwintern
'**hoch**|**equeue** [ɔʃ'kø] m Bachstelze f; ~**er** [ɔ'ʃe]: ~**er la tête** den Kopf schütteln; nicken
'**hockey** [ɔ'kɛ] (**sur glace** Eis-)Hockey n
'**Holland**|**e** [ɔ'lã:d]: **la ~e** Holland n; ~**ais** [~'dɛ] holländisch
'**homard** [ɔ'ma:r] m Hummer
homicide [ɔmi'sid] Mord...; m Totschlag, Mord
hommage [ɔ'ma:ʒ] m Huldigung f
homme [ɔm] m Mensch; Mann; ~ **d'affaires** Geschäftsmann; ~**grenouille** [~grə'nuj] m Froschmann
'**Hongr**|**ie** [ɔ̃'gri]: **la ~ie** Ungarn; ~**ois** [ɔ̃'grwa] ungarisch
honn|**ête** [ɔ'nɛt] ehrlich, anständig; ~**eur** [ɔ'nœ:r] m Ehre f
honor|**able** [ɔnɔ'rabl] ehrenvoll; ehrenwert; ~**aires** [~'rɛ:r] m/pl Honorar n (**de** mit); ~**rifique** [~ri'fik] ehrenamtlich
'**hont**|**e** [ɔ̃:t] f Schande;

humilité

Scham; **avoir ~e** sich schämen; **~eux** [ɔ̃'tø] be-, verschämt; schändlich
hôpital [opi'tal] *m* Krankenhaus *n*
'**hoquet** [ɔ'kε] *m* Schluckauf
horaire [ɔ'rε:r] *m* Fahr-, Stunden-plan
horizon [ɔri'zɔ̃] *m* Horizont
horlog|e [ɔr'lɔ:ʒ] *f* (Wand-, Turm-)Uhr; **~e parlante** Zeitansage; **~er** [.lɔ'ʒe] *m* Uhrmacher; **~erie** [.lɔʒ'ri] *f* Uhrengeschäft *n*
'**hormis** [ɔr'mi] außer
horr|eur [ɔ'rœ:r] *f* Entsetzen *n*; Abscheu *m*; Greuel (-tat *f*) *m*; **~ible** [ɔ'riblə] entsetzlich
'**hors** [ɔr]: **~ (de)** außer (-halb); **~-bord** [ɔr'bɔ:r] *m* Rennboot *n* (mit Außenbordmotor); **~ d'œuvre** *n* Vorspeise *f*; **~-jeu** [.'ʒø] *m* *Sp* Abseits *n*
horticulture [ɔrtikyl'ty:r] *f* Gartenbau *m*
hospice [ɔs'pis] *m* Hospiz *n*
hospital|ier [ɔspita'lje] gastlich; **~iser** [.li'ze] in ein Krankenhaus bringen; **~ité** [.li'te] *f* Gastfreundschaft
hostile [ɔs'til] feindlich
hôt|e [o:t] *m* Gast; Gastgeber, Wirt; **~el** [o'tεl] *m* (**de luxe** Luxus-)Hotel *n*; Palast; **~el de ville** Rathaus *n*; **~esse** [o'tεs] *f* Wirtin, Gastgeberin; **~esse de l'air** Stewardeß
'**hotte** [ɔt] *f* Kiepe
'**houblon** [u'blɔ̃] *m* Hopfen
'**houe** [u] *f* Hacke
'**houill|e** [uj] *f* (Stein-)Kohle; **~e blanche** Wasserkraft; **~ère** [u'jε:r] *f* Kohlengrube, -bergwerk *n*
'**houpp|e** [up] *f* Troddel; Büschel *n*; **~ette** [u'pεt] *f* Puderquaste
'**housse** [us] *f* (Möbel-)Überzug *m*, Schonbezug *m*
hublot [y'blo] *m* Bullauge *n*
'**huer** [ɥe] verhöhnen, auspfeifen
huil|e [ɥil] *f* (**d'olive, de ricin, solaire**) Oliven-, Rizinus-, Sonnen-)Öl *n*; **~er** [ɥi'le] ölen; **~ier** [.'lje] *m* Essig- und Ölständer *m*
huis [ɥi]: **à ~ clos** hinter verschlossenen Türen; **~sier** [.'sje] *m* Gerichtsvollzieher; Amtsdiener
'**huit** [ɥit, ɥi] acht; **~ième** [.'tjεm] achte(r)
huître [ɥi'trə] *f* Auster
humain [y'mε̃] menschlich
humani|ste [yma'nist] *m* Humanist; **~té** [.'te] *f* Menschheit; Menschlichkeit
humble ['œ̃:blə] demütig; bescheiden
humecter [ymεk'te] anfeuchten, *Wäsche* einsprengen
humeur [y'mœ:r] *f* Stimmung, Laune
humide [y'mid] feucht
humili|er [ymi'lje] demütigen; **~té** [.li'te] *f* Demut

humour [y'mu:r] *m* Humor
'hurl|ement [yrlə'mã] *m* Geheul *n*; **~e** [~'le] heulen
'hutte [yt] *f* Hütte
hydravion [idra'vjõ] *m* Wasserflugzeug *n*

hyène [jɛn] *f* Hyäne
hygi|ène [i'ʒjɛn] *f* Hygiene; **~énique** [iʒje'nik] hygienisch
hypocrite [ipɔ'krit] heuchlerisch; *m* Heuchler

I

iceberg [is'bɛrg] *m* Eisberg
ici [i'si] hier; **par ~** hierher, hier entlang; **d'~ peu** binnen kurzem
idéal [ide'al] ideal
idée [i'de] *f* Idee, Gedanke *m*; Vorstellung
ident|ique [idã'tik] identisch; **~ité** [~ti'te] *f* Übereinstimmung; **carte d'~ité** Personalausweis *m*
idiot [i'djo] blödsinnig; *m* Idiot
idol|âtrie [idɔla'tri] *f* Götzendienst *m*; **~e** [i'dɔl] *f* Idol *n*, Abgott *m*
if [if] *m* Eibe *f*
ignoble [i'nɔblə] schändlich, gemein
ignor|ance [iɲɔ'rã:s] *f* Unwissenheit; **~ant** [~'rã] unwissend; **~er** [~'re] nicht wissen
il(s) [il] *m(pl)* er; *pl* sie
île [il] *f* Insel
illég|al [ille'gal] ungesetzlich; **~itime** [~ʒi'tim] unrechtmäßig; unehelich
illi|cite [illi'sit] unerlaubt; **~mité** [~mi'te] unbegrenzt
illumin|ation [illymina'sjõ] *f* Beleuchtung; **~er**
[~'ne] beleuchten, *Gebäude* anstrahlen
illustr|e [il'lystrə] berühmt; **~é** [~'tre] *m* Illustrierte
îlot [i'lo] *m* kleine Insel *f*; Häuserblock
image [i'ma:ʒ] *f* Bild *n*
imagin|able [imaʒi'nablə] vorstellbar; **~aire** [~'nɛ:r] eingebildet, vermeintlich; **~ation** [~na'sjõ] *f* Einbildung; Vorstellung; **~er** [~'ne] (**a s'~er**) sich denken, sich vorstellen
imbécile [ɛ̃be'sil] schwachsinnig; einfältig
imb|iber [ɛ̃bi'be] (durch)tränken (**de** mit); **~u** [~'by] **~u de** *fig* durchdrungen von
imit|ation [imita'sjõ] *f* Nachahmung; **~er** [~'te] nachahmen
immaculé [immaky'le] unbefleckt, rein
immangeable [immã'ʒablə] ungenießbar
immédiat [imme'dja] unmittelbar; unverzüglich
immerger [immɛr'ʒe] eintauchen; versenken
immeuble [im'mœblə] *m* (Miets-)Haus *n*; **~s** *pl* Immobilien

immigrer [immi'gre] einwandern

imminent [immi'nã] bevorstehend, drohend

immobile [immɔ'bil] unbeweglich

immo|déré [immɔde're] unmäßig, maßlos; **~deste** [ˌ'dest] unbescheiden

immor|al [immɔ'ral] unsittlich; **~tel** [ˌmɔr'tɛl] unsterblich

impair [ɛ̃'pɛːr] ungerade

impar|donnable [ɛ̃pardɔ'nablə] unverzeihlich; **~tial** [ˌ'sjal] unparteiisch

impass|e [ɛ̃'pɑːs] f Sackgasse; **~ible** [ˌpa'siblə] unempfindlich, gleichmütig

impatien|ce [ɛ̃pa'sjãːs] f Ungeduld; **~t** [ˌ'sjã] ungeduldig

impénétrable [ɛ̃pene'trablə] undurchdringlich (a fig)

impératrice [ɛ̃pera'tris] f Kaiserin

imper|ceptible [ɛ̃persɛp'tiblə] unmerklich; **~fection** [ˌfɛk'sjɔ̃] f Unvollkommenheit

impér|ial [ɛ̃pe'rjal] kaiserlich; **~iale** [ˌ] f Bus: Oberdeck n; **~ieux** [ˌ'rjø] gebieterisch; **~issable** [ˌri'sablə] unvergänglich

imper|méable [ɛ̃pɛrme'ablə] wasserdicht; m Regenmantel; **~tinent** [ˌpɛrti'nã] unverschämt; **~turbable** [ˌtyr'bablə] unerschütterlich

impétueux [ɛ̃pe'tɥø] ungestüm; stürmisch

impie [ɛ̃'pi] gottlos

impitoyable [ɛ̃pitwa'jablə] unbarmherzig

implacable [ɛ̃pla'kablə] unversöhnlich; unerbittlich

implanter [ɛ̃plã'te] einpflanzen

impliquer [ɛ̃pli'ke] mit hineinziehen, verwickeln

implorer [ɛ̃plɔ're] anflehen

impoli [ɛ̃pɔ'li] unhöflich; **~tesse** [ˌli'tɛs] f Unhöflichkeit

impondérable [ɛ̃pɔ̃de'rablə] unwägbar

import|ance [ɛ̃pɔr'tãːs] f Wichtigkeit; **sans ~ance** unwichtig; **~ant** [ˌ'tã] wichtig; **~ation** [ˌta'sjɔ̃] f Einfuhr; **~er** [ˌ'te] einführen; wichtig sn (à für); **n'~e!** tut nichts!

importun [ˌ'tœ̃] lästig, aufdringlich; **~er** [ˌty'ne] belästigen

imposer [ɛ̃pɔ'ze] auferlegen; **s'~** sich aufdrängen

impossible [ɛ̃pɔ'siblə] unmöglich

impost|eur [ɛ̃pɔs'tœːr] m Betrüger; **~ure** [ˌ'tyːr] f Betrug m, Schwindel m

impôt [ɛ̃'po] m Steuer f

impotent [ɛ̃pɔ'tã] gebrechlich

impraticable [ɛ̃prati'kablə] undurchführbar; unwegsam, unbefahrbar

imprécis [ɛ̃pre'si] ungenau

imprégner [ɛ̃pre'ɲe] imprägnieren, tränken (de mit)

impression [ɛ̃prɛ'sjɔ̃] f Eindruck m; Typ Druck m; **~ner** [~sjɔ'ne] beeindrucken

imprévoyant [ɛ̃prevwa'jɑ̃] unvorsichtig; **~u** [~'vy] unvorhergesehen

imprimé [ɛ̃pri'me] m Drucksache f; **~er** [~] auf-, ein-drücken; drucken; **~erie** [~m'ri] f Druckerei; **~eur** [~'mœːr] m Drucker

improbable [ɛ̃prɔ'babl] unwahrscheinlich

impromptu [ɛ̃prɔ̃'ty] aus dem Stegreif

impropre [ɛ̃'prɔprə] unpassend; **~viser** [~vi'ze] improvisieren; **~viste** [~'vist]: à l'**~viste** unvermutet

imprudence [ɛ̃pry'dɑ̃ːs] f Unvorsichtigkeit; **par ~ce** fahrlässig; **~t** [~'dɑ̃] unvorsichtig

impudence [ɛ̃py'dɑ̃ːs] f Unverschämtheit; **~ent** [~'dɑ̃] unverschämt; **~ique** [~'dik] unzüchtig

impuissance [ɛ̃pɥi'sɑ̃ːs] f Machtlosigkeit; Unvermögen n; Med Impotenz; **~t** [~'sɑ̃] machtlos; Med impotent

impulsion [ɛ̃pyl'sjɔ̃] f Stoß m; Anstoß m

impuni [ɛ̃py'ni] ungestraft, straffrei

imputer [ɛ̃py'te] zuschreiben, zur Last legen

inabordable [inabɔr'dabl] unnahbar; **~ccessible** [~aksɛ'sibl] unzugänglich; **~chevé** [~aʃ've] unvollendet; **~actif** [~ak'tif] untätig; **~aliénable** [~alje'nabl] unveräußerlich

inanimé [inani'me] leblos

inapte [i'napt] untauglich

inaugur|ation [inogyra'sjɔ̃] f Einweihung, Eröffnung; **~e** [~'re] (feierlich) einweihen

incendi|aire [ɛ̃sɑ̃'djɛːr] m Brandstifter; **~e** [~'di] m Brand; **~e volontaire** [~'dje ‿] in Brand stecken

incertitude [ɛ̃sɛrti'tyd] f Ungewißheit

incessant [ɛ̃sɛ'sɑ̃] unaufhörlich

incide|mment [ɛ̃sida'mɑ̃] gelegentlich; **~nt** [~'dɑ̃] m Zwischenfall

incinération [ɛ̃sinera'sjɔ̃] f Einäscherung

incis|er [ɛ̃si'ze] einschneiden; **~if** [~'zif] fig bissig; **~ive** [~'ziv] f Schneidezahn m

inciter [ɛ̃si'te] anregen, anstiften (à zu)

inclin|aison [ɛ̃klinɛ'zɔ̃] f Neigung, Gefälle n; **~ation** [~na'sjɔ̃] f Verbeugung; (Zu-)Neigung; **~er** [~'ne] neigen; **s'~er** sich verbeugen

inclus [ɛ̃'kly] eingeschlossen, einliegend; **~ivement** [~ziv'mɑ̃] einschließlich

inco|hérent [ɛ̃kɔe'rɑ̃] zs.-hanglos; **~lore** [~'lɔ:r] farblos
incomber [ɛ̃kɔ̃'be] obliegen (à q. j-m)
incomm|ensurable [ɛ̃kɔmɑ̃sy'rablə] unermeßlich; **~ode** [~'mɔd] unbequem; **~oder** [~mɔ'de] belästigen
incom|patible [ɛ̃kɔ̃pa'tiblə] unvereinbar; **~préhensible** [~preɑ̃'siblə] unverständlich
inconcevable [ɛ̃kɔ̃s'vablə] unbegreiflich, undenkbar
inconnu [ɛ̃kɔ'ny] unbekannt
incon|sidéré [ɛ̃kɔ̃side're] unbedacht; **~solable** [~sɔ-'lablə] untröstlich
inconvénient [ɛ̃kɔ̃ve'njɑ̃] *m* Unannehmlichkeit *f*; Nachteil
incorporer [ɛ̃kɔrpɔ're] einverleiben; eingliedern
incorr|ect [ɛ̃kɔ'rɛkt] unkorrekt, unrichtig; **~igible** [~ri'ʒiblə] unverbesserlich; **~uptible** [~ryp'tiblə] unverderblich; unbestechlich
incrédule [ɛ̃kre'dyl] ungläubig
incriminer [ɛ̃krimi'ne] beschuldigen
incroyable [ɛ̃krwa'jablə] unglaublich
incubation [ɛ̃kybɑ'sjɔ̃] *f* Inkubation(szeit)
inculper [ɛ̃kyl'pe] beschuldigen, anklagen
inculte [ɛ̃'kylt] ungebildet; *Land*: unbebaut

incur|able [ɛ̃ky'rablə] unheilbar; **~ie** [~'ri] *f* Fahr-, Nach-lässigkeit
Inde [ɛ̃:d] *f*: l'~ Indien *n*
indécis [ɛ̃de'si] unentschieden; -schlossen
indéfini [ɛ̃defi'ni] unbestimmt; **~ssable** [~'sablə] unbestimmbar; unerklärlich
indéfrisable [ɛ̃defri'zablə] *f* Dauerwelle
indemn|e [ɛ̃'dɛmn] unbeschädigt; **~iser** [~ni'ze] entschädigen (**de** für); **~ité** [~'te] *f* Entschädigung; Schadenersatz *m*
indépendan|ce [ɛ̃depɑ̃-'dɑ̃:s] *f* Unabhängigkeit; **~t** [~'dɑ̃] unabhängig
indescriptible [ɛ̃dɛskrip-'tiblə] unbeschreiblich
index [ɛ̃'dɛks] *m* Zeigefinger; Register *n*; Verzeichnis *n*
indicateur [ɛ̃dika'tœ:r] *m* Anzeiger; Fahrplan
indice [ɛ̃'dis] *m* Anzeichen *n*, Merkmal *n*; *jur* Indiz *n*
Indien [ɛ̃'djɛ̃] *m* Inder; Indianer
indifféren|ce [ɛ̃dife'rɑ̃:s] *f* Gleichgültigkeit; **~t** [~'rɑ̃] gleichgültig
indig|ène [ɛ̃di'ʒɛn] *m* Eingeborene(r); **~ent** [~'ʒɑ̃] bedürftig; **~estion** [~ʒɛs-'tjɔ̃] *f* Verdauungsstörung
indign|ation [ɛ̃diɲɑ'sjɔ̃] *f* Empörung; **~e** [ɛ̃'diɲ] unwürdig; **~er** [~'ɲe] empören

indiquer 114

indiquer [ɛ̃di'ke] (an)zeigen
indis|cutable [ɛ̃disky'tablə] unbestreitbar; **~pensable** [~pã'sablə] unentbehrlich
~ponible [~pɔ'niblə] unabkömmlich; **~posé** [~po-'ze] unpäßlich
individu [ɛ̃divi'dy] m Einzelwesen n, Individuum n (a péj)
indo|cile [ɛ̃dɔ'sil] unfolgsam; **~lent** [~'lɑ̃] träge, faul; **~lore** [~'lɔːr] schmerzlos
indu [ɛ̃'dy] unangebracht, ungewohnt; **~ire** [ɛ̃'dɥiːr] zu et verleiten; folgern
indulgen|ce [ɛ̃dyl'ʒɑ̃ːs] f Nachsicht; **~t** [~'ʒɑ̃] nachsichtig
industrie [ɛ̃dys'tri] f Industrie; **~l** [~tri'ɛl] m Industrielle(r)
iné|branlable [inebrɑ̃'lablə] unerschütterlich; **~dit** [~'di] unveröffentlicht
ineff|able (ine'fablə) unaussprechlich; **~icace** [~fi-'kas] unwirksam
ine|pte [i'nɛpt] dumm, albern; **~rte** [i'nɛrt] regungslos; träge
inex|act [inɛg'zakt] ungenau; **~orable** [~zɔ'rablə] unerbittlich
inexpéri|ence [inɛkspe-'rjɑ̃ːs] f Unerfahrenheit; **~menté** [~rimɑ̃'te] unerfahren
inexprimable [inɛkspri'mablə] unaussprechlich
infaillible [ɛ̃fa'jiblə] unfehlbar; untrüglich

inf|âme [ɛ̃'faːm] ehrlos; niederträchtig, infam; **~amie** [ɛ̃fa'mi] f Niederträchtigkeit; **~antile** [ɛ̃fɑ̃'til] kindlich, Kinder...
infarctus [ɛ̃fark'tys] m (**du myocarde** Herz-)Infarkt
infatigable [ɛ̃fati'gablə] unermüdlich
infect [ɛ̃'fɛkt] stinkend; ekelhaft; **~er** [~'te] Med anstecken; **~ion** [~'sjɔ̃] f Infektion
inférieur [ɛ̃fe'rjœːr] niedriger (à als); Unter...; m Untergebene(r)
infernal [ɛ̃fɛr'nal] höllisch
infi|dèle [ɛ̃fi'dɛl] untreu; **~me** [ɛ̃'fim] winzig; **~ni** [~'ni] unendlich
infirm|e [ɛ̃'firm] gebrechlich; **~erie** [~'mri] f Krankenzimmer n; **~ier** [~'mje] m, **~ière** [~'mjɛːr] f Krankenpfleger m, -schwester f; **~ité** [~mi'te] f Gebrechen n
infla|mmation [ɛ̃flamɑ-'sjɔ̃] f Entzündung; **~tion** [~'sjɔ̃] f Inflation
influ|ence [ɛ̃fly'ɑ̃ːs] f Einfluß m; **~encer** [~ɑ̃'se] beeinflussen; **~ent** [~'ɑ̃] einflußreich; **~e** [~'e] Einfluß h. (**sur** auf)
inform|ation [ɛ̃fɔrmɑ'sjɔ̃] f Information; Auskunft; **~er** [~'me] benachrichtigen (**de** von); **s'~er** sich erkundigen (**de** nach)
infortuné [ɛ̃fɔrty'ne] unglücklich

infraction [ɛ̃frak'sjõ] f Übertretung, Verstoß m

infranchissable [ɛ̃frɑ̃ʃi'sablə] unüberwindlich

infroissable [ɛ̃frwa'sablə] knitterfrei

infusion [ɛ̃fy'zjõ] f Aufguß m; **(de menthe** Pfefferminz-)**Tee** m

ingénieur [ɛ̃ʒe'njœ:r] m Ingenieur; ~**eux** [~'njø] erfinderisch, ~**osité** [~nʒoi'te] f Erfindungsgeist m

ingé|nu [ɛ̃ʒe'ny] unbefangen, naiv; ~**rence** [~'rɑ̃:s] f Einmischung (à Pol)

ingrat [ɛ̃'gra] undankbar; ~**itude** [~ti'tyd] f Undankbarkeit

inhabi|le [ina'bil] ungeschickt; ~**té** [~bi'te] f unbewohnt

inhaler [ina'le] einatmen

inhum|ain [iny'mɛ̃] unmenschlich; ~**er** [~'me] beerdigen

inimitié [inimi'tje] f Feindschaft

initi|ative [inisja'ti:v] f Initiative; ~**er** [~'sje] einweihen (à in)

injur|e [ɛ̃'ʒy:r] f Beleidigung; ~**ier** [ɛ̃ʒy'rje] beschimpfen

injuste [ɛ̃'ʒyst] ungerecht

inlassable [ɛ̃la'sablə] unermüdlich

inné [in'ne] angeboren

innocen|ce [inɔ'sɑ̃:s] f Unschuld; ~**t** [~'sɑ̃] unschuldig; harmlos

innocuité [innɔkui'te] f Unschädlichkeit; ~**mbrable** [~nõ'brablə] unzählig; ~**vation** [~nɔva'sjõ] f Neuerung

ino|culer [inɔky'le] Med impfen; fig einimpfen; ~**dore** [~'dɔ:r] geruchlos; ~**ffensif** [~fɑ̃'sif] harmlos, ungefährlich

inond|ation [inõdɑ'sjõ] f Überschwemmung; ~**er** [~'de] überschwemmen

inoubliable [inubli'ablə] unvergeßlich

inouï [i'nwi] unerhört

inqui|et [ɛ̃'kjɛ] unruhig; ~**éter** [ɛ̃kje'te] beunruhigen; ~**étude** [~'tyd] f Unruhe; Besorgnis

insatiable [ɛ̃sa'sjablə] unersättlich

inscri|ption [ɛ̃skrip'sjõ] f Eintragung; Anmeldung; ~**re** [~'kri:r] einschreiben; s'~**re** sich anmelden

insect|e [ɛ̃'sɛkt] m Insekt n; ~**icide** [~ti'sid] m Insektenpulver n

insensé [ɛ̃sɑ̃'se] unsinnig

ins|érer [ɛ̃se're] einfügen; inserieren; ~**ertion** [ɛ̃sɛr'sjõ] f Inserat n

insidieux [ɛ̃si'djø] hinterlistig

insign|e [ɛ̃'siɲ] m Abzeichen n; ~**ifiant** [~ɲi'fjɑ̃] unbedeutend

insinuer [ɛ̃si'nɥe] andeuten, zu verstehen geben; s'~ sich einschmeicheln

insipide [ɛ̃si'pid] geschmacklos; fade

insister [ɛ̃sis'te] bestehen (**sur** auf)

insociable [ɛ̃sɔ'sjablə] ungesellig

insolation [ɛ̃sɔla'sjɔ̃] f Sonnenstich m

insol|ent [ɛ̃sɔ'lɑ̃] frech; **~uble** [~'lyblə] unauflöslich; unlösbar; **~vable** [~'vablə] zahlungsunfähig

insomnie [ɛ̃sɔm'ni] f Schlaflosigkeit

insouciant [ɛ̃su'sjɑ̃] sorglos

inspect|er [ɛ̃spɛk'te] be(auf)sichtigen; **~eur** [~'tœ:r] m Inspektor; **~ion** [~'sjɔ̃] f Inspektion

inspir|ation [ɛ̃spira'sjɔ̃] f Eingebung, Inspiration; **~er** [~'re] einatmen; eingeben; inspirieren

install|ateur [ɛ̃stala'tœ:r] m Installateur; **~ation** [~a'sjɔ̃] f Installation; **~ations** pl (**sanitaires, sportives**) sanitäre, Sport-)Anlagen; **~er** [~'le] einbauen, aufstellen; installieren

inst|amment [ɛ̃sta'mɑ̃] inständig; **~ance** [ɛ̃'stɑ̃:s] f inständige Bitte; jur Verfahren n; Instanz; **~ant** [~'stɑ̃] m Augenblick; **~antané** [~ta'ne] Fot m Momentaufnahme f

instigat|eur [ɛ̃stiga'tœ:r] m Anstifter; **~ion** [~ga'sjɔ̃] f Aufhetzung

instinct [ɛ̃'stɛ̃] m Instinkt

institu|er [~'tɥe] einsetzen **~t** [ɛ̃sti'ty] m Institut n; **~ de beauté** Schön-

heitssalon; **~eur** [~'tœ:r] m, **~rice** [~'tris] f (Grundschul-)Lehrer(in f) m

instruc|tif [ɛ̃stryk'tif] lehrreich; **~tion** [~'sjɔ̃] f Ausbildung; **~ire** [~trɥ'i:r] unterrichten

instrument [ɛ̃stry'mɑ̃] m (**à vent** Blas-)Instrument n; Gerät n

insu [ɛ̃'sy]: **à mon ~** ohne mein Wissen

insuccès [ɛ̃syk'sɛ] m Mißerfolg

insulaire [ɛ̃sy'lɛ:r] su Inselbewohner(in f) m

insult|e [ɛ̃'sylt] f Beleidigung; **~er** [~'te] beschimpfen

insupportable [ɛ̃sypɔr'tablə] unerträglich

intact [ɛ̃'takt] unversehrt; fig makellos

intégr|al [ɛ̃te'gral] vollständig; **~ègre** [ɛ̃'tɛgrə] unbescholten; **~égrité** [ɛ̃tegri'te] f Unversehrtheit; Redlichkeit

intellig|ence [ɛ̃teli'ʒɑ̃:s] f Intelligenz; Verstand m; **~ent** [~'ʒɑ̃] intelligent, klug; **~ible** [~'ʒiblə] verständlich

intempér|ance [ɛ̃tɑ̃pe'rɑ̃:s] f Unmäßigkeit; **~ies** [~'ri] f/pl Unbilden der Witterung

inten|dant [ɛ̃tɑ̃'dɑ̃] m Verwalter; **~sité** [~si'te] f Stärke; Intensität

intention [~'sjɔ̃] f Absicht; **~nel** [~sjo'nɛl] absichtlich

inter [ɛ̃tɛːr] *m Sp* Innenstürmer; **~caler** [ɛ̃tɛrkaˈle] einschalten; **~cepter** [~sɛpˈte] ab-hören, -fangen; **~cesseur** [~sɛˈsœːr] *m* Fürsprecher; **~changeable** [~ʃɑ̃ˈʒabla] auswechselbar

inter|diction [ɛ̃tɛrdikˈsjɔ̃] *f* Verbot *n*; Entmündigung; **~dire** [~ˈdiːr] untersagen, verbieten; entmündigen

intéress|ant [ɛ̃terɛˈsɑ̃] interessant; **~é** [~ˈse] eigennützig; *Hdl* beteiligt; *m* Teilhaber; **~er** [~] interessieren; beteiligen

intérêt [ɛ̃teˈrɛ] *m* Interesse *n*; Nutzen; **~s** *pl* Zinsen *pl*

intérieur [ɛ̃teˈrjœːr] inner, inwendig; *m* Innere(s) *n*; Inland *n*

inter|locuteur [ɛ̃tɛrlokyˈtœːr] *m* Gesprächspartner; **~mède** [~ˈmɛd] *m* Zwischenspiel *n*

intermédiaire [~meˈdjɛːr] Zwischen...; *m* Vermittlung *f*; Vermittler; *Hdl* Zwischenhändler

intern|at [ɛ̃tɛrˈna] *m* Internat *n*; **~ational** [~nasjɔˈnal] international; **~e** [ɛ̃ˈtɛrn] intern

inter|pellation [ɛ̃tɛrpɛlaˈsjɔ̃] *f* Anfrage; **~poser** [~poˈze] dazwischenstellen; **s'~poser** dazwischentreten; **~prète** [~ˈprɛt] *m* Dolmetscher

interrog|atoire [~rɔgaˈtwaːr] *m* Verhör *n*; **~er** [~rɔˈʒe] (aus)fragen; verhören

inter|rompre [~ˈrɔ̃:prə] unterbrechen; **~rupteur** [~rypˈtœːr] *m El* Schalter; **~ruption** [~rypˈsjɔ̃] *f* Unterbrechung

inter|-saison [ɛ̃tɛrsɛˈzɔ̃] *f* Zwischensaison; **~urbain** [~yrˈbɛ̃] *Tel* Fern...; *m* Fernamt *n*; **~venir** [~vəˈniːr] dazwischentreten

intestin [ɛ̃tɛsˈtɛ̃] *m* Darm; **~s** *pl* Eingeweide *n/pl*

intim|e [ɛ̃ˈtim] intim, vertraut; **~ider** [~miˈde] einschüchtern; **~ité** [~miˈte] *f* Vertraulichkeit

intituler [~tyˈle] betiteln

intoxication [~tɔksikaˈsjɔ̃] *f* Vergiftung

intr|ansigeant [ɛ̃trɑ̃ziˈʒɑ̃] unnachgiebig; **~épide** [ɛ̃treˈpid] unerschrocken

intrigue [ɛ̃ˈtrig] *f* Intrige; *Thea* Verwicklung

introd|uction [ɛ̃trɔdykˈsjɔ̃] *f* Einleitung; **~uire** [~ˈdɥiːr] einführen

intrus [ɛ̃ˈtry] *m* Eindringling

intuitif [ɛ̃tɥiˈtif] intuitiv

inu|sable [inyˈzabla] unverwüstlich; **~sité** [~ziˈte] ungebräuchlich; **~tile** [~ˈtil] unnütz

invalide [ɛ̃vaˈlid] gebrechlich, arbeitsunfähig

invective [ɛ̃vɛkˈtiːv] *f* Schmähung

invent|aire [ɛ̃vɑ̃ˈtɛːr] *m* Inventur *f*; **~er** [~ˈte] erfin-

inventeur

den); **~eur** [~'tœːr] *m* Erfinder *m*; **~ion** [~'sjɔ̃] *f* Erfindung
invers|e [ɛ̃'vɛrs] entgegengesetzt; *m* Gegenteil *n*; **~er** [~'se] umkehren
invest|igation [ɛ̃vɛsti'gaˈsjɔ̃] *f* Nachforschung; **~ir** [~'tiːr] investieren
invi|ncible [ɛ̃vɛ̃'siblə] unbesiegbar; **~olable** [ɛ̃vjɔ'lablə] unverletzlich; **~sible** [ɛ̃vi'siblə] unsichtbar
invit|ation [ɛ̃vita'sjɔ̃] *f* Einladung; **~er** [~'te] einladen; auffordern (à zu)
invo|cation [ɛ̃vɔka'sjɔ̃] *f* Anrufung; **~lontaire** [~lɔ̃'tɛːr] unfreiwillig, unwillkürlich; **~quer** [~'ke] anrufen
invraisemblable [ɛ̃vrɛsɑ̃ˈblablə] unwahrscheinlich
irai [i're] *fut s* aller
irland|ais [irlɑ̃'dɛ] irisch; 2e *f*; **l'**2e [~'lɑ̃ːd] Irland *n*
ironi|e [irɔ'ni] *f* Ironie; **~que** [~'nik] ironisch
irré|cusable [irreky'zablə] einwandfrei; **~futable** [~fy'tablə] unwiderlegbar; **~**

gulier [~gy'lje] unregelmäßig; **~parable** [~pa'rablə] nicht mehr zu reparieren; *fig* nicht wieder gutzumachen; **~prochable** [~prɔ'ʃablə] tadellos; **~sistible** [zis'tiblə] unwiderstehlich; **~solu** [~zɔ'ly] unentschlossen; **~vocable** [~vɔ'kablə] unwiderruflich
irrit|able [irri'tablə] reizbar; **~er** [~'te] reizen; **s'~er** zornig w. (de über)
isol|é [izɔ'le] einsam; abgelegen; **~oir** [~'lwaːr] *m* Wahlzelle *f*
Israël [isra'ɛl] *m* Israel *n*
issu [i'sy] hervorgegangen (de aus); **~e** [~] *f* Ausgang *m*; Ausweg *m*
isthme [ism] *m* Landenge *f*
Itali|e [ita'li] *f*: **l'~** Italien *n*; 2en [~'ljɛ̃] italienisch
itinéraire [itine'rɛːr] *m* Reise-plan; -route *f*, -weg; **~bis** Nebenstrecke *f*
ivoire [i'vwaːr] *m* Elfenbein *n*
ivr|e [iːvrə] betrunken; **~esse** [i'vrɛs] *f* Trunkenheit; Rausch *m*; **~ogne** [i'vrɔɲ] *m* Trunkenbold

J

jabot [ʒa'bo] *m* Zo Kropf
jacinthe [ʒa'sɛ̃ːt] *f* Hyazinthe
jadis [ʒa'dis] ehemals
jaillir [ʒa'jiːr] hervorsprudeln
jalou|sie [ʒalu'zi] *f* Eifer-

sucht; Jalousie; **~x** [~'lu] eifersüchtig
jamais [ʒa'mɛ] jemals; **ne ~** nie(mals); **à ~** für immer
jamb|e [ʒɑ̃ːb] *f* Bein *n*; Pfeiler *m*; **~on** [ʒɑ̃'bɔ̃] *m* (**blanc** *od* **cuit**, **fumé** ge-

journée

kochter, roher) Schinken

jante [ʒɑ̃:t] *f* Felge
janvier [ʒɑ̃'vje] *m* Januar
Japon [ʒa'pɔ̃]: **le ~** Japan *n*; **ʒais** [ˌpɔ'nɛ] japanisch
jaquette [ʒa'kɛt] *f* Jacke
jardin [ʒar'dɛ̃] *m* Garten; **~age** [ˌdi'naːʒ] *m* Gartenbau; **~et** [ˌdi'nɛ] *m* Gärtchen *n*; **~ier** *m* Gärtner
jargon [ʒar'gɔ̃] *m* Kauderwelsch *n*
jarret [ʒa'rɛ] *m* Kniekehle *f*; **~ de veau** Kalbshachse *f*
jas|er [ʒɑ'ze] schwatzen, **~erie** [ʒaz'ri] *f* Geschwätz *n*; **~eur** [ˌ'zœːr] *m* Schwätzer
jatte [ʒat] *f* Napf *m*, Schale
jaug|e [ʒoːʒ] *f* Eichmaß *n*; **~er** [ʒo'ʒe] eichen
jaun|âtre [ʒo'nɑːtrə] gelblich; **~ir** [ʒo:n] *adj.* gelb; **~isse** [ʒo'nis] *f* Gelbsucht
javelot [ʒav'lo] *m Sp* Speer
je [ʒə] ich
jet [ʒɛ] *m* Wurf; *Bot* Trieb; **~ d'eau** Wasserstrahl; Springbrunnen; **~ée** [ʒə'te] *f* Mole; **~er** [ˌ] werfen; **~on** [ʒə'tɔ̃] *m* Spielmarke *f*; (Telefon-)Münze *f*
jeu [ʒø] *m* (**télévisé, de société, de hasard** Fernseh-, Gesellschafts-, Glücks-)Spiel *n*
jeudi [ʒø'di] *m* Donnerstag; **à ~ saint** Gründonnerstag
jeun [ʒœ̃]: **à ~** nüchtern
jeune [ʒœn] jung

jeûn|e [ʒøːn] *m* Fasten *n*; **~er** [ʒø'ne] fasten
jeunesse [ʒœ'nɛs] *f* Jugend
joaill|erie [ʒɔaj'ri] *f* Juweliergeschäft *n*; **~ier** [ʒɔa'je] *m* Juwelier
joie [ʒwa] *f* Freude
joindre [ʹʒwɛ̃:drə] verbinden; zs.-, hinzufügen; **les mains** die Hände falten
joint [ʒwɛ̃] *m*, **~ure** [ˌ'tyːr] *f* Gelenk *n*; Fuge *f*
joli [ʒɔ'li] hübsch; niedlich
jonc [ʒɔ̃] *m* Binse *f*; Rohr *n*
jonction [ʒɔ̃k'sjɔ̃] *f* Verbindung
jongler [ʒɔ̃'gle] jonglieren
joue [ʒu] *f* Wange, Backe
jou|er [ʒwe] (**aux cartes, pour de l'argent** Karten, um Geld) spielen; **~et** [ʒwɛ] *m* Spielzeug *n*; **~eur** [ʒwœːr] *m* Spieler
joug [ʒu] *m* Joch *n*
jou|ir [ʒwiːr]: **~ de** genießen; sich erfreuen; **~issance** [ʒwi'sɑ̃ːs] *f* Genuß *m*; Nutznießung; **~jou** [ʒu'ʒu] *m* Spielzeug *n*
jour [ʒuːr] *m* (**férié, ouvrable, de l'an** Feier-, Werk-, Neujahrs-)Tag; **de ~** bei Tage; **de nos ~s** heutzutage; **il fait ~** es ist Tag; **par ~** täglich; **l'autre ~** neulich; **être à ~** auf dem laufenden sein
journ|al [ʒur'nal] *m* Zeitung *f*; Tagebuch *n*; **~alier** [ˌ'lje] täglich; *m* Tagelöhner; **~aliste** [ˌ'list] *m* Journalist; **~ée** [ˌ'ne] *f*

journellement

Tag(eslauf m); Tage-werk n, -lohn m; ~ellement [~nɛl'mɑ̃] Tag für Tag, täglich

joyau [ʒwa'jo] m Kleinod n, Juwel n

joyeux [ʒwa'jø] fröhlich

jubilé [ʒybi'le] m Jubiläum n; ~er [~] jauchzen

judici|aire [ʒydi'sjɛːr] gerichtlich; ~eux [~'sjø] gescheit; vernünftig

judo [ʒy'do] m Judo n

jug|e [ʒyːʒ] m (d'instruction Untersuchungs-) Richter; ~ement [~'mɑ̃] m Urteil(sspruch m; -skraft f) n; ~er [~'ʒe] richten, (ab-, be-)urteilen

juif [ʒɥif] jüdisch; 2 m Jude

juillet [ʒɥi'jɛ] m Juli

juin [ʒɥɛ̃] m Juni

juke-box [(d)ʒyk'bɔks] m Musikbox f

julienne [ʒy'ljɛn] f Gemüsesuppe

jum|eau [ʒy'mo], ~elle [~'mɛl] f Zwilling(s-bruder m, s-schwester f) m; ~elles [~] f/pl Fern-, Opernglas n

jument [ʒy'mɑ̃] f Stute

jup|e [ʒyp] f Rock m; ~on [~'pɔ̃] m Unterrock

jur|er [ʒy're] m Geschworene(r); ~er [~] schwören; fluchen; ~idiction [~ridik'sjɔ̃] f Gerichtsbarkeit; ~idique [~'dik] Rechts...

juris|consulte [ʒyriskɔ̃'sylt] m Rechtsberater; ~prudence [~pry'dɑ̃ːs] f Rechtsprechung

juron [ʒy'rɔ̃] m Fluch

jury [ʒy'ri] m Geschworenen pl; Preisgericht n

jus [ʒy] m Saft, Brühe f

jusant [ʒy'zɑ̃] m Ebbe f

jusque [ʒysk] bis; sogar; **jusqu'à ce que** cj bis (daß)

juste [ʒyst] gerecht; genau; richtig; knapp; eng

just|ement [ʒystə'mɑ̃] mit Recht; genau; ~esse [~'tɛs] f Richtigkeit, Genauigkeit

justi|ce [~'tis] f Gerechtigkeit; Justiz f; ~fication [~tifika'sjɔ̃] f Rechtfertigung; ~fier [~ti'fje] rechtfertigen

juvénile [ʒyve'nil] jugendlich

K

kangourou [kɑ̃gu'ru] m Känguruh n

képi [ke'pi] m Käppi n

kermesse [kɛr'mɛs] f Jahrmarkt m

kilo|(gramme) [ki'lɔ ('gram)] m Kilo(gramm) n; ~mètre [~'mɛtrə] m Kilometer (a n)

kiosque [kjɔsk] m Gartenhäuschen n; Kiosk

klaxon [klak'sɔ̃] m Hupe f; ~ner [~sɔ'ne] hupen

kouglof [ku'glɔf] m Napfkuchen

Kremlin [krɛm'lɛ̃] m Kreml

L

là [la] da, dort(hin); **~-bas** [`‿`ba] dahinten, dort
labor|atoire [labɔra'twa:r] *m* Laboratorium *n*; **~ieux** [`‿`bɔ'rjø] arbeitsam; mühselig
labour [la'bu:r] *m* (Feld-) Arbeit *f*, (-)Bestellung *f*; Acker; **~er** [`‿`'re] pflügen; bestellen; umgraben; **~eur** [`‿`'rœ:r] *m* Landmann
lac [lak] *m* (Binnen-)See
lac|er [la'se] (ein-, zu-) schnüren; **~érer** [`‿`'re] zerreißen; **~et** [`‿`'sɛ] *m* Schnürsenkel
lâch|e [lɑ:ʃ] locker, schlaff; feige; **~er** [la'ʃe] lockern, loslassen; **~eté** [lɑʃ'te] *f* Feigheit
lacs [la] *m* Schlinge *f*
lacune [la'kyn] *f* Lücke
là-dess|ous [lad'su] d(a)r-unter; **~us** [`‿`'sy] d(a)r-über; -auf
ladite [la'dit] (*f*) besagte
ladre ['lɑdrə] knauserig
lagune [la'gyn] *f* Lagune
laid [lɛ] häßlich
lain|e [lɛn] *f* (**vierge, de bois** Schur-, Holz-)Wolle; **~e peignée** Kammgarn *n*; **~eux** [`‿`'nø] wollig
laïque [la'ik] weltlich
laiss|er [lɛ'se] (unter-, übrig-, zurück-, stehen-) lassen; zulassen; **~er-aller** [`‿`a'le] *m* Sichgehenlassen

n; **~ez-passer** [`‿`pa'se] *m* Passierschein
lait [lɛ] *m* Milch *f*; **~erie** [`‿`'tri] *f* Molkerei; Milchgeschäft *n*; **~ier** [`‿`'tje] Milch...
laiton [`‿`'tɔ̃] *m* Messing *n*
laitue [`‿`'ty] *f* Lattich *m*; **~ pommée** Kopfsalat *m*
lambeau [lɑ̃'bo] *m* Fetzen
lambris [lɑ̃'bri] *m* Täfelung *f*
lame [lam] *f* (**de rasoir** Rasier-)Klinge; Platte
lament|able [lamɑ̃'tablə] kläglich, jämmerlich; **~er** [`‿`'te]: **se ~** jammern
lamin|er [lami'ne] walzen; **~erie** [`‿`n'ri] *f* Walzwerk *n*
lamp|adaire [lɑ̃pa'dɛ:r] *m* Stehlampe *f*; **~e** [lɑ̃:p] *f* (**de poche, de chevet, témoin** Taschen-, Nachttisch-, Kontroll-)Lampe; *Rdf*, *TV* Röhre
lanc|e [lɑ̃:s] *f* Lanze; **~ement** [lɑ̃s'mɑ̃] *m* Stapellauf; *Sp* Werfen *n*; **~er** [`‿`'se] werfen; vom Stapel l.
lande [lɑ̃:d] *f* Heide
langage [lɑ̃'ga:ʒ] *m* Sprache *f*; Ausdrucksweise *f*
lange [lɑ̃:ʒ] *m* Windel *f*
langou|reux [lɑ̃gu'rø] schmachtend; **~ste** [`‿`'gust] *f* Languste
langue [lɑ̃:g] *f* Zunge; Sprache
langu|eur [lɑ̃'gœ:r] *f* Mat-

languir

tigkeit; Sehnsucht; **~ir** [~'gi:r] dahinsiechen; schmachten (**après** nach)
lanière [la'njɛ:r] f Riemen m
lanterne [lɑ̃'tɛrn] f Laterne; **~ à projections** Projektor m
lapin [la'pɛ̃] m Kaninchen n
laque [lak] f Lack m; **~r** [~'ke] lackieren
lard [la:r] m Speck; **~er** [lar'de] spicken
larg|e [lar3] breit; weit; großzügig; m Breite f; offene See f; **prendre le ~e** das Weite suchen; **~esse** [~'3ɛs] f Freigebigkeit; **~eur** [~'3œ:r] f Breite
larm|e [larm] f Träne; **~oyant** [~mwa'jɑ̃] weinerlich
larron [la'rɔ̃] m Dieb
laryngite [larɛ̃'ʒit] f Kehlkopfentzündung
las [lɑ] müde; überdrüssig
lascif [la'sif] wollüstig
lass|er [lɑ'se] ermüden; **se ~er** müde (überdrüssig) w.; **~itude** [~si'tyd] f Müdigkeit; Überdruß m
latent [la'tɑ̃] verborgen
latéral [late'ral] seitlich
latin [la'tɛ̃] lateinisch
latitude [lati'tyd] f Geogr Breite; (Handlungs-)Freiheit
latrines [la'trin] f/pl Abtritt m
latte [lat] f Latte
laur|éat [lɔre'a] m Preisträger; **~ier** [~'rje] m Lorbeer
lav|abo [lava'bo] m Waschbecken n; -raum; Toilette f; **~age** [~'va:ʒ] m Waschen n; Wäsche f [del m)
lavande [la'vɑ̃:d] f Laven-
lav|asse [la'vas] F f Wassersuppe, Lorke; **~e** [la:v] f Lava
lav|e-glace [lav'glas] m Scheibenwaschanlage; **~er** [~'ve] (ab)waschen; spülen; **~ette** [~'vɛt] f Abwaschlappen m; **~oir** [~'vwa:r] m Waschküche f; **~ure** [~'vy:r] f Spülwasser n
lax|atif [laksa'tif] m Abführmittel n; **~ité** [~si'te] f Schlaffheit
lécher [le'ʃe] (ab)lecken
leçon [lə'sɔ̃] f Unterrichtsstunde; Lehre; Lektion
lect|eur [lɛk'tœ:r] m Leser; **~ure** [~'ty:r] f (Vor-)Lesen n
ledit [lə'di] (m) besagte(r)
légal [le'gal] gesetzlich; **~iser** [~gali'ze] beglaubigen; **~ité** [~gali'te] f Gesetzmäßigkeit
légation [lega'sjɔ̃] f Gesandtschaft
légend|aire [leʒɑ̃'dɛ:r] sagenhaft, -umwoben; **~e** [~'ʒɑ̃:d] f Legende
lég|er [le'ʒe] leicht; dünn; leichtsinnig; behende; unbedeutend; **~èreté** [~ʒɛr'te] f Leichtigkeit; Leichtfertigkeit
légion [le'ʒjɔ̃] f (**étrangère** Fremden-)Legion
législation [leʒisla'sjɔ̃] f Gesetzgebung

légitim|e [leʒi'tim] rechtmäßig; **~er** [~ti'me] für rechtmäßig erklären; rechtfertigen; **se ~er** sich ausweisen

legs [lɛ(g)] *m* Vermächtnis *n*

léguer [le'ge] vererben

légume [le'gym] *m* Gemüse *n*

Léman [le'mã] *m*: **le lac ~** der Genfer See

lendemain [lãd'mɛ̃] *m* folgende(r) Tag

lent [lã] langsam; **~eur** [~'tœːr] *f* Langsamkeit

lentille [lã'tiːj] *f* Linse

lèpre ['lɛprə] *f* Lepra

lequel [lə'kɛl] *m* (**laquelle** *f*; **lesquels** *m/pl*, **lesquelles** *f/pl*) welcher, welche

lés|er [le'ze] (be)schädigen; verletzen; **~ion** [~'zjɔ̃] *f* Beschädigung

lessive [lɛ'siːv] *f* Waschmittel *n*, -pulver *n*, -lauge *f*; **faire la ~** Wäsche waschen

lest [lɛst] *m* Ballast; **~e** [~] flink, behende; leicht(fertig)

lettr|e [ˈlɛtrə] *f* Buchstabe *m*; (**recommandée, par exprès** eingeschriebener, Eil-)Brief *m*; **~e de change** Wechsel *m*; **~es** *m pl* Literatur *f*; **homme *m* de ~es** Literat; **~é** [~'tre] (hoch)gebildet

leu [lø] *m*: **à la queue ~ ~** im Gänsemarsch

leucémie [løse'mi] *f* Leukämie

leur [lœːr] ihr, ihre; ihnen

leurrer [lœ're] ködern

levain [lə'vɛ̃] *m* Sauerteig

levant [lə'vã]: **soleil *m* ~** aufgehende Sonne *f*; **~in** morgenländisch

levée [lə've] *f* Wegnahme; *Sitzung:* Aufhebung; *Briefkasten:* Leerung; *Karten:* Stich *m*; Damm *m*

lever [~] hoch-, auf-, erheben; **se ~** aufstehen; *m* Aufstehen *n*; (**du soleil** Sonnen-)Aufgang

levier [lə'vje] *m* Hebel

lèvre ['lɛːvrə] *f* Lippe

lévrier [levri'e] *m* Windhund

levure [lə'vyːr] *f* Hefe

lézard [le'zaːr] *m* Eidechse; **~er** [~zar'de] sich aalen

liaison [ljɛ'zɔ̃] *f* (Ver-)Bindung; Beziehung

liant [ljã] umgänglich; freundlich

libellule [libe'lyl] *f* Libelle

libér|al [libe'ral] freigebig; liberal; **~alité** [~li'te] *f* Freigebigkeit; **~ation** [~raˈsjɔ̃] *f* Befreiung; **~er** [~'re] befreien (**de** von)

libert|é [libɛr'te] *f* Freiheit; **~in** [~'tɛ̃] liederlich

librair|e [li'brɛːr] *m* Buchhändler; **~ie** [~brɛ'ri] *f* Buchhandlung, Buchhandel *m*

libre ['librə] frei; ungezwungen; **~-échange** [librə'ʃãːʒ] *m* Freihandel; **~-service** [~sɛr'vis] *m* Selbstbedienung

licenc|e [li'sãːs] *f* Erlaub-

licenciement 124

nis, Lizenz; ~iement [~si'mã] *m* Entlassung *f*; Abbau; ~ier [~'sje] entlassen

licite [li'sit] zulässig

liège [lĕ:ʒ] *m* Kork

li|en [ljĕ] *m* Band *n*; *fig* Bindung *f*; ~**er** [lje] (fest-, ver-, zs.-)binden

lierre [lje:vr] *m* Efeu

lieu [ljø] *m* (**de destination, de naissance** Bestimmungs-, Geburts-)Ort; Stelle *f*; **au ~ de** (an)statt; **avoir ~** stattfinden

lieue [ljø] *f* Meile

lièvre [lje:vr] *m* Hase

liftier [lif'tje] *m* Liftboy

ligne [liɲ] *f* Linie; Strich *m*; Reihe; Strecke; *Tel* Leitung; Angelschnur; **pêcher à la ~** angeln; ~**r** [~'ɲe] linieren

ligoter [ligɔ'te] fesseln

ligue [lig] *f* Liga; Bund *m*

lilas [li'lɑ] lila; *m* Flieder

lima|ce [li'mas] *f* nackte Schnecke; ~**çon** [~'sɔ̃] *m* Schnecke *f mit Haus*

lim|e [lim] *f* Feile; ~**er** [~'me] feilen; ~**ier** [~'mje] *m* Spürhund; F Detektiv

limit|ation [limita'sjɔ̃] *f* Ein-, Be-schränkung; ~**e** [~'mit] *f* Grenze; ~**er** [~mi'te] begrenzen; beschränken; ~**rophe** [~'trɔf] Grenz...

limon [li'mɔ̃] *m* Schlamm; ~**ade** [~mɔ'nad] *f* Limonade

limpide [lĕ'pid] klar, durchsichtig

lin [lĕ] *m* Flachs

linge [lĕ:ʒ] *m* (**de lit, de table** Bett-, Tisch-)Wäsche *f*

linguiste [lĕ'gqist] *m* Sprachforscher

liniment [lini'mã] *m* Einreibemittel *n*

lion [ljɔ̃] *m* Löwe; ~**ne** [ljɔn] *f* Löwin

liquéfier [like'fje] flüssig m.

liqueur [li'kœ:r] *m* Likör

liquid|ation [likida'sjɔ̃] *f* Liquidation, Auflösung; Ausverkauf *m*; ~**e** [li'kid] flüssig; *m* Flüssigkeit *n*; ~**er** [~'de] liquidieren; ausverkaufen

lire [li:r] lesen; vorlesen

lis [lis] *m* Lilie *f*

liseuse [li'zø:z] *f* Buchhülle; Lesezeichen *n*

lisible [li'zibl] leserlich

lisse [lis] glatt, eben; ~**r** [~'se] glätten; polieren

liste [list] *f* Liste; Verzeichnis *n*

lit [li] *m* (**pliant, d'enfant** Klapp-, Kinder-)Bett *n*; Flußbett *n*

liteau [li'to] *m* Leiste *f*

litière [li'tje:r] *f* Streu; Sänfte

litig|e [li'ti:ʒ] *m* (Rechts-)Streit; ~**ieux** [~ti'tjø] strittig

litre [litr] *m* Liter *n* u. *m*

littér|aire [lite'rɛ:r] literarisch; ~**ature** [~ra'ty:r] *f* Literatur

littoral [litɔ'ral] Küsten...; *m* Küstenstrich

livr|able [li'vrablə] lieferbar; **~aison** [~vrɛ'zɔ̃] f Lieferung

livre ['li:vrə] m (**de poche** Taschen-)Buch n; f Pfund n

livrer [li'vre] (ab-, aus-)liefern, übergeben

livret [~'vrɛ] m Büchlein n; Libretto n, Textbuch n; **~ de caisse d'épargne** Sparbuch n

livreuse [li'vrø:z] f Lieferwagen m

local [lɔ'kal] örtlich, Orts...; **~ité** [~kali'te] f Örtlichkeit

locat|aire [lɔka'tɛ:r] m Mieter; **~ion** [~'sjɔ̃] f Vermietung; Mieten n; Vorverkauf m

locomotive [lɔkɔmɔ'ti:v] f Lokomotive

locution [lɔky'sjɔ̃] f Redensart; Redewendung

loge [lɔ:ʒ] f Loge; Hütte; Verschlag m; **~able** [lɔ'ʒablə] bewohnbar; **~ment** [lɔʒ'mɑ̃] m Wohnung f, Quartier n; **~r** [lɔ'ʒe] beherbergen; wohnen

logique [lɔ'ʒik] logisch

logis [lɔ'ʒi] m Unterkunft f

loi [lwa] f Gesetz n

loin [lwɛ̃] weit, fern; **au ~** weit weg; **de ~** von weither; **de ~ en ~** ab und zu; **~tain** [~'tɛ̃] entfernt; Ferne f

loisir [lwa'zi:r] m Muße f

lombes [lɔ̃:b] m/pl Lenden f/pl

long [lɔ̃] lang; langwierig; m Länge f; **le ~ de** längs; **~er** [lɔ̃'ʒe] entlanggehen (qc. an et.); **~itude** [~ʒi'tyd] f Geogr Länge; **~temps** [lɔ̃'tɑ̃] lange

longue [lɔ̃:g]: **à la ~e** auf die Dauer; **~ur** [lɔ̃'gœ:r] f Länge; **~e-vue** [~'vy] f Fernrohr n

loquace [lɔ'k(w)as] geschwätzig

loquet [lɔ'kɛ] m Klinke f; Riegel; Drücker

lorgnette [lɔr'ɲɛt] f Opernglas n [Lothringen n]

Lorraine [lɔ'rɛn]: **la ~**

lors [lɔ:r]: **~ de** bei, anläßlich; **dès ~** seitdem; **~que** ['lɔrsk(ə)] als, da, wenn

lot [lo] m Anteil; Parzelle f; Lotteriegewinn; Schicksal n; **~erie** [lɔt'ri] f Lotterie

lotion [lɔ'sjɔ̃] f Haar-, Rasier-wasser n

lotir [lɔ'ti:r] parzellieren

loto [lɔ'to] m Lotto n

loua|ble [l'wablə] lobenswert; **~ge** [lwa:ʒ] m Vermietung f; **~nge** [lwɑ̃:ʒ] f Lob n

loucher [lu'ʃe] schielen

louer [lwe] (ver)mieten; loben (**de** wegen)

loueur [lwœ:r] m Vermieter

loup [lu] m Wolf; **~-cervier** [~sɛr'vje] m Luchs

loupe [lup] f Lupe

lourd [lu:r] schwer; schwerfällig; schwül; **~aud** [~'do] m Tölpel; **~eur** [~'dœ:r] f Schwere; Schwerfälligkeit

loustic [lus'tik] F m Spaßvogel

loyal [lwa'jal] ehrlich, aufrichtig; rechtschaffen

loyer [lwa'je] m Miete f

lu [ly] p.p. s lire

lubrifi|ant [lybri'fjã] m Schmieröl n; ~er [~'fje] schmieren, einölen

lu|carne [ly'karn] f Dachfenster n; ~cide [~'sid] hell, klar; ~eur [lyœːr] f Lichtschein m

luge [ly:ʒ] f (Rodel-)Schlitten m; **faire de la ~** rodeln

lugubre [ly'gybrə] unheilvoll, finster

lui [lɥi] er; ihm, ihr

luire [lɥiːr] leuchten, glänzen

lumbago [lɔ̃ba'go] m Hexenschuß

lumi|ère [ly'mjɛːr] f Licht n (a fig); ~neux [~mi'nø] leuchtend

lun|aire [ly'nɛːr] Mond...; ~atique [~na'tik] launisch

lunch [lœ̃ʃ] m Gabelfrühstück n

lun|di [lœ̃'di] m Montag; ~e [lyn] f Mond m; ~ette [ly'nɛt] f Fernglas n; ~ettes pl **(de soleil** Sonnen-)Brille f

lupin [ly'pɛ̃] m Lupine f

lus [ly] p.s. s lire

lustr|e [l'ystrə] m Glanz; Kronleuchter; ~er [~'tre] glänzend m.

luth [lyt] m Laute f

lutin [ly'tɛ̃] m Kobold

lutt|e [lyt] f Kampf; Sp Ringkampf m; ~er [~'te] kämpfen; ringen; ~eur [~'tœːr] m Ringer

luxation [lyksa'sjɔ̃] f Verrenkung

luxe [lyks] m Luxus

Luxembourg [lyksɑ̃'buːr]: **le ~** Luxemburg n

luxer [lyk'se] verrenken

luxu|eux [ly'ksɥø] luxuriös; ~re [~'ksyːr] f Unzucht; ~riant [~ksy'rjɑ̃] üppig wuchernd; ~rieux [~'rjø] unzüchtig

lycée [li'se] m Gymnasium n

lynx [lɛ̃ks] m Luchs

lyrique [li'rik] lyrisch; m Lyriker; Lyrik f

M

macabre [ma'kɑːbrə] schauerlich

macaron [maka'rɔ̃] m Makrone f; ~is [~rɔ'ni] m/pl Makkaroni pl

mâcher [mɑ'ʃe] kauen

machin|al [maʃi'nal] mechanisch; ~ation [~na'sjɔ̃] f Intrige; ~e [~'ʃin] f (**à**

laver, à écrire Wasch-, Schreib-)Maschine; ~er [~'ne] anzetteln

mâchoire [ma'ʃwaːr] f (**supérieure, inférieure** Ober-, Unter-)Kiefer m

maçon [ma'sɔ̃] m Maurer; ~ner [~sɔ'ne] (ver-, zu-)mauern

maculer [maky'le] beflecken

mad|ame [ma'dam] f (gnädige) Frau; **~emoiselle** [madmwa'zɛl] f (gnädiges) Fräulein n

magasin [maga'zɛ̃] m Laden, Geschäft n; **grand ~** Kaufhaus n; **~age** [~zi'naːʒ] m Lagerung f; Lagergeld n

magazine [maga'zin] m Illustrierte f, Magazin n

mag|icien [maʒi'sjɛ̃] m Zauberer; **~ie** [~'ʒi] f Zauber(ei) m

magistrat [maʒis'tra] m Justiz-, Verwaltungsbeamte(r); **~ure** [~ty'r] f Richter-amt n, -stand m

magnanime [maɲa'nim] großherzig

magnét|ique [maɲe'tik] magnetisch; **~ophone** [~tɔ'fɔn] m Tonbandgerät n

magnifique [maɲi'fik] prächtig

mai [mɛ] m Mai

maigr|e [ˈmɛːgrə] mager; dürftig; **~ir** [~'griːr] abmagern

maill|e [maːj] f (filée Lauf-)Masche; **~ot** [ma'jo] m Trikot n; **~ot de bain** Badeanzug

main [mɛ̃] f Hand; **de ma propre ~** eigenhändig; **~-d'œuvre** [~'dœːvrə] f Arbeit(slohn m); **~mise** f Beschlagnahme

maint [mɛ̃] manche(r, s)

maint|enant [mɛ̃t'nɑ̃] jetzt; **~enir** [~'niːr] aufrechterhalten, beibehalten; **~ien** [~'tjɛ̃] m Aufrechterhaltung f; Haltung f

mair|e [mɛːr] m Bürgermeister; **~ie** [mɛ'ri] f Rathaus n, Gemeindeamt n

mais [mɛ] aber; sondern

maïs [ma'is] m Mais

maison [mɛ'zɔ̃] f Haus n; **~ (de retraite, de repos)** Alters-, Erholungs-)Heim n; **~nette** [~zɔ'nɛt] f Häuschen n

maîtr|e [ˈmɛːtrə] m Herr; Eigentümer; **(nageur** Bade-)Meister; **~e d'hôtel** Oberkellner; **~esse** [mɛ'trɛs] f Herrin; Geliebte; **~esse de maison** Hausfrau; Lehrerin f; **~iser** [mɛtri'ze] (be)herrschen

majest|é [maʒɛs'te] f Majestät; **~ueux** [~'tɥø] majestätisch; würdevoll

majeur [ma'ʒœːr] größer; höher; volljährig; **force f ~e** höhere Gewalt

major|ation [~ʒɔra'sjɔ̃] f (Preis-)Erhöhung f; **~ité** [~ri'te] f Mehrheit; Volljährigkeit f

mal [mal] schlecht; schlimm; **~** m Böse(s) n; Übel n; Leiden n; Mühe f; **avoir ~** Schmerzen h.; **faire ~** weh tun; **~ de cœur** Übelkeit f; **~ de mer** Seekrankheit f; **~ de tête (de dents)** Kopf- (Zahn-)schmerzen m/pl; **~ du pays** Heimweh n

malade 128

malad|e [ma'lad] krank; **~ie** [~'di] f Krankheit; **~if** [~'dif] kränklich; krankhaft

maladr|esse [malad'drɛs] f Ungeschicklichkeit; **~oit** [~'drwa] ungeschickt

malais|e [ma'lɛːz] m Unbehagen n; **~é** [~'ze] schwierig; unbequem

malchance [mal'ʃɑ̃ːs] f Mißgeschick n

mâle [mɑːl] männlich

mal|édiction [malediksjɔ̃] f Verwünschung; Fluch m; **~éfice** [~e'fis] m Verhexung f; **~encontreux** [~ɑ̃kɔ̃'trø] unglückselig; **~entendu** [~ɑ̃tɑ̃'dy] m Mißverständnis n; **~faisant** [~fə'zɑ̃] bösartig; schädlich; **~faiteur** [~fɛ'tœːr] m Übeltäter; **~gré** [~'gre] trotz; **~gré lui** gegen s-n Willen

malheur [ma'lœːr] m Unglück n; **~eux** [~lœ'rø] unglücklich

malhonnête [malɔ'nɛt] unehrlich

malic|e [ma'lis] f Bosheit, boshafter Streich m; **~ieux** [~li'sjø] boshaft; schelmisch

malignité [maliɲi'te] f Boshaftigkeit; Bösartigkeit

mali|n (m), **~gne** (f) [ma'lɛ̃, ~'liɲ] böse, bösartig (a Med); F pfiffig, schlau

malle [mal] f Reisekoffer m

mal|propre [mal'prɔprə] unsauber; **~sain** [~'sɛ̃] ungesund; **~séant** [~se'ɑ̃] un-

anständig; **~sonnant** [~sɔ'nɑ̃] anstößig

malt [malt] m Malz n

maltraiter [maltrɛ'te] mißhandeln

malveillan|ce [malvɛ'jɑ̃ːs] f Böswilligkeit; **~t** [~'jɑ̃] böswillig

malversation [malvɛrsa'sjɔ̃] f Veruntreuung

maman [ma'mɑ̃] f Mutti

mam|elle [ma'mɛl] f Zitze; Brust; **~elon** [~m'lɔ̃] m Brustwarze f; **~mifère** [mami'fɛːr] m Säugetier n

manche [mɑ̃ːʃ] m Griff, Stiel, Heft n; Ärmel m; **la 2 Armelkanal** m; **~tte** [mɑ̃'ʃɛt] f Manschette; Schlagzeile

manch|on [mɑ̃'ʃɔ̃] m Muff, Buchse f; Hülse f; **~ot** [~'ʃo] ein-armig, -händig

mandat [mɑ̃'da] m Mandat n; Auftrag; **~ d'arrêt** Haftbefehl; **~aire** [~'tɛːr] m Bevollmächtigte(r); **~-poste** [~'pɔst] m Postanweisung f

manège [ma'nɛːʒ] m Reitbahn f; -schule f

mange|able [mɑ̃'ʒablə] eßbar; **~aille** [~'ʒaːj] f Futter m; fig F Fraß m; **~oire** [~'ʒwaːr] f Futter-trog m, -napf m; **~r** [~'ʒe] essen; fressen; m Essen n

maniable [man'jablə] handlich; wendig; fügsam

mani|aque [man'jak] wunderlich; besessen; **~e** [~'ni] f Manie, fixe Idee

mani|er [man'je] hand-

haben; behandeln; **~ère** [~n'jɛːr] f Art, Weise; **éré** [~nje're] geziert; gesucht
manifest|ation [manifesta'sjɔ̃] f Kundgebung, (**sportive** Sport-)Veranstaltung; **~e** [~'fɛst] offenbar; m Manifest n, öffentliche Erklärung f
manipul|ation [manipyla-'sjɔ̃] f Handhabung; **~er** [~'le] handhaben
manivelle [mani'vɛl] f Kurbel
mannequin [man'kɛ̃] m Schneiderpuppe f; Mannequin n
manœuvr|e [ma'nœːvrə] 1. f Handhabung, Rangieren n; Manöver n; 2. m Hilfsarbeiter, Handlanger; **~er** [~nœ'vre] manövrieren
man|que [mãːk] m Fehlen n; Mangel, Fehlbetrag; **~que de** mangels; **~quer** [~'ke] verfehlen; versäumen; fehlen
mansuétude [mɑ̃sɥe'tyd] f Sanftmut, Milde
manteau [mã'to] m Mantel
manu|cure [many'kyːr] f Maniküre; **~el** [~'nɥɛl] m Handbuch n; **~facture** [~fak'tyːr] f Fabrik; **~facturer** [~ty're] verarbeiten; **~scrit** [manys'kri] m Manuskript n
maquereau [ma'kro] m Makrele f
maqui|gnon [maki'ɲɔ̃] m Pferdehändler; **~gnonnage** [~ɲɔ'naːʒ] m Pferdehandel; *fig* Kuhhandel; **~ller** [~'je] schminken; verfälschen; **~s** [~'ki] m Dickicht n
marais [ma're] m Sumpf, Morast
marbre ['marbrə] m Marmor
marchand [mar'ʃɑ̃] m Kaufmann; Händler; **~er** [~'de] feilschen (**qc. um** et.); **~ise** [~'diːz] f Ware
marche [marʃ] f (**forcée** Gewalt-)Marsch m; Lauf m; Stufe; **à arrière** Rückwärts-gang m, -fahrt
marché [mar'ʃe] m (**noir, aux puces** schwarzer, Floh-)Markt; Handel, Geschäft n; **bon ~** billig
marchepied [marʃə'pje] m Trittbrett n
marcher [mar'ʃe] gehen, laufen, marschieren
mardi [mar'di] m Dienstag; **~ gras** Fastnacht f
mare [maːr] f Pfütze; (**de sang** Blut-)Lache
marécag|e [mare'kaːʒ] m Sumpf, Moor m; **~eux** [~ka'ʒø] sumpfig
maréchal [mare'ʃal] m Marschall; **~-ferrant** [~fɛ-'rɑ̃] m Hufschmied
marée [ma're] f Ebbe und Flut; **basse ~** Ebbe; **~ haute** Flut
marge [marʒ] f Rand m; *fig* Spielraum m
mari [ma'ri] m (Ehe-) Mann; **~age** [~'rjaːʒ] m Heirat f; Hochzeit f; Ehe f;

mariage

marié

~é m, **~ée** [~'rje, ~] f Bräutigam m, Braut f (am Hochzeitstag); **~er** [~] verheiraten (se sich)

marin [ma'rɛ̃] See...; m Seemann; **~e** [~'rin] f Marine; **~er** [~ri'ne] marinieren; **~ier** [~'nje] m Flußschiffer

maritime [mari'tim] See...

marm|ite [mar'mit] f Kochtopf m; **~otte** [~'mɔt] f Murmeltier n

Maroc [ma'rɔk]: **le ~** Marokko n; **2ain** [~'kɛ̃] marokkanisch

maroquin [marɔ'kɛ̃] m Saffian; **~erie** [~kin'ri] f Lederwaren(-geschäft n, -industrie) f/pl

marque [mark] f (Ab-, Kenn-, Waren-)Zeichen n; Spur; Mal n; **~r** [~'ke] (be-, kenn-)zeichnen; markieren; **~r un but** ein Tor schießen

marraine [ma'rɛn] f Patin

marron [ma'rɔ̃] m Marone f

mars [mars] m März

mart|eau [mar'to] m (pneumatique Preßluft-) Hammer; **~iner** [~ti'ne] hämmern

mart|r|e [ə'martr(ə)] f Marder m; **~yr** [mar'ti:r] m Märtyrer (männlich)

masculin [masky'lɛ̃] ß

masque [mask] m Maske f; **~r** [~'ke] maskieren

massacre [ma'sakrə] n; Blutbad n; **~r** [~'kre] massakrieren

massage [ma'sa:ʒ] m (sous--marin Unterwasser-) Massage f

masse [mas] f Masse; Menge; **~pain** [mas'pɛ̃] m Mandelgebäck m

mass|er [ma'se] massieren; **~eur** [~'sœ:r] m Masseur

massue [ma'sy] f Keule

mastiquer [masti'ke] (verkitten; kauen

mat [mat] glanzlos, matt

mât [ma] m Mast

match [matʃ] m Sp Spiel n

matelas [mat'la] m (pneumatique Luft-)Matratze f

matelot [mat'lo] m Matrose

matériel [mate'rjɛl] körperlich, materiell; m Material n; **~ de camping** Campingausrüstung f

matern|el [mater'nɛl] mütterlich; **~elle** [~] F f Kindergarten m; **~ité** [~ni'te] f Mutterschaft; Entbindungsheim n

mathématiques [matema-'tik] f/pl Mathematik f

matière [ma'tjɛ:r] f Materie; (**première, plastique** Roh-, Kunst-)Stoff m; Thema n; Fach n

matin [ma'tɛ̃] m Morgen, Vormittag; **ce ~** heute morgen; **~ée** [~ti'ne] f Morgen (-zeit) m; Vormittag m; Nachmittagsvorstellung f; **faire la grasse ~ée** lange schlafen

matou [ma'tu] m Kater

matri|cule [matri'kyl] f

Personenverzeichnis n; ~monial [~mɔˈnjal] ehelich

maturité [matyriˈte] f Reife

maudire [moˈdiːr] (ver-)fluchen

mauvais [moˈvɛ] schlecht; schlimm; übel; böse

mayonnaise [majɔˈnɛːz] f Mayonnaise

mazout [maˈzu] m Heizöl n

me [mə] mir, mich; ~ voici! da bin ich!

mécan|icien [mekaniˈsjɛ̃] m Mechaniker, Lokomotivführer; ~ique [~ˈnik] mechanisch; ~isme [~ˈnism] m Mechanismus

méchan|ceté [meʃɑ̃sˈte] f Bosheit; Boshaftigkeit; ~t [~ˈʃɑ̃] schlecht; böse; Tier: bissig

mèche [mɛʃ] f Docht m; Haarsträhne

mécompte [meˈkɔ̃ːt] m falsche Hoffnung f

mécon|naissable [mekɔnɛˈsabl] unkenntlich; ~naître [~ˈnɛːtrə] verkennen; verleugnen

mécontent [mekɔ̃ˈtɑ̃] unzufrieden; ~ement [~tɑ̃tˈmɑ̃] m Unzufriedenheit f

médaille [meˈdaːj] f Medaille, Gedenkmünze

médecin [medˈsɛ̃] m Arzt; ~e [medˈsin] f Medizin; Arznei

médi|ateur [medjaˈtœːr] m Vermittler; ~ation [~djaˈsjɔ̃] f Vermittlung

médica|l [mediˈkal] ärztlich; ~ment [~kaˈmɑ̃] m Medikament n

médicinal [~siˈnal] Heil...

médiéval [medjeˈval] mittelalterlich

médiocr|e [meˈdjɔkrə] mittelmäßig; ~ité [~kriˈte] f Mittelmäßigkeit

médi|re [meˈdiːr] Übles nachreden (de q. j-m); ~sance [~diˈzɑ̃ːs] f üble Nachrede; ~sant [~ˈzɑ̃] verleumderisch

méditer [mediˈte] nach-, über-denken

Méditerranée [mediteraˈne] f: la ~ das Mittelmeer

méduse [meˈdyːz] f Qualle

méfait [meˈfɛ] m Missetat f

méfi|ance [meˈfjɑ̃ːs] f Mißtrauen n; ~er [~ˈfje]: se ~ de q. j-m mißtrauen

mégarde [meˈgard] f: par ~ aus Versehen

meilleur [mɛˈjœːr] besser, le, la ~(e) der, die, das beste

mélange [meˈlɑ̃ːʒ] m Mischung f

mêler [meˈle] (ver)mischen

mélodie [melɔˈdi] f Melodie

melon [məˈlɔ̃] m Melone f

membre [ˈmɑ̃ːbrə] m Glied n; Mitglied n

même [mɛm] gleich; selbst; sogar; le ~ derselbe; de ~ (que) ebenso (wie); tout de ~, quand ~ trotzdem

mém|oire [meˈmwaːr] 1. f Gedächtnis n; Andenken n; 2. m Denkschrift f; ~oires pl Memoiren pl; ~

mémorable denkwürdig

menac|e [mə'nas] f Drohung; **~er** [~'se] (be)drohen (**de** mit)

ménag|e [me'na:3] m Haushalt; Ehe(paar n) f; **de ~e** hausgemacht; **~ement** [~naʒ'mã] m Rücksicht f, Schonung f; **~er** [~na'ʒe] **1.** schonen; sparsam umgehen mit, einteilen, einrichten; **2.** hauswirtschaftlich; **~ère** [~'ʒɛ:r] f Hausfrau; -hälterin

mendi|ant [mã'djã] m Bettler; **~er** [~'dje] betteln

men|er [mə'ne] führen, leiten, lenken; **~eur** [~'nœ:r] m (An-)Führer

mensonge [mã'sõ:ʒ] m Lüge f

mensu|el [mã'sɥɛl] monatlich; **~rable** [~sy'rabl] meßbar

mental [mã'tal] geistig, Geistes-; **~ité** [~li'te] f Geistes-, Denk-art

menteur [mã'tœ:r] m Lügner

menthe [mã:t] f (**poivrée** Pfeffer-)Minze

mention [mã'sjõ] f Erwähnung; **faire ~ de = ~ner** [~sjɔ'ne] erwähnen

mentir [mã'ti:r] lügen

menton [mã'tõ] m Kinn n

menu [mə'ny] dünn, fein, klein; m Menü n

menuisier [mənɥi'zje] m Tischler, Schreiner

méprendre [me'prã:dr]: **se ~** sich irren

mépris [me'pri] m Verachtung f; **~able** [~'zabl] verächtlich; **~e** [~'pri:z] f Versehen n; **~er** [~'ze] verachten

mer [mɛ:r] f Meer n (**Baltique, du Nord** Ost-, Nord-)See; **en haute ~** auf hoher See

mercanti [mɛrkã'ti] m Schieber

merce|naire [mɛrsə'nɛ:r] gedungen; m Söldner; **~rie** [~'ri] f Kurzwarengeschäft n

merci [mɛr'si] m Dank; danke; f Barmherzigkeit; **à ~ de q.** (qc.) j-m (e-r Sache) ausgeliefert

mercredi [mɛrkrə'di] m (**des cendres** Ascher-)Mittwoch

mercure [mɛr'ky:r] m Quecksilber n

merde [mɛrd] P f Scheiße

mère [mɛ:r] f Mutter

méridional [meridjɔ'nal] südlich, Süd...

meringue [mə'rɛ̃:g] f Baiser n

mérit|e [me'rit] m Verdienst n; **~er** [~'te] verdienen, würdig sein

merle [mɛrl] m Amsel f

merveill|e [mɛr'vɛj] f Wunder n; **à ~e** vortrefflich; **~eux** [~'jø] wunderbar

mésange [me'zã:ʒ] f Meise f

mésaventure [mezavã-'ty:r] f Mißgeschick n

mesquin [mɛs'kɛ̃] kleinlich; schäbig, knauserig

message [me'saːʒ] m Botschaft f; **~er** [‿sa'ʒe] m Bote

mesur|age [mzy'raːʒ] m Vermessung f; **~e** [‿'zyːr] f Maß n (a fig); Maßstab m; Versmaß n; Takt m; Maßnahme; **à ~e que** je nachdem; **être en ~e de** imstande sein zu; **outre ~e** maßlos; **sur ~e** nach Maß; **~er** [‿zy'te] (ab-, aus-, be-, ver-)messen

métabolisme [metabɔ-'lism] m Stoffwechsel

métairie [mete'ri] f Meierei

métal [me'tal] m (**précieux** Edel-)Metall n; **~lurgie** [‿lyr'ʒi] f Hüttenwesen n

météo [mete'o] f Wetterbericht m [thode)

méthode [me'tɔd] f Me-)

méticuleux [metiky'lø] peinlich genau

métier [me'tje] m Handwerk n; Gewerbe n; Beruf

mètre ['mɛtrə] m Meter n; **~ pliant** Zollstock

métro [me'tro] m U-Bahn f

métropol|e [metrɔ'pɔl] f Hauptstadt; Mutterland n; **~itain** [‿li'tɛ̃] hauptstädtisch; m mutterstaatlich

mets [mɛ] m Gericht n, Speise f

mett|eur [mɛ'tœːr] m **~eur en scène** Spielleiter, Regisseur; **~re** ['metrə] setzen, stellen, legen; anziehen; umbinden; aufsetzen; Geld anlegen; (ein)setzen (*beim Spiel*); **~re q. au courant** j-n informieren; **~re le couvert** den Tisch decken; **se ~re à faire qc.** anfangen et. zu tun

meubl|e ['mœblə] m Möbel n; **~e radio-phono** Musiktruhe f; **~er** [‿'ble] möblieren

meule [mœːl] f Schleifstein m; (Heu-)Schober m

meunier [mø'nje] m Müller

meurtr|e ['mœrtrə] m Mord; **~ier** [‿'tri'e] mörderisch; m Mörder; **~ir** [‿'triːr] (zer)quetschen; **~issure** [‿tri'syːr] f Quetschung

meute [møːt] f Meute

mi-... [mi] halb...; **à ~-voix** halblaut; **à ~-chemin** auf halbem Wege; **~-temps** f Halbzeit

miche [miʃ] f Laib m (Brot)

micheline [miʃ'lin] f Triebwagen m

microsillon [mikrɔsi'jɔ̃] m Langspielplatte f

midi [mi'di] m Mittag, zwölf Uhr; Süden; 2 Südfrankreich m

mie [mi] f Krume

miel [mjɛl] m Honig

mien [mjɛ̃] mein(ig)

mieux [mjø] 1. besser; **le ~** am besten; **aimer ~** vorziehen; **tant ~** um so besser; 2. **le ~** Beste(s) n; Besserung f

mignon [mi'ɲɔ̃] allerliebst, niedlich

migraine [mi'grɛn] *f* Migräne

migration [migra'sjɔ̃] *f* Wanderung

mil [mil] (*nur in Jahreszahlen*) tausend

milieu [mi'ljø] *m* Mitte *f*; Umwelt *f*; **au ~ de** mitten in

militaire [mili'tɛ:r] militärisch; *m* Soldat

mill|e [mil] tausend; *m* Meile *f*; **~énaire** [~le'nɛ:r] tausendjährig; *m* Jahrtausend *n*

millet [mi'jɛ] *m* Hirse *f*

milli|ard [mi'lja:r] *m* Milliarde *f*; **~er** [~'lje] *m* Tausend *n*; **~on** [~'ljɔ̃] *m* Million *f*; **~onnaire** [~ljɔ'nɛ:r] *m* Millionär

mince [mɛ̃:s] dünn; winzig

min|e [min] *f* Miene, Aussehen *n*; Bergwerk *n*, Zeche, Mine; **faire ~ de** so tun als ob; **~er** [~'ne] aushöhlen; **~erai** [~'rɛ] *m* Erz *n*; **~éral** [~ne'ral] Mineral...

min|eur [mi'nœ:r] geringer, kleiner; minderjährig; *m* Bergmann; **~iature** [~nja'ty:r] *f* Miniatur

minim|e [mi'nim] winzig; **~um** [~'mɔm] *m* (**vital** Existenz-)Minimum *n*

minist|ère [minis'tɛ:r] *m* Ministerium *n*; **~ère public** Staatsanwaltschaft *f*; **~re** [~'nistrə] *m* Minister; Gesandte(r)

minium [min'jɔm] *m* Mennige *f*

minorité [minɔri'te] *f* Minderheit; Minderjährigkeit

minuit [mi'nɥi] *m* Mitternacht *f*

minut|e [mi'nyt] *f* Minute; Moment *m*; *jur* Original *n*; **~ieux** [~ny'sjø] peinlich genau

mira|cle [mi'rɑ:klə] *m* Wunder *n*; **~culeux** [~raky'lø] wunderbar; **~ge** [~'ra:ʒ] *m* Luftspiegelung *f*; Täuschung *f*

mir|er [mi're] zielen (**qc.** auf et.); prüfen; **se ~** sich spiegeln; **~oir** [~'rwa:r] *m* Spiegel

mis [mi] *p.s. s* **mettre**

mise [mi:z] *f* Setzen *n*, Stellen *n*; *Hdl* Einlage; Einsatz *m*; **~ en état** Instandsetzung; **~ en service (en œuvre)** Inbetrieb-(Inangriff-)nahme; **~ en plis** Wasserwelle; **~ en scène** Inszenierung; **~r** [mi'ze] setzen (**sur** auf)

mis|érable [mize'rablə] elend, erbärmlich; **~ère** [~'zɛ:r] *f* Elend *n*; **~éricorde** [mizeri'kɔrd] *f* Barmherzigkeit

mission [mi'sjɔ̃] *f* Auftrag *m*; Mission; **~naire** [~sjɔ'nɛ:r] *m* Missionar

mite [mit] *f* Motte

mi-temps [mi'tɑ̃] *f* *Sp* Halbzeit

mitiger [miti'ʒe] mildern

mitraill|e [mi'trɑ:j] *f* *Mil* Beschuß *m*; **~euse** [~'jø:z] *f* Maschinengewehr *n*

mixte [mikst] gemischt
mobil|e [mɔ'bil] beweglich; *m* Motiv *n*; ~**iaire** [~'ljɛːr] *m* Mobiliar *n*; ~**ité** [~li'te] *f* Beweglichkeit
mode [mɔd] **1.** *m* Art und Weise *f*; Tonart *f*; ~**d'emploi** Gebrauchsanweisung *f*; **2.** *f* Mode; Sitte; **à la** ~ modern; **à la** ~ **de** nach Art (G)
mod|èle [mɔ'dɛl] *m* Muster *n*; Modell *n*; ~**eler** [~d'le] modellieren
modér|ation [mɔdera'sjɔ̃] *f* Mäßigung; ~**é** [~'re] mäßig (a *Preis*); ~**er** [~] (er)mäßigen
modern|e [mɔ'dɛrn] modern; ~**iser** [~ni'ze] modernisieren
modest|e [mɔ'dɛst] bescheiden; ~**ie** [~'ti] *f* Bescheidenheit
modi|cité [mɔdisi'te] *f* Mäßigkeit; ~**fication** [~fika'sjɔ̃] *f* (Ab-)Änderung; ~**fier** [~'fje] (ab)ändern; ~**que** [~'dik] gering (an *Wert*)
modiste [mɔ'dist] *f* Putzmacherin *f*
module [mɔ'dyl] *m*: ~ **lunaire** Mondfähre *f*
moelle [mwal] *f* Mark *n*; ~ **épinière** Rücken\Mark *n*
mœurs [mœrs] *f/pl* Sitten
moi [mwa] ich, mich, mir
moindre [ˈmwɛ̃ːdrə] minder, geringer; **le** (**la**) ~ der, die, das geringste
moin|e [mwan] *m* Mönch; ~**eau** [~'no] *m* Spatz

moins [mwɛ̃] weniger; **à** ~ **que** es sei denn, daß; **au** ~, **du** ~ wenigstens; **en** ~ **de rien** im Nu; **le** ~ am wenigsten; ~**value** *f* Wertminderung
mois [mwa] *m* Monat
mois|ir [mwa'ziːr] (ver-)schimmeln; ~**issure** [~zi'syːr] *f* Schimmel *m*
moisson [mwa'sɔ̃] *f* Ernte; ~**ner** [~sɔ'ne] ernten; ~**neur** [~sɔ'nœːr] *m* Erntearbeiter
moitié [mwa'tje] *f* Hälfte; **à** ~ halb, zur Hälfte
moka [mɔ'ka] *m* Mokka; Buttercremetorte *f*
molaire [mɔ'lɛːr] *f* Backenzahn *m*
môle [moːl] *m* Mole *f*
molester [mɔlɛs'te] belästigen
moll|esse [mɔ'lɛs] *f* Weich-, Schlaffheit; Verweichlichung; ~**et** [~'lɛ] weich; *m* Wade *f*; ~**ir** [~'liːr] weich werden
moment [mɔ'mɑ̃] *m* Augenblick; Zeitpunkt; ~**ané** [~ta'ne] augenblicklich
mon [mɔ̃] *m*, **ma** [ma] *f*, **mes** [me] *pl pron* mein(e)
monar|chie [mɔnar'ʃi] *f* Monarchie; ~**que** [~'nark] *m* Monarch
monastère [mɔnas'tɛːr] *m* Kloster *n*
monceau [mɔ̃'so] *m* Haufen
mond|ain [mɔ̃'dɛ̃] weltlich; ~**e** [mɔ̃ːd] *m* Welt *f*; Menschheit *f*; **du** ~**e** Leute *pl*; **tout**

mondial

le ~e jedermann, alle; **~ial**
[mõ'djal] Welt...
monétaire [mɔne'tɛːr]
Münz...
moniteur [mɔni'tœːr] *m*
Betreuer; (Sport-, Fahr-)
Lehrer
monn|aie [mɔ'nɛ] *f* Münze;
Kleingeld *n*; Währung;
~ayer [~nɛ'je] prägen
mono|logue [mɔnɔ'lɔg] *m*
Selbstgespräch *n*; **~tone** [~'tɔn] eintönig
mon|seigneur [mõsɛ'ɲœːr]
m gnädiger Herr; Hochwürden; **~sieur** [mə'sjø] *m*
(mein) Herr
monstre ['mõstrə] *m* Ungeheuer *n*; Scheusal *n*
mont [mõ] *m* Berg
montagn|ard [mõta'naːr]
m Bergbewohner; **~e** [~'taɲ] *f* Gebirge *n*, Berg *m*;
~es *pl* **russes** Achterbahn
f; **~eux** [~'nø] bergig
mont|ant [mõ'tã] ansteigend; *m* Betrag; **~-de-piété** [mõdpje'te] *m* Leihhaus *n*; **~e-charge** [mõt'ʃarʒ] *m* Lastenaufzug
mont|ée [mõ'te] *f* Aufstieg
m; Steigung; Auffahrt,
Rampe
monter [mõ'te] (an)steigen,
hinauf-gehen, -fahren; sich
belaufen (à auf); **~ (en voiture)** einsteigen; **(à cheval)** reiten; **~ une tente**
ein Zelt aufschlagen
montre [mõ'trə] *f* Taschenuhr; Auslage; **faire ~
de qc. et.** ausstellen; **~-**

-**bracelet** [~bras'lɛ] *f* Armbanduhr; **~r** [~'tre] zeigen
montu|eux [mõ'tɥø] bergig, hügelig; **~re** [~'tyːr] *f*
Fassung, Gestell *n*
monument [mɔny'mã] *m*
Denkmal *n*
moqu|er [mɔ'ke]: **se ~er
de** sich lustig m. über; **~erie** [~'kri] *f* Spott *m*; **~eur**
[~'kœːr] spöttisch
moral [mɔ'ral] sittlich; *m*
innerer Halt; **~e** [~] *f*
Moral; Sittenlehre
morbide [mɔr'bid] krankhaft
morbleu! [mɔr'blø] verdammt!
morc|eau [mɔr'so] *m*
Stück *n*; **manger un ~eau**
e-n Happen essen; **~eler**
[~sə'le] zerstückeln
mordre ['mɔrdrə] beißen,
stechen; ätzen
morgue [mɔrg] *f* Leichenschauhaus *n*; Dünkel *m*
moribond [mɔri'bõ] todkrank
morille [mɔ'rij] *f* Morchel
morne [mɔrn] trüb(sinnig),
düster
morose [mɔ'roːz] mürrisch
morphine [mɔr'fin] *f* Morphium *n*
morse [mɔrs] *m* Walroß *n*
morsure [mɔr'syːr] *f* Bißwunde; Stich *m*
mort [mɔːr] tot; leblos;
Tod *m*; **~alité** [mɔrtali'te] *f*
Sterblichkeit; **~el** [~'tɛl]
sterblich, tödlich

mort|ier [mɔr'tje] *m* Mörser; Mörtel; **~ifier** [~ti'fje] demütigen

mortuaire [mɔr'tɥɛ:r] Sterbe...; **extrait ~** Totenschein

morue [mɔ'ry] *f* Kabeljau *m*

mos|aïque [mɔza'ik], **~** Mosaik *n*; **~quée** [mɔs'ke] *f* Moschee

mot [mo] *m* Wort *n*; **~s** *pl* **croisés** Kreuzworträtsel *pl*

mot|ard [mɔ'ta:r] *F m* Motorradfahrer *m* der Polizei; **~el** [~'tɛl] *m* Motel *n*

moteur [mɔ'tœ:r] *m* Motor *m*

moti|f [mɔ'tif] *m* Beweggrund, Motiv *n*; **~on** [mo'sjɔ̃] *f parl* Antrag *m*

moto [mɔ'to] *F f*, **~cyclette** [~si'klɛt] *f* Motorrad *n*; **~cycliste** [~si'klist] *m* Motorradfahrer *m* (wagen *m*)

motrice [mɔ'tris] *f* Triebmotte [mɔt] *f* (Erd-)Scholle

mou [mu], **mol** [mɔl] (*m*), **molle** [~] (*f*) weich; feuchtwarm; matt; träge

mouch|ard [mu'ʃa:r] *F m* Spitzel; **~e** [muʃ] *f* Fliege; kleiner Dampfer *m*; **~er** [~'ʃe] die Nase putzen; **~eron** [muʃ'rɔ̃] *m* Mücke *f*; **~oir** [~'ʃwa:r] *m* (en papier Papier-)Taschentuch *n*

moudre ['mudrə] mahlen

mouette [mwɛt] *f* Möwe

moufle ['muflə] *f* Flaschenzug *m*; Fausthandschuh *m*

mouill|é [mu'je] naß; **~er** [~] anfeuchten; durchnässen

moul|age [mu'la:ʒ] *m* Abguß; Mahlen *n*; **~e** [mul] **1.** *m* (Gieß-)Form *f*; **2.** *f* Miesmuschel; **~er** [mu'le] gießen; formen

moulin [mu'lɛ̃] *m* (à vent, à café Wind-, Kaffee-) Mühle *f*

mour|ant [mu'rɑ̃] sterbend; **~ir** [~'ri:r] sterben; **se ~ir** im Sterben liegen

mouss|e [mus] **1.** stumpf (*Messer*); **2.** *m* Schiffsjunge; **3.** *f* Moos *n*; Schaum *m*; **~er** [~'se] schäumen; **~eux** [~'sø] schäumend; *m* Schaumwein; **~on** [~'sɔ̃] *f* Monsun *m*

moust|ache [mus'taʃ] *f* Schnurrbart *m*; **~iquaire** [~ti'kɛ:r] *m* Moskitonetz *n*; **~ique** [~'tik] *f* (Stech-)Mücke *f*

moût [mu] *m* (Wein-)Most

moutard|e [mu'tard] *f* Senf *m*; **~ier** [~'dje] *m* Senfglas *n*

mouton [mu'tɔ̃] *m* Hammel(fleisch *n*)

mouv|ant [mu'vɑ̃] sich bewegend, treibend; beweglich; **~ement** [muv'mɑ̃] *m* Bewegung *f*; Gang; Verkehr; Betrieb; Unruhe *f*; **~ementé** [~mɑ̃'te] wechselvoll; bewegt; **~oir** [~'vwa:r] bewegen

moyen [mwa'jɛ̃] mittlere(r), durchschnittlich; **~ âge** *m* Mittelalter *n*; *m* Mittel *n*; **~s** *pl* (Geld-)Mittel *n/pl*; Fähigkeiten *f/pl*; **~nant**

moyenne

[‿je'nã] mittels; ~ne [‿-'jɛn] f Durchschnitt m

moyeu [mwa'jø] m Nabe f

mû [my] p.p. s **mouvoir**

mucosité [mykozi'te] f Schleim m

muet [mµɛ] stumm

mufle ['myflə] m Schnauze f Maulkorb m

mugir [my'ʒi:r] brüllen; brausen, tosen

muguet [my'gɛ] m Maiglöckchen n

mulâtre [my'lɑtrə] m Mulatte

mule [myl] f Pantoffel m

mulet [my'lɛ] m Maulesel

multi|colore [myltikɔ'lɔ:r] bunt; ~**ple** [‿'tiplə] vielfach; ~**tude** [‿ti'tyd] f Menge

municip|al [mynisi'pal]: **conseil** m ~ Gemeinderat; ~**ité** [‿pali'te] f Stadt-, Gemeinde-verwaltung

muni|r [my'ni:r] ausrüsten, versehen (**de** mit); ~**tion** [‿ni'sjɔ̃] f Munition

mûr [my:r] reif

mur [my:r] m Mauer f, Wand f; ~**aille** [my'rɑ:j] f (Stadt-)Mauer; ~**al** [‿'ral] Wand...

mûre [my:r] f Maulbeere; ~ (**sauvage**) Brombeere

murer [my're] ver-, zumauern

mûr|ier [my'rje] m Maulbeerbaum; ~**ir** [‿'ri:r] reifen

murmur|e [myr'my:r] m Gemurmel n; ~**er** [‿my're] murmeln, plätschern

muscade [mys'kad] f Muskat(nuß) m

muscle ['mysklə] m Muskel

mus|eau [my'zo] m Schnauze f; ~**ée** [‿'ze] m (**régional** Heimat-)Museum n; ~**elière** [‿zə'lje:r] f Maulkorb m

musette [my'zɛt] f Dudelsack m; (Brot-)Beutel m

musi|c-hall [myzi'kɔl] m Variété(theater n) n; ~**cien** [‿'sjɛ̃] musikalisch; m Musiker; ~**que** [‿'zik] f (**de chambre, d'ambiance** Kammer-, Stimmungs-)Musik

mutation [myta'sjɔ̃] f Veränderung, Wechsel m

mutil|é [myti'le] m Versehrte(r); ~**er** [‿] verstümmeln

mutin [my'tɛ̃] ausgelassen, schelmisch; m Rebell; ~**erie** [‿tin'ri] f Meuterei; Aufstand m

mutu|alité [mytµali'te] f Gegenseitigkeit; ~**el** [‿'tµɛl] gegenseitig

myop|e [mjɔp] kurzsichtig; ~**ie** [‿'pi] f Kurzsichtigkeit

myosotis [mjɔzɔ'tis] m Vergißmeinnicht n

myrtille [mir'tij] f Heidel-, Blaubeere

myst|ère [mis'tɛ:r] m Geheimnis n; ~**érieux** [‿te'rjø] geheimnisvoll; ~**ifier** [‿ti'fje] foppen, verulken; ~**ique** [‿'tik] mystisch

mythe [mit] m Mythos, (Götter-, Helden-)Sage f

N

nabot [na'bo] *m pej* Knirps
nacre ['nakrə] *f* Perlmutter
nag|e [na:ʒ] *f* Schwimmen *n*; être en ~e schweißgebadet sn.; **~eoire** [~'ʒwa:r] *f* Flosse; **~er** [~'ʒe] schwimmen; **~eur** [~'ʒœ:r] *m* Schwimmer
naguère [na'gɛ:r] unlängst
naïf [na'if] naiv
nain [nɛ̃] *m* Zwerg
naissance [nɛ'sɑ̃:s] *f* Geburt; Entstehung
naître ['nɛ:tr] geboren werden; entstehen
nappe [nap] *f* Tischtuch *n*
naquit [na'ki] *p.s. s* naître
narco|se [nar'ko:z] *f* Narkose; **~tiser** [~kɔti'ze] betäuben
narine [na'rin] *f* Nasenloch *n*, Nüster
narr|ateur [nara'tœ:r] *m* Erzähler; **~ation** [~ra'sjɔ̃] *f* Erzählung; **~er** [~'re] erzählen
natal [na'tal] Geburts...; heimatlich; **~ité** [~tali'te] *f* Geburtsziffer; **~ité dirigée** Geburtenkontrolle
natation [nata'sjɔ̃] *f* Schwimmen *n*
natif [na'tif] angeboren; gebürtig
nation [nɑ'sjɔ̃] *f* Nation; **~al** [~sjo'nal] national; **~alisation** [~sjonaliza'sjɔ̃] *f* Verstaatlichung; **~alité** [~li'te] *f* Staatsangehörigkeit

natt|e [nat] *f* Matte; Zopf *m*; **~er** [~'te] flechten
naturalis|er [natyrali'ze] einbürgern, naturalisieren; **~iste** [~'list] *m* Naturwissenschaftler
natur|e [na'ty:r] *f* Natur; Beschaffenheit; Wesen *n*; **~e morte** Stilleben *n*; **~el** [~ty'rɛl] natürlich; unehelich; *m* Naturell *n*, Charakter; **~ellement** [~rɛl'mɑ̃] selbstverständlich; **~isme** [~'rism] *m* Freikörperkultur *f*
naufrag|e [no'fra:ʒ] *m* Schiffbruch; **~é** [~fra'ʒe] schiffbrüchig
nausée [no'ze] *f* Übelkeit; Ekel *m*
nautique [no'tik] nautisch; Wasser...
naval [na'val] See...
navet [na'vɛ] *m* weiße Rübe *f*; *F* Schund, Kitsch; **~tes** [~'vɛt] *f/pl* Pendelverkehr *m*
navi|gable [navi'gabl] schiffbar; seetüchtig; **~gation** [~ga'sjɔ̃] *f* (**aérienne** Luft-)Schiffahrt; **~guer** [~'ge] *Flgw*, *Mar* fahren; steuern; **~re** [~'vi:r] *m* (See-)Schiff *n*
navrer [nɑ'vre] tief betrü-
ne [nə]: ~ ... **pas** nicht; ~ ... **que** nur; ~ ... **plus** nicht mehr
né [ne] geboren; **bien ~ aus gutem Hause**

néanmoins [neɑ̃'mwɛ̃] nichtsdestoweniger
néant [ne'ɑ̃] m Nichts n
nébul|eux [neby'lø] bewölkt, neb(e)lig
nécess|aire [nese'sɛːr] notwendig; m Notwendige(s) n; Necessaire n; **~ité** [~si'te] f Notwendigkeit; Not (-lage); **~iter** [~] erfordern; **~iteux** [~si'tø] notleidend, bedürftig
néerlandais [neɛrlɑ̃'dɛ] niederländisch
nef [nɛf] f (Kirchen-)Schiff n
néfaste [ne'fast] unheilvoll
négati|f [nega'tif] negativ, verneinend; m Fot Negativ n; **~on** [~gɑ'sjɔ̃] f Verneinung
négligé [negli'ʒe] m Morgenrock; **~ence** [~'ʒɑ̃ːs] f Nachlässigkeit; Fahrlässigkeit; **~ent** [~'ʒɑ̃] nachlässig; **~er** [~'ʒe] vernachlässigen
négoc|e [ne'gɔs] m Handel; **~iant** [~'sjɑ̃] m Großhändler; **~iateur** [~sja'tœːr] m Unterhändler; **~iation** [~sja'sjɔ̃] f Verhandlung; **~ier** [~'sje] verhandeln; Vertrag abschließen
nègre ['nɛːgrə] m, **négresse** [ne'grɛs] f Neger(in f) m
neig|e [nɛːʒ] f (fraîche, poudreuse Neu-, Pulver-) Schnee m; **~er** [nɛ'ʒe] schneien; **~eux** [~'ʒø] schneebedeckt

nénuphar [neny'faːr] m Seerose f
néon [ne'ɔ̃] m Neon n
néphrite [ne'frit] f Nierenentzündung
nerf [nɛːr] m Nerv; F Sehne f; fig Kraft f, Energie f
nerv|eux [nɛr'vø] nervös, Nerven...; sehnig; **~osité** [~vozi'te] f Nervosität
net [nɛt] sauber, rein; deutlich, Fot scharf; netto; **~teté** [~'te] f Sauberkeit; Klarheit; Fot Schärfe
nettoy|age [nɛtwa'jaːʒ] m (à sec, express chemische, Schnell-)Reinigung f; **~er** [~'je] reinigen, säubern
neuf [nœf] neun; neu
neutr|alité [nøtrali'te] f Neutralität; **~e** ['nøːtrə] neutral; sächlich
neuvième [nœ'vjɛm] neunte(r)
neveu [nə'vø] m Neffe
névralgie [nevral'ʒi] f Neuralgie
nez [ne] m Nase f
ni [ni] auch nicht; **~ ... ~** weder ... noch
niais [njɛ] albern; **~erie** [njɛz'ri] f Albernheit
Nice [nis] f Nizza n
nich|e [niʃ] f Nische; Hundehütte; **~er** [ni'ʃe] nisten, hausen
nid [ni] m Nest n; **~ de poule** Schlagloch n
nièce [njɛs] f Nichte
nier [nje] leugnen, verneinen
nigaud [ni'go] einfältig

niv|eau [ni'vo] *m* Wasserwaage *f*; Niveau *n*; Höhe *f*; **~eau de la mer** Meeresspiegel; **~eau de vie** Lebensstandard; **~eler** [~'ve] (ein)ebnen; ausgleichen

nobl|e ['nɔblə] ad(e)lig; edel(mütig); *su* Adlige(r) *m*; **~esse** [~'bles] *f* Adel *m*

noce [nɔs] *f* (*mst* **~s** *pl*) Hochzeit(sgesellschaft, -sfeier); **faire la ~** prassen

nocif [nɔ'sif] schädlich

nocturne [nɔk'tyrn] nächtlich, Nacht...

Noël [nɔ'el] *m* Weihnachten *n*; **Père m ~** Weihnachtsmann

nœud [nø] *m* Knoten *m*; *fig* Schwierigkeit *f*

noir [nwa'r] schwarz; düster; *P* besoffen; **~cir** [nwar'si:r] (*fig* an)schwärzen

noi|sette [nwa'zɛt] *f* Haselnuß *f*; **~x** [nwa] *f* (Wal-)Nuß *f*

nom [nɔ̃] *m* (**de famille, de jeune fille, propre** Familien-, Geburts- *od* Mädchen-, Eigen-)Name; **de ~** dem Namen nach

nombr|e [nɔ̃:brə] *m* Zahl *f*; Anzahl *f*; **~eux** [~'brø] zahlreich

nombril [nɔ̃'bri] *m* Nabel

nom|ination [nɔminɑ'sjɔ̃] *f* Ernennung *f*; **~mer** [~'me] (be-, er-)nennen; bezeichnen; **se ~mer** heißen

non [nɔ̃] nein; **moi ~ plus**

nonce [nɔ̃:s] *m* Nuntius

nonchalant [nɔ̃ʃa'lɑ̃] lässig; gleichgültig

non|-fumeur [nɔ̃fy'mœ:r] *m* Nichtraucher; **~-nageur** [~na'ʒœ:r] *m* Nichtschwimmer

nonobstant [nɔnɔp'stɑ̃] ungeachtet

nord [nɔ:r] *m* Norden; **~-est** [nɔr'ɛst] *m* Nordosten; **~-ouest** [nɔr'wɛst] *m* Nordwesten

norm|al [nɔr'mal] normal; **~e** [nɔrm] *f* Norm, Regel

Norv|ège [nɔr'vɛ:ʒ]: **la ~ège** Norwegen *n*; **2égien** [~ve'ʒjɛ̃] norwegisch

nostalgie [nɔstal'ʒi] *f* Heimweh *n*

notable [nɔ'tablə] angesehen, bemerkenswert

notaire [nɔ'tɛ:r] *m* Notar

notamment [nɔta'mɑ̃] besonders

not|ation [nɔta'sjɔ̃] *f* Bezeichnung *f*; **~e** [nɔt] *f* Note; Notiz; Anmerkung; Rechnung; **~er** [~'te] (ver-, vor-)merken, notieren; aufschreiben; **~ice** [~'tis] *f* Notiz, Vermerk *m*

not|ion [nɔ'sjɔ̃] *f* Begriff *m*; **~oire** [nɔ'twa:r] offenkundig; **~oriété** [nɔtɔrje'te] *f* Offenkundigkeit

notre ['nɔtrə] unser(e)

nôtre ['no:trə]: **le, la ~** der, die, das Unsrige

nouer [nwe] zs.-, an-knüpfen

nouilles [nuj] *f/pl* Nudeln

nourr|ice [nu'ris] *f* Amme;

nourr|ir [nu'ri:r] (er)nähren, stillen; füttern; **~issant** [~ri'sã] nahrhaft; **~isson** [~ri'sõ] *m* Säugling; **~iture** [~ri'ty:r] *f* Nahrung, Verpflegung
nous [nu] wir; uns
nouv|eau [nu'vo] neu; **de ~eau** von neuem, wieder; **~eauté** [~'te] *f* Neuheit; **~elle** [~'vɛl] *f* Neuigkeit; Novelle; **~elles** *pl* Nachrichten; **~ellement** [~l'mã] kürzlich **~Neuerer**
novateur [nova'tœ:r] *m*)
novembre [nɔ'vã:brə] *m* November
novice [nɔ'vis] unerfahren; *m* Neuling; Novize
noyau [nwa'jo] *m* Kern
noyer¹ [nwa'je] ertränken; **se ~** ertrinken
noyer² [nwa'je] *m* Nußbaum
nu [ny] nackt; kahl; *m* Mal Akt
nuag|e [nɥa:ʒ] *m* Wolke *f*; **~eux** [nɥa'ʒø] wolkig
nuancer [nɥã'se] nuancieren, abstufen
nucléaire [nykle'ɛ:r] Kern...; nuklear

nudi|sme [ny'dism] *m* Freikörperkultur *f*; **~té** [~di'te] *f* Nacktheit; Blöße
nu|e [ny] *mst fig f* Wolke; **~ée** [nɥe] *f* Wetterwolke; (*Vogel-*)Schwarm *m*
nui|re [nɥi:r] schaden; **~sible** [nɥi'ziblə] schädlich
nuit [nɥi] *f* Nacht; **de ~, la ~** nachts; **~ée** [~'te] *f* Übernachtung
nul [nyl] ungültig; kein; niemand; **~le part** nirgends; **~lement** [~l'mã] keineswegs; **~lité** [~li'te] *f* Ungültigkeit
numéro [nyme'ro] *m* (**de la maison, de la chambre** Haus-, Zimmer-) Nummer *f*; **~ter** [~rɔ'te] numerieren
nu-pieds [ny'pje] barfuß
nuptial [nyp'sjal] Hochzeits...
nuque [nyk] *f* Genick *n*, Nacken *m*
nurse [nœrs] *f* Kindermädchen *n*
nutri|tif [nytri'tif] Nähr...; **~tion** [~'sjõ] *f* Ernährung
nylon [ni'lõ] *m* Nylon *n*

O

oasis [ɔa'zis] *f* Oase
obéi|r [ɔbe'i:r] gehorchen; **~ssance** [~i'sã:s] *f* Gehorsam *m*
obélisque [ɔbe'lisk] *m* Obelisk
object|er [ɔbʒɛk'te] einwenden; **~if** [~'tif] sach-

lich; *m* Fot Objektiv *n*; **~ion** [~'sjõ] *f* Einwand
objet [ɔb'ʒɛ] *m* (**d'art** Kunst-)Gegenstand; **~s** *pl* **trouvés** Fundsachen *f/pl*
obliga|tion [ɔbliga'sjõ] *f* Verpflichtung; Verbind-

lichkeit; ~toire [~ga'twa:r] m obligatorisch; verbindlich
obli|gé [ɔbli'ʒe] verpflichtet; verbunden; ~geance [~'ʒã:s] f Gefälligkeit; ~geant [~'ʒã] verbindlich, gefällig; ~ger [~'ʒe] verpflichten; zwingen
oblique [ɔ'blik] schief, schräg
oblitérer [ɔblite're] Briefmarke, Fahrschein entwerten
obscène [ɔp'sɛn] obszön
obscur [ɔps'ky:r] dunkel, trübe; ~cir [~kyr'si:r] verdunkeln; ~ité [~ri'te] f Dunkelheit
obsèques [ɔp'sɛk] f/pl Beisetzung f
observ|ateur [ɔpsɛrva-'tœ:r] m Beobachter; ~ation [~va'sjõ] f Beobachtung; Bemerkung; ~atoire [~va'twa:r] m Sternwarte f; ~er [~'ve] beobachten, bemerken; befolgen
obstacle [ɔps'takl] m Hindernis n
obstin|ation [ɔpstina'sjõ] f Starrsinn m; ~é [~'ne] eigensinnig, hartnäckig; ~er [~'ne]: s'~er sich versteifen (à auf)
obstruer [ɔpstry'e] verstopfen, versperren
obtenir [ɔptə'ni:r] erlangen
obtur|ation [ɔptyra'sjõ] f Verschließen n; Zahnfüllung f; ~er [~'re] zustopfen, Zahn plombieren

obtus [ɔb'ty] stumpf
obus [ɔ'by] m Granate f
obvier [ɔb'vje] vorbeugen
occasion [ɔka'zjõ] f Gelegenheit; à l'~ gelegentlich; d'~ gebraucht; ~ner [~zjɔ-'ne] verursachen
occident [ɔksi'dã] m Westen; 2 Abendland n
occulte [ɔ'kylt] verborgen
occup|ant [ɔky'pã] m Besatzungs-, m Insasse; Amt bekleiden; in Anspruch nehmen; s'~er de sich beschäftigen mit
occurrence [ɔky'rã:s] f Vorfall m; en l'~ in diesem Fall
océan [ɔse'ã] m (Pacifique Stiller od Pazifischer) Ozean
octobre [ɔk'tɔbrə] m Oktober
octroi [ɔk'trwa] m Bewilligung f; ~yer [~'je] bewilligen; verleihen
oculiste [ɔky'list] m Augenarzt
od|eur [ɔ'dœ:r] f Geruch m; Duft m; ~ieux [ɔ'djø] verhaßt, abstoßend
odor|ant [ɔdɔ'rã] wohlriechend; ~at [~'ra] m Geruchssinn
œil [œj] m (pl yeux) Auge n; ~-de-perdrix [~daper'dri] m Hühnerauge n; ~let [œ'jɛ] m Öse f; Nelke f
œuf [œf, pl ø] m Ei n; ~ dur (à la coque) hartes (weiches) Ei; ~s brouillés (sur

le plat) Rühr- (Spiegel-) eier
œuvre ['œ:vrə] f Werk n; m (Kunst-, Lebens-)Werk n
offens|e [ɔ'fɑ̃:s] f Beleidigung; **~er** [ɑ̃fɑ̃'se] beleidigen; **s'~er de qc.** et. übelnehmen; **~if** [~'sif] Angriffs-
offic|e [ɔ'fis] m Dienst (-stelle f); (**de tourisme** Verkehrs-)Amt n, Büro n; Gottesdienst; **~iel** [~'sjɛl] amtlich; **~ier** [~'sje] m Offizier; Beamte(r); **~ieux** [~'sjø] halbamtlich
offr|e [ɔfrə] f (**d'emploi** Stellen-)Angebot n; **~ir** [ɔ'fri:r] (an-, dar-)bieten
oie [wa] f Gans
oignon [ɔ'ɲɔ̃] m Zwiebel f
oiseau [wa'zo] m (**chanteur, migrateur** Sing-, Zug-)Vogel; **~-mouche** [~'muʃ] m Kolibri
ois|eux [wa'zø] unnütz; **~if** [~'zif] müßig; **~iveté** [~ziv'te] f Müßiggang m
ol|éagineux [ɔleaʒi'nø] ölhaltig; **~ive** [ɔ'li:v] f Olive
ombrag|e [ɔ̃'bra:ʒ] m schattiges Laub n; **~eux** [~bra'ʒø] Pferd: scheu; fig argwöhnisch
ombr|e [ɔ̃'brə] f Schatten m; Dunkel n; **~elle** [ɔ̃'brɛl] f Sonnenschirm m; **~eux** [ɔ̃'brø] schattig (lett n)
omelette [ɔm'lɛt] f Omelette
om|ettre [ɔ'mɛtrə] aus-, unter-lassen; **~ission** [ɔmi'sjɔ̃] f Aus-, Unterlassung

omnibus [ɔmni'bys] m: (**train** m) **~** Personenzug
omoplate [ɔmɔ'plat] f Schulterblatt n
on [ɔ̃] (a **l'on**) man; **~ frappe** es wird geklopft
oncle [ɔ̃:klə] m Onkel
onction [ɔ̃k'sjɔ̃] f Salbung
ond|e [ɔ̃:d] f Welle; **~ée** [~'de] f Platzregen m
on-dit [ɔ̃'di] m Gerücht n, Gerede n
ondul|ation [ɔ̃dyla'sjɔ̃] f Wogen n; Wellenlinie; **~er** [~'le] ondulieren; wogen; **~eux** [~'lø] gewellt, wellig
onéreux [ɔne'rø] kostspielig
ongle [ɔ̃:glə] m (Finger-) Nagel; Kralle f, Klaue f
onguent [ɔ̃'gɑ̃] m (**vulnéraire** Wund-)Salbe f
onze [ɔ̃:z] elf; **le ~** die Elf
opaque [ɔ'pak] undurchsichtig
opéra [ɔpe'ra] m Oper f
opér|ateur [ɔpera'tœ:r] m Kameramann; Filmvorführer; Med Operateur; **~ation** [~ra'sjɔ̃] f Wirken n; Vorgehen n; Med, Mil Operation; **~er** [~'re] (be-)wirken; operieren
opiniâtr|e [ɔpi'njɑ:trə] hartnäckig; **~er** [~nja'tre]: **s'~er à** beharren, bestehen auf; **~eté** [~trə'te] f Hartnäckigkeit
opinion [ɔpi'njɔ̃] f Meinung
opportun [ɔpɔr'tœ̃] gelegen, angebracht; **~ité** [~tyni'te] f Zweckmäßigkeit (**e-r Maßnahme**)

oppos|ant [ɔpo'zã] gegnerisch; *m* Gegner; **~é** [~'ze] gegenüberliegend; entgegengesetzt; *m* Gegenteil *n*; **~er** [~] gegenüber-setzen, -stellen; **s'~er** sich widersetzen; **~ition** [~zi'sjõ] *f* Gegensatz *m*; Widerspruch *m*; Opposition

oppr|esser [ɔprɛ'se] bedrücken, beklemmen; **~essif** [~'sif] Zwangs...; **~imer** [ɔpri'me] unterdrücken

opter [ɔp'te] sich entscheiden (**pour** für)

opticien [ɔpti'sjɛ̃] *m* Optiker

option [ɔp'sjõ] *f* Wahl

opulen|ce [ɔpy'lɑ̃:s] *f* Überfluß *m*; **~t** [~'lɑ̃] üppig

or [ɔ:r] 1. *m* Gold *n*; 2. nun (aber); also

orag|e [ɔ'ra:ʒ] *m* Gewitter *n* (*a fig*); **~eux** [~'raʒø] gewittrig; stürmisch

oraison [ɔrɛ'zõ] *f* Gebet *n*

oral [ɔ'ral] mündlich

orang|e [ɔ'rɑ̃:ʒ] orange (-farben); *f* Apfelsine; **~eade** [ɔrɑ̃'ʒad] *f* Orangenlimonade

ora|teur [ɔra'tœ:r] *m* Redner; **~toire** [~'twa:r] rednerisch

orchestre [ɔr'kɛstrə] *m* Orchester *n*; Kapelle *f*; *Thea* Parkett *n*

orchidée [ɔrki'de] *f* Orchidee

ordinaire [ɔrdi'nɛ:r] gewöhnlich, alltäglich; mittelmäßig; **d'~** gewöhnlich; *m* Hausmannskost *f*

ordinateur [ɔrdina'tœ:r] *m* Computer

ordonn|ance [ɔrdɔ'nɑ̃:s] *f* An-, Ver-ordnung; Rezept *n*; **~er** [~'ne] an-, verordnen; befehlen; verschreiben

ordre ['ɔrdrə] *m* (An-)Ordnung *f*, Art *f*, Rang; Befehl; Auftrag; Orden

ordure [ɔr'dy:r] *f* Schmutz *m*; Zote; **~s** *pl* Müll *m*

oreill|e [ɔ'rɛj] *f* Ohr *n*; **~er** [~'je] *m* Kopfkissen *n*; **~ons** [~'jõ] *m/pl* Mumps *m*

orfèvre [ɔr'fɛ:vrə] *m* Goldschmied

organ|e [ɔr'gan] *m* Organ *n*; **~iser** [~ni'ze] organisieren

orge [ɔrʒ] *f* Gerste

orgue [ɔrg] *m* (*od* **~s** *f/pl*) (**de Barbarie** Dreh-)Orgel *f*

orgueil [ɔr'gœj] *m* Hochmut, Stolz; **~leux** [~'gœjø] hochmütig, stolz

orient [ɔ'rjɑ̃] *m* Osten; 2 Morgenland *n*; **~al** [~'tal] östlich; orientalisch; **~ation** [~ta'sjõ] *f* Orientierung; Beratung; **~er** [~'te]: **s'~er** sich orientieren

origin|aire [ɔriʒi'nɛ:r] ursprünglich; gebürtig; **~e** [~'ʒin] *f* Ursprung *m*; Herkunft *f*; **~el** [~'nɛl] ursprünglich

orme [ɔrm] *m* Ulme *f*

ornement [ɔrnə'mɑ̃] *m* Verzierung *f*; *fig* Zierde *f*; **~er** [~'te] verzieren

orner [ɔr'ne] schmücken, (ver)zieren

ornière

ornière [ɔr'njɛ:r] f Radspur
oronge [ɔ'rɔ̃ʒ] f: **fausse ~** Fliegenpilz m
orphelin(e) [ɔrfə'lɛ̃, ~'lin] verwaist; ~er Waise f; ~at [~li'na] m Waisenhaus n
orteil [ɔr'tɛj] m Zeh(e f)
ortho|graphe [ɔrtɔ'graf] f Rechtschreibung; ~pédiste [~pe'dist] m Orthopäde
ortie [ɔr'ti] f Brennessel
orvet [ɔr've] m Blindschleiche f
os [ɔs, pl o] m Knochen
osciller [ɔsi'le] schwingen; schwanken
os|é [o'ze] verwegen; ~er [~] wagen; sich (ge)trauen
osier [o'zje] m Korbweide f
oss|ements [ɔs'mɑ̃] m/pl Gebeine n/pl; ~eux [ɔ'sø] knochig
otage [ɔ'ta:ʒ] m Geisel f
ôter [o'te] wegnehmen; entfernen; *Kleider* ausziehen; *Hut* abnehmen
otite [ɔ'tit] f Ohrenentzündung
ou [u] oder; **~ bien** oder aber; **~ ... ~ ...** entweder ... oder ...
où [~] wo, wohin; **d'~** woher; **par ~** wodurch
ouate [wat] f Watte
oubli [u'bli] m Vergessen (-heit f) n; ~er [~bli'e] vergessen (**de** zu); ~eux [~'ø] vergeßlich
ouest [wɛst] m Westen
oui [wi] ja; **mais ~, ~-da** aber ja, ja doch

ouï-dire [wi'di:r] m Hörensagen n (**par** vom)
ouïe [wi] f Gehör(sinn m) n
ouragan [ura'gɑ̃] m Orkan
ourl|er [ur'le] säumen; ~et [~'lɛ] m Saum [Bär]
ours [urs] m (**blanc** Eis-)
outil [u'ti] m Werkzeug n; ~lage [~'ja:ʒ] m Ausrüstung f
outrag|e [u'tra:ʒ] m grobe Beleidigung f; ~er [utra'ʒe] beleidigen, beschimpfen; ~eusement [~ʒøz'mɑ̃] maßlos
outranc|e [u'trɑ̃:s] f Übertreibung; **à ~e** bis aufs äußerste; ~ier [~'sje] übertrieben
outre ['utrə] 1. außer, jenseit(s); **en ~** außerdem; 2. f Schlauch m; **~-mer** [~'mɛ:r]: **d'~-mer** überseeisch, Übersee.
outrer [u'tre] übertreiben, auf die Spitze treiben
ouvert [u'vɛ:r] geöffnet; ~ure [~vɛr'ty:r] f Öffnung; *Mus* Ouvertüre
ouvrage [u'vra:ʒ] m Arbeit f, Werk n
ouvr|e-boîtes [uvrə'bwat] m Büchsenöffner; ~er [u'vre] verv-, be-arbeiten; ~euse [u'vrø:z] f Platzanweiserin
ouvrier [uvri'e] m (**qualifié, spécialisé** gelernter, angelernter) Arbeiter
ouvrir [u'vri:r] (er)öffnen
ovale [ɔ'val] oval [stoff]
oxygène [ɔksi'ʒɛn] m Sauer-

P

pacage [pa'ka:ʒ] m (Vieh-)Weide f
pacifi|er [pasi'fje] befrieden, beruhigen; *Streit* beilegen; **~que** [~'fik] friedliebend; friedlich
pacotille [pakɔ'tij] f Ausschuß m, Schund m
pact|e [pakt] m Pakt, Abkommen n; **~iser** [~ti'ze] paktieren
paganisme [paga'nism] m Heidentum n
pagayer [page'je] paddeln
page [pa:ʒ] f Seite
paie [pɛ] f Lohn m, Sold m; **~ment** [~'mã] m Zahlung f; **prendre en ~ment** in Zahlung nehmen
païen [pa'jɛ̃] adj heidnisch; m Heide
paill|asson [paja'sõ] m Strohmatte f; **~e** [pa:j] f Stroh m; Strohhalm m; **~ette** [pa'jɛt] f Flitter m
pain [pɛ̃] m (**blanc, bis, complet** Weiß-, Schwarz-, Vollkorn-)Brot n; **petit ~** Brötchen n; **~ d'épice** Pfefferkuchen; **~ de sucre** Zuckerhut; **~ de savon** Seifenriegel
pair [pɛːr] f Zahl: gerade; m Gleichgestellte(r); **hors (de) ~** unvergleichlich
paire [pɛːr] f Paar n
paisible [pɛ'ziblə] friedlich, ruhig
paître ['pɛːtrə] weiden

paix [pɛ] f Friede m; Stille f
pal|ais [pa'lɛ] m **1.** Palast; **~ais de Justice** Gerichtsgebäude n; **2.** Gaumen; **~an** [~'lã] m Flaschenzug
pâle [pɑːl] blaß, bleich
palet|ot [pal'to] m Überzieher; **~te** [~'lɛt] f Mal Palette
pâleur [pɑ'lœːr] f Blässe
palier [pa'lje] m Treppenabsatz
pâlir [pɑ'liːr] erblassen
palis [pa'li] m (Zaun-)Pfahl
palme [palm] f Sp Schwimmflosse
palmier [pal'mje] m Palme f
palp|able [pal'pablə] greifbar; **~er** [~'pe] be- (*Med* ab-)tasten
palpit|ation [palpita'sjõ] f Zuckung f; **~er** [~'te] zucken; *Herz:* klopfen
pâm|er [pɑ'me]: **se ~er** ohnmächtig w.; **~oison** [~wa'zõ] f Ohnmacht
pamplemousse [pãplə'mus] m Pampelmuse f
panache [pa'naʃ] m Federbusch; **~ de fumée** Rauchfahne f
pancarte [pã'kart] f Anschlag(zettel m) m
pancréas [pãkre'as] m Bauchspeicheldrüse f
paner [pa'ne] panieren
panier [pa'nje] m Korb
panique [pa'nik] f Panik
pann|e [pan] f (**de pneu**

panneau 148

Reifen-)Panne; **~eau** [~'no] m (Verkehrs-)Schild n
pans|ement [pɑ̃s'mɑ̃] m Verband; **~er** [~'se] verbinden
pantalon [pɑ̃ta'lɔ̃] m (lange) Hose f; **~ de ski** Skihose f
panteler [pɑ̃t'le] keuchen
panthère [pɑ̃'tɛːr] f Panther m
pan|tin [pɑ̃'tɛ̃] m Hampelmann (a fig); **~toufle** [~'tufl∂] f Pantoffel m
paon [pɑ̃] m Pfau
pap|a [pa'pa] m Papa; **~al** [~'pal] päpstlich; **~auté** [~po'te] f Papsttum n; **~e** [pap] m Papst
papeterie [papœ'tri] f Schreibwarenhandlung
papier [pa'pje] m Papier n; Schrift(stück n) f; **~ hygiénique** (à lettres, carbone) Toiletten- (Brief-, Kohle-)papier n; **~ peint** Tapete f; **~s** pl **de bord (d'identité)** Wagen-(Ausweis-)papiere n/pl; **~filtre** [~'filtrœ] m Filterpapier n; **~monnaie** [~mɔ'nɛ] m Papiergeld n
papillon [papi'jɔ̃] m Schmetterling
paprika [papri'ka] m Paprika
paquebot [pak'bo] m Passagierdampfer
Pâques [pɑːk] f/pl Ostern n; **~ fleuries** Palmsonntag m
paquet [pa'kɛ] m Paket n, Packung f, Bündel n; **~eur** [pak'tœːr] m Packer

par [paːr] durch; mit; von; bei; auf; pro; **~ contre** dagegen; **~ écrit** schriftlich; **de ~ la loi** im Namen des Gesetzes
parachut|e [para'ʃyt] m Fallschirm; **~iste** [~'tist] m Fallschirmspringer
paradis [para'di] m Paradies n; **Thea** Olymp; **~iaque** [~'zjak] paradiesisch
para|fe od **~phe** [pa'raf] m Namenszug; **~graphe** [~ra'graf] m Paragraph
paraître [pa'rɛːtrœ] (er-) scheinen
parallèle [paral'lɛl] parallel; f Parallele
paraly|ser [parali'ze] lähmen; **~sie** [~'zi] f Lähmung; **~tique** [~'tik] gelähmt
parapet [para'pɛ] m Brüstung f, Geländer n
paraphe s **parafe**
para|pluie [para'plɥi] m Regenschirm; **~pluie pliant** Taschenschirm; **~site** [~'zit] m Schmarotzer; **~sites** pl Rdf Störungen f/pl; **~sol** [~'sɔl] m Sonnenschirm; **~tonnerre** [~tɔ'nɛːr] m Blitzableiter; **~vent** [~'vɑ̃] m Wandschirm
parc [park] m Park; **~ de stationnement** Parkplatz
parce que ['pars(ə)kə] weil
parchemin [parʃə'mɛ̃] m Pergament n

parcimonie [parsimɔ'ni] f Knauserei

parcomètre [parkɔ'metrə] m Parkuhr f

parcour|ir [parku'riːr] durch-laufen, -fahren; *Text* überfliegen; ~s [~'kuːr] m (Reise-, Renn-) Strecke f; (Bus-, Eisenbahn-)Linie f

pardessus [pardə'sy] m Überzieher

pardon [par'dõ] m Verzeihung f; ~ner [~dɔ'ne] verzeihen

pare|-boue[par'bu] m Kotflügel; ~-brise [~'briːz] f Windschutzscheibe f; ~-chocs [~'ʃɔk] m Stoßstange f

pareil [pa'rɛj] gleich, ähnlich; solch; **sans** ~ ohnegleichen

parement [par'mã] m (Ärmel-)Aufschlag; *Arch* Verblendung f

parent [pa'rã] verwandt; m Verwandte(r); ~s m/pl Eltern; ~é [~'te] f Verwandtschaft f

parenthèse [parã'teːz] f S (Klammer)

parer [pa're] herausputzen, schmücken; (zu)bereiten; abwehren; schützen (**de** vor)

paress|e [pa'res] f Faulheit; ~eux [~'sø] faul; m Faulenzer; *Zo* Faultier n

parfait [par'fɛ] vollkommen, vollendet

parfois [par'fwa] manchmal

parfum [par'fœ̃] m Duft; Parfüm n

pari [pa'ri] m Wette f; ~er [~'rje] wetten

parisien [pari'zjɛ̃] parisierisch; 2 m Pariser

parité [pari'te] f Gleichheit

parjure [par'ʒyːr] m Eidbruch; Meineid

parking [par'kiŋ] m Parkplatz

parlement [parlə'mã] m Parlament n; ~aire [~'tɛːr] parlamentarisch; m Parlamentarier; Unterhändler

parl|er [par'le] sprechen (à *od* avec q. j-n, mit j-m), reden; *Sache*: ~oir [~'lwaːr] m Sprechzimmer n

parmi [par'mi] (mitten) unter

paroi [pa'rwa] f Wand

paroiss|e [pa'rwas] f Pfarrei; ~ien [~'sjɛ̃] m Gebetbuch n

parole [pa'rɔl] f Wort n; Rede; Versprechen n

parquer [par'ke] parken

parquet [par'kɛ] m Parkett n; Staatsanwaltschaft f

parrain [pa'rɛ̃] m Pate

parricide [pari'sid] m Vater-mord; -mörder

parsemer [parsə'me] übersäen, bestreuen (**de** mit)

part [paːr] f Anteil m; Beteiligung; **prendre ~ à** teilnehmen an; **à ~** beiseite; **autre ~** anderswo (-hin); **d'autre ~** andererseits; **de la ~ de q.** von seiten j-s; **nulle** ~ nirgends; **quelque** ~ irgendwo(hin)

partag|e [par'ta:ʒ] *m* (Auf-)Teilung *f*; Erbteil *n*; **~er** [~ta'ʒe] (auf)teilen

partance [par'tã:s] *f*: **en** ~ abfahrt-, abflugbereit (**pour** nach)

partenaire [partə'nɛ:r] *su* Partner(in *f*) *m*

parterre [par'tɛ:r] *m* (Blumen-)Beet *n*; *Thea* Parkett *n*

parti [par'ti] *m* Partei *f*; Entschluß *m*; **~ pris** [~'pri] Vorurteil *n*; **~al** [~'sjal] parteiisch

participer [partisi'pe] teilnehmen (**à** an)

particularité [partikylari'te] *f* Besonderheit; Eigentümlichkeit

particul|e [parti'kyl] *f* Teilchen *n*; **~ier** [~'lje] besonder, eigentümlich; privat; merkwürdig; **en ~ier** insbesondere; *m* Privatperson *f*

partie [par'ti] *f* (Bestand-, Körper-)Teil *m*; Fach *n*; *jur* Partei *f*; **en** ~ teilweise

partir [par'ti:r] ab-reisen, -fahren (**pour** nach); weg-, fort-, los-gehen; starten; **à** ~ **de** von ... an, ab

partisan [parti'zã] *m* Anhänger; Partisan

partition [parti'sjõ] *f* Partitur

partout [par'tu] überall

parure [pa'ry:r] *f* Schmuck *m*

parven|ir [parvə'ni:r] gelangen (**à** zu); erreichen (**à** qc. et.); **je parviens à** es gelingt mir, **~u,** **~u** [~'ny] *m* Emporkömmling

pas [pɑ]: **1. ne** ... ~ nicht; **ne** ... ~ **de** kein; **ne** ... ~ **non plus** auch nicht; ~ **du tout** durchaus nicht; **2.** *m* Schritt; Spur; Durchgang; Engpaß; Meerenge *f*; Schwelle *f*; Vortritt (**sur** q. vor j-m)

passable [pɑ'sablə] erträglich, leidlich

passag|e [pɑ'sa:ʒ] *m* Durch-gang, -fahrt *f*, -reise *f*; Überfahrt *f*; (**de la frontière**, **à niveau** Grenz-, Bahn-)Übergang; **~e pour piétons** Zebrastreifen; **de ~e** auf der Durchreise; **~er** [pɑsa'ʒe] vorübergehend; flüchtig; *m* Fahr-, Fluggast, Passagier

passant [pɑ'sã]: **rue** *f* **~e** belebte Straße; *m* Vorübergehende(r)

passe [pɑ:s] *f* *Mar* Fahrrinne; *Spiel:* Einsatz *m*; *Sp* Ballabgabe; **maison** *f* **de ~** Stundenhotel *n*; **mot** *m* **de ~** Kennwort *n*

passé [pɑ'se] vorbei, vergangen; *m* Vergangenheit *f*

passe|-droit [pɑs'drwa] *m* (ungerechte) Bevorzugung *f*; F Schiebung *f*; **~ment** [~'mã] *m* Borte *f*, Besatz *m*; **~partout** [~par'tu] *m* Hauptschlüssel; Dietrich; **~-passe** [~'pɑ:s] *m*: **tour** *m* **de ~-passe** Taschenspie-

patte

lertrick; ~port [ˌ'pɔr] m (Reise-)Paß

passer [pɑ'se] **1.** (vorbei-, vorüber-)gehen, -fahren, -fließen *usw* (**q.** *od* **qc.** an *D*); übergehen (à zu); *Film*: laufen; vergehen; ~ **pour** gelten als; **2.** ~ hinweg-gehen, -fahren über; *Grenze, Fluß* überschreiten; (über)reichen; *Kleidung* anziehen; *Vertrag* aufsetzen; *Zeit* verbringen, zubringen; *Prüfung* bestehen; **3. se** ~ sich ereignen, geschehen; **se** ~ **de qc.** auf et. verzichten

passereau [pɑsˈro] m Sperling

pass|erelle [pɑsˈrɛl] f Steg m; ~**erelle pour piétons** Fußgängerbrücke; ~**e-temps** [ˌ'tɑ̃] m Zeitvertreib; ~**e-thé** [ˌ'te] m Teesieb n; ~**eur** [pɑˈsœːr] m Fährmann

passif [pɑ'sif] passiv

passion [pɑ'sjɔ̃] f Leidenschaft; Passion; ~**nant** [ˌ'nɑ̃] aufregend, spannend; ~**ner** [ˌsjɔˈne] begeistern

pasteur [pɑsˈtœːr] m Hirt; *ev* Pfarrer; ~**iser** [ˌtœriˈze] keimfrei m.

pataug|eoire [pɑtoˈʒwaːr] f Planschbecken n; ~**er** [ˌ'ʒe] planschen

pât|e [pɑːt] f Teig m; ~**é** [ˌ'te] m (**de foie gras** Gänseleber-)Pastete f; (Häuser-)Block m

patenôtre [patnoˈtrə] f *iron* Gebet n

patent [pa'tɑ̃] offenkundig; ~**e** [ˌ'tɑ̃t] f Gewerbesteuer

Pater [pa'teːr] m Vaterunser n; **2nel** [ˌter'nɛl] väterlich; **2nité** [ˌni'te] f Vaterschaft [*ge:* belegt)

pâteux [pɑ'tø] teigig; *Zun-*]

patien|ce [pɑ'sjɑ̃ːs] f Geduld; ~**t** [ˌ'sjɑ̃] geduldig; m Patient

patin [pa'tɛ̃] m Schlittschuh; ~ **à roulettes** Rollschuh; ~**age** [ˌti'naːʒ] m (**artistique, de vitesse**) Eis-(kunst-, schnell-)lauf; ~**er** [ˌti'ne] Schlittschuh laufen; ~**ette** [ˌti'nɛt] f Roller m; ~**eur** [ˌ'nœːr] m Schlittschuhläufer

pâtisserie [pɑtisˈri] f Konditorei; feines Gebäck n

patois [pa'twɑ] m Mundart f

patraque [pa'trak] F mies, schlecht

pâtre [ˈpɑːtrə] m Hirte

patri|e [pa'tri] f Vaterland n, Heimat; ~**moine** [ˌ'mwan] m elterliches Erbgut n; ~**ote** [ˌ'ɔt] patriotisch; m Patriot

patron [pa'trɔ̃] m **1.** Schutzheilige(r); Arbeitgeber, Chef; Wirt; **2.** Schnittmuster n; ~**age** [ˌtrɔ'naːʒ] m Schutz-, Schirmherrschaft f

patrouille [pa'truj] f Patrouille, Streife

patte [pat] f Pfote, Tatze, Fuß m, Bein n

pâtur|age [pɑty'ra:ʒ] *m* (Vieh-)Weide *f*
paume [po:m] *f* Handfläche; Ballspiel *n*
paupi|ère [po'pjɛ:r] *f* Augenlid *n*; ~ette [~'pjɛt] *f* Roulade
pauv|re ['po:vrə] arm; dürftig; *m* Arme(r); ~reté [~vrə'te] *f* Armut
pavaner [pava'ne]: se ~ sich brüsten
pav|é [pa've] *m* Pflaster (-stein) *f*; ~er [~'ve] pflastern
pav|illon [pavi'jɔ̃] *m* Pavillon; *Mar* Flagge *f*; *Mus* Schalltrichter; ~oiser [~vwa'ze] beflaggen
pavot [pa'vo] *m* Mohn
pay|able [pɛ'jablə] zahlbar; ~ant [~'jɑ̃] zahlend; kostenpflichtig; rentabel; ~e [pɛ:j] *f s* paie; ~ement [pɛj'mɑ̃] *m s* paiement; ~er [pɛ'je] (be-, aus-)zahlen; vergelten
pays [pɛ'i] *m* Land *n*; *F* Landsmann; ~age [~'za:ʒ] *m* Landschaft *f*; ~an [~'zɑ̃] *m* Bauer
Pays-Bas [pɛi'bɑ] *m/pl*: les ~ die Niederlande *n/pl*
péage [pe'a:ʒ] *m* Autobahngebühr *f*, Brücken-, Wegezoll
peau [po] *m* Fell *n*, Haut; *Bot* Schale, Hülse; ~-Rouge [~'ruʒ] *m* Rothaut *f*
pêche [pɛʃ] *f* **1.** *Bot* Pfirsich *m*; **2.** Fischerei; (Fisch-)Fang *m*; ~ à la ligne Angeln *m*; **grande** ~ Hochseefischerei
péch|é [pe'ʃe] *m* Sünde *f*; ~er [~] sündigen
pêch|er [pɛ'ʃe] **1.** fischen; ~er à la ligne angeln; **2.** *m* Pfirsichbaum; ~eur [~'ʃœ:r] *m* Fischer
pécheur [pe'ʃœ:r] *m* Sünder
pécuniaire [peky'njɛr] Geld...
pédagogique [pedagɔ'ʒik] pädagogisch
péda|le [pe'dal] *f* Pedal *n*; ~lo [~'lo] *m* Tretboot *n*
péd|estre [pe'dɛstrə] Fuß...; ~icure [~di'ky:r] *f* Fußpflege
peign|e [pɛɲ] *m* Kamm; ~er [~'ɲe] kämmen; ~oir [~'ɲwa:r] *m* Bademantel; Morgenrock
peindre [pɛ̃:drə] malen; (an)streichen; *fig* schildern
pein|e [pɛn] *f* Strafe; Kummer *m*, Sorge; Mühe, Schwierigkeit; **à** ~ kaum; ~é [~'ne] bekümmert; ~er [~] Kummer m.; sich abmühen
peint|re [pɛ̃:trə] *m* Maler; ~ure [~'ty:r] *f* Malerei; Gemälde *n*; Anstrich *m*
péjoratif [peʒɔra'tif] herabsetzend
pêle-mêle [pɛl'mɛl] bunt durcheinander; *m* Wirrwarr
peler [pə'le] (ab)schälen; sich häuten
pèlerin [pɛl'rɛ̃] *m* Pilger; ~age [~ri'na:ʒ] *m* Wall-

fahrt(sort) *f*; ~e [.'rin] *f* Umhang *m*
pelle [pɛl] *f* (à ordures Müll-)Schaufel, Schippe; ~ à tarte Tortenheber *m*; ~ter [.'te] umschaufeln
pelletier [pɛl'tje] *m* Kürschner
pellicule [peli'kyl] *f* Häutchen *n*; (Kopf-)Schuppe; *Fot* (en bobine Roll-)Film *m*
pelot|e [pə'lɔt] *f* Knäuel *n*; Nadelkissen *n*; *Sp* Pelotaspiel *n*; ~ basque Pelotaspiel *n*; ~on [.'tɔ̃] *m* Knäuel *n*; Häuflein *n*; *Sp* Feld *n*; [.'tɔ'ne]: se ~onner sich zs.-rotten, -kauern
pelouse [pə'lu:z] *f* Rasen *m*
peluche [plyʃ] *f* Plüsch *m*
pelure [pə'ly:r] *f* (Frucht-)Schale
pénal [pe'nal] Straf...; ~ité [.li'te] *f* Strafbarkeit
penalty [penal'ti] *m Sp* Strafstoß
pench|ant [pā'ʃɑ̃] *m* Neigung *f* (à *für*); ~er [.'ʃe] neigen, beugen; se ~er au dehors sich hinauslehnen
pendant [pā'dɑ̃] während; (herab)hängend; schwebend; *m* Gegenstück *n*
pendre ['pā:drə] an-, aufhängen; (herab)hängen; *fig* schweben
pendule [pā'dyl] 1. *m* Pendel *n*; 2. *f* Wand-, Penduluhr
pénétr|ant [pene'trɑ̃]

durchdringend; ~er [.'tre] durchdringen; ~er dans qc. in et. eindringen
pénible [pe'niblə] mühsam, beschwerlich
péniche [pe'niʃ] *f* Lastkahn *m*
péninsule [penɛ̃'syl] *f* Halbinsel
péniten|ce [peni'tɑ̃:s] *f* Reue, Buße; ~t [.'tɑ̃] bußfertig
pens|ée [pā'se] *f* Denken *n*; Gedanke *m*; *Bot* Stiefmütterchen *n*; ~er [.'se] denken; meinen; gedenken; ~eur [.'sœ:r] *m* Denker; ~if [.'sif] nachdenklich
pension [pā'sjɔ̃] *f* Rente, Pension; (complète Voll-)Pension
pente [pā:t] *f* (Ab-)Hang *m*, Gefälle *n*, Steigung
Pentecôte [pāt'ko:t] *f* Pfingsten *n*
pénurie [peny'ri] *f* Mangel *m*, Not
pépin [pe'pɛ̃] *m* Obstkern; ~ière [.pi'njɛ:r] *f* Baumschule
perçant [pɛr'sɑ̃] durchdringend; *Kälte*: schneidend
perc|ée [pɛr'se] *f* Durchbruch *m*, Schneise; ~e-neige [.s'nɛ:ʒ] *f* Schneeglöckchen *n*
percept|ible [pɛrsɛp'tiblə] wahrnehmbar; ~ion [.'sjɔ̃] *f* Wahrnehmung
percer [pɛr'se] durch-bohren, -löchern, -stechen,

-dringen; *Faß* anstechen; *fig* sich Bahn brechen
percevoir [pεrsə'vwa:r] wahrnehmen; *Steuern* erheben; *Geld* einnehmen
perch|e [pεrʃ] *f* Barsch *m*; Stange; Stab *m*; Angelrute; ~**oir** [ˌ~'ʃwa:r] *m* Hühnerstange *f*
perclus [pεr'kly] lahm
percussion [pεrky'sjɔ̃] *f* Schlag *m*; Stoß *m*
perdre ['pεrdrə] verlieren; versäumen, verpassen; zugrunde richten; **se ~** verlorengehen; sich verirren
perdrix [pεr'dri] *f* Rebhuhn *n*
père [pε:r] *m* Vater; Pater
pérennité [pereni'te] *f* Dauer, Fortbestand *m*
perfection [pεrfεk'sjɔ̃] *f* Vollendung; ~**ner** [ˌ~sjɔ'ne] vervollkommnen
perfid|e [pεr'fid] treulos, falsch; ~**ie** [ˌ~'di] *f* Falschheit
perfor|ateur [pεrfɔra'tœ:r] *m* Locher; ~**er** [ˌ~'re] durchbohren, lochen
péril [pe'ril] *m* Gefahr *f*; ~**leux** [peri'jø] gefährlich
périm|é [peri'me] *Paß, Fahrkarte:* abgelaufen, verfallen; ~**être** [ˌ~'mεtrə] *m* Umfang
périod|e [pe'rjɔd] *f* Periode; ~**ique** [ˌ~'dik] periodisch; *m* Zeitschrift *f*
péripétie [peripe'si] *f* Schicksalswendung; Umschwung *m*

péri|r [pe'ri:r] umkommen, untergehen; verfallen; ~**ssable** [ˌ~ri'sablə] vergänglich; leicht verderblich; ~**soire** [ˌ~'swa:r] *f* Paddelboot *n*
perle [pεrl] *f* Perle
perlon [pεr'lɔ̃] *m* Perlon *n*
permanen|ce [pεrma'nɑ̃s] ständig; ~**e** [ˌ~'nɑ̃:t] *f* Dauerwelle
perméable [pεrme'ablə] durchlässig
permettre [pεr'mεtrə] erlauben, gestatten; dulden
permis [pεr'mi] *m* Erlaubnisschein; ~ **de conduire** Führerschein; ~ **de séjour** Aufenthaltserlaubnis *f*; ~**sion** [ˌ~'sjɔ̃] *f* Erlaubnis; Genehmigung; *Mil* Urlaub *m*
pernicieux [pεrni'sjø] schädlich; *Med* bösartig
perpétu|el [pεrpe'tɥεl] fortwährend; ständig; ~**ité** [ˌ~tɥi'te] *f*: **à ~ité** für immer; *jur* lebenslänglich
perplexe [pεr'plεks] ratlos, bestürzt
perquisition [pεrkizi'sjɔ̃] *f* Haussuchung
perron[pε'rɔ̃] *m* Freitreppe *f*
perr|oquet [pεrɔ'ke] *m* Papagei; ~**uche** [ˌ~'ryʃ] *f* Wellensittich *m*
perruque [pε'ryk] *f* Perrücke
persécut|er [pεrseky'te] verfolgen; belästigen; ~**ion** [ˌ~'sjɔ̃] *f* Verfolgung
persévér|ance [pεrseve-

'rɑ:s] f Ausdauer; **~er** [~'re] beharren, aushalten

persienne [pɛrsjɛn] f Fenster-, Roll-laden m

persifl|age [pɛrsi'flaːʒ] m Spöttelei; **~er** [~'fle] verspotten

persil [pɛr'si] m Petersilie f

persister [pɛrsis'te] (an-)dauern; bestehen (**dans** auf)

personn|age [pɛrsɔ'naːʒ] m (wichtige) Persönlichkeit f; litt, Thea Figur; **~alité** [~nali'te] f Persönlichkeit; **~e** jemand; niemand; f Person; **~el** [~'nɛl] persönlich; m Personal n; **~ifier** [~ni-'fje] verkörpern

perspicac|e [pɛrspi'kas] scharfsinnig; **~ité** [~si'te] f Scharfblick m; Scharfsinn m

persua|der [pɛrsҷa'de] überreden (**de** von); überreden (**de zu**); **~sif** [~'zif] überzeugend; **~sion** [~sҷa-'zjɔ̃] f Überredung; -zeugung f

perte [pɛrt] f Verlust m; Untergang m; **à ~ de vue** unabsehbar

perturbation [pɛrtyrba-'sjɔ̃] f Störung (a Rdf, TV)

pervers [pɛr'vɛːr] pervers, entartet; **~tir** [~vɛr'tiːr] verderben

pes|ant [pə'zɑ̃] schwer; fig schwerfällig; **~er** [~'ze] (ab)wiegen; abwägen

pétar|ader [petara'de] knattern; **~d** [~'taːr] m Knallkörper; F Krach, Radau

pétanque [pe'tɑ̃k] f Kugelspiel n

pétiller [peti'je] prasseln; sprudeln; funkeln

petit [p(ə)'ti] klein; **~e-fille** [~t'fij] f Enkelin; **~fils** [~'fis] m Enkel

pétition [peti'sjɔ̃] f Gesuch n, Bittschrift

pétrir [pe'triːr] kneten

pétrol|e [pe'trɔl] m Erdöl n; **~e brut** Rohöl n; **~ier** [~'lje] Öl...; m Tanker

pétulant [pety'lɑ̃] ungestüm, unbändig

peu [pø] wenig; **~ à ~** nach und nach; **à ~ près** beinahe, fast; **sous ~** in Kürze

peupl|e ['pœpl] m Volk n; **~er** [pœ'ple] bevölkern

peuplier [pœpli'e] m Pappel f

peur [pœːr] f Angst; Furcht; **~eux** [pœ'rø] ängstlich

peut [pø] prés s **pouvoir**

peut-être [pø'tɛːtrə] vielleicht

phare [faːr] m Leuchtturm; Scheinwerfer

pharma|cie [farma'si] f Apotheke; **~cien** [~'sjɛ̃] m Apotheker

philosophe [filɔ'sɔf] m Philosoph

phono(graphe) [fɔ'nɔ(-'graf)] m Grammophon n

phoque [fɔk] m Robbe f

photo [fɔ'to] f Foto n; **~ d'identité** Paßbild n; **faire**

photocopie 156

des ~s fotografieren; ~copie [͜kɔ'pi] f Fotokopie; ~graphie [͜ɡra'fi] f Fotografie; ~graphier [͜ɡra'fje] fotografieren

phrase [fra:z] f Satz m; ~s pl Phrasen

phtisie [fti'zi] f Schwindsucht

physi|cien [fizi'sjɛ̃] m Physiker; ~que [͜'zik] physisch; physikalisch; f Physik

piano [pja'no] m Klavier n; ~ à queue Flügel

pic [pik] m Spitzhacke f; Bergspitze f; Zo Specht

pichet [pi'ʃe] m Krug

pickpocket [pikpɔ'kɛ(t)] m Taschendieb

picot [pi'ko] m Splitter; ~er [͜kɔ'te] prickeln, stechen; fig sticheln

pie [pi] f Elster

pièce [pjɛs] f Stück n (a Thea, Mus); Urkunde; Zimmer n; ~ de rechange Ersatzteil n

pied [pje] m Fuß; Fot Stativ n; à ~ zu Fuß

piédestal [pjedɛs'tal] m Sockel

piège [pjɛ:ʒ] m Falle f

pierre [pjɛ:r] f Stein m; ~ précieuse Edelstein m

piété [pje'te] f Frömmigkeit

piét|iner [pjeti'ne] mit den Füßen stampfen; ~on [͜'tɔ̃] m Fußgänger

pieu [pjø] m Pfahl

pieux [pjø] fromm; ehrfurchtsvoll

pigeon [pi'ʒɔ̃] m (voyageur Brief-)Taube f; ~nier [͜ʒɔ'nje] m Taubenschlag

pignon [pi'ɲɔ̃] m Giebel

pile [pil] f Haufen m, Stoß m, Stapel m; Brückenpfeiler m; El Batterie

piler [pi'le] zerstoßen, -stampfen

pilier [pi'lje] m Pfeiler

pill|age [pi'ja:ʒ] m Plünderung f; ~ard [͜'ja:r] m Plünderer; ~er [͜'je] (aus-)plündern, rauben

pilori [pilɔ'ri] m Pranger

pilot|e [pi'lɔt] m Pilot; Steuermann; Lotse; ~er [͜'te] lenken; lotsen; Fremde herumführen

pilule [pi'lyl] f Pille

pimpant [pɛ̃'pɑ̃] todschick

pin [pɛ̃] m Bot Kiefer f

pinc|e [pɛ̃:s] f Zange; (Krebs-)Schere; (Hosen-)Klammer; ~eau [pɛ̃'so] m Pinsel; ~er [͜'se] kneifen, klemmen; ~ette [͜'sɛt] f Pinzette

pin|son [pɛ̃'sɔ̃] m Buchfink; ~tade [͜'tad] f Perlhuhn n

pioch|e [pjɔʃ] m (Spiel-)Stein

pioch|e [pjɔʃ] f Hacke; ~er [͜'ʃe] hacken; F büffeln

pion [pjɔ̃] m (Spiel-)Stein

pipe [pip] f (Tabaks-)Pfeife

piqu|ant [pi'kɑ̃] stachelig; stechend; stechend; m Stachel; ~e [pik] 1. f Pike, Spieß m; Stichelei; 2. m Kartenspiel: Pik n; ~e-nique [͜'nik] m Picknick n; ~er [͜'ke] stechen; pieken; steppen; anstacheln; rei-

planer

zen; ~et [pi'kɛ] m Pfahl, Pflock, (Zelt-)Hering
piqûre [pi'ky:r] f (d'insectes Insekten-)Stich m; Med Einspritzung
pirate [pi'rat] m Seeräuber
pire [pi:r] schlimmer
pis [pi] schlimmer; **au ~ aller** schlimmstenfalls; m Euter n
piscine [pi'sin] f Schwimmbad n
pissenlit [pisɑ̃'li] m Bot Löwenzahn
piste [pist] f Fährte; Spur; Renn-, Rodel-bahn; **~ cendrée** Aschenbahn; **~ cyclable** Radfahrweg m
pistol|et [pisto'lɛ] m Pistole f; **~n** [~'tɔ̃] m Kolben
pit|eux [pi'tø] jämmerlich; **~ié** [~'tje] f Mitleid m, Erbarmen n; **~oyable** [~twa'jablə] bedauernswert, erbärmlich
pivot [pi'vo] m Dreh-zapfen, -punkt
placard [pla'ka:r] m Plakat n, Anschlag; Wandschrank; **~er** [~kar'de] öffentlich anschlagen
plac|e [plas] f Platz m; Stelle, Ort m; Raum m; **~ forte** Festung; **sur ~e** an Ort und Stelle; **~ement** [~'mɑ̃] m Aufstellen n; (Geld-)Anlage f; Stellenvermittlung f; **~er** [pla'se] (hin-)setzen, (-)stellen, (-)legen; an-, unter-bringen; Geld anlegen; Waren absetzen
plafond [pla'fɔ̃] m (Zimmer-)Decke f; Deckengemälde n; Höchstgrenze f
plage [pla:ʒ] f (**de sable, de galets, privée** Sand-, Kies-, Privat-)Strand m; Badeort
plaid [plɛd] m Reisedecke f
plaider [plɛ'de] prozessieren; plädieren (**pour** für)
plaie [plɛ] f Wunde; fig Plage
plaignant [plɛ'ɲɑ̃] m Kläger
plaindre ['plɛ̃:drə] beklagen; **se ~** sich beklagen
plaine [plɛn] f Ebene, Fläche
plaint|e [plɛ̃:t] f Klage, Beschwerde; **~if** [plɛ̃'tif] klagend, wehleidig
plaire [plɛ:r] gefallen; **s'il vous plaît** bitte; **se ~ à** Gefallen finden an
plaisan|ce [plɛ'zɑ̃:s] f: **de ~ce** Vergnügungs...; **~t** [~'zɑ̃] lustig, drollig; m Spaßmacher; **~ter** [~'te] scherzen; spaßen; **~terie** [~'tri] f Scherz m, Spaß m
plaisir [plɛ'zi:r] m Vergnügen n; Freude f
plan [plɑ̃] eben; m Ebene f, Fläche f; Entwurf; (**de la ville** Stadt-)Plan
planch|e [plɑ̃:ʃ] f Brett n; (**latérale** Leit-)Planke f; Beet n; **~ à voile** Surfbrett n; **~er** [plɑ̃'ʃe] m Fußboden
planer [pla'ne] schweben, gleiten

plan|étaire [planɛ'tɛːr] *m* Planetarium *n*; **~ète** [ˌ'nɛt] *f* Planet; **~eur** [ˌ'nœːr] *m* Segelflugzeug *n*

plant [plɑ̃] *m* Setzling; **~ation** [ˌtɑ'sjɔ̃] *f* Anpflanzung; Plantage; **~e** *f* Pflanze; **~er** [ˌ'te] (an)pflanzen; bepflanzen (**de** mit); *Pflock* einschlagen; *Zelt* aufstellen

plaque [plak] *f* Platte; Schild *n*; **~ commémorative** Gedenktafel; *Kfz* **~ d'immatriculation** Nummernschild *n*; **~ tournante** Drehscheibe; **~tte** [ˌ'kɛt] *f* Plakette; Spielmarke

plastique [plas'tik] *m* Plastik

plat [pla] flach; fade; *m* Schüssel *f*, Platte *f*; *Kochk* Gericht *n*; **~eau** [ˌ'to] *n* Tablett *n*; Hochebene *f*

plâtr|e ['plɑːtrə] *m* Gips; **~er** [plɑːtre] (ver)gipsen

plébiscite [plebi'sit] *m* Volksentscheid

plein [plɛ̃] voll; gefüllt; vollständig; **~ lune** *f* Vollmond *m*; **~ été** *m* Hochsommer; **en ~ air** im Freien; **en ~ jour** am hellen Tag; **en ~ rue** auf offener Straße; **faire le ~** volltanken

pléni|potentiaire [plenipɔtɑ̃'sjɛːr] *f* bevollmächtigt; **~tude** [ˌ'tyd] *f* Fülle

pleurer [plœ're] weinen (**de** vor)

pleurésie [plœre'zi] *f* Rippenfellentzündung

pleuvoir [plœ'vwaːr] regnen

pli [pli] *m* Falte *f*; Kniff; Brief(umschlag); **~ant** [ˌ'ɑ̃] biegsam, geschmeidig; zs.-klappbar; *m* Klappstuhl *m*

plie [pli] *f* *Zo* Scholle

plier [pli'e] (zs.-)falten; biegen; **se ~** sich beugen

plomb [plɔ̃] *m* Blei *n*; **à ~** senkrecht; **sans ~** bleifrei; **~age** [ˌ'baːʒ] *m* Plombieren *n*; Füllung *f*; **~ier** [ˌ'bje] *m* Klempner

plong|ée [plɔ̃'ʒe] *f* Tauchen *n*; **~eoir** [ˌ'ʒwaːr] *m* Sprungturm; **~eon** [ˌ'ʒɔ̃] *m* Kopfsprung; **~er** [ˌ'ʒe] (unter-, ein-)tauchen; versenken; (hinein)stoßen; **se ~er** *fig* sich versenken; **~eur** [ˌ'ʒœːr] *m* Taucher; Tellerwäscher

ployer [plwa'je] zs.-falten; biegen, beugen

pluie [plɥi] *f* Regen *m*; **~ torrentielle** Wolkenbruch *m*

plum|age [ply'maːʒ] *m* Gefieder *n*; **~e** [plym] *f* (Vogel-, Schreib-)Feder; **~eau** [ˌ'mo] *m* Staubwedel; **~er** [ˌ'me] rupfen (*a fig*); **~et** [ˌ'mɛ] *m* Hutfeder *f*; **~ier** [ˌ'mje] *m* Federkasten

plupart [ply'paːr]: **la ~ des** die meisten; **la ~ du temps** meistens

pluriel [ply'rjɛl] *m* Mehrzahl *f*

plus [ply] mehr; **le ~** am meisten; **ne ... ~** nicht mehr;

ne ... ~ que nur noch; **non ~** auch nicht; **de ~** ferner, außerdem; **en ~** noch dazu; **(tout) au ~** höchstens; **d'autant ~** um so mehr; **de ~ en ~** immer mehr; **~ieurs** [‿'zjœːr] mehrere; **~value** [‿va'ly] f Wertzuwachs m

plut [ply] *p.s. s* plaire

plutôt [ply'to] eher, lieber; vielmehr

pluvieux [ply'vjø] regnerisch

pneu [pnø] *m* (de rechange Ersatz-)Reifen; **~matique** [‿ma'tik] (Preß-)Luft...

pneumonie [pnømɔ'ni] *f* Lungenentzündung

poche [pɔʃ] *f* Tasche, Beutel *m*; Sack *m*

poêle [pwal] **1.** *m* Ofen; **2.** *f* Pfanne

po|ème [pɔ'ɛːm] *m* Gedicht *n*; **~ésie** [‿e'zi] *f* Dichtkunst; Dichtung; kleines Gedicht *n*; **~ète** [‿'ɛt] *m* Dichter

poids [pwa] *m* Gewicht *n*; *fig* Last *f*; *Sp* Kugel *f*; **~ lourd** Lastwagen

poign|ant [pwa'ɲɑ̃] stechend; **~ard** [‿'naːr] *m* Dolch; **~ée** [‿'ɲe] *f* Handvoll; Griff *m*; **~ée de main** Händedruck *m*; **~et** [‿'ɲɛ] *m* Handgelenk *n*

poil [pwal] *m* (Tier- *u* Körper-)Haar *n*; **~u** [‿'ly] behaart

poinçon [pwɛ̃'sɔ̃] *m* Pfriem; Prägestempel; **~ner** [‿sɔ'ne] Gold, Silber stempeln; Fahrkarte lochen

poindre ['pwɛ̃ːdrə] *Tag*: anbrechen; *Bot* sprießen

poing [pwɛ̃] *m* Faust *f*

point [pwɛ̃] *m* Punkt; Ort; Zustand; Stich; *Med* **~s** *pl* **de côté** Seitenstechen *n*; **~ d'arrêt** Haltestelle *f*; **~ d'honneur** Ehrgefühl *n*; **~ de vue** Gesichtspunkt; **mettre au ~** *Fot* einstellen; **ne ... ~** (gar) nicht

point|e [pwɛ̃t] *f* Spitze; Stift *m*; Witz *m*, Pointe; **à la ~ du jour** bei Tagesanbruch; **~er** [pwɛ̃'te] stechen; *Tag*: anbrechen

pointill|er [pwɛ̃ti'je] punktieren; **~eux** [‿'jø] spitzfindig; kleinlich

point|u [pwɛ̃'ty] spitz; **~ure** [‿'tyːr] (Schuh-, Kleider *usw*) Größe

poire [pwaːr] *f* Birne

poireau [pwa'ro] *m* Porree

pois [pwa] *m* Erbse *f*; **petits ~** *pl* grüne Erbsen

poison [pwa'zɔ̃] *m* Gift *m*

poisson [pwa'sɔ̃] *m* (d'eau douce, de mer Süßwasser-, See-)Fisch; **~ d'avril** Aprilscherz; **~nerie** [‿sɔn'ri] *f* Fischhandlung

poitrine [pwa'trin] *f* Brust *f*

poiv|re ['pwaːvrə] *m* Pfeffer; **~rer** [‿'re] pfeffern; **~ière** [‿'vrjɛːr] *f* Pfefferstreuer *m*

poix [pwa] *f* Pech *n*

polaire [pɔ'lɛːr] Polar...

pôle [po:l] *m* Pol
poli [pɔ'li] höflich; glatt; poliert; *m* Politur *f*
polic|e [pɔ'lis] *f* (**judiciaire**, **de la circulation** Kriminal-, Verkehrs-)Polizei; Versicherungsschein *m*; **~e-secours** [.sə'ku:r] *f* Überfallkommando *n*; **~ier** [.'sje] Polizei...; *m* Polizeibeamte(r)
polir [pɔ'li:r] glätten, polieren; *fig* verfeinern
polisson [pɔli'sɔ̃] ungezogen; *m* Bengel
politesse [pɔli'tɛs] *f* Höflichkeit
politique [pɔli'tik] **1.** politisch; **2.** *m* Staatsmann, Politiker; **3.** *f* Politik
pollu|er [pɔ'lɥe] verunreinigen; **~tion** [.ly'sjɔ̃] *f* (**de l'environnement** Umwelt-)Verschmutzung
Polo|gne [pɔ'lɔɲ]: **la ~gne** Polen *n*; **♀nais** [.lɔ'nɛ] polnisch
poltron [pɔl'trɔ̃] *m* Feigling
polycopier [pɔlikɔ'pje] vervielfältigen
pomm|e [pɔm] *f* Apfel *m*; **~e de terre** Kartoffel; **~ier** [pɔ'mje] *m* Apfelbaum
pomp|e [pɔ̃:p] *f* Pomp *m*; (à air Luft-)Pumpe; **~e à essence** Zapfsäule; **~er** [pɔ̃'pe] (aus-, leer-)pumpen; **~ier** [.'pje] *m* Feuerwehrmann; **~iste** [.'pist] *m* Tankwart
ponc|e [pɔ̃:s]: **pierre** *f* **~e**

Bimsstein *m*; **~eau** [pɔ̃'so] *m* Klatschmohn; **~if** [.'sif] *m* Schablone *f*
ponctu|alité [pɔ̃ktɥali'te] *f* Pünktlichkeit; **~el** [.'tɥɛl] pünktlich
pondér|é [pɔ̃de're] ausgeglichen; **~er** [.] abwägen
pondre ['pɔ̃:drə] Eier legen
pont [pɔ̃] *m* (**aérien**, **suspendu** Luft-, Hänge-)Brücke *f*; *Mar* Deck *n*; **~ élévateur** Hebebühne *f*; **~-levis** [.lə'vi] *m* Zugbrücke *f*; **~-promenade** [.pɔm'nad] *m* Promenadendeck *n*
ponton [pɔ̃'tɔ̃] *m* Ponton
popeline [pɔ'plin] *f* Popeline
popul|ace [pɔpy'las] *f* Pöbel *m*; **~aire** [.'lɛ:r] *e* volkstümlich, populär; **~ation** [.la'sjɔ̃] *f* Bevölkerung; **~eux** [.'lø] volkreich
porc [pɔ:r] *m* Schwein *n*
porcelaine [pɔrsə'lɛn] *f* Porzellan *n*
porc|elet [pɔrsə'lɛ] *m* Ferkel *n*; **~-épic** [pɔrke'pik] *m* Stachelschwein *n*
por|e [pɔ:r] *m* Pore; **~eux** [pɔ'rø] porös
port [pɔ:r] *m* **1.** (**de mer**, **franc** See-, Frei-)Hafen *m*; Hafenstadt *f*; **2.** (**de retour** Rück-)Porto *n*
portail [pɔr'taj] *m* Portal *n*
portant [pɔr'tɑ̃]: **à bout ~** aus nächster Nähe; **bien ~** gesund; *m* Griff
portatif [pɔrta'tif] tragbar

porte [pɔrt] f Tür; (**de la ville** Stadt-)Tor n; **~ cochère** Torweg m; **~-avions** [..a'vjõ] m Flugzeugträger; **~-bagages** [..ba'gaːʒ] m Gepäckständer; **~-cigares** [..si'gaːr] m Zigarrenspitze f; **~-clefs**, **~-clés** [..'kle] m Schlüsselring, -tasche f

portée [pɔr'te] f Zo Wurf m Junge; fig Bedeutung; Trag-, Reich-weite

porte|**faix** [pɔrtə'fɛ] m Lastträger; **~feuille** [..'fœj] m Briefetasche f; Ministeramt n; **~manteau** [..mã'to] m Kleiderhaken; **~mine** [..'min] m Drehbleistift; **~monnaie** [..mɔ'nɛ] m Portemonnaie f; **~para-pluies** [..para'plɥi] m Schirmständer; **~parole** [..pa'rɔl] m Wortführer, Sprecher; **~plume** [..'plym] m Federhalter

porter [pɔr'te] tragen (a *Kleidung, Zinsen, Früchte*); bringen, hinschaffen; *Urteil* fällen; eintragen; *Hdl* buchen; ein-, hervorbringen; *Toast* ausbringen; erhöhen (auf); *Blicke* richten; *Schritte* lenken; **la main sur q.** die Hand gegen j-n erheben; **~ sur qc.** auf es. liegen *od* ruhen; **~ sur q.** j-n (be)treffen; **~ à la tête** zu Kopf steigen; **~ sur les nerfs** auf die Nerven fallen; **se ~** sich begeben (à nach); sich (*gut, schlecht*) befinden; **se ~ à** sich hinreißen l. zu

porteur [pɔr'tœːr] m (Gepäck-)Träger; Überbringer

porte-voix [pɔrtə'vwa] m Sprachrohr

portier [pɔr'tje] m Pförtner

portière [pɔr'tjɛːr] f Wagentür

portion [pɔr'sjõ] f Anteil m, Portion

portique [pɔr'tik] m Säulenhalle f

portrait [pɔr'trɛ] m Porträt n

portug|**ais** [pɔrty'gɛ] portugiesisch; **~al** [..'gal]: **le ~al** Portugal n

pos|**e** [poːz] f Haltung, Pose; *Fot* Belichtung; **~é** [po'ze] ruhig, gesetzt; **~emètre** [poz'mɛtrə] m Belichtungsmesser

poser [po'ze] (hin-)setzen, (-)stellen, (-)legen; anbringen; annehmen; ruhen (sur auf); **se ~** *Flgw* aufsetzen; sich aufspielen (en als)

posit|**if** [pozi'tif] positiv; **~ion** [..'sjõ] f Lage, Stellung

posséder [pɔse'de] besitzen; *Sprache* beherrschen

possess|**eur** [pɔsɛ'sœːr] m Besitzer; **~ion** [..'sjõ] f Besitz m; Besitztum

possibilité [pɔsibili'te] f Möglichkeit

possible [pɔ'siblə] möglich;

poste

autant que ~ so viel wie möglich; le plus vite ~ so schnell wie möglich; le mieux ~ so gut wie möglich; je ferai tout mon ~ ich werde mein möglichstes tun

poste [post] 1. f (aérienne Luft-)Post; ~ restante postlagernd; 2. m Posten, Wachtposten; Amt n, Stellung f, Dienst; ~ de secours Sanitätsstelle f, Rettungsstation f; ~ de police Polizeiwache f; Rdf, TV ~ émetteur Sender; ~ d'essence Tankstelle f

postéri|eur [posteʀjœːʀ] hintere; spätere; ~ m F Hintern; ~té [~ʀi'te] f Nachkommenschaft f

postiche [pɔs'tiʃ] bsd Haare: unecht, falsch

postul|ant [pɔsty'lɑ̃] m Bewerber; ~er [~'le] sich bewerben (qc. um et.)

posture [pɔs'tyːʀ] f Haltung, Stellung; Lage

pot [po] m (à lait, de fleurs, de chambre Milch-, Blumen-, Nacht-)Topf

potable [pɔ'tablə] trinkbar

potag|e [pɔ'ta:ʒ] m (à l'oignon Zwiebel-)Suppe f; ~er [~ta'ʒe] m Gemüsegarten

pot|-au-feu [pɔto'fø] fig hausbacken; m Gemüseeintopf mit Rindfleisch; ~-de-vin [pɔd'vɛ̃] m Schmiergeld n

poteau [pɔ'to] m Pfahl, Pfosten; ~ indicateur Wegweiser

poterie [pɔ'tʀi] f Töpferware

pou [pu] m Laus f

poubelle [pu'bɛl] f Mülleimer m, -tonne

pouce [pus] m Daumen; Zoll

poudr|e ['pu:dʀə] f Puder m; (à Schieß-)Pulver n; ~er [pu'dʀe] bestäuben, pudern; ~ier [~dʀi'e] m Puderdose f

pouf [puf] m Puff, Polsterhocker

pouffer [pu'fe] F: ~ de rire herausplatzen

poulailler [pula'je] m Hühnerstall

poulain [pu'lɛ̃] m Fohlen n

poul|arde [pu'lard] f junges Masthuhn n; ~e [pul] f Huhn n, Henne; ~et [~'lɛ] m Hühnchen n

pouls [pu] m Puls

poumon [pu'mɔ̃] m Lunge f

poupe [pup] f Mar Heck n

poupée [pu'pe] f Puppe

pour [pu:ʀ] für; nach; was betrifft; um ... willen; um zu; cinq ~ cent fünf Prozent; ~ que damit; ~boire [puʀ'bwa:ʀ] m Trinkgeld n; ~cent [~'sɑ̃] m Prozent n; Zinssatz; ~centage [~'ta:ʒ] m Prozentsatz; ~parlers [~paʀ'le] m/pl Verhandlungen f/pl

pourpre ['puʀpʀə] m Purpur

pourquoi [pur'kwa] warum; **c'est ~, voilà ~** deshalb

pourrai [pu're] *fut s* **pouvoir**

pourr|i [pu'ri] faul; verdorben (*a fig*); **~ir** [~'riːr] (ver)faulen; verkommen; **~iture** [~ri'tyːr] *f* Fäulnis; Verwesung

poursui|te [pur'sɥit] *f (a* Straf-)Verfolgung; **~vant** [~'vɑ̃] *m* Verfolger; **~vre** [~'sɥiːvrə] verfolgen; gerichtlich belangen; fortsetzen

pourtant [pur'tɑ̃] dennoch, doch

pourv|oi [pur'vwa] *m* Berufung *f*; **~oir** [~'vwaːr] sorgen (à für); versehen (**de** mit); **~oir à un emploi** ein Amt besetzen; **se ~oir en cassation** Berufung einlegen

pourvu que [pur'vy kə] vorausgesetzt daß, sofern; wenn nur

pouss|e [pus] *f* Trieb *m*; **~ée** [pu'se] *f* Stoß *m*; Schub *m*; Auftrieb *m*; **~e-pousse** [pus'pus] *m* Rikscha *f*; **~er** [~'se] stoßen, drücken, drängen; (an-, voran-)treiben; fördern; verleiten; *Schrei* ausstoßen; wachsen, sprießen; **se ~er** vorwärtskommen

pouss|ier [pu'sje] *m* Kohlenstaub *m*; **~ière** [~'sjɛːr] *f* Staub *m*; **~iéreux** [~sje'rø] staubig

poussin [pu'sɛ̃] *m* Küken *n*

poussoir [pu'swaːr] *m* Drücker, Knopf

poutre [pu:trə] *f* Balken *m*

pouvoir [pu'vwaːr] können; **il se peut** es ist möglich; *m* Können *n*; Macht *f*; Einfluß *m*; Vollmacht *f*; Befugnis *f*

prairie [prɛ'ri] *f* Wiese

praline [pra'lin] *f* gebrannte Mandel

pratic|able [prati'kablə] ausführbar; *Weg:* befahrbar; **~ien** [~'sjɛ̃] *m* Praktiker

pratique [pra'tik] praktisch; zweckmäßig; *f* Praxis; Erfahrung; Ausübung; Anwendung, Brauch *m*; **~er** [~'ke] durch-, ausführen; ausüben; anwenden; praktizieren

pré [pre] *m* Wiese *f*

préalable [prea'lablə] vorhergehend; **au ~** vorher

préambule [preɑ̃'byl] *m* Vorrede *f*; Einleitung *f*

préavis [prea'vi] *m* Voranmeldung *f*; **sans ~** fristlos

précaution [preko'sjɔ̃] *f* Vorsicht; **~s** *pl* Vorsichtsmaßnahmen; **~neux** [~sjo'nø] vorsichtig, behutsam

précéd|ent [prese'dɑ̃] vorhergehend, vorig; *m* Präzedenzfall; **~er** [~'de] vorhergehen; **~er q.** vor j-m hergehen, -fahren

précep|te [pre'sɛpt] *m* Vor-

schrift f; **~teur** [~'tœ:r] m Hauslehrer

prêcher [prɛ'ʃe] predigen

précieux [pre'sjø] kostbar; edel; wertvoll

précipice [presi'pis] m Abgrund

précipit|amment [presipita'mã] überstürzt, Hals über Kopf; **~ation** [~ta-'sjõ] f Übereilung; **~er** [~'te] (hinab)stürzen; beschleunigen; überstürzen; **se ~er** sich stürzen (**sur** auf)

précis [pre'si] genau; deutlich; m Abriß; **~ément** [~ze'mã] genau; **~er** [~'ze] genau angeben, bestimmen; **~ion** [~'zjõ] f Genauigkeit

précoc|e [pre'kɔs] frühreif; vorzeitig; **~ité** [~si'te] f Frühreife; Vorzeitigkeit

préconç|u [prekɔ̃'sy] vorgefaßt; **~iser** [~kɔni'ze] (an)preisen; empfehlen

pré|curseur [prekyr'sœ:r] m Vorläufer; **~décesseur** [~dese'sœ:r] m Vorgänger

prédestin|ation [predestina'sjõ] f Vorherbestimmung; **~er** [~'ne] vorherbestimmen

prédicateur [predika'tœ:r] m Prediger

prédiction [predik'sjõ] f Vorhersage

prédilection [predilɛk'sjõ] f Vorliebe

prédire [pre'di:r] vorher-, wahr-, weis-sagen

prédomin|ance [predomi-'nã:s] f Vorherrschaft; **~er** [~'ne] vorherrschen, überwiegen

prééminent [preemi'nã] hervorragend

préface [pre'fas] f Vorwort n

préfecture [prefɛk'ty:r] f Präfektur; Verwaltungsbezirk m; **~ de police** Polizeipräsidium n

préfér|able [prefe'rablə] vorzuziehen(d) (**à**); **~ence** [~'rã:s] f Vorzug m; Vorliebe; **de ~ence** vorzugsweise; **~er** [~'re] vorziehen; **~er faire qc.** et. lieber tun

préfet [pre'fɛ] m Präfekt

préjudic|e [prey'dis] m Nachteil, Schade(n); **~iable** [~'sjablə] nachteilig (**à** für)

préjugé [prey'ʒe] m Vorurteil n

prélever [prel(ə)'ve] vorwegnehmen

préliminaire [prelimi'nɛ:r] einleitend; Vor...

prélude [pre'lyd] m Vorspiel n

prématuré [prematy're] verfrüht; voreilig; Früh...

prémédité [premedi'te] wohlüberlegt; jur vorsätzlich; **~er** [~] vorher überlegen

prem|ier [prə'mje] erste(r, -s); **ière** [~'mjɛr] f Erstaufführung; **~ièrement** [~mjɛr'mã] erstens; **~ier--né** [~mje'ne] erstgeboren

prendre ['prɑ̃:drə] (weg-, mit-)nehmen; ergreifen; gefangennehmen; Stadt einnehmen; Fische fangen; überraschen; Nahrung zu sich nehmen; Krankheit bekommen; Verkehrsmittel benutzen; Weg einschlagen; ~ **pour** halten für; ~ **part** teilnehmen (à an); ~ **feu** Feuer fangen; ~ **q.** j-n abholen

preneur [prə'nœ:r] m Abnehmer

prénom [pre'nɔ̃] m Vorname

préoccup|ation [preɔkypa'sjɔ̃] f Besorgnis, Sorge; ~**er** [~'pe] stark beschäftigen; beunruhigen

prépa|ration [prepara'sjɔ̃] f Vor-, Zubereitung; ~**rer** [~'re] vor-, zubereiten

prépondéran|ce [prepɔ̃de'rɑ̃:s] f Übergewicht n; ~**t** [~'rɑ̃] vorherrschend; entscheidend

prérogative [preroga'ti:v] f Vorrecht n

près [prɛ] nahe; **tout** ~ ganz in der Nähe; **à peu** ~ beinahe; ungefähr; fast; **de** ~ aus der Nähe; sorgfältig; ~ **de** nahe; neben; **être** ~ **de** im Begriff sein zu

présage [pre'za:ʒ] m Vorbedeutung f; -zeichen n

presbyt|e [prɛs'bit] weitsichtig; ~**ère** [~'tɛ:r] m Pfarrhaus n

prescrip|tion [prɛskrip'sjɔ̃] f Vorschrift n; Rezept n; Verjährung; ~**re** [~'kri:r] vorschreiben; verschreiben; **se** ~**re** verjähren

préséance [prese'ɑ̃:s] f Vorrang m

présen|ce [pre'zɑ̃:s] f Anwesenheit f; ~**t** [~'zɑ̃] gegenwärtig; vorliegend; ~**t!** hier!; m Gegenwart f; Geschenk n; **les** ~**ts** die Anwesenden; **à** ~**t** jetzt

présent|ateur [prezɑ̃ta'tœ:r] m Conférencier; ~**ation** [~ta'sjɔ̃] f Überreichung f; Vorzeigen n; Vorstellung f; ~**ation de mode** Modenschau

présenter [~'te] überreichen; anbieten; vorstellen; vorzeigen

préserv|atif [prezɛrva'tif] m Präservativ n; ~**er** [~'ve] bewahren, schützen (**de** vor)

présid|ence [prezi'dɑ̃:s] f Vorsitz m; Präsidentschaft f; ~**ent** [~'dɑ̃] m Vorsitzende(r), Präsident; ~**er** [~'de] leiten; den Vorsitz führen

présomp|tif [prezɔ̃p'tif] mutmaßlich; ~**tion** [~'sjɔ̃] f Vermutung f; Dünkel m; ~**tueux** [~'tɥø] überheblich

pres|que [prɛsk(ə)] beinahe, fast; ~**qu'île** [~'kil] f Halbinsel

press|ant [prɛ'sɑ̃] dringend, eilig; ~**é** [~'se] dringend; **il est** ~**é** er hat es eilig; ~**e** [prɛs] f Presse; Gedränge n; ~**e-citron** [prɛssi'trɔ̃] m Zitronenpresse f

pressentiment

pressent|iment [presɑ̃ti-'mɑ̃] *m* Vorgefühl *n*, Ahnung *f*; **~ir** [~'tiːr] ahnen
presse-papier [prespa'pje] *m* Briefbeschwerer
presser [prɛ'se] drücken, (aus)pressen; (be)drängen, bestürmen; antreiben; beschleunigen; **se ~** sich drängen; sich beeilen
press|ion [prɛ'sjɔ̃] *f* (atmosphérique, artérielle, des pneus Luft-, Blut-, Reifen-)Druck *m*; Zwang *m*; **~oir** [~'swaːr] *m* Kelter *f*; **~urer** [~sy're] auspressen, keltern, *fig* aussaugen
prest|e [prɛst] behende, flink; **~idigitateur** [~tiʒi-ta'tœːr] *m* Taschenspieler
prestige [prɛs'tiːʒ] *m* Prestige *n*, Ansehen *n*
présumer [prezy'me] *v/t* vermuten
prêt [prɛ] bereit (à zu); fertig; *m* Darlehen *n*; Verleih
prétend|re [pre'tɑ̃ːdr] behaupten; beanspruchen, fordern; sich bewerben (à um); **~u** [~'tɑ̃dy] angeblich, sogenannt
prétent|ieux [pretɑ̃'sjø] anmaßend, eingebildet; **~ion** [~'sjɔ̃] *f* Anspruch *m*; *fig* Anmaßung
prêter [prɛ'te] (aus-, ver-)leihen; (*Eid*, *Hilfe usw*) leisten; zuschreiben; **~ à** Anlaß geben zu; **se ~ à** sich hergeben zu; sich eignen zu

prétexte [pre'tɛkst] *m* Vorwand
prêtre ['prɛːtr] *m* Priester
preuve [prœːv] *f* Beweis *m*; Zeichen *n*; *Math* Probe
prévaloir [preva'lwaːr] vorwiegen; übertreffen; **se ~ de qc.** sich et. zunutze machen, auf et. pochen
préven|ance [prev'nɑ̃ːs] *f* Zuvorkommenheit; **~ant** [~'nɑ̃] zuvorkommend; **~ir** [~'niːr] zuvorkommen; vorbeugen; warnen; *Arzt*, *Polizei* verständigen
préven|tif [prevɑ̃'tif] vorbeugend; **~tion** [~'sjɔ̃] *f* Voreingenommenheit, Vorurteil *n*; Untersuchungshaft; **~u** [~vəˈny] beschuldigt; voreingenommen
prév|ision [previ'zjɔ̃] *f* Voraussage; Vermutung; *Hdl* Voranschlag *m*; **~oir** [~'vwaːr] voraussehen
prévoyan|ce [prevwa'jɑ̃ːs] *f* Vorsorge; **~t** [~'jɑ̃] vorsorglich; vorausschauend
pri|er [pri'e] bitten; beten; **~ère** [~'ɛːr] *f* Bitte; Gebet *n*; **~eur** [~'œːr] *m* Prior
prim|aire [pri'mɛːr] Anfangs-, Primär-; Ur-...; **~e** [prim] *f* Prämie, Gratifikation; **~é** [~'me] preisgekrönt
prim|eurs [pri'mœːr] *f/pl* Früh-obst *n*, -gemüse *n*; **~evère** [~m'vɛːr] *f* Primel; **~itif** [~i'tif] ursprünglich, Ur-...; primitiv

princ|e [prɛ̃ːs] *m* Prinz; **~esse** [prɛ̃ˈsɛs] *f* Prinzessin
princip|al[prɛ̃siˈpal]hauptsächlich; *m* Haupt-sache *f*, -punkt; **~e** [..ˈsip] *m* Prinzip *n*, Grundsatz; **en ~e** grundsätzlich
printemps [prɛ̃ˈtɑ̃] *m* Frühling
priorité [prioriˈte] *f* Vorrang *m*; Vorfahrt(srecht *n*) *f*
pris [pri] *p.s. s* **prendre**
prise [priːz] *f* Eroberung, Einnahme; **(de catch Catcher-)**Griff *m*; Fang *m*; Fot Aufnahme; **~e de corps** Verhaftung; **~ (de courant)** Steckdose; **~ d'eau** Hydrant *m*; **~ de sang** Blutentnahme; **lâcher ~** loslassen
prison [priˈzõ] *f* Gefängnis *n*; **~nier** [..zɔˈnje] *m* Gefangene(r)
privation [privaˈsjõ] *f* Entziehung, Entzug *m*; Verlust *m*; Entbehrung
priv|auté [privoˈte] *f* plumpe Vertraulichkeit; **~é** [priˈve] privat
priver [priˈve] **(q. de qc.** j-n e-r Sache**)** berauben
privilège [priviˈlɛːʒ] *m* Privileg *n*, Vorrecht *n*
prix [pri] *m* Preis
proba|bilité [prɔbabiliˈte] *f* Wahrscheinlichkeit; **~ble** [..ˈbabl] wahrscheinlich
probité [prɔbiˈte] *f* Redlichkeit
problème [prɔˈblɛm] *m* Problem *n*

procéd|é [prɔseˈde] *m* Verfahren *n*; **~er** [..] vorgehen; schreiten (à zu); **~ure** [..ˈdyːr] *f* (Prozeß-)Verfahren *n*
proc|ès [prɔˈsɛ] *m* Prozeß, **~ession** [..ˈsjõ] *f* Prozession, Umzug *m*; **~ès-verbal** [..verˈbal] *m* Protokoll *n*
proch|ain [prɔˈʃɛ̃] nächst; kommend; **~e** [prɔʃ] nahe
procuration [prɔkyraˈsjõ] *f* Vollmacht; **~er** [..ˈre] besorgen, verschaffen; **~eur** [..ˈrœːr] *m* Bevollmächtigte(r)
prodigalité [prɔdigaliˈte] *f* Verschwendungssucht
prodigieux [prɔdiˈʒjø] wunderbar; gewaltig
prodigu|e [prɔˈdig] verschwenderisch; **~er** [..ˈge] verschwenden
product|eur [prɔdykˈtœːr] *m* Erzeuger; **~if** [..ˈtif] ergiebig, einträglich; **~ion** [..ˈsjõ] *f* Produktion, Erzeugnis *n*
produire [prɔˈdɥiːr] erzeugen; produzieren, herstellen; hervorbringen; **se ~** sich ereignen
produit [prɔˈdɥi] *m* Erzeugnis *n*; Produkt *n*; Ertrag
proférer [prɔfeˈre] hervorbringen, aussprechen
profess|er [prɔfeˈse] öffentlich bekennen; lehren; unterrichten; **~eur** [..ˈsœːr] *m* Lehrer; Professor; **~ion** [..ˈsjõ] *f* Beruf *m*; **~ionnel**

profil [~sjɔ'nɛl] berufsmäßig; m Berufssportler, Profi

profil [prɔ'fil] m Profil n

profit [prɔ'fi] m Nutzen, Profit; **~able** [~'tablə] einträglich; **~er** [~'te] Vorteil ziehen (**de** aus); nutzen (**à q.** j-m)

profond [prɔ'fɔ̃] tief; gründlich; **~eur** [~'dœːr] f Tiefe

profusion [prɔfy'zjɔ̃] f Verschwendung; **à ~** im Überfluß

programme [prɔ'gram] m (**d'excursions** Ausflugs-) Programm n

progr|ès [prɔ'grɛ] m Fortschritt; **~essif** [~'sif] fortschreitend; **~ession** [~'sjɔ̃] f Fortschreiten n

prohiber [prɔi'be] verbieten

proie [prwa] f Beute

project|eur [prɔʒɛk'tœːr] m Scheinwerfer; **~ile** [~'til] m Geschoß n

projet [prɔ'ʒɛ] m Plan; Entwurf; **~er** [prɔʒ'te] Schatten werfen; planen, sich vornehmen

prolétaire [prɔle'tɛːr] proletarisch; m Proletarier

prolixe [prɔ'liks] weitschweifig

prolongation [prɔlɔ̃ga'sjɔ̃] f (**d'une semaine** Verlängerung(swoche) f; **~er** [~'ʒe] verlängern

promen|ade [prɔm'nad] f Spaziergang m; **~ade en bateau** Bootsfahrt; **~er**

[~'ne]: **se ~er** spazierengehen; **~eur** [~'nœːr] m Spaziergänger

promesse [prɔ'mɛs] f Versprechen n; **~ttre** [~'mɛtrə] versprechen; ankündigen

promontoire [prɔmɔ̃'twaːr] m Vorgebirge n

promot|eur [prɔmɔ'tœːr] m Urheber; Vorkämpfer; **~ion** [~mɔ'sjɔ̃] f Beförderung

promouvoir [prɔmu'vwaːr] (be)fördern

prompt [prɔ̃] schnell, rasch; **~itude** [~'titydə] f Schnelligkeit

promulguer [prɔmyl'ge] Gesetz verkünden

prononcer [prɔnɔ̃'se] aussprechen; Rede halten; Urteil verkünden; **se ~** sich äußern; sich erklären

pronostiquer [prɔnɔsti'ke] voraussagen

propager [prɔpa'ʒe] verausbreiten

propice [prɔ'pis] günstig

propos [prɔ'po] m Entschluß; Vorsatz; Rede f; **à ~** gelegen, passend; **à ~!** übrigens!; **à ~ de** anläßlich; **~er** [~'ze] vorschlagen; vorbringen; **se ~** sich vornehmen (**de** zu)

proposition [prɔpozi'sjɔ̃] f Vorschlag m, Antrag m

propre ['prɔprə] eigen(tlich); eigentümlich; sauber; **à ~ qc.** zu et. tauglich; **~té** [~'te] f Sauberkeit

propriét|aire [prɔprie'tɛːr]

m Eigentümer; Inhaber; Hausbesitzer; **~é** [..'te] *f* Besitz *m*; Eigentum *n*

propuls|er [prɔpyl'se] antreiben; **~eur** [..'sœ:r] *m* Triebwerk *n*; **~ion** [..'sjɔ̃] *f* Antrieb *m*

proroger [prɔrɔ'ʒe] aufschieben; verlängern

proscrire [prɔs'kri:r] ächten

pros|e [pro:z] *f* Prosa; **~pectus** [prɔspek'tys] *m* Prospekt

prosp|ère [prɔs'pɛ:r] blühend, gedeihend; **~érer** [..pe're] gedeihen; **~érité** [..ri'te] *f* Glück *n*, Gedeihen *n*

protagoniste [prɔtagɔ'nist] *su* Hauptdarsteller(in *f*) *m*

protect|eur [prɔtɛk'tœ:r] Schutz...; *m* Beschützer; **~ion** [..'sjɔ̃] *f* Schutz *m*

protéger [prɔte'ʒe] (be-)schützen (**contre** vor); fördern

protestant [prɔtɛs'tã] evangelisch

protester [..'te] protestieren; beteuern (**de** qc. et.)

prothèse [prɔ'tɛ:z] *f* Prothese

proue [pru] *f* Mar Bug *m*

prouver [pru've] beweisen

provenance [prɔv'nã:s] *f* Ursprung *m*, Herkunft; **~ir** [..'ni:r] herkommen, herrühren

prov|erbe [prɔ'vɛrb] *m* Sprichwort *n*; **~idence** [..vi'dã:s] *f* Vorsehung

province [prɔ'vɛ̃:s] *f* Provinz

provis|ion [prɔvi'zjɔ̃] *f* Vorrat *m*; Provision; *Hdl* Deckung; **~oire** [..'zwa:r] provisorisch; vorläufig

provo|cant [prɔvɔ'kã] herausfordernd; **~cation** [..ka'sjɔ̃] *f* Herausforderung; **~quer** [..'ke] herausfordern, provozieren; hervorrufen

proximité [prɔksimi'te] *f* Nähe; **à ~ de** nahe bei

pruden|ce [pry'dã:s] *f* Vorsicht; **~t** [..'dã] vorsichtig

pruderie [pry'dri] *f* Sprödigkeit, Prüderie

prun|e [pryn] *f* Pflaume, Zwetschge; **~eau** [..'no] *m* Backpflaume/**~elle** [..'nɛl] *f* Schlehe; Pupille; **~ier** [..'nje] *m* Pflaumenbaum

Pruss|e [prys]: **la ~** Preußen *n*; **~ien** [..'sjɛ̃] preußisch

psaume [pso:m] *m* Psalm

psych|iatre [psi'kjatr] *m* Psychiater; **~ologie** [..kɔlɔ'ʒi] *f* Psychologie

pu [py] *p.p.* s *pouvoir*

puant [pɥã] stinkend; **~eur** [..'tœ:r] *f* Gestank *m*

publi|c, ~que [py'blik] öffentlich; *m* Publikum *n*; **~cation** [..ka'sjɔ̃] *f* Veröffentlichung; Bekanntmachung; **~ciste** [..'sist] *m* Publizist; **~cité** [..si'te] *f*

publier

Öffentlichkeit; Reklame, Werbung; ~er [~'e] veröffentlichen; bekanntgeben

puce [pys] f Floh m

pud|eur [py'dœ:r] f Scham (-haftigkeit); ~icité [~disi'te] f Keuschheit; ~ique [~'dik] schamhaft, keusch

puer [pɥe] stinken (qc. nach et.)

puéril [pɥe'ril] f kindlich; kindisch

puis [pɥi] dann, darauf

puis|er [pɥi'ze] schöpfen (**dans** cò **à** aus)

puisque ['pɥiskə] da ja, weil, da doch

puissan|ce [pɥi'sã:s] f Macht; Gewalt; Kraft; Stärke; ~t [~'sã] mächtig; stark

puits [pɥi] m Brunnen; (**d'aérage** Luft-)Schacht

pull-over [pylɔ've:r] m Pullover

pulluler [pyly'le] sich schnell vermehren, wuchern; wimmeln, überhandnehmen

pulmonaire [pylmɔ'nɛ:r] Lungen...

pulpe [pylp] f Fruchtfleisch n

pulsation [pylsɑ'sjɔ̃] f Pulsschlag m

punaise [py'nɛ:z] f Wanze; Reißzwecke

punch [pɔ̃ʃ] m Punsch

puni|r [py'ni:r] (be)strafen; ~tion [~ni'sjɔ̃] f Strafe

pupille [py'pil] su Mündel

n; Zögling m; f Pupille

pupitre [py'pitrə] m Pult n

pur [py:r] rein, unvermischt; echt; makellos

purée [py're] f (**de pommes de terre** Kartoffel-) Brei m

pureté [pyr'te] f Reinheit

purg|atif [pyrga'tif] m Abführmittel m; ~atoire [~'twa:r] f Fegefeuer n; ~er [~'ʒe] reinigen, läutern; ab-, ver-büßen; **se ~er** Abführmittel nehmen

purifi|cation [pyrifika'sjɔ̃] f Reinigung; ~er [~'fje] reinigen; läutern

purin [py'rɛ̃] m Jauche

pur-sang [pyr'sɑ̃] m Vollblutpferd n

purulent [pyry'lɑ̃] eit(e)rig

pus [py] p.s. s **pouvoir**; m Eiter

pusillanime [pyzila'nim] f kleinmütig, zaghaft

pustule [pys'tyl] f Pustel

putois [py'twa] m Iltis

putré|faction [pytrefak'sjɔ̃] f Fäulnis; Verwesung; ~fier [~'fje]: **se ~fier** (ver-) faulen, verwesen

pyjama [piʒa'ma] m Pyjama, Schlafanzug

pylône [pi'lo:n] m Leitungs-, Licht-mast

pyramide [pira'mid] f Pyramide

python [pi'tɔ̃] m Pythonschlange; ~isse [~tɔ'nis] f Wahrsagerin

Q

quadr|angulaire [kwadrɑ̃gy'lɛ:r] viereckig; **~ilatère** [~drila'tɛ:r] vierseitig; *m* Viereck *n*; **~illé** [kadri'je] kariert; **~imoteur** [kwadrimɔ'tœ:r] *m* viermotoriges Flugzeug *n*; **~uple** [~'dryplə] vierfach

quai [ke] *m* Kai; Bahnsteig

quali|fier [kali'fje] qualifizieren, bezeichnen; **~té** [~'te] *f* Eigenschaft, Qualität, Beschaffenheit

quand [kɑ̃] wann?; als; wenn; **~ même** dennoch, trotzdem

quant [kɑ̃]: **à moi** was mich betrifft

quantième [kɑ̃'tjɛm] wievielte; *m* Datum *n*

quantité [kɑ̃ti'te] *f* Quantität, Menge

quarant|aine [karɑ̃'tɛn] *f* etwa vierzig; Quarantäne; **~e** [~'rɑ̃:t] vierzig

quart [ka:r] *m* Viertel *n*; **~ d'heure** Viertelstunde *f*

quartier [kar'tje] *m* Viertel *n*; Stadtteil

quat|orze [ka'tɔrz] vierzehn; **~re** ['katrə] vier; **~re-vingt** [~'vɛ̃] achtzig; **~re-vingt-dix** [~'di:s] neunzig; **~rième** [~tri'ɛm] vierte, -r -s; **~uor** [kwa'tyɔ:r] *m Mus* Quartett *n*

que [kə] **1.** was?; welchen *od* den, welche *od.* die, welches *od* das; **2.** daß; als, wie; **ne ... ~** nur

quel [kɛl] welche(r, -s) was für ein; **~conque** [~'kɔ̃:k] irgendein

quelque ['kɛlkə] irgendein; ungefähr; **~s** *pl* einige; **~ chose** etwas; **~ part** irgendwo; **~fois** [~'fwa] manchmal

quelqu'un [kɛl'kœ̃] jemand, (irgend)einer

quenelle [kə'nɛl] *f* Fleischklößchen *n*

querell|e [kə'rɛl] *f* Streit *m*, Zank *m*; **~er** [~'le] streiten, zanken (**q.** mit *j-m*); **~eur** [~'lœ:r] zänkisch

quérir [ke'ri:r]: **aller ~** (**envoyer ~**) holen (lassen)

question [kɛs'tjɔ̃] *f* Frage; **~naire** [~tjɔ'nɛ:r] *m* Fragebogen; **~ner** [~'ne] ab-, ausfragen

quêt|e [kɛ:t] *f* Suche; Geldsammlung; **~er** [kɛ'te] sammeln

queue [kø] *f* Schwanz *m*; Schweif *m*; Stiel *m*; Schleppe *f*; Billardstock *m*; Ende *n*; **à la ~** am Ende, hinten; **faire la ~** Schlange stehen

qui [ki] wer, wen?; welche, der; **~ que ce soit** wer es auch sei; **~conque** [~'kɔ̃:k] jeder, der ...; wer auch immer

quiétude [kje'tyd] *f* (Seelen-)Ruhe
quille [ki:j] *f* Kegel *m*; *Mar* Kiel *m*
quincaillerie [kɛ̃kaj'ri] *f* Eisenwaren(handlung) *f/pl*
quinine [ki'nin] *f* Chinin *n*
quinquet [kɛ̃'kɛ] *m* Öllampe *f*
quint|al [kɛ̃'tal] *m* Doppelzentner; **~eux** [~'tø] launisch, wunderlich; **~uple** [~'typlə] fünffach
quinz|aine [kɛ̃'zɛn] *f* etwa fünfzehn; vierzehn Tage; **~e** [kɛ̃:z] fünfzehn; **~e** jours 14 Tage; **~ième** [kɛ̃'zjɛm] fünfzehnte(r, -s)
quitt|ance [ki'tɑ̃:s] *f* Quittung; **donner ~ance** quittieren; **~e** [kit] quitt; frei; **~er** [~'te] verlassen; aufgeben; ablegen; **ne ~ez pas!** bleiben Sie am Apparat!; **se ~er** sich trennen
quoi [kwa] was; **à ~** wozu; **après ~** worauf; **de ~** wovon; **(il n'y a) pas de ~!** keine Ursache!; **sans ~** sonst; **~ que** [~kə] obgleich, obwohl
quotidien [kɔti'djɛ̃] täglich; *m* Tageszeitung *f*

R

rabais [ra'bɛ] *m* Rabatt; **~ser** [~'se] herabsetzen
rabatt|age [raba'ta:ʒ] *m* Treibjagd *f*; **~re** [~'batrə] niederschlagen, -drücken; *Kragen* umschlagen; *Falten* glätten; *im Preis* nachlassen; *Wild* treiben; **se ~re** sich schadlos halten (**sur** an)
rabbin [ra'bɛ̃] *m* Rabbiner
rabot [ra'bo] *m* Hobel; **~er** [~bɔ'te] hobeln; **~eux** [~'tø] rauh; holperig
rabougrir [rabu'gri:r]: **se ~** verkümmern
raccommoder [rakɔmɔ'de] ausbessern, flicken; aussöhnen
raccourc|i [rakur'si] *m* Abriß; Abkürzung *f*; **~ir** [~'si:r] kürzen; kürzer w.; einlaufen
raccrocher [rakrɔ'ʃe] wieder aufhängen; *Tel* auflegen; **se ~** sich (an)klammern (**à** an)
race [ras] *f* Rasse; Geschlecht *n*; Stamm *m*
rach|at [ra'ʃa] *m* Rück-, Loskauf; **~eter** [raʃ'te] zurück-; los-, freikaufen; wiedergutmachen
racine [ra'sin] *f* Wurzel
racl|ée [rɑ'kle] *F f* Tracht Prügel; **~er** [~] (ab)schaben, abkratzen
raconter [rakɔ̃'te] erzählen
radar [ra'da:r] *m* Radar (-gerät *n*)
rade [rad] *f* Reede
radeau [ra'do] *m* Floß *n*

radiateur [radja'tœ:r] *m* Heizkörper; *Kfz* Kühler

radi|ation [radja'sjɔ̃] *f* Ausstrahlung; Streichung; Löschung; **~er** [~'dje] ausstreichen; löschen; **~eux** [~'djø] strahlend (*a fig*)

radio [ra'djo] *f* Rundfunk *m*; (**portative** Koffer-) Radio *n*; **~actif** [~ak'tif] radioaktiv; **~diffuser** [~dify'ze] *Rdf* senden; **~gramme** [~'gram] *m* Funkspruch; **~graphie** [~gra'fi] Röntgenaufnahme; **~phonique** [~fɔ'nik] Radio..., (Rund-)Funk...; **~reportage** [~rəpɔr'ta:ʒ] *m* Funkreportage *f*; **~scopier** [~skɔ'pje] *Med* durchleuchten; **~télégraphiste** [~telegra'fist] *m* Funker

radis [ra'di] *m* Rettich; (**petit**) **~** Radieschen *n*

radoucir [radu'si:r] mildern; besänftigen

rafale [ra'fal] *f* Bö

raffermir [rafɛr'mi:r] festigen; stärken

raffin|é [rafi'ne] gereinigt; verfeinert; raffiniert; **~ement** [~n'mã] *m* Verfeinerung *f*; raffinieren; **~erie** [~n'ri] *f* Raffinerie

rafraîch|ir [rafrɛ'ʃi:r] erauffrischen; abkühlen; kühler werden; **~issement** [~ʃis'mã] *m* Abkühlung *f*; Erfrischung *f*

rage [ra:ʒ] *f* Wut; Tollwut;

rasender Schmerz *m*; Leidenschaft

ragoût [ra'gu] *m* Ragout *n*

rai [rɛ] *m* Speiche *f*

raid [rɛd] *m* Vorstoß; Fernflug; Luftangriff; **~e** [rɛ] steif, straff; steil; schroff; *P* pleite, blank; **~eur** [~'dœ:r] *f* Steifheit; Starrsinn *m*; **~ir** [~'di:r] versteifen, steif *m*.

raie [rɛ] *f* Strich; Streifen *m*; Furche; Scheitel *m*; *Zo* Rochen *m*

raifort [rɛ'fɔ:r] *m* Meerrettich

rail [ra:j] *m* Schiene *f*

raill|er [ra'je] (ver)spotten; **~erie** [raj'ri] *f* Spaß *m*, Spott *m*; **~eur** [~'jœ:r] spöttisch

rainette [rɛ'nɛt] *f* Laubfrosch *m*

rainure [rɛ'ny:r] *f* Nut

raisin [rɛ'zɛ̃] *m* (Wein-) Traube *f*; **~ sec** Rosine *f*

raison [rɛ'zɔ̃] *f* Vernunft; Verstand *m*; Grund *m*; Ursache; **avoir** (**donner**) **~** recht haben (geben); **~nable** [~zɔ'nabl] vernünftig; angemessen; **~nement** [~zɔn'mã] *m* Urteilskraft *f*; Überlegung *f*; **~ner** [~'ne] urteilen; schließen; durchdenken

rajeun|ir [raʒœ'ni:r] verjüngen; **~issement** [~nis'mã] *m* Verjüngung *f*

raj|outer [raʒu'te] hinzufügen; **~uster** [~ʒys'te]

wieder in Ordnung bringen; an-, aus-gleichen

ralenti [ralã'ti] *m* Zeitlupenaufnahme *f*; **au ~** im Zeitlupentempo; **~ir** [~'ti:r] verlangsamen

rallier [ra'lje] (ver)sammeln; **se ~** sich anschließen

rallonge [ra'lõ:ʒ] *f* Verlängerungsschnur; **~er** [~lõ'ʒe] verlängern

rallye [ra'li] *m* Rallye *f*, Sternfahrt *f*

ramasser [rama'se] aufheben; auflesen; (ein)sammeln

rame [ram] *f* Ruder *n*; Bohnenstange; Zugteil *m*

rameau [ra'mo] *m* Zweig

ramener [ram'ne] zurückbringen, -führen; *fig* wiederherstellen

ramer [ra'me] stützen; rudern; **~eur** [~'mœ:r] *m* Ruderer

ramifier [rami'fje]: **se ~** sich verzweigen (*a fig*)

ramollir [ramɔ'li:r] weich m.; **se ~** erschlaffen; *F* verblöden

ramoneur [ramɔ'nœ:r] *m* Schornsteinfeger

rampant [rã'pã] kriechend; kriecherisch; **~e** [rã:p] *f* Treppengeländer *n*; Auffahrt; Rampe; [rã-'pe] kriechen (*a fig*)

ramure [ra'my:r] *f* Astwerk *n*; Geweih *n*

rance [rã:s] ranzig; **~ir** [rã'si:r] ranzig werden; **~eur** [~'kœ:r] *f* Groll *m*

rançon [rã'sõ] *f* Lösegeld *n*

rancune [rã'kyn] *f* Groll *m*; **~ier** [~'nje] nachtragend

randonnée [rãdɔ'ne] *f* Ausflug *m*

rang [rã] *m* Reihe *f*; Rang; **~ée** [~'ʒe] *f* Reihe; **~er** [~-'ʒe] in Ordnung bringen, ordnen; einreihen; **se ~er** sich aufstellen; *Kfz* sich einordnen

ranimer [rani'me] wiederbeleben

rapace [ra'pas] habgierig

rapatri|é [rapatri'e] *m* Heimkehrer; **~er** [~] rückführen, repatriieren

râp|e [rɑ:p] *f* Reibe, Raspel; **~é** [rɑ'pe] *Kleidung*: abgetragen; **~er** [~] reiben; raspeln

rapi|de [ra'pid] schnell; reißend; steil; *m* Stromschnelle *f*; *Esb* Eilzug; **~dité** [~di'te] *f* Schnelligkeit; Steilheit

rapiécer [rapje'se] flicken

rapine [ra'pin] *f* Raub *m*

rappel [ra'pɛl] *m* Zurück-, Abberufung *f*; Nachzahlung *f*; Erinnerung *f*; **~er** [~'ple] zurück(be)rufen; mahnen; erinnern (qc. à q. j-n an et.); **se ~er q.** (qc.) sich an j-n (et.) erinnern

rapport [ra'pɔ:r] *m* Ertrag; Bericht; Gutachten *n*; Beziehung *f*; **par ~ à** mit Bezug auf; **~er** [~pɔr'te] wieder-, zurück-, mitbringen; einbringen; berichten; *F* petzen; **se ~er** à sich be-

ziehen auf; **s'en ~er à q.** sich auf j-n verlassen; **~eur** [ʃtœːr] m Berichterstatter
rapprochement [raprɔʃmã] m Annäherung f; **~er** [ʃe] näherbringen; **se ~er** (sich) näherkommen
rapt [rapt] m Entführung f, Menschenraub
raquette [raket] f Tennisschläger m; Schneeschuh m
rare [raːr] selten; seltsam
rareté [rarte] f Seltenheit; Knappheit
ras [rɑ]: **à poil ~** Tier: kurzhaarig; **au ~ de** auf gleicher Höhe mit; **~er** [ʃze] rasieren; dem Erdboden gleichmachen; streifen, fast berühren; **~oir** [ʃzwaːr] m Rasiermesser n, -apparat
rassasier [rasaˈzje] sättigen
rassembler [rasɑ̃ble] vereinigen; (ver)sammeln
rassis [rasi] altbacken; ruhig, gesetzt
rassurer [rasyˈre] beruhigen
rat [ra] m Ratte f
ratatiner [ratatiˈne]: **se ~** zs.-schrumpfen
rate [rat] f Milz
raté [rate] m Versager; Motor: Fehlzündung f
râteau [rɑto] m Harke f, Rechen
rater [rate] versagen; mißlingen; verfehlen; **Zug** verpassen; **~ un examen** durchfallen
ratifier [ratiˈfje] ratifizieren, bestätigen
ration [rasjõ] f Ration; **~aliser** [ʃsjɔnaliˈze] rationalisieren; **~nement** [ʃsjɔnˈmã] m Rationierung f
ratisser [ratiˈse] harken, rechen
raton [ratõ] m kleine Ratte f; **~ laveur** Waschbär
rattacher [rataˈʃe] wieder anbinden; verbinden (à mit); **se ~** sich anschließen
rattraper [ratraˈpe] wieder fangen; einholen
raturer [ratyˈre] (aus-, durch-)streichen
rauque [roːk] heiser, rauh
ravage [raˈvaːʒ] m Verwüstung f; **~er** [ʃvaˈʒe] verwüsten, verheeren
rave [raːv] f Rübe
ravi [raˈvi] entzückt
ravin [raˈvɛ̃] m Schlucht f; **~er** [ʃviˈne] auswaschen
ravir [raˈviːr] rauben, entführen; entzücken
raviser [raviˈze]: **se ~** sich anders besinnen
ravissant [raviˈsɑ̃] reizend; entzückend; **~eur** [ʃsœːr] m Entführer
ravitaillement [ravitajˈmã] m Versorgung f; Verpflegung f; **~er** [ʃje] versorgen
raviver [raviˈve] neu beleben
rayé [reˈje] gestreift; liniert; **~er** [ʃ] ritzen; durchstreichen
rayon [reˈjõ] m Strahl; Radius; Umkreis; (Rad-)

Speiche *f*; Abteilung *f*; Fach *n*; ~ne [~'jɔn] *f* Kunstseide; ~ner [~jɔ'ne] (aus-)strahlen

rayure [rɛ'jy:r] *f* Streifen *m*; Kratzer *m*

raz(-)de(-)marée [radma're] *m* Springflut *f*

réact|eur [reak'tœ:r] *m* Reaktor; Düsentriebwerk *m* Reaktor; ~ion [~'sjɔ̃] *f* Reaktion *f*

réagir [rea'ʒi:r] reagieren

réali|sable [reali'zablə] ausführbar; ~sateur [~za'tœ:r] *m* Filmregisseur; ~sation [~za'sjɔ̃] *f* Verwirklichung; ~ser [~'ze] verwirklichen; ausführen; ~té [~'te] *f* Wirklichkeit

réarmement [rearmə'mã] *m* Aufrüstung *f*

réassurer [reasy're] rückversichern

rebell|e [rə'bɛl] aufrührerisch; ~er [~'le]: se ~er sich auflehnen

rébellion [rebɛl'jɔ̃] *f* Aufruhr *m*; Aufstand *m*

rebondir [rəbɔ̃'di:r] zurück-, ab-prallen

rebord [rə'bɔ:r] *m* Rand, Einfassung *f*; Krempe *f*; Sims

rebours [rə'bu:r] *m*: à ~ gegen den Strich; rückwärts

rebrousse-poil [rəbrus'pwal]: à ~ gegen den Strich

rebut [rə'by] *m* Ausschuß; Abschaum; ~er [~'te] *fig* abstoßen

récapituler [rekapity'le] zs.-fassend wiederholen

récemment [resa'mã] neulich, kürzlich

recensement [rəsãs'mã] *m* (Volks-)Zählung *f*

récent [re'sã] frisch, neu

récépissé [resepi'se] *m* Empfangsschein

récep|teur [resɛp'tœ:r] *m* El Empfänger; Tel Hörer; ~tion [~'sjɔ̃] *f* Aufnahme, Empfang *m* (*a* El), Rezeption *f*

recette [rə'sɛt] *f* (Geld-)Einnahme; (Koch-)Rezept *n*

recev|able [rəs'vablə] annehmbar; zulässig; ~eur [~'vœ:r] *m* Schaffner; ~oir [~'vwa:r] *f* empfangen, bekommen, erhalten, aufnehmen [Ersatz...]

rechange [rə'ʃã:ʒ] *m*: de ~

réchapper [reʃa'pe] davonkommen, überstehen

recharger [rəʃar'ʒe] wieder auf-, be-laden

réchau|d [re'ʃo] *m* (à gaz, à alcool Gas-, Spiritus-)Kocher; ~ffer [~'fe] wieder erwärmen; aufwärmen

recherch|e [rə'ʃɛrʃ] *f* Nachforschung; ~é [~'ʃe] begehrt; gesucht; ~er [~] (nach)forschen; suchen; fahnden (q. nach j-m)

rechute [rə'ʃyt] *f* Rückfall *m*

récif [re'sif] *m* Riff *m*

réci|pient [resi'pjã] *m* Behälter; ~proque [~'prɔk] gegenseitig

récit [re'si] *m* Erzählung *f*; Bericht; ~**er** [~'te] aufsagen, vortragen

réclam|ation [reklama'sjõ] *f* Beschwerde, Beanstandung; ~**er** [~'me] beanspruchen; protestieren; **se** ~**er** sich, berufen (**de auf**)

reclure [rə'kly:r] einsperren

réclusion [rekly'zjõ] *f* Zuchthausstrafe

recoin [rə'kwɛ̃] *m* (Schlupf-)Winkel; ~ **cuisine** Kochnische *f*

récolt|e [re'kɔlt] *f* Ernte; ~**er** [~'te] ernten

recommander [rəkɔmã'de] empfehlen; *Post:* einschreiben lassen

recommencer [rəkɔmã'se] von vorn anfangen

récompens|e [rekõ'pã:s] *f* Belohnung; ~**er** [~pã'se] belohnen (**de für**); entschädigen

réconcili|ation [rekõsilja'sjõ] *f* Versöhnung; ~**er** [~'lje] versöhnen

reconduire [rəkõ'dɥi:r] zurück-führen, -begleiten

réconfort [rekõ'fɔ:r] *m* Trost; ~**er** [~fɔr'te] stärken; trösten

reconn|aissance [rəkɔnɛ'sã:s] *f* (Wieder-)Erkennen *n*; Anerkennung; Eingeständnis *n*; Dankbarkeit; ~**aissant** [~'sã] erkenntlich, dankbar (**de für**); ~**aître** [~'nɛ:trə] (wieder)erkennen (**à an**); anerkennen; eingestehen

reconstituer [rəkõsti'tɥe] wiederherstellen

record [rə'kɔ:r] *m* Rekord; **détenir le** ~ den Rekord innehaben

recou|rber [rəkur'be] umbiegen; ~**dre** [~'kudrə] (wieder) annähen

recour|ir [rəku'ri:r] s-e Zuflucht nehmen (**à zu**); ~**s** [~'ku:r] *m* Zuflucht *f*; ~**s en grâce** Gnadengesuch *n*

recouvr|ement [rəkuvrə'mã] *m* Wiedererlangung *f*; Eintreibung *f*; ~**er** [~'vre] wiederbekommen; *Steuern* eintreiben

récré|ation [rekrea'sjõ] *f* *Schule:* Pause; ~**er** [~'e]: **se** ~**er** sich vergnügen, entspannen

recru|e [rə'kry] *f* Rekrut *m*; neues Mitglied *n*; ~**ter** [~'te] rekrutieren; anwerben; ~**teur** [~'tœ:r] *m* Werber

rectangle [rɛktã'glə] rechtwinklig; *m* Rechteck *n*

recti|fier [rɛkti'fje] begradigen; berichtigen; ~**tude** [~'tyd] *f* Geradheit

reçu [rə'sy] *m* Quittung *f*, Empfangsbescheinigung *f*

recueil [rə'kœj] *m* Sammlung *f*; ~**lir** [~'ji:r] (ein-)sammeln, ernten; (**bei sich**) aufnehmen

recul [rə'kyl] *m* Rück-lauf, -stoß; ~**é** [~'le] entlegen, entfernt; ~**er** [~] zurückweichen, -gehen, -fahren;

récupérer

zurückschrecken (**devant** vor); à ~ons rückwärts

récupérer [rekype're] wiederbekommen; verwerten

récurer [reky're] scheuern

rédact|eur [redak'tœːr] m (**en chef** Chef-)Redakteur; **~ion** [~'sjɔ̃] f Redaktion

reddition [redi'sjɔ̃] f Mil Übergabe

rédempteur [redɑ̃p'tœːr] m Rel Erlöser

redev|able [rədə'vablə] schuldig (**de qc.** j-m et.); zu Dank verpflichtet (**de** für); **~ance** [~'vɑ̃ːs] f Zins m; Abgabe

rédiger [redi'ʒe] abfassen; redigieren

redire [rə'diːr] wiederholen; weitersagen; **trouver à ~ et.** auszusetzen haben

redou|bler [rədu'ble] verdoppeln; verstärken; *Classe* wiederholen; **~table** [~'tablə] gefürchtet; **~ter** [~'te] sehr fürchten

redresser [rədrɛ'se] auf-, gerade-richten; berichtigen; wiedergutmachen; *Hdl* ankurbeln

réduction [redyk'sjɔ̃] f Verminderung; Herabsetzung; Einschränkung; **~ des armements** Abrüstung

rédui|re [re'dɥiːr] vermindern; herabsetzen; einschränken; unterwerfen; **se ~re** sich beschränken (**à** auf); **~t** [~'dɥi] m Winkel, Loch n; Verschlag

rééd|ition [reedi'sjɔ̃] f Neuauflage; **~ucation** [~dyka'sjɔ̃] f Heilgymnastik; Umschulung

réel [re'ɛl] wirklich

réexpédier [reekspe'dje] *Post* nachsenden

refaire [rə'fɛːr] umarbeiten; ausbessern; erneuern; **se ~** sich erholen

référence [refe'rɑ̃ːs] f Bezugnahme; Verweis m; Empfehlung

référer [~'re]: **se ~ à qc.** sich auf et. beziehen; **se ~ à q.** sich auf j-n berufen

réfléchir [refle'ʃiːr] zurückstrahlen; reflektieren; überlegen, nachdenken

refl|et [rə'flɛ] m Widerschein, Reflex; **~éter** [~fle'te] widerspiegeln

réflex|e [re'flɛks] m Reflex; **~ion** [~'sjɔ̃] f Rückstrahlung; Überlegung

reflux [rə'fly] m Ebbe f

réform|e [re'fɔrm] f Erneuerung; (**monétaire** Währungs-)Reform; **~er** [~'me] verbessern; erneuern; *Mil* ausmustern

refouler [rəfu'le] zurückdrängen; *Tränen, Wut* unterdrücken

refréner [rəfre'ne] zügeln

réfrigér|ateur [refriʒera'tœːr] m Kühlschrank; **~er** [~'re] kühlen

refroidi|r [rəfrwa'diːr] (ab-)kühlen; **se ~r** kälter werden; sich erkälten; **~ssement** [~dis'mɑ̃] m Abkühlung f; *Med* Erkältung f

refuge [rə'fy:ʒ] *m* Zuflucht(sort) *f*; Verkehrsinsel *f*; Schutzhütte *f*

réfugié [refy'ʒje] *m* Flüchtling; **se ~gier** (~.): sich flüchten

refus [rə'fy] *m* Weigerung *f*; **~er** [~.'ze] zurückweisen; **se ~er** sich weigern (**à** zu)

réfuter [refy'te] widerlegen

regagner [rəga'ɲe] wiedergewinnen

régaler [rega'le] bewirten; **se ~** gut essen

regard [rə'ga:r] *m* Blick; **~er** [~gar'de] (an)blicken; betrachten, ansehen; betreffen, anbetreffen

régates [re'gat] *f/pl* Regatta *f*

régie [re'ʒi] *f* Regie

regimber [rəʒɛ̃'be] aufbegehren

régime [re'ʒim] *m* Regierung(sform) *f*; Verwaltung *f*; Diät *f*

région [re'ʒjɔ̃] *f* Gegend; Gebiet *n*; **~ir** [~.'ʒi:r] regieren; leiten; verwalten; **~isseur** [~ʒi'sœ:r] *m* Thearegisseur

registre [rə'ʒistrə] *m* Register *n*

réglage [re'gla:ʒ] *f* Regulierung *f*

règle ['rɛglə] *f* Lineal *n*; Regel, Vorschrift; **~s** *pl* Menstruation *f*; **~ment** [~'mɑ̃] *m* Regelung *f*; Verordnung *f*; Satzung *f*; *Rechnung*: Begleichung

réglementaire [rɛgləmɑ̃'tɛ:r] vorschriftsmäßig; **~er** [re'gle] liniieren; regeln; einrichten; bestimmen; **se ~er sur** sich richten nach

régner [re'ɲe] regieren; herrschen

regret [rə'grɛ] *m* Bedauern *n*; Reue *f*; **à ~** ungern; **~table** [~'tablə] bedauerlich; **~ter** [~.'te] (qc. den Verlust von et.) bedauern; vermissen

régularité [regylari'te] *f* Regelmäßigkeit; **~ier** [~'lje] regelmäßig; regulär

rehausser [reo'se] erhöhen; steigern

rein [rɛ̃] *m* Niere *f*; **~s** *pl* Lenden *f/pl*, Kreuz *n*

reine [rɛn] *f* Königin

réintégrer [reɛ̃te'gre] wiedereinsetzen; **~térer** [~.ite're] wiederholen

rejaillir [rəʒa'ji:r] abprallen; spritzen

rejet [rə'ʒɛ] *m* Zurückweisung *f*; Schößling; **~er** [rəʒ'te] zurückwerfen; verwerfen; zurückweisen; **~on** [~.'tɔ̃] *m* Schößling

rejoindre [rə'ʒwɛ̃:drə] wieder vereinigen; einholen

réjoui|r [re'ʒwi:r] erfreuen, erheitern; **se ~r** sich freuen (**de** über); **~ssance** [~ʒwi'sɑ̃:s] *f* Freude, Belustigung

relâch|e [rə'lɑ:ʃ] *m* Unterbrechung *f*; Erholung *f*; *Gaststätte*: Ruhetag; **~ement** [~laʃ'mɑ̃] *m* Nachlassen *n*; **~er** [~.'ʃe] lockern;

relater nachlassen; *Gefangenen* freilassen

relater [rəla'te] (ausführlich) berichten, erzählen

relat|if [rəla'tif] bezüglich (à auf); relativ; **~ion** f [~la-'sjõ] f Beziehung, Verbindung

relaxer [rəlak'se] *Med* entspannen; *jur* freilassen

relayer [rəle'je] *bei der Arbeit* ablösen

reléguer [rəle'ge] verbannen

relève [rə'lɛ:v] f (**de la garde** Wach-)Ablösung

relevé [rəl've] m: **~ de compte** Kontoauszug

relèvement [rəlɛv'mã] m Wiederherstellung f; Erhöhung f; (An-)Hebung f

relever [rəl've] wieder aufheben od -richten; erhöhen; hervorheben; *Ärmel* aufkrempeln; **se ~** sich wieder erholen

relief [rə'ljɛf] m Relief n

reli|er [rə'lje] verbinden; *Buch* binden; **~eur** [~'ljœ:r] m Buchbinder

religi|eux [rəli'ʒjø] religiös; m Mönch; **~euse** [~'ʒjø:z] f Nonne; **~on** [~'ʒjõ] f Religion

rel|iure [rə'ljy:r] f Einband m; **~uire** [~'lɥi:r] glänzen, schimmern

remâcher [rəma'ʃe] wiederkäuen

remanier [rəma'nje] umarbeiten

remarqu|able [rəmar'ka-
blə] bemerkenswert; **~e** [~'mark] f An-, Bemerkung; **~er** [~'ke] bemerken; **se faire ~er** sich bemerkbar machen

remblai [rã'blɛ] m Aufschüttung f

rembourrer [rãbu're] polstern

rembours|ement [rãbursə'mã] m Rückzahlung f; Nachnahme f; **~er** [~'se] zurückzahlen

remède [rə'mɛd] m (Heil-) Mittel n; Arznei f

merci|ement [rəmersi-'mã] m Dank; **~er** [~'sje] danken (**q. de** od **pour qc.** j-m für et.)

remettre [rə'mɛtrə] wieder hin-stellen, -setzen, -bringen; wieder anziehen, wieder aufsetzen; ab-, über-geben, aushändigen; *Amt* niederlegen; auf-, verschieben; wiederherstellen; *Strafe* erlassen; verzeihen; **~ à neuf** überholen; **se ~** sich beruhigen, sich erholen (**de** von)

remise [rə'mi:z] f Übergabe, Auslieferung; (**des bagages** Gepäck-)Ausgabe; Nachlaß m, Rabatt m; Einstellraum m, Schuppen m

remont|e-pente [rəmõt-'pã:t] m Schlepplift; **~er** [~'te] wieder hinauf-gehen, -steigen, -fahren; wieder hinauf-bringen, -tragen, zurückgehen (**à** auf); *Stra-*

ße: ansteigen; *Uhr* wieder aufziehen; **se ~er** wieder zu Kräften kommen

remontrance [rəmõ'trɑ̃:s] *f* Vorhaltung

remords [rə'mɔːr] *m* Gewissensbiß

remor|que [rə'mɔrk] *f* (**de camping** Wohnwagen-)Anhänger *m*; **~quer** [~'ke] (ab)schleppen; **~queur** [~'kœːr] *m* Schlepper

rémoulade [remu'lad] *f* Remoulade

remous [rə'mu] *m* Kielwasser *n*, Strudel; Gegenströmung *f*

rempart [rɑ̃'paːr] *m* Wall, Bollwerk *n*

rempla|çant [rɑ̃pla'sɑ̃] *m* Stellvertreter *m*; **~cer** [~'se] ersetzen; vertreten

rempli|r [rɑ̃'pliːr] (an-)füllen; *Formular, Scheck* ausfüllen; *Amt* ausüben

remporter [rɑ̃pɔr'te] wegbringen, mitnehmen; *Vorteil* erlangen; *Sieg* davontragen

remuer [rə'mɥe] bewegen, (um)rühren; (weg)rücken

rémunérer [remyne're] vergüten, entlohnen

renaître [rə'nɛːtrə] wiederaufleben

renard [rə'naːr] *m* Fuchs

renchérir [rɑ̃ʃe'riːr] teurer w.; überbieten (**sur** q., qc. j-n, et.)

rencontr|e [rɑ̃'kɔ̃:trə] *f* Begegnung; Treffen *n*; **aller à la ~e de** q. j-m entgegengehen; **~er** [~'tre] q. j-n treffen, j-m begegnen; **se ~er** sich treffen; vorkommen

rendement [rɑ̃d'mɑ̃] *m* Ertrag; Leistung(sfähigkeit *f*) *f*

rendez-vous [rɑ̃de'vu] *m* Verabredung *f*; Treffpunkt; **sur ~** nach Vereinbarung

rendre ['rɑ̃:drə] zurückgeben; übergeben; abgeben; leisten, erweisen; einbringen; übersetzen; **~ heureux** glücklich m.; **se ~** sich begeben; sich ergeben

rêne [rɛːn] *f* Zügel *m*

renégat [rəne'ga] *m* Abtrünnige(r)

renfermer [rɑ̃fɛr'me] (wieder) einschließen, verschließen; enthalten

renfler [rɑ̃'fle] (auf)quellen; **se ~** anschwellen

renfonc|ement [rɑ̃fɔ̃s'mɑ̃] *m* Vertiefung *f*

renfor|cement [rɑ̃fɔrs'mɑ̃] *m* Verstärkung *f*; **~cer** [~'se] verstärken; **~t** [~'fɔːr] *m* Verstärkung *f*

rengorg|ement [rɑ̃gɔrʒ'mɑ̃] *m* Aufgeblasenheit *f*, Dünkel; **~er** [~'ʒe]: **se ~er** sich wichtig tun

renier [rə'nje] verleugnen

renifler [rəni'fle] schnüffeln

renne [rɛn] *m* Ren(tier *n*) *n*

renom [rə'nɔ̃] *m* (guter) Ruf; **~mé** [~nɔ'me] berühmt; **~mée** [~nɔ'me] *f* Berühmtheit; Ruf *m*

renonc|ement [rənɔ̃s'mɑ̃] *m* Verzicht; **~er** [~'se] verzichten (à auf)

renou|er [rə'nwe] wieder anknüpfen; erneuern; **~veler** [~nu'vle] erneuern

rénovation [renɔva'sjɔ̃] *f* Erneuerung; Belebung

renseign|ement [rɑ̃sɛɲ-'mɑ̃] *m* Auskunft *f*; **service** *m* **de ~ements** Nachrichtendienst; **~er** [~'ɲe] unterrichten (**sur** über); **se ~er** sich erkundigen

rent|e [rɑ̃:t] *f* Rente; Zins *m*; **~ier** [rɑ̃'tje] *m* Rentner

rentr|ée [rɑ̃'tre] *f* Rückkehr; Wiedereintritt *m*; *Geld, Post usw*: Eingang *m*; **~ée des classes** Schulanfang *m*; **~er** [~] wieder eintreten; zurückkommen; **~er (chez soi)** nach Hause gehen od kommen

renverser [rɑ̃vɛr'se] umstoßen, -werfen *usw*

ren|voi [rɑ̃'vwa] *m* Rücksendung *f*; Vertagung *f*; **~voyer** [~vwa'je] zurückschicken, -werfen, -strahlen; entlassen; verweisen (à an, auf); verschieben

repaire [rə'pɛ:r] *m* Schlupfwinkel; Höhle *f*

répandre [re'pɑ̃:dr] ausgießen, ver-, aus-, ver-breiten; austeilen

répar|ation [repara'sjɔ̃] *f* Ausbesserung; Reparatur; Wiedergutmachung; **~er** [~'re] ausbessern; reparieren; wiederherstellen; wiedergutmachen

repartir [rəpar'ti:r] wieder fortgehen; **~ à zéro** wieder von vorn anfangen

répart|ir [repar'ti:r] verteilen; **~ition** [~ti'sjɔ̃] *f* Verteilung; Umlage

repas [rə'pɑ] *m* Mahlzeit *f*

repass|age [rəpa'sa:ʒ] *m* (Auf-)Bügeln *n*; **sans ~age** bügelfrei; **~er** [~'se] wieder vorbei-gehen, -kommen; plätten, bügeln

repentir [rəpɑ̃'ti:r]: **se ~ de qc.** et. bereuen

répercu|ssion [repɛrky'sjɔ̃] *f* Rückwirkung; **~ter** [~'te] *Ton, Strahlen* zurückwerfen; **se ~ter** sich auswirken (**sur** auf)

repérer [rəpe're] ausfindig machen; erkennen; **se ~** sich zurechtfinden

répertoire [repɛr'twa:r] *m* Register *n*; *Thea* Repertoire *n*

répét|er [repe'te] wiederholen; **~ition** [~ti'sjɔ̃] *f* Wiederholung; **(générale** General-)Probe

répit [re'pi] *m* Rast *f*, Pause *f*; **sans ~** unaufhörlich

repli [rə'pli] *m* Umschlag; Doppelfalte *f*; Windung *f*; **~er** [~'pli'e] wieder zs.-falten

répliqu|e [re'plik] *f* Antwort; **~er** [~'ke] erwidern

répon|dre [re'pɔ̃:dr] antworten (à auf), erwidern; *Tel* sich melden; beantworten; **~se** [~'pɔ̃:s] *f* Antwort

report|age [rəpɔr'ta:ʒ] *m* Berichterstattung *f*, Reportage *f*; **~er** [ˌ'tɛ:r] *m* Reporter

repos [rə'po] *m* Ruhe *f*, Erholung *f*; Rast *f*; **~er** [ˌ'ze] zurück-stellen, -legen; ruhen; beruhen (**sur** auf); **se ~er** sich ausruhen

repousser [rəpu'se] zurückstoßen; abschrecken; zurückweisen

répréhensible [repreã'siblə] tadelnswert

reprendre [rəˈprɑ̃:drə] wiedernehmen; wiederaufnehmen; **~ haleine** (**des forces**) wieder zu Atem (Kräften) kommen; tadeln; erwidern; sich wieder erholen

représailles [rəpre'za:j] *f/pl* Vergeltungsmaßnahmen

représent|ant [rəprezã'tã] *m* (Stell-)Vertreter; **~ation** [ˌta'sjɔ̃] *f* Vorführung; Darstellung; *Thea* Vorstellung, Aufführung; **~er** [ˌ'te] vor-, dar-stellen; *Thea* aufführen; vertreten

répression [repre'sjɔ̃] *f* Unterdrückung

réprim|ande [repri'mã:d] *f* Verweis *m*; **~ander** [ˌmã-'de] tadeln; **~er** [ˌ'me] Wut, Lust unterdrücken

reprise [rə'pri:z] *f* Wiederaufnahme, -auffüllung, -holung; *Sp* Runde; **à plusieurs ~es** mehrmals; **~er** [ˌ'ze] ausbessern, stopfen

réprobation [reprɔba'sjɔ̃] *f* Mißbilligung

reproch|e [rə'prɔʃ] *m* Vorwurf; **~er** [ˌ'ʃe] vorwerfen

reprodu|ction [rəprɔdyk'sjɔ̃] *f* Fortpflanzung; Reproduktion *f*, Abdruck *m*; **~ire** [ˌ'dɥi:r] ab-, nachproduzieren; ab-, nachdrucken; **se ~ire** sich fortpflanzen

réprouver [repru've] verwerfen, verdammen

républi|cain [repybli'kɛ̃] republikanisch; *m* Republikaner; **~que** [ˌ'blik] *f* Republik

répudier [repy'dje] verstoßen; verschmähen; *Erbschaft* ausschlagen

répugn|ance [repy'ɲɑ̃:s] *f* Widerwille *m*; **~er** [ˌ'ɲe] zuwider sein; anekeln

répulsion [repyl'sjɔ̃] *f* Abscheu *m*, Widerwille *m*

réputation [repyta'sjɔ̃] *f* Ansehen *n*, Ruf *m*

requérir [rəke'ri:r] ersuchen

requête [rə'kɛ:t] *f* Gesuch *n*

requin [rə'kɛ̃] *m* Hai(fisch)

réquisi|tion [rekizi'sjɔ̃] *f* Beschlagnahme; **~ner** [ˌsjɔ'ne] requirieren, beschlagnahmen

réseau [re'zo] *m* (**routier** Straßen-)Netz *n*

réserv|ation [rezɛrva'sjɔ̃] *f* Reservierung, Buchung; **~e** [ˌ'zɛrv] *f* Vorbehalt *m*; Vorrat *m*, Reserve *f*; Naturschutzgebiet *n*, Reservat *n*;

réserver

~er [~'ve] reservieren; vorbehalten; ~oir [~'vwa:r] m Behälter, Tank

résid|ant [rezi'dã] wohnhaft; ~ence [~'dã:s] f Wohnsitz m; ~er [~'de] wohnen; ~u [~'dy] m Chem Rest, Rückstand

résigner [rezi'ɲe] abtreten; **se ~** sich fügen (à in)

résille [re'zij] f Haarnetz n

résine [re'zin] f Harz n

résist|ance [rezis'tã:s] f Widerstand(sfähigkeit) m; ~ant [~'tã] widerstandsfähig; ~er [~'te] widerstehen, Widerstand leisten

résolu [rezɔ'ly] entschlossen; ~tion [~'sjõ] f (Auf-)Lösung; Beschluß m

réson|ance [rezɔ'nã:s] f Resonanz f; ~ner [~ne] widerhallen

résoudre [re'zudrə] (auf-)lösen; **se ~ à** sich entschließen zu

respect [res'pɛ] m Ehrfurcht f, Achtung f; ~able [~pɛk'tablə] achtbar; ~er [~'te] achten; ~ueux [~'tɥø] ehrerbietig

respir|ation [respira'sjõ] f Atmen n; ~er [~'pi're] atmen

resplend|ir [resplã'di:r] funkeln, strahlen

responsa|bilité [respõsabili'te] f Verantwortung; ~ble [~'sablə] verantwortlich (**de** zu)

ressac [rə'sak] m Brandung f

ressembl|ance [rəsã'blã:s] f Ähnlichkeit; ~ant [~'blã] ähnlich; ~er [~'ble] ähneln

ressemeler [rəsəm'le] besohlen

ressen|timent [rəsãti'mã] m Rachegefühl n; Groll; ~tir [~'ti:r] empfinden; fühlen; **se ~tir** Nachwirkungen spüren

resserr|ement [rəser'mã] m Verengung f; Beklemmung f; ~er [~'re] fester zs.-ziehen; ver-, be-engen

ressort [rə'sɔ:r] m Tech Feder f; Spannkraft f; Bereich, Fach n; **faire ~** federn

ressort|ir [rəsɔr'ti:r] wieder (hin)ausgehen, fig hervorgehen (**de** aus); hervortreten; ~issant [~ti'sã] m Staatsangehörige(r)

ressource [rə'surs] f (Einnahme-)Quelle; Hilfsmittel n

ressusciter [resysi'te] auferwecken; auferstehen

restaur|ant [resto'rã] m Gaststätte f, Restaurant n; ~ation [~ra'sjõ] f Wiederherstellung f; ~er [~'re] wiederherstellen; restaurieren

rest|e [rest] m Rest; Überbleibsel n; **du ~** od **au ~** übrigens; ~er [res'te] (übrig-, zurück-)bleiben

restituer [resti'tɥe] wiederherstellen; zurückgeben

restoroute [resto'rut] f Raststätte

restr|eindre [res'trɛ̃:drə] ein-, be-schränken; ~ic-

tion [~trik'sjɔ̃] f Ein-, Beschränkung

résult|at [rezyl'ta] m Ergebnis n; **~er** [~'te] sich ergeben, folgen (**de** aus)

résum|é [rezy'me] m Zsfassung f, Überblick; **en ~** kurz zs.-gefasst; **~er** [~'me] zs.-fassen

rétablir [reta'bli:r] wiederherstellen; **se ~** gesund w.

retard [rə'ta:r] m Verspätung f; Verzögerung f; **être en ~** zu spät kommen; in Verzug sein; *Uhr:* nachgehen; **~ataire** [~da'tɛ:r] m Nachzügler; **~er** [~'de] aufhalten, verzögern; *Uhr* zurückstellen; *Uhr:* nachgehen (**de** um)

retenir [rət'ni:r] zurück-, an-, aufhalten; *Platz* belegen; *Zimmer* bestellen; **se ~** sich beherrschen

retentir [rətɑ̃'ti:r] widerhallen

retenue [rət'ny] f Zurückhaltung f; (*Gehalts-)Abzug m;* Nachsitzen n

rétif [re'tif] störrisch

retir|é [rəti're] abgelegen, zurückgezogen; **~er** [~'re] zurück-, ausziehen; wegnehmen; *Geld* abheben; **se ~er** sich zurückziehen

rétorquer [retɔr'ke] erwidern

retoucher [rətu'ʃe] überarbeiten; retuschieren

retour [rə'tu:r] m Rückfahrt f, -kehr f, -reise f; Rücksendung f; Gegendienst; **~ner** [~tur'ne] zurück-, um-kehren; zurücksenden; **se ~ner** sich umdrehen

retrait [rə'trɛ] m Zurückziehung f; (**du permis de conduire** Führerschein-) Entzug m; **~e** [~'trɛt] f Rückzug m; Ruhestand m; Ruhegehalt n, Pension; **~e aux flambeaux** Fackelzug m; **~é** [~'te] pensioniert

retrancher [rətrɑ̃'ʃe] abschneiden; ausmerzen; streichen

rétrécir [retre'si:r] enger m.; einengen; (**se ~**) enger w., einlaufen

rétro|actif [retroak'tif] rückwirkend; **~grade** [~'grad] rückläufig; **~pédalage** [~peda'la:ʒ] m *Fahrrad:* Rücktritt; **~spectif** [~spɛk'tif] rückblickend; **coup d'œil ~spectif** Rückblick

retrouver [rətru've] wiederfinden

rétroviseur [retrovi'zœ:r] m Rückspiegel

rets [rɛ] m Netz n

réun|ification [reynifika'sjɔ̃] f Wiedervereinigung; **~ion** [~'njɔ̃] f Versammlung; Vereinigung; **~ir** [~'ni:r] vereinigen; versammeln

réuss|ir [rey'si:r] Erfolg h.; gelingen; **j'ai réussi à** es ist mir gelungen zu; **~ite** [~'sit] f Gelingen n, Erfolg m

revalorisation 186

revaloris|ation [rəvalɔriza'sjɔ̃] f Aufwertung; **~er** [~'lɔri'ze] aufwerten

rêve [rɛːv] m Traum

revêche [rə'vɛʃ] mürrisch

réveil [re'vɛj] m Erwachen n; Wecken n; (de voyage Reise-)Wecker; **~ler** [~vɛ'je] wecken; **se ~ler** aufwachen

révél|ation [revela'sjɔ̃] f Enthüllung; **~er** [~'le] enthüllen, aufdecken; Fot entwickeln

revenant [rəv'nɑ̃] m Gespenst n, Geist

revendi|cation [rəvɑ̃dika'sjɔ̃] f Anspruch m; Forderung; **~quer** [~'di'ke] beanspruchen; fordern

revendre [rə'vɑ̃ːdrə] wiederverkaufen

revenir [rəv'niːr] wieder-, zurück-kommen; Hdl sich belaufen (à auf); sich erholen [verkauf m]

revente [rə'vɑ̃ːt] f Wieder-

revenu [rəv'ny] m Einkommen n

rêver [re've] träumen

réverbère [revɛr'bɛːr] m Straßenlaterne f

révérer [reve're] verehren

rêverie [rɛv'ri] f Träumerei

revers [rə'vɛːr] m Kehr-, Rück-seite f; Tennis: Rückhand f; fig Schicksalsschlag

revêtir [rəvɛ'tiːr] an-kleiden, -legen; einhüllen

rêveur [re'vœːr] träumerisch; m Träumer

revient [rə'vjɛ̃] m: **prix m de ~** Selbstkostenpreis

revirement [rəvir'mɑ̃] m (d'opinion Meinungs-)Umschwung

révis|er [revi'ze] durchsehen, revidieren; **~ion** [~'zjɔ̃] f Nach-, Über-prüfung, Revision

révoca|ble [revɔ'kablə] widerruflich; **~tion** [~ka'sjɔ̃] f Abberufung; Aufhebung

revoir [rə'vwaːr] wiedersehen; Text durchsehen, prüfen; m Wiedersehen n; **au ~** ! auf Wiedersehen!

révolt|e [re'vɔlt] f Aufruhr m; Empörung; **~er** [~'te] aufwiegeln

révolution [revɔly'sjɔ̃] f Umschwung m, Revolution; Astr Umlauf m

revolver [revɔl'vɛːr] m Revolver

révoquer [revɔ'ke] ab-, zurück-berufen; widerrufen

revue [rə'vy] f genaue Durchsicht; (sur glace Eis-)Revue; Mil Parade; Zeitschrift; **passer en ~** besichtigen

rez-de-chaussée [redʃo'se] m Erdgeschoß n

rhénan [re'nɑ̃] rheinisch

Rhin [rɛ̃] m Rhein

rhubarbe [ry'barb] f Rhabarber m

rhum [rɔm] m Rum

rhumatisme [ryma'tism] m Rheumatismus

rhume [rym] m Erkältung f; **~ (de cerveau)** Schnupfen;

~ des foins Heuschnupfen

ricaner [rika'ne] grinsen
rich|e [riʃ] reich; **~esse** [~'ʃes] f Reichtum m; Pracht
ricin [ri'sɛ̃] m Rizinus
ride [rid] f Runzel; Falte
rideau [ri'do] m (de fer eiserner) Vorhang
ridicul|e [ridi'kyl] lächerlich; **~iser** [~li'ze] lächerlich machen
rien [rjɛ̃] etwas; (ne) ~ nichts; ~ **du tout** gar nichts; **pour** ~ umsonst; **de** ~! keine Ursache, bitte!
rieur [rjœːr] m Lacher
rigid|e [ri'ʒid] starr, steif; fig streng; **~ité** [~ʒidi'te] f Starrheit; Steifheit; fig Strenge
rigole [ri'gɔl] f Rinne; Abzugsgraben m
rigol|er [rigɔ'le] lustig sein; spaßen; **~o** [~'lo] F komisch, drollig
rigoureux [rigu'rø] streng; unerbittlich; hart; rauh
rigueur [ri'gœːr] f Strenge, Härte; **à la** ~ im äußersten Fall; **de** ~ unerläßlich
rim|e [rim] f Reim m; **~er** [~'me] (sich) reimen
rincer [rɛ̃'se] (aus)spülen
riposte [ri'pɔst] f schlagfertige Antwort; **prompt à la** ~ schlagfertig
rire [riːr] lachen; spotten, scherzen (**de** über); m Lachen n, Gelächter n
ris|ée [ri'ze] f Gespött n; **~ible** [~'ziblə] lächerlich
risqu|e [risk] m Risiko n, Wagnis n; **à tout** ~ auf gut Glück; **~er** [~'ke] riskieren, wagen
rivage [ri'va:ʒ] m Ufer n
rival [ri'val] m Rivale; **~iser** [~li'ze] wetteifern; **~ité** [~li'te] f Rivalität
rive [riːv] f Ufer n
river [ri've] (ver)nieten
riverain [riv'rɛ̃] m Anlieger
rivet [ri'vɛ] m Niete f; **~er** [riv'te] vernieten
rivière [ri'vjɛːr] f Fluß m
rixe [riks] f Rauferei
riz [ri] m Reis
robe [rɔb] f (**d'été, de soirée** Sommer-, Abend-)Kleid n; Talar m
robinet [rɔbi'nɛ] m (Wasser-)Hahn
robot [rɔ'bo] m Roboter
robuste [rɔ'byst] robust
roc [rɔk] m Fels(en)
roch|e [rɔʃ] f Felsen m; **~er** [~'ʃe] m schroffer Felsen; **~eux** [~'ʃø] felsig
rôder [ro'de] umherstreifen; herumschleichen
rogn|er [rɔ'ɲe] beschneiden, stutzen; **~on** [~'ɲɔ̃] m Kochk Niere f
roi [rwa] m König; **les** ~**s mages** die Heiligen Drei Könige; **~telet** [~'tlɛ] m Zaunkönig
rôle [roːl] m Thea, fig Rolle f; Liste f; **à tour de** ~ der Reihe nach
rom|ain [rɔ'mɛ̃] römisch;

Romain m Römer; **~ain** [~'mɛ̃] romanisch; m (policier Kriminal-)Roman; **~aine** [~'mɛːn] f Romanze; **~ancier** [~mɑ̃'sje] m Romanschriftsteller; **~anesque** [~a'nɛsk] romanhaft; **~antique** [~ɑ̃'tik] romantisch

rompre ['rɔ̃ːpr] (ab-, durch-, entzwei-)brechen; à tout **~** Beifall: stürmisch; **se ~** zerbrechen

ronce [rɔ̃ːs] f Brombeerstrauch m

rond [rɔ̃] rund; m Rund n; (Servietten-)Ring; **~e** [rɔ̃ːd] f Runde, Rundgang m; Reigen m; **~e de six jours** Sechstagerennen m; à la **~e** ringsherum; **~-point** [~'pwɛ̃] m runder Platz

ronfler [rɔ̃'fle] schnarchen; Ofen: bullern

ronger [rɔ̃'ʒe] (ab-, zer-)nagen; **~eur** [~'ʒœːr] m Nagetier n

ronronner [rɔ̃rɔ'ne] Katze: schnurren

ros|ace [rɔ'zas] f Rosette; **~aire** [~'zɛːr] m Rosenkranz

rosbif [rɔs'bif] m Rostbraten

ros|e [roːz] rosa; f Rose; **~é** [ro'ze] blaßrot

roseau [ro'zo] m Schilf n

rosée [ro'ze] f Tau m

ros|eraie [roz're] f Rosengarten m; **~ier** [~'zje] m Rosenstock

rossignol [rɔsi'ɲɔl] m Nachtigall f

rotation [rɔta'sjɔ̃] f Drehung, Rotation

rôt|i [ro'ti] m Braten; **~ir** [~'tiːr] braten; rösten; **~isserie** [~tis'ri] f (Grill-)Restaurant n

rotonde [rɔ'tɔ̃ːd] f Rundbau m

rotule [rɔ'tyl] f Kniescheibe

roturier [rɔty'rje] nichtadlig, bürgerlich

rouage [rwa:ʒ] m Räderwerk n

roublard [ru'blaːr] F durchtrieben, schlau

rou|e [ru] f (avant, arrière, de rechange Vorder-, Hinter-, Reserve-)Rad n; **~é** [rwe] durchtrieben; **~et** [rwɛ] m Spinnrad n

rouge [ruːʒ] rot; rotglühend; **voir ~** rot sehen, vor Wut kochen; **~eâtre** [ruʒa:tr] rötlich; **~-gorge** [~'gɔrʒ] m Rotkehlchen n; **~eole** [~'ʒɔl] f Masern f/pl; **~e-queue** [ruʒ'kø] m Rotschwänzchen n; **~eur** [~'ʒœːr] f Röte; Erröten n; **~ir** [~'ʒiːr] rot färben; rot w., erröten

rouill|e [ruj] f Rost m; **~é** [~je] rostig; **~er** [~'je]: se **~er** (ver)rosten; fig einrosten

roul|ade [ru'lad] f Kochk Roulade; **~age** [~'laːʒ] m Warentransport; **~ant** [~'lɑ̃] fahrbar; Roll...; F urkomisch; **~eau** [~'lo] m Rolle f; Walze f

roulement [rul'mã] m: ~ à billes Kugellager n

roul|er [ru'le] rollen, fahren; wälzen, auf-, zs.-rollen; ~ette [~'lɛt] f Rädchen n; Roulett(e) n; ~otte [~'lɔt] f Wohnwagen m

roum|ain [ru'mɛ̃] rumänisch; 2anie [~ma'ni]: la 2anie Rumänien n

rouspéter [ruspe'te] F meckern

roussâtre [ru'sa:trǝ] rötlich

rousseur [ru'sœ:r] f Röte

rouss|i [ru'si] m Brandgeruch; ~ir [~'si:r] an-, versengen

route [rut] f (Land-)Straße, Bahn, Lauf m; Weg m; Fahrt, Kurs m; en ~ unterwegs; ~ d'accès (à grande circulation) Zufahrts-(Fernverkehrs-)straße; ~ glissante Schleudergefahr

routier [ru'tje] m Straßen..., Verkehrs...; m Fernfahrer

routine [ru'tin] f Routine

roux [ru] fuchsrot; rothaarig

royal [rwa'jal] königlich

royaume [rwa'jo:m] m Königreich n

ruban [ry'bã] m (élastique Gummi-)Band n

rubéole [rybe'ɔl] f Röteln pl

rubis [ry'bi] m Rubin

rubrique [ry'brik] f Rubrik

ruche [ryʃ] f Bienen-korb m, -stock m, Rüsche f

rud|e [ryd] rauh, hart, herb;

Winter: streng; ~esse [~'dɛs] f Rauheit; Härte

rudiments [rydi'mã] m/pl Anfangsgründe

rue [ry] f (latérale, commerçante Quer-, Geschäfts-)Straße

ruée [rɥe] f Ansturm m

ruelle [rɥɛl] f Gäßchen n

ruer [rɥe] *Pferd:* ausschlagen; se ~ sur herfallen über; sich stürzen auf

rug|ir [ry'ʒi:r] *Löwe:* brüllen; heulen (de vor); ~issement [~ʒis'mã] m Gebrüll n

ruin|e [rɥin] f Ruine; Verfall m, Ruin m; ~er [~'ne] zerstören; zugrunde richten

ruisseau [rɥi'so] m Bach; Gosse f; Rinnstein

ruissel|er [rɥis'le] rieseln, rinnen, triefen; ~lement [rɥisɛl'mã] m Rieseln n

rumeur [ry'mœ:r] f Aufregung; Lärm m; Gerücht n

rumin|ant [rymi'nã] m Wiederkäuer; ~er [~'ne] wiederkäuen; *fig* überdenken

rumsteck [rɔm'stɛk] m Rumpsteak n

rupture [ryp'ty:r] f Bruch m; Riß m; Abbruch m; Auflösung; Aufhebung

rural [ry'ral] ländlich

rus|e [ry:z] f List; ~é [ry'ze] listig; schlau

russ|e [rys] russisch; 2ie [~'si]: la 2ie Rußland n

rustique [rys'tik] ländlich; *fig* grob, ungeschliffen
rustre ['rystrə] *m* Grobian, Flegel

rut [ryt] *m* Brunft *f*
rythm|e [ritm] *m* Rhythmus; **~ique** [~'mik] rhythmisch

S

sabl|e ['sɑ:blə] *m* Sand; **~é** [sɑ'ble] *m* Sandkuchen; **~er** [~] mit Sand bestreuen; **~ier** [~bli'e] *m* Sanduhr *f*; **~ière** [~bli'ɛ:r] *f* Sandgrube; **~onneux** [~blɔ'nø] sandig
sabot [sa'bo] *m* Holzschuh; Huf; Hemmschuh; (Kinder-)Kreisel; **~age** [~bɔ'ta:3] *f* Sabotage; **~er** [~'te] pfuschen; sabotieren
sabre ['sɑ:brə] *m* Säbel
sac [sak] *m* (**en plastique** Plastik-)Beutel; (**de couchage**, à **dos** Schlaf-, Ruck-)Sack; (**à main, de voyage** Hand-, Reise-) Tasche *f*
saccade [sa'kad] *f* Ruck *m*; **par ~s** ruck-, stoßweise
saccager [~ka'ʒe] ausplündern; verwüsten
sacoche [sa'kɔʃ] *f* Geld-, Sattel-, Werkzeug-tasche *f*
sacr|é [sa'kre] heilig; **~ement** [~krə'mã] *m* Sakrament *n*; **~er** [~'kre] salben, weihen
sacri|fice [sakri'fis] *m* Opfer *n*; **~fier** [~'fje] opfern; **~lège** [~'lɛ:ʒ] frevelhaft; *m* Entweihung *f*; Frevel(tat *f*); **~stie** [~s'ti] *f* Sakristei
sagac|e [sa'gas] scharfsinnig; **~ité** [~si'te] *f* Scharfsinn *m*, -blick *m*
sage [sa:ʒ] weise, vernünftig; sittsam; *Kind:* artig; **~-femme** *f* Hebamme; **~sse** [sa'ʒɛs] *f* Weisheit, Klugheit
saign|ant [sɛ'ɲã] blutend; **~ée** [~'ɲe] *f* Aderlaß *m*; **~ement** [~ɲə'mã] *m* (**du nez** Nasen-)Bluten *n*; **~er** [~'ɲe] bluten; schlachten
saill|ant [sa'jã] vorspringend; hervorragend; **~ie** [~'ji] *f Arch* Vorsprung *m*; *fig* Geistesblitz *m*; **~ir** [~'ji:r] hervorragen
sain [sɛ̃] gesund; **~ et sauf** unversehrt
saindoux [sɛ̃'du] *m* Schweineschmalz *n*
saint [sɛ̃] heilig; **~(e)** *m (f)* Heilige(r); **~eté** [~t'te] *f* Heiligkeit; **2-Siège** [~'sjɛ:ʒ] *m* Heiliger Stuhl
sais [sɛ] *prés s savoir*
saisie [sɛ'zi] *f* Beschlagnahme; Pfändung; **~ir** [~'zi:r] ergreifen, packen; begreifen, verstehen; pfänden; **se ~ir de** sich bemächtigen (*G*); **~issant** [~zi'sã] ergreifend; *Kälte:* durchdringend
saison [sɛ'zɔ̃] *f* Jahreszeit;

Saison; Kur; ~**nier** [~zɔ-'nje] saisonbedingt
salad|e [sa'lad] f Salat m; ~**ier** [~'dje] m Salatschüssel f
salaire [sa'lɛːr] m (Arbeits-)Lohn
salari|at [sala'rja] m Arbeitnehmerschaft f; ~**é** [~'rje] m Arbeitnehmer
sal|aud [sa'lo] P m Schuft; ~**e** [sal] schmutzig; gemein
sal|é [sa'le] salzig, gesalzen; F fig gepfeffert; m Pökelfleisch n; ~**er** [~] salzen; pökeln
saleté [sal'te] f Schmutz(igkeit) f; Zote
sal|ière [sa'ljɛːr] f Salzstreuer; ~**ine** [~'lin] f Salzbergwerk n
salir [~'liːr] beschmutzen
salive [sa'liːv] f Speichel m
salle [sal] f (**à manger, d'attente** Speise-, Warte-)Saal m, (**de séjour** Aufenthalts-)Raum m
salon [sa'lɔ̃] m (**de beauté** Schönheits-)Salon m, Empfangszimmer n
saltimbanque [saltɛ̃'bɑ̃ːk] m Seiltänzer; Gaukler
salubre [sa'lybrə] gesund (-heitsfördernd); ~**ité** [~bri'te] f Heilsamkeit, Gesundheitspflege
saluer [sa'lɥe] (be)grüßen
salut [sa'ly] m Gruß; Mil Salut; Wohl n, Heil n; ~**aire** [~'tɛːr] heilsam; ~**ation** [~ta'sjɔ̃] f Begrüßung; Gruß m

samedi [sam'di] m Sonnabend, Samstag
sanatorium [sanatɔ'rjɔm] m Sanatorium n
sanctifier [sɑ̃kti'fje] heiligen; heilig halten
sanctionner [sɑ̃ksjɔ'ne] sanktionieren; genehmigen
sanctuaire [sɑ̃k'tɥɛːr] m Heiligtum n
sandale [sɑ̃'dal] f Sandale
sandre ['sɑ̃ːdrə] f Zander m
sandwich [sɑ̃d'witʃ] m Sandwich n
sang [sɑ̃] m Blut n (a fig); ~-**froid** [~'frwa] m Kaltblütigkeit f; ~**lant** [~'glɑ̃] blutig
sangl|e [sɑ̃ːglə] f Gurt m; Tragriemen m; ~**er** [sɑ̃'gle] gürten; schnüren
sangl|ier [sɑ̃gli'e] m Wildschwein n; ~**ot** [~'glo] m Schluchzen n; ~**oter** [~glɔ-'te] schluchzen
sangsue [sɑ̃'sy] f Blutegel m; ~**uin** [~'gɛ̃] Blut..., vollblütig; ~**uinaire** [~gi'nɛːr] blutdürstig; ~**uine** [~'gin] f Blutorange
sans [sɑ̃] ohne; ~-**abri** su Obdachlose(r); ~-**fil** m Funkspruch; ~-**filiste** m Funkamateur; ~-**gêne** m Ungeniertheit f
sansonnet [sɑ̃sɔ'nɛ] m Zo Star
santé [sɑ̃'te] f Gesundheit; **maison f de** ~ Nervenheilanstalt f; **à votre** ~! auf Ihr Wohl!
sap|e [sap] f Laufgraben m;

Unterspülung; ~er unter-graben, -spülen; ~eur [~'pœːr] m Pionier; ~eur-pompier [~pɔ̃'pje] m Feuerwehrmann
sapide [sa'pid] schmackhaft
sapin [sa'pɛ̃] m Tanne f; ~ière [~pi'njɛːr] f Tannenwald m
sarcler [sar'kle] (aus)jäten
sarcophage [sarkɔ'faːʒ] m Sarkophag
Sardaigne [sar'dɛɲ] f: **la ~** Sardinien n
sardine [sar'din] f (**à l'huile** Öl-) Sardine
sarment [sar'mɑ̃] m Rebe f
sarrasin [sara'zɛ̃] m Buchweizen
Sarre [saːr] f: **la ~** Saarland n
sas [sɑ] m Haarsieb n; Schleusenkammer f; **~ser** [sa'se] durch-sieben, -schleusen
satellite [sate'lit] m Satellit
satiété [sasje'te] f Übersättigung; **à ~** bis zum Überdruß
satin [sa'tɛ̃] m Atlas(seide f) m
satire [sa'tiːr] f Satire
satis|faction [satisfak'sjɔ̃] f Genugtuung; Zufriedenheit; **~faire** [~'fɛːr] befriedigen; zufriedenstellen; **~fait** [~'fɛ] zufrieden (**de** mit)
saturer [saty're] sättigen
sau|ce [soːs] f Soße; **~cer** [so'se] eintunken; **~cisse** [~'sis] f Würstchen n; **~cisson** [~si'sɔ̃] m Wurst f

sauf [sof] **1.** heil, wohlbehalten; **2.** außer, ausgenommen; vorbehaltlich; **~-conduit** [~kɔ̃'dɥi] m Geleitbrief, Passierschein
saule [soːl] m (**pleureur** Trauer-)Weide f
saumon [so'mɔ̃] m Lachs
saumure [so'myːr] f Lake
sauna [so'na] m Sauna
saupoudrer [supu'dre] bestreuen
saurai [so're] fut s savoir
saut [so] m Sprung, Satz; Fall, Sturz; **~ en hauteur** (**en longueur, à la perche**) Hoch- (Weit-, Stabhoch-)sprung; **~ (à skis**) Skispringen n; **~ périlleux** Salto mortale m; **~-de-lit** [sodə'li] m Morgenrock; **~-mouton** [somu'tɔ̃] m Bockspringen n
sauter [so'te] springen; in die Luft fliegen; überspringen (a fig); **faire ~** sprengen; **~elle** [~'trɛl] f Heuschrecke
saut|iller [soti'je] hüpfen, tänzeln; **~oir** [~'twaːr] m Sp Sprunganlage
sauvag|e [so'vaːʒ] wild; scheu; unkultiviert; m Wilde(r); **~esse** [~'va'ʒɛs] f Wildheit
sauvegarde [sov'gard] f (**des monuments** Denkmals-)Schutz m
sauv|er [so've] retten; **se ~er** sich in Sicherheit bringen; Milch: überkochen; **~etage** [~v'taːʒ] m Rettung

f; ~eteur [..'tœːr] m Retter; ~eur [..'vœːr] m Erlöser; ≳eur Heiland

savant [sa'vã] gelehrt; dressiert; m Gelehrte(r), Wissenschaftler

saveur [sa'vœːr] f Geschmack m

savoir [sa'vwaːr] wissen; können, verstehen; erfahren; faire ~ mitteilen; à ~ nämlich; m Wissen n; ~-faire m Gewandtheit f, Geschicklichkeit f; ~-vivre m Lebensart f

savon [sa'võ] m Seife f; ~ner [..vɔ'ne] mit Seife waschen; einseifen

savour|er [savu're] genießen; ~eux [..'rø] schmackhaft; köstlich

scabreux [ska'brø] heikel; anstößig

scandal|e [skã'dal] m Skandal; Aufsehen n; ~eux [..'lø] skandalös, empörend; ~iser [..li'ze] Anstoß erregen (q. bei j-m)

scaphandr|e [ska'fãːdr] m Schwimmweste f; ~ier [..dri'e] m Taucher

scarabée [skara'be] m (Mist-)Käfer

scarlatine [skarla'tin] f Scharlach m

sceau [so] m Siegel n

scélérat [sele'ra] m Schurke

sceller [se'le] be-, versiegeln

scénario [sena'rjo] m Drehbuch n

scène [sɛn] f Szene; (à pla-) teau tournant Drehbühne

scept|ique [sɛp'tik] skeptisch; ~re ['sɛptr] m Zepter n

schéma [ʃe'ma] m Schema n

sciatique [sja'tik] f Ischias m

scie [si] f (à chantourner, circulaire Laub-, Kreis-) Säge; Sägefisch m

sciemment [sja'mã] wissentlich

scien|ce [sjãːs] f Wissen n; Kenntnis; Wissenschaft; ~tifique [sjãti'fik] wissenschaftlich

sci|er [sje] sägen; ~erie [si'ri] f Sägewerk n

scintiller [sɛ̃ti'je] Sterne: funkeln, schimmern

scission [si'sjõ] f Spaltung

sciure [sjy'r] f Sägespäne m/pl

sclérose [skle'roːz] f Med Verkalkung

scol|aire [skɔ'lɛːr] Schul-...; ~arité [..lari'te] f Schulzeit

scooter [sku'tœːr] m Motorroller

score [skɔːr] m Sp Punktzahl f

scorpion [skɔr'pjõ] m Skorpion

scout [skut] m Pfadfinder

scrupule [skry'pyl] m Skrupel, Bedenken n

scrut|ateur [skryta'tœːr] Blick: forschend; m Wahlhelfer; ~er [..'te] (durch-, er-)forschen; ~in [..'tɛ̃] Pol Wahl f

sculpter 194

sculpt|er [skyl'te] schnitzen, meißeln; **~eur** [~'tœ:r] m Bildhauer; [~'ty:r] f Plastik; **~ure sur bois** Holzschnitzerei

se [sə] sich

séance [se'ɑ̃:s] f Sitzung; *Kino:* Vorstellung;

séant [se'ɑ̃] schicklich

seau [so] m Eimer

sec [sɛk] trocken; ausgetrocknet; gedörrt; *Wein:* herb; kühl, schroff, gefühllos; **être à ~** auf dem trocknen sitzen

sécateur [seka'tœ:r] m Baum-, Heckenschere f

séch|er [se'ʃe] (ab-, aus-, ver-)trocknen; *Schule* schwänzen; vor Langeweile vergehen; **~e** [~ʃɛ] f Trockenheit, Dürre; **~oir** [~'ʃwa:r] m Trockenboden; Wäschetrockner; Trockenhaube f, Fön

second [sə'gɔ̃] zweite(r, -s); **~aire** [~'dɛ:r] m sekundär, zweitrangig; **~e** [~gɔ̃:d] f Sekunde; **~er** [~gɔ̃'de] (unter)stützen; begünstigen; **~er q.** j-m beistehen, helfen

secouer [sə'kwe] schütteln

secourir [səku'ri:r] zu Hilfe kommen, beistehen (**q.** j-m)

secours [sə(ə)'ku:r] m Hilfe f, Beistand; Unterstützung f; **au ~!** Hilfe!; **premiers ~** m/pl Erste Hilfe f; **~routier** Straßenwacht f, Pannenhilfe f

secousse [sə(ə)'kus] f Erschütterung, Stoß m; *Med* Schock m; **par ~s** ruckweise

secret [sə'krɛ] geheim, verborgen; m Geheimnis n; **en ~** insgeheim

secrét|aire [səkre'tɛ:r] su Sekretär(in); **~ariat** [~ta'rja] m Sekretariat n

sécrétion [sekre'sjɔ̃] f Med Absonderung

secte [sɛkt] f Sekte

sect|eur [sɛk'tœ:r] m Sektor; **~ion** [~'sjɔ̃] f (Unter-) Abteilung; Abschnitt m; Teilstrecke; **~ionner** [~sjɔ'ne] zerteilen

séculaire [seky'lɛ:r] hundertjährig

sécurité [~ri'te] f Sicherheit, Geborgenheit

sédatif [seda'tif] schmerzstillend, beruhigend

sédentaire [sedɑ̃'tɛ:r] häuslich; seßhaft

sédiment [sedi'mɑ̃] m Geol Ablagerung f

sédit|ieux [sedi'sjø] aufrührerisch; m Aufrührer; **~ion** [~'sjɔ̃] f Aufstand m

séduction [sedyk'sjɔ̃] f Verführung; Zauber m

séduire [se'dɥi:r] verführen, verlocken, verleiten

seiche [sɛʃ] f Tintenfisch m

seigle ['sɛglə] m Roggen

seigneur [sɛ'ɲœ:r] m (hoher) Herr; **le ♀** *Rel* der Herr; **~ial** [~ɲə'rjal] herrschaftlich; **~ie** [~'ri] f (Lehns-)Herrschaft

sein [sɛ̃] *m* Brust *f*, Busen; Schoß

séisme [se'ism] *m* Erdbeben *n*

seiz|e [sɛːz] sechzehn; **~ième** [sɛ'zjɛm] sechzehnte(r, -s)

séjour [se'ʒuːr] *m* Aufenthalt; **~ner** [~ʒur'ne] sich aufhalten, weilen (à in)

sel [sɛl] *m* Salz *m*; *fig* Witz, Geist

sélection [selɛk'sjɔ̃] *f* Auswahl, Auslese; **~ner** [~sjɔ-'ne] auswählen

sell|e [sɛl] *f* Sattel *m*; Stuhlgang *m*; **~e d'agneau** Lammrücken *m*; **~er** [~'le] satteln; **~erie** [~l'ri] *f* Sattlerei; **~ette** [~'lɛt] *f* Schemel *m*; **~ier** [~'lje] *m* Sattler

selon [sə'lɔ̃] gemäß, nach, zufolge; **c'est ~** je nachdem

semailles [s(ə)'maːj] *f/pl* (Aus-)Saat *f*

semaine [s(ə)'mɛn] *f* Woche, Wochenlohn *m*; **en ~** wochentags

sémaphore [sema'fɔːr] *m* *Esb* Signal *n*

sembl|able [sã'blabl] ähnlich; gleichartig; **son ~able** seinesgleichen; **nos ~ables** unsere Mitmenschen *m/pl*; **~ant** [~'blã] *m* (An-)Schein; **faire ~ant d'être malade** sich krank stellen; **~er** scheinen; **il me semble** es scheint mir

semelle [s(ə)'mɛl] *f* (**intérieure** Einlege-)Sohle

sem|ence [s(ə)'mãːs] *f* Same(n) *m*; **~er** [~'me] (aus-, be-)säen

semestre [sə'mɛstrə] *m* Semester *n*, Halbjahr *n*

semi-remorque [səmirə-'mɔrk] *f* Sattelschleppanhänger *m*

semis [sə'mi] *m* Saatfeld *n*

semonce [sə'mɔ̃ːs] *f* Verweis *m*

semoule [s(ə)'mul] *f* Grieß *m*

sens [sãːs] *m* Sinn; Verstand, Meinung *f*; Bedeutung *f*; Richtung *f*; **le bon ~** der gesunde Menschenverstand; (**rue**) **à ~ unique** Einbahnstraße *f*; **~ giratoire** Kreisverkehr; **~ation** [sãsa'sjɔ̃] *f* Empfindung; Sensation, Aufsehen *n*; **~ationnel** [~sjɔ'nɛl] sensationell; **~é** [sã'se] vernünftig

sens|ibilité [sãsibili'te] *f* Empfindlichkeit; **~ible** [~'siblə] wahrnehmbar; empfindlich; **~uel** [~'sɥɛl] sinnlich

sentence [sã'tãːs] *f* Urteil *n*; Ausspruch *m*

senteur [sã'tœːr] *f* Duft *m*

sentier [sã'tje] *m* Pfad; **~ touristique** Wanderweg

sentiment [sãti'mã] *m* Gefühl *n*, Empfindung *f*

sentinelle [sãti'nɛl] *f* Posten *m*, Schildwache

sentir [sã'tiːr] fühlen; empfinden; wahrnehmen; riechen (**qc. nach et.**)

7*

seoir [swa:r] *Kleidung, Frisur:* kleiden, stehen; **comme il sied** wie es sich gehört

sépar|ation [separa'sjɔ̃] *f* Trennung; **~ément** [~re'mã] einzeln, für sich; **~er** [~pa're] trennen; absondern

sept [sɛt] sieben; **~embre** [sep'tã:brə] *m* September

septentrional [sɛptɑ̃trio'nal] nördlich, Nord...

septicémie [sɛptise'mi] *f* Blutvergiftung

septième [se'tjɛm] siebente(r, -s)

sépulcre [se'pylkrə] *m* Grabstätte *f*

séquestration [sekɛstra'sjɔ̃] *f* Zwangsverwaltung; Freiheitsberaubung

serein [sə'rɛ̃] heiter, klar; *m* Abendtau

sérén|ade [sere'nad] *f* Serenade, Ständchen *n*; **~ité** [~ni'te] *f* Heiterkeit, Ruhe

serf [sɛrf] *m* Leibeigene(r)

sergent [sɛr'ʒɑ̃] *m* Unteroffizier; **~ de ville** Schutzmann

série [se'ri] *f* Serie, Reihe; **~ de timbres-poste** Briefmarkensatz *m*

sérieux [se'rjø] ernst(haft); ernstlich; **prendre au ~** ernst nehmen

serin [sə'rɛ̃] *m* Kanarienvogel

serment [sɛr'mɑ̃] *m* Schwur, Eid

sermon [sɛr'mɔ̃] *m* Predigt *f*

serpent [sɛr'pɑ̃] *m* Schlange *f*; **~er** [~'te] sich schlängeln; **~in** [~'tɛ̃] *m* Papierschlange *f*

serre [sɛ:r] *f* Gewächshaus *n*; *Zo* Klaue, Kralle; **~ chaude** Treibhaus *n*; **~-frein** [~'frɛ̃] *m Esb* Bremser; **~-livres** [~'li:vrə] *m* Buchstütze *f*

serrer [sɛ're] drücken, pressen; fest anziehen, zs.-schnüren, -drängen

serrur|e [sɛ'ry:r] *f* (Tür-)Schloß *n*; **~e de sûreté** Sicherheitsschloß *n*; **~ier** [~ry'rje] *m* Schlosser

sérum [se'rɔm] *m* Serum *n*

serv|ante [sɛr'vɑ̃:t] *f* Dienstmädchen *n*; **~eur** [~'vœ:r] *m* Kellner; **~euse** [~'vø:z] *f* Kellnerin

service [sɛr'vis] *m* Dienst (-leistung *f*); Bedienung *f*; Trinkgeld *n*; Kundendienst; Verwaltung *f*; Verkehr; **~ divin** (**de chemises, de secours, de dépannage**) Gottes- (Hemden-, Not-, Abschlepp-)dienst; *Tennis:* Aufschlag; (*Geschirr*) Service *n*; **de ~** diensttuend; **~ militaire obligatoire** allgemeine Wehrpflicht *f*; **rendre à ~** j-m e-n Dienst erweisen

serviette [sɛr'vjɛt] *f* Serviette; **~ de toilette** (**éponge**) Hand-(Frottier-)

tuch n; Aktentasche; ~ hygiénique Damenbinde f
servir [sɛr'vi:r] dienen (q. j-m), bedienen; e-n Dienst erweisen (q. j-m); Speisen auftragen, servieren; dienen (à zu; de als); se ~ de benutzen
servi|teur [sɛrvi'tœ:r] m Diener, ~tude [~'tyd] f Knechtschaft, Sklaverei
ses [se] pl seine, ihre
session [sɛ'sjɔ̃] f Sitzung(speriode); Tagung
set [sɛt] m Tennis: Satz
seuil [sœ:j] m (Tür-) Schwelle f
seul [sœl] allein, einzig; ~ement [~'mã] nur, bloß
sève [sɛ:v] f Bot Saft m
sévère [se've:r] streng; ~rité [~veri'te] f Strenge
sex|e [sɛks] m Geschlecht n; ~uel [~'sɥɛl] sexuell
shampooing [ʃã'pwɛ̃] m Kopfwäsche f; Shampoo n
short [ʃɔrt] m Shorts pl
si [si] wenn, falls; ob; so; doch, ja
side-car [sajd'ka:r] m Motorrad: Beiwagen
sidérurgie [sideryr'ʒi] f Eisen- u. Stahlindustrie
siècle [sjɛkl] m Jahrhundert n; Zeit(alter n) f
siège [sjɛ:ʒ] m Sessel, Stuhl; Sitz (e-r Regierung usw); Belagerung f
siéger [sje'ʒe] tagen; s-n Sitz haben
sien(ne) [sjɛ̃, sjɛn] sein(ig), ihr(ig)

sieste [sjɛst] f Mittagsruhe
siffl|er [si'fle] pfeifen; zischen, sausen; Thea auspfeifen; ~et [~'flɛ] m (à roulette Triller-)Pfeife f; (coup m de) ~ Pfiff
signal [si'nal] m Signal n; ~ d'alarme Notbremse f; ~ horaire Rdf Zeitzeichen n; ~er [~'le] melden; anzeigen; hinweisen (qc. auf et.); ~isation [~liza'sjɔ̃] f Signalisieren n; Straße: Beschilderung
signat|aire [sina'tɛ:r] m Unterzeichner m; ~ure [~'ty:r] f Unterschrift
sign|e [sin] m Zeichen n; Merkmal n; ~er [~'ne] unter-schreiben, -zeichnen; ~et [~'nɛ] m Lesezeichen n
signifi|ant [sini'fjã] bedeutsam; ~cation [~fika'sjɔ̃] f Bedeutung, Sinn m; ~er [~'fje] bedeuten; zu verstehen geben
silence [si'lã:s] m (Still-) Schweigen n; Stille f; ~ieux [~'sjø] still, ruhig; schweigsam
silhouette [si'lwɛt] f Silhouette, Schattenbild n
sill|age [si'ja:ʒ] m Kielwasser n; ~on [~'jɔ̃] m Furche f; Rille f; ~onner [~jɔ'ne] (durch)furchen
silo [si'lo] m Silo
simil|aire [simi'lɛ:r] gleichartig; ~itude [~li'tyd] f Gleichartigkeit
simpl|e ['sɛ̃:plə] einfach;

simplicité

schlicht; einfältig; *m Tennis*: Einzel *n*; **~icité** [~plisi'te] *f* Einfachheit; Einfalt; **~ification** [~fika'sjɔ̃] *f* Vereinfachung; **~ifier** [~'fje] vereinfachen

simul|ation [simyla'sjɔ̃] *f* Vortäuschung; **~er** [~'le] vortäuschen; **~tané** [~ta'ne] gleichzeitig; **~tanéité** [~nei'te] *f* Gleichzeitigkeit

sinc|ère [sɛ̃'sɛːr] aufrichtig; **~érité** [~seri'te] *f* Aufrichtigkeit

sing|e [sɛ̃ːʒ] *m* Affe; **~er** [sɛ̃'ʒe] nachäffen

singul|arité [sɛ̃gylari'te] *f* Seltsamkeit; Eigenheit; **~ier** [~'lje] merkwürdig, sonderbar

sinistre [si'nistrə] unheilverkündend; unheimlich

sinon [si'nɔ̃] außer; wenn nicht; sonst

sinu|eux [si'nɥø] gewunden; kurvenreich; **~uosité** [~nɥozi'te] *f* Windung

siphon [si'fɔ̃] *m* Siphon

sirène [si'rɛːn] *f* Sirene

sirop [si'ro] *m* Sirup

site [sit] *m* Lage *f*; Landschaft *f*

sitôt [si'to] sobald

situ|ation [sitɥa'sjɔ̃] *f* Lage; Situation; Stellung; **~é** [~'tɥe] gelegen; **être ~é** liegen

six [sis, si] sechs; **~ième** [si'zjɛm] sechste(r, -s)

ski [ski] *m* Ski(sport); **~ nautique** Wasserski; **~er** [skje] = **faire du ~ Ski**

laufen; **~eur** [ski'œːr] *m* Skiläufer

slalom [sla'lɔm] *m* Slalom

slip [slip] *m* Schlüpfer; **~ de bain** Badehose *f*

sobre ['sɔbrə] mäßig, nüchtern

sociable [sɔ'sjablə] gesellig; umgänglich

social [sɔ'sjal] gesellschaftlich; sozial; **~iser** [~li'ze] verstaatlichen

socié|taire [sɔsje'tɛːr] *m* Gesellschafter; **~té** [~'te] *f* **(anonyme, d'abondance** Aktien-, Wohlstands-)Gesellschaft; **(sportive** Sport-)Verein *m*

socle ['sɔklə] *m* Sockel

socquette [sɔ'kɛt] *f* Söckchen *n*

sœur [sœːr] *f* Schwester

soi [swa] sich; **chez ~** zu Hause; **~-disant** [~di'zɑ̃] sogenannt, angeblich

soie [swa] *f* (**à coudre, artificielle** Näh-, Kunst-)Seide

soif [swaf] *f* Durst *m*; Begierde; **avoir ~** Durst h.

soign|er [swa'ne] pflegen; *Med* behandeln; **~eux** [~'nø] sorgfältig; besorgt (**de** um)

soin [swɛ̃] *m* Sorge *f*, Sorgfalt *f*; **~s** *pl* Pflege *f*; **premiers ~s** Erste Hilfe *f*

soir [swaːr] *m* Abend; **ce ~** heute abend; **~ée** [swa're] *f* Abendveranstaltung

soit! [swat] meinetwegen!

soixante [swa'sã:t] sechzig; **~-dix** [~sãt'dis] siebzig
soja [sɔ'ʒa] *m* Soja(bohne *f*) *f*
sol [sɔl] *m* (Erd-)Boden
sol|aire [sɔ'lɛ:r] Sonnen...; **~arium** [~'lar'jɔm] *m* Sonnenterrasse *f*
soldat [sɔl'da] *m* Soldat
sold|e [sɔl'da] **1.** *f* Sold *m*; **2.** *m* Saldo; Restbetrag; Ausverkauf; **~é** [~'de] *Preis:* herabgesetzt; **~er** [~] besolden, saldieren, abschließen; ausverkaufen
sole [sɔl] *f* Seezunge
soleil [sɔ'lɛj] *m* (**artificiel** Höhen-)Sonne *f*; Sonnenblume *f*
solenn|el [sɔla'nɛl] feierlich; **~ité** [~ni'te] *f* Feier(-lichkeit)
solid|aire [sɔli'dɛ:r] solidarisch; **~e** [~'lid] fest; haltbar; stark; zuverlässig, **~ité** [~di'te] *f* Festigkeit; Haltbarkeit; Zuverlässigkeit
soliste [sɔ'list] *m* Solist
soli|taire [sɔli'tɛ:r] einsam; *m* Einsiedler; **~tude** [~'tyd] *f* Einsamkeit
sollicit|er [sɔlisi'te] dringend bitten, ersuchen (**qc. um** et.); *Aufmerksamkeit* erregen; sich bewerben (**qc. um** et.); **~eur** [~'tœ:r] *m* Bittsteller; Bewerber; **~ude** [~'tyd] *f* Fürsorge; Betreuung
solo [sɔ'lo] *m* Solo *n*
solstice [sɔls'tis] *m* Sonnenwende *f*

solu|ble [sɔ'lybla] löslich; lösbar; **~tion** [~'sjɔ̃] *f* (Auf-)Lösung
solva|bilité [sɔlvabili'te] *f* Zahlungsfähigkeit; **~ble** [~'vabla] zahlungsfähig
sombr|e ['sɔ̃:bra] dunkel, düster; trübe; **~er** [sɔ̃'bre] kentern; *fig* scheitern
sommaire [sɔ'mɛ:r] *m* kurze Inhaltsangabe *f*
somme [sɔm] **1.** *f* Summe; **2.** *f*: **bête** *f* **de ~** Lasttier *n*; **3.** *m F* Schläfchen *n*
sommeil [sɔ'mɛj] *m* Schlaf; **avoir ~** müde sein
sommelier [sɔmə'lje] *m* Kellermeister; Weinkellner
sommer [sɔ'me] auffordern
sommet [sɔ'mɛ] *m* Gipfel
sommier [sɔ'mje] *m* Sprungfedermatratze *f*
somn|ambule [sɔmnã'byl] *m* Schlafwandler; **~ifère** [~ni'fɛ:r] *m* Schlafmittel *n*; **~olent** [~nɔ'lɑ̃] schläfrig
somptu|eux [sɔ̃p'tɥø] prächtig, prunkvoll; **~osité** [~tɥozi'te] *f* Pracht
son [sɔ̃] **1.** *m*, **sa** [sa] *f*, **ses** [se] *pl pron* sein(e); **2.** *m* Laut, Klang, Ton
sond|age [sɔ̃'da:ʒ] *m* Bohrung *f*; Lotung *f*; **~ d'opinions** Meinungsumfrage *f*; **~e** [sɔ̃:d] *f* Lot *n*; *Med* Sonde; **~er** [sɔ̃'de] loten; sondieren; *j-n* aushorchen
songe [sɔ̃:ʒ] *m* Traum
songer [sɔ̃'ʒe] träumen; nachsinnen (**à** über); daran denken (**à** zu)

sonn|aille [sɔ'naːj] f Kuhglocke; **~er** [~'ne] läuten, klingeln; tönen; *Uhr:* schlagen; **dix heures sonnent** es schlägt 10 Uhr; **~erie** [~n'ri] f Geläute n; Läute-, Schlag-werk n; Klingel; **~et** [~'nɛ] n Sonett n; **~ette** [~'nɛt] f Klingel; Glöckchen n; **~eur** [~'nœːr] m Glöckner

sonor|e [sɔ'nɔːr] klangvoll; **~ité** [~nɔri'te] f Klang m

soporifique [sɔpɔri'fik] m Schlafmittel n

sorbet [sɔr'bɛ] m Halbgefrorene(s) n

sorbier [sɔr'bje] m Eberesche f

sorc|ellerie [sɔrsɛl'ri] f Hexerei; **~ier** [~'sje] m Zauberer; **~ière** [~'sjɛːr] f Hexe

sordide [sɔr'did] schmutzig; geizig

sort [sɔːr] m Schicksal n; Geschick n; **tirer au ~** losen

sorte [sɔrt] f Art, Sorte; **toutes ~s** allerlei; **en quelque ~** gewissermaßen; **de ~ que** so daß

sortie [sɔr'ti] f **de secours** Not-Ausgang m; Ausfahrt; Ausreise; *Thea* Abgang m; *Hdl* Ausfuhr

sortilège [sɔrti'lɛːʒ] m Zauberei f

sortir [sɔr'tiːr] heraus-, hinaus-, weg-, aus-gehen; hervorkommen; abstammen; heraus-bringen, -führen; **au ~** beim Verlassen

sosie [sɔ'zi] m Doppelgänger

sot [so] dumm; m Dummkopf; **~tise** [~'tiːz] f Dummheit

souche [suʃ] f Baumstumpf m; *Eintrittskarte:* Kontrollabschnitt m

souci [su'si] m Sorge f; **~er** [~'sje]: **se ~** sich kümmern, sich sorgen (**de** um); **~eux** [~'sjø] bekümmert, sorgenvoll

soucoupe [su'kup] f Untertasse

soudain [su'dɛ̃] plötzlich, schnell

soude [sud] f Soda

soud|er [su'de] (an)löten; schweißen; **~ure** [~'dyːr] f Löt-, Schweiß-stelle

souffl|e [sufla] m Hauch; Atemzug, Atmen n; **~é** [~'fle] m Eierauflauf m; **~er** [~] blasen, pusten; wehen; brausen; **~et** [~'flɛ] m Blasebalg; Ohrfeige f; **~eter** [~fla'te] ohrfeigen; **~euse** [~'fløːz] f *Thea* Souffleuse

souffr|ance [~'frãːs] f Leiden n; **en ~ance** unerledigt; **~ant** [~'frã] leidend; **~ir** [~'friːr] leiden (**de an**, **unter**); erdulden

soufre ['sufrə] m Schwefel

souhait [swɛ] m Wunsch; **à ~** nach Wunsch; **~able** [swɛ'tabla] wünschenswert; **~er** [~'te] wünschen

souiller [su'je] besudeln

soûl [su] voll besoffen, voll

soulager [sula'ʒe] erleichtern; lindern

soulèvement [sulev'mã] *m* Erhebung *f*; Aufstand *m*; **~ver** [sul've] auf-, hochheben; aufrichten; aufwiegeln; **se ~ever** sich empören

soulier [su'lje] *m* Schuh

souligner [suli'ɲe] unterstreichen; hervorheben

soum|ettre [su'metr] unterwerfen; unterbreiten; **~is** [~'mi] gehorsam; **~is à la douane** zollpflichtig; **~ission** [~'sjõ] *f* Unterwerfung; Unterwürfigkeit; *Hdl* Angebot *n* auf Ausschreibung

soupape [su'pap] *f* Ventil *n*

soupçon [sup'sõ] *m* Argwohn, Verdacht; **~ner** [~so'ne] verdächtigen; **~neux** [~so'nø] argwöhnisch

soup|e [sup] *f* (**à l'oignon** Zwiebel-) Suppe; **~er** [~'pe] zu Abend essen; *m* Abendessen *n*; **~ière** [~'pjɛ:r] *f* Suppenschüssel

soupir [su'pi:r] *m* Seufzer; **~er** [~'pi:re] seufzen

soupl|e [ˈsupl] biegsam, geschmeidig; **~esse** [~'ples] *f* Biegsamkeit, Geschmeidigkeit; Fügsamkeit

source [surs] *f* Quelle *f* (a *fig*); **prendre sa ~** entspringen

sourcil [sur'si] *m* Augenbraue *f*; **~ler** [~'je]: **sans ~** ohne mit der Wimper zu zucken

sourd [su:r] taub (**de** auf, **à** gegen); dumpf; **~-muet** [sur'mɥɛ] taubstumm

souricière [suri'sjɛ:r] *f* Mausefalle

sourire [su'ri:r] lächeln; *m* Lächeln *n*

souris [su'ri] *f* Maus

sournois [sur'nwa] heimtückisch

sous [su] unter, unterhalb; **~ ce rapport** in dieser Hinsicht; **~ peine d'amende** bei Geldstrafe; **~ peu** binnen kurzem

sous|-alimenté [suzalimã'te] unterernährt; **~bois** [~'bwa] *m* Unterholz *n*; **~cription** [suskrip'sjõ] *f* Unterzeichnung; **~crire** [~'kri:r] unterschreiben; **-estimer** unterschätzen; **~-locataire** *su* Untermieter(in *f*) *m*; **~-main** *m* Schreibunterlage *f*; **~-marin** *m* Unterseeboot *n*; **~traction** [~strak'sjõ] *f* Unterschlagung; Subtraktion; **~traire** [~'strɛ:r] unterschlagen; abziehen; **~-vêtements** [~vɛt'mã] *m/pl* Unterwäsche *f*

souten|ir [sut'ni:r] stützen, halten, tragen; stärken; unterstützen; behaupten

souterrain [sutɛ'rɛ̃] unterirdisch

soutien [su'tjɛ̃] *m* Stütze *f*; **~-gorge** *m* Büstenhalter

souvenir [suv'ni:r]: **se ~** sich erinnern (**de** an); *m*

souvent

Erinnerung *f*; (de voyage Reise-)Andenken *n*
souvent [su'vã] oft(mals)
souverain [suv'rɛ̃] höchst; unumschränkt; *m* Herrscher
soviétique [sɔvje'tik] sowjetisch
soyeux [swa'jø] seidig
spacieux [spa'sjø] geräumig, weit
sparadrap [spara'dra] *m* Heftpflaster *n*
spasme [spasm] *m* Krampf
spatial [spa'sjal] Raum...
speaker [spi'kœ:r] *m*, **~ine** [~'krin] *f Rdf* Ansager(in *f*) *m*
spécial|iste [spesja'list] *m* Spezialist; Facharzt; **~ité** [~li'te] *f* Spezialität
spécimen [spesi'mɛn] *m* Probe-blatt *n*, -stück *n*
spect|acle [spɛk'taklə] *m* Anblick; Schauspiel *n*; **donner en ~acle** zur Schau stellen; **~ateur** [~ta-'tœ:r] *m* Zuschauer; **~re** ['~trə] *m* Gespenst *n*
spécula|teur [spekyla'tœ:r] *m* Spekulant; **~tion** [~la-'sjɔ̃] *f* Theorie; Spekulation
sph|ère [sfɛ:r] *f* Kugel; Sphäre; **~érique** [sfe'rik] kugelförmig
sphinx [sfɛ̃ks] *m* Sphinx *f*
spirale [spi'ral] *f* Spirale
spiritu|el [spiri'tyɛl] geistig; geistreich; **~eux** [~'tyø] alkoholhaltig; *m/pl* Spirituosen *pl*

splend|eur [splɑ̃'dœːr] *f* Glanz *m*; Pracht; **~ide** [~-'did] glänzend, prächtig
spontané [spɔta'ne] spontan, unwillkürlich
sport [spɔːr] *m* (**nautique** Wasser-)Sport; **~s** *pl* **d'hiver** Wintersport *m*; **~if** [~-'tif] *m* Sportler
squelette [skə'lɛt] *m* Skelett *n*
sta|biliser [stabili'ze] stabilisieren, festigen; **~ble** ['stablə] fest, beständig, stabil
stade [sta:d] *m* Stadium *n*; *Sp* Stadion *n*
stag|e [sta:ʒ] *m* Praktikum *n*; **~iaire** [sta'ʒjɛːr] *m* Praktikant
stagnant [stɑ'nɑ̃] (still-)stehend; *Hdl* flau
stalle [stal] *f* Chorstuhl *m*; (Pferde-)Box
stand [stɑ̃:d] *m* (Ausstellungs-, Schieß-)Stand
standard [stɑ̃'daːr] *m* Standard; Norm *f*; **~iser** [~dardi'ze] normen
star [sta:r] *f* Filmstar *m*
station [sta'sjɔ̃] *f* Haltung; Aufenthalt *m*; Haltestelle; (**de départ, de montagne** Tal-, Berg-)Station; **~ thermale** (**balnéaire**) Kur- (Bade-)ort *m*; **~ de taxis** Taxistand *m*; **~naire** [~sjɔ'nɛːr] stillstehend; gleichbleibend; **~nement** [~sjɔn'mɑ̃] *m* Halten *n*; Parken *n*; **~nement interdit** Parkverbot *n*; **~ner** [~sjɔ-

substantif

'ne] stehen(bleiben), halten; parken; ~-service [~ser'vis] *f* Tankstelle *mit Wartungsdienst*

statistique [statis'tik] statistisch; *f* Statistik

statu|e [sta'ty] *f* Statue; ~**er** [~'tɥe] festsetzen, beschließen; ~**taire** [~ty'tɛ:r] *f* satzungsgemäß

sténodactylo [stenodakti'lo] *f* Stenotypistin

steppe [stɛp] *f* Steppe

stéréophonie [stereɔfɔ'ni] *f* Raumton *m*

steward [stju'a:rd] *m* Steward

stigmat|e [stig'mat] *m* Wundmal *n*; Narbe *f*; ~**iser** [~ti'ze] brandmarken

stimuler [stimy'le] an-reizen, -regen; -stacheln

stipuler [stipy'le] *vertraglich* festsetzen

stock [stɔk] *m* Lagerbestand, Warenvorrat; ~**er** [~'ke] lagern

stop! [stɔp] stop!, halt!; ~**per** [~'pe] stoppen, anhalten; kunststopfen

strapontin [strapɔ̃'tɛ̃] *m* Klappsitz

strat|agème [strata'ʒɛm] *m* List *f*; ~**égie** [~te'ʒi] *f* Strategie

strict [strikt] streng, genau

strident [stri'dɑ̃] gellend, schrill

structure [stryk'ty:r] *f* Struktur

studi|eux [sty'djø] fleißig; eifrig; ~**o** [~'djo] *m* Studio

stupé|faction [stypefak'sjɔ̃] *f* Verblüffung; ~**fait** [~'fɛ] verblüfft; ~**fiant** [~'fjɑ̃] verblüffend; *m* Rauschgift *n*; ~**fier** [~'fje] verblüffen

stup|eur [sty'pœ:r] *f* Betäubung; Bestürzung; ~**ide** [~'pid] dumm, stumpfsinnig; ~**idité** [~pidi'te] *f* Dummheit

styl|e [stil] *m* Stil; ~**o** [~'lo] *m* Füller; ~**o feutre** (à **bille**) Filz-(Kugel-)schreiber

suave [sɥa:v] lieblich

subir [sy'bi:r] ertragen, aushalten, über sich ergehen lassen

subit [sy'bi] plötzlich, jäh

sub|jonctif [sybʒɔ̃k'tif] *m* Konjunktiv; ~**juguer** [~ʒy'ge] unterjochen

sublime [sy'blim] erhaben

submer|ger [sybmɛr'ʒe] überschwemmen, -fluten (*a fig*); ~**sible** [~'sibl] *m* U-Boot *n*; ~**sion** [~'sjɔ̃] *f* Überschwemmung

sub|ordonner [sybɔrdɔ'ne] unterordnen; ~**orner** [~ɔr'ne] verführen; verleiten, bestechen; ~**side** [~'sid] *m* Zuschuß

subsist|ance [sypsis'tɑ̃:s] *f* Lebensunterhalt *m*; ~**er** [~'te] fortbestehen

substance [syp'stɑ̃:s] *f* Substanz; Stoff *m*; Gehalt *m*; **en** ~ im wesentlichen

subst|antif [sypstɑ̃'tif] *m*

substituer 204

Substantiv *n*, Hauptwort *n*; **~ituer** [~sti'tɥe] ersetzen, austauschen; **~itut** [~'ty] *m* Stellvertreter

subterfuge [syptɛrfy:ʒ] *m* Ausflucht *f*

subtil [syp'til] geistreich, scharfsinnig; listig; **~ité** [~tili'te] *f* Schärfe, Gewandtheit; Scharfsinn *m*; Verschlagenheit

suburbain [sybyr'bɛ̃] vorstädtisch; Vorort...

subversion [sybvɛr'sjɔ̃] *f* Umsturz *m*; Zerrüttung

suc [syk] *m* Saft

succéd|ané [syksedaˈne] *m* Ersatz(mittel *n*); **~er** [~'de] (nach)folgen (à auf)

succès [syk'sɛ] *m* Erfolg

success|eur [syksɛ'sœːr] *m* Nachfolger; Erbe; **~if** [~'sif] Auf-ea.-folgend; **~ion** [~'sjɔ̃] *f* Auf-ea.-, Nach-, Erb-folge; Erbe *n*

succinct [syk'sɛ̃] knapp, kurzgefaßt

succomber [sykɔ̃'be] unter-, er-liegen; sterben

succulent [syky'lɑ̃] saftig, schmackhaft

succursale [sykyr'sal] *f* Zweigstelle, Filiale

suc|er [sy'se] (ein-, aus-) saugen; lutschen; **~ette** [~'sɛt] *f* Lutscher; Schnuller

sucr|e ['sykrə] *m* Zucker; **~é** [~'kre] süß; **~er** [~] (über)zuckern; **~eries** [~krə'ri] *f/pl* Süßigkeiten; **~ier**[~kri'e] *m* Zuckerdose *f*

sud [syd] *m* Süden; **~-est** [~'dɛst] *m* Südosten; **~-ouest** [~'dwɛst] *m* Südwesten

Suède [sɥɛd] *f*: **la ~** Schweden *n*

suédois [sɥe'dwa] schwedisch

su|er [sɥe] schwitzen; **~eur** [sɥœːr] *f* Schweiß *m*

suffi|re [sy'fiːr] genügen, ausreichen; **~sant** [~fi'zɑ̃] genügend; selbstgefällig

suffo|cation [syfɔkɑ'sjɔ̃] *f* Atemnot; Erstickung; **~quer** [~'ke] ersticken

suffrage [sy'fraːʒ] *m* (Wahl-)Stimme *f*; Wahl *f*; **~ universel** allgemeines Wahlrecht *n*

suggérer [sygʒe're] nahelegen; anregen

suicid|e [sɥi'sid] *m* Selbstmord; **~er** [~'de]: **se ~er** sich das Leben nehmen

suie [sɥi] *f* Ruß *m*

suif [sɥif] *m* Talg

suinter [sɥɛ̃'te] durchsickern

Suisse [sɥis] schweizerisch; *f*: **la ~** die Schweiz

suite [sɥit] *f* Folge; Reihenfolge; Fortsetzung; Gefolge *n*; **de ~** hintereinander; **par ~** infolgedessen; **par ~ de** infolge; **tout de ~** sofort

suiv|ant [sɥi'vɑ̃] (nach-) folgend; entlang; gemäß, zufolge; **~ant que** je nachdem; **~i** [~'vi] fortlaufend; ununterbrochen; **bien ~i** gut besucht

suivre ['sɥiːvrə] folgen (**q. j-m**); be-, ver-folgen; fortsetzen; *Vorlesung* hören; **faire ~** *Post* nachsenden; **à ~** Fortsetzung folgt

sujet [sy'ʒɛ] **1.** unterworfen; ausgesetzt; anfällig (à für); **2.** *m* Untertan; **3.** *m* Subjekt *n*; Gegenstand, Stoff, Thema *n*; Grund; **à ce ~** in dieser Beziehung

superbe [sy'pɛrb] herrlich, prächtig; hochmütig

super|cherie [sypɛrʃə'ri] *f* Betrug *m*; **~ficie** [~fi'si] *f* Oberfläche; Flächeninhalt *m*; **~ficiel** [~'sjɛl] oberflächlich; **~flu** [~'fly] überflüssig; *m* Überfluß

supéri|eur [sype'rjœːr] höher (gelegen) (à als); Ober...; übrlegen; *m* Vorgesetzte(r); **~orité** [~rɔri'te] *f* Überlegenheit

super|marché [sypɛrmar'ʃe] *m* Supermarkt; **~poser** [~po'ze] übereinanderlegen; **~sonique** [~sɔ'nik] Überschall...

superstit|ieux [sypɛrsti'sjø] abergläubisch; **~ion** [~'sjɔ̃] *f* Aberglaube *m*

supplanter [syplɑ̃'te] ausstechen, verdrängen

supplé|ant [syple'ɑ̃] stellvertretend; *m* Stellvertreter; **~er** [~'e] hinzufügen; ersetzen; *j-n* vertreten; **~ment** [~'mɑ̃] *m* Ergänzung *f*; Zugabe *f*; *Zeitung:* Beilage *f*; Zuschlag(karte *f*) *m*; **~mentaire** [~mɑ̃'tɛːr] ergänzend, zusätzlich

supplice [sy'plis] *m* Folter *f*; *fig* Marter *f*, Qual *f*; **~ dernier ~** Todesstrafe *f*

suppli|er [sypli'e] demütig bitten; (an)flehen; **~que** [~'plik] *f* Bittschrift

support [sy'pɔːr] *m* Stütze *f*; Träger; *fig* Beistand; **~able** [~pɔr'tabl] erträglich; **~er** [~'te] (er)tragen, stützen; aushalten

suppos|er [sypo'ze] voraussetzen; annehmen, vermuten; **~ition** [~zi'sjɔ̃] *f* Voraussetzung; Annahme *f*; **~itoire** [~'twaːr] *m* *Med* Zäpfchen *n*

suppr|ession [syprɛ'sjɔ̃] *f* Abschaffung, Aufhebung; **~imer** [~pri'me] abschaffen, aufheben; verschwinden lassen; verschweigen

suppur|ation [sypyrɑ'sjɔ̃] *f* Eiterung; **~er** [~'re] eitern

suprématie [syprema'si] *f* Vormachtstellung; Überlegenheit

suprême [sy'prɛm] oberst, höchst; äußerst, letzt

sur [syr] **1.** auf, über, bei, gegen, um; **~ le soir** gegen Abend; **2.** sauer, herb

sûr [syːr] sicher; zuverlässig; **bien ~!** selbstverständlich!

sur|abondance [syrabɔ̃'dɑ̃ːs] *f* Überfülle *f*; **~anné** [~a'ne] veraltet, überholt; **~charger** [~ʃar'ʒe] überladen, -lasten; **~chauffer**

surcroît [~ʃo'fe] über-hitzen, -heizen; **~croît** [~'krwa] m Zuwachs

surdité [surdi'te] f Taubheit; Schwerhörigkeit

sureau [sy'ro] m Holunder

sur|élever [syrel've] Haus aufstocken; **~enchérir** [~ɑ̃ʃe'ri:r] überbieten; **~estimer** [~ɛsti'me] überschätzen

sûreté [syr'te] f Sicherheit; 2 Sicherheitspolizei

surexposer [syrɛkspo'ze] überbelichten

surf [syrf] m Wellenreiten n

sur|face [syr'fas] f (Ober-)Fläche; **~faire** [~'fɛ:r] überteuern; fig überschätzen, -bewerten

surgir [syr'ʒi:r] auftauchen (fig); entstehen

sur|homme [sy'rom] m Übermensch; **~humain** [~ry'mɛ̃] übermenschlich

sur-le-champ [syrlə'ʃɑ̃] auf der Stelle, sofort

sur|mener [syrmə'ne] über-fordern, -anstrengen; **~monter** [~mɔ̃'te] überragen; überwinden; **~naturel** [~naty'rɛl] übernatürlich

surnom [syr'nɔ̃] m Bei-, Spitz-name; **~mer** [~nɔ'me] nennen

sur|numéraire [syrnyme'rɛ:r] überzählig; **~passer** [~pa'se] hinausragen (qc. über et.); übertreffen; **~payer** [~pe'je] zu teuer bezahlen

surpeupl|é [syrpœ'ple] überbevölkert; **~ement** [~plə'mɑ̃] m Überbevölkerung f

surplus [syr'ply] m Überschuß; **au ~** übrigens

surpoids [syr'pwa] m Übergewicht n

surpr|enant [syrprə'nɑ̃] erstaunlich; **~endre** [~'prɑ̃:drə] überraschen; ertappen; überlisten; **~ise** [~'pri:z] f Überraschung; Verwunderung; Überrumpelung

sursaut [syr'so] m Auf-, Hoch-fahren n

sursis [syr'si] m Aufschub; Bewährungsfrist

surtaxe [syr'taks] f Strafporto n; Zuschlag m

surtout [syr'tu] besonders, vor allen Dingen

surveill|ance [syrvɛ'jɑ̃:s] f Aufsicht, Überwachung; **~ant** [~'jɑ̃] m Aufseher; **~er** [~'je] überwachen; beaufsichtigen

survenir [syrvə'ni:r] unerwartet kommen od eintreten, erfolgen

survêtement [syrvɛt'mɑ̃] m Trainingsanzug

surviv|ant [syrvi'vɑ̃] m Überlebende(r); **~re** [~'vi:vrə] überleben (à q. j-n)

survol [syr'vɔl] m Überfliegen n; **~er** [~'le] überfliegen

sus 1. [sy] *p.s. s* **savoir; 2.** [sys]: **en ~** noch dazu, außerdem; **en ~ de** außer

susc|eptible [sysɛp'tiblə] geeignet (**de** für); (über-)empfindlich; **~iter** [~si'te] erregen; hervorrufen

sus|dit [sys'di], **~nommé** [~nɔ'me] obengenannt

suspect [sys'pɛ] verdächtig; **~er** [~pɛk'te] verdächtigen

suspendre [sys'pɑ̃:drə] aufhängen; unterbrechen; aufschieben; aussetzen

suspens [sys'pɑ̃]: **en ~** in der Schwebe, unentschieden; **~ion** [~'sjɔ̃] f Aufhängung; Unterbrechung, Aufschub m; einstweilige Amtsenthebung; Kfz Federung

suspicion [syspi'sjɔ̃] f Verdächtigung

suzerain [syzə'rɛ̃] m Lehnsherr

svelte [svɛlt] schlank

sylvestre [sil'vɛstrə] Wald...

symbole [sɛ̃'bɔl] m Symbol n

sym|pathie [sɛ̃pa'ti] f Sympathie; **~phonie** [~fɔ'ni] f Sinfonie

synagogue [sina'gɔg] f Synagoge

synchroniser [sɛ̃krɔni'ze] synchronisieren

syndic [sɛ̃'dik] m Syndikus, Konkursverwalter; **~at** [~'ka] m Verband, Gewerkschaft f; **~at d'initiative** Verkehrsverein

système [sis'tɛm] m System n

T

tabac [ta'ba] m Tabak; **bureau** m (od **débit** m) **de ~** Tabakladen

table ['tablə] f Tisch m; Tafel, Platte; Tabelle, Register n; **~ des matières** Inhaltsverzeichnis n

tableau [ta'blo] m Bild n, Gemälde n; Tafel f, Brett n; fig Schilderung f; Liste f; **~ noir** Wandtafel f, schwarzes Brett n

tablette [ta'blɛt] f (Ablage-) Brett n; Platte; Tafel (Schokolade)

tablier [tabli'e] m Schürze f

tabouret [tabu'rɛ] m Hocker

tache [taʃ] f Fleck(en) m; Makel m, Schandfleck m; **~s pl de rousseur** Sommersprossen

tâche [taʃ] f Aufgabe n; **à la ~** im Akkord

tacher [ta'ʃe] beflecken

tâcher [tɑ'ʃe] sich bemühen, versuchen (**de** zu); **~on** [taʃ'rɔ̃] m Akkordarbeiter

tacheter [taʃ'te] sprenkeln

tachymètre [taki'mɛtrə] m Tachometer

tacit|e [ta'sit] stillschweigend; **~urne** [~si'tyrn] schweigsam

tacot [ta'ko] F m Kfz Karre f

tact [takt] m Tastsinn; Takt

tactique

(-gefühl n); ~**ique** [~'tik] taktisch; f Taktik
taffetas [taf'ta] m Taft
taie [tε] f Kopfkissenbezug m
taille [ta:j] f (Kleider-, Körper-)Größe, Figur; Taille; Be-, Zu-schneiden n, Schnitt m; Behauen n; Schleifen n, Schliff m; (Kupfer-)Stich m; ~-**crayon(s)** m Bleistiftanspitzer
taill|er [ta'je] (be-, ein-, zu-)schneiden; behauen; *Bleistift* spitzen; *Edelstein* schleifen; ~**eur** [~'jœ:r] m Schneider; Kostüm n, Jakkenkleid n; ~**eur de pierres** Steinmetz
taire [tε:r]: **se** ~ schweigen; **faire** ~ zum Schweigen bringen
talon [ta'lɔ̃] m Ferse f; Hacken; (*Schuh-*)Absatz; (*Brot-*)Kanten; Talon, (Kontroll-)Abschnitt; ~**ner** [~lɔ'ne] auf den Fersen sein (q. j-m); hart bedrängen; *Hunger:* quälen
talus [ta'ly] m Abdachung f, Böschung f
tambour [tɑ̃'bu:r] m Trommel f (a Tech); Trommler m; Stickrahmen; ~**in** [~bu'rɛ̃] m Tamburin n
tamis [ta'mi] m Sieb n; ~**er** [~mi'ze] (durch)sieben
tampon [tɑ̃'pɔ̃] m Pfropfen, Dübel; Med Tampon; *Esb* Puffer; ~**nement** [~pɔn-'mɑ̃] m *Esb* Zs.-stoß; ~**ner**

[~pɔ'ne] (zu)stopfen; *Wunde* abtupfen; *Esb, Kfz* auffahren, zs.-stoßen
tanche [tɑ̃ʃ] f Schleie
tandis que [tɑ̃'di(s)kə] während, wogegen
tang|ente [tɑ̃'ʒɑ̃:t] f Tangente; ~**ible** [~'ʒiblə] greifbar
tango [tɑ̃'go] m Tango
tanière [ta'njε:r] f Höhle; Schlupfwinkel m
tanner [ta'ne] gerben
tant [tɑ̃] so viel, so sehr; ~ **que** solange; **en** ~ **que** insofern; ~ **mieux** (**pis**) um so besser (schlimmer)
tante [tɑ̃:t] f Tante
tantôt [tɑ̃'to] **1.** bald; **à** ~ bis gleich, bis nachher; **2.** eben, vor kurzem
taon [tɑ̃] m Zo Bremse f
tapage [ta'pa:ʒ] m Lärm, Radau, Ruhestörung f
tap|e [tap] f Klaps m; ~**er** [~'pe] schlagen, klopfen; *F* tippen; stampfen (**du pied** mit dem Fuß)
tapir [ta'pi:r]: **se** ~ sich ducken, sich kauern
tapis [ta'pi] m Teppich; Tischdecke f; ~ **roulant** Förder-, Fließ-band n; ~**ser** [~pi'se] tapezieren; *fig* ausschmücken; ~**serie** [~'sri] f Wandteppich m
tapoter [tapo'te] tätscheln
taquiner [taki'ne] hänseln, necken; ärgern
tard [ta:r] spät; **au plus** ~ spätestens; **sur le** ~ gegen

Abend; ~er [tar'de] zögern, zaudern
tare [taːr] f Tara; fig Makel m, Fehler m; Schande
tarentule [tarã'tyl] f Tarantel
tarif [ta'rif] m Tarif
tarin [ta'rɛ̃] m Zeisig
tarir [⁓'riːr] versiegen, stocken; trockenlegen
tarte [tart] f Torte, Obstkuchen m; ~lette [⁓t'lɛt] f Törtchen n
tartine [tar'tin] f bestrichene Brotschnitte
tartre ['tartrə] m Weinstein; Zahnstein; Kesselstein
tas [ta] m Haufen, Menge f
tasse [tas] f Tasse
tasser [tɑ'se] an-, auf-häufen; se ~ sich senken
tât|er [ta'te] befühlen, betasten; ~er de qc. et. probieren, versuchen; ~onner [⁓tɔ'ne] (herum)tasten; ~ons [⁓'tɔ̃] à ~ons tastend
tatouer [ta'twe] tätowieren
taup|e [top] f Maulwurf m; ~inière [⁓pi'njɛːr] f Maulwurfshügel m
taureau [to'ro] m Stier, Bulle; course f de ~ Stierkampf m
taux [to] m (Prozent-)Satz; Zinsfuß; Hdl Kurs
taverne [ta'vɛrn] f Schenke, Weinstube
taxe [taks] f (d'aéroport Flughafen-)Gebühr; Abgabe; Steuer; ~ de séjour Kurtaxe; soumis à la ~ gebührenpflichtig
taxi [tak'si] m Taxe f, Taxi n; ~phone [⁓'fɔn] m Münzfernsprecher
Tchécoslovaquie [tʃekɔslɔva'ki] f: la ~ Tschechoslowakei
tchèque [tʃɛk] tschechisch
te [tə] dich, dir
techni|cien [tɛkni'sjɛ̃] m Techniker; ~que [⁓'nik] technisch; f Technik
teck [tɛk] m Teakholz n; ~el [⁓'kɛl] m Dackel
teign|e [tɛɲ] f Motte; ~eux [⁓'nø] grindig; räudig
tein|dre ['tɛ̃ːdrə] färben; beizen; ~ture [⁓'tyːr] f Färben n, Färberei; d'iode Jod-)Tinktur
tel [tɛl] 1. solch, derartig, so ein; ~ que so wie; 2. manche(r, ~s); monsieur un ~ Herr Soundso
télé|commande [telekɔ'maːd] f Fernsteuerung; ~diffusion f Drahtfunk m; ~férique [⁓fe'rik] m Drahtseilbahn f; ~gramme [⁓'gram] m Telegramm n
télégraph|ie [telegra'fi] f sans fil (T.S.F.) drahtlose Telegrafie; ~ier [⁓gra'fje] telegrafieren; ~ique [⁓gra'fik] telegrafisch
télé|guidage [telegi'daːʒ] m Fernlenkung f; ~guidé [⁓gi'de] ferngelenkt; ~mètre [⁓'mɛtrə] m Entfernungsmesser; ~objectif [⁓ɔbʒɛk'tif] m Teleobjektiv n

téléphone 210

téléphon|e [tele'fɔn] *m* Telefon *n*, Fernsprecher; **appeler q. au ~e** j-n anrufen; **coup** *m* **de ~e** Anruf; **~er** [~fɔ'ne] telefonieren; **~ique** [~'nik] telefonisch; **~iste** [~'nist] *su* Telefonist(in *f*) *m*

téléscop|age [telesko'pa:ʒ] *m* Esb, Kfz Zs.-stoß; **~e** [~'kɔp] *m* Teleskop *n*, Fernrohr *n*; **~er** [~kɔ'pe]: **~er** zs.-stoßen

télé|scripteur [teleskrip-'tœ:r] *m* Fernschreiber; **~siège** [~'sjɛ:ʒ] *m* Sessellift; **~ski** [~'ski] *m* Skilift; **~spectateur** [~spɛkta'tœ:r] *m* Fernsehteilnehmer; **~viseur** [~vi'zœ:r] *m* Fernsehgerät *n*; **~vision** [~vi-'zjɔ̃] *f* **(en couleurs** Farb-) Fernsehen *n*

télex [te'lɛks] *m* Fernschreiber, Fernschreiben *n*

tém̱ér|aire [teme're:r] waghalsig, (toll)kühn; **~ité** [~ri'te] *f* Tollkühnheit

témoi|gnage [temwa'ɲa:ʒ] *m* Zeugenaussage *f*; Zeugnis *n*; Beweis, Zeichen *n*; **~gner** [~'ɲe] bezeugen; **~n** [~'mwɛ̃] *m* Zeuge

tempe [tɑ̃:p] *f* Schläfe

tempérament [tɑ̃pera'mɑ̃] *m* Temperament *n*, Veranlagung *f*; **à ~** auf Abzahlung

tempér|ature [tɑ̃pera'ty:r] *f* Temperatur (*a Med*); **~er** [~'re] mildern, mäßigen

tempête [tɑ̃'pɛt] *f* (de neige Schnee-)Sturm *m*, Unwetter *n*; **~étueux** [~pe-'tɥø] stürmisch

temple [tɑ̃pl] *m* Tempel *m*

tempor|aire [tɑ̃pɔ're:r] zeitweilig, vorübergehend; **~el** [~pɔ'rɛl] zeitlich, weltlich

temps [tɑ̃] *m* Zeit *f*; Wetter *n*; **à ~** rechtzeitig; **en même ~** zugleich

tenace [tə'nas] zäh; hartnäckig, fest verwurzelt

tenailles [tə'na:j] *f/pl* Zange *f*

tendance [tɑ̃'dɑ̃:s] *f* Tendenz

tendon [tɑ̃'dɔ̃] *m* Sehne *f*

tendre [tɑ̃:dr] **1.** spannen; *Falle* stellen; *Hand* reichen, hinstrecken; **2.** zart, mürbe; zärtlich, sanft; **~sse** [tɑ̃'drɛs] *f* Zärtlichkeit

tén|èbres [te'nɛbrə] *f/pl* Finsternis *f*; **~ébreux** [~ne'brø] finster; düster

teneur [tə'nœ:r] **1.** *m*: **~ de livres** Buchhalter; **2.** *f* Wortlaut *m*; **(en alcool** Alkohol-) Gehalt *m*

tenir [tə'ni:r] (fest)halten; besitzen; enthalten; *Raum* einnehmen; halten (**pour** für); Wert legen (**à** auf); **~ compte** berücksichtigen (**de qc.** et.); tiens, tenez! **da** (nimm, nehmt)!, **tiens!** sieh da!; **s'en ~** es bewenden lassen (**à** bei)

tennis [te'nis] *m* **(de table** Tisch-)Tennis *n*

ténor [te'nɔ:r] *m* Tenor

tension [tã'sjõ] f Spannung; ~ **artérielle** Blutdruck m

tent|ant [tã'tã] verführerisch; ~**ateur** [„ta'tœ:r] m Verführer m; ~**ation** [„ta-'sjõ] f Versuchung; ~**ative** [„ta'ti:v] f Versuch m

tente [tã:t] f Zelt n

tenter [tã'te] versuchen, wagen (**de** zu); verlocken; reizen

tenture [tã'ty:r] f Wandbehang m

ténu [te'ny] dünn, fein

tenue [tə'ny] f Haltung; (Haushalts-, Buch-)Führung; Kleidung; **en** ~ **Mil** in Uniform; ~ **de route** Straßenlage

térébenthine [terebã'tin] f Terpentin n

terme [term] m Grenze f, Ende f; Termin; Frist f; (**technique** Fach-)Ausdruck; **à court** ~ kurzfristig; **par** ~**s** ratenweise

termin|aison [termine'zõ] f Gr Endung; ~**er** [„'ne] beenden; **se** ~ zu Ende gehen; ~**us** [„'nys] m Endstation f

terne [tern] glanzlos, matt, trübe

terrain [tɛ'rɛ̃] m (Erd-)Boden; Gelände n; (**de camping, de football** Camping-, Fußball-)Platz

terrasse [tɛ'ras] f Terrasse f

terre [tɛ:r] f Erde, Feld n, (**ferme** Fest-)Land n; **descendre à** ~ Mar an Land gehen; ~**-neuve**

ticket

[tɛr'nœ:v] m Zo Neufundländer; ~**stre** [„'restra] Erd..., Land...

terr|eur [tɛ'rœ:r] f Schrecken m; ~**ible** [„'ribla] schrecklich

terrier [tɛ'rje] m Höhle f, Bau; Zo Terrier

terrifier [tɛri'fje] in Schrecken versetzen

tesson [tɛ'sõ] m Scherbe f

testament [tɛsta'mã] m Testament n

tête [tɛt] f Kopf m; **à la** ~ an der Spitze; **tenir** ~ die Stirn bieten; **en** ~ **à** ~ unter vier Augen

téter [te'te] saugen

têtu [tɛ'ty] starrköpfig

text|e [tɛkst] m Text, Wortlaut; ~**iles** [„'til] m/pl Textilien pl; ~**ure** [„'ty:r] f Gewebe n; Struktur

thé [te] m Tee(strauch); ~ **dansant** Teetanz

théâtre [te'ɑ:trə] m Theater n; Bühne f; Schauplatz; ~ **en plein air** Freilichtbühne f

théière [te'jɛ:r] f Teekanne

théori|e [teo'ri] f Theorie; ~**que** [„'rik] theoretisch

thermo|mètre [tɛrmɔ'mɛtrə] m Thermometer n; ~**-plongeur** [„plɔ̃'ʒœ:r] m Tauchsieder; ~**s** [„'mɔs] m Thermosflasche f

thon [tõ] m Thunfisch

thorax [tɔ'raks] m Brustkasten

ticket [ti'kɛ] m Fahr-, Eintritts-karte f; ~ de quai (**garde-place**) Bahnsteig-(Platz-)karte f

tiède [tjɛd] lau(warm)

tien [tjɛ̃] dein(ig)

tiers [tjɛːr] dritte(r, -s)

tige [tiːʒ] f Stengel m, Stiel m; (Stiefel-)Schaft m

tigre [ˈtigrə] m Tiger

tilleul [tiˈjœl] m Linde f

timbr|e [ˈtɛ̃ːbrə] m (Fahrrad-)Klingel f; Klang(farbe f); Stempel; ~e-poste m Briefmarke f; ~er [ˌˈbre] stempeln

timide [tiˈmid] schüchtern

timon [tiˈmɔ̃] m Deichsel f; ~ier [ˌmɔˈnje] m Mar Steuermann

tint|ement [tɛ̃tˈmɑ̃] m Klingen n, Läuten n; ~er [ˌˈte] Glocke läuten; klingen

tique [tik] f Zecke

tir [tiːr] m Schießen n, Schuß; Schießstand

tirage [tiˈraːʒ] m Ziehen n; Ofen: Zug; Lotterie: Ziehung f; Fot Abzug; Typ Auflage f

tiraill|er [tiraˈje] hin und her ziehen, zerren; ~eur [ˌˈjœːr] m Schütze

tirant [tiˈrɑ̃] m: ~ d'eau Tiefgang

tire [tiːr] f: vol m à la ~ Taschendiebstahl; ~-bouchon m Korkenzieher; ~-ligne m Reißfeder f; ~lire [ˌˈliːr] f Sparbüchse

tirer [tiˈre] ziehen; (her-)aus-, hervor-, auf-ziehen; schießen, abfeuern; Plan entwerfen; abziehen; drucken; ~ au sort (aus)losen

tir|eur [tiˈrœːr] m Schütze; ~euse [ˌˈrøːz] f: ~euse de cartes Kartenlegerin; ~oir [ˌˈrwaːr] m Schublade f

tisane [tiˈzan] f Kräutertee m

tison [tiˈzɔ̃] m angekohltes Stück Holz n; ~nier [ˌzɔˈnje] m Schürhaken

tiss|age [tiˈsaːʒ] m Weben n; Weberei f; ~e [ˌˈse] weben; ~u [ˌˈsy] m Gewebe n, Stoff

titre [ˈtitrə] m Titel, Überschrift f; Feingehalt; Urkunde f; (An-)Recht n; Wertpapier n; à juste ~ mit vollem Recht; à ~ de in der Eigenschaft als; à d'essai versuchsweise; à d'office von Amts wegen; à ~ gratuit unentgeltlich

titulaire [tityˈlɛːr] m (Titel-)Inhaber

toast [tost] m Trinkspruch; Toast

toboggan [tɔbɔˈgɑ̃] m Rodelschlitten; Rutschbahn f

tocsin [tɔkˈsɛ̃] m Sturmgeläut n

toi [twa] du; dich; dir

toile [twal] f Leinen n, Leinwand; Gemälde n; ~ cirée Wachstuch n; ~ d'araignée Spinngewebe n

toilette [twaˈlɛt] f Frisiertisch m; faire sa ~ Toilette machen; ~s pl Toilette f, Abort m

toit [twa] *m* Dach *n*; **~ ouvrant** *Kfz* Schiebedach *n*

tôle [to:l] *f* (**ondulée** Well-) Blech *n*

tolérer [tɔle're] dulden, ertragen, tolerieren

tomate [tɔ'mat] *f* Tomate

tomb|e [tɔ̃:b] *f*, **~eau** [tɔ̃'bo] *m* Grab *n*, Grabmal *n*

tombée [tɔ̃'be] *f* Einbruch *m* **der Nacht**

tomber [tɔ̃'be] fallen; *Haar:* ausfallen; umfallen; *Thea* durchfallen; geraten (**dans** in); abnehmen, nachlassen; *Wind:* sich legen; **~ d'accord** sich verständigen; **~ malade** krank werden

tome [tɔm] *m* Teil, Band

ton [tɔ̃] 1. *m*, **ta** [ta] *f*, **tes** [te] *pl* dein(e), euer(e), Ihr(e), 2. *m* Ton, Klang

tondeuse [tɔ̃'dø:z] *f*: **~ à gazon** Rasenmäher *m*

tondre [tɔ̃:dr] (ab)scheren; *Hecke* beschneiden; ab-grasen, -mähen

tonn|e [tɔn] *f* Tonne; **~eau** [ˌ'no] *m* Faß *n*; **~elier** [ˌnə'lje] *m* Böttcher

tonner [tɔ'ne] donnern

tonnerre [tɔ'nɛ:r] *m* Donner

toqué [tɔ'ke] *F* verdreht, närrisch; **~ de** verknallt in

torche [tɔrʃ] *f* Fackel

torch|er [tɔr'ʃe] (ab)wi-schen, putzen; **~on** [ˌ'ʃɔ̃] *m* Wisch-, Scheuer-lappen

tordre ['tɔrdrə] drehen; auswringen; verdrehen

toréador [tɔrea'dɔ:r] *m* Stierkämpfer

torpeur [tɔr'pœ:r] *f* Erstarrung, Betäubung

torpill|e [tɔr'pij] *f* Torpedo *m*; **~eur** [ˌ'jœ:r] *m* Torpedoboot *n*

torréfier [tɔre'fje] rösten, dörren

torrent [tɔ'rɑ̃] *m* Wild-, Sturz-bach; *fig* Flut *f*, Strom; **il pleut à ~s** es gießt in Strömen; **~iel** [ˌ'sjɛl]; **pluie ~ielle** Wolkenbruch *m*

torride [tɔ'rid] (glühend) heiß

tors [tɔ:r] gedreht; gewunden

tort [tɔ:r] *m* Unrecht *n*; **avoir ~** unrecht h.; **à ~** zu Unrecht; **à ~ et à travers** unbesonnen, ohne Überlegung

tort|iller [tɔrti'je] zs.-drehen, wickeln; sich drehen und winden; **~u** [ˌ'ty] krumm, gewunden

tortue [tɔr'ty] *f* Schildkröte

tortueux [tɔr'tɥø] gewunden, gekrümmt

tortur|e [tɔr'ty:r] *f* Folter, Qual; **~er** [ˌty're] foltern

tôt [to] früh, zeitig; **~ ou tard** früher oder später

total [tɔ'tal] ganz, völlig

touche [tuʃ] *f* Berühren *n*; Anschlag *m*; Taste; Pinselstrich *m*; *Fisch:* Anbeißen *n*

toucher [tu'ʃe] 1. an-, berühren, befühlen; *Geld*

touer einnehmen, abheben; rühren, ergreifen; betreffen, angehen; grenzen (à an); **2.** *m* Tastsinn, Gefühl *n*; *Mus* Anschlag, Spiel *n*

touer [twe] bugsieren, schleppen

touff|e [tuf] *f* Büschel *n*; **~u** [~fy] buschig, dicht

toujours [tu'ʒu:r] immer, stets; noch immer; immerhin; **~ est-il que** jedenfalls

toupet [tu'pɛ] *m* Schopf

toupie [tu'pi] *f* Kreisel *m*

tour [tu:r] **1.** *f* Turm *m*; **2.** *m* Umdrehung *f*; Umkreis; (Spazier-)Gang, Rundfahrt *f*, Reise *f*; *Sp* Runde *f*; Drehbank *f*; Streich; Reihe *f*; **c'est mon ~** ich bin dran; **~ à ~** der Reihe nach; **en un ~ de main** im Nu

tourb|e [turb] *f* Torf *m*; *péj* Haufen *m*, Gruppe; **~ière** [~'bjɛ:r] *f* Torfmoor *n*

tourbillon [turbi'jɔ̃] *m* Wirbelwind; **~s** *pl* **de neige** Schneegestöber *n*; *fig* Taumel, Rausch

tourelle [tu'rɛl] *f* Türmchen *n*; Panzerturm *m*, Gefechtsstand *m*

tour|isme [tu'rism] *m* Fremdenverkehr, Tourismus; **~iste** [~'rist] *m* Tourist, Reisende(r)

tourment [tur'mɑ̃] *m* Marter *f*, Qual *f*; **~e** [~'mɑ̃:t] *f* Unwetter *n*; Aufruhr *m*; **~er** [~mɑ̃'te] martern, quälen, peinigen

tourn|ant [tur'nɑ̃] Dreh...; *m* Biegung *f*, (Straßen-)Ecke *f*; *fig* Wendepunkt; **~e-disque** *m* Plattenspieler; **~ée** [~'ne] *f* Rundreise, Tournee, Gastspielreise; Runde, Lage (*Bier usw*)

tourner [tur'ne] (auf-, zu-, um-, ver-)drehen; umkehren; richten (vers auf); umgehen (qc. et.); drechseln; umformen; abfassen, auslegen; (se) **~ en** ausarten in

tournesol [turnə'sɔl] *m* Sonnenblume *f*

tourn|eur [tur'nœ:r] *m* Drechsler; Dreher; **~evis** [~nə'vis] *m* Schraubenzieher; **~iquet** [~ni'kɛ] *m* Drehkreuz *n*

tourn|oi [tur'nwa] *m Sp* Turnier *n*; **~oyer** [~'je] sich im Kreise drehen, wirbeln; **~ure** [~'ny:r] *f* Wendung; Richtung; Haltung, Gestalt

tourt|e [turt] *f* (Fleisch- oder Fisch-)Pastete *f*; **~eau** [~'to] *m* Trester *pl*; Taschenkrebs; **~erelle** [~tə'rɛl] *f* Turteltaube

Toussaint [tu'sɛ̃] *f* Allerheiligen *n*

tousser [tu'se] husten

tout [tu] **1.** *m*, **~e** [tut] *f*, **tous** [tu, tus] *m/pl*, **~es** [tut] *f/pl* ganze(r, -s); alle(-, -es) jede(r, -s); **~ la ville** die ganze Stadt; **de tous côtés** von allen Seiten; **~ le monde** jedermann; alle; **tous les deux jours** jeden zweiten Tag; **voilà** ~ das ist alles; 2. ganz, völlig; ~ à **coup** plötzlich; ~ à **fait** ganz und gar; ~ **de suite** sofort; ~ **d'abord** anfangs; ~ **à l'heure** sogleich; ~ **autant** ebensoviel; ~ **de même** trotzdem

tout|efois [tut'fwa] jedoch, dennoch; **si ~efois** wenn überhaupt; **~puissant** [tupɥi'sɑ̃] allmächtig

toux [tu] f Husten m

toxique [tɔk'sik] giftig; m Gift n

trac [trak] F m Lampenfieber n

tracas [tra'ka] F m Sorge f, Plage f; Ärger; **~ser** [~ka'se] quälen, Schereien m. (q. j-m)

trac|e [tras] f Spur; Fährte; **~é** [~'se] m Umriß; **~er** [~] aufzeichnen, entwerfen; **Linie** ziehen; fig vorzeichnen, schildern

trachée(-artère) [tra'ʃe(ar'tɛːr)] f Luftröhre

tract [trakt] m Flugblatt n

tracteur [trak'tœːr] m Trecker, Traktor; (à **chenilles** Raupen-)Schlepper

traction [trak'sjɔ̃] f Ziehen n, Zug m; ~ **avant** Vorderradantrieb m

tradition [tradi'sjɔ̃] f Tradition, Überlieferung; Brauch m; **~nel** [~sjɔ'nɛl] traditionell

traduct|eur [tradyk'tœːr] m Übersetzer; **~ion** [~'sjɔ̃] f Übersetzung

traduire [tra'dɥiːr] übersetzen; ausdrücken, formulieren; ~ **en justice** gerichtlich belangen

trafi|c [tra'fik] m Verkehr; (**d'armes, de stupéfiants** Waffen-, Rauschgift-)Handel; **~quer** [~fi'ke] handeln, schieben (**en mit**)

trag|édie [traʒe'di] f Tragödie; **~ique** [~'ʒik] tragisch

trahi|r [tra'iːr] verraten; **~son** [~'zɔ̃] f Verrat m

traille [traːj] f Seilfähre

train [trɛ̃] m 1. (**de marchandises, omnibus** Güter-, Personen-)Zug; ~ **auto-couchettes** (**direct** od **express** od **rapide**) Autoreise- (Schnell-)zug; ~ **d'atterrissage** Flgw Fahrgestell n; 2. Gang, Lauf **des Dinge**; Gangart f; ~ **de vie** Lebensweise f; **être en** ~ **de** im Begriff sein zu; **mettre en** ~ in Gang bringen

train|ard [trɛ'naːr] m Nachzügler; **~e** [trɛn] f Schleppe; Schlepptau n; **~eau** [~'no] m Schlitten; **~ée** [~'ne] f Streifen m, Spur; **~er** [~] schleppen; ziehen

traire [trɛːr] melken

trait [trɛ] m Ziehen n, Zug m; Strich, Linie f; (Gesichts-, Charakter-)Zug; ~ **d'union** Bindestrich; ~

traitable 216

grands ~s in großen Zügen
traitable [trɛ'tablə] umgänglich, fügsam
traite [trɛt] f (Weg-)Strecke; Hdl Tratte; ~ **des blanches (des nègres)** Mädchen- (Sklaven-)handel m; **d'une (seule)** ~ ohne Unterbrechung
traité [trɛ'te] m Abhandlung f; Vertrag
trait|ement [trɛt'mɑ̃] m Behandlung f (a Med); Besoldung, Gehalt n; ~**er** [~'te] behandeln (a fig, Med); verhandeln (**qc.** über et.)
traître ['trɛ:tr(ə)] verräterisch; m Verräter
trajet [tra'ʒɛ] m Überfahrt f; Reise f; (Fahr-)Strecke f
tram [tram] F m s. **tramway**
tramer [tra'me] Verschwörung anzetteln
tramway [tram'wɛ] m Straßenbahn f
tranch|ant [trɑ̃'ʃɑ̃] schneidend; scharf; grell; ~**e** [trɑ̃:ʃ] f Schnitte, Scheibe f Brot, Fleisch usw; Platte; Rand m; (Buch-)Schnitt m; ~**ée** [trɑ̃'ʃe] f Graben m; Durchstich m; ~**er** [~] (ab-, durch-, zer-)schneiden; entscheiden; Farben: abstechen
tranquill|e [trɑ̃'kil] ruhig, ungestört; friedlich; ~**iser** [~li'ze] beruhigen; ~**ité** [~li'te] f Ruhe, Stille

trans|action [trɑ̃zak'sjɔ̃] f Vergleich m, Übereinkommen n; Transaktion; ~**atlantique** [~atla'tik] Übersee...; m Ozeandampfer; Liegestuhl; ~**border** [~bɔr'de] umladen
transcri|ption [trɑ̃skrip'sjɔ̃] f Ab-, Um-schrift; ~**re** [~'kri:r] abschreiben; ein-, über-tragen
trans|férer [trɑ̃sfe're] überführen; verlegen; ~**fert** [~'fɛ:r] m Überführung f; Transfer; Verlegung f
transform|ateur [trɑ̃sfɔrma'tœ:r] m Transformator; ~**ation** [~ma'sjɔ̃] f Umwandlung; ~**er** [~'me] um-, ver-wandeln
transfu|ge [trɑ̃s'fy:ʒ] m Überläufer; ~**sion** [~fy'zjɔ̃] f Blutübertragung
transgress|er [trɑ̃sgrɛ'se] Gesetz übertreten; ~**ion** [~'sjɔ̃] f Übertretung
transi [trɑ̃'si] starr
transit [trɑ̃'zit] m Durchgang(sverkehr), Transit (-reise f); ~**ion** [~zi'sjɔ̃] f Übergang m; ~**oire** [~'twa:r] vorübergehend
trans|lation [trɑ̃sla'sjɔ̃] f Verlegung, Versetzung; Übertragung, Übersetzung; ~**lucide** [~ly'sid] lichtdurchlässig
transmettre [trɑ̃s'mɛtrə] übersenden; über-tragen, -liefern; vererben
transmiss|ible [~mi'siblə] übertragbar; ~**ion** [~'sjɔ̃] f

Übertragung; Übereignung; *Rdf* Sendung

transpar|ence [trãspa'rã:s] *f* Durchsichtigkeit; **~ent** [~'rã] durchsichtig; *m* Linienblatt *n*

trans|percer [trãsper'se] durchbohren; **~piration** [~pira'sjõ] *f* Schwitzen *n*, Ausdünstung; **~pirer** [~pi're] schwitzen; **~planter** [~plã'te] verpflanzen (*a fig*); *Med* übertragen

transport [trãs'po:r] *m* Transport, Beförderung *f*; (Gefühls-)Ausbruch, Anfall; **~er** [~por'te] transportieren, befördern; übertragen; **~eur** [~'tœ:r] *m* Transportunternehmer, Spediteur

trans|poser [trãspo'ze] umstellen, versetzen; **~vaser** [~va'ze] umfüllen; **~versal** [~ver'sal] Quer...

trapèze [tra'pɛ:z] *m* Trapez *n*

trappe [trap] *f* Fall-, Klapptür; Fallgrube

trapu [tra'py] untersetzt, stämmig

traqu|enard [trak'na:r] *m* Falle *f* (*a fig*); **~er** [~'ke] Wild *und fig* hetzen

travail [tra'vaj] *m* Arbeit *f*; Bearbeitung; **~ler** [~'je] (be-, aus-)arbeiten; **~leur** [~'jœ:r] *m* (**étranger** Gast-) Arbeiter

travers [tra'vɛ:r] *m* Quer *f*; Verschrobenheit *f*, Fehler; **à ~, au ~ de** mitten (*od*

quer) durch; **de ~** schief, quer, verkehrt; **en ~** quer über; **~e** [~'vers] *f* Querbalken *m*, -träger *m*; *Esb* Schwelle; **~ée** [~'se] *f* Über-fahrt, -querung; (Orts-)Durchfahrt, Durchreise; **~er** [~] durch-, über-queren, durchreisen

travest|i [traves'ti] *m* Verkleidung *f*, Kostüm *n*; **~ir** [~'ti:r]: **se ~ir** sich verkleiden (**en** als)

trébucher [treby'ʃe] straucheln, stolpern

trèfle ['trefl] *m* Klee; *Kartenspiel*: Kreuz *n*

treill|age [trɛ'ja:ʒ] *m* Gitterwerk *n*; **~is** [~'ji] *m* Gitter *n*

treiz|e [trɛ:z] dreizehn; **~ième** [trɛ'zjɛm] dreizehnte(r, -s)

trembl|e ['trãblə] *f* Espe *f*; **~ement** [~'mã] *m* Zittern *n*; **~ement de terre** Erdbeben *n*; **~er** [~'ble] zittern, beben (**de** vor)

tremp|e [trã:p] *f* Härten *n*; **~é** [~'pe] durchnäßt; **~er** [~] ein-tauchen, -weichen, -tunken; *Stahl* härten

tremplin [trã'plɛ̃] *m* Sprungbrett *n*

trent|aine [trã'tɛn] *f* etwa dreißig; **~e** [trã:t] dreißig

trépas [tre'pa] *m* Ableben *n*; **~ser** [~'pa'se] dahinscheiden

trépied [tre'pje] *m* Dreifuß, Stativ *n*

trépigner

trépigner [trepi'ɲe] trampeln
très [trɛ] sehr
trésor [tre'zɔ:r] m Schatz; **~s** pl d'art Kunstschätze; **~erie** [~zɔr'ri] f Schatzkammer, -amt m; **~ier** [~'rje] m Schatzmeister
tressaillir [trɛsa'ji:r] zs.-fahren, zucken; **~auter** [~so'te] auffahren
tresse [trɛs] f Zopf m, Geflecht n; **~er** [~'se] flechten
tréteau [tre'to] m Gestell n; Bock
trêve [trɛ:v] f Waffenruhe; **~ de plaisanterie!** Spaß beiseite!
Trèves [trɛ:v] f Trier n
triangle [tri'ɑ̃:glə] m (avertisseur Warn-)Dreieck n; **~ulaire** [~ɑ̃gy'lɛ:r] dreieckig
tribord [tri'bɔ:r] m Steuerbord n
tribu [tri'by] f (Volks-)Stamm m; **~lation** [~la-'sjɔ̃] f Drangsal
tribunal [triby'nal] m Gericht(shof m) n; **~e** [~'byn] f Tribüne
tribut [tri'by] m Tribut, Abgabe f; **~aire** [~'tɛ:r] tributpflichtig; abhängig (de von)
tricher [tri'ʃe] F mogeln
tricolore [trikɔ'lɔ:r] dreifarbig; **drapeau m ~** Trikolore f
tricot [tri'ko] m Trikot n; Strickarbeit f; **~ages** [~kɔ-'ta:ʒ] m/pl Strickwaren f/pl; **~er** [~'te] stricken
trictrac [trik'trak] m Puffspiel n
tricycle [tri'siklə] m Dreirad n
trier [tri'e] auslesen; sortieren
trimer [tri'me] F schuften
trimestre [tri'mɛstrə] m Vierteljahr n, Quartal n
tringle [trɛ̃:glə] f (Gardinen-)Stange, Leiste
trinquer [trɛ̃'ke] beim Trinken anstoßen
triomphe [tri'ɔ̃:f] m Triumph; **~er** [~ɔ̃'fe] triumphieren, siegen (de über)
triple ['triplə] dreifach; **~er** [~'ple] verdreifachen; **~és** [~] m/pl Drillinge
tripot [tri'po] m Spielhölle f; Spelunke f; **~er** [~pɔ-'te] anfassen, betatschen; spekulieren (qc. mit et.)
triptyque [trip'tik] m Triptik n
triste [trist] traurig, betrübt; **~esse** [~'tɛs] f Traurigkeit; Trübsinn m
triturer [trity're] zermahlen, -stoßen
trivial [tri'vjal] grob, gemein, vulgär; **~ité** [~li'te] f Grobheit, Gemeinheit
troc [trɔk] m Tausch(handel)
trois [trwa] drei; **~ième** [trwa'zjɛm] dritte(r, -s)
trolleybus [trɔlɛ'bys] m Obus

trombe [trɔ̃:b] *f* Wind-, Wasser-hose
trombone [trɔ̃'bɔn] *m* Posaune *f*; Büroklammer
trompe [trɔ̃:p] *f* Jagdhorn *n*; Hupe; *Zo* Rüssel *m*
tromper [trɔ̃'pe] täuschen; betrügen; **se ~** sich irren; **se ~ de chemin** sich verlaufen; **~ie** [trɔ̃'pri] *f* Betrug *m*
trompette [trɔ̃'pɛt] *f* Trompete
trompeur [trɔ̃'pœ:r] (be-)trügerisch; *m* Betrüger
tronc [trɔ̃] *m* (Baum-)Stamm; *Anat* Rumpf; Opferstock
tronçon [trɔ̃'sɔ̃] *m* Stumpf, Stück *n*; (Teil-)Strecke *f*; **~ner** [‿sɔ'ne] zerstückeln
trop [tro] zuviel, zu (sehr); **~ peu** zuwenig
trophée [trɔ'fe] *m* Trophäe *f*
tropi|cal [trɔpi'kal] tropisch; **~que** [‿'pik] *m Geogr.* Wendekreis; **~ques** *pl* Tropen
troquer [trɔ'ke] tauschen
trot [tro] *m* Trab; **aller au ~** Trab reiten
trott|er [‿'te] traben (umher-laufen); **~eur** [‿'tœ:r] *m* Traber; **~euse** [‿'tø:z] *f* Sekundenzeiger *m*; **~iner** [‿ti'ne] tänzeln, trippeln; **~inette** [‿ti'nɛt] *f* Roller *m*; **~oir** [‿'twa:r] *m* Bürgersteig
trou [tru] *m* Loch *n*
troubl|e ['trublə] trübe; *m*

Unruhe *f*, Verwirrung *f*; **~es** *pl* **circulatoires** Kreislaufstörungen *f*/*pl*; **~er** [‿'ble] trüben; stören; verwirren; **se ~er** trübe, unsicher w.
trou|ée [tru'e] *f* Öffnung; **~er** [‿] durchlöchern
troupe [trup] *f* Truppe, Schar, Gruppe
troupeau [‿'po] *m* Herde *f*
trousse [trus] *f* Bündel *n*, Pack *n*; **~ de toilette** Reisenecessaire *r*
trousseau [tru'so] *m* (Schlüssel-)Bund *m*; Aussteuer *f*; Ausstattung *f*
trouv|aille [tru'va:j] *f* (glücklicher) Fund *m*, Fundsache; **~er** [‿'ve] finden; erfinden; erachten; **se ~er** sich ein-, vor-, be-finden; **~eur** [‿'vœ:r] *m* Finder
truc [tryk] *m* Kunstgriff, Kniff; **~ulent** [‿ky'lɑ̃] wild, derb, drastisch
truelle [try'ɛl] *f* (Maurer-)Kelle
truffe [tryf] *f* Trüffel *f*
truite [trɥit] *f* Forelle
truqu|er [try'ke] schwindeln; fälschen; **~eur** [‿'kœ:r] *m* Schwindler
tsar [tsa:r] *m* Zar
tsigane [tsi'gan] *m* Zigeuner
tu [ty] du
tub [tœb] *m* Zuber; Wannenbad *n*
tuba [ty'ba] *m Mus* Tuba *f*; *Sp* Schnorchel

tube [tyb] *m* Rohr *n*; (au néon Neon-)Röhre *f*; Tube *f*

tuberculose [tybɛrky'lo:z] *f* Tuberkulose

tuer [tɥe] töten, *a* Zeit totschlagen; schlachten

tuile [tɥil] *f* Dachziegel *m*; ~rie [ˌ~'ri] *f* Ziegelei

tulipe [ty'lip] *f* Tulpe

tumeur [ty'mœ:r] *f* Geschwulst

tumulte [ty'mylt] *m* Tumult, Lärm

tunnel [ty'nɛl] *m* Tunnel

turbot [tyr'bo] *m* Steinbutt

turbulence [tyrby'lã:s] *f* Ausgelassenheit

turc [tyrk] türkisch

turf [tyrf] *m* Rennbahn *f*

Turquie [tyr'ki]: la ~ die Türkei

tut|elle [ty'tɛl] *f* Vormundschaft; **~eur** [ˌ~'tœ:r] *m* Vormund, **~oyer** [ˌ~twa'je] duzen

tuyau [tɥi'jo] *m* Rohr *n*; Röhre *f*; (d'arrosage Garten-)Schlauch; F Tip, Wink

tuyère [tɥi'jɛ:r] *f* (d'air frais Frischluft-)Düse

tympan [tɛ̃'pã] *m* Anat Trommelfell *n*

typhon [ti'fõ] *m* Taifun

typhus [ti'fys] *m* Typhus

typique [ti'pik] typisch

tyran [ti'rã] *m* Tyrann

U

ulcère [yl'sɛ:r] *m* (gastrique Magen-)Geschwür *n*

ultérieur [ylte'rjœ:r] später

ultra|moderne [yltramɔ-'dɛrn] hochmodern; ~-**rapide** [ˌ~ra'pid] blitzschnell; ~**son** [ˌ~'sõ] *m* Ultraschall

un [œ̃] eins; ein; ~ à ~ einzeln, nacheinander; **l'un l'autre** einander; **l'~ et l'autre** beide; **pas un** kein(er)

unanim|e [yna'nim] einstimmig; **~ité** [ˌ~mi'te] *f* Einstimmigkeit; **à l'~ité** einstimmig

uni [y'ni] vereint; einig; glatt; eben; einfarbig; ~**colore** [ˌ~kɔ'lɔ:r] einfarbig

~fication [ˌ~fika'sjõ] *f* Vereinigung; **~fier** [ˌ~'fje] (ver)einigen

uniform|e [ˌ~'fɔrm] einhgleich-förmig; *m* Uniform *f*; **~iser** [ˌ~mi'ze] vereinheitlichen; **~ité** [ˌ~mi'te] *f* Einförmigkeit

union [y'njõ] *f* Union, Vereinigung *f*) *m*; Verband *m*; Einigkeit

unique [y'nik] einzig(artig); unvergleichlich, Einheits-...; **~ment** [ˌ~'mã] einzig und allein

unir [y'ni:r] ver-binden, -einigen; ebnen

unit|aire [yni'tɛ:r] einheitlich; **~é** [ˌ~'te] *f* Einheit(-lichkeit)

univers [yniˈvɛːr] *m* Weltall *n*; **~alité** [~saliˈte] *f* Allseitigkeit; **~el** [~ˈsɛl] (all-)umfassend, Universal...
université [yniversiˈte] *f* Universität; **(populaire** Volks-)Hochschule
urbain [yrˈbɛ̃] städtisch
urg|ence [yrˈʒãːs] *f* Dringlichkeit; **d'~ence** dringend; **~ent** [~ˈʒã] dringlich
urin|e [yˈrin] *f* Harn *m*; **~oir** [~ˈnwaːr] *m* Bedürfnisanstalt *f*
urne [yrn] *f* Urne
usage [yˈzaːʒ] *m* Brauch; Benutzung *f*; Gebrauch; **~é** [~ˈʒe] gebraucht, abgetragen; **~er** [~ˈʒe] *m* Benutzer; **~er de la route** Verkehrsteilnehmer
us|é [yˈze] abgenutzt; ausgedient; verbraucht; **~er** [~] anwenden, benutzen

usine [yˈzin] *f* Fabrik
usité [yziˈte] gebräuchlich, üblich
ustensile [ystãˈsil] *m* (*Haus-, Küchen-*)Gerät *n*
usuel [yˈzu̯ɛl] gebräuchlich, üblich {nießung *f*}
usufruit [yzyˈfrɥi] *m* Nutz-}
usur|e [yˈzyːr] *f* Abnutzung; Wucher *m*; **~ier** [yzyˈrje] *m* Wucherer
usurpation [yzyrpaˈsjõ] *f* widerrechtliche Besitzergreifung
util|e [yˈtil] nützlich, dienlich; **~isation** [~lizaˈsjõ] *f* Verwendung; **~iser** [~liˈze] verwenden, benutzen, nutzbar m.; **~ité** [~liˈte] *f* Nützlichkeit
utop|ie [ytɔˈpi] *f* Utopie; **~ique** [~ˈpik] utopisch

V

va [va] *prés s* aller
vacan|ce [vaˈkãːs] *f* freie Stelle; **~ces** *pl* Ferien; **~ant** [~ˈkã] vakant, frei
vacarme [vaˈkarm] *m* (Heiden-)Lärm
vaccin [vakˈsɛ̃] *m* Impfstoff; **~ation** [~sinaˈsjõ] *f* **(antivariolique** Pockenschutz-)Impfung; **~er** [~siˈne] impfen
vache [vaʃ] *f* Kuh; **~rie** [vaʃˈri] *f* Kuhstall *m*
vaciller [vasiˈje] (sch)wanken (*a fig*); flackern

va-et-vient [vaeˈvjɛ̃] *m* Kommen und Gehen *n*
vagabond [vagaˈbõ] *m* Landstreicher
vagin [vaˈʒɛ̃] *m* Anat Scheide *f*
vague [vag] vage, unbestimmt; undeutlich; *f* Woge, Welle
vaillan|ce [vaˈjãːs] *f* Tapferkeit; **~t** [~ˈjã] tapfer, heldenmütig
vain [vɛ̃] eitel; vergeblich; grundlos; **en ~** vergebens
vain|cre [ˈvɛ̃ːkrə] (be)sie-

vainqueur 222

gen; überwinden; **~queur** [vɛ̃'kœːr] *m* Sieger

vais [vɛ] *prés s* aller

vaisseau [vɛ'so] *m* (sanguin Blut-)Gefäß *n*; Schiff *n*

vaisselle [vɛ'sɛl] *f* (Tafel-) Geschirr *n*; **faire la ~** abwaschen, spülen

valable [va'labl] gültig; rechtskräftig

valériane [vale'rjan] *f* Baldrian *m*

valet [va'lɛ] *m* Knecht; Diener; *Kartenspiel:* Bube

valeur [va'lœːr] *f* Wert *m*; Geltung; Wertpapier *n*; **~eux** [~'lœ'rø] tapfer

valid|e [va'lid] gesund, arbeitsfähig; rechtskräftig; **~ité** [~di'te] *f* (Rechts-) Gültigkeit

valise [va'liːz] *f* (Hand-) Koffer *m*

vall|ée [va'le] *f* Tal *n*; **~on** [~'lɔ̃] *m* kleines Tal *n*; **~onné** [~lɔ'ne] hügelig

valoir [va'lwaːr] wert sn, gelten; taugen; **~ mieux** besser sn; **faire ~** geltend m.; **~ qc. à q.** j-m etwas einbringen

valorisation [valɔriza'sjɔ̃] *f* Aufwertung

vals|e [vals] *f* Walzer; **~er** [~'se] *f* Walzer tanzen

valve [valv] *f* (Muschel-) Schale; Klappe, Ventil *n*

vanille [va'nij] *f* Vanille

vanit|é [vani'te] *f* Eitelkeit; Nichtigkeit; **~eux** [~'tø] eitel, eingebildet

vann|eau [va'no] *m* Kiebitz; **~ier** [va'nje] *m* Korbmacher

vantail [vã'taj] *m* Tür-, Fenster-flügel

vant|ard [vã'taːr] *m* Prahlhans, Angeber; **~er** [~'te] rühmen; **se ~er** prahlen (**de** mit)

vap|eur [va'pœːr] **1.** *f* Dampf *m*; Dunst *m*; **2.** *m* Dampfer; **~oreux** [~pɔ'rø] dunstig; *fig* nebelhaft

vapori|sateur [vapɔriza'tœːr] *m* (Parfum-)Zerstäuber; **~ser** [~'ze] zerstäuben; **se ~ser** verdampfen

vari|able [va'rjabl] veränderlich; **~ation** [~rja'sjɔ̃] *f* Veränderung, Wandlung

varic|e [va'ris] *f* Krampfader; **~elle** [~ri'sɛl] *f* Windpocken *pl*

vari|er [va'rje] Abwechslung bringen (**qc.** in et); variieren; (sich ver)ändern; **~été** [~rje'te] *f* Mannigfaltigkeit; Verschiedenartigkeit; **~étés** *pl* Varieté *n*

variole [va'rjɔl] *f* Pocken *pl*

vase [vaːz] **1.** *m* Gefäß *n*, Vase *f*; **2.** *f* Schlamm *m*

vaste [vast] weit, ausgedehnt

vaurien [vo'rjɛ̃] *m* Taugenichts

vautour [vo'tuːr] *m* Geier

veau [vo] *m* Kalb *n*; Kalbfleisch *n*; -leder *n*

vécus [ve'ky] *p.s. s* vivre

vedette [və'dɛt] *f* Schnellboot *n*; Hauptdarsteller(in

végét|al [veʒe'tal] Pflanzen...; *m* Vegetarier; **~arien** [..ta'rjɛ̃] vegetarisch; *m* Vegetarier; **~ation** [..ta'sjɔ̃] *f* Vegetation, Pflanzenwelt

véhémen|ce [vee'mã:s] *f* Heftigkeit; **~t** [..'mã] heftig, leidenschaftlich

véhicule [vei'kyl] *m* (automobile Kraft-)Fahrzeug *n*

veill|e [vɛj] *f* Wachen *n*; (Nacht-)Wache; Vorabend *m*, -tag *m*; **~ée** [..'je] *f* Abend-zeit, -unterhaltung; **~er** [..] wachen, aufbleiben; sorgen (**à** für); acht(geb)en (**sur** auf); **~eur** [..'jœ:r] *m* (**de nuit** Nacht-)Wächter

vein|ard [vɛ'na:r] *m* Glückspilz; **~e** [vɛn] *f* Ader, Vene; Neigung, Anlage; *F* **avoir de la ~e** Schwein (Glück) h.

velléité [velei'te] *f* Anwandlung

vélo [ve'lo] *F* (Fahr-)Rad *n*; **~cité** [..lɔsi'te] *f* Schnelligkeit; **~drome** [..'drɔm] *m* Radrennbahn *f*; **~moteur** [..mɔ'tœ:r] *m* Moped *n*

velou|rs [və'lu:r] *m* Samt; **~té** [..'lu'te] samt-artig, -weich

velu [və'ly] haarig, behaart

venaison [vənɛ'zɔ̃] *f* Wildbret *n*

vénal [ve'nal] käuflich, bestechlich; **~ité** [..nali'te] *f* Bestechlichkeit

venant [və'nã]: **à tout ~** dem ersten besten

vendable [vã'dabl] verkäuflich

vendange [vã'dã:ʒ] *f* Weinlese

vend|eur [vã'dœ:r] *m* Verkäufer; **~euse** [..'dø:z] *f* Verkäuferin; **~re** ['vã:dr] verkaufen

vendredi [vãdrə'di] *m* Freitag; **~ saint** Karfreitag

venelle [və'nɛl] *f* Gäßchen

vénéneux [vene'nø] giftig

vénér|able [vene'rabl] ehrwürdig; **~ation** [..ra'sjɔ̃] *f* Verehrung, Ehrfurcht; **~er** [..'re] verehren

vénérien [vene'rjɛ̃] Geschlechts...

veng|eance [vã'ʒã:s] *f* Rache; **~er** [..'ʒe] rächen; **se ~er** sich rächen (**de q.** an j-m; **de qc.** für et.); **~eur** [..'ʒœ:r] *m* Rächer

veni|meux [vəni'mø] *Zo* giftig; boshaft; **~n** [..'nɛ̃] *m* tierisches Gift *n*; Bosheit *f*

venir [və'ni:r] kommen; zufallen; her-, ab- stammen; geraten, gedeihen; passen; **à ~** (zu)künftig; **~ à faire qc.** zufällig et. tun; **~ de faire qc.** soeben et. getan haben; **~ voir q.** j-n besuchen

vent [vã] *m* Wind; (**coulis** Zug-)Luft *f*; Blähung *f*; **~ debout** (**arrière**) Gegen-(Rücken-)wind

vente [vɑ̃:t] *f* Verkauf *m*; Vertrieb *m*; ~ **aux enchères** Versteigerung *f*

vent|eux [vɑ̃'tø] *m* windig; **~ilateur** [ˌtilaˈtœːr] *m* Ventilator; **~ilation** [ˌlaˈsjɔ̃] *f* Ventilation; **~iler** [ˌˈle] lüften

ventr|e [ˈvɑ̃:tr] *m* Bauch, (Unter-)Leib; **~iloque** [vɑ̃triˈlɔk] *m* Bauchredner; **~u** [ˌˈry] dickbäuchig

venu [vəˈny] *m*: **le premier ~** der erste beste; **bien ~** willkommen

vêpres [ˈvɛːpra] *f/pl* Rel Vesper *f*

ver [vɛːr] *m* **(de terre** Regen-)Wurm

véracité [verasiˈte] *f* Wahrhaftigkeit

véranda [verɑ̃ˈda] *f* Veranda

verb|al [verˈbal] mündlich; **~aliser** [ˌliˈze] ein Protokoll aufnehmen; **~e** [verb] *m* Verb *n*; **~eux** [ˌˈbø] geschwätzig; **~osité** [ˌboziˈte] *f* Wortschwall *m*

verd|âtre [verˈdɑːtra] grünlich; **~eur** [ˌˈdœːr] *f* Unreife; Herbheit

verdict [verˈdikt] *m* Urteilsspruch

verd|ier [verˈdje] *m* Grünfink; **~ir** [ˌˈdiːr] *v/t* u. *v/i* grünen; **~oyer** [ˌdwaˈje] grünen; **~ure** [ˌˈdyːr] *f* Grün *n*, grünes Laub *n*, Rasen *m*

véreux [veˈrø] wurmstichig, *fig* verdächtig, faul

verge [verʒ] *f* Rute

verger [verˈʒe] *m* Obstgarten

verglas [verˈglɑ] *m* Glatteis *n*

vergogne [verˈgɔɲ] *f*: **sans ~** schamlos

véridique [veriˈdik] wahrheits-getreu, -liebend

vérifi|able [veriˈfjabla] feststellbar; **~cateur** [ˌfikaˈtœːr] *m* Prüfer, Revisor; **~cation** [ˌkaˈsjɔ̃] *f* (Nach-)Prüfung; **~er** [ˌˈfje] (nach-, über-)prüfen; bestätigen; **se ~er** sich bestätigen

vérit|able [veriˈtabla] wahr, echt; **~é** [ˌˈte] *f* Wahrheit; **en ~é** tatsächlich

vermeil [verˈmɛj] *f* hochrot

vermi|celle [vermiˈsɛl] *m* Fadennudeln *f/pl*; **~fuge** [ˌˈfyːʒ] *m* Med Wurmmittel *n*; **~llon** [ˌˈjɔ̃] *m* Zinnober(rot *n*); **~ne** [ˌˈmin] *f* Ungeziefer *n*

vermouth [verˈmut] *m* Wermut(wein)

ver|nir [verˈniːr] firnissen, lackieren, glasieren; **~nis** [ˌˈni] *m* Firnis, Lack; Glasur *f*

vérole [veˈrɔl] *f*: **petite ~** Pocken *pl*

verrai [veˈre] *fut s* **voir**

verrat [veˈra] *m* Eber

verr|e [vɛːr] *m* **(à eau, à vin** Wasser-, Wein-)Glas *n*; **~e d'eau** Glas *n* Wasser; **~erie** [vɛrˈri] *f* Glashütte, -waren *pl*; **~ière** [vɛˈrjɛːr] *f* Kirchenfenster *n*

verrou [vɛ'ru] *m* Riegel; **~iller** [~'je] ein, ver-, zuriegeln

verrue [vɛ'ry] *f* Warze

vers [vɛːr] gegen, nach; ~ **l'est** nach Osten (hin); ~ **midi** gegen Mittag; *m* Vers

versant [vɛr'sã] *m* Abhang

vers|atile [vɛrsa'til] wankelmütig; **~e** [vɛrs] *f*: **il pleut à ~e** es gießt in Strömen; **~é** [~'se] bewandert (**dans** in)

vers|ement [vɛrsə'mã] *m* (Ein-, Aus-)Zahlung *f*; **~er** [~'se] (ein-, aus-, ver-)gießen; einschenken; ein-, auszahlen

versi|fication [vɛrsifika'sjõ] *f* Versbau *m*; **~fier** [~'fje] in Verse bringen

verso [vɛr'so] *m* Rückseite *f*; **au ~** umseitig

vert [vɛːr] grün; unreif; frisch; rüstig; scharf, derb, kräftig; **en ~ de** kraft; **~ futter** *n*; Grün *n*; Grünfutter *n*; **~-de-gris** *m* Grünspan

vertébral [vɛrte'bral]: **colonne** *f* **~e** Wirbelsäule

vertical [vɛrti'kal] senkrecht

vertig|e [vɛr'tiːʒ] *m* Schwindel, Taumel; **~ineux** [~tiʒi'nø] schwindelerregend

vertu [vɛr'ty] *f* Tugend; Kraft; **en ~ de** kraft; **~eux** [~'tɥø] tugendhaft

verve [vɛrv] *f* Begeisterung; Schwung *m*

vésicule [vezi'kyl] *f* Anat

Bläschen *n*; **~ biliaire** Gallenblase

vespasienne [vɛspa'zjɛn] *f* Bedürfnisanstalt

vessie [vɛ'si] *f* (Harn-)Blase

vest|e [vɛst] *f* Jacke, Jackett *n*; **~iaire** [~'tjɛːr] *m* Garderobe *f*, Umkleideraum

vestibule [vɛsti'byl] *m* Vorraum, Diele *f*, Flur

vestige [vɛs'tiːʒ] *m* Spur *f* (*a fig*); **~s** *pl* Überreste

veston [vɛs'tõ] *m* Jackett *n*, Sakko

vêtement [vɛt'mã] *m* Kleidungsstück *n*; **~s** *pl* Kleidung *f*

vétér|an [vete'rã] *m* Veteran; **~inaire** [~ri'nɛːr] *m* Tierarzt

vétille [ve'tij] *f* Lappalie

vêtir [vɛ'tiːr] (be)kleiden; **se ~** sich anziehen

veu|f [vœf] verwitwet; *m* Witwer; **~ve** [vœːv] *f* Witwe

veux [vø] *prés s* **vouloir**

vex|ant [vɛk'sã] ärgerlich; **~ation** [~sa'sjõ] *f* Schikane; Ärger *m*; **~er** [~'se] ärgern, beleidigen

viager [vja'ʒe] auf Lebenszeit

viande [vjãːd] *f* (**frigorifiée, salée** Gefrier, Pökel-)Fleisch *n*

vibr|ation [vibra'sjõ] *f* Schwingung; Zittern *n*; **~er** [~'bre] schwingen, zittern; flimmern

vicaire [vi'kɛːr] *m* Vikar

vice

vice [vis] *m* Fehler, Mangel; Laster *m*
vice-président [visprezi-'dã] *m* Vizepräsident
vice versa [vis vɛr'sa] umgekehrt
vici|er [vi'sje] verderben; ~eux [~'sjø] lasterhaft, fehlerhaft
vicinal [visi'nal]: chemin *m* ~ Feldweg
vicissitudes [visisi'tyd] *f/pl* Wechselfälle *m/pl* des Lebens
victime [vik'tim] *f* Opfer *n*
vict|oire [vik'twa:r] *f* Sieg *m*; ~orieux [~tɔ'rjø] siegreich
victuailles [vik'tɥɑ:j] *f/pl* Lebensmittel *n/pl*, Proviant *m*
vide [vid] leer; bedeutungslos; *m* Leere *f*; Nichtigkeit *f*; Vakuum *n*; ~-citron [~si'trõ] *m* Zitronenpresse *f*; ~-ordures [~ɔr'dy:r] *m* Müllschlucker
vider [vi'de] (aus-, ent-)leeren; *Geflügel* ausnehmen; *Streit* beilegen
vie [vi] *f* Leben *n*; Lebenslauf *m*, -weise, -dauer, -zeit; à ~ auf Lebenszeit; de ma ~ zeit meines Lebens; en ~ am Leben
vieill|ard [vjɛ'ja:r] *m* Greis; ~esse [~'jɛs] *f* hohes Alter *n*; ir [~'ji:r] altern
viens [vjɛ̃] *prés s* venir
vierge [vjɛrʒ] jungfräulich, rein; forêt *f* ~ Urwald *m*; *f* Jungfrau

226

vieux, vieil, vieille [vjø, vjɛj, ~] alt; *su der (die)* Alte
vif [vif] lebendig; lebhaft; eindringlich; heftig
vigilan|ce [viʒi'lã:s] *f* Wachsamkeit; ~t [~'lã] wachsam, umsichtig
vign|e [viɲ] *f* Weinrebe; Weinberg *m*; ~eron [~ɲə'rõ] *m* Winzer; ~ette [~'nɛt] *f* Steuerplakette (*über bez. Kfz-Steuer*); ~oble [~'nɔblə] *m* Weinberg
vig|oureux [vigu'rø] kräftig, stark; ~ueur [~'gœ:r] *f* Kraft; Stärke; Nachdruck *m*; Gültigkeit; être en ~ueur gültig sein; entrer en ~ueur in Kraft treten
vil [vil] niedrig; gemein; à ~ prix spottbillig; ~ain [~'lɛ̃] häßlich; böse; gemein; ~enie [vil'ni] *f* Gemeinheit
villa [vi'la] *f* Landhaus *n*; Villa; ~ge *m* [~'la:ʒ] *m* Dorf *n*; ~geois [~'ʒwa] ländlich, Dorf...
ville [vil] *f* Stadt; vieille ~ Altstadt; à la ~, en ~ in der Stadt
villégiature [vileʒja'ty:r] *f* Sommerfrische
vin [vɛ̃] *m* (blanc, rouge, mousseux, chaud Weiß-, Rot-, Schaum-, Glüh-)Wein
vinaigr|e [vi'nɛgrə] *m* Essig
vingt [vɛ̃] zwanzig; ~aine [~'tɛn] *f* etwa zwanzig; ~ième [~'tjɛm] zwanzigste(r, -s)

viniculture [vinikyl'ty:r] *f* Weinbau *m*

vins [vɛ̃] *p.s. s* **venir**

viol [vjɔl] *m* Vergewaltigung *f*; **~ation** [~la'sjɔ̃] *f* Übertretung, Verletzung; Schändung, Einweihung

viol|ence [vjɔ'lɑ̃:s] *f* Heftigkeit; Gewalt(samkeit) *f*; **~ent** [~'lɑ̃] heftig; gewaltsam; **~er** [~'le] verletzen, übertreten; schänden

violet [vjɔ'lɛ] violett; **~te** [~'lɛt] *f* Veilchen *n*

violon [vjɔ'lɔ̃] *m* Geige *f*; **~celle** [~'sɛl] *m* Cello *n*

vipère [vi'pɛ:r] *f* Viper *f*

virage [vi'ra:ʒ] *m* Kurve *f*

vir|ement [vir'mɑ̃] *m* Überweisung; **~er** [~'re] überweisen

virginal [virʒi'nal] jungfräulich

virgule [vir'gyl] *f* Komma *n*

viril [vi'ril] männlich; **~ité** [~li'te] *f* Männlichkeit

viru|lent [viry'lɑ̃] giftig; boshaft; **~s** [vi'rys] *m* Virus *n*

vis 1. [vis] *f* Schraube; **2.** [vi] *p.s. s* **voir**

visa [vi'za] *m* (**de transit** Transit-) Visum *n*, Sichtvermerk

visage [vi'za:ʒ] *m* Gesicht *n*

vis-à-vis [viza'vi] gegenüber

vis|er [vi'ze] zielen (**à** auf); im Auge h.; **~eur** [~'zœ:r] *m* Visier *n*; *Fot* Sucher; **~ibilité** [~zibili'te] *f* Sicht; **~ible** [~'zibl] sichtbar, augenscheinlich; **~ière** [~'zjɛ:r] *f* (*Mützen-*)Schirm *m*; **~ion** [~'zjɔ̃] *f* Sehen *n*; Erscheinung; Trugbild *n*

visit|e [vi'zit] *f* Besuch *m*; Besichtigung; **~e guidée** Führung; **~er** [~'te] besuchen; besichtigen; **~eur** [~'tœ:r] *m* Besucher

vison [vi'zɔ̃] *m* Nerz

visqueux [vis'kø] zähflüssig; klebrig

visser [vi'se] an-, festschrauben

vita|l [vi'tal] vital, Lebens...; **~lité** [~li'te] *f* Lebenskraft, Vitalität; **~mine** [~'min] *f* Vitamin *n*

vite [vit] schnell; **~sse** [~'tɛs] *f* Schnelligkeit; (**maximum** Höchst-)Geschwindigkeit; *Kfz* Gang *m*

viti|cole [viti'kɔl] Weinbau...; **~culture** [~kyl'ty:r] *f* Weinbau *m*

vitr|age [vi'tra:ʒ] *m* Verglasung *f*; Glaswand *f*; **~ail** [~'traj] *m* Kirchenfenster *n*; **~e** [vitr] *f* Fensterscheibe; **~er** [~'tre] verglasen; **~ier** [~tri'e] *m* Glaser; **~ine** [~'trin] *f* Glasschrank *m*; Schaufenster *n*

vivac|e [vi'vas] langlebig, lebenskräftig; lebhaft; **~ité** [~si'te] *f* Lebhaftigkeit

viv|ant [vi'vɑ̃] lebend(ig); *m* Lebende(r); **du ~ant de** zu Lebzeiten (*G*); **~ier** [~'vje] *m* Fischteich; **~ifier** [~vi'fje] beleben

8*

vivre

vivre ['viːvrə] leben; **~s** *m/pl* Lebensmittel *n/pl*

voc|abulaire [vɔkaby'lɛːr] *m* Wortschatz, Wörterverzeichnis *n*; **~al** [~'kal] Stimm....; Gesang...; **~ation** [~ka'sjɔ̃] *f* Berufung, Neigung

vodka [vɔd'ka] *m* Wodka

vœu [vø] *m* Gelübde *n*; Wunsch

vogue [vɔg] *f* Beliebtheit, Mode; **en ~** in Mode

voici [vwa'si] hier ist (sind); **me ~!** da bin ich!

voie [vwa] *f* Weg *m (a fig)*, Straße; Fahrspur; Gleis *n*; Spurweite; **~ de garage** Abstellgleis *n*; **à ~ unique** eingleisig; **~ hiérarchique** Dienstweg *m*; **~ d'eau** *Mar* Leck *n*; **dans la bonne ~** auf dem richtigen Weg

voilà [vwa'la] da ist (sind); **~ pourquoi** deshalb; **~ tout!** das ist alles!

voile [vwal] **1.** *m* Vorhang, Schleier, Hülle *f*; Deckmantel *f*; **2** Segel *n*; **faire ~** (ab)segeln

voil|er [vwa'le] verschleiern; verhüllen; verbiegen; **se ~er** *Holz*: sich werfen, sich verziehen; **~ier** [~'lje] *m* Segelschiff *n*

voir [vwaːr] sehen; erleben; durch-, ein-sehen; beurteilen; **faire ~** zeigen; **aller** *(od* **venir) ~** besuchen

voire [vwaːr] sogar

voisin [vwa'zɛ̃] benachbart; angrenzend; *m* Nachbar; **~age** [~zi'naːʒ] *m* Nachbarschaft *f*

voiture [vwa'tyːr] *f* Wagen *m*; Auto *n*; **lettre *f* de Frachtbrief** *m*; **particulière (de livraison, directe)** Personen- (Liefer-, Kurs-)wagen *m*; **en ~!** einsteigen!; **~-couchettes** [~ku'ʃɛt] *f* Liegewagen *m*; **~-lit** [~'li] *f* Schlafwagen *m*; **~-restaurant** [~rɛsto'rɑ̃] *f* Speisewagen *m*; **~-tte** [~ty'rɛt] *f* Kleinwagen *m*

voix [vwa] *f (a* Wahl*-)*Stimme; Stimmrecht *n*; **à basse** leise; **à haute** laut; **de ~** mündlich

vol [vɔl] *m* **1.** (à la tire Taschen-)Diebstahl, Raub; **2.** (charter, spatial, à voile Charter-, Raum-, Segel-)Flug; **à ~ d'oiseau** in Luftlinie

vol|aille [vɔ'laːj] *f* Geflügel *n*; **~ant** [~'lɑ̃] *m* Federball (-spiel *n*); *Kfz* Lenkrad *n*; **~-au-vent** [~o'vɑ̃] *m* Blätterteigpastete *f*

volcan [vɔl'kɑ̃] *m* Vulkan

vol|ée [vɔ'le] *f* Flug *m*; Schwarm *m*; **à la ~ée** im Flug; **~er** [~] fliegen, stehlen; **~et** [~'lɛ] *m* Fensterladen; **~eur** [~'lœːr] *m* Dieb; **~ière** [~'ljɛːr] *f* Vogelhaus *n*

volon|taire [vɔlɔ̃'tɛːr] freiwillig; **~té** [~'te] *f* Wille *m*; Willensäußerung; **à ~té** nach Belieben; **~tiers** [~'tje] gern

volt [vɔlt] *m* Volt *n*; **~age** [~'ta:ʒ] *m* El Spannung *f*

volume [vɔ'lym] *m* Band (*Buch*); Volumen *n*; **~ineux** [~mi'nø] umfangreich

volupté [vɔlyp'te] *f* Wollust; Hochgenuß *m*

vomi|r [vɔ'mi:r] sich übergeben; **~ssement** [~mis'mã] *m* Erbrechen *n*

vorace [vɔ'ras] gefräßig

Vosges [vo:ʒ] *f/pl* Vogesen

vot|e [vɔt] *m* Votum *f*, Stimme *f*; Abstimmung *f*; **~er** [~'te] abstimmen

votre [vɔtrə] euer, eure, Ihr(e)

vôtre ['vo:trə] *le* (**la**) **~** der (die, das) eurige (Ihrige); **je suis des ~s** ich mache mit

vouer [vwe] widmen, weihen

vouloir [vu'lwa:r] wollen; **je voudrais** ich möchte gern; **~ dire** bedeuten; **en ~ à q.** auf j-n böse sein

vous [vu] ihr, euch; Sie, Ihnen

voûte [vut] *f* Gewölbe *n*, Wölbung

voyag|e [vwa'ja:ʒ] *m* Reise *f*; Fahrt *f*; **bon ~e!** gute Reise!; **en ~e** verreist; **~er** [~'ʒe] reisen; **~eur** [~'ʒœ:r] *m* Reisende(r)

voyant [vwa'jã] grell, auffallend; **~e** [~'jã:t] *f* Hellseherin

voyelle [vwa'jɛl] *f* Vokal *m*

vrac [vrak]: **en ~** durcheinander, ungeordnet

vrai [vrɛ] wahr(heitsgetreu), wahrhaft; wirklich; **il est ~ que** zwar; **à ~ dire** offen gesagt; **~semblable** [~sã'blablə] wahrscheinlich

vu [vy] *p.p. s* voir; in Anbetracht

vue [vy] *f* Sehen *n*; Ausblick *m*, Aussicht, (**sur la mer** Meer-)Blick *m*; **à ~ d'œil** zusehends; **à perte de ~** so weit das Auge reicht; **en ~ de** angesichts

vulcaniser [vylkani'ze] vulkanisieren

vulgaire [vyl'gɛ:r] gewöhnlich; gemein; grob; vulgär

vulgari|ser [vylgari'ze] gemeinverständlich machen; **~té** [~'te] *f* Gemeinheit, Grobheit

vulnérable [vylne'rablə] verwundbar

W

wagon [va'gõ] *m* Eisenbahnwagen; **~-lit** [~'li] *m* Schlafwagen

W. C. [ve'se] *m* Toilette *f*, Abort

week-end [wi'kɛnt] *m* Wochenende *n*

western [wɛs'tɛrn] *m* Western

whisky [wis'ki] *m* Whisky

X

xéno|phile [ksenoˈfil] fremdenfreundlich; **~phobe** [~ˈfɔb] fremdenfeindlich

xylophone [ksiloˈfɔn] m Xylophon n

Y

y [i] da, (da)hin, dort; daran, darauf; dabei; darin; **il y a** es gibt; **ça ~ est!** richtig!, erledigt!

yacht [jak] m Jacht f; **~ing** [~ˈtiŋ] m Segeln n

yaourt [jaˈurt] m Joghurt

yeux [jø] pl v œil Auge

yogourt [jɔˈgurt] m Joghurt

yole [jɔl] f Jolle

yougoslav|e [jugoˈslaːv] jugoslawisch; **ℒie** [~ˈslaˈvi]: **la ℒie** Jugoslawien n

Z

zèbre [ˈzɛːbrə] m Zebra n

zèle [zɛl] m Eifer; **faire du ~** übereifrig sein

zélé [zeˈle] eifrig

zénith [zeˈnit] m Zenit m

zéro [zeˈro] m Null f

zézayer [zezɛˈje] lispeln

zibeline [ziˈblin] f Zobel m

zigzag [zigˈzag] m Zickzack

zinc [zɛ̃ːg] m Zink n; F Theke f

zone [zoːn] f Zone; Gebiet n, Bereich m; **~ bleue** Kurzparkzone

zoo [zoˈo] m Zoo; **~logie** [zɔɔlɔˈʒi] f Zoologie

Deutsch-Französisches Wörterverzeichnis

A

Aal m anguille f
Aas n charogne f
ab à partir de, dès; ~ und zu de temps à autre; ~ heute dès aujourd'hui; ~ Berlin à partir de Berlin; ~ Werk départ usine
abänder|n modifier; 2ung f modification
Abart f variété
Abbau m démontage; Bgb exploitation f; (Personal2) licenciement; (Preis2) réduction f; 2en démonter; Bgb exploiter
ab|beißen arracher avec les dents; ~bekommen recevoir; (lösen) réussir à détacher; ~berufen rappeler; ~bestellen annuler, décommander; ~bezahlen payer à tempérament; ~biegen: nach rechts ~biegen tourner à droite
Abbildung f illustration
abbinden Med ligaturer
Abbitte f: ~ tun od leisten demander pardon
abblättern s'écailler
abblend|en Kfz baisser les phares; Fot diaphragmer; 2licht n feux m/pl de croisement

abbrausen: sich ~ se doucher
ab|brechen rompre; Lager: démonter; Gespräch: couper court; v/i se casser; ~bremsen freiner, ralentir; ~brennen brûler; Feuerwerk: tirer; ~bringen détourner (j-n von et. q. de qc.); ~bröckeln s'émietter, s'écailler
Abbruch m démolition f; (der Verhandlungen) rupture f
abbürsten brosser
abbüßen Strafe: subir; Schuld: expier
Abc n abc m
ab|danken abdiquer; ~decken découvrir; Tisch: desservir; ~dichten étancher; ~drängen repousser; ~drehen Mar, Flgw changer de route; F Wasser, Licht: fermer
Abdruck m empreinte f
abdrücken Gewehr: décharger; sich ~ s'empreindre
Abend m soir; (Abendzeit) soirée f; am ~ le soir; heute 2 ce soir; guten 2! bonsoir!; zu ~ essen dîner
Abend|anzug m tenue f de

Abendbrot

soirée, habit; ~brot n, ~essen n dîner m, souper m; ~dämmerung f crépuscule m; ~kleid n robe f du soir; ~land n Occident m; 2s le soir; ~veranstaltung f soirée

Abenteuer n aventure f; 2lich aventureux

aber mais

Aber|glaube m superstition f; 2gläubisch superstitieux

abermals de nouveau

abernten moissonner

abfahren partir (**nach** pour); Müll usw: enlever

Abfahrt f départ m

Abfahrts|lauf m Sp descente f; ~signal n signal m de départ

Abfall m (mst = **Abfälle** pl) déchet(s) m(/pl); (Küchen2) épluchures f/pl; ~eimer m poubelle f; 2en tomber; (Gelände) s'incliner

abfällig défavorable

ab|fangen intercepter; ~färben déteindre; ~fassen rédiger, composer

abfertigen Zug: faire partir; Gepäck: enregistrer; Kunden: servir; 2ung f enregistrement m; service m

ab|feuern décharger, tirer; 2findung f indemnisation f; (Betrag) indemnité f; ~flauen (Wind) mollir; ~fliegen s'envoler, partir (nach pour); ~fließen s'écouler

Abflug m départ, envol, décollage; ~zeit f heure d'envol

Abfluß m écoulement

Abfuhr f (v Müll) enlèvement; fig j-m e-e ~ erteilen éconduire q.

abführ|en emmener; Med purger; 2mittel n laxatif m

ab|füllen embouteiller; ensacher; 2gabe f remise; droit m, impôt m; 2gang m départ; Sp, Thea sortie f; 2gangszeugnis n certificat m de fin d'études; 2gase n/pl gaz m/pl d'échappement

abgeben remettre, donner; **sich ~ mit** s'occuper de

abge|brannt à sec; ~brüht insensible, endurci; ~droschen rebattu

abgehen se détacher

abge|laufen (Paß) périmé; ~legen isolé, écarté; ~macht! entendu!, convenu!; ~neigt peu (od mal) disposé; ~nutzt usé

Abgeordnete(r) su député(e)

abgerissen déguenillé

abgesehen: ~ **von** abstraction faite de

abge|spannt épuisé; ~standen éventé; ~wöhnen désaccoutumer (**j-m et. q. de qc.**)

ab|gießen verser; ~gleiten glisser

abgöttisch idolâtre

abgrenz|en borner, déli-

Ableger

miter; ⁀ung f délimitation, démarcation
Abgrund m abîme, précipice, gouffre
Abguß m moulage
abhacken couper (à la hache)
abhalten Sitzung: tenir; Gottesdienst: célébrer; empêcher (**von** et. de faire qc.)
abhanden: ⁀ kommen s'égarer, se perdre
Abhandlung f traité m
Abhang m pente f; versant
abhängen dépendre (von de)
abhängig dépendant; ⁀-keit f dépendance
abhärten endurcir
abhauen abattre; F ficher (od foutre) le camp, décamper
abheben Geld: retirer; Karten: couper; **sich** ⁀ **von** se détacher de
abheilen guérir
abhetzen: **sich** ⁀ s'éreinter
Abhilfe f: ⁀ **schaffen** porter remède
ab|hobeln raboter; ⁀**holen** aller chercher, prendre; ⁀**holen lassen** envoyer chercher; ⁀**holzen** déboiser; ⁀**horchen** Med ausculter
abhör|en Schüler: faire réciter; Gespräch: écouter; capter; ⁀**gerät** n appareil m d'écoute
Abitur n baccalauréat m;

⁀**ient(in** f) m bachelier m, bachelière f
ab|kaufen acheter (**j-m et. qc.** à q.); ⁀**klingen** (Ton) s'évanouir; (Schmerz) s'adoucir; ⁀**klopfen** abattre; Staub: épousseter; ⁀**knabbern** grignoter; ⁀**knöpfen** déboutonner; ⁀**kochen** cuire
Abkomme m descendant
abkommen (v Weg) perdre son chemin; (v Thema) s'écarter [f, pacte m)
Abkommen n convention
ab|kömmlich disponible; ⁀**kratzen** gratter
abkühl|en (sich ⁀en se) rafraîchir; ⁀**ung** f rafraîchissement m
abkürz|en Weg: raccourcir; Wort: abréger; ⁀**ung** f abréviation f; Weg: raccourci m
abladen décharger
ablager|n: **sich** ⁀n se déposer; ⁀**ung** f dépôt m
ablassen Wasser: faire écouler; Dampf: laisser échapper; (v Preis) rabattre
Ablauf m déroulement; (Frist) expiration f; **nach** ⁀ **von** au bout de; ⁀**en** se dérouler; (abfließen) s'écouler; (Frist) expirer; Schuhe: user
Ab|leben n décès m; ⁀**lecken** lécher; ⁀**legen** déposer; Mantel: ôter; Prüfung: passer; Eid: prêter; Akten: classer; ⁀**leger** m marcotte f

ablehnen 234

ablehn|en refuser; ⸗**ung** f refus m
ab|leisten Mil Dienst: faire; ⸗**leiten** dériver; fig déduire; ⸗**lenken** écarter; divertir, distraire; ⸗**lenkung** f diversion; ⸗**lesen** lire; ⸗**lichtung** f photocopie
abliefer|n livrer, remettre; ⸗**ung** f livraison
ablös|en détacher; (bei der Arbeit) relayer; relever (a Mil); ⸗**ung** f relève
abmach|en défaire; (vereinbaren) convenir; ⸗**ung** f arrangement m, convention
abmager|n maigrir, (s')amaigrir; ⸗**ungskur** f cure d'amaigrissement
abmähen faucher, couper
Abmarsch m départ
abmeld|en annoncer le départ (j-n de q.); ⸗**ung** f déclaration de départ
abmess|en mesurer; ⸗**ung** f mesure
ab|montieren démonter; ⸗**mühen: sich ⸗mühen** peiner; ⸗**nagen** ronger; ⸗**näher** m pince f
Abnahme f diminution
abnehm|en Hut: ôter; Ware: prendre, acheter; Tel Hörer: décrocher; v/i diminuer; (Mond) décroître; (an Gewicht) maigrir; ⸗**er** m preneur
Abneigung f aversion (gegen pour)
abnutz|en user; ⸗**ung** f usure
Abon|nement n abonnement m; ⸗**nent** m abonné; ⸗**nieren** s'abonner à
Abordnung f délégation
Abort m cabinets m/pl; Med avortement
ab|packen empaqueter; ⸗**passen** Gelegenheit: guetter; ⸗**pfeifen** Sp Spiel: siffler l'arrêt (du jeu); ⸗**pflücken** cueillir; ⸗**prallen** rebondir; ⸗**rasieren** raser; ⸗**raten** dissuader (j-m von et. q. de qc.); ⸗**räumen** débarrasser
abrechn|en faire les comptes; ⸗**ung** f règlement m de comptes
abreiben frotter
Abreise f départ m; ⸗**en** partir (nach pour)
abreiß|en arracher; Haus: démolir; v/i se déchirer, se détacher; ⸗**kalender** m calendrier-bloc
ab|richten dresser; ⸗**riegeln** Straße: barrer
Abriß m précis, abrégé; (e-s Hauses) démolition f
ab|rollen (v/i et v/t) dérouler; ⸗**rücken** éloigner, reculer; Mil partir; ⸗**runden** arrondir (f désarmement m)
abrüst|en désarmer; ⸗**ung** f
abrutschen glisser
Absage f refus m; ⸗**n** décommander, annuler
ab|sägen scier; ⸗**satteln** desseller; ⸗**satz** m (Schuh⸗) talon; Typ alinéa; Hdl débit, écoulement; ⸗**satzmarkt** m débouché

abschaff|en abolir; **ung** f abolition

ab|schälen peler; **schalten** Strom: couper; **schätzen** estimer

Abschaum m fig rebut

Abscheu m horreur f, dégoût

ab|scheuern récurer; **scheulich** horrible, détestable, affreux; **schicken** expédier; **schieben** (ins Ausland) expulser; Schuld: rejeter

Abschied m adieu m/pl, congé; **nehmen** prendre congé

Abschieds|besuch f visite f d'adieu(x); **feier** f fête d'adieu(x)

ab|schießen tirer; Flugzeug, Wild: abattre; Rakete: lancer; **schirmen** protéger

ab|schlagen Kopf: couper; Angriff: repousser; Bitte: refuser; **schlägig** négatif

Abschlag(s)zahlung f acompte m

abschlepp|en remorquer, dépanner; F sich **en mit** s'éreinter avec; **seil** n câble m de remorquage; **wagen** m dépanneuse f

abschließ|en fermer à clef; (beenden) achever; Vertrag: conclure; Versicherung: contracter; **end** en conclusion

Abschluß m conclusion f, clôture; **prüfung** f examen m de fin d'études

ab|schmecken goûter; **schmieren** Kfz graisser; **schminken** démaquiller; **schneiden** couper; fig s'en tirer

Abschnitt m section f; (Buch) passage f; (Zeit) période f

ab|schrauben dévisser; **schrecken** décourager; Eier: rafraîchir

ab|schreiben copier (**von** sur); **schrift** f copie f

Abschürfung f écorchure

Abschuß m lancement; **rampe** f rampe de lancement

ab|schüssig déclive; en pente; **schütteln** secouer (a fig); **schwächen** affaiblir; atténuer; **schweifen** s'écarter; **schwellen** Med désenfler; **schwören** (D) abjurer (qc.)

abseh|bar: in barer Zeit dans un avenir prochain; **en: en von** faire abstraction de; **das Ende en** voir la fin

abseilen descendre à la corde [hors-jeu m] **abseits** à l'écart; n Sp

absend|en expédier; **er** m expéditeur

absetzen déposer; (entlassen) destituer, révoquer; Hdl écouler, placer; Hut: ôter; **ohne abzusetzen** sans s'arrêter

Absicht f intention, dessein m; **mit = lich** intentionnel; exprès

absitzen

absitzen descendre de cheval; *Strafe*: purger
absolut absolu
absonder|lich singulier, étrange; ~n séparer; *Med* sécréter; **sich ~n** s'isoler
absorbieren absorber
abspenstig: **~ machen** prendre, enlever
absperr|en *Straße*: barrer; ⚶ung *f* barrage *m*
abspielen *Platte*: (faire) passer; **sich ~** se dérouler
ab|sprechen contester, dénier; (*verabreden*) convenir de; **~springen** sauter; ⚶sprung *m* saut; **~spülen** rincer
abstamm|en descendre; ⚶ung *f* descendance, origine
Abstand *m* distance *f*, écart; **~ halten** tenir ses distances; **in Abständen** à des intervalles
abstatten: *Besuch* ~ rendre visite; **Dank ~** exprimer ses remerciements
abstauben épousseter
abstech|en contraster (**gegen** *A*, **von** *D* avec); ⚶er *m* crochet
abstehen être distant; **~de Ohren** oreilles *f/pl* écartées
absteigen descendre
abstell|en (*dé*)poser; *Auto*: garer; *Maschine*: arrêter; *Gas, Wasser*: couper; *Radio*: fermer; (*beseitigen*) supprimer; ⚶gleis *n* voie *f* de garage; ⚶raum *m* débarras
abstempeln timbrer; *Briefmarke*: oblitérer
Abstieg *m* descente *f*
abstimm|en voter (**über** *A* qc.); **aufeinander ~en** coordonner; ⚶ung *f* vote *m*
Abstinenz *f* abstinence
abstoppen *Zeit*: chronométrer
abstoßen repousser, dégoûter; (*vom Ufer*) donner une poussée (à); **~d** répugnant, odieux
abstrakt abstrait
ab|streiten dénier, contester; ⚶strich *m Med* prélèvement; ⚶stufung *f* nuance; ⚶sturz *m* chute *f*; **~stürzen** faire une chute, tomber; *Flgw* s'abattre; **~suchen** fouiller
absurd absurde
Abszeß *m* abcès
Abt *m* abbé
ab|tasten tâter, palper; **~tauen** dégeler; *v/i* fondre
Abtei *f* abbaye
Abteil *n Esb* compartiment *m*
Abteilung *f* division, section; *Hdl* rayon *m*; *Mil* détachement *m*
ab|tippen *F* taper (à la machine); **~tragen** *Haus*: démolir; *Hügel*: aplanir; *Kleider*: user; **~transportieren** emporter, transporter
abtreib|en dériver; ⚶ung *f Med* avortement *m*

abtrennen découdre
abtret|en céder; *Füße:* décrotter; **2er** *m* décrottoir; **2ung** *f* cession
ab|trocknen essuyer; **~tropfen** dégoutter; **~tupfen** tamponner; **~urteilen** juger; **~wägen** peser
abwarten attendre; **~d** expectant
abwärts vers le bas
abwasch|bar lavable; **~en** laver; **2lappen** *m* lavette *f*
Abwässer *n/pl* eaux *f/pl* résiduaires, eaux-vannes *f/pl*
abwechseln alterner; **sich** (*od ea.*) **~ se** relayer; **~d** alternatif
Abwechslung *f* changement *m*, variation; **2sreich** varié, mouvementé
abwegig erroné
Abwehr *f* défense; **2en** *Stoß:* parer
abweich|en *Etikett:* détacher; (*v Kurs, v Thema*) s'écarter; (*v Kurs a*) dévier; **vonea. ~en** diverger, différer; **~end** différent, divergent; **~ung** *f* écart *m*; divergence
ab|weisen repousser; **~wenden** (**sich ~** se) détourner; *Unglück:* prévenir; **~werben** débaucher; **~werfen** jeter, lancer; *Gewinn:* rapporter; **~werten** déprécier; **2wertung** *f* dévalorisation
abwesen|d absent; **2heit** *f* absence

ab|wickeln dérouler; *fig* exécuter; **~wiegen** peser; **~wimmeln** *F* envoyer promener; **~wischen** essuyer; **~wurf** *m* lancement; **~würgen** *Motor:* caler; **~zahlen** payer par acomptes; **~zählen** compter
Abzahlung *f:* **auf ~** à tempérament
Abzeichen *n* insigne *m*, marque *f*
abzeichnen dessiner, copier; *Schriftstück:* parapher; **sich ~** se profiler
Abzieh|bild *n* décalque *m*; **2en** déduire; *Math* soustraire; *Schlüssel, Bettwäsche:* retirer
Abzug *m* (*an Schußwaffen*) détente *f*; *Fot* épreuve *f*; *Hdl* déduction *f*, décompte
abzweig|en (*Weg*) bifurquer; **2ung** *f* bifurcation, embranchement *m*
ach! ah!, hélas!
Achse *f* axe *m*; essieu *m*
Achsel *f* aisselle; **~höhle** *f* creux *m* de l'aisselle; **~zucken** *n* haussement *m* d'épaules
acht huit; **in ~ Tagen** dans une semaine
Acht *f:* **außer 2 lassen** négliger; **sich in 2 nehmen** prendre garde; **2bar** estimable
achte huitième
Acht|eck *n* octogone *m*; **~el** *n* huitième *m*
achten estimer, respecter; faire attention (**auf** *A* à)

Achter *m Sp* huit *m*; ~**bahn** *f* montagnes *m/pl* russes; ~**deck** *n* pont *m* arrière
acht|geben faire attention (**auf** *A* à); ~**los** négligent
acht|hundert huit cents; ~**mal** huit fois; ~**stündig** de huit heures
Achtung *f* estime, respect *m*; ~! attention!, gare!
acht|zehn dix-huit; ~**zig** quatre-vingts
ächzen gémir, geindre
Acker *m* champ; ~**bau** *m* agriculture *f*; ~**boden** *m* terre *f* arable
Adamsapfel *m* pomme *f* d'Adam
addieren additionner
Adel *m* noblesse *f*
Ader *f* veine
Adler *m* aigle
adlig noble
Admiral *m* amiral
adop|tieren adopter; ♀**tiveltern** *pl* parents adoptifs; ♀**tivkind** *n* enfant *m* adoptif
Adreßbuch *n* bottin *m*, annuaire *m*
Adres|se *f* adresse; ♀**sieren** adresser
Advent *m* avent
aerodynamisch aérodynamique
Affäre *f* affaire
Affe *m* singe
affektiert maniéré, guindé
Afrika *n* l'Afrique *f*; ♀**nisch** africain
After *m* anus

Agave *f* agave, agavé *m*
Agent *m* agent; ~**ur** *f* agence
aggressiv agressif
Ägypt|en *n* l'Égypte *f*; ♀**isch** égyptien
Ahle *f* alène
ähneln *s* ähnlich
Ahnen *m/pl* aïeux *m/pl*, ancêtres *m/pl* [sentir]
ahnen se douter de; pres-
ähnlich semblable, pareil, ressemblant; ~ **sehen**, ~ **sein** (*D*) ressembler (à); ♀**keit** *f* ressemblance
Ahnung *f* pressentiment *m*; *fig* idée
Ahorn *m* érable
Ähre *f* épi *m*
Airbus *m* aérobus
Akadem|ie *f* académie; ~**iker** *m* universitaire
Akazie *f* acacia *m*
Akkord *m* accord; **im ~ arbeiten** travailler à la tâche (*od* aux pièces)
Akkordeon *n* accordéon *m*
Akkumulator *m* accumulateur
Akne *f* acné
Akrobat *m* acrobate
Akt *m* acte (*a Thea*); *Mal* nu
Akte *f* dossier *m*
Akten|tasche *f* serviette; ~**zeichen** *n* cote *f*
Aktie *f* action; ~**ngesellschaft** *f* société anonyme
Aktion *f* action
Aktionär *m* actionnaire
aktiv actif; ~**ieren** activer; ♀**ität** *f* activité

aktuell actuel
akut *Med* aigu
Akzent *m* accent
akzeptieren accepter
Alabaster *m* albâtre
Alarm *m* alarme *f*, alerte *f*; **⁓falscher** ⁓ fausse alerte; **⁓bereitschaft** *f* état *m* d'alerte; **⁓ieren** alerter, alarmer
Alaun *m* alun
Albani|en *n* l'Albanie *f*; **⁓sch** albanais
albern niais, sot; **⁓heit** *f* niaiseries *f/pl*
Album *n* album *m*
Alge *f* algue
Algeri|en *n* l'Algérie *f*; **⁓sch** algérien
Alibi *n* alibi *m*
Alkohol *m* alcool; **⁓frei** sans alcool; **⁓isch** alcoolique
All *n* univers *m*
all tout; **⁓e** *pl* tout le monde; **⁓es Gute!** bonne chance!; **vor ⁓em** avant tout; **⁓abendlich** de tous les soirs
alle *F*: ... **ist ⁓** il n'y a plus de ...
Allee *f* allée, avenue
allein seul; **von ⁓** de soi-même; **⁓stehend** isolé, seul, célibataire
allenfalls à la rigueur; tout au plus
allerdings en effet; à vrai dire
allergisch allergique (**gegen** à)
aller|hand pas mal de; **⁓heiligen** *n* la Toussaint; **⁓lei** toutes sortes de; **⁓letzt: zu ⁓letzt** en dernier lieu; **⁓seelen** *n* le Jour des Morts
alles tout
allgemein général; **im ⁓en** en général; **⁓befinden** *n* état *m* général; **⁓heit** *f* généralité; public *m*; **⁓verständlich** à la portée de tous
all|jährlich annuel; tous les ans; **⁓mählich** graduel, peu à peu; **⁓tag** *m* jour ordinaire; **⁓täglich** quotidien; ordinaire
allzu trop
Alm *f* alpage *m*
Almosen *n* aumône *f*
Alphabet *n* alphabet *m*; **⁓isch** alphabétique
alpin; **⁓e Kombination** combiné *m* alpin
Alptraum *m* cauchemar
als comme, en qualité de; (*nach Komparativ*) que; (*zeitlich*) lorsque, quand; **⁓ ob** comme si
also donc, par conséquent; **⁓ gut!** bon alors!
alt âgé; vieux; ancien; **wie ⁓ bist du?** quel âge as-tu?; **ich bin 15 Jahre ⁓** je suis âgé de 15 ans, j'ai 15 ans
Altar *m* autel
alt|backen rassis; **⁓bau** *m* construction *f* d'avant--guerre
Alte(r) *m* vieux
Alter *n* âge *m*; vieillesse *f*; **⁓n** vieillir

älter aîné, plus âgé
Alters|grenze f limite f d'âge; **~heim** m maison f de retraite; **2schwach** décrépit
Alter|tum n antiquité f; **2tümlich** antique
ältlich vieillot
alt|modisch démodé, désuet; **2stadt** f cité, vieille ville
Aluminiumfolie f feuille d'aluminium
am s an; **~ besten** le mieux
Amateur m amateur; **~fotograf** m photographe amateur
Amboß m enclume f
ambu|lant ambulant; Med ambulatoire; **2anz** f ambulance
Ameise f fourmi; **~haufen** m fourmilière f
amen amen; ainsi soit-il
Amerika n l'Amérique f; **2nisch** américain
Amme f nourrice
Amnestie f amnistie
Ampel f (Verkehrs2) feux m/pl (de signalisation)
Amphi|bienfahrzeug n véhicule m amphibie; **~theater** n amphithéâtre m
Ampulle f ampoule f
amputieren amputer
Amsel f merle m
Amt n bureau m, office m; poste m; charge f, fonction f; **2ieren** être en fonction; **2lich** officiel
Amts|diener m huissier; **~geheimnis** n secret m professionnel; **~person** f personnage m officiel; **~vorsteher** m chef de bureau
amüsieren (sich s')amuser
an à, dans; sur; **von** ... dès, à partir de; **am Abend** le soir; **~ sein** (Licht, Ofen) être allumé; (Radio) être ouvert
Ananas f ananas m
Anbau m Agr culture f; Arch annexe f; **2en** cultiver; Arch ajouter, adosser; **~fläche** f surface cultivable; **~möbel** m/pl meubles m/pl d'assemblage
anbehalten garder
anbei ci-joint, ci-inclus
an|beißen mordre dans; **~belangen: was ... belangt** en ce qui concerne; **~beten** adorer
Anbetracht: in ~ (G) en considération de
an|bieten offrir; **~binden** attacher; **~blick** m aspect; vue f; **~braten** faire revenir; **~brechen** entamer; (Tag) se lever, poindre; (Nacht) tomber; **~brennen** (Essen) brûler; **~bringen** mettre, poser, a Bitte usw placer
Anbruch m: **bei ~ des Tages** à la pointe du jour; **bei ~ der Nacht** à la tombée de la nuit
Andacht f recueillement m; Rel prières f/pl

andächtig recueilli
andauernd continuel, persistant
Andenken n souvenir m; mémoire f; **zum ~ an** en souvenir de
andere autre; **~ (Leute)** autrui; **ein ~s Mal** une autre fois; **unter ~m** entre autres; **nichts ~s** rien d'autre
andererseits d'autre part
ändern changer, modifier; **sich ~** changer
andernfalls sinon, autrement
anders autrement; **~wo** ailleurs, autre part
anderthalb un et demi; **~ Stunden** une heure et demie
Änderung f modification, changement m
andeut|en indiquer, insinuer; **2ung** f indication, allusion
Andrang m affluence f
aneignen: sich ~ s'approprier; *Kenntnisse:* assimiler
aneinander l'un à l'autre; **~fügen** joindre
anerkenn|en reconnaître **(als pour)**; *(loben)* apprécier; **~enswert** digne d'être reconnu; **2ung** f reconnaissance
anfahren *Kies, Sand:* apporter; *Fußgänger:* heurter; v/i *(Zug, Auto)* démarrer, se mettre en marche

Anfall m Med attaque f, accès; **2en** attaquer
anfällig de santé délicate; sujet **(für** à**)**
Anfang m commencement, début; **am ~, zu ~** au début; **2en** commencer **(zu** à**, mit** par**)**; **2en, zu** a se mettre à
Anfänger m débutant
anfangs au début; **2stadium** n stade m initial
an|fassen toucher; **~fechten** jur contester; **~fertigen** faire; **~feuchten** humecter; **~feuern** encourager, animer; **~flehen** implorer, supplier **(um** de**)**; **~fliegen** voler sur; faire escale à
Anflug m Flgw approche f
anforder|n demander; exiger; **2ung** f exigence, demande
Anfrage f demande; Pol interpellation; **2n** demander
anfreunden: sich ~ mit se lier d'amitié avec
anführ|en conduire; *Grund:* alléguer; *Text:* citer; fig duper; **2er** m chef; meneur; **2ungszeichen** n/pl guillemets m/pl
Angabe f indication; **genaue ~n** précisions f/pl
angeb|en donner, indiquer; **genau ~en** préciser; F *(prahlen)* crâner; **2er** m crâneur; **~lich** prétendu

angeblich

angeboren congénital; inné, natif

Angebot n offre f

ange|bracht convenable, opportun; ~**brochen** Med fêlé; Packung: entamé; ~**bunden**: kurz ~**bunden** brusque; ~**heiratet** par alliance; ~**heitert** éméché

angehen concerner

Angehörige(n) pl famille f; proches m/pl

Angeklagte(r) su accusé(e)

Angel f ligne; (Tür2) gond m

Angelegenheit f affaire

angelernt: ~**er Arbeiter** ouvrier m spécialisé

Angel|haken m hameçon; ~**n** pêcher à la ligne; ~**rute** f canne f à pêche; ~**schnur** f ligne

ange|messen convenable, ~**nommen daß** supposé que; ~**sehen** estimé, considéré; ~**spannt** Arbeit: assidu, intense; Lage: tendu

Angestellte(r) su employé(e); **leitender** ~**r** cadre

ange|trunken (un peu) grisé; ~**wiesen**: ~**wiesen sein auf** dépendre de; ~**wöhnen** accoutumer (j-m A q. à qc.); **sich** ~**wöhnen** prendre l'habitude (de)

Angina f angine; ~ **pectoris** f angine de poitrine

angleichen (r)ajuster

Angler m pêcheur à la ligne

Angorawolle f laine angora

angreif|en attaquer (a fig) plötzlich ~**en** assaillir; 2**er** m agresseur, attaquant

angrenzen toucher, avoisiner (**an** A qc.); ~**d** voisin; contigu

Angriff m attaque f, assaut; 2**slustig** agressif

Angst f peur; angoisse, anxiété

ängst|igen faire peur (à), inquiéter; **sich** ~**igen** avoir peur; ~**lich** craintif, peureux, anxieux

anhaben Kleider: porter

anhalt|en (v/i s')arrêter; fig durer; 2**er** m: **per** 2**er fahren** faire de l'auto-stop

Anhaltspunkt m point de repère

Anhang m appendice; **ohne** ~ sans famille

anhäng|en suspendre, accrocher; 2**er** m partisan, adhérent; (Wagen) remorque f, baladeuse f; (Schmuck) pendentif, breloque f; (Koffer2) étiquette f; ~**lich** attaché, fidèle

an|häufen amasser, accumuler; ~**heben** soulever; Preise: relever; ~**heften** attacher (**an** à); ~**heizen** Stimmung: exciter; ~**heuern** enrôler, engager

Anhieb: **auf** ~ du premier coup

Anhöhe f hauteur; élévation, éminence

anhören écouter; **sich** ~ **wie** sonner comme

Anislikör m anisette f
Ankauf m achat
Anker m ancre f; **vor ~ gehen** jeter l'ancre; **vor ~ liegen** être à l'ancre; **~platz** m mouillage
anketten enchaîner
Anklage f accusation; **unter ~ stehen** être accusé; **~ erheben** = **Anklage erheben** 2n accuser
Anklang m: **~ finden** être bien accueilli
ankleben coller; *Plakat:* afficher
ankleiden (sich ~ s')habil-ler
an|klopfen frapper (à la porte); **~knipsen** F *Licht:* allumer; **~knüpfen** nouer; **an (A) ~knüpfen** partir de; **~kommen** arriver; **es kommt darauf an** cela dépend
ankündig|en annoncer; **2ung** f annonce
Ankunft f arrivée
an|kurbeln *fig* encourager, stimuler; **~lächeln** sourire (j-n à q.)
Anlage f *Tech* installation; *Arch* construction; (Grün 2) jardin m public; (Beilage) annexe; (Geld 2) placement m; (Veranlagung) disposition
Anlaß m occasion f; motif; **~ geben (zu)** donner lieu (à)
anlass|en *Motor:* faire démarrer; *Kleider:* garder; **2er** m démarreur
anläßlich à l'occasion de, lors de

Anmeldeschein

Anlauf m élan; **~ nehmen** prendre son élan (*a fig*); **2en** *Hafen:* toucher, faire escale
anlege|n mettre (an contre); *Garten, Straße:* aménager; *Geld:* placer; *Gewehr:* mettre en joue; *Verband:* appliquer, mettre; *v/i (Schiff)* accoster (qc.), aborder (qc.); **2stelle** f embarcadère m, débarcadère m
anlehnen (sich ~ s')appuyer (an contre, à); *Tür:* entrebâiller
Anleihe f emprunt m
anleit|en instruire; **2ung** f instruction
anlernen initier, former
Anliege|n n désir m, demande f; **2end** (*Kleidung*) ajusté, (*eng*) collant; (*beiliegend*) ci-joint; **~r** m riverain
an|locken attirer; affriander; **~löten** souder; **~lügen** mentir (j-n à q.); **~machen** attacher; *Licht, Feuer:* allumer; *Kochk* assaisonner
Anmarsch m: **im ~ sein** approcher
anmaß|en: **sich et. ~en** s'arroger qc., se permettre de faire qc.; **~end** arrogant; **2ung** f arrogance
Anmelde|frist f délai m d'inscription; **~gebühr** f droit(s) m(pl) d'inscription; **2en** annoncer; **sich 2en** s'inscrire; **~schein** m (*im Hotel*) fiche f d'arrivée;

Anmeldung

~ung f déclaration f de séjour; inscription
anmerk|en annoter; **sich nichts ~en lassen** ne rien laisser voir; ℒung f annotation, note
Anmut f grâce; ℒig gracieux
an|nageln clouer; **~nähen** coudre
annäher|nd approximatif; ℒung f approche; rapprochement m
Annahme f acceptation; (*Vermutung*) supposition
annehm|bar acceptable; **~en** (D) fig supposer; ℒlichkeit f agrément m
Annonce f annonce f
annullieren annuler
anonym anonyme
Anorak m anorak
anordn|en arranger, disposer; (*befehlen*) ordonner; ℒung f arrangement m, disposition f; ordre m
anpass|en ajuster; **sich ~en** (D) s'adapter (à); **~ungsfähig** capable de s'adapter
an|pfeifen Sp Spiel: siffler le départ; **~pflanzen** planter; **~pflanzung** f plantation; **~prall** m choc; **~preisen** vanter, prôner; préconiser
Anprobe f essayage m; ℒieren essayer
an|pumpen F taper; **~rechnen** mettre au compte (de q.); Hdl imputer (auf sur); ℒrecht n droit m;

ℒrede f titre m; **~reden: j-n ~reden** adresser la parole à q.
anreg|en animer, exciter; *Appetit*: aiguiser; a Med stimuler; inciter (**zu** à); suggérer; **~end** excitant; stimulant; ℒung f suggestion; ℒungsmittel n stimulant m
Anreiz m incitation f, impulsion f
Anrichte f crédence, dressoir n; ℒn Essen: dresser, servir; Unheil: causer
Anruf m appel, coup de téléphone; ℒen appeler; téléphoner (à)
anrühren toucher (à); Kochk, Farbe: délayer
ans = **an das**
Ansage f annonce f; ℒn annoncer; ℒr(in f) m Rdf, TV speaker(ine)
ansammeln amasser, accumuler
ansässig domicilié, résident
Ansatzpunkt m point de départ
anschaff|en procurer; acheter; ℒung f acquisition, achat m
anschau|en regarder; **~lich** expressif, clair; ℒung f opinion
Anschein m apparence f; **allem ~ nach** selon toute apparence; ℒend adv apparemment
anschicken: sich ~ zu se disposer à

Anschlag m attentat; (*Plakat*) affiche f, pancarte f; ⩔en afficher; ⩔säule f colonne d'affichage

anschließen attacher; El, Tel brancher; **sich** ⩔ (D) s'associer; se joindre; ⩔d ensuite, après

Anschluß m Esb correspondance f; El, Tel raccordement, branchement

anschmiegen: sich ⩔ **an** se serrer contre

anschnall|en boucler; **sich** ⩔**en** attacher sa ceinture; ⩔**gurt** m ceinture f de sécurité [*fig*)

anschneiden entamer (a)

Anschovis f anchois m

an|schrauben visser; ⩔**schrift** f adresse; ⩔**schweißen** souder; ⩔**schwellen** (se) gonfler, (s')enfler; ⩔**schwemmen** alluvionner

ansehen regarder; considérer (**als** comme), prendre (**als** pour)

Ansehen n vue f; fig réputation f; ⩔ **genießen** jouir de l'estime

ansehnlich considérable

anseilen (**sich** ⩔) s'encorder

ansetzen mettre (**an** à); **Fett** ⩔ engraisser

Ansicht f aspect m, vue; fig opinion; ⩔**skarte** f carte postale illustrée

ansiedeln (**sich** ⩔) s'établir

anspannen Seil, a fig Geist: tendre; Zugtier: atteler

anspiel|en: auf (A) ⩔**en** faire allusion à; ⩔**ung** f allusion

anspitzen aiguiser; *Bleistift*: tailler

Ansporn m stimulant; ⩔**en** aiguillonner, stimuler

Ansprache f allocution

ansprechen adresser la parole à; ⩔**d** agréable, plaisant

anspringen (*Motor*) démarrer

Anspruch m prétention f, droit; **in** ⩔ **nehmen** occuper

anspruchs|los sans prétention; ⩔**voll** exigeant

Anstalt f établissement m; institution

Anstand m bienséance f

anständig bienséant; décent; honnête

anstands|halber pour la forme; ⩔**los** sans difficulté

anstarren fixer du regard

anstatt au lieu de

ansteck|en attacher; Ring: mettre; Zigarette: allumer; Haus: incendier; Med contaminer; ⩔**end** contagieux; ⩔**ung** f contagion

anstehen faire la queue

ansteigen monter

anstell|en Arbeiter: engager, embaucher; Radio, Gas: ouvrir; El allumer; fig faire; **sich** ⩔**en** faire la queue; ⩔**ung** f emploi m

Anstieg m montée f

anstift|en inciter (**zu** à); ⩔**ung** f incitation

anstimmen entonner
Anstoß m Sp coup d'envoi; fig impulsion f; ~ **nehmen an** se scandaliser de; **2en** 'heurter, choquer; (beim Trinken) trinquer
an|stößig choquant, malsonnant; **2strahlen** Gebäude: illuminer; **~streichen** peindre
anstrengen fatiguer; **sich ~en (zu)** s'efforcer (de); **~end** fatigant; **2ung** f effort m, fatigue
Anstrich m peinture f
Ansturm m assaut, ruée f
antasten toucher
Anteil m part f, portion f, lot; ~ **nehmen an** (D) prendre part à; **~nahme** f participation, intérêt m
Antenne f antenne
Anti|babypille f pilule contraceptive; **~biotikum** n antibiotique m
antik antique; **2e** f antiquité
Anti|quariat n librairie f d'occasion; F bouquiniste m; **2quarisch** d'occasion; **~quitätenhändler** m antiquaire; **~semitismus** m antisémitisme
Antrag m demande f; Pol motion f
an|treffen trouver, rencontrer; **~treiben** pousser, inciter (**zu** à); Maschine: actionner
an|treten Mil se mettre en rang(s); **e-e Reise ~treten** partir en voyage; **ein Amt ~treten** entrer en fonction; **2trieb** m entraînement; Kfz, Flgw propulsion f; fig impulsion f; **~tun: j-m Gewalt ~tun** faire violence à q.; **sich et. ~tun** attenter à ses jours
Antwerpen n Anvers f
Antwort f réponse; **2en** répondre
anvertrauen confier; **sich ~** (D) se confier à
anwachsen fig s'accroître
Anwalt m avocat
anwärmen chauffer légèrement
Anwärter m expectant
anweis|en (anleiten) instruire; (anordnen) donner l'ordre; Platz: assigner; Geld: mandater; **2ung** f ordre m; instruction; (Post) mandat m
anwend|en employer, appliquer; **2ung** f emploi m, application
anwesen|d présent; **2de(r)** su assistant(e); **die 2den a** l'assistance f; **2heit** f présence
anwidern: j-n ~ dégoûter q.
Anzahl f nombre m; **2en** donner un acompte; **~ung** f acompte m
Anzeichen n indice m, signe m
Anzeige f annonce; plainte, dénonciation; **~ erstatten** porter plainte (**gegen** contre); **2n** indiquer; jur dénoncer
anzieh|en Kleid: mettre;

Schraube: serrer; (*anlocken*) attirer; sich ~en s'habiller; ~end attrayant; ~ung f attraction; ~ungskraft f force d'attraction
Anzug m costume, complet
anzüglich scabreux
anzünden allumer
Apartment n studio m; appartement m; ~haus n immeuble m à studios
apathisch apathique
Apfel m pomme f; ~baum m pommier; ~kuchen m gâteau (*od* tarte f) aux pommes; ~mus n compote f de pommes; ~saft m jus de pomme; ~sine f orange; ~wein m cidre m
Apostel m apôtre
Apothek|e f pharmacie; ~er m pharmacien
Apparat m appareil
Appetit m appétit; ~anregend apéritif; ²lich appétissant
Applaus m applaudissements m/pl
Aprikose f abricot m
April m avril; ~scherz m poisson d'avril
Aqua|rell n aquarelle [-kv-] f; ~rium n aquarium [-kv-] m
Äquator m équateur [-kv-]
Ära f ère
Arab|ien n l'Arabie f; ²isch arabe
Arbeit f travail m, besogne; ²en travailler; ~er m travailleur, ouvrier; ~geber m employeur, patron; ~nehmer m salarié; ²sam laborieux
Arbeits|amt n office m du travail; ~lohn m salaire; ~losigkeit f chômage m; ~platz m place f de travail; emploi; ~fähig invalide; ~zeit f heures f/pl de travail
Archäologie f archéologie [-k-]
Archipel m archipel
Architekt m architecte; ~ur f architecture
Archiv n archives m/pl
Arena f arène
argentinisch argentin
Ärger m dépit, colère, ennui; ²lich (*verärgert*) fâché; (*unangenehm*) fâcheux; ²n agacer, F embêter; sich ²n se fâcher; ~nis n scandale m
arg|listig soupçonneux, F confiant, candide; ²wohn m soupçon; ~wöhnisch soupçonneux, ombrageux
Arie f air m, aria
arm pauvre; ~ machen appauvrir
Arm m bras
Armaturenbrett n tableau m de bord
Arm|band n bracelet m; ~banduhr f montre-bracelet; ~binde f brassard m; écharpe
Armee f armée
Ärmel m manche f; ~kanal m la Manche
ärmlich pauvre, misérable

armselig misérable, misé-
reux
Armut f pauvreté
Aroma n arôme m
arrogant arrogant
Arsch V m cul [ky]
Arsen n arsenic m
Art f sorte, espèce; genre m;
~ **und Weise** manière,
façon, mode m; **auf diese** ~
de cette façon
Arterie f artère
artig sage
Artikel m article
Artischocke f artichaut m
Artist(in f) m artiste su
Arznei f, ~**mittel** n méde-
cine f; remède m, médica-
ment m
Arzt m médecin, docteur
m; **Ärzt|in** f femme médecin,
doctoresse; 2**lich** médical
As n as m
Asbest m amiante m
Asch|e f cendre(s) f(pl);
~**enbahn** f piste cendrée;
~**(en)becher** m, 2**er** m
cendrier; ~**ermittwoch** m
mercredi des cendres; 2-
grau gris cendré
asi|atisch asiatique; 2**en** n
l'Asie f
Asphalt m asphalte m
Assistent(in f) m as-
sistant(e)
Ast m branche f
Aster f aster [-ɛːr]
Asthma n asthme [asm] m
Astro|loge m astrologue;
~**naut** m astronaute; 2**no-
misch** astronomique
Asyl n asile m

Atelier n atelier m
Atem m haleine f; **außer** ~
hors d'haleine, essoufflé; ~
holen prendre haleine; ~
2**los**; 2**lose Stille** silence
m complet; ~**not** f manque
m de souffle; ~**zug** m
souffle
Äther m éther [-eːr]
Äthiopien n l'Ethiopie f
Athlet m athlète; ~**ik** f
athlétisme m
atlantisch atlantique
Atlas m atlas [-as]
atmen respirer
Atmosphäre f atmosphère
f
Atmung f respiration
Atom n atome m; ~... **in**
Zssgn atomique; ~**energie** f
énergie atomique; ~**waf-
fen** f/pl armes atomiques
Atten|tat n attentat m;
~**täter** m auteur d'un
attentat
Attest n certificat m
Attrappe f attrape f
ätzen corroder; Med cauté-
riser; 2 **corrosif**
Aubergine f aubergine f
auch aussi; même; **(ich)** ~
nicht (moi) non plus; ~
wenn ~ même si
Auerhahn m coq de
bruyère
auf sur; à, dans, par; ~
dem Land à la campagne;
~ **der Straße** dans la rue;
~ **und ab** de long en large;
~ **deutsch** en allemand; ~
einmal tout d'un coup;
Schlag ~ **Schlag** coup
sur coup, (offen) ouvert;

er ist noch ~ il est encore debout
aufatmen respirer
Aufbau m construction f; structure f; **2en** construire, élever
auf|bekommen réussir à ouvrir; **~bereiten** préparer; **~bessern** Gehalt: augmenter; **~bewahren** garder, conserver; **~blasen** gonfler; **~bleiben** (wachen) rester debout; (offen bleiben) rester ouvert; **~blenden** Kfz mettre les feux de route; **~blicken** lever les yeux (zu vers); **~blühen** s'épanouir; **~brechen** Tür: forcer; (Knospe) s'ouvrir; (fortgehen) se mettre en route
Aufbruch m départ
auf|brühen Tee: infuser; **~bügeln** repasser; **~decken** découvrir (a fig) déceler [poser]
aufdrängen: sich~ s'im-
auf|drehen Hahn usw: ouvrir; **~dringlich** importun; **2druck** m impression f
aufeinander l'un sur l'autre; **~folgen** se succéder; **~prallen**, **~stoßen** se heurter
Aufenthalt m séjour; Esb arrêt
Aufenthalts|genehmigung f permis m de séjour; **~ort** m lieu de séjour; **~raum** m salle f de réunion
auf|erlegen imposer; **2er-**

aufgehen

stehung f résurrection; **~essen** manger (tout), achever
auffahr|en heurter, tamponner (**auf** A qc.); fig sursauter; **2t** f rampe; **2unfall** m télescopage
auffall|en frapper; se faire remarquer; **~end**, **auffällig** frappant, remarquable
auffangen attraper; Funkspruch: capter
auffass|en saisir, comprendre; **2ung** f conception
auffinden trouver; **~fischen** (re)pêcher; **~flackern** s'aviver; **~fliegen** s'envoler; fig F être découvert
aufforder|n inviter (**zu** à); **2ung** f invitation
aufführ|en Thea représenter, donner; **sich ~en** se comporter; **2ung** f représentation
auffüllen remplir
Aufgabe f tâche; (Post) remise; (Verzicht) abandon m
Aufgang m (e-s Gestirns) lever; (Haus2) escalier
aufge|ben Brief: expédier; Gepäck: (faire) enregistrer; Rätsel: poser; (verzichten) abandonner; **2bot** n (Ehe2) publication f des bans
aufgehen Gestirn: se lever; Tür, Blüte: s'ouvrir; (sich lösen) se défaire; Naht: se découdre

aufgeregt 250

aufge|regt excité, agité; **~schlossen** ouvert, réceptif; **~weckt** éveillé
auf|gießen *Tee:* infuser; **Ωguß** *m* infusion *f*; **~haben** *Hut:* avoir sur la tête; *(Geschäft)* être ouvert; **~halten** arrêter, retenir; *Tür:* tenir ouvert; **sich ~halten** séjourner
aufhäng|en suspendre, accrocher; **Ωer** *m* attache *f*
aufheben ramasser; *(aufbewahren)* garder; *Sitzung:* lever; *Gesetz, Verbot:* abolir, annuler
aufheitern: j-n ~ égayer, dérider q.; **sich ~** s'éclaircir
auf|hellen éclaircir; **~hetzen** exciter (zu à); **~hören** cesser, finir, s'arrêter (zu de)
aufklär|en tirer au clair, éclaircir; *Verbrechen* a élucider; j-n **~en** über *A* renseigner q. de qc.; **Ωung** *f* éclaircissement *m*; explication
auf|kleben coller (auf sur); **~knöpfen** déboutonner; **~knüpfen** défaire, dénouer; **~kommen** subvenir (**für** à); *Verdacht:* naître; *Wind:* se lever; **~lachen:** laut **~lachen** éclater de rire; **~laden** charger (*a* El)
Auflage *f* (*Buch*Ω) édition
auf|lassen laisser ouvert; **Ωlauf** *m* attroupement; *Kochk* soufflé; **~laufen**

Schiff: (s')échouer; **~leben** renaître; **~legen** placer, poser (auf sur); *Tel* raccrocher; *Buch:* tirer; **~lehnen: sich ~lehnen gegen** se révolter contre; **~lesen** ramasser
auflös|en défaire, dénouer; *Rätsel:* résoudre; (*im Wasser* ~) dissoudre; *Demonstration:* disperser; **Ωung** *f* dénouement *m*; dissolution; *fig* solution
aufmach|en ouvrir, défaire; **Ωung** *f* présentation
Aufmarsch *m* déploiement
aufmerksam attentif; *(zuvorkommend)* prévenant; **j-n auf et. ~ m.** faire remarquer qc. à q.; **Ωkeit** *f* attention
Aufnahme *f* accueil, *Fot* prise de vue; *(Ton*Ω) enregistrement *m*; **~prüfung** *f* examen *m* d'admission (*od* d'entrée)
aufnehmen ramasser; *(zulassen)* admettre; *Arbeit:* commencer; *Fot* prendre en photo; *(auf Tonband)* enregistrer; *Protokoll:* dresser; *Gast:* recevoir, accueillir
auf|passen faire attention (**auf** à); **Ωprall** *m* choc; **~prallen** heurter (auf *A* qc.); **~pumpen** gonfler; **~raffen: sich ~raffen** rassembler ses forces
aufräum|en ranger; **Ωungsarbeiten** *f/pl* travaux *m/pl* de déblaiement

aufrecht debout, droit; ~erhalten maintenir; 2erhaltung f maintien m

aufreg|en agiter, exciter; **sich ~en über** (A) s'irriter, s'énerver (de); ~end excitant; 2ung f agitation, excitation

aufreib|en *Haut:* écorcher; ~end épuisant

auf|reißen déchirer, ouvrir brusquement; *Straße:* éventrer; ~richten élever, ériger, (re)dresser

aufrichtig franc, sincère; 2keit f sincérité

auf|rollen enrouler; (entrollen) dérouler; ~rücken avancer

Aufruf m appel, proclamation f; 2en appeler

Auf|ruhr m révolte f, émeute f; ~rührer m émeutier, rebelle; 2runden arrondir; 2rüsten armer; 2sagen réciter; 2sässig rebelle; ~satz m dissertation f; traité, article, étude f; 2schieben remettre

Aufschlag m heurt, choc, (Ärmel2) parement; (Preis2) augmentation f; Sp service; 2en *Buch:* ouvrir; *Zelt:* monter; (aufprallen) heurter (auf A qc.)

auf|schließen ouvrir; ~schlußreich instructif, révélateur; ~schneiden couper; se vanter, blaguer; 2schnitt m Kochk viande f froide, assiette f anglaise; charcuterie f; ~schrecken sauter

Aufschrei m (grand) cri

auf|schreiben noter; 2schrift f inscription

Aufschub m délai; ~ gewähren accorder un délai

Aufschwung m essor

Aufsehen n: ~en erregen faire sensation; 2enerregend sensationnel, spectaculaire; ~er m gardien, garde

aufsetzen mettre, poser; *Brief:* rédiger; *Flgw* se poser

Aufsicht f surveillance; ~srat m conseil d'administration

auf|sitzen monter (à cheval); ~spannen étendre; *Schirm:* ouvrir; ~springen bondir; (*Tür*) s'ouvrir (brusquement); (*Deckel usw*) sauter; (*Haut*) se gercer; ~spüren dépister

Auf|stand m soulèvement, révolte f; ~ständische(r) m insurgé

auf|stapeln empiler; ~stecken *Haar:* relever; ~stehen se lever; ~steigen monter, s'élever

aufstell|en dresser, monter; *Denkmal:* ériger; *Kandidaten:* désigner; *Rekord:* établir; 2ung f (*Liste*) relevé m

Aufstieg m montée f, ascension f; (im *Beruf*) avancement

auf|stoßen *Tür:* ouvrir (en

aufstützen

poussant); ~**stützen** appuyer; ~**suchen** aller voir
Auftakt *m fig* ouverture *f*
auf|tauchen émerger; *fig* apparaître; ~**tauen** dégeler; ~**teilen** partager
Auftrag *m* ordre, commande *f*; **im** ~ (**von**) par ordre (de); ⁊**en Farbe**, **Salbe**: mettre (sur), étaler; *Speisen*: servir; *Kleidung*: user, finir; ~**geber** *m* commettant
auf|treiben *Geld*: trouver; ~**trennen** découdre; ~**treten** poser le pied; *pe* porter (**als** qc.); *Thea* entrer en scène; (*Fehler*) apparaître
Auftritt *m* scène *f*
auf|wachen se réveiller; ~**wachsen** grandir; ⁊**wand** *m* dépense *f*; *luxe*; ~**wärmen** réchauffer; ⁊**wartefrau** *f* femme de ménage; ~**wärts** vers le haut (*od* en); ~**wecken** réveiller; ~**weichen** (*v*/*i* se) ramollir; *Weg*: détremper; ⁊**wendungen** *f/pl* dépenses; ⁊**wertung** *f* revalorisation; ~**wickeln** enrouler; ~**wiegeln** soulever; ~**wirbeln** soulever (*des tourbillons de*); ~**wischen** essuyer
aufzähl|en énumérer, dénombrer; ⁊**ung** *f* énumération
aufzeichn|en dessiner; noter; ⁊**ung** *f* note; (*Ton*⁊) enregistrement *m*

auf|ziehen *Vorhang*: ouvrir; *Thea* lever; *Uhr*: remonter; *Kind*: élever; ⁊**zug** *m* ascenseur; *Thea* acte
aufzwingen j-m et. ~ imposer qc. à q.
Auge *n* œil *m*; **ins** ~ **fassen** envisager; **im** ~ **behalten** garder à vue; **ins** ~ **fallen** sauter aux yeux; **ein** ~ **zudrücken** fermer les yeux (sur qc.)
Augen|arzt *m* oculiste; ~**blick** *m* instant, moment; ⁊**blicklich** momentané; *adv* à l'instant; ~**braue** *f* sourcil [-si] *m*; ~**lid** *n* paupière *f*; ~**maß** *n*: **nach** ~**maß** à vue d'œil; ~**zeuge** *m* témoin oculaire
August *m* août
Auktion *f* vente aux enchères
Aula *f* salle des fêtes
aus je; ~ **Liebe** par amour; ~ **Gold** en or; ... **ist** ~ ... est fini
aus|arbeiten élaborer; composer; ~**arten** dégénérer (**in** en); ~**atmen** expirer; ⁊**bau** *m* agrandissement; ~**bauen** agrandir; ~**bessern** réparer, raccomoder; ~**beulen** *Kfz* redresser
Ausbeut|e *f* rendement *m*; profit *m*; ⁊**en** exploiter; ~**ung** *f* exploitation
ausbild|en former; ~**er** *m* instructeur; ⁊**ung** *f* formation; instruction
aus|blasen souffler, étein-

ausgerechnet

dre; 2**blick** m vue f; ~**brechen** (*Feuer*) se déclarer; (*Krieg*) éclater; (*entfliehen*) s'évader; **in Tränen ~brechen** fondre en larmes; ~**breiten** étendre; **sich ~breiten** se répandre; ~**brennen** brûler; *Med* cautériser; 2**bruch** m (*Flucht*) évasion f; (*Vulkan*2) éruption f; (*des Krieges*) éclatement; ~**brüten** couver; ~**bürgern** expatrier; ~**bürsten** brosser

Ausdauer f persévérance; endurance; 2**nd** persévérant; endurant

ausdehn|en (**sich ~en** s')étendre; *Phys* dilater; 2**ung** f étendue, expansion

ausdenken: sich et. ~ imaginer qc.

Ausdruck m expression f

ausdrück|en presser, a fig exprimer; *Zigarette*: éteindre, écraser; ~**lich** exprès, explicite

ausdrucks|los sans expression; ~**voll** expressif

Ausdünstung f exhalation, émanation

auseinander séparé; ~**bringen** séparer; ~**fallen** tomber en morceaux; ~**gehen** se séparer; ~**nehmen** démonter

auseinandersetz|en exposer, expliquer; 2**ung** f explication, querelle

auserlesen choisi, exquis

Ausfahrt f sortie

Ausfall m manque; 2**en** *Haare usw*: tomber; *Veranstaltung*: ne pas avoir lieu; **gut (schlecht)** 2**en** être bon (mauvais); 2**end** insultant, grossier; ~**straße** f route de sortie

aus|fegen balayer; ~**findig: ~findig machen** découvrir; ~**fließen** (s')écouler; 2**flug** m excursion f; 2**flügler** m excursionniste; 2**fluß** m *Med* flux; ~**fragen** interroger

Ausfuhr f exportation

ausführ|en exécuter, effectuer; *Hdl* exporter; *j-n:* sortir; ~**lich** détaillé; *adv* en détail; 2**ung** f exécution

Ausfuhrverbot n interdiction f de sortie

ausfüllen remplir

Ausgabe f distribution, (*Geld*2) dépense; (*Buch*2) édition

Ausgang m sortie f; *a fig* issue f; *fig* dénouement; ~**spunkt** m point de départ

ausgeben distribuer, délivrer; *Geld:* dépenser; **sich ~ für** (*A*) se faire passer pour

ausge|dehnt vaste; ~**fallen** singulier, bizarre; ~**glichen** pondéré

ausgehen *Licht, Feuer:* s'éteindre; (*enden*) se terminer; ~ **von** partir de, émaner de

ausge|lassen exubérant, folâtre; ~**nommen** hormis, excepté; ~**rechnet**

ausgeschlossen

justement; ~schlossen impossible; ~schnitten *Kleid*: décolleté; ~sprochen vraiment, réellement; ~zeichnet excellent
ausgiebig abondant
ausgießen verser, vider
Ausgleich m compensation f; 2en compenser; *Sp* égaliser; ~ssport m sport de compensation
ausgleiten glisser
ausgrab|en déterrer; ~ungen fouilles f/pl
Ausguß m évier
aus|halten Schmerzen, Lärm: endurer, supporter; ~händigen remettre, délivrer; 2hang m affiche f; ~harren persévérer; ~heben *Graben*: creuser; ~heilen guérir complètement; ~helfen aider (j-m mit q. de); 2hilfe f aide temporaire
aus|höhlen creuser; ~horchen sonder q.; ~hungern affamer; ~kehren balayer
auskennen: sich ~ in s'y connaître en
Aus|klang m note f finale; 2klopfen battre; épousseter; 2knipsen *Licht*: éteindre; ~kommen s'en tirer (mit et. avec qc.); s'entendre (mit j-m avec q.); 2kühlen (se) refroidir
Auskunft f renseignement m, information; ~sbüro n bureau m de renseignements
aus|lachen (se) rire de; ~laden décharger; 2lage f étalage; 2land n étranger m
Ausländ|er(in f) m étranger (étrangère); ~isch étranger
Auslandsreise f voyage m à l'étranger
aus|lassen omettre; *Fett*: faire fondre; *Kleid*: élargir; ~laufen courir; *Mar* partir, sortir; 2läufer m contreforts m/pl; ~legen *Waren*: étaler; *Geld*: avancer; (*deuten*) interpréter; *Fußboden*: recouvrir (mit de); ~leihen prêter; sich et. ~leihen emprunter qc.; ~lernen finir son apprentissage
Auslese f sélection; élite
ausliefer|n livrer; 2ung f livraison
aus|losen tirer au sort; ~lösen déclencher; 2löser m *Fot* déclencheur; ~machen *Licht, Feuer*: éteindre, *El* ~ fermer; (*verabreden*) convenir; (*betragen*) faire
ausmalen colorier; sich et. ~ se figurer qc.
Ausmaß n dimensions f/pl
aus|merzen éliminer; ~~messen mesurer
Ausnahm|e f exception; mit ~e von à l'exception de; ~ezustand m état d'exception; 2slos sans exception; 2sweise exceptionnellement
aus|nehmen excepter; *Geflügel*: vider; *fig F* j-n:

plumer; ~nutzen tirer profit de, exploiter; ~packen dépaqueter; *Ware:* déballer; *Koffer:* défaire; ~pfeifen siffler, huer; ~plaudern divulguer; ~plündern dévaliser, piller; ~pressen presser, exprimer; ~probieren essayer Auspuff *m* échappement; ~gase *n/pl* gaz *m/pl* d'échappement; ~rohr *n* (~topf *m*) tuyau *m* (pot) d'échappement;

aus|pumpen pomper; ~radieren gommer; *fig* rayer, effacer; *Radio:* brouiller; ~rangieren mettre au rancart; ~räumen vider; démeubler; ~rechnen calculer

Ausrede *f* excuse, échappatoire; 2n: j-m et. ~ dissuader q. de qc.; 2n lassen laisser finir

ausreichen suffire; ~d suffisant

Ausreise *f* sortie, 2n quitter (un pays); ~visum *n* visa *m* de sortie

ausreiß|en s'arracher; *fig* F se sauver; 2er *m* fugueur

aus|renken démettre, disloquer, déboîter; ~richten aligner; *Auftrag, Gruß:* transmettre; *(erreichen)* réussir à faire; ~rotten exterminer; déraciner

Ausruf *m* exclamation *f*, cri; 2en s'écrier, crier; proclamer; ~ungszeichen *n* point *m* d'exclamation

ausruhen (sich ~ se) reposer

ausrüst|en équiper, munir (mit de); 2ung *f* équipement *m*, armement *m*; *Tech* outillage *m*

ausrutschen glisser

Aussaat *f* semailles *f/pl*

Aussag|e *f* dires *m/pl*; *jur* déposition; 2en exprimer, dire; *jur* déposer

Aus|satz *m* lèpre *f*; 2sätzig lépreux; 2saugen sucer; 2schachten creuser, excaver; 2schalten *Licht:* éteindre; *Radio:* fermer; *Maschine:* arrêter; ~schank *m* débit

Ausschau: nach j-m ~halten chercher q. des yeux

ausscheid|en excréter; *(aus e-m Amt)* quitter (qc.), se retirer de *Sp* être éliminé; 2ung *f* élimination; excrétion; 2ungskampf *m* (2ungsspiel *n*) épreuve *f* (match *m*) éliminatoire

aus|schiffen débarquer; ~schimpfen gronder; ~schlafen dormir assez; F s-n Rausch ~schlafen cuver son vin

Ausschlag *m* éruption *f*; 2en *Zahn:* casser; *Auge:* crever; *Angebot:* refuser; *Erbschaft:* renoncer (à), répudier; *v/i (Pferd)* ruer; *Bot* bourgeonner; 2gebend décisif

ausschließ|en (von *D*) exclure (de); ~lich exclusif

Ausschluß *m* exclusion *f*
aus|schmücken décorer; **~schneiden** découper (aus dans); **♀schnitt** *m* (Zeitungs♀) coupure *f*; (Buch♀) extrait; (Kleid♀) décolleté; **~schöpfen** vider, écoper; *fig* épuiser; **~schreiben** Zahlen: écrire en toutes lettres; *Stelle*: mettre au concours; *Rechnung*: dresser; *Scheck*: remplir

Ausschuß *m* comité, commission *f*; *Hdl* rebut; **~sitzung** *f* séance du comité

ausschütten verser, vider; *Gewinn*: distribuer

ausschweif|end débauché; **♀ung** *f* débauche

aussehen avoir l'air (wie de); es sieht nach Regen aus on dirait qu'il va pleuvoir

Aussehen *n* air *m*; **dem ~ nach** selon les apparences

außen dehors, à l'extérieur; **nach (von) ~** en (du) dehors; **♀aufnahme** *f* prises *f/pl* en extérieur; **♀bordmotor** *m* moteur hors-bord; **♀ministerium** *n* ministère *m* des affaires étrangères; **♀politik** *f* politique extérieure; **♀seiter** *m* outsider; **♀stände** *pl* créances *f/pl*; **♀stürmer** *m* ailier

außer hors de; à part, excepté; outre; **~ wenn** sauf si; **~ daß** excepté que; **~ Betrieb** hors de service;

~ Dienst en dehors du service; en retraite; **~ der Reihe** hors série; **~ dem** en outre, de plus

äußere extérieur; **♀(s)** *m* extérieur

außer|ehelich extra-conjugal; (Kind) naturel; **~gewöhnlich** extraordinaire; **~halb** (G) hors de

äußerlich extérieur; *fig* superficiel; **~er Gebrauch** *Med* usage *m* externe

äußern dire, exprimer; **sich ~** se prononcer (über sur)

außerordentlich extraordinaire

äußerst extrême; dernier; **bis aufs ~e** à outrance

außerstande : **~ sein** être hors d'état

Äußerung *f* déclaration; propos *m/pl*

aussetzen exposer (à); *Kind*: abandonner; *Belohnung*: offrir; (Motor) avoir des ratés; **et. auszusetzen haben an** (D) trouver à redire à qc.

Aussicht *f* vue; *fig* perspective, chance

aussichts|los voué à l'échec; **♀turm** *m* belvédère

aussöhn|en réconcilier; **♀ung** *f* réconciliation

aus|sortieren éliminer; **~spannen** *Pferde*: dételer; *v/i* se détendre; **~sperren** fermer la porte à; *Arbeiter*: lock-outer; **♀sperrung** *f* lock-out *m*; **~spielen** *Karte*: jouer

Aussprache f prononciation; fig discussion

aussprechen prononcer; **sich ~** s'épancher

Aus|spruch m sentence f, parole f; **₂spucken** cracher; **₂spülen** rincer; **~stand** m grève f

ausstatt|en équiper, pourvoir, doter (mit de); **₂ung** f équipement (m)

aussteigen descendre

ausstell|en exposer; étaler; Paß, Urkunde: délivrer; Scheck: émettre; **₂er** m exposant; **₂ung** f exposition

Ausstellungs|gelände n (**~stand** m) terrain m (stand) d'exposition

aus|sterben s'éteindre; **₂steuer** f trousseau m, dot [dot]; **₂stieg** m sortie f; **~stopfen** bourrer; Tier: empailler; **~stoßen** expulser; Schrei: pousser; **~strahlen** répandre; Rdf, TV diffuser [tendre]

ausstrecken (sich ~) s'é-

aus|streichen rayer; **~streuen** disséminer, répandre; **~strömen** Duft: exhaler; Gas, Dampf: fuir, émaner; **~suchen** choisir

Austausch m échange f, **₂en** échanger

austeilen distribuer

Auster f huître

austragen Briefe: distribuer; Sp disputer

Austral|ien n l'Australie f; **₂isch** australien

austreiben: j-m et. ~ faire passer qc. à q.

aus|treten (aus e-r Partei usw) quitter qc.; F sortir un instant; **~trinken** finir, vider; **₂tritt** m départ; sortie f; **~trocknen** dessécher; **~üben** exercer; Sp pratiquer

Ausverkauf m liquidation f; **₂t** épuisé; Thea complet

Aus|wahl f choix m, sélection; **₂wählen** choisir; **~wahlmannschaft** f équipe de sélection

Auswander|er m émigrant; **₂n** émigrer; **~ung** f émigration

auswärt|ig étranger; **~s** en dehors; von **~s** d'ailleurs

aus|waschen Wäsche: laver; Ufer: creuser; **~wechseln** (é)changer

Ausweg m issue f, expédient; **₂los** sans issue

ausweichen (D) éviter (q., qc.); (e-r Frage) éluder; **~d** évasif

Ausweis m carte f d'identité; **₂en** expulser; sich **₂en** se légitimer; **~papiere** n/pl papiers m/pl d'identité; **~ung** f expulsion

aus|weiten élargir, évaser; **~wendig** par cœur; **~werfen** jeter, lancer; **~werten** utiliser, exploiter; **₂wertung** f utilisation, exploitation; **~wickeln** développer; **~wischen**

auswringen

effacer; ~wringen tordre; ²wüchse m/pl excès; ²wurf m Med crachat

auszahl|en payer, verser; sich ~en en valoir la peine; ²ung f paiement m, versement m

auszeichn|en distinguer; (mit Orden) décorer; Ware: étiqueter; ²ung f distinction, décoration

auszieh|en (Kleidung) ôter, enlever; (sich ~en) se déshabiller; Tisch: allonger; (aus e-r Wohnung) déménager; ²tisch m table f à rallonges

Auszug m extrait, abrégé; déménagement

Auto n voiture f, auto f; ~ fahren aller en voiture; ~bahn f autoroute; ~bahngebühr f péage m

Autobus m autobus; ~haltestelle f (~linie f) arrêt m (ligne) d'autobus

Auto|fähre f bac m à voitures, car-ferry m; ~fahrer m automobiliste

Autogramm n autographe m; ~jäger m chasseur d'autographe

Auto|karte f carte routière; ~kino n autorama m

Automat m distributeur; automate; ~ion f automation; ²isch automatique

Automobilklub m club automobile

auto|nom autonome; ²psie f autopsie

Autor m auteur

Auto|reifen m pneu de voiture; ~reisezug m train auto-couchettes; ~rennen n course f automobile; ~reparaturwerkstatt f atelier m de réparation de voitures

Autorität f autorité

Auto|schlosser m automécanicien; ~unfall m accident de voiture; ~vermietung f location de voitures; ~zubehör m accessoires m/pl d'automobile

Axt f hache, cognée

Azalee f azalée

azurblau (bleu) d'azur

B

Baby n bébé m; ~ausstattung f layette

Bach m ruisseau

Backbord n bâbord m

Backe f joue

backen cuire; frire

Backenzahn m molaire f

Bäcker m boulanger; ~ei f boulangerie

Back|hähnchen n poulet m rôti; ~obst n fruits m/pl séchés; ~ofen m four; ~pfeife f gifle; ~pflaume f pruneau m; ~pulver n levure f en poudre

Bad n bain m; (Ort) ville f d'eaux f/pl

Bade|anstalt f établisse-

ment *m* de bains; ~anzug *m* maillot de bain; ~hose *f* caleçon *m* de bain; ~kappe *f* bonnet *m* de bain; ~mantel *m* peignoir; ~meister *m* maître nageur; (*im Heilbad*) baigneur
baden (*v*/*i* se) baigner
Bade|ort *m* station *f* balnéaire; ~schuhe *m*/*pl* souliers de bain; ~strand *m* plage *f*; ~wanne *f* baignoire; ~zimmer *n* salle *f* de bain
Bagger *m* drague *f*
Bagno *m* bagne *m*
Bahn *f* Esb chemin *m* de fer; train *m*; (*Rennᵒ*) piste, parcours *m*; ~beamte(r) *m* agent des chemins de fer; ~damm *m* remblai; 2en *Weg*: frayer
Bahnhof *m* gare *f*
Bahnhofs|halle *f* hall *m* de la gare; ~vorsteher *m* chef de gare
bahnlagernd en gare
Bahnsteig *m* quai *m*, ~karte *f* ticket *m* de quai
Bahn|übergang *m* passage à niveau; ~verbindung *f* communication ferroviaire; ~wärterhäuschen *n* maison *f* de garde-barrière
Bahre *f* civière, brancard *m*
Baiser *n* meringue *f*
Bajonett *n* baïonnette *f*
Bake *f* balise
Bakterie *f* bactérie
balancieren balancer
bald bientôt; ~darauf peu

après; **so ~ wie möglich** le plus tôt possible
Baldriantropfen *m*/*pl* teinture *f* de valériane
Balken *m* poutre *f*
Balkon *m* balcon [bal]
Ball *m* balle *f*; (*Tanzfest*))
Ballast *m* lest [lest]
ballen *Faust*: fermer, serrer
Ballen *m* balle *f*, ballot; (*Fuß*ᵒ) éminence *f*
Ballett *n* ballet *m*
Ballon *m* ballon
Balsam *m* baume
Bambus(rohr *n*) *m* bambou *m*
Banane *f* banane
Band¹ *m* volume, tome
Band² *n* ruban *m*; *fig* lien *m*
Banda|ge *f* bandage *m*; 2gieren bander
Bande *f* bande
bändigen dompter
Bandit *m* bandit, brigand
Band|maß *n* mètre-ruban *m*; ~scheibe *f* disque *m* intervertébral; ~wurm *m* ver solitaire
bang(e) peureux, craintif
Bank *f* banc *m*; (*gepolstert*) banquette; *Hdl* banque; ~anweisung *f* chèque *m* bancaire; ~beamte(r) *m* employé de banque; ~halter *m* banquier; ~ier *m* banquier; ~konto *n* compte *m* en banque; ~note *f* billet *m* de banque
bankrott en faillite; 2 *m* banqueroute *f*
bar: in (*od* **gegen**) **~** au comptant

9*

Bar

Bar f bar m
Bär m ours [urs]
Baracke f baraque
barbarisch barbare
Barbe f barbeau m
Bardame f barmaid [-med]
barfuß nu-pieds
Bargeld n espèces f/pl
Barhocker m tabouret de bar
Bariton m baryton
Barkasse f barcasse
Barkeeper m barman [-man]
barmherzig miséricordieux, charitable; 2keit f miséricorde, charité
Barmixer m barman [-man]
barock baroque
Barometer n baromètre m
Barren m lingot, barre f; Sp barres f/pl parallèles
Barrikade f barricade
barsch brusque
Barsch m perche f
Bart m barbe f
bärtig barbu
bartlos imberbe
Barzahlung f paiement m au comptant
Basar m bazar, souk
Basel n Bâle f
Basilika f basilique
Basis f base
Baskenmütze f béret m
Basketball m basket-ball [-ketbol]
Baß m basse f
Bast m liber [-be:r]
bastel|n bricoler; 2er m bricoleur
Batist m batiste f

Batterie f Kfz batterie; (Taschenlampen2) pile
Bau m construction f; (Gebäude) bâtiment, édifice f; ~arbeiten f/pl travaux m/pl du bâtiment; ~arbeiter m ouvrier du bâtiment; ~art f type m (od genre m) de construction
Bauch m ventre; ~fell n péritoine; ~fellentzündung f péritonite f; ~schmerzen m/pl maux de ventre; ~speicheldrüse f pancréas [-s] m
bauen bâtir, construire
Bauer[1] m paysan, fermier
Bauer[2] n cage m
Bäuer|in f paysanne, fermière; 2lich paysan
Bauern|haus n maison f paysanne; ~hof m ferme f
bau|fällig délabré; 2gerüst n échafaudage m; 2jahr n année f de la construction; 2kasten m jeu de construction); 2kunst f architecture
Baum m arbre
Bau|material n matériaux m/pl de construction; ~meister m architecte
Baum|schere f sécateur m; ~schule f pépinière; ~stamm m tronc d'arbre; ~wolle f coton m
Bausparkasse f caisse d'épargne-construction; ~stelle f chantier m; ~stil m style architectural; ~werk n bâtiment m, édifice m

Bayer|n *n* la Bavière; ⁀isch bavarois

Bazillus *m* bacille

beabsichtigen avoir l'intention de

beacht|en faire attention à; *Vorschrift:* observer; *Vorfahrt:* respecter; ⁀enswert remarquable; ⁀lich considérable, appréciable; ⁀ung *f* attention

Beamt|e(r) *m*, ⁀in *f* fonctionnaire *su*

bean|spruchen prétendre à, revendiquer; *Platz, Zeit:* prendre; ⁀standen réclamer contre; ⁀standung *f* réclamation; ⁀tragen demander; proposer

beantwort|en répondre à; ⁀ung *f* réponse

bearbeit|en travailler, façonner; *Text:* remanier; ⁀ung *f* travail *m*; *Mus* arrangement *m*; *Thea* adaptation; *(e-s Textes)* remaniement *m*

beaufsichtig|en surveiller; ⁀ung *f* surveillance

beauftrag|en charger (mit de); ⁀te(r) *m* chargé d'affaires; mandataire

bebauen construire, bâtir sur; *Land:* cultiver

beben trembler, frémir

Becher *m* gobelet

Becken *n* bassin *m*

bedächtig circonspect, réfléchi

bedanken: sich bei j-m für et. ⁀ remercier q. de qc.

Bedarf *m* besoin; nach ⁀ suivant les besoins; ⁀shaltestelle *f* arrêt *m* facultatif

bedauer|lich regrettable; ⁀n: et. ⁀n regretter, déplorer qc.; j-n ⁀n plaindre q.; ⁀n *n* regret *m*; ⁀nswert déplorable

bedenk|en considérer, penser à; ⁀en *n* doute *m*, scrupule *m*; ⁀lich douteux; inquiétant

bedeut|en signifier; ⁀end important, considérable; ⁀ung *f* signification; importance; ⁀ungslos sans importance, insignifiant

bedien|en (sich ⁀en se) servir; *Maschine:* manœuvrer; ⁀ung *f* service *m*; ⁀ungsanleitung *f* mode *m* d'emploi

Bedingung *f* condition; ⁀slos sans condition

bedräng|en: mit Fragen ⁀en presser de questions; ⁀nis *f* embarras *m*

bedroh|en menacer (mit de); ⁀lich menaçant

bedrück|en oppresser, affliger, accabler; ⁀end accablant, déprimant; ⁀t affligé, déprimé

Bedürf|nis *n* besoin *m* (nach de); ⁀nisanstalt *f* lavabos *m/pl* publics, chalet *m* de nécessité; ⁀tig nécessiteux, indigent

Beefsteak *n* bifteck *m*

beeilen: sich ⁀ se dépêcher, se hâter

beein|drucken impressionner; ~**flussen** influencer; ~**trächtigen** faire tort à

beenden finir, terminer

beerben: j-n ~ hériter de q.

beerdig|en enterrer; 2**ung** f enterrement m

Beere f baie

Beet n carré m, planche f; parterre m

Befähigung f qualification

befahr|bar praticable; **en** circuler sur; **stark ~en** (Straße) forte circulation

befallen Med atteindre

befangen embarrassé; partial; 2**heit** f für suspicion f légitime

befassen: sich ~ mit s'occuper de

Befehl m ordre; commandement; 2**en** ordonner; commander

Befehlshaber m commandant

befestig|en attacher, fixer (**an** à); Mil fortifier; Straße, Ufer: stabiliser

befeuchten humecter

befind|en: sich ~en se trouver; 2**en** n état m (de santé)

be|flecken tacher, maculer; ~**flissen** appliqué; ~**folgen** Vorschrift: observer; Befehl: exécuter; Rat: suivre

beförder|n transporter, expédier; (im Rang) faire avancer; 2**ung** f transport m; avancement m

befrei|en libérer, délivrer; dispenser (**von** D de); 2**ung** f libération, délivrance

befremd|end, ~**lich** étrange, surprenant

befreund|en: sich ~en se familiariser; ~**et sein mit** être ami de

befriedig|en satisfaire, contenter; ~**end** satisfaisant; 2**ung** f contentement m

befristet à durée limitée

befrucht|en féconder; 2**ung** f fécondation

Befug|nis f autorisation, droit m; 2**t** autorisé (**zu et.** à faire qc.)

Befund m résultat

befürcht|en craindre; 2**ung** f crainte

befürworten préconiser, appuyer [aptitude]

begab|t doué; 2**ung** f

Begebenheit f événement m

begegn|en rencontrer (**j-m** q.); 2**ung** f rencontre

begehen Fest: fêter; Verbrechen: commettre

begehr|en demander, convoiter; ~**enswert** désirable; ~**t** demandé, recherché

begeister|n (sich ~en s') enthousiasmer, (se) passionner (**für** pour); 2**ung** f enthousiasme m

Begier|de f avidité; 2**ig** avide (**auf, nach** de)

Beginn m commencement; 2**en** commencer

beglaubig|en certifier conforme, légaliser; ≈**ung** f certification conforme

begleichen *Rechnung*: régler

begleit|en accompagner (a *Mus*); ≈**er** m compagnon; ≈**schreiben** n lettre f d'envoi; ≈**ung** f accompagnement m

beglückwünschen féliciter (zu de)

begnadig|en gracier; ≈**ung** f grâce

begnügen: sich ~ mit se contenter de

Begonie f bégonia m

be|graben enterrer, ensevelir; ≈**gräbnis** n enterrement m; ~**gradigen** rectifier

begreif|en comprendre, concevoir; ≈**lich** compréhensible, concevable; **j-m et.** ≈**lich machen** faire comprendre qc. à q.

begrenz|en limiter; ≈**ung** f limitation

Begriff m notion f; idée f; **im** ~ **sein zu ...** être sur le point de ...

begründ|en justifier, motiver (**mit par**); ≈**ung** f raison, motif m

begrüß|en saluer; ≈**ung** f salutation

begünstig|en favoriser, avantager; ≈**ung** f faveur

be|gutachten donner son avis sur; ~**gütert** fortuné; ~**haart** poilu

behag|lich agréable, confortable; **sich** ~**lich fühlen** se sentir à son aise; ≈**lichkeit** f bien-être m

behalten garder; retenir

Behälter m récipient

behand|eln traiter (a *Med*; *Med*: soigner; ≈**lung** f traitement m

beharr|en persister (**auf** *D* dans); ~**lich** persévérant; ≈**lichkeit** f persévérance

behaupt|en affirmer, prétendre; **sich** ~**en** se maintenir; tenir tête à; ≈**ung** f affirmation, assertion

Behausung f demeure

beheben *Schaden*: réparer

behelf|en: sich ~**en** mit s'arranger de; ~**smäßig** provisoire

beherbergen héberger, loger

beherrsch|en (sich ~**en** se) dominer, (se) maîtriser; *Sprache*: posséder; ≈**ung** f domination, maîtrise

beherzt prendre à cœur; ~**t** courageux

behilflich: j-m ~ **sein** aider q.

behindern gêner

Behörd|e f autorité(s) f (pl), administration; ≈**lich** administratif

behüten garder, préserver (**vor** de)

behutsam prudent; *adv* doucement; ≈**keit** f précaution, circonspection

bei (*D*) près de, chez; ~ **Berlin** près de Berlin; ~ **Tisch** à table; ~ **mir** chez moi; ~ **Gelegenheit** à l'occasion; ~ **Nacht** de nuit

beibehalten garder, conserver; maintenir

Beicht|e f confession; ⁁en (se) confesser; ⁁stuhl m confessional; ⁁vater m confesseur

beide les deux; **alle** ~ tous (les) deux

beider|seitig réciproque; ⁁seits des deux côtés

Bei|fahrer m aide-conducteur; ⁁fall m applaudissements m/pl; ⁀fällig approbateur; ⁀fügen ajouter, joindre

beige beige

Bei|geschmack m goût particulier; ⁁hilfe f (Geld-⁀) allocation; jur complicité

Beil n 'hachette f

Beilage f supplément m; Kochk garniture

bei|läufig en passant; ⁁legen Streit: régler

Beileid n condoléances f/pl

bei|liegend ci-joint, ci-inclus; ⁁messen attribuer

Bein n jambe f; (von Tieren) patte f; (Tisch⁀) pied m

beinah(e) presque, à peu près; **ich wäre** ~ **gefallen** j'ai failli tomber

Beiname m surnom

beipflichten: **j-m** ~ approuver q.

beisammen ensemble; ⁀sein n: gemütliches ⁀sein réunion f amicale

Beisein n: **im** ~ **von** en présence de

bei|seite à part; ⁀setzung f enterrement m, obsèques f/pl; ⁀sitzer m assesseur

Beispiel n exemple m; **zum** ~ par exemple; ⁀haft exemplaire; ⁀los sans exemple

beißen mordre; ⁁d mordant, âcre

Bei|stand m assistance f, secours; ⁀stehen (D) secourir q.; **ea.** ⁀stehen s'entraider; ⁀steuern contribuer (zu à); ⁀trag m contribution f; cotisation f; ⁀tragen contribuer (zu à); ⁀treten (D) adhérer (à), entrer (dans); ⁀wagen m side-car; ⁀wohnen (D) assister (à)

Beize f corrosif m, mordant m [bonne heure]

beizeiten à temps, de

bejahen répondre affirmativement; ⁁d affirmatif

bejahrt avancé en âge, âgé

bekämpf|en combattre, lutter (contre); ⁀ung f lutte (contre)

bekannt connu; ⁀e(r) su (personne f de) connaissance f; ⁀gabe f proclamation); ⁀lich comme on sait; ⁀machen faire connaître, publier; ⁀machung f publication, proclamation; (Anschlag) avis m; ⁀schaft f connaissance

bekehren convertir

bekenn|en confesser,

avouer; **sich ~en zu** se déclarer partisan de; **2tnis** n confession f
beklag|en plaindre, déplorer; **sich ~en über** (A) se plaindre de; **~enswert** déplorable; **2te(r)** su défendeur m, défenderesse f
bekleid|en Amt: remplir, occuper; **2ung** f vêtements m/pl
beklemmend oppressant
bekommen recevoir, obtenir; Krankheit: attraper; Kind: avoir; **~ömmlich** digestible; **~köstigen** nourrir; **~kräftigen** renforcer, confirmer
bekreuzigen: sich ~ se signer
be|kümmert peiné, **~kunden** manifester; **~lächeln** sourire de; **~laden** charger (mit de)
Belag m Med enduit; Tech revêtement, (Brems2, Brot2) garniture f
belagern assiéger; **2ung** f siège m
belangen j-n ~ wegen poursuivre q. pour
belanglos insignifiant
belasten charger; Konto: débiter; jur j-n ~ charger q.
belästig|en importuner, incommoder, molester; **2ung** f molestation f
Belastung f chargement m; charge
belaufen: sich ~ auf s'élever à, se monter à

Belohnung

belauschen épier
beleb|en animer, activer; **~end** vivifiant; **~t** Straße: passant, animé; **2ung** f stimulation
Beleg m document; **2en** (beweisen) prouver, justifier; Platz: réserver; Kursus: s'inscrire pour (od à); Brot: garnir; **~schaft** f personnel m; **2t** Zunge: chargé, empâté; **2tes Brötchen** sandwich m
belehr|en instruire; **2ung** f instruction, leçon
beleibt corpulent
beleidig|en offenser, injurier, outrager; **~t** offensé; **2ung** f offense, insulte, outrage m
beleucht|en éclairer; (festlich) illuminer; **2er** m Thea électricien(-machiniste); **2ung** f éclairage m; illumination
Belg|ien n la Belgique; **2isch** belge
belicht|en Fot (ex)poser; **2ung** f pose
Belichtungs|messer m posemètre; **~tabelle** f (**~zeit** f) table (temps m) de pose
Belieb|en n: **nach 2en** à volonté; **nach Ihrem ~en** à votre gré; **2ig** quelconque; **2t** aimé, estimé (bei par od de); **~heit** f popularité
bellen aboyer
belohn|en récompenser (für de); **2ung** f récompense

Belüftung

Belüftung f aération
belügen mentir (à q.)
belustig|end amusant, divertissant; **♀ung** f amusement m
bemächtigen: sich (G) **~** s'emparer de
be|malen peindre; **~mängeln** critiquer
bemerk|bar: sich ~bar machen se faire remarquer; **~en** apercevoir, remarquer; **~enswert** remarquable; **♀ung** f remarque, observation
bemitleiden avoir pitié de
bemüh|en: sich ~en s'efforcer (**zu** de); **♀ung** f effort m
benachbart voisin
benachrichtig|en informer, avertir, aviser; **♀ung** f information, avis m
benachteilig|en désavantager, défavoriser; **♀ung** f désavantage m
benebelt F gris, éméché
benehm|en: sich ~en se conduire, se comporter; **♀en** n comportement m, conduite f
beneiden envier (**j-n um et.** qc. à q.); **~swert** enviable
Benennung f dénomination
Bengel m gamin, gosse, polisson
benötigen avoir besoin de
benutz|en, benützen utiliser, se servir de, employer; *Verkehrsmittel*: prendre; **♀ung** f utilisation, emploi

m; **♀ungsgebühr** f frais m/pl d'utilisation
Benzin n essence f; **~kanister** m (**~pumpe** f) bidon (pompe) à essence; **~tank** m (**~uhr** f) réservoir (jauge) d'essence
beobacht|en observer; **♀er** m observateur; **♀ung** f observation
bequem commode; **es sich ~ machen** prendre ses aises; **♀lichkeit** f commodité
berat|en: j-n ~en conseiller q.; (**sich**) **~en** délibérer, conférer (**über** A sur); **♀er** m conseiller; **♀ung** f consultation, délibération
berauben dépouiller
berausch|en: sich ~en s'enivrer (**an** D de); **~t** fig enivré, grisé
berechn|en calculer; **♀ung** f calcul m (a fig)
berechtig|en autoriser (**zu** à); **♀ung** f autorisation, droit m
Beredsamkeit f éloquence
Bereich m domaine
bereichern (**sich ~**) s'enrichir
Bereifung f pneus m/pl
bereit prêt (**zu** à); **~en** *Sorge, Freude*: causer; *Kochk* préparer; **halten** tenir prêt; **~machen: sich ~machen zu** se disposer à
bereits déjà
Bereitschaft f disposition; **~sdienst** m service de garde

bereit|stellen préparer, disposer; ⁀ung *f* préparation); ⁀willig empressé
bereuen se repentir de
Berg *m* montagne *f*, mont; ⁀ab en descendant; ⁀an, ⁀auf en montant; ⁀arbeiter *m* mineur; ⁀bahn *f* chemin *m* de fer de montagne; ⁀bau *m* industrie *f* minière
bergen sauver, repêcher
Berg|führer *m* guide (de montagne); ⁀hütte *f* chalet *m* de montagne; ⁀ig montagneux; ⁀mann *m* mineur; ⁀rutsch *m* éboulement; ⁀sport *m* alpinisme; ⁀steiger *m* alpiniste; ⁀tour *f* course (*od* excursion) de haute montagne; ⁀-und-Tal-Bahn *f* montagnes *f/pl* russes; ⁀ung *f* sauvetage *m*; ⁀wacht *f* (société *f*) de secours *m* en montagne; ⁀werk *n* mine *f*
Bericht *m* rapport, compte rendu; ⁀en rapporter; ⁀erstatter *m* reporter [-ɛːr], correspondant
berichtig|en rectifier, corriger; ⁀ung *f* rectification, correction; (*Schule*) corrigé *m*
Berliner *m* Berlinois
Bernhardiner *m* saint--bernard
Bernstein *m* ambre jaune
bersten crever
berüchtigt mal famé
berücksichtig|en considérer, tenir compte de; ⁀ung *f* considération
Beruf *m* profession *f*, métier; **von** ⁀ de (son) métier
berufen appeler, nommer (zu *à*); **sich** ⁀ **auf** (*A*) s'appuyer sur
beruflich professionnel
Berufs|beratung *f* orientation professionnelle; ⁀schule *f* centre *m* de formation professionnelle; ⁀sportler *m* (sportif) professionnel; ⁀tätig qui travaille
Berufung *f* nomination; (innere) vocation; *jur* appel *m*, pourvoi *m*; ⁀ **einlegen** interjeter appel
beruhen reposer, être basé (auf *D* sur); **et. auf sich** ⁀ **lassen** laisser dormir qc.
beruhig|en (sich ⁀**en)** se calmer, (se) tranquilliser, (s')apaiser; ⁀ung *f* apaisement *m*; ⁀ungsmittel *n* calmant *m*
berühmt célèbre, illustre, fameux; ⁀heit *f* célébrité *f*
berühr|en toucher (*a fig*); ⁀ung *f* attouchement *m*, contact *m*
Besatz *m* garniture *f*
Besatzung *f* *Mil* occupation; *Flgw*, *Mar* équipage *m*; ⁀smacht *f* puissance occupante; ⁀szone *f* zone d'occupation [soûler]
besaufen P: **sich** ⁀ **se**)
beschädig|en endommager; ⁀ung *f* endommagement *m*

beschaffen 268

beschaffen procurer; ♀heit f nature, condition, qualité

beschäftig|en (sich ∼en s')occuper (mit de); ♀ung f occupation; emploi m

beschämen rendre 'honteux; ∼d 'honteux

beschatten j-n: surveiller

Bescheid m réponse f, renseignement; ∼ wissen être au courant; j-m ∼ geben informer q.

bescheiden modeste; ♀heit f modestie

bescheinig|en certifier, attester; ♀ung f certificat m, attestation

Bescherung f distribution des cadeaux (de Noël); F da haben wir die ∼! nous voilà dans de beaux draps!

be|schießen tirer sur; bombarder; **∼schimpfen** insulter, injurier

Beschlag m ferrure f; in ∼ nehmen accaparer; ♀en Pferd (Fenster) s'embuer; ∼nahme f saisie, mainmise; ♀nahmen saisir, confisquer

beschleunigen accélérer; ♀ung f accélération

beschließen résoudre; (beenden) terminer

Beschluß m résolution f, ♀fähig qui atteint le quorum

be|schmieren barbouiller; **∼schmutzen** salir, crotter (mit de); **∼schneiden** rogner; Baum: tailler;

fig Rechte: restreindre; **∼schönigen** embellir, farder

beschränken limiter, restreindre; sich ∼ auf (A) se borner à

beschrankt Esb gardé

beschränk|t limité, étroit; (geistig) borné; ♀ung f limitation

beschreib|en décrire; ♀ung f description

beschuldig|en accuser, incriminer; jur inculper; ♀te(r) su inculpé(e f) m; ♀ung f accusation

Beschuß m feu, bombardement

beschütz|en protéger; ♀er m protecteur

Beschwer|de f plainte, réclamation; ∼den pl peine f; Med douleur f; ♀en: sich ∼ über (A) se plaindre de; ♀lich pénible, fatigant

be|schwichtigen apaiser, calmer; **∼schwindeln** en conter à; **∼schwingt** ailé, gai; **∼schwipst** éméché; **∼schwören** (et) affirmer sous serment, jurer; (anflehen) adjurer, conjurer; Geister: évoquer; **∼seitigen** faire disparaître, éliminer, supprimer

Besen m balai

besessen possédé; maniaque

besetz|en Platz: réserver; Mil occuper; Stelle: pourvoir; ∼t Platz, Toilette:

besteigen

occupé; *Bus, Zug*: complet; ⁓**ung** f occupation

besichtig|en visiter, inspecter; ⁓**ung** f visite

besiedelt: dicht ⁓ très peuplé

besiegen vaincre

besinnen: sich ⁓ **auf** (*A*) se rappeler qc.; **sich e-s Besseren** ⁓ se raviser

Besinnung f connaissance; **zur** ⁓ **kommen** reprendre connaissance; *fig* revenir à la raison; 2**slos** sans connaissance

Besitz m possession f; 2**en** posséder; ⁓**er** m propriétaire, possesseur; ⁓**tum** n propriété f, bien m

besoffen *P* soûl, noir

besohlen ressemeler

Besoldung f traitement m

besonder particulier, singulier; ⁓**e Kennzeichen** signes m/pl particuliers; 2**heit** f particularité; ⁓**s** spécialement, en particulier

besonnen adj réfléchi

besorg|en procurer; (*erledigen*) s'occuper de, faire; 2**nis** f inquiétude, crainte; ⁓**niserregend** inquiétant; ⁓**t** soucieux; ⁓**t sein** (*um A*) s'inquiéter de; 2**ung** f: 2**ungen machen** faire des courses (*od* achats)

besprech|en discuter, parler de; *Buch*: commenter; **sich** ⁓**en (mit)** conférer (avec); 2**ung** f entretien m, conférence; (*Buch*2)

critique, compte rendu m

bespritzen asperger (**mit** de)

besser meilleur; *adv* mieux; **um so** (*od* **desto**) ⁓ tant mieux; ⁓**n** rendre meilleur; **sich** ⁓**n** s'amender, s'améliorer; (*Wetter*) se remettre au beau; 2**ung** f amélioration; *Med* rétablissement m; **gute** 2**ung!** bon rétablissement!

best... le meilleur; **am** ⁓**en** le mieux; **der erste** ⁓**e** le premier venu

Be|stand m existence f, durée f; (*Waren*2) stock; 2**ständig** durable, constant, fixe; ⁓**standteil** m partie f (intégrante); *Chem* composant; 2**stärken** renforcer, fortifier

bestätig|en (sich ⁓**en se)** confirmer; **den Empfang** ⁓**en** accuser réception; 2**ung** f confirmation

bestatt|en enterrer; 2**ung** f enterrement m, funérailles f/pl

bestech|en corrompre; ⁓**end** séduisant; ⁓**lich** corruptible; 2**ung** f corruption

Besteck n couvert m

bestehen *Prüfung*: réussir, passer; *Kampf*: soutenir; v/i exister; ⁓ **auf** (*D*) insister sur; ⁓ **aus** (*D*) se composer de, consister en; 2 n existence f

be|stehlen voler; ⁓**steigen**

Besteigung monter (sur, à); *Berg:* gravir, faire l'ascension de; steigung *f* ascension

bestell|en commander; *Zimmer:* retenir; *Feld:* labourer; *Gruß:* transmettre; nummer *f* (schein *m*) numéro *m* (bulletin) de commande; ung *f* commande

bestens au mieux

besteuern imposer, taxer

besti|alisch bestial; e *f* bête féroce

bestimm|en décider, déterminer, fixer; désigner (zu *D* comme); *Begriff:* définir; t déterminé, fixé; *adv* certainement; theit *f* certitude; ung *f* destination; (*Anordnung*) disposition; ungsort *m* lieu de destination

bestraf|en punir; ung *f* punition

bestrahl|en *Med* exposer aux rayons; ung *f* traitement *m* par les rayons

Be|streben *n* effort *m*; streichen endurer (mit de); streiten contester (mit de); streuen parsemer (mit de); stürmen assaillir

bestürzt consterné; ung *f* consternation

Bestzeit *f Sp* meilleur temps *m*

Besuch *m* visite *f*; en aller voir; *Schule:* fréquenter; *Kranke:* visiter; er *m* visiteur; szeit *f* heures *f/pl* de visite

betagt d'un âge avancé

betasten tâter, palper

betätig|en actionner; **sich** en s'occuper; ung *f* activité

betäub|en étourdir, assourdir; *Med* anesthésier; ung *f* étourdissement *m*; anesthésie; ungsmittel *n* anesthésique *m*

Bete *f:* **rote ~** betterave rouge

beteilig|en: sich en participer, prendre part (an *D* à); ung *f* participation

beten prier

beteuern protester

Beton *m* béton

beton|en accentuer (*a fig*); t *fig* marqué; ung *f* accentuation

Betracht *m:* **in ~ ziehen** prendre en considération; en regarder, contempler; en als considérer comme

beträchtlich considérable

Betrachtung *f* contemplation; considération

Betrag *m* montant; en se monter à, s'élever à; **sich** en se conduire, se comporter; en *n* conduite *f*

betreffen concerner; **was ... betrifft** en ce qui concerne

betreten entrer dans; *Rasen:* marcher sur; *adj* embarrassé

betreu|en prendre soin de; er *m Sp* soigneur

Betrieb *m* exploitation *f*, entreprise *f*; (*Werk*) établissement; (*Verkehr*) mouvement; **in** (*außer*) ~ en ('hors) service; **in ~ setzen** mettre en marche

Betriebs|kapital *n* fonds *m/pl* de roulement; **~rat** *m* comité d'entreprise; **~unfall** *m* accident du travail

betrinken: sich ~ s'enivrer

betroffen embarrassé

betrübt affligé, désolé

Betrug *m* fraude *f*

betrüg|en tromper, duper, frauder; **2er** *m* fraudeur, escroc [-o]; **~erisch** frauduleux

betrunken ivre

Bett *n* lit *m*; **zu ~ gehen** (aller) se coucher; **zu ~ bringen** coucher; **~couch** *f* divan-lit *m*; **~decke** *f* couverture

betteln mendier

bett|läg(e)rig alité; **2laken** *n* drap *m*

Bettler *m* mendiant; gueux

Bett|ruhe *f*: **~ruhe verordnen** prescrire le lit; **~vorleger** *m* descente *f* de lit; **~wäsche** *f* linge *m* de lit, draps *m/pl*

beugen plier, courber, ployer; **sich ~** se pencher (**über** sur); *fig* se plier

Beule *f* bosse

beunruhigen (**sich ~**) s'inquiéter

beurlaubt en congé

beurteil|en juger de; **2ung** *f* jugement *m*

Beute *f* proie; butin *m*

Beutel *m* (petit) sac

Bevölkerung *f* population

bevollmächtig|en autoriser; **2te(r)** *m* mandataire; *Pol* plénipotentiaire

bevor avant que; **~munden** tenir en tutelle; **~stehen** être imminent; **~stehend** imminent; **~zugen** préférer; favoriser, avantager

bewach|en garder, surveiller; **2er** *m* gardien; **2ung** *f* garde

bewaffn|en armer (**mit** de); **2ung** *f* armement *m*

bewahren garder, conserver; préserver (**vor** de)

bewähr|en: sich ~en faire ses preuves; **~t** éprouvé; **2ungsfrist** *f* sursis *m*

bewältigen venir à bout de

bewandert: ~ sein in (*D*) être versé en

bewässer|n arroser; **2ung** *f* arrosage *m*

beweg|en remuer, mouvoir; **sich ~en** bouger; **~lich** mobile; **~t** mouvementé; *See*: agité, gros; *fig* ému, touché; **2ung** *f* mouvement *m*; **2ungslos** immobile

Beweis *m* preuve *f*; argument, démonstration *f*; **2en** prouver, démontrer; **~stück** *n* *jur* pièce *f* justificative, preuve *f*

bewerb|en: sich ~en um (*A*) se porter candidat pour, solliciter qc.; **2er** *m* candidat, postulant; **2ung** *f* candidature

bewert|en évaluer; *Sp* noter; **2ung** *f* évaluation; *Sp* note
bewillig|en accorder; *Geld a:* allouer; **2ung** *f* concession; allocation
bewirken produire, causer; obtenir
bewirt|en régaler; **~schaften** exploiter, administrer; **2er** *m* habitant
bewölk|en: sich **~en** se couvrir (de nuages); **~t** couvert; **2ung** *f* nuages *m/pl*
bewunder|n admirer; **~nswert** admirable; **2ung** *f* admiration
bewußt conscient; *adv* sciemment; (*bekannt, erwähnt*) en question; **~los** sans connaissance; **2losigkeit** *f* évanouissement *m*; **2sein** *n* conscience *f*; *Med* connaissance *f*
bezahl|en payer; **2ung** *f* paiement *m* [charmant]
bezaubernd enchanteur,)
bezeichn|en marquer; (*benennen*) désigner, qualifier; **~end** significatif; **2ung** *f* indication; désignation
bezeugen témoigner de
bezieh|en recouvrir (**mit** de); *Haus:* s'installer dans; *Ware:* se fournir en, *Gehalt:* toucher; **Betten ~en** mettre les draps; **sich ~en auf** (*A*) se rapporter à; se référer à; **2ung** *f* relation, rapport *m*; **in jeder 2ung** à tout point de vue; **~ungsweise** respectivement

Bezirk *m* district, arrondissement
Bezug *m* (*Bett*2) enveloppe *f*; (*Kissen*2) taie *f*; *Hdl* fourniture *f*; **Bezüge** *pl* appointements *m/pl*; **in 2 auf** (*A*) quant à
be|zwecken avoir pour but; **~zweifeln** douter de; **~zwingen** vaincre
Bibel *f* Bible
Biber *m* castor
Bibliothek *f* bibliothèque; **~ar** *m* bibliothécaire
biblisch biblique
bieg|en (**sich ~en** se) courber; **um die Ecke ~en** tourner le coin; **~sam** flexible, souple; **2ung** *f* courbe, tournant *m*
Biene *f* abeille; **~nschwarm** *m* essaim *f*; **~nstock** *m* ruche *f*; **~nzucht** *f* apiculture
Bier *n* bière *f* (**vom Faß** à la pression); **dunkles (helles)** bière brune (blonde); **~deckel** *m* dessous (de bock); **~glas** *n* verre *m* à bière; **~lokal** *n* brasserie *f*
bieten offrir
Bikini *m* bikini
Bilanz *f* bilan *m*; **~ ziehen** faire le bilan
Bild *n* image *f*; (*Gemälde*) tableau *m*; *Fot* photo *f*; **~band** *m* volume illustré; **2en** (**sich 2en** se) former; (*geistig*) (s')instruire

Bilder|buch n livre m d'images; **~rätsel** n rébus [-y] m
Bild|hauer m sculpteur [-lt.-] m; **♀lich** figuratif; **~schirm** m écran; **~ung** f formation; culture, éducation; **~ungsurlaub** m congé-éducation
Billard n billard m
billig bon marché; **~en** approuver; **♀ung** f approbation
Bimsstein m pierre f ponce
Binde f bande; (Verband) bandage m; (Damen♀) serviette hygiénique
Bindehaut f conjonctive; **~entzündung** f conjonctivite
bind|en lier, attacher; Buch: relier; **~end** obligatoire; **♀er** m cravate f; **♀faden** m ficelle f; **♀ung** f liaison; fig lien m; (Ski♀) fixation
binnen (D od G) dans (le délai de); **~ kurzem** sous peu; **♀hafen** m port fluvial; **♀handel** m commerce intérieur; **♀verkehr** m circulation f intérieure
Binse f jonc m
Bio|graphie f biographie; **~logie** f biologie
Birke f bouleau m
Birn|baum m poirier; **~e** f poire; El ampoule
bis jusqu'à, jusque; à; **~ morgen!** à demain!; **~ dahin** jusque-là; **~ jetzt** jusqu'à présent; **~ auf** (A) sauf, excepté; **~ (daß)** jusqu'à ce que
Bischof m évêque
bisher jusqu'à présent
Biskuit n biscuit m
Biß m morsure f
bißchen: ein ~ un peu (de)
Bissen m bouchée f
bissig méchant; fig incisif
Bißwunde f morsure
Bistum n évêché m
bisweilen parfois
bitte s'il vous plaît; (nach Dank) (il n'y a) pas de quoi!; **~?** comment?
Bitte f prière, demande; **♀n** prier (zu de), demander (j-n à q.; zu de, um qc.)
bitter (a fig) (il n'y a) pas de quoi; amertume
Bittschrift f pétition
Blähungen f/pl ballonnements m/pl
Blam|age f 'honte; **♀ieren** ridiculiser; **sich ♀ieren** se rendre ridicule
blank (re)luisant; (unbedeckt) nu
Blanko|scheck m chèque en blanc; **~vollmacht** f blanc-seing [-sē] m
Bläschen n vésicule f
Blase f bulle; Med ampoule; Anat vessie; **~balg** m soufflet
blas|en souffler; Mus jouer de; **♀instrument** n instrument m à vent; **♀kapelle** f harmonie
blaß pâle
Blatt n feuille f
Blattern pl petite vérole f

blätter|n feuilleter; &teig *m* pâte *f* feuilletée
Blattlaus *f* puceron *m*
blau bleu; *fig* ivre; ~er Fleck bleu; ~äugig aux yeux bleus; &beere *f* myrtille; ~grau gris bleu
bläulich bleuâtre
Blau|säure *f* acide prussique; ~stift *m* crayon bleu
Blech *n* tôle *f*; ~dose *f* boîte en fer-blanc; ~schaden *m* dégâts *m/pl* de tôle
Blei *n* plomb *m*; ~frei (*Benzin*) sans plomb
bleiben rester, demeurer; ~d durable
bleich pâle, blême; ~en blanchir; &sucht *f* chlorose
Bleistift *m* crayon; ~spitzer *m* taille-crayon
Blende *f* *Fot* diaphragme *m*; &en éblouir (*a fig*); &end éblouissant
Blick *m* regard, coup d'œil; auf den ersten ~ du premier coup d'œil; &en regarder; sich &en lassen se montrer; ~punkt *m* point de vue; ~winkel *m* angle visuel
blind aveugle; ~er Alarm fausse alarme *f*; ~er Passagier passager *m* clandestin
Blinddarm *m* cæcum [se-'kɔm], *F* appendice [-ẽ-]; ~entzündung *f* appendicite [-ẽ-]
Blind|e(r) *su* aveugle; ~en-

hund *m* chien d'aveugle; ~enschrift *f* écriture braille
Blind|heit *f* cécité; &lings aveuglément
blink|en clignoter; &er *m* clignotant; &feuer *n* feu *m* à éclipses; &licht *n* (feu *m*) clignotant *m*
blinzeln cligner
Blitz *m* éclair *m*; ~ableiter *m* paratonnerre; &en: es &t il fait des éclairs; ~gerät *n* *Fot* flash *m*; ~lampe *f* (*Birne*) ampoule *f* flash; ~licht *n* flash *m*; ~schlag *m* foudre *f*; &schnell ultra-rapide; ~würfel *m* *Fot* cube *m* flash
Block *m* bloc; (*Häuser&*) pâté; &ade *f* blocus *m*; ~flöte *f* flûte à bec; &frei *Pol* non-engagé; &ieren bloquer; ~schrift *f* capitales *f/pl*
blöd(e) stupide, bête
Blödsinn *m* sottise *f*; (*dummes Zeug*) bêtises *f/pl*; &ig idiot
blöken bêler
blond blond
bloß nu; (*nur*) seulement; mit ~em Auge à l'œil nu; ~stellen couvrir de ridicule, compromettre
Blue jeans *pl* blue-jeans *m/pl*
Bluff *m* bluff [blœf]
blühen être en fleur, fleurir (*a fig*); ~d *fig* florissant
Blume *f* fleur
Blumen|beet *n* parterre *m*

de fleurs; ~händler m fleuriste m; ~kohl m chou-fleur; ~schau f floralies f/pl; ~strauß m (~topf m) bouquet (pot) de fleurs; ~vase f vase m

Bluse f blouse

Blut n sang m; ~armut f anémie; ~bad n massacre m, carnage m; ~druck m tension f artérielle

Blüte f fleur

Blut|egel m sangsue f; ²en saigner; ~erguß m épanchement de sang; ~gefäß n vaisseau m sanguin; ~gruppe f groupe m sanguin; ²ig sanglant; ~lache f mare f de sang; ~probe f prise f de sang; ~spender m donneur de sang

blutstillend: ~es Mittel hémostatique m

Blut|sturz m hémorragie f; ~transfusion f transfusion de sang; ~ung f hémorragie; ~untersuchung f analyse de sang; ~vergiftung f empoisonnement m du sang; ~wurst f boudin m

Bö f rafale, grain m

Bob m bobsleigh [-slε]; ~bahn f piste de bobsleigh

Bock m bouc; (Gestell) tréteau; ²ig entêté

Boden m terre f; sol, terrain; (Dach²) grenier; (Gefäß²) fond; zu ~ fallen tomber par terre; ~kammer f mansarde f; ²los fig inouï, sans nom; ~per-sonal n personnel m non navigant; F rampants m/pl; ~schätze m/pl richesses f/pl naturelles du sous-sol

Bogen m arc; courbe f; Mus archet; (Papier) feuille f; ~gang m arcade f; ~schießen n tir m à l'arc

Bohle f planche épaisse, madrier m

Bohne f 'haricot m; grüne (weiße) ~n 'haricots verts (secs od blancs); (Kaffee²) grain m; ~nkaffee m café

bohner|n cirer; ²wachs n encaustique m

bohr|en forer, percer, creuser; ²er m vrille f; foret; (Zahn²) fraise f; ²maschine f foreuse; ²turm m tour f de forage

Boje f bouée, balise

Bollwerk n fig rempart m

Bombe f bombe

Bomben|angriff m bombardement m; ~erfolg m F succès foudroyant; ~flugzeug n bombardier m

Bon m bon

Bonbon m od n bonbon m

Boot n bateau m, canot m

Boots|fahrt f promenade en bateau; ~haken m gaffe f; ~verleih m location f de bateaux

Bord m Mar, Flgw bord; an ~ à bord; an ~ gehen s'embarquer; von ~ gehen quitter le bord

Bordell n bordel m, maison f de tolérance

Bord|fest n fête f à bord;

Bord|karte f carte d'accès à bord
Bordstein m pierre f de bordure
borgen emprunter (**von** à)
Borke f écorce
Börse f bourse
Borste f soie, poil m
Borte f bordure, galon m
bösartig méchant; Med malin; 2keit f malignité, méchanceté
Böschung f talus [-y] m, pente; berge
böse mauvais, méchant; (ärgerlich) fâché (**auf** contre); **j-m ~ sein** en vouloir à q.
bos|haft malicieux, méchant; 2heit f méchanceté
böswillig malveillant
Botani|k f botanique; 2scher Garten jardin botanique
Bote m messager; garçon de courses; **durch ~n** par porteur
Botschaft f message m; (Amt) ambassade; **~er** m ambassadeur
Bottich m cuve f
Box f box m; 2en boxer; **~en** n boxe f; **~er** m boxeur; (Hund) boxer [-ɛːr]; **~kampf** m match de boxe; **~ring** m ring
Boykott n boycottage m
brach liegen en friche; 2land n terre f en friche
Branche f branche
Brand m incendie m, feu; Med gangrène f; **in ~ ge-**

raten prendre feu; **in ~ stecken** incendier
Brand|blase f cloque; **~geruch** m odeur f de brûlé; 2marken stigmatiser, flétrir; **~salbe** f onguent m contre les brûlures; **~stifter** m incendiaire; **~stiftung** f incendie volontaire
Brandung f déferlement m
Brandwunde f brûlure
Branntwein m eau-de-vie f
brasil|ianisch brésilien; 2ien n le Brésil
brat|en rôtir, frire, griller; 2en m rôti; 2fisch m poisson frit; 2huhn n poulet m rôti; 2kartoffeln f/pl pommes de terre sautées; 2pfanne f poêle [pwal]; 2rost m gril [-l]
Bratsche f alto m
Brat|spieß m broche f; **~wurst** f saucisse rôtie
Brauch m usage, coutume f; 2bar utile (à), utilisable; 2en avoir besoin de; **ich 2e et. a** il me faut qc.; **~tum** n coutumes f/pl
Braue f sourcil m
braue|n brasser; 2rei f brasserie
braun brun; (Haut) bronzé; **~ werden** brunir
bräunen brunir; **sich ~ lassen** se faire bronzer
Braunkohle f lignite m
bräunlich brunâtre
Brause f pomme f d'arrosoir; **~(bad** n) f douche f;

~(limonade f) f limonade gazeuse
brausen bruire, mugir
Braut f fiancée; (am Hochzeitstag) mariée; ~führer m garçon d'honneur
Bräutigam m fiancé; (am Hochzeitstag) marié
Brautkleid n robe f de mariée
brav sage, honnête
Brech|eisen f pince-monseigneur f; 2en (v/i se) rompre, (se) briser; Eid: violer; Vertrag: rompre; Med vomir; ~mittel n vomitif m; ~reiz m envie f de vomir
Brei m bouillie f; purée f
breit large; 2e f largeur; Geogr latitude; ~machen: sich ~machen prendre ses aises; 2wand f écran m large
Brems|belag m garniture f de frein; ~e f frein m; Zo taon [tɑ̃] m; 2en freiner; ~klotz m sabot de frein; ~licht n feu m de stop; ~weg m chemin d'arrêt
brenn|bar combustible; ~en brûler; Ton, Ziegel usw: cuire; (Sonne) brûler; (Wunde) cuire; 2erei f distillerie
Brennessel f ortie
Brenn|holz n bois m de chauffage; ~punkt m foyer; ~spiritus m alcool à brûler; ~stoff m combustible; ~weite f distance focale
brenzlig qui sent le brûlé

Brett n planche f
Brezel f bretzel m
Brief m lettre f; ~kasten m boîte f aux lettres; 2lich par lettre(s); ~marke f timbre-poste m; ~markensammler m philatéliste; ~öffner m coupe-papier; ~papier n papier m à lettres; ~tasche f portefeuille m; ~taube f pigeon m voyageur; ~träger m facteur; ~umschlag m enveloppe f; ~wechsel m correspondance f
Brigade f brigade f
Brikett n briquette f
Brillant m brillant
Brille f lunettes f/pl; ~nfassung f monture f
bringen apporter, porter; (geleiten) accompagner, conduire; in Ordnung ~ mettre en ordre; Glück ~ porter bonheur; j-n ins Bett ~ mettre q. au lit, coucher q.; zur Welt ~ mettre au monde
Brise f brise f
britisch britannique
bröckeln s'effriter
Brocken m morceau m, fig bribe f
brodeln bouillonner
Brokat m brocart
Brombeere f mûre sauvage
Bronchitis f bronchite f
Bronze f bronze m
Brosche f broche f
Broschüre f brochure f
Brot n pain m
Brötchen n petit pain m

Brot|korb m corbeille f à pain; **~los** sans ressource; **~rinde** f croûte; **~röster** m grille-pain; **~schnitte** f tranche de pain

Bruch m rupture f (a fig); cassure f; (Knochen◊) fracture f; Med 'hernie f; Math fraction f; **~band** m 'herniaire bandage m

brüchig cassant, fragile

Bruch|landung f cassage m de bois; **~rechnung** f calcul m fractionnaire; **~stück** n fragment m

Brücke f pont m; Mar passerelle f; (Zahn◊) bridge m; **~nzoll** m péage

Bruder m frère

brüderlich fraternel; **2keit** f fraternité

Brüh|e f bouillon m; péj brouet m; **2en** échauder; **~würfel** m cube de consommé

brüllen mugir; fig 'hurler

brummen grogner

brünett brun

Brunnen m puits; **~kur** f cure d'eaux minérales

brüskieren brusquer

Brüssel n Bruxelles f

Brust f poitrine f; (Busen) sein m; **~bild** n buste m

brüsten: sich **~ mit** se vanter de

Brust|fell n plèvre f; **~fellentzündung** f pleurésie; **~korb** m thorax; **~schwimmen** n brasse f

Brüstung f parapet m

Brustwarze f mamelon m

Brut f couvée; péj engeance

brutal brutal; **2ität** f brutalité

brüten couver

Brutkasten m Med couveuse f

brutto brut; **2gewicht** n poids m brut

Bube m garçon, gamin; (Karte) valet

Buch n livre m; **~binder** m relieur; **~deckel** m couverture f de livre; **~druckerei** f imprimerie

Buch|e f hêtre m; **~ecker** f faîne

buchen Flug usw: réserver

Bücher|ei f bibliothèque; **~regal** n étagère f à livres; **~schrank** m bibliothèque f

Buchfink m pinson

Buchhalt|er m comptable; **~ung** f comptabilité

Buch|händler m libraire; **~handlung** f librairie; **~macher** m bookmaker; **~prüfer** m expert comptable

Büchse f boîte; (Flinte) fusil [-i] m (rayé)

Büchsen|fleisch n viande f en conserve; **~milch** f lait m condensé; **~öffner** m ouvre-boîte

Buchstab|e m lettre f, caractère; **2ieren** épeler

Bucht f baie

Buchung f réservation; **~snummer** f numéro m d'inscription

Buck|el m bosse f; **2(e)lig** bossu

bücken: sich ~ se baisser
Bückling m 'hareng saur
buddeln fouiller (dans) le sable
Bude f baraque; (Verkaufs2) échoppe [buffet froid]
Büfett n buffet m; **kaltes ~**
Büffel m buffle
Bug m proue f
Bügel m monture f; (Kleider2) cintre; (Brillen2) branche f; **~brett** n (**~eisen** n) planche f (fer m) à repasser; **~falte** f pli m de pantalon; **2frei** sans repassage; **2n** repasser
Bühne f scène, théâtre m; **~nbild** n décors m/pl
Bulette f boulette
Bulgar|ien n la Bulgarie; **2isch** bulgare
Bull|auge n 'hublot m; **~dogge** f bouledogue; **~e** m taureau
Bummel m balade f; **~ei** f négligence; **2n** flâner; (trödeln) lanterner; **~streik** m grève f perlée; **~zug** m F tortillard
Bund[1] n botte f; bouquet m
Bund[2] m union f, alliance f; confédération f; (Hosen2) ceinture f
Bündel n paquet m
Bundes... fédéral; **~genosse** m allié; **~republik** f république fédérale
bündig: kurz und ~ sans détours
Bündnis n alliance f
Bungalow m bungalow [bɛ̃-]

Buttermilch

Bunker m abri
bunt multicolore; **2stift** m crayon de couleur
Burg f château m fort
Bürg|e m garant; **2en** se porter garant (**für** A de)
Bürger m bourgeois; (Staats2) citoyen; **~krieg** m guerre f civile; **2lich** bourgeois; civile; **~meister** m maire, bourgmestre; **~steig** m trottoir; **~tum** n bourgeoisie f
Bürgschaft f caution, garantie
Burgunder(wein) m bourgogne
Büro n bureau m; **~klammer** f attache, trombone m; **2kratisch** bureaucratique [[gə]]
Bursche m garçon; F gars
Bürste f brosse; **2n** brosser
Bus m bus; car
Busch m buisson
Büschel n touffe f
Busen m seins m/pl, gorge f
Busfahrer m conducteur m
Bussard m buse f
Buße f pénitence; (Geld2) amende
büßen expier
Bußtag m: **Buß- und Bettag** jour de pénitence et de prière(s)
Büste f buste m; **~nhalter** m soutien-gorge
Butter f beurre m; **~blume** f F bouton m d'or; **~brot** n (tartine f) beurrée (f); **~dose** f beurrier m; **~milch** f babeurre m

C

Café n café m
Camping n camping m; ~ausrüstung f (~platz m) matériel m (terrain) de camping
Cello n violoncelle m
Cellophan n cellophane f
Champagner m champagne
Champignon m champignon de Paris (od de couche)
Charakter m caractère; ⁀istisch caractéristique
Charter|flugzeug n avion m affrété; ⁀n affréter
Chaussee f grand-route
Chef m chef, patron
Chem|ie f chimie; ~ikalien f/pl produits m/pl chimiques; ~iker m chimiste; ⁀isch chimique

Chiffre f chiffre m
Chile n le Chili; ⁀nisch chilien
Chin|a n la Chine; ⁀esisch chinois
Chirurg n chirurgien; ⁀isch chirurgical
Chlor n chlore m
Cholera f choléra [ko-] m
Chor m chœur
Christ n chrétien; ~entum n christianisme m; ⁀lich chrétien; ~us m (le) Christ [krist], Jésus-Christ [-i]
chronisch chronique
Clown m clown [klun]
Computer m ordinateur
Couch f divan m
Countdown m od n compte m à rebours
Creme f crème

D

da adv (Ort) là; ~ ist voilà; (Zeit) alors; cj (als) lorsque; (weil) comme
dabei (außerdem) en outre, à la fois; (nahe) auprès de, près de
dableiben rester (là)
Dach n toit m; ~boden m grenier; ~decker m couvreur; ~kammer f mansarde; ~pappe f carton m bitumé; ~rinne f gouttière, chéneau m
Dachs m blaireau
Dach|stuhl m comble; ~ziegel m tuile f
Dackel m teckel
da|durch par là, de cette manière; ~für pour cela; ich kann nichts ~für je n'y peux rien
dagegen adv contre cela; ~ sein être contre; cj par contre
daheim à la maison, chez soi
daher de là; cj (dehalb) c'est pourquoi

dahin là, là-bas, y; (*vergangen*) passé; (*verloren*) perdu; **bis ~** jusque-là; **~ter (là) hinter** derrière

damals alors

Dame f dame; **~ spielen** jouer aux dames; **~besuch** m visite f féminine; **~nfriseur** m coiffeur pour dames; **~spiel** n jeu m de dames

Damhirsch m daim

damit avec cela; y, en; par là; cj pour que, afin que

Damm m digue f; (*Fahr*2) chaussée f

dämmer|n: es ~t il va faire jour (bzw nuit); **2ung** f (*Morgen*2) aube, aurore; (*Abend*2) crépuscule m, déclin m du jour

Dampf m vapeur f; **~bad** n bain m de vapeur; **2en** dégager des vapeurs; (*Speisen*) fumer

dämpfen *Speisen*: étuver, (faire) cuire à l'étouffée; *Licht*: tamiser; *Schall*: assourdir

Dampf|er m vapeur; **~heizung** f chauffage m à la vapeur; **~maschine** f machine à vapeur [suite]

danach après (cela), ensuite

daneben à côté

Dän|emark n le Danemark; **2isch** danois

Dank m remerciement; 2 (*D*) grâce à; **2bar** reconnaissant (**für** de); **~barkeit** f reconnaissance, gratitude

dank|en remercier (**j-m für** q. de); **~e (schön)!** merci (bien)!; **~e, nein** non, merci

dann alors, puis, ensuite

dar|an à cela, y, en; **nahe ~an** sur le point (**zu** de); **~auf** là-dessus; **bald ~auf** peu après; **~auf sur** ce; **~aus de cela**, par là

dar|bieten offrir, présenter; **~in** là-dedans; **~legen** exposer

Darlehen(e) n prêt m

Darm m intestin; **~katarrh** m entérite f

darstell|en représenter; *Thea* interpréter; (*beschreiben*) dépeindre; **2er (-in** f) m interprète su

darüber au-dessus; **~hinaus** au-delà

darum c'est pourquoi

darunter là-dessous; (*dazwischen*) entre, parmi; (*weniger*) à moins

das ce, ceci; *F* ça; **~ heißt (d. h.)** c'est-à-dire (c.-à-d.)

dasein être présent; exister; 2 n existence f

daß que; **so ~** de sorte que

dasselbe (*bzw* la) même

Daten n/pl données f/pl

datieren dater

Dattel f datte; **~palme** f dattier m

Datum n date f

Dauer f durée; **auf die ~** à la longue; **2haft** durable; **2n** durer; **2nd** permanent; **~welle** f permanente, indéfrisable

Daumen

Daumen *m* pouce
davon de cela, en; ~**laufen** s'enfuir, se sauver
davor devant cela; **er fürchtet sich ~** il en a peur
dazu à cela, y, en; **noch ~** en plus; ~**gehören** en faire partie; ~**tun** ajouter
dazwischen entre (cela); ~**kommen** intervenir
Debatte *f* débat *m*, discussion
Deck *n* pont *m*; ~**bett** *n* édredon *m*
Deckchen *n* napperon *m*
Decke *f* (Bett2) couverture; (Zimmer2) plafond *m*
Deckel *m* couvercle
deck|en couvrir; **den Tisch ~en** mettre le couvert; 2**engemälde** *n* (fresque *f* de) plafond *m*; 2**name** *m* pseudonyme; 2**ung** *f* couverture (*a* Hdl)
defekt défectueux; 2 *m* défaut
Defensive *f* défensive
definieren définir
Defizit *n* déficit [-it] *m*
Degen *m* épée *f*
dehn|bar extensible, élastique; ~**en** (**sich ~en** s')étendre; 2**ung** *f* extension
Deich *m* digue *f*
Deichsel *f* timon *m*
dein|(e) ton, ta, *pl* tes; ~**erseits** de ton côté, de ta part; ~**etwegen** à cause de toi, pour toi
Dekan *m* doyen
Deklination *f* déclinaison

Dekor|ateur *m* décorateur, ~**ation** *f* décoration; 2**ieren** décorer
Delegierte(r) *m* délégué
delikat délicat (*a fig*)
Delikatesse *f* délicatesse; ~**n** *pl* comestibles *m/pl* fins; ~**ngeschäft** *n* épicerie *f* fine
Delphin *m* dauphin
dem|entsprechend conforme à cela; ~**nach** par conséquent, donc; ~**nächst** sous peu
Demokra|tie *f* démocratie; 2**tisch** démocratique
Demonstr|ation *f* démonstration; *Pol* manifestation; 2**ieren** démontrer; *Pol* manifester
demütig humble; ~**en** humilier
denk|bar imaginable; ~**en** penser, songer (**an** à); **sich et. ~en** s'imaginer qc.
Denkmal *n* monument *m*
Denk|spruch *m* sentence *f*; 2**würdig** mémorable
denn car; donc; **wo ist er ~?** où est-il donc?; **mehr ~ je** plus que jamais
dennoch cependant, pourtant
Deodorant *n* désodorisant *m*
deponieren déposer
der (**die, das,** *pl* **die**) le, la, *pl* les; (**welcher**) qui; ~**art** tellement; ~**artig** tel, pareil
derb solide, ferme; (*grob*) rude
deren dont
der-, die-, das|jenige ce-

lui, celle; *pl* ceux, celles; ~selbe le (la) même

desertieren déserter

des|gleichen de même; ~halb c'est (*od.* voilà) pourquoi

Desin|fektionsmittel *n* désinfectant *m*; ²fizieren désinfecter

dessen dont; ~ungeachtet néanmoins

Dessert *n* dessert *m*

destillieren distiller

desto d'autant; ~ besser d'autant mieux; (*als Antwort*) tant mieux

Detektiv *m* détective

deuten interpréter; auf ~ et. ~ indiquer qc.

deutlich clair, net, distinct; ~keit *f* clarté

deutsch allemand; auf ~ en allemand; sprechen Sie ²? parlez-vous allemand ?; ²land *n* d'Allemagne *f*

Deutung *f* interprétation

Devisen *f/pl* devises

Dezember *m* décembre

dezimal décimal

Dia *n s* Diapositiv

Dia|betiker *m* diabétique; ~gnose *f* diagnostic *m*; ~lekt *m* dialecte; ~log *m* dialogue *m*; ~mant *m* diamant; ~positiv *n* diapositive *f*

Diät *f* régime *m*; diète *f*; ~ halten suivre un régime

dich te; für ~ pour toi

dicht dense, épais; ~ an (am) attenant à

dichten faire (des vers);

²er *m* poète; ²ung *f* poésie; *Tech* joint *m*, garniture

dick épais; (*Personen*) gros, corpulent; (*geschwollen*) enflé; ~(er) werden grossir; ²icht *n* taillis *m*; ²kopf *m* tête *f* dure; ~köpfig entêté, têtu

Dieb *m* voleur; ~stahl *m* vol

Diele *f* planche; (*Flur*) vestibule *m*

dienen servir (j-m q., zu à, als de); ²er(in *f*) *m* domestique *su*, serveur *m*, serveuse *f*

Dienst *m* service *m*; ~ haben, im ~ sein être de service; außer ~ 'hors (du) service; (*im Ruhestand*) en retraite

Dienstag *m* mardi

Dienst|bote *m* domestique; ²frei libre de service; ~grad *m* grade *m*; ²lich de service; ~mädchen *n* bonne *f*; ~stelle *f* service *m*, office *m*; ~stunden *f/pl* heures de service

diesbezüglich sous ce rapport, à ce sujet

Diesel(kraftstoff) *m* carburant diesel, gasoil; ~motor *m* moteur diesel

dies|er (~e, ~es; *pl* ~e) ce (*vor Vokal* cet), cette; *pl* ces; ~jährig de cette année; ~mal cette fois; ~seits (*G*) en deçà (de), de ce côté

Dietrich *m* crochet, rossignol, passe-partout

Differentialgetriebe *n* différentiel *m*

Differenz f différence
Dikt|at n dictée f; **~ieren** dicter
Dill m aneth [-t]
Ding n chose f, objet m; **vor allen ~en** avant tout
Diphtherie f diphtérie
Diplom n diplôme m, brevet m; **~atisch** diplomatique
dir te; à toi
direkt direct; **~or** m directeur; (e-r Oberschule) proviseur; **~übertragung** f transmission en direct
Dirig|ent m chef d'orchestre; **~ieren** diriger
Diskontsatz m taux d'escompte
diskret discret
Diskussion f discussion
Diskuswerfen n lancement m de disque
disqualifizieren disqualifier
distanzieren: sich ~ se désolidariser (von de)
Distel f chardon m
Disziplin f discipline
dividieren diviser
doch donc; cependant, pourtant; **~!** si!; **nicht ~!** mais non!
Docht m mèche f
Dock n dock m
Dogge f dogue m
Doktor m docteur
Dokument n document m
Dolch m poignard
Dolmetscher m interprète
Dom m cathédrale f
Donau f Danube m

Donner m tonnerre; **~n** tonner
Donnerstag m jeudi
dopen doper
Doppel n double m (a Sp); **~bett** n lits m/pl jumeaux; **~decker** m biplan; **~fenster** n contre-fenêtre f; **~gänger** m double, sosie; **~punkt** m deux-points; **2t** double; **~zentner** m quintal; **~zimmer** n chambre f à deux lits
Dorf n village m
Dorn m épine f; **~ig** épineux
dörren (des)sécher
Dorsch m petite morue f
dort là, y; **~ ist** voilà; **~ oben** là-haut; **~ unten** là-bas; **von ~ de** là; **~hin** (par) là
Dose f boîte
Dosis f dose
Dotter m jaune m d'œuf
Drache m dragon; **~n** m cerf-volant
Dragée f dragée f
Draht m fil (métallique); **~bürste** f brosse métallique; **2los** sans fil; **~schere** f cisailles f/pl; **~seilbahn** f téléphérique m; **~zaun** m clôture f en fil de fer
Drama n drame m; **2tisch** dramatique
dran s. daran; **ich bin ~** c'est mon tour
Drang m impulsion f, poussée f
dräng|eln bousculer; **~en (sich ~en** se) presser, (se)

pousser; die Zeit drängt le temps presse
drastisch frappant
draußen dehors
drechseln tourner
Dreck m ordure f, boue f; ⸚ig sale, boueux
Dreh|bank f tour m; ⸚bleistift m porte-mine; ⸚buch n scénario m; ⸚bühne f scène tournante; ⸚en (u sich ⸚en) tourner (a Film); tordre; ⸚er m tourneur; ⸚kreuz n tourniquet m, ⸚punkt m pivot, centre de rotation; ⸚stuhl m chaise f pivotante; ⸚tür f porte tournante; ⸚ung f tour m, rotation
drei trois; ⸚eck n triangle m; ⸚eckig triangulaire; ⸚fach triple; ⸚hundert trois cents; ⸚mal trois fois; ⸚rad n tricycle m; ⸚sprung m Sp triple saut; ⸚ßig trente
dreist effronté; 'hardi
drei|viertel trois quarts; ⸚zack m trident; ⸚zehn treize
dresch|en battre; ⸚flegel m fléau; ⸚maschine f batteuse [dressage m]
dress|ieren dresser; ⸚ur f]
dringen: durch et. ⸚ in et. ⸚ pénétrer qc.; auf et. ⸚ insister sur qc.; ⸚d urgent, pressant
drinnen (au-)dedans
dritt|e(r) troisième; ⸚el n tiers m; ⸚ens troisièmement

Drog|e f drogue; ⸚erie f droguerie
drohen: j-m ⸚ menacer q. (mit de); ⸚d menaçant; Gefahr: imminent
dröhnen retentir
Drohung f menace
drollig plaisant; F rigolo
Drossel f grive
drosseln étrangler; fig réduire, freiner
drüben de l'autre côté
drüber s drunter
Druck m pression f; Typ impression f; ⸚buchstabe m caractère d'imprimerie; ⸚en imprimer
drücken presser; Hand: serrer; **auf den Knopf ⸚** appuyer sur le bouton; **sich ⸚** F se défiler; ⸚d lourd; (Hitze a) accablant
Drucker m imprimeur
Drücker m poignée
Druck|erei f imprimerie; ⸚fehler m faute d'impression; ⸚knopf m bouton-pression; El bouton-pressoir; ⸚luft f air m comprimé; ⸚sache f imprimé
drunter s darunter; **⸚ und drüber** sens dessus dessous
Drüse f glande
Dschungel m jungle f
du tu; toi
Dübel m goujon m
ducken: sich ⸚ se baisser
Dudelsack m cornemuse f
Duft m odeur f; parfum, arôme; ⸚en sentir bon; nach et. ⸚en fleurer qc.

dulden souffrir, tolérer
dumm bête, sot; borné; 2**heit** f bêtise, sottise; 2**kopf** m sot, imbécile
dumpf sourd, mat
Düne f dune
Dünger m engrais; fumier
dunkel obscur, sombre; (*Farbe*) foncé; **es ist ~** il fait sombre; **es wird ~** la nuit tombe; **im 2n** dans l'obscurité
Dünkel m suffisance f
Dunkel|heit f obscurité; ~**kammer** f chambre noire; ~**rot** rouge foncé
dünn mince, fin, menu; (*Kaffee*) faible; (*Suppe*) clair; (*Kleid*) léger; (*Haar*) rare
Dunst m brume f; vapeur f, [fumée f]
dünsten étuver
dunstig brumeux
Duplikat n double m
Dur n mode m majeur
durch (*Ort, Mittel*) par; (*quer*) à travers; **~ und ~** de bout en bout; ~**arbeiten** étudier à fond
durchaus tout à fait; ~ **nicht** pas du tout
durch|blättern feuilleter; ~**blicken lassen** laisser entendre; ~**bohren** percer; ~**braten** faire rôtir complètement; ~**brechen** rompre, briser; ~**brennen** (*Sicherung*) sauter, fondre; 2**bruch** m percement; 2**drehen** *Fleisch*: passer au 'hachoir; ~**dringen** pénétrer

durcheinander pêle-mêle; 2 n pêle-mêle m; F fouillis m
durch|fahren *Esb* brûler; 2**fahrt** f passage m; 2**fall** m échec; *Med* diarrhée f; ~**fallen** échouer; ~**fließen** traverser
durchführ|bar réalisable; ~**en** exécuter, accomplir
Durchgang m passage; **kein ~!** passage interdit!; ~**verkehr** m trafic de transit
durchgehen passer par, traverser; (*Pferd*) s'emballer; ~**d** (*Zug*) direct; ~**d geöffnet** ouvert en permanence
durch|halten tenir ferme, ne pas céder; ~**hauen** couper en deux; ~**kommen** passer par, *fig* s'en tirer, en réchapper; ~**kreuzen** *Pläne*: contrarier, ~**lassen** laisser passer; ~**laufen** parcourir; couler par; ~**lesen** lire en entier
durchleucht|en *Med* radioscoper; 2**ung** f radioscopie
durch|löchern trouer; ~**lüften** aérer; ~**machen** (*erdulden*) subir, passer par; 2**messer** m diamètre; ~**näßt** trempé, mouillé; ~**queren** traverser
Durchreise f passage m; **auf der ~** de passage; ~**visum** n visa m de transit
durch|reißen déchirer; 2**sage** f *Rdf* message m

durchschauen: j-n ~ pénétrer les intentions de q.
durchscheinen luire à travers; ~d translucide
Durchschlag m (Sieb) passoire f; (Kopie) double; ~**papier** n papier m pelure
durchschneiden couper en deux
Durchschnitt m moyenne f; im ~ en moyenne; 2lich moyen
durchsehen examiner
durchsetzen faire adopter; s-n Willen ~ imposer sa volonté; sich ~ arriver à ses fins
Durchsicht f examen m; 2ig transparent, diaphane
durch|sickern suinter (à travers), fig transpirer; ~**sprechen** discuter; ~**stechen** percer; ~**stecken** faire passer (à travers); ~**streichen** biffer, rayer
durchsuch|en fouiller; 2**ung** f fouille
durch|trieben roué, rusé; ~**wachsen** entrelardé; ~**wählen** Tel faire un numéro interurbain automa-
tique; ~**wandern** parcourir à pied; ~**weg** sans exception; ~**wühlen** farfouiller; ~**zählen** compter un à un; 2**zug** m passage; (Luft) courant d'air
dürfen avoir la permission (od le droit) de; darf ich ...? puis-je ...?
dürftig indigent, pauvre; (spärlich) maigre
dürr sec, aride; (mager) maigre; 2e f sécheresse
Durst m soif f; ich habe ~ j'ai soif; 2ig assoiffé
Dusch|e f douche; 2**en** prendre une douche; ~**kabine** f (~**raum** m) cabine (salle f) de douche
Düse f tuyère
Düsen|antrieb m propulsion f par réaction; ~**flugzeug** n (~**jäger** m) avion m (chasseur) à réaction
düster sombre, morne
Dutzend n douzaine f
duzen tutoyer
Dynamit n dynamite f
Dynamo m dynamo f
D-Zug m train direct, express

E

Ebbe f marée basse, reflux m
eben adj plat, plan; adv justement; ~ **erst** à peine; **er ist** ~ **gekommen** il vient d'arriver
Ebene f plaine
ebenfalls de même

ebenso également, de même; ~ **wie** aussi ... que; ~**viel** autant (wie que); ~**wenig** aussi peu (wie que)
Eber m verrat
Eberesche f sorbier m
ebnen aplanir, niveler
Echo n écho [e'ko] m

echt véritable, vrai; authentique; (*rein*) naturel
Eck|ball *m* corner [-nɛːr]; **~e** *f* coin *m*; **~haus** *n* maison *f* d'angle; **2ig** angulaire; **~platz** *m* place *f* de coin; **~zahn** *m* canine *f*
edel noble; généreux; **2metall** *n* métal *m* précieux; **2stahl** *n* acier fin; **2stein** *m* pierre *f* précieuse; **2weiß** *n* edelweiss *m*
Efeu *m* lierre
effektvoll plein d'effet
egal égal; **das ist mir ~** ça m'est égal
Egge *f* herse
egoistisch égoïste
ehe avant que
Ehe *f* mariage *m*; **~bruch** *m* adultère *m*; **~frau** *f* femme, épouse; **2lich** conjugal; (*Kind*) légitime
ehe|malig ancien; **~mals** autrefois
Ehe|mann *m* mari, époux; **~paar** *n* époux *m/pl*
eher (*früher*) plus tôt; (*lieber*) plutôt
Ehe|ring *m* alliance *f*; **~scheidung** *f* divorce *m*; **~schließung** *f* mariage *m*
ehr|bar honorable, honnête; **2e** *f* honneur *m*, gloire; **~en** honorer
ehren|amtlich honorifique; **2bürger** *m* citoyen d'honneur; **~haft** honorable; **2mal** *n* monument *m* commémoratif; **2mitglied** *n* membre *m* honoraire; **2tribüne** *f* tribune d'honneur; **2wort** *n* parole *f* d'honneur
ehrerbiet|ig déférent; **2ung** *f* déférence
Ehr|furcht *f* respect *m*; **~gefühl** *n* sens *m* de l'honneur; **~geiz** *m* ambition *f*; **2geizig** ambitieux; **2lich** honnête; **~lichkeit** *f* honnêteté; **2los** infâme; **2würdig** vénérable
Ei *n* œuf; **hart(gekocht)es ~** œuf dur; **weich(gekocht)es ~** œuf à la coque
Eibe *f* if *m*
Eiche *f* chêne *m*
Eichel *f* gland *m*
eich|en étalonner; ajuster; **2hörnchen** *n* écureuil *m*
Eid *m* serment
Eidechse *f* lézard *m*
eidesstattlich: ~e Erklärung déclaration *f* à tenir de serment
Eidotter *m* jaune *m* d'œuf
Eier|becher *m* coquetier; **~kuchen** *m* crêpe *f*; **~likör** *m* liqueur *f* aux œufs; **~schale** *f* coque (d'œuf)
Eifer *m* zèle; **~sucht** *f* jalousie; **2süchtig** jaloux (*auf de*)
eifrig zélé, assidu
Eigelb *n* jaune *m* d'œuf
eigen propre; particulier; **~artig** singulier; **2bedarf** *m* besoins *m/pl* propres; **~händig** de sa propre main; **~mächtig** arbitraire; **~name** *m* nom propre; **~nützig** intéressé
Eigen|schaft *f* qualité; **2-**

einfallen

sinnig entêté, opiniâtre; **2tlich** propre, véritable, proprement dit; **~tum** *n* propriété *f*; **~tümer** *m* propriétaire; **2tümlich** particulier; singulier, étrange

eignen: sich ~ être propre (zu à)

Eil|bote *m* courrier; **durch~boten** par exprès [-es]; **~brief** *m* lettre *f* exprès [-es]; **~e** *f* hâte; **2en** courir; **es eilt** cela presse; **eilt!** urgent!; **~ends** à la hâte; **2ig** pressé; (*Sache*) pressant; **es 2ig haben** être pressé; **~zug** *m* express

Eimer *m* seau

ein(e) un, une; **~er von uns** l'un de nous; **~ für allemal** une fois pour toutes

einander l'un l'autre

einarbeiten: sich ~ se mettre au courant d'un travail

Ein|äscherung *f* incinération; **2atmen** aspirer, respirer; **2äugig** borgne; **~bahnstraße** *f* (rue à) sens *m* unique; **~band** *m* reliure *f*; **2begriffen** (y) compris

einberuf|en convoquer; *Mil* appeler; **2ung** *f* convocation

Einbettzimmer *n* chambre *f* à un lit

ein|beulen cabosser; **~beziehen** comprendre

einbild|en: sich **~en** s'imaginer, se figurer; **2ung** *f* imagination; (*Dünkel*) présomption

ein|binden relier; **2blick** *m*: **2blick nehmen** de prendre connaissance de

einbrech|en *Tür*: enfoncer; *v/i* s'effondrer; (*auf dem Eis*) s'enfoncer; (*Haus*) cambrioler (**in** et. qc.); **2er** *m* cambrioleur

einbringen *Gewinn*: rapporter; *Ernte*: rentrer

Einbruch *m* irruption *f*; *jur* effraction *f*; **bei ~ der Nacht** à la tombée de la nuit; **~diebstahl** *m* cambriolage

ein|bürgern naturaliser; **2buße** *f* perte; **2büßen** perdre [pourvoir *f*]

eindecken: sich ~ **mit** se **eindeutig** sans équivoque

eindring|en pénétrer; **2ling** *m* intrus

Ein|druck *m* impression *f*; **2drücken** enfoncer; **2drucksvoll** impressionnant; **2ebnen** aplanir

einer|lei: **es ist ~lei** c'est égal; **~seits** d'un côté

einfach simple; (*leicht*) facile; (*schlicht*) modeste; **es ist ganz ~** c'est tout simple

einfahr|en (*Zug*) entrer en gare; **2t** *f* entrée; (*Tor*) porte cochère

Einfall *m* idée *f*, boutade *f*; *Mil* invasion *f*; **2en** s'écrouler; *Mil* envahir; **~fällt mir nicht ein** je ne me souviens pas de ...

einfältig simple, niais
Einfamilienhaus n maison f particulière
ein|fangen capturer; **~farbig** unicolore; **~fassen** border; *Edelsteine:* monter; **~fetten** graisser
einfinden: sich ~ se présenter
Einfluß m influence f; **2~reich** influent
ein|förmig uniforme; **~frieren** geler; **~fügen** insérer
Einfuhr f importation; **~bestimmungen** f/pl règlement m d'importation
ein|führen introduire; *Hdl* importer; **2~fuhrgenehmigung** f permis m d'importation; **2~führung** f introduction
Einfuhr|verbot n interdiction f d'importation; **~zoll** m droit d'entrée
Ein|gabe f pétition; **~gang** m entrée f; **~gangstür** f porte d'entrée
ein|geben *Medizin:* faire prendre; *Gedanken:* inspirer; **~gebildet** imaginaire; (*Person*) présomptueux; **2~geborene(r)** m indigène; **2~gebung** f inspiration; **~gehen** *Vertrag:* conclure; *Ehe:* contracter; (*Brief*) arriver; (*Pflanze, Tier*) dépérir; **2~gemachte(s)** n confitures f/pl; **~geschneit** bloqué par la neige
eingeschrieben: ~er Brief lettre f recommandée

Einge|ständnis n aveu m; **2~stehen** avouer; **~weide** n intestins m/pl
ein|gießen verser (dans); **~gleisig** à voie unique; **~gliedern** incorporer; **~greifen** intervenir; *Tech* engrener; **2~griff** m intervention f; *Med* opération f; **~halten** *Vorschrift:* respecter, observer; *Versprechen:* tenir; **~hängen** *Tel Hörer:* raccrocher
einheimisch indigène, du pays; **2~e(r)** m indigène; personne f du pays
Einheit f unité f; **2~lich** uniforme, unique; **~spreis** m prix unique
ein|heizen chauffer; **~holen** rejoindre; *Zeit:* rattraper; *Segel, Flagge:* amener; **s ~kaufen**; **~hüllen** envelopper
einig d'accord; **~ sein (werden)** être (tomber) d'accord
einige quelque(s); quelques-un(e)s; **~mal** plusieurs fois
einigen: sich ~ se mettre d'accord (**über** sur), s'arranger (**über** de)
einig|ermaßen quelque peu; passablement; **2~keit** f union; concorde; **2~ung** f unification; conciliation
ein|jährig d'un an; **~kassieren** encaisser; **2~kauf** m achat, emplette f; **2~käufe machen** faire des emplettes; **~kaufen** acheter

Einkaufs|preis m prix d'achat; **~tasche** f sac m à provisions, cabas m; **~zentrum** n centre m d'achats
einkehren descendre (**bei** chez, **in** à)
Einklang m: **in ~ bringen** concilier
ein|kleben coller (dans); **~kleiden** habiller; **~klemmen** coincer
Einkommen n revenu m; **~steuer** f impôt m sur le revenu
ein|kreisen encercler; **~kremen** mettre de la crème; **~laden** inviter; Ware: charger; **2ladung** f invitation
Einlage f (Schuh2) semelle orthopédique; Thea intermède m; Hdl mise de fonds; (Spar2) dépôt m
Einlaß m admission f, entrée f
einlassen laisser entrer; **sich auf et. ~** s'engager dans qc.
einlaufen Mar entrer au port; (Stoff) rétrécir
einlege|n Film: mettre; Fisch: mariner; Protest **~n** protester; **2sohle** f semelle (intérieur)
einleit|en introduire; Untersuchung: ouvrir; **~end** préliminaire; **2ung** f introduction, préface
einleuchtend évident
einliefer|n: **in ein Krankenhaus ~n** hospitaliser; **ins Gefängnis ~n** empri-

sonner; **2ungsschein** m Post récépissé, reçu
ein|lösen Pfand: dégager; Scheck: encaisser; Versprechen: remplir, tenir; **~machen** mettre en conserve, confire
einmal une fois; (künftig) un jour; **auf ~** tout à coup; (zusammen) d'un seul coup, à la fois; **noch ~** encore une fois; **2eins** n table f de multiplication; **~ig** unique
Einmarsch m entrée f
einmisch|en: **sich ~en** (**in** de); **2ung** f intervention [débouché m]
Einmündung f (Straße)
Einnahme f Hdl recette, rentrée; Mil prise
einnehmen Geld: encaisser; Steuern: percevoir; Arznei, Stadt: prendre; Stellung: occuper
Ein|öde f endroit m solitaire, coin m perdu; **2ölen** huiler; **2packen** empaqueter, emballer; **2pflanzen** planter (dans); **2pökeln** saler
einprägen: **sich et. ~** graver qc. dans sa mémoire
ein|quartieren loger; **~räumen** ranger; Wohnung: emménager; (zugestehen) accorder; **~reden**: j-m et. **~reden** faire croire qc. à q.
einreib|en (**sich ~en**) se frictionner; **2ung** f friction
einreichen présenter, déposer

Einreise f entrée; ~**erlaubnis** f (~**visum** n) permis m (visa m) d'entrée; 2n entrer
ein|reißen déchirer; Haus: démolir; ~**renken** Med remettre
einrichten se arranger; Zimmer: aménager; 2ung f arrangement m; (e-s Zimmers) aménagement m; ameublement m
einrosten (se) rouiller
eins un; 2 f le un
einsalzen saler
einsam solitaire; isolé; 2keit f solitude; isolement m
einsammeln ramasser
Einsatz m (im Spiel) mise f, enjeu; (Spitzen2) entre-deux; Mus rentrée f; Mil entrée f en action; **persönlicher** ~ engagement personnel; 2**bereit** disponible; Mil prêt à l'action
einschalten El mettre en circuit; Licht: allumer; Maschine: mettre en marche; Kfz Gang: passer; **sich** ~ intervenir
ein|schätzen estimer; ~**schenken** verser (à boire); ~**schicken** envoyer; ~**schieben** intercaler
einschiffen (sich ~ s')embarquer; 2ung f embarquement m
ein|schlafen s'endormir; (Glieder) s'engourdir; ~**schläfern** endormir, assoupir; ~**schlagen** Nagel: ficher, planter; Fenster: briser, casser; Weg: prendre; Ware: envelopper; (Blitz) tomber; fig réussir
ein|schleichen: sich ~ se glisser; ~**schleppen** faire introduire
einschließ|en enfermer (à clef); (umzingeln) encercler; ~**lich** (y) compris
einschneid|en inciser; ~**end** radical, décisif
Einschnitt m incision f
einschrauben visser (dans)
einschränken limiter, restreindre; **sich** ~**en** réduire ses dépenses; 2ung f réduction, restriction
Einschreibe|brief m lettre f recommandée; ~**gebühr** f droits m/pl de recommandation; 2n (sich 2n s')inscrire; 2n lassen recommander
ein|schreiten intervenir; ~**schüchtern** intimider; 2**schulung** f entrée à l'école
ein|segnen confirmer; 2ung f confirmation
ein|sehen voir, reconnaître; Akten: consulter; ~**seifen** savonner; ~**seitig** d'un (seul) côté; unilatéral
einsend|en envoyer; 2ung f envoi m
einsetzen mettre, poser (dans); Kräfte: employer; Bot planter; (im Spiel) mettre en jeu; (in ein Amt) installer; (zum Erben) instituer; **sich** ~ **für** s'employer pour
Einsicht f fig compréhen-

sion, intelligence; ₂ig intelligent, compréhensif

Ein|siedler m ermite; ₂sperren enfermer; emprisonner; ₂sprengen humecter

einspringen: für j-n ~ remplacer q.

einspritz|en injecter; ₂ung f injection

Einspruch m protestation f; **~ erheben** protester

einspurig à une voie

einst autrefois, jadis [-s]

ein|stauben se couvrir de poussière; **~stecken** empocher; *Brief:* mettre à la boîte; **~steigen** monter (en voiture); **~steigen!** en voiture!

einstell|en *Tech* ajuster, régler; *Fot* mettre au point; *Auto:* garer; *Arbeitskräfte:* embaucher; *Arbeit:* cesser; **sich ~ auf** s'adapter à; ₂ung f cessation; *Tech* réglage; *(Ansicht)* attitude

ein|stimmig unanime; **~stöckig** à un étage; **~stufen** classer; ₂sturz m écroulement; **~stürzen** s'écrouler; ₂sturzgefahr f danger m d'écroulement

einstweil|en en attendant; **~ig** provisoire

ein|tauchen plonger, immerger; **~tauschen** échanger (**gegen** contre)

einteil|en diviser; *Zeit, Geld:* répartir; **~ig** d'une pièce; ₂ung f répartition, division

ein|tönig monotone; ₂topf(gericht n) m plat m unique; pot-au-feu m; ₂tracht f concorde; **~tragen** inscrire; **~träglich** profitable; lucratif; ₂tragung f inscription; **~träufeln** instiller; **~treffen** arriver; *(Voraussage)* se réaliser; **~treten** entrer; *(sich ereignen)* survenir

Eintritt m entrée f

Eintritts|geld n prix m d'entrée; **~karte** f billet m d'entrée

ein|trocknen (des)sécher; **~tunken** tremper; **~üben** étudier

einver|leiben incorporer; **~standen** (sein être) d'accord; ₂ständnis n accord m

Einwand m objection f

Einwander|er m immigrant; ₂n immigrer; ₂ung f immigration

einwandfrei irrécusable

ein|weichen tremper; **~weihen** inaugurer; *Rel* consacrer; initier (**in** à); ₂weihung f inauguration; **~wenden** objecter; **~werfen** *Brief:* mettre à la boîte; **~wickeln** envelopper; *fig* entortiller

einwillig|en consentir, acquiescer (**in** à); ₂ung f consentement m

einwirk|en agir; *fig* influer (**auf** A sur); ₂ung f action, influence

Ein|wohner m habitant; **~**

Einwurf 294

wurf m (*Schlitz*) fente f; Sp (re)mise f en jeu
Einzahl f singulier m; 2en payer; ~ung f paiement m
Einzäunung f clôture
Einzel|fall m cas isolé; ~gänger m solitaire; ~handel m (commerce de) détail; ~heit f détail m
einzeln seul, particulier, adv un à un; **im ~en** en détail
Einzelzimmer n chambre f individuelle
einziehen *Gummiband*: enfiler; *Fahrwerk, Krallen, Bauch*: rentrer; *Flagge*: amener; *Steuern*: percevoir; *Erkundigungen*: prendre; *Mil* appeler; *jur* confisquer; v/i (*in e-e Wohnung*) emménager; (*Flüssigkeit*) pénétrer
einzig unique; **~ und allein** uniquement; **kein ~er** pas un seul
Einzimmerwohnung f studio m
Einzug m entrée f; (*in e-e Wohnung*) emménagement m
Eis n glace f; ~bahn f patinoire; ~bär m ours blanc; ~becher m coupe f glacée; ~bein n jarret m de porc; ~berg m iceberg [is'bεrg]; ~brecher m brise-glace; ~diele f glacerie
Eisen n fer m
Eisenbahn f chemin m de fer; ~em cheminot; ~netz n réseau m ferroviaire; ~schiene f rail m; ~unglück n accident m de chemin de fer; ~wagen m voiture f, wagon
Eisenwaren(**handlung** f) f/pl quincaillerie f
eis|**frei** non-verglacé; ~**gekühlt** glacé; 2**halle** f patinoire couverte; 2**hockey** n 'hockey m sur glace
eisig glacial
Eis|**kaffee** m café glacé (od liégeois); 2**kalt** glacé, glacial; ~(**kunst**)**lauf** m patinage (artistique); ~**pickel** m piolet; ~**revue** f revue sur glace; ~**schnellauf** m patinage de vitesse; ~**scholle** f glaçon m; ~**schrank** m glacière f; ~**würfel** m cube de glace, glaçon; ~**zapfen** m glaçon
eitel coquet, vain; 2**keit** f vanité
Eit|**er** m pus; 2**e**(**rig** purulent; 2**ern** suppurer
Eiweiß n blanc m d'œuf; albumen [-εn] m
Ekel m nausée f, dégoût; 2**haft** dégoûtant
Ekzem n eczéma m
elastisch élastique
Elch m élan
Elefant m éléphant
elegan|**t** élégant; 2**z** f élégance
Elektri|**ker** m électricien; 2**sch** électrique; ~**zität** f électricité; ~**zitätswerk** n centrale f électrique
Elektro|**gerät** n appareil m électrique; ~**geschäft** n magasin m d'appareils élec-

triques; ~nenblitz(gerät n) m flash m électronique
Elektrotechnik f électrotechnique; **~er** m technicien électricien
Element n élément m; **2ar** élémentaire
elend misérable; **2** n misère f; **2viertel** n quartier m miséreux
elf onze; **2** f le onze (a Sp)
Elfenbein n ivoire m
Elfmeter m penalty
Ellbogen m coude m
Els|aß n l'Alsace f; **2ässisch** alsacien
Elster f pie
Eltern pl parents m/pl
Email(le f) n émail m
Embolie f embolie
Empfang m réception f (a Rdf), accueil; **in ~ nehmen** = **2en** recevoir, accueillir
Empfänger m destinataire; Rdf récepteur
Empfängnis f conception; **2verhütend** anticonceptionnel
Empfangs|bescheinigung f récépissé m, reçu m; **~chef** m chef de réception
empfehl|en recommander; **~enswert** recommandable; **2ung** f recommandation
empfind|en éprouver, sentir; **~lich** sensible (gegen à); **2lichkeit** f sensibilité; **2ung** f sensation; (Gefühl) sentiment m
empor en 'haut
empören: sich ~ s'indigner

(über de); **~d** révoltant, scandaleux
Empor|kömmling m parvenu; **2ragen** s'élever (über au-dessus de)
Empörung f indignation
emsig diligent, assidu
End|e n fin f, bout m; **am ~e** à la fin; **2en** finir, se terminer; **~ergebnis** n résultat m final; **2gültig** définitif
Endivie f chicorée
End|kampf m Sp finale f; **2lich** enfin; **2los** sans fin, infini; **~spurt** m Sp sprint final; **~station** f terminus [-ys] m; **~ung** f terminaison
Energ|ie f énergie (a fig); **2isch** énergique
eng étroit, serré; **~er machen** rétrécir; **~anliegend** (Kleidung) collant
Engel m ange; **2haft** angélique
Engl|and n l'Angleterre f;
Engpaß m défilé
Enkel m petit-fils; **~in** f petite-fille
enorm énorme
Ensemble n Thea troupe f
entartet dégénéré
entbehr|en être privé de; **nicht ~en können** ne pas pouvoir se passer de; **~lich** superflu
entbind|en dégager (von de); Med accoucher; **2ung** f dégagement m; Med accouchement m
entblößen mettre à nu, dénuder

entdecken

entdeck|en découvrir; ℒung f découverte
Ente f canard m (a fig)
entehren déshonorer
enteign|en exproprier; ℒung f expropriation
ent|erben déshériter; ~fachen enflammer; ~fallen échapper; (Anteil) revenir (auf A à)
entfalten déployer, déplier; sich ~ s'épanouir
entfern|en (sich ~) s'éloigner; ~t éloigné; ℒung f distance; (Beseitigung) éloignement m; ℒungsmesser m télémètre
ent|fesseln enchaîner; ~flammen enflammer; ~fliehen s'enfuir; ~fremden aliéner; ℒfroster m dégivreur
entführ|en enlever; kidnapper; ℒung f enlèvement m; kidnapping m
entgegen au-devant de; contraire à; ~gehen aller à la rencontre (j-m de q.); ~gesetzt opposé; ~kommen fig faire des avances (j-m à q.); ℒkommen n complaisance f; ~stellen opposer; ~treten (D) s'opposer à
entgegn|en répliquer, riposter; ℒung f réplique
ent|gehen (D) échapper à; ℒgelt n rémunération f; ~gleisen dérailler (a fig)
Enthaarungsmittel n épilatoire m
enthalt|en contenir, comporter; sich ~en s'abstenir (de); ~sam abstinent
ent|hüllen dévoiler (mst fig); ~kleiden déshabiller; ~kommen s'échapper; ~korken déboucher; ~kräften affaiblir; fig Argument: infirmer
entladen décharger (a El); sich ~ (Gewitter, Zorn) éclater
entlang: am Ufer ~ le long du rivage
entlarven démasquer
entlass|en renvoyer, congédier; ℒung f renvoi m, congé m
entlast|en décharger; ℒung f décharge; ℒungsstraße f voie de décongestion; ℒungszug m train supplémentaire
entlaufen s'échapper
entledigen: sich ~ (G) se débarrasser de
ent|legen éloigné, écarté; ~leihen emprunter; ~lüften aérer, ventiler; ~mündigen jur interdire; ~mutigen décourager; ~nehmen fig conclure (aus de); ~rätseln déchiffrer; ~reißen arracher
entrüst|en (sich ~en s')indigner (über de); ℒung f indignation
entschädig|en dédommager (für de); ℒung f dédommagement m
entscheid|en (sich ~en se) décider; ~end décisif; ℒung f décision

entschieden décidé
entschließ|en: sich ~en se décider, se résoudre (**zu** à); **~ung** f résolution
entschlossen résolu, décidé; **~heit** f résolution
entschlüpfen échapper
Entschluß m décision f, résolution f
entschuldig|en excuser, pardonner; **sich ~en** s'excuser (**wegen, für, bei** auprès de); **~en Sie!** pardon!; **~ung** f excuse, pardon m
Entsetz|en n effroi m, horreur f; **~lich** horrible
entsinnen: sich ~ se souvenir
entspann|en: sich ~en se détendre; **~ung** f détente
entsprech|en (D) correspondre à; **~end** correspondant; analogue; **den Umständen ~end** selon les circonstances
entspringen (Fluß) prendre sa source; fig résulter (**aus** de)
entsteh|en naître (**aus** de); **~ung** f naissance, origine
entstellen défigurer; dénaturer
enttäusch|en décevoir, désappointer; **~t** déçu; **~ung** f déception, désappointement m
ent|waffnen désarmer (a fig); **~wässerung** f drainage m
entweder: ~ ... oder ... ou ... [ou]
ent|weichen s'échapper; **~weihen** profaner; **~wenden** dérober; **~werfen** ébaucher, tracer; **~werten** Marken: oblitérer; Währung: dévaloriser
entwick|eln développer (a Fot); **sich ~eln** évoluer; **~ler** m Fot révélateur; **~lung** f développement m; **~lungsland** n pays m en voie de développement
ent|wirren démêler, débrouiller; **~wischen** s'échapper; **~wöhnen** désaccoutumer; Kind: sevrer; **~wurf** m projet, plan; ébauche f, croquis, (Konzept) brouillon; **~wurzeln** déraciner
entzieh|en retirer, enlever; **sich ~en** (D) se soustraire (à); **~ungskur** f cure de désintoxication
ent|ziffern déchiffrer; **~zückend** ravissant, charmant
entzünd|en (sich ~en s'enflammer (a Med); **~ung** f Med inflammation
entzwei cassé; **~brechen** (v/i se) briser, (se) casser; **~en: sich ~en** se brouiller
Enzian m gentiane f
Epidemie f épidémie
Epoche f époque
er il; **~ selbst** lui-même
Erachten n: **meines ~s** à mon avis
erbarmen: sich ~ avoir pitié (de); **2** n pitié f
erbärmlich misérable, pitoyable

erbarmungslos impitoyable
erbau|en construire; *fig* édifier; **~lich** édifiant
Erbe 1. *n* héritage *m*; 2. *m* héritier; **2n** hériter
erbeuten capturer
Erbfolge *f* succession (héréditaire)
erbieten: sich ~ zu s'offrir à
erbitt|en demander (et. von j-m qc. à q.); **~ert** acharné
erblassen blêmir, pâlir
erblich héréditaire
er|blicken apercevoir, voir; **~blinden** perdre la vue; **~bost** fâché
erbrechen forcer; sich ~ vomir; **2** *n* vomissement *m(pl)*
Erbschaft *f* héritage *m*
Erbse *f* pois *m*; grüne ~n petits pois; **~nsuppe** *f* soupe aux pois; potage *m* Saint-Germain
Erd|beben *n* tremblement de terre; **~beere** *f* fraise; **~boden** *m* sol, terre *f*; **~e** *f* terre; **2en** El mettre à la terre
erdenklich imaginable
Erd|geschoß *n* rez-de-chaussée *m*; **~kugel** *f* globe *m* (terrestre); **~kunde** *f* géographie; **~nuß** *f* cacah(o)uète; **~öl** *n* pétrole *m*
erdrosseln étrangler
erdrücken écraser
Erd|rutsch *m* éboulement; **~stoß** *m* secousse *f* tellurique); **~teil** *m* continent
ereifern: sich ~ s'échauffer
ereign|en: sich ~en arriver, se passer; **2is** *n* événement *m*, incident *m*
erfahr|en apprendre; éprouver; *adj* expérimenté, expert; **2ung** *f* expérience, pratique; **aus** (eigener) **2ung** par expérience
erfassen saisir (*a fig*)
erfind|en inventer; **2er** *m* inventeur; **2ung** *f* invention
Erfolg *m* succès, réussite *f*; **2en** avoir lieu; **2los** sans succès; **2reich** couronné de succès
erforder|lich nécessaire; **~n** nécessiter, demander; *Zeit*: prendre
erforschen explorer
erfreu|en réjouir; sich (*G*) **~en** jouir de; **~lich** réjouissant; **~t** enchanté
erfrieren geler; (*Person*) mourir de froid
erfrisch|en (sich ~en se) rafraîchir; **2ung** *f* rafraîchissement *m*; **2ungsraum** *m* buvette *f*
erfüll|en *Pflicht, Aufgabe*: remplir; *Bitte*: accéder à; sich **~en** s'accomplir, se réaliser; **2ung** *f* accomplissement *m*
ergänz|en compléter; **2ung** *f* complément *m*
ergeben donner, rendre; sich ~ résulter (**aus** de); *Mil* se rendre, capituler;

(*sich hingeben*) s'adonner (à); *adj* dévoué

Ergebnis *n* résultat *m*; ♀los sans résultat

ergiebig productif; lucratif

ergießen: sich ~ se répandre (**über** sur)

er|grauen grisonner, blanchir; **~greifen** saisir, prendre (*a fig*); (*rühren*) toucher, émouvoir; **~griffen** ému, touché; **~gründen** sonder; **~haben** élevé; sublime

erhalten recevoir; (*bewahren*) conserver; **gut ~** bien conservé, en bon état

erhältlich en vente

erhängen: sich ~ se pendre

erheb|en lever, élever; *Zoll, Steuern*: percevoir; *Protest*: soulever; **sich ~en** se lever; *Berg*: s'élever; *Pol* se soulever; **~lich** considérable; ♀ung *f* élévation; *Pol* soulèvement *m*; (*Umfrage*) enquête

er|heitern égayer; **~hellen** éclairer; **~hitzen** chauffer

erhöh|en augmenter, 'hausser (**um** de); porter (**auf** à); ♀ung *f* élévation; (*Steigerung*) augmentation

erhol|en: sich ~en se remettre, se rétablir; ♀ung *f* rétablissement *m*

Erholungs|heim *n* maison *f* de repos; **~pause** *f* récréation; **~urlaub** *m* congé de convalescence

erinnern rappeler (j-n **an** et. qc. à q.); **sich ~n** se souvenir (**an** de); ♀ung *f*

souvenir *m*; **zur ♀ung an** en souvenir de

erkält|en: sich ~en prendre froid, s'enrhumer; ♀ung *f* refroidissement *m*

erkenn|en reconnaître (**an** à); **~tlich** reconnaissant; ♀tnis *f* connaissance

Erker *m* (*pièce f en*) saillie *f*

erklär|en expliquer, interpréter; (*bekanntmachen*) déclarer; **~lich** explicable; ♀ung *f* explication; déclaration

erklingen résonner

erkrank|en tomber malade; ♀ung *f* maladie

erkundig|en: sich ~en s'informer (**nach** de); ♀igung *f* information

erlangen obtenir

Erlaß *m* arrêté, décret; (*Straf*♀) remise *f*

erlassen *Gesetz, Verordnung*: édicter; *Strafe*: remettre (*f* permission)

erlaub|en permettre; ♀nis*f*

erläutern expliquer

Erle *f* aune

erleb|en voir; (*erfahren*) faire l'expérience de; ♀nis *n* événement *m*, aventure *f*

erledig|en régler, finir; **~t** fini, terminé; *F* (*erschöpft*) claqué; ♀ung *f* règlement *m*

erlegen *Wild*: abattre, tuer

erleichtern faciliter; (*seelisch*) soulager; ♀ung *f* soulagement *m*

er|leiden subir; **~lernen** apprendre; **~lesen** choisi, de choix; **~leuchten** éclai-

erlogen

rer; ~logen mensonger, menteur
Erlös f recette f
erlösch|en s'éteindre (a fig)
erlös|en délivrer; **2er** *m Rel* Rédempteur, Sauveur; **2ung** f délivrance; *Rel* rédemption
ermächtig|en autoriser (**zu** à); **2ung** f autorisation
ermahn|en exhorter (**zu** à); **2ung** f exhortation
ermäßig|en réduire, modérer; ~**t** réduit; **2ung** f réduction
ermessen juger; **2** *n*: **nach Ihrem 2** à votre gré; **2sfrage** f question d'appréciation
ermitt|eln rechercher, découvrir; **2ung** f recherche, enquête
ermöglichen rendre possible
ermord|en assassiner; **2ung** f assassinat *m*
ermüden fatiguer
ermutig|en encourager (**zu** à); **2ung** f encouragement *m*
ernähr|en (**sich ~en** se) nourrir, (s')alimenter; **2ung** f alimentation
ernenn|en nommer; **2ung** f nomination
erneuer|n renouveler; **2ung** f renouvellement *m*
erneut de nouveau
erniedrigen abaisser, avilir
ernst sérieux, grave; **2** *m* sérieux, gravité f; **2fall** *m*: **im 2fall** en cas critique; ~**haft**, ~**lich** sérieux

Ernte f récolte (*a fig*); (*Getreide2*) moisson; ~**dankfest** *n* fête f des moissons; **2n** récolter, moissonner
Erober|er *m* conquérant; **2n** conquérir; ~**ung** f conquête
eröffn|en ouvrir, inaugurer; **2ung** f ouverture, inauguration
erörtern discuter
erpress|en: **j-n ~en** faire chanter q.; **2er** *m* maître chanteur; **2ung** f chantage
erproben éprouver
erraten deviner
erreg|en exciter, irriter; (*erwecken*) faire naître; **2ung** f excitation
erreich|bar accessible; ~**en** atteindre; (*erlangen*) obtenir
er|richten ériger, élever; ~**ringen** remporter; ~**röten** rougir; **2ungenschaft** f acquisition
Ersatz *m* remplacement; équivalent; (*Entschädigung*) dédommagement; ~**mann** *m* remplaçant (*a Sp*); ~**rad** *n* (~**teil** *n*) roue f (pièce f) de rechange
erschallen résonner
erschein|en paraître; *Person, Geist*: apparaître; **2ung** f apparition; vision; (*Aussehen*) aspect *m*; (*Natur2*) phénomène *m*
erschießen fusiller
er|schlaffen s'alanguir; ~**schlagen** assommer; ~**schleichen** capter; ~**schließen** mettre en valeur

erschöpf|en épuiser; ~t épuisé, à bout; ung f épuisement m
erschrecken effrayer; v/i u sich ~ s'effrayer
erschütter|n ébranler; fig émouvoir, bouleverser; ung f ébranlement m; bouleversement m
er|schweren rendre (plus) difficile, aggraver; ~setzen remplacer (durch par); Schaden: réparer; Unkosten: rembourser; ~sichtlich visible, évident
erspar|en épargner, économiser; nis(se) f(pl) économie(s)
erst d'abord; (vorher) auparavant; ~ gestern ce n'est qu'hier (que)
erstarren se solidifier; (vor Kälte) s'engourdir; (vor Schreck) être glacé (de)
erstatten Auslagen: rembourser; Bericht ~ faire un rapport
Erstaufführung f première
Erstaun|en n étonnement m; lich étonnant; t étonné
erste, ~r, ~s premier, première; am ~n Juni le premier juin; ~r Klasse de première (classe); Hilfe premiers soins m/pl
erstechen poignarder
erstens premièrement
ersticken étouffer (a fig)
erst|klassig de première qualité; ~mals pour la première fois

erstrebenswert digne d'efforts
erstrecken: sich ~ s'étendre (auf à)
ersuchen: j-n um et. ~ demander qc. à q.; n requête f, demande f
ertappen surprendre; auf frischer Tat ~ prendre sur le fait
erteilen donner [le fait]
ertönen retentir
Ertrag m rendement; ~ supporter; nicht zu en insupportable
er|träglich supportable; ~tränken noyer; ~trinken se noyer [inutile]
erübrigen: sich ~ être
erwachen s'éveiller, se réveiller; n réveil m
erwachsen adulte; e(r) m adulte
erwäg|en considérer; ung f considération
erwähn|en mentionner; ung f mention
erwärmen (sich ~) chauffer, (s'échauffer)
erwart|en attendre; ung f attente
erwecken fig éveiller
erweichen amollir; fig fléchir
erweisen rendre; témoigner; sich ~ als se révéler
erweitern élargir
Erwerb m acquisition f; en acquérir
erwerbs|los sans travail, chômeur; unfähigkeit f invalidité
erwider|n répondre; répli-

Erwiderung

quer; *Gruß, Besuch*: rendre; ⁓ung f réponse, réplique
er|wirken obtenir; ⁓wischen attraper; ⁓wünscht désiré; ⁓würgen étrangler
Erz n minérai m
erzähl|en raconter; ⁓ung f narration, conte m, récit m
Erzbischof m archevêque m
erzeug|en engendrer; produire; ⁓nis n produit m
erzieh|en élever; ⁓er m éducateur; ⁓erin f éducatrice, gouvernante; ⁓ung f éducation; ⁓ungsanstalt f maison d'éducation
erzielen atteindre, obtenir
erzürnen (sich ⁓ se) mettre en colère
erzwingen forcer
es il, ce; le, la; **ich bin ⁓** c'est moi; **⁓ regnet** il pleut; **⁓ klopft** on frappe
Esche f frêne m
Esel m âne
Espe f tremble m [geable
eßbar comestible, man-
essen manger; **zu Mittag ⁓** déjeuner; **zu Abend ⁓** dîner, souper; 2 n manger m; repas m; ⁓szeit f heure de repas
Essig m vinaigre; ⁓gurke f cornichon m; ⁓- und Ölständer m huilier
Eß|löffel m cuiller [-ɛːr] f; ⁓waren f/pl comestibles m/pl; ⁓zimmer n salle f à manger
Etage f étage m; ⁓nkellner m garçon d'étage

Etappe f étape; ⁓nsieger m *Sp* vainqueur d'étape
Etat m budget
Etikett n étiquette f
etliche quelques
Etui n étui m
etwa environ, à peu près; ⁓ig éventuel [peu]
etwas quelque chose; un
euch (à) vous
euer votre; *pl* vos
Eule f hibou m
euretwegen à cause de vous
Europ|a n l'Europe f; ⁓äisch européen
Euter n pis m
evangeli|sch protestant; 2um n Évangile m
eventuell éventuel(lement)
ewig éternel; 2keit f éternité
exakt exact, précis
Examen n examen [egza-'mɛ̃] m
Exemplar n exemplaire m
Exil n exil m
Exist|enz f existence; ⁓enzminimum n minimum m vital; 2ieren exister
Expedition f expédition
Experiment n expérience f; 2ieren expérimenter
explo|dieren exploser, éclater; ⁓sion f explosion
Export m exportation f; 2ieren exporter
extra exprès; à part; 2blatt n édition f spéciale
Extrakt m extrait
extrem extrême
Exzeß m excès

F

Fabel f fable; ⁓haft formidable; ⁓f épatant
Fabrik f usine, fabrique; ⁓ant m fabricant; ⁓arbeiter m ouvrier d'usine; ⁓at n produit m; ⁓ationsfehler m défaut de fabrication; ⁓marke f marque de fabrique
fabrizieren fabriquer
Fach n compartiment m, casier m, rayon m; fig branche f, matière f; ⁓arbeiter m ouvrier qualifié; ⁓arzt m spécialiste
Fächer m éventail
Fachmann m spécialiste, homme du métier, expert
Fackel f flambeau m; ⁓zug m retraite f aux flambeaux
fade fade, insipide
Faden m fil
fähig capable (zu de), apte (zu à); ⁓keit f capacité, aptitude
fahl blafard, livide
fahnden rechercher (nach j-m q.)
Fahne f drapeau m
Fahr|bahn f chaussée; ⁓dienstleiter m chef de gare
Fähre f bac m
fahren aller, rouler; Mar naviguer; (lenken) conduire; Lasten: transporter; j-n nach ... ⁓ conduire q. à ...; wann fährt ...? à quelle heure part ...?

Fahr|er m conducteur, chauffeur; ⁓erflucht f délit m de fuite; ⁓gast m voyageur; (im Taxi) client; ⁓geld n prix m du voyage; ⁓gestell n châssis m; ⁓karte f billet m, ticket m; ⁓kartenschalter m guichet
fahrlässig négligent, par imprudence; ⁓keit f négligence
Fahr|lehrer m moniteur d'auto-école; ⁓plan m horaire; indicateur (des chemins de fer); ⁓planmäßig régulier; à l'heure; ⁓preis m prix du voyage (ou du billet); ⁓rad n bicyclette f; F vélo m; ⁓schein m billet, ticket
Fährschiff n ferry-boat m
Fahr|schule f auto-école; ⁓spur f voie; ⁓stuhl m ascenseur, lift; ⁓stuhlführer m liftier
Fahrt f voyage m; trajet m; course f; ⁓ ins Blaue excursion-surprise
Fährte f piste
Fahrt|richtung f sens m de la marche; ⁓unterbrechung f arrêt m, interruption
Fahr|wasser f passe f; ⁓werk n train m d'atterrissage; ⁓zeit f durée du parcours; ⁓zeug n véhicule m
Fakultät f faculté

Falke m faucon
Fall m chute f; (*Angelegenheit*) cas; **auf jeden (keinen)** ~ en tout (aucun) cas
Falle f piège m
fallen tomber; (*sinken*) baisser
fällen abattre; *Urteil*: prononcer, porter
fällig payable; 2keit f échéance
falls dans le cas où, si
Fallschirm m parachute; ~springer m parachutiste
falsch faux; (*vorgetäuscht*) feint; (*unecht*) artificiel; (*Haar*) postiche
fälschen fausser, falsifier
Falsch|geld n fausse monnaie f; ~meldung f fausse nouvelle
Fälschung f contrefaçon, falsification
Faltboot n canot m pliant
Falt|e f pli m; (*Runzel*) ride; 2en plier; *Hände*: joindre; ~enrock m jupe f plissée; ~er m papillon; 2ig plissé; (*Haut*) ridé
familiär familier
Familie f famille; ~nangehörige(r) m membre de la famille; ~nbetrieb m entreprise f familiale; ~nname m nom de famille; ~nstand m état civil
fanatisch fanatique
Fang m prise f; capture f; (*Fisch*?) pêche f; 2en attraper; capturer, prendre;
Feuer 2en prendre feu (*a fig*)

Farb|band n ruban m encreur; ~e f couleur; (*zum Anstreichen*) peinture
färben colorer; teindre
farben|blind daltonien; ~froh haut en couleurs
Farb|fernsehen n télévision f en couleurs; ~film m film en couleurs; 2ig coloré; 2los incolore; ~stift m crayon de couleur
Farm f ferme; ~er m fermier
Farn(kraut n) m fougère f
Fasan m faisan
Fasching m carnaval
Faser f fibre; 2ig fibreux
Faß n tonneau m; fût m, baril [-il] m
Fassade f façade
Fäßchen n tonnelet m
fassen prendre, saisir; *Entschluß*: prendre; (*begreifen*) comprendre; (*Raum bieten*) contenir; ~ **sich** ~ se ressaisir; **sich kurz** ~ être bref
Fassung f monture; (*Glühbirnen*2) douille; (*Wortlaut*) version; *fig* contenance; **aus der** ~ **bringen** décontenancer; 2slos décontenancé
fast presque, à peu près
fast|en jeûner; ~en n jeûne m; 2enzeit f carême m; 2nacht f mardi m gras
faul paresseux, fainéant; (*verfault*) pourri; (*Witz, Ausrede*) mauvais; ~en pourrir; ~enzen fainéanter; ~enzer m fainéant, paresseux; 2heit f paresse

Fäulnis f pourriture
Faultier n Zo paresseux m
Faust f poing m; ~**handschuh** m moufle f; ~**schlag** m coup de poing
Favorit m favori
Februar m février
fechten faire de l'escrime; 2 n escrime f
Feder f plume (a Schreib2); Tech ressort m; ~**ball** m volant; ~**bett** n édredon m; ~**gewicht** n poids m plume; ~**halter** m porte-plume; 2n faire ressort; ~**ung** f ressorts m/pl; Kfz suspension; ~**vieh** n volaille f; ~**zeichnung** f dessin m)
Fee f fée [à la plume]
fegen balayer
Fehl|**betrag** m déficit; 2**en** manquer; être absent; das 2te gerade noch! il ne manquait que cela; was 2t Ihnen? qu'avez-vous?
Fehler m faute f, erreur f; défaut f; 2**frei** sans faute(s); sans défaut(s); 2**haft** incorrect; défectueux
Fehl|**geburt** f fausse couche, avortement m; ~**schlag** m échec; 2**schlagen** échouer; ~**start** m faux départ; ~**tritt** m faux pas (a fig)
Feier f célébration, fête; ~**abend** m fin de la journée; 2**lich** solennel; 2**n** célébrer, fêter; ~**tag** m (jour de) fête f, jour férié
feige lâche, poltron
Feige f figue

Feig|**heit** f lâcheté, poltronnerie; ~**ling** m lâche, poltron, couard
Feile f lime; 2**n** limer
feilschen marchander (um et. qc.)
fein fin, menu; distingué
Feind m ennemi; 2**lich** ennemi, hostile; ~**schaft** f hostilité, inimitié
fein|**fühlig** sensible; 2**heit** f finesse; 2**kosthandlung** f épicerie fine; 2**schmecker** m gourmet
Feld n champ m; Mil campagne f; Sp peloton m; (Schach) case f; ~**flasche** f bidon m; ~**weg** m chemin de terre; ~**zug** m campagne f)
Felge f jante
Fell n peau f
Fels|**en** m rocher, roc; ~**enküste** f falaise; 2**ig** rocheux; ~**wand** f paroi rocheuse
Fenchel m fenouil
Fenster n fenêtre f; (Wagen2) glace f; ~**brett** n rebord m; ~**laden** m contrevent; ~**platz** m coin fenêtre; ~**rahmen** m châssis (de fenêtre); ~**scheibe** f vitre, carreau m
Ferien pl vacances f/pl; ~**heim** n (~**lager** n) maison f (camp m) de vacances
Ferkel n porcelet m, goret m
fern éloigné; lointain; von ~(e) de loin; 2**amt** n interurbain m; 2**e** f lointain m; in der (die) 2e au loin
ferner de plus, en outre

Fern|fahrer m routier; ⁓**gelenkt** téléguidé; ⁓**gespräch** n communication f interurbaine; ⁓**glas** n jumelles f/pl; ⁓**licht** n feux m/pl de route; ⁓**mündlich** par téléphone; ⁓**rohr** n longue-vue f; ⁓**schreiber** m télex, téléscripteur

Fernseh|apparat m appareil de télévision; ⁓**en** regarder la télévision; ⁓**en** n télévision f; F télé f; ⁓**er** m F téléviseur; ⁓**programm** n programme m de télévision; ⁓**spiel** n jeu m télévisé

Fernsprech|anschluß m abonnement au téléphone; ⁓**buch** n annuaire m du téléphone; ⁓**er** m téléphone; ⁓**gebühren** f/pl taxe f téléphonique; ⁓**teilnehmer** m abonné au téléphone; ⁓**zelle** f cabine téléphonique

Fern|studium n cours m/pl par correspondance; ⁓**verkehr** m trafic m à grande distance; Esb service des grandes lignes

Ferse f talon m

fertig fini, achevé; (bereit) prêt (à); ⁓**gericht** n plat m cuisiné; ⁓**haus** n maison f préfabriquée; ⁓**machen** finir, terminer; **sich ⁓ machen** se préparer (à); ⁓**ung** f fabrication

Fessel f lien m; entrave (a fig); ⁓**n** lier, ligoter; fig captiver, fasciner

Fest n fête f

fest ferme; solide; fixe; stable; ⁓**binden** attacher

Festessen n festin m

festhalten (sich ⁓ se) tenir; **an et.** ⁓ tenir à qc.

Fest|igkeit f fermeté (a fig); ⁓**land** n terre f ferme, continent m

festlich solennel

fest|machen attacher, fixer; ⁓**nahme** f arrestation; ⁓**nehmen** arrêter; ⁓**preis** m prix fixe

Festsaal m salle f des fêtes

festsetzen fixer

Festspiele n/pl festival m

fest|stehen être certain; ⁓**stellen** constater; ⁓**ung** f forteresse

Festzug m cortège m

fett gras; ⁓ **werden** engraisser; 2 n graisse f; 2**fleck** m tache f de graisse; ⁓**ig** graisseux

Fetzen m lambeau, chiffon

feucht humide; ⁓**igkeit** f humidité

Feuer n feu m; (Brand) incendie m; ⁓**bestattung** f incinération; 2**fest** réfractaire, incombustible; 2**gefährlich** inflammable; ⁓**haken** m tisonnier; ⁓**löscher** m extincteur; ⁓**melder** m avertisseur d'incendie

Feuer|spritze f pompe à incendie; ⁓**stein** m pierre f à briquet; ⁓**wehr** f pompiers m/pl; ⁓**werk** n feu d'artifice; ⁓**zeug** n briquet m

feurig ardent
Fibel f abécédaire m
Fichte f épicéa m
Fieber n fièvre f; ~anfall m accès de fièvre; ~kurve f courbe de température; ~thermometer n thermomètre m médical
fiebrig fébrile
Figur f figure; (Wuchs) taille; (Schach2) pièce
Filet n filet m
Filiale f succursale
Film m film; Fot a pellicule f; ~atelier n studio m; 2en filmer; ~festspiele n/pl festival m du cinéma; ~kamera f caméra; ~schauspieler(in f) m acteur (actrice) de cinéma; ~star m vedette f du cinéma; ~vorführer m opérateur
Filter m filtre; 2n filtrer; ~papier n papier-filtre m; ~zigarette f cigarette à bout filtre
Filz m feutre; ~schreiber m stylo feutre [finale f]
Finale n Mus finale m; Sp)
Finanz|amt n bureau m des contributions; ~en pl finances f/pl; 2iell financier; 2ieren financer
find|en trouver; 2er trouveur; 2erlohn m récompense f
Finger m doigt; ~abdruck m empreinte f digitale; ~hut m dé (à coudre); ~nagel m ongle f; ~ring m bague f; ~spitze f bout m du doigt
Fink m pinson
finn|isch finnois; 2land n la Finlande
finster obscur, sombre; 2nis f obscurité
Firma f maison, firme
Firnis m vernis
Fisch m poisson; ~braterei f friterie; 2en pêcher
Fischer m pêcheur; ~boot n bateau m de pêche; ~dorf n village m de pêcheurs
Fisch|erei f, ~fang m pêche f; ~geschäft n poissonnerie f; ~markt m marché aux poissons; ~otter f loutre f; ~suppe f soupe aux poissons; bouillabaisse; ~zucht f pisciculture
fixieren fixer
flach plat (a fig); bas; (seicht) peu profond
Fläche f surface; (Ebene) plan m, plaine; ~ninhalt m superficie f, surface f
Flach|land n pays m plat; ~relief m bas-relief m
Flachs m lin
flackern vaciller
Flagge f pavillon m
Flamingo m flamant
flämisch flamand
Flamme f flamme
Flanell m flanelle f
Flanke f flanc m
Flasche f bouteille
Flaschen|bier n bière f en bouteille; ~hals m goulot m; ~öffner m décapsuleur; ~zug m moufle m

flattern

flattern flotter, voltiger
Flaum m duvet
Flaute f accalmie
Flechte f *Bot* lichen [-ken] m; *Med* dartre; 2n tresser, natter
Fleck m endroit, place f; (*Schmutz*2) tache f; ~enwasser n détachant m; 2ig tacheté
Fledermaus f chauve-souris
Flegel m (*Grobian*) rustre, impertinent
flehen supplier
Fleisch n chair f; (*Frucht*2 a) pulpe f; *Koch*2 viande f; ~brühe f bouillon m
Fleischer m boucher; ~ei f, ~laden m boucherie f, charcuterie f
Fleisch|klößchen n boulette f; ~konserve f conserve de viande; ~vergiftung f intoxication par la viande; ~wolf m 'hachoir (à viande); ~wunde f blessure dans les chairs
Fleiß m application f; 2ig appliqué
flicken raccomoder; 2 m pièce f
Flieder m lilas
Fliege f mouche; (*Querbinder*) papillon m
fliegen voler; aller en avion
Fliegen|fänger m attrape-mouches; ~gewicht n poids m mouche; ~pilz m fausse oronge f
Flieger m aviateur
fliehen s'enfuir

Fliese f carreau m, dalle
Fließ|band n chaîne f; 2en couler; 2end courant; 2end sprechen parler couramment
flimmern scintiller
flink agile, leste
Flinte f fusil [-zi] m
flirten flirter
Flitterwochen f/pl lune f de miel
Flocke f flocon m
Floh m puce f
florieren prospérer
Floß n radeau f
Flosse f nageoire
Flöte f flûte
flott léger, aisé; (*schnell*) rapide; (*Kleidung*) chic, pimpant
Flotte f flotte
Fluch m juron; malédiction f; 2en jurer
Flucht f fuite; auf der ~ en fuite; (*Zimmer*2) enfilade
flücht|en fuir, s'enfuir; ~ig fugitif; (*von kurzer Dauer*) passager, fugace; (*oberflächlich*) superficiel; 2ling m réfugié [-kt] m)
Flug m vol; ~blatt n tract)
Flügel m aile f; (*Tür*2, *Fenster*2) battant; *Mus* piano à queue
Flug|gast m passager; ~hafen m aéroport; ~karte f billet m d'avion; ~linie f ligne aérienne; ~plan m indicateur aérien; ~platz m aérodrome; ~verbindung f liaison aérienne; ~verkehr m trafic aérien

Flugzeug n avion m; ~**führer** m pilote; ~**träger** m porte-avions

Flunder f flet m

Flur m (Haus2) vestibule, couloir

Fluß m rivière f; (großer) fleuve; 2**ab(wärts)** en aval; 2**auf(wärts)** en amont

flüssig liquide; fluide; 2**keit** f liquide m

flüstern chuchoter

Flut f flux m, marée 'haute; (Überschwemmung u fig) flot m; ~**licht** n lumière f de projecteur; ~**welle** f raz m de marée

Fohlen n poulain m

Föhn m fœhn m

Folge f suite, conséquence; série; **in rascher** ~ coup sur coup; **zur** ~ **haben** avoir pour conséquence

folgen suivre (j-m q.); **daraus folgt** il s'ensuit; ~**dermaßen** de la manière suivante

folger|n conclure (aus de); 2**ung** f conclusion

folg|lich par conséquent, donc; ~**sam** obéissant

Folie f feuille

Folter f torture; 2**n** torturer

Fön m sèche-cheveux

fordern demander (von q.), exiger (qc. de q.)

fördern encourager, favoriser; Bgb extraire

Forderung f demande, exigence

Forelle f truite

Form f forme, façon; moule

formal formel; 2**ität** f formalité

Format n format m

Formel f formule

formen former

förmlich formel

formlos sans façons

Formular n formulaire m, formule f

forsch|en faire des recherches; 2**er** m chercheur; 2**ung** f recherche (scientifique)

Forst m forêt f

Förster m forestier

Forsthaus n maison f forestière

fort parti, absent; **in einem** ~ sans arrêt, sans cesse; **und so** ~ et ainsi de suite; ~**bestehen** continuer (à exister)

fortbewegen: sich ~ se déplacer

fortbild|en: sich ~**en** se perfectionner; 2**ungskurs** m cours de perfectionnement

fort|bringen emporter; ~**fahren** partir; (weitermachen) continuer; ~**gehen** partir, s'en aller; ~**geschritten** avancé; ~**schaffen** emporter, enlever

Fortschritt m progrès; 2**lich** progressiste

fortsetz|en continuer, poursuivre; 2**ung** f suite; 2**ung folgt** à suivre

fortwährend continuel

Foto n photo f; ~apparat m appareil photographique; ~graf m photographe; ~grafie f photographie; 2grafieren photographier, prendre des photos; ~kopie f photocopie
Foyer n foyer f;
Fracht f charge; Mar fret m; (Gebühr) prix m de transport; ~brief m lettre f de voiture; Mar connaissement; ~schiff n cargo m
Frack m habit
Frage f question, demande; e-e ~ stellen poser une question; in ~ stellen mettre en question; ~bogen m questionnaire; 2n demander (j-n nach D qc. à q.; nach j-m q.)
Frag|ezeichen n point m d'interrogation; 2lich douteux; en question
Franken m franc
frankieren affranchir
Frankreich n la France
Franse f frange
französisch français; ~-deutsch franco-allemand
fräsen fraiser
Fratze f grimace
Frau f femme; (Anrede) Madame; ~enarzt m gynécologue; ~enbewegung f féminisme m
Fräulein n demoiselle f; (Anrede) Mademoiselle
frech insolent, impertinent; 2heit f insolence, impertinence
frei libre; franc; (kostenlos) gratuit; unter ~em Himmel en plein air
Frei|bad n piscine f en plein air; ~e n: im ~en en plein air; ~exemplar n exemplaire m gratuit; 2gebig généreux, large; ~gepäck n franchise f de bagages; ~hafen m port franc; 2halten Platz: réserver
Freiheit f liberté f; 2lich libéral; ~sstrafe f peine privative de liberté
Frei|karte f billet m de faveur; ~körperkultur f nudisme m, naturisme m; 2lassen mettre en liberté; ~lauf m roue f libre; 2lich bien sûr; il est vrai que...; ~lichtbühne f théâtre m en plein air
freimachen dégager; Brief: affranchir; sich ~ se déshabiller
Frei|maurer m franc-maçon; 2mütig franc; 2sprechen absoudre; jur acquitter; ~spruch m acquittement; 2stehen: es steht Ihnen frei, zu ... vous êtes libre de ...; ~stoß m Sp coup franc
Freitag m vendredi
Frei|treppe f escalier m extérieur; 2willig volontaire, bénévole; ~willige(r) m volontaire
Freizeit f loisirs m/pl; ~gestaltung f organisation des loisirs
fremd étranger; (unbekannt) inconnu; ~artig

étrange; 2e f: **in der** 2e **en pays étranger;** 2e(r) m étranger

Fremden|führer m guide; ~**legion** f légion étrangère; ~**verkehr** m tourisme; ~**verkehrsverein** m office de tourisme, syndicat d'initiative

fremd|ländisch étranger; exotique; 2**sprache** f langue étrangère; 2**wort** n mot m étranger

Frequenz f fréquence

Fresko n fresque f

fressen manger, f; P bouffer

Freud|e f joie, plaisir m; **mit** ~**en** avec plaisir; 2**ig** joyeux

freuen: sich ~ se réjouir (**über** A de); **es freut mich, daß ...** je suis heureux que

Freund|(in f) m ami(e); 2**lich** aimable, gracieux; ~**lichkeit** f amabilité; ~**schaft** f amitié; 2**schaftlich** amical

Frevel m sacrilège

Frieden m paix f; ~**richter** m juge de paix; ~**svertrag** m traité de paix

Friedhof m cimetière

friedlich pacifique; paisible

frieren avoir froid; gelers; **es friert** il gèle; **mich friert** j'ai froid

Frikassee n fricassée f

frisch frais, f; (*Wäsche*) propre; ~ **gestrichen** peinture fraîche!; **auf** ~**er Tat** sur le fait; 2e f fraîcheur

Friseur m coiffeur

Friseuse f coiffeuse

frisier|en| coiffer; 2**salon** m salon de coiffure

Frist f délai m, terme m; 2**los** sans délai; sans préavis

Frisur f coiffure

froh heureux, joyeux

fröhlich gai, joyeux

fromm pieux, dévot

Fronleichnam m Fête-Dieu f

Front f front m; façade f; 2**al** de face, de front; ~**antrieb** m traction f avant

Frosch m grenouille f; ~**mann** m homme-grenouille

Frost m gel, gelée f

frösteln frissonner

Frostschutzmittel n antigel m

Frot|teetuch, ~tiertuch n serviette f éponge; 2**tieren** frotter

Frucht f fruit m (*a fig*); 2**bar** fécond; fertile; ~**eis** n glace f aux fruits; ~**saft** m jus de fruits

früh de bonne heure, tôt; **heute** ~ ce matin; 2e f: **in aller** ~ de grand matin; ~**er** (*vorher*) auparavant; (*ehemals*) autrefois; 2**jahr** n, 2**ling** m printemps m; ~**reif** précoce

Frühstück n petit déjeuner m; 2**en** prendre le petit déjeuner

Fuchs m renard; ~**jagd** f chasse au renard; ~

schwanz m (*Säge*) (scie f) égoïne f

Fuge f joint m; *Mus* fugue

fügen: sich ~ se soumettre

fühl|bar sensible; **~en** toucher, tâter; (**sich ~en**) se sentir; **2er** m antenne f; **2ung** f contact m

Fuhre f charretée

führen mener, conduire; guider; *Haushalt*: tenir; **Krieg ~** faire la guerre (**gegen** à)

Führer m guide; conducteur, chef, commandant; **~schein** m permis de conduire

Führung f direction; commandement m; (*Besichtigung*) visite guidée; (*Betragen*) conduite; **in ~ liegen** être en tête

Fülle f: **in Hülle und ~** en abondance

füllen remplir; *Kochk* farcir

Füllen n poulain m

Füll(federhalt)er m stylo (-graphe)

Füllung f remplissage m; *Kochk* farce; (*Zahn2*) obturation, plombage m

Fund m trouvaille f

Fundament n fondations f/pl; *fig* fondement m

Fund|büro n bureau m des objets trouvés; **~sache** f objet m trouvé

fünf cinq; **~zehn** quinze; **~zig** cinquante

Funk m radio f; **~amateur** m radio-amateur

Funke(n) m étincelle f

funkel|n étinceler; **~nagelneu** flambant neuf

funk|en radiotélégraphier; **2er** m radio(télégraphiste); **2sprechverkehr** m radio-(télé)phonie; **2spruch** m radio(télégramme); **2streifenwagen** m voiture f radio (de la police); **2taxi** n taxi m radio

Funktion f fonction; **~är** m responsable; **2ieren** fonctionner

für pour; en échange de

Furche f sillon m

Furcht f crainte f, peur f (**vor** de); **2bar** terrible, affreux

fürchte|n: sich ~n avoir peur (**vor** de); **~, daß ...** je crains que ...

fürchterlich terrible, affreux

furcht|los intrépide; **~sam** craintif

Furnier n placage m

Fürsorge f aide, secours m; **soziale ~** assistance sociale; **~r(in)** f(m) assistant(e) social(e)

Fürsprache f intercession

Fürst m prince; **~entum** n principauté f; **~in** f princesse; **2lich** princier

Furt f gué m

Furunkel m furoncle

Fuß m pied (*a fig*); (*e-s Tieres*) patte f; **zu ~** à pied; **~abtreter** m décrottoir

Fußball m ballon; (*Spiel*) football; **~ spielen** jouer au football; **~mannschaft**

f équipe de football; ~**platz** *m* (~**spiel** *n*) terrain (match *m*) de football; ~**spieler** *m* footballeur

Fuß|**boden** *m* plancher; ~**bremse** *f* frein à pied

Fußgänger *m* piéton; ~**brücke** *f* passerelle; ~**überweg** *m* passage clouté; ~**tunnel** *m* tunnel pour piétons

Fuß|**matte** *f* paillasson *m*; ~**note** *f* note; ~**pflege** *f* pédicure; ~**sohle** *f* plante du pied; ~**tritt** *m* coup de pied; ~**weg** *m* chemin de piétons

Futter *n* nourriture *f*, mangeaille *f*; fourrage *m*; (*Kleider*♀) doublure *f*

Futteral *n* étui *m*, gaine *f*

füttern donner à manger; faire manger; *Kleidung*: doubler

Fütterung *f* affouragement *m*

Futur *n* futur *m*

G

Gabe *f* don *m* (*a fig*); présent *m*

Gabel *f* fourchette; (*Heu*♀) fourche; ~**frühstück** *n* lunch [lœʃ] *m*; ♀**n**: sich ~ bifurquer; ~**stapler** *m* chariot élévateur; ~**ung** *f* bifurcation

Gage *f* cachet *m*

gähnen bâiller

galant galant; ♀**eriewaren** *f*/*pl* articles *m*/*pl* de fantaisie

Galeere *f* galère

Galerie *f* galerie

Galgen *m* potence *f*, gibet *m*

Galle *f* bile; (*Tier*♀) fiel *m*

Gallen|**kolik** *f* colique hépatique; ~**stein** *m* calcul biliaire

Gall|**ien** *n* la Gaule; ♀**isch** gaulois

Galopp *m* galop; ♀**ieren** galoper

Gamasche *f* guêtre

Gammler *m* beatnik

Gang *m* marche *f*; (*Gangart*) allure *f*; (*e-r Maschine*) mouvement; (*Flur*) couloir; *Kfz* vitesse *f*; *Kochk* plat; **in** ~ **bringen** (**setzen**) mettre en marche; *fig* amorcer; ~**art** *f* (*Pferd*) allure

gängig courant; *Ware*: de bon débit

Gangschaltung *f* changement *m* de vitesse

Gangway *f* passerelle

Ganove *m* escroc [-o]

Gans *f* oie

Gänse|**blümchen** *n* pâquerette *f*; ~**braten** *m* oie *f* rôtie; ~**haut** *f* chair de poule; ~**klein** *n* abattis *m* d'oie; ~**leberpastete** *f* pâté *m* de foie gras; ~**marsch** *m*: **im** ~**marsch** à la queue leu leu, en file indienne

ganz tout; entier (*a Math*); (*unbeschädigt*) intact; **im ~en** en tout, au total; **~ und gar** tout à fait; **~ gut** assez bien

gar *Kochk* à point, (assez) cuit; *adv* **~ keiner** personne du tout; **~ nicht** pas du tout; **~ nichts** rien du tout

Garage f garage m

Garantie f garantie; **2ren** garantir; **~schein** m certificat de garantie

Garbe f gerbe

Garde f garde

Garderobe f garde-robe; *Thea* vestiaire m; (*Flur*2) portemanteau

Garderoben|frau f dame du vestiaire; **~marke** f ticket m de vestiaire

Gardine f rideau m

gären fermenter

Garn n fil m

Garnele f crevette

garnier|en garnir; **~ung** f garniture

Garnison f garnison

Garnitur f garniture; (*Satz*) assortiment m

Garten m jardin; **~arbeit** f jardinage m; **~bau** m horticulture f; **~fest** n garden-party m; **~haus** n pavillon m, kiosque m; **~schlauch** m tuyau d'arrosage; **~stadt** f cité-jardin; **~zaun** m clôture f de jardin

Gärtner m jardinier; **~ei** f maison d'horticulture

Gärung f fermentation

Gas n gaz m; **~ geben** accélérer; **~ wegnehmen** couper les gaz; **~anzünder** m allume-gaz; **~feuerzeug** n (**~hahn** m) briquet m (robinet) à gaz; **~heizung** f chauffage m au gaz; **~herd** m (**~maske** f) fourneau (masque m) à gaz; **~pedal** n accélérateur m

Gasse f ruelle

Gast m hôte; (*Hotel*2) client; **~arbeiter** m travailleur étranger

Gäste|buch n livre m des hôtes (*od* des visiteurs); **~zimmer** n chambre f d'amis

gast|freundlich hospitalier; **2freundschaft** f hospitalité; **2geber(in)** f m hôte(sse); **2haus** n, **2hof** m (*ländlich*) auberge f; **2spielreise** f tournée; **2stätte** f restaurant m; auberge f; **2wirt** m hôtelier; aubergiste, restaurateur

Gas|vergiftung f asphyxie par le gaz; **~werk** n usine f à gaz; **~zähler** m compteur à gaz

Gatt|e m époux, mari; **~in** f épouse

Gattung f genre m; espèce f

Gaul m F rosse f

Gaumen m palais

Gauner m escroc [-o], filou; **~ei** f escroquerie

Gaze f gaze

Gazelle f gazelle

Gebäck n pâtisserie f

Gebärde f geste m

gebär|en enfanter; **2mutter** f matrice
Gebäude n bâtiment m, édifice m [m/pl]
Gebeine n/pl ossements f
geben donner; **es gibt** il y a; **was gibt es?** qu'est-ce qu'il y a?
Gebet n prière f, oraison f
Gebiet n région f, territoire m; fig domaine m
gebiet|en commander; Schweigen: imposer; **~erisch** impérieux
gebildet cultivé; lettré
Gebirg|e n montagnes f/pl; **2ig** montagneux
Gebirgs|bach m torrent; **~bewohner** m montagnard; **~kette** f chaîne de montagnes; **~paß** m col
Gebiß n denture f; (künstliches) dentier m
Gebläse n soufflerie f
ge|blümt à fleurs; **~bogen** courbe, courbé
geboren né; **~e** née ..; fig **der ~e Politiker** un politicien-né; **~ werden** naître
Gebot n commandement m (a Rel)
gebraten rôti
Gebrauch m usage, emploi; **zum persönlichen ~** pour l'usage personnel; **2en** employer, se servir (de), user (de)
gebräuchlich usuel; usité
Gebrauchs|anweisung f mode d'emploi; **2fertig** prêt à l'usage

gebraucht usagé; d'occasion; **2wagen** m voiture f d'occasion
Gebrech|en n infirmité f, défaut m; **2lich** caduc, infirme; décrépit
Gebrüder pl frères m/pl
Gebühr f taxe, droits m/pl; **2end** dû; adv comme il faut
gebühren|frei exempt de taxe; **~pflichtig** soumis à la taxe, payant
Geburt f naissance
Geburten|kontrolle f contrôle m des naissances; **~rückgang** m dénatalité f
gebürtig natif (aus de)
Geburts|anzeige f faire-part m de naissance; **~datum** n date f de naissance; **~haus** n maison f natale; **~helfer** m accoucheur; **~name** m nom de jeune fille; **~ort** m lieu de naissance; **~tag** m anniversaire; **~urkunde** f acte m de naissance
Gebüsch n buisson m
Gedächtnis n mémoire f; **~schwund** m amnésie f
Gedanke m pensée f, idée f; **sich ~n machen** s'inquiéter (über de); **2nlos** irréfléchi; **~nstrich** m tiret; **~nübertragung** f transmission de pensée
Gedeck n couvert m; menu m
gedeihen prospérer
gedenk|en (G) se souvenir de; et. zu tun **~en** penser

faire qc.; **⁀feier** *f* fête commémorative; **⁀münze** *f* médaille; **⁀tafel** *f* plaque commémorative
Gedicht *n* poème *m*, poésie *f*
Gedränge *n* foule *f*, cohue *f*
Geduld *f* patience; **⁀en: sich ⁀en** patienter; **⁀ig** patient
geeignet propre (**zu** à); (*Person*) apte (**zu** à)
Gefahr *f* danger *m*, péril [-il] *m*; **außer ~** 'hors de danger; **auf eigene ~** à ses risques et périls; **bei ~** en cas de danger
gefähr|den mettre en danger; **~lich** dangereux; périlleux
gefahrlos sans danger
Gefährt|e *m* compagnon; **~in** *f* compagne
Gefälle *n* inclinaison *f*; descente *f*
gefallen plaire; **es gefällt mir hier** je me plais ici; **sich et. ~ lassen** supporter qc.
Gefallen[1] *m* service; **~**[2] *n*: **~ finden an** prendre plaisir à
gefällig complaisant, obligeant; **⁀keit** *f* complaisance, obligeance
gefangen prisonnier, captif; **⁀e(r)** *m* prisonnier; **⁀enlager** *n* camp *m* de prisonniers; **~nehmen** faire prisonnier, prendre; **⁀schaft** *f* captivité
Gefängnis *n* prison *f*
Gefäß *n* vase *m*
gefaßt (avec) calme; **auf alles ~ sein** s'attendre à tout
Gefecht *n* combat *m*
Gefieder *n* plumage *m*
Geflügel *n* volaille *f*; **~schere** *f* cisailles *f/pl* à volaille; **~zucht** *f* aviculture
Geflüster *n* chuchotement *m*
Gefolge *n* suite *f*, cortège *m*
gefräßig vorace, glouton, goulu
Gefreite(r) *m* caporal
gefrier|en geler, se congeler; **⁀fach** *n* (*e-s Kühlschranks*) freezer [fri'zœ:r] *m*; **⁀fleisch** *n* viande *f* congelée; **⁀punkt** *m* point de congélation
gefügig docile, souple
Gefühl *n* sentiment *m*; (*Tastsinn*) toucher *m*; **⁀los** insensible (**gegen** à); **⁀voll** sensible; sentimental
gefüllt *Kochk* farci
gegebenenfalls le cas échéant
gegen contre; (*Richtung, zeitlich*) vers; **~ Quittung** contre quittance; **~ seinen Willen** malgré lui
Gegend *f* région, contrée
gegen|einander l'un contre l'autre; **⁀gift** *n* contrepoison *m*; **⁀licht** *n* contre-jour *m*; **⁀partei** *f jur* partie adverse; **⁀satz** *m* contraste; **im ⁀satz zu** au contraire de, par opposition à; **⁀seite** *f jur* partie adverse
gegenseitig mutuel, réci-

proque; 2**keit** f réciprocité, mutualité
Gegen|stand m objet (a fig); **~stück** n pendant m; **~teil** n contraire m; **im ~teil** au contraire
gegenüber (D) vis-à-vis (de), en face (de); 2**stellung** f confrontation
Gegen|wart f présent m; (Anwesenheit) présence; 2**wärtig** présent; actuel; **~wert** m équivalent, contre-valeur f; **~wind** m vent contraire
Gegner m adversaire
Gehackte(s) n viande f 'hachée
Gehalt¹ m teneur f (an en); **~**² n appointements m/pl, salaire m; **~serhöhung** f augmentation de salaire
gehaltvoll substantiel
gehässig 'haineux
Gehäuse n boîte f
Gehege n enclos m
geheim secret; 2**nis** n secret m; mystère m; **~nisvoll** mystérieux; 2**polizei** f police secrète; 2**schrift** f écriture chiffrée; 2**sender** m émetteur clandestin
gehen aller, marcher; (Uhr) marcher; (Zug) partir; (Fenster) donner (**auf** sur); **es geht um ...** il s'agit de ...; **wie geht es Ihnen?** comment allez-vous?; **es geht mir gut (schlecht)** je vais bien (mal)
geheuer: nicht (ganz) ~ suspect

Geheul n 'hurlement m
Gehilfe m aide, adjoint
Gehirn n cerveau m; cervelle f; **~erschütterung** f commotion cérébrale; **~schlag** m apoplexie f
Gehöft n ferme f, métairie f
Gehölz n bois m, bosquet m
Gehör n ouïe f
gehorchen obéir (j-m à q.)
gehören: j-m ~ appartenir à q., être à q.; **sich ~** convenir; **wie es sich gehört** comme il faut
gehorsam obéissant; 2 m obéissance f
Gehsteig m trottoir
Geier m vautour
Geige f violon m; **~nbogen** m archet m; **~r** m violoniste
Geisel f otage m [bouc|
Geiß f chèvre; **~bock** m}
Geißel f fig fléau m
Geist m esprit; génie; (Gespenst) revenant; **den ~ aufgeben** rendre l'âme; **der Heilige ~** le Saint-Esprit
geistes|abwesend absent; 2**blitz** m saillie f; 2**gegenwart** f présence d'esprit; **~krank** aliéné; 2**zustand** m état mental
geistig intellectuel, spirituel, mental; **~e Getränke** n/pl spiritueux m/pl
geistlich clérical; ecclésiastique; 2**e(r)** m ecclésiastique, homme d'église
geistreich spirituel
Geiz m avarice f; **~hals** m avare; 2**ig** avare, avaricieux

Ge|klapper n claquement m, cliquetis m; ~knatter n crépitement m, pétarade f; 2kocht bouilli, cuit; 2künstelt affecté; ~lächter n rires m/pl; ~lage n F ripaille f; 2lähmt paralysé

Gelände n terrain m; ~lauf m cross-country

Geländer n balustrade f; (Treppen2) rampe f; (Brücken2) garde-fou m, parapet m

gelangen parvenir (zu à)

gelassen calme; 2heit f calme m, sang-froid m

geläufig courant, familier

gelaunt: gut (schlecht) ~ de bonne (mauvaise) humeur

Geläut(e) n sonnerie f, carillon m

gelb jaune; 2filter m filtre jaune; ~lich jaunâtre; 2sucht f jaunisse f

Geld n argent m; ~anweisung f mandat m; ~beutel m bourse f; ~briefträger m facteur de mandats; ~mittel n/pl fonds m/pl, capitaux m/pl; ~schein m billet de banque; ~schrank m coffre-fort; ~strafe f amende f; ~stück n pièce f de monnaie; ~umlauf m circulation f monétaire; ~wechsel m change; ~wechsler m (Automat) changeur de monnaie

Gelee n gelée f

gelegen situé; fig das kommt mir sehr ~ cela m'arrive fort à propos

Gelegenheit f occasion; bei ~ à l'occasion

gelehr|ig docile; ~t savant, érudit; 2te(r) m savant, érudit

Geleit n escorte f, convoi m; freies ~ sauf-conduit m; 2en conduire, accompagner; Mil escorter; ~zug m Mar convoi

Gelenk n articulation f, joint(ure) f m; 2ig souple; ~rheumatismus m rhumatisme articulaire

gelernt (Arbeiter) qualifié

Geliebte f amante, maîtresse; ~(r) m amant

gelingen réussir; es gelingt mir zu je réussis (od parviens) à

gellend perçant, strident

gel|oben promettre solennellement; 2öbnis n promesse f solennelle, vœu m

gelten être valable; das gilt nicht cela ne compte pas; ~ als pour passer pour; ~d valable, en vigueur

Geltung f valeur; validité; zur ~ bringen mettre en valeur

Gelübde n vœu m

Gemahl m époux; ~in f épouse

Gemälde n peinture f, tableau m; ~galerie f galerie de tableaux

gemäß conforme à; selon, d'après; ~igt modéré

gemein commun, ordinaire;

(*Soldat*) simple; (*niederträchtig*) vil, bas, ignoble
Gemeinde f commune, municipalité; *Rel* paroisse; ~**rat** m conseil municipal
Gemein|heit f bassesse, action vile; ⌐**nützig** d'utilité publique; ⌐**sam** commun
Gemeinschaft f communauté; ⌐**lich** commun, collectif [commun]
Gemeinwohl n bien m
ge|messen mesuré; ⌐**metzel** n carnage m, massacre m; ⌐**misch** n mélange m; ⌐**mischt** mixte
Gemse f chamois m
Gemurmel n murmure m
Gemüse n légume m; ~**garten** m (jardin) potager; ~**händler** m fruitier; (*ambulanter*) marchand des quatre-saisons; ~**suppe** f potage m aux légumes, julienne
gemütlich intime, confortable; **hier ist es** ~ on est bien ici; ⌐**keit** f confort m
gemütskrank mélancolique
genau exact, précis, juste; peinlich ~ méticuleux, minutieux; ~ **um drei Uhr** à trois heures précises; ⌐**igkeit** f exactitude, précision
genehmig|en autoriser, agréer; ⌐**ung** f autorisation, permission, agrément m
General m général; ~**direktor** m directeur général; ~**probe** f répétition générale; ~**stab** m état-major général; ~**streik** m grève f générale; ~**vertretung** f agence générale
Generation f génération
Generator m génératrice f
generell général
genes|en guérir; ⌐**ung** f guérison, convalescence
Genf n Genève f; **der** ~**er See** le lac Léman
genial génial
Genick n nuque f
Genie n génie m
genieren (sich ~ **se)** gêner
genieß|bar mangeable; (*Getränk*) buvable; ~**en** goûter; jouir de
genormt standardisé
Genoss|e m *Pol* camarade; ⌐**enschaft** f société coopérative; ⌐**in** f camarade
genug assez
Genüg|e f: **zur** ~**e** suffisamment; ⌐**en** suffire; ⌐**end** suffisant; ⌐**sam** sobre
Genugtuung f satisfaction
Genuß m jouissance f; plaisir; (*v. Speisen, Tabak usw*) consommation f; **mit** ~ avec délice
geöffnet ouvert
Geo|graphie f géographie; ~**logie** f géologie
Gepäck n bagages m/pl; ~**abfertigung** f enregistrement m des bagages; ~**aufbewahrung** f consigne; ~**ausgabe** f remise des bagages; ~**kontrolle** f contrôle m des bagages; ~**netz** n filet m (à bagages); ~

Gepäckschein *m* bulletin de bagages; **~schließfach** *n* consigne *f* automatique; **~stück** *n* colis *m*; **~träger** *m* porteur; *(am Fahrrad)* porte-bagages; **~wagen** *m* fourgon

ge|panzert blindé; **~pfeffert** poivré; *fig* salé; **~pflegt** soigné; **~pökelt** salé; 2**polter** *n* tapage *m*; **~prüft** diplômé

gerade droit; *(Zahl)* pair; *adv* juste(ment), précisément; **~ jetzt** juste maintenant

Gerade *f* droite; *(Boxen)* direct *m*; 2**aus** tout droit; 2**biegen** redresser; *fig* arranger; 2**heraus** franchement; 2**wegs** directement; 2**zu** vraiment, simplement

Gerät *n* engin *m*; *(Haus*2*)* ustensile *m*; *mst El* appareil *m*

geraten[1] *(gelangen)* tomber, arriver; **gut** *(schlecht)* **~** (ne pas) bien réussir; **außer sich ~** s'exaspérer; **in Vergessenheit ~** tomber dans l'oubli; **~²: es für ~ halten** juger convenable

Geräteturnen *n* gymnastique *f* aux agrès

Geratewohl *n*: **aufs ~** à tout hasard

geräuchert fumé

geräumig spacieux

Geräusch *n* bruit *m*; **~kulisse** *f* fond sonore; 2**los** silencieux; 2**voll** bruyant

gerben tanner

gerecht juste, équitable; **~fertigt** justifié; 2**igkeit** *f* justice

Gerede *n* bavardage *m*; *(Klatsch)* racontars *m/pl*

gereizt irrité

Gericht *n* *Kochk* mets *m*, plat *m*; *jur* tribunal *m*; *(Gebäude)* palais *m* de Justice; 2**lich** judiciaire

Gerichts|barkeit *f* juridiction; **~kosten** *pl* dépens *m/pl*; **~saal** *m* salle *f* d'audience; **~verhandlung** *f* débats *m/pl* judiciaires; **~vollzieher** *m* huissier

gering petit; **nicht im ~sten** pas le moins du monde; **~fügig** peu important, insignifiant; **~schätzig** dédaigneux; 2**schätzung** *f* dédain *m*

gerinn|en se coaguler, se cailler; 2**sel** *n* caillot *m*

Gerippe *n* squelette *m*

gern(e) volontiers, avec plaisir; **~!** je veux bien!; **~ haben, essen** *od* **trinken** aimer

Geröll *n* éboulis *m*, galets *m/pl*

Gerste *f* orge; **~nkorn** *n* *Med* orgelet *m*

Gerte *f* badine, verge

Geruch *m* odeur *f*; *(Sinn)* odorat; 2**los** inodore

Gerücht *n* bruit *m*

geruhsam tranquille

Gerümpel *n* bric-à-brac *m*

Gerüst *n* échafaudage *m*

gesalzen salé *(a fig)*

gesamt entier, total; ~**ansicht** f vue d'ensemble; ~**betrag** m total; ~**eindruck** m impression générale; ~**heit** f ensemble m, totalité; ~**schaden** m totalité f des dommages

Gesandt|e(r) m ministre (plénipotentiaire); ~**schaft** f légation

Gesang m chant; ~**buch** m livre m de cantiques; ~**verein** m chorale f

Gesäß n séant m

Geschäft n affaire f; commerce m; (*Firma*) maison f; (*Laden*) magasin m; ~**ig** affairé; ~**lich** d'affaires, commercial

Geschäfts|brief m lettre f commerciale; ~**freund** m correspondant; ~**führer** m gérant; ~**mann** m homme d'affaires; ~**reise** f voyage m d'affaires; ~**verbindung** f relation commerciale; ~**viertel** n quartier m des affaires; ~**zeit** f heures f/pl d'ouverture

geschehen se passer; ~ **lassen** laisser faire; 2 n événements m/pl [gent]

gescheit judicieux, intelligent

Geschenk n cadeau m, présent m, don m

Geschicht|e f histoire f; (*Erzählung*) conte m; ~**lich** historique

Geschick n destin m; ~**lichkeit** f adresse, habileté; 2**t** adroit, habile

geschieden divorcé

Geschirr n vaisselle f; (*Pferde*~) 'harnais m

Geschlecht n famille f, race f; Anat, Zo sexe m; Gr genre m; 2**lich** sexuel

Geschlechts|krankheit f maladie sexuelle, maladie vénérienne; ~**teile** n/pl organes m/pl génitaux; ~**verkehr** m rapports m/pl sexuels

geschlossen fermé, clos

Geschmack m goût; 2**los** sans goût (a fig); ~(**s**)**sache** f question de goût; 2**voll** de bon goût; adv avec goût [ble)

geschmeidig souple, flexi-)

Ge|schöpf n créature f; ~**schoß** n projectile m; (*Stockwerk*) étage m; ~**schrei** m cris m/pl; ~**schütz** n canon m; ~**schwader** f escadre f

Geschwätz n bavardage m; 2**ig** bavard

geschweige: ~ **denn** et encore moins

Geschwindigkeit f vitesse f; ~**sbegrenzung** f limitation de vitesse

Geschwister pl frère(s) m(pl) et sœur(s) f(pl)

geschwollen enflé

Geschworene(r) m juré; **die** ~**n** le jury

Ge|schwulst f tumeur, enflure; ~**schwür** n ulcère m, abcès m

Gesell|e m compagnon f; 2**ig** sociable; ~**igkeit** f sociabilité

Gesellschaft *f* société; compagnie; j-m ~ **leisten** tenir compagnie à q.; ~**er** *m* Hdl associé; ²**lich** social; mondain

Gesellschafts|ordnung *f* ordre social; ~**reise** *f* voyage *m* organisé; ~**spiel** *n* jeu *m* de société

Gesetz *n* loi *f*; ~**buch** *n* code *m*; ~**gebung** *f* législation; ²**lich** légal, légitime; ²**los** sans loi, anarchique; ~**mäßigkeit** *f* légalité; ²**widrig** illégal, illégitime

Gesicht *n* figure *f*, visage *m*; face *f*

Gesichts|farbe *f* teint *m*; ~**feld** *n* champ *m* visuel; ~**kreis** *m* horizon; ~**punkt** *m* point de vue, aspect; ~**wasser** *n* lotion *f* faciale; ~**zug** *m* trait

Gesindel *n* canaille *f*

Gesinnung *f* sentiments *m*/*pl*; opinion; ²**los** sans caractère

ge|**sittet** civilisé; ~**sondert** séparé; ²**spann** *n* attelage *m*; ~**spannt** tendu (*a fig*) (*neugierig*) curieux

Gespenst *n* fantôme *m*, spectre *m*; ²**isch** spectral

ge**spickt** (entre)lardé

Gespräch *n* conversation *f*; Tel *f* communication *f*; ²**ig** causeur

Gesprächs|partner *m* interlocuteur *m*; ~**stoff** *m*, ~**thema** *n* sujet *m* de conversation

Gestalt *f* forme; figure; taille; ²**en** former, façonner; ~**ung** *f* formation; (*des Abends usw*) organisation

ge**ständ|ig:** ~**ig sein** faire des aveux, avouer; ²**nis** *n* aveu *m*

Gestank *m* puanteur *f*

ge**statten** permettre

Geste *f* geste *m*

ge**stehen** avouer

Gestein *n* roche *f*

Gestell *n* chevalet *m*; (*Regal*) étagère *f*; (*Brillen*²) monture *f*

gestern hier *m*; ~ **abend** hier soir

gestikulieren gesticuler

Ge|stirn *n* astre *m*; ²**storben** mort; ²**streift** rayé

gestrig d'hier

Ge|strüpp *n* broussailles *f*/*pl*; ~**stüt** *n* 'haras *m*; ~**such** *n* demande *f*, pétition *f*

ge**sund** sain; en bonne santé, bien portant; (*heilsam*) salubre; ~ **werden** guérir; ²**heit** *f* santé

Gesundheits|amt *n* bureau *m* d'hygiène; ²**schädlich** malsain; insalubre; ~**wesen** *n* santé *f* publique; ~**zustand** *m* état de santé

Getränk *n* boisson *f*; ~**karte** *f* carte des boissons

getrauen: sich ~ oser

Ge|treide *n* céréales *f*/*pl*, blé *m*; ²**trennt** séparé; ~**triebe** *n* engrenage *m*; Kfz boîte *f* de vitesses; ²**trost** *adv* avec confiance, en

toute tranquillité; ~tümmel n mêlée f, cohue f
Gewächs n végétal m; ~haus n serre f
gewagt osé, 'hasardeux
Gewähr f garantie; 2en accorder; 2en lassen laisser faire; 2leisten garantir
Gewahrsam m garde f; détention f
Gewalt f force; (Macht) pouvoir m, force majeure; **mit ~** de (od. avec) force; **höhere ~** force majeure; ~ig puissant, enorme; ~marsch m marche f forcée; 2sam violent, par force; 2tätig violent, brutal
gewandt habile, adroit; 2heit f adresse, habileté
Gewässer n eaux f/pl
Gewehr n fusil [-i] m
Geweih n bois m, ramure f
Gewerbe n métier m; profession f; industrie f; ~treibende(r) m Sp industriel, commerçant
gewerb|lich industriel; ~smäßig professionnel
Gewerkschaft f syndicat m; ~(l)er m syndiqué; 2lich syndical
Gewicht n poids m; fig importance f; **ins ~ fallen** être d'importance, avoir du poids; **nach ~** au poids; ~heben n Sp poids et haltères m/pl; haltérophilie f; 2ig fig important
Gewimmel n fourmillement m

Gewinde n Tech filet m
Gewinn m gain, bénéfice, profit; ~anteil m part f de bénéfice; 2en gagner; (erlangen) obtenir; ~er m gagnant; ~ung f Bgb extraction
Gewirr n embrouillage m
gewiß certain, sûr; adv certainement, sans doute; **ein gewisser Herr** un certain monsieur
Gewissen n conscience f; 2haft consciencieux; 2los sans scrupules; ~sbisse m/pl remords; ~sfrage f cas m de conscience
Gewißheit f certitude
Gewitt|er n orage m; ~erfront f front m orageux; ~erwolke f nuage m d'orage; 2rig orageux
gewöhnen (sich ~) s'accoutumer, (s')habituer (**an** à)
Gewohnheit f habitude, coutume
gewöhnlich ordinaire, habituel; (ordinär) commun, vulgaire; adv d'habitude, d'ordinaire [mé (**an** à)
gewohnt habitué, accoutuf
Gewölbe n voûte f
Gewühl n cohue f
Gewürz n épice f; ~gurke f cornichon m; ~nelke f (clou m de) girofle m; 2t épicé, assaisonné
Ge|zeiten pl marée f; 2ziert maniéré; ~zwitscher n gazouillement m; ~zwungen forcé; adv d'une manière forcée

11*

Gicht f goutte
Giebel m pignon
Gier f avidité; **2ig** avide
gießen verser; *Blumen:* arroser; *Tech* couler, fondre, mouler; **es ~t** il pleut à verse; **2erei** f fonderie; **2form** f moule; **2kanne** f arrosoir m
Gift n poison m; *(tierisches)* venin m; **2ig** toxique; *(Tiere)* venimeux; *(Pflanzen)* vénéneux; **~pilz** m champignon vénéneux; **~schlange** f serpent m venimeux
Gin m gin [dʒin] [nimeux]
Ginster m genêt
Gipfel m sommet, cime f; *(Baum2)* faîte f; *fig* apogée, comble
Gips m plâtre; **~abdruck** m (moulage m) plâtre; **~verband** m plâtre
Giraffe f girafe
Girlande f guirlande
Giro n endos(sement m) m; **~konto** n compte m de virement
Gischt m embrun
Gitarre f guitare
Gitter n grille f, grillage m; **~fenster** n fenêtre f grillagée
Gladiole f glaïeul m
Glanz m éclat; brillant, lustre; *fig* splendeur f
glänzen briller (*a fig*); **~d** brillant
glanz|los sans éclat, mat; **2papier** n papier m glacé
Glas n verre m; **~er** m vitrier

gläsern de (*od* en) verre
Glas|faser f fibre m de verre; **~hütte** f verrerie f; **~ig** glacer; **2ig** vitreux (*a fig*); **~scheibe** f vitre, carreau m; **~tür** f porte vitrée
Glasur f émail m, vernis m
Glaswolle f laine f de verre
glatt lisse, poli; *(schlüpfrig)* glissant; **2eis** n verglas m
glätten lisser, polir
Glatz|e f tête chauve; **~köpfig** chauve
Glaub|e m foi f, croyance f; **im guten ~en** de bonne foi; **2en** croire; **2haft** croyable
gläubig croyant, fidèle; **2er** m *Hdl* créancier
glaubwürdig digne de foi; **2keit** f crédibilité f
gleich égal, pareil; *(sofort)* tout de suite, à l'instant; **zur ~en Zeit** en même temps; **bis ~!** à tout à l'heure!
gleich|altrig du même âge; **~artig** de la même nature; **~berechtigt** égal en droits; **~en** (*j-m à q.*) ressembler (*j-m à q.*); **~falls** de même, également; **~gewicht** n équilibre m; **~gültig** indifférent; **2gültigkeit** f indifférence; **2heit** f égalité f; **~lautend** conforme; **~mäßig** uniforme, constant; **2mut** m calme
Gleich|nis n parabole f; **~richter** m *El* redresseur; **2schalten** coordonner; **~schritt** m: **im ~schritt** au

pas cadencé; ~**strom** *m* courant continu; ~**ung** *f* équation [-kwa-]; 2**wertig** équivalent; 2**zeitig** en même temps

Gleis *n* voie *f*

gleit|en glisser; 2**flug** *m* vol plané; 2**schutz** *m* Kfz antidérapant

Gletscher *m* glacier; ~**spalte** *f* crevasse

Glied *n* membre *m*; (Ketten2) chaînon *m*; 2**ern** (sich 2**ern**) se diviser (in en); ~**erung** *f* division; (e-s Aufsatzes, e-r Rede) plan *m*; ~**maßen** *pl* membres *m*|*pl*

glimmen couver

glitzern étinceler

glob|al mondial, global; 2**us** *m* globe (terrestre)

Glöckchen *n* clochette *f*

Glocke *f* cloche

Glocken|blume *f* clochette, campanule; ~**spiel** *n* carillon *m*; 2**turm** *m* clocher

glorreich glorieux

Glück *n* bonheur *m*; fortune *f*; chance *f*; **zum** ~ heureusement; **auf gut** ~ au hasard; 2**en** réussir *f*; 2**lich** heureux, fortuné; 2**licherweise** heureusement; ~**selig** bienheureux; ~**sspiel** *n* jeu *m* de hasard

Glückwunsch *m* félicitation *f*; **herzlichen** ~! (toutes mes) félicitations!

Glüh|birne *f* ampoule *f*; 2**en** être rouge; ~**end** rouge; ardent, fervent; ~**wein** *m* vin chaud; ~**würmchen** *n* ver *m* luisant

Glut *f* braise *f*, *fig* ardeur, ferveur

Glyzerin *n* glycérine *f*

Gnade *f* grâce; **ohne** ~ sans merci

gnädig clément, bienveillant; ~ **Frau!** Madame

Gold *n* or *m*; ~**barren** *m* lingot d'or; 2**en** d'or, en or; (Farbe) doré; ~**fisch** *m* poisson rouge; ~**hamster** *m* hamster doré; ~**medaille** *f* médaille d'or; ~**schmied** *m* orfèvre; ~**stück** *n* pièce *f* d'or

Golf[1] *m* golfe; ~[2] *n* Sp golf *m*; ~**platz** *m* terrain de golf

Gondel *f* gondole

gönnen être content pour q.; **sich et.** ~ s'accorder qc.

Gorilla *m* gorille

Gotik *f* gothique *m*

Gott *m* dieu; (christl Rel) Dieu; ~ **sei Dank!** Dieu merci!; **um** ~**es willen!** pour l'amour de Dieu!; ~**esdienst** *m* service, office (divin); culte; ~**heit** *f* divinité

Gött|in *f* déesse; 2**lich** divin

gottlos impie, athée

Götze *m* idole; ~**ndienst** *m* idolâtrie *f*

Grab *n* tombe *f*, tombeau *m*; 2**en** creuser; ~**en** *m* fossé; ~**hügel** *m* tertre funéraire; ~**inschrift** *f* épitaphe; ~**mal** *n* tombeau *m*; ~**stein** *m* pierre *f* tombale

Grad

Grad *m* degré; **~einteilung** *f* graduation
Graf *m* comte
Gräfin *f* comtesse
Grafschaft *f* comté
grämen: sich ~ se chagriner
Gramm *n* gramme *m*
Grammatik *f* grammaire
Granatapfel *m* grenade *f*
Granate *f* obus [ɔ'by] *m*
Granit *m* granit(e)
Graphik *f* gravure, estampe; **~er** *m* dessinateur publicitaire
Graphit *m* graphite
Gras *n* herbe *f*; **2en** brouter, paître; **~halm** *m* brin d'herbe
grassieren sévir
gräßlich atroce, horrible
Grat *m* arête *f*, crête *f*
Gräte *f* arête
gratis gratuitement
gratulieren: j-m zu et. ~ féliciter q. de qc.
grau gris; **2brot** *n* pain *m* bis
grauen: mir graut vor ... j'ai horreur de ...; **2 n** horreur *f*; **~haft** affreux, horrible
grauhaarig aux cheveux gris
Graupe *f* orge *m* mondé
Graupeln *f*/*pl* grésil *m*
grausam cruel; **2keit** *f* cruauté
gravieren graver; **~d** sérieux, grave
Grazie *f* grâce
greifbar palpable (*a fig*)

greifen prendre, saisir; **um sich ~** se propager
Greis *m* vieillard; **~in** *f* vieille femme
grell (*Licht*) cru; (*Farbe*) criard
Grenz|bahnhof *m* gare *f* frontière; **~e** *f* frontière; limite (*a fig*); **2en toucher** (**an** à)
Grenz|gebiet *n* région *f* frontalière; **~posten** *m* garde frontière; **~stein** *m* borne *f*; **~übergang(sstelle** *f*) *m* (point *m* de) passage de la frontière; **~verkehr** *m* trafic frontalier; **~verletzung** *f* (**~zwischenfall** *m*) violation (incident) de frontière
Greuel *m*, **~tat** *f* horreur *f*, atrocité *f*
Griech|enland *n* la Grèce; **2isch** grec, grecque
Grieß *m* semoule *f*
Griff *m* prise *f*; (*Tür*2, *Koffer*2) poignée *f*; (*Messer*2, *Werkzeug*2) manche *f*; **2bereit** à portée de la main
Grill *m* gril [-il]
Grille *f* grillon *m*, cigale; *fig* caprice *m*
Grimasse *f* grimace
grimmig furieux
grinsen ricaner
Grippe *f* grippe
grob gros; *fig* grossier, rude; **2heit** *f* grossièreté
Grog *m* grog
grölen brailler
Groll *m* rancune *f*, ressentiment; **2en** (*Donner*) gron-

der; **j-m ~en en vouloir à q.**

groß grand; gros, vaste; **~artig** grandiose; *F* épatant; **2britannien** *n* la Grande--Bretagne

Größe *f* grandeur; (*Körper~, Kleider~*) taille; (*Schuh~, Hut~*) pointure

Groß|eltern *pl* grands--parents *m/pl*; **~grundbesitz** *m* grande propriété *f*; **~handel** *m* (commerce en) gros; **~herzog** *m* grand--duc; **~macht** *f* grande puissance; **2mütig** généreux; **~mutter** *f* grand--mère; **~reinemachen** *n* nettoyage m à fond; **~stadt** *f* grande ville [part] **größtenteils** pour la plu-ƒ

Groß|vater *m* grand-père; **2ziehen** élever; **2zügig** généreux, large

Grotte *f* grotte

Grübchen *n* fossette *f*

Grube *f* fosse; *Bgb* mine

grübeln ruminer (**über et.** qc.)

Gruft *f* caveau *m*

grün vert; **~e Welle** feux *m/pl* coordonnés; **~er Hering** 'hareng *m* vert; **~ werden** verdir; **~anlage** *f* parc *m*

Grund *m* fond; (*Boden*) sol; (*Ursache*) cause *f*, raison *f*; **~ und Boden** fonds *m*; **im ~e** au fond; **aus diesem ~** pour cette raison; **~besitz** *m* propriété *f* foncière; **~buch** *n* cadastre *m*

gründ|en fonder; **2er** *m* fondateur

Grund|fläche *f* base, plan *m*; **~gebühr** *f* taxe de base; *Tel* taxe d'abonnement; **2gesetz** *n* loi *f* fondamentale; **~lage** *f* base, fondement *m*

gründlich à fond

grundlos pas fondé, gratuit

Gründonnerstag *m* jeudi saint

Grund|riß *m* plan; **~satz** *m* principe; **2sätzlich** de principe; par principe; **~schule** *f* école primaire; **~stück** *n* fonds *m*, terrain *m*

Gründung *f* fondation

grün|en verdir; **2kohl** *m* chou vert; **~lich** verdâtre; **2streifen** *m* bande *f* verte

grunzen grogner

Gruppe *f* groupe *m*; **~nermäßigung** *f* réduction pour groupes

gruppieren (sich ~ se) grouper

Gruß *m* salut, salutation(s *pl*) *f*; compliment, amitiés *f/pl*; **e-n ~ bestellen** transmettre les amitiés

grüßen saluer

Grütze *f* gruau *m*

gucken regarder

Gulasch *n* goulache *f*

gültig valable; **2keit** *f* validité

Gummi *n* caoutchouc *m*, gomme *f*; **~ball** *m* balle *f* en caoutchouc; **~band** *n* (ruban *m*) élastique *m*; **~baum** *m* caoutchouc, gom-

Gummiknüppel

mier; ~knüppel m matraque f; ~lösung f dissolution; ~sohle f (~stiefel m) semelle (botte f) en caoutchouc; ~strumpf m bas élastique; ~tier n animal m en caoutchouc; ~zug m élastique

Gunst f faveur
günstig favorable
Gurgel f gorge; 2n se gargariser; ~wasser n gargarisme m
Gurke f concombre m
Gurt m sangle f; ceinture f
Gürtel m ceinture f; ~rose f zona; ~tier n tatou m
Guß m (Regen2) averse f; ~eisen n fonte f; ~form f moule m
gut bon; adv bien; ~ riechen sentir bon; ~ kurz und ~ en un mot; im ~en à l'amiable; es schmeckt ~ c'est bon
Gut n bien m; (Land2) do-

maine m, propriété f agricole; ~achten n expertise f; 2artig bénin, bénigne
Gutdünken n: nach ~ à volonté
Güte f bonté; (e-r Ware) qualité
Güter|bahnhof m gare f (de) marchandises; ~wagen m (~zug m) wagon (train) de marchandises
gut|gelaunt de bonne humeur; 2haben m avoir m; ~heißen approuver
gütig aimable, bienveillant
gütlich à l'amiable
gut|machen réparer; 2mütig bon; 2mütigkeit f bonté, bonhomie; 2schein m bon
gutschreiben: j-m et. ~ créditer q. de qc.
Gymnasium n lycée m, collège m
Gymnastik f gymnastique
Gynäkologe m gynécologue

H

Haar n cheveu m; cheveux m/pl, chevelure f; (Körper2, Tier2) poil m; ~ausfall m chute f des cheveux; ~bürste f brosse à cheveux; ~farbe f couleur des cheveux; ~festiger m fixant; ~nadel f épingle à cheveux; ~netz n résille f; 2scharf tranchant; ~schneiden n coupe f de cheveux; ~spray m od n vaporisateur m; ~teil n mèche

f postiche; ~waschmittel n shampooing m; ~wasser n lotion f
Habe f avoir m, bien m
haben avoir; posséder, tenir; 2n Hdl avoir m, crédit m
Habgier f cupidité, avidité; 2ig cupide, avide
Habicht m autour
Hack|e f 'houe, pioche; 2en Kochk 'hacher; Holz: fendre; Agr piocher; ~fleisch n 'hachis m

Hafen m port; ~arbeiter m docker [-ɛːr]; ~damm m jetée f; ~gebühr f taxe de port; ~rundfahrt f tour m du port; ~stadt f ville portuaire; ~viertel n quartier m du port

Hafer m avoine f; ~flocken f/pl flocons m/pl d'avoine

Haft f détention, emprisonnement m; ⁓bar responsable (für de); ⁓befehl m mandat d'arrêt

haften adhérer, tenir (**an** à); ~ **für** répondre de

Häftling m détenu

Haftpflicht f responsabilité; ~versicherung f assurance (de) responsabilité civile

Haftschalen f/pl verres m/pl de contact

Hagel m grêle f; ~korn n grêlon m; ⁓n: es ⁓t il grêle; ~schauer m giboulée f

hager maigre

Hahn m coq f; Tech robinet; (Gewehr⁓) chien

Hai(fisch m) m requin

Hain m bosquet

häkel|**n** faire du crochet; ⁓**nadel** f crochet m

Haken m croc [kro], crochet; ~kreuz n croix f gammée

halb demi; à moitié; **e-e ~e Stunde** une demi-heure; **~ zwei (Uhr)** une heure et demie; **auf ~em Wege** à mi-chemin

halb|**amtlich** officieux; ⁓**dunkel** n demi-jour m; ~**gar** à moitié cuit; ⁓**gefrorene(s)** n sorbet m; ⁓**ieren** partager en deux

Halb|**insel** f presqu'île, péninsule; ~**jahr** n semestre m; ~**kreis** m demi-cercle; ~**kugel** f hémisphère; ⁓**laut** à mi-voix; ~**messer** m rayon; ~**mond** m croissant; ⁓**offen** entrouvert; ~**pension** f demi-pension; ⁓**rund** semi-circulaire; ~**schuh** m soulier bas; ~**tagsbeschäftigung** f emploi m à mi-temps; ~**zeit** f Sp mi-temps

Halde f terril f

Hälfte f moitié; **zur ~** à moitié

Halle f (grande) salle; (Bahnhofs⁓, Hotel⁓) 'hall [ol] m; (Markt⁓) ⁓n résonner; ⁓**nbad** n piscine f couverte

hallo! allô!

Halm m brin

Hals m cou; (Kehle) gorge f; **j-m um den ~ fallen** se jeter au cou de q.; ~**ausschnitt** m décolleté; ~**band** n collier m (a Hunde⁓); ~**entzündung** f inflammation de la gorge; ~**kette** f collier m; ~**schmerzen** m/pl mal m de gorge; ~**tuch** n foulard m; fichu m

Halt m 'halte f; (Stütze) soutien, appui; ⁓! 'halte!, stop!; ⁓**bar** solide, résistant

halten tenir; (stehenbleiben) s'arrêter; **~ für** prendre

Haltestelle

pour; e-e Rede ~ prononcer un discours; sich ~ se tenir (an à); sich rechts (links) ~ tenir sa droite (gauche); 2 verboten! défense f de s'arrêter!

Halte|stelle f arrêt m; ~verbot n interdiction f de s'arrêter; stationnement interdit

haltmachen s'arrêter

Haltung f attitude; tenue; posture; die ~ verlieren perdre contenance

Halunke m gredin

Hammel m mouton; ~braten m rôti de mouton; ~fleisch n mouton m; ~keule f gigot m

Hammer m marteau

hämmern marteler

Hammerwerfen n Sp lancement m du marteau

Hämorrhoiden f/pl hémorroïdes

Hampelmann m pantin

Hamster m 'hamster

Hand f main; ~arbeit f travail m manuel; ~ball m 'handball'; ~bewegung f geste m (de la main); ~bremse f frein m à main; ~buch n manuel m

Händedruck f poignée f de main

Handel m commerce (mit de); 2n agir; Hdl faire commerce (mit de); marchander (um et. qc.); es handelt sich um ... il s'agit de ...

Handels|abkommen n accord m commercial; ~beziehungen f/pl relations commerciales; ~kammer f chambre de commerce; ~marine f marine marchande; ~mission f mission commerciale; ~schiff n navire m marchand; ~schule f école de commerce

Hand|feger m balayette f; ~fläche f paume; ~gelenk n poignet m; ~gepäck n bagages m/pl à main; ~granate f grenade; ~griff m poignée f; 2haben manier, manipuler; ~karren m charrette f; ~koffer m valise f; ~kuß m baisemain

Händler m marchand

handlich maniable

Handlung f action; (Tat) acte m; Hdl magasin m, boutique; ~sreisende(r) m commis voyageur

Hand|schellen f/pl menottes; ~schrift f écriture; ~schuh m gant; ~stand m verticale f; ~tasche f sac m à main; ~tuch n serviette f (de toilette); essuie-main m

Handwerk n métier m; ~er m artisan; ~sbetrieb m entreprise f artisanale; ~szeug n outils m/pl, outillage m

Hanf m chanvre

Hang m pente f, fig penchant

Hänge|brücke f pont m suspendu; ~matte f 'hamac m

hängen pendre; *fig* **an** j-m (et.) ~ être attaché à q. (qc.); ~**bleiben** rester accroché

hänseln taquiner

Hansestadt f ville de la Hanse

Hantel f haltère m

Happen m bouchée f, morceau

Harfe f harpe

Harke f râteau; 2n râtisser

harmlos inoffensif; innocent, anodin

Harmo|nie f harmonie; 2**nisch** harmonieux

Harn m urine f; ~**blase** f vessie

Harnisch m cuirasse f

Harpune f harpon m

hart dur (*a fig*); *fig* rude, sévère; ~ **werden** durcir

Härte f dureté

Hart|geld n (pièces f/pl de) monnaie f; ~**gummi** n ébonite f; 2**herzig** insensible, sec; 2**näckig** opiniâtre, obstiné

Harz n résine f; 2**ig** résineux

Haschee n 'hachis m

Hase m lièvre

Haselnuß f noisette

Hasen|pfeffer m civet de lièvre; ~**scharte** f bec-de-lièvre m

Haß m 'haine f

hassen 'haïr

häßlich laid, vilain; 2**keit** f laideur

Hast f hâte f; 2**ig** précipité; *adv* en (toute) 'hâte

Haube f coiffe, bonnet m; *Kfz* capot m

Hauch m souffle; 2**en** souffler

hau|en battre, frapper; *Holz*: fendre; 2**er** m *Bgb* piqueur; *Zo* défense f

Haufen m tas; amas, monceau; (*Menschen*) foule f; ~**häufen** accumuler; **sich ~** se multiplier

häufig fréquent; *adv* a souvent; 2**keit** f fréquence

Häufung f (*v Ereignissen*) multiplication

Haupt n tête f (*a fig*); ~**bahnhof** m gare f centrale; ~**darsteller** m protagoniste; ~**deck** n pont m principal; ~**eingang** m entrée f principale; ~**gewinn** m gros lot

Häuptling m chef de tribu

Haupt|mahlzeit f repas m principal; ~**mann** m capitaine; ~**quartier** n quartier m général; ~**rolle** f premier rôle m; ~**sache** f essentiel m; 2**sächlich** principal, essentiel; ~**saison** f pleine (*od* 'haute) saison; ~**schlüssel** m passe-partout; ~**stadt** f capitale; ~**straße** f grand-rue; ~**verkehrszeit** f heures f/pl de pointe; ~**verwaltung** f administration centrale

Haus n maison f; **nach ~e, zu ~e** à la maison, chez soi; ~**angestellte(r)** *su* domestique; ~**apotheke** f (armoire à) pharmacie; ~-

Hausarzt

~arzt m médecin de famille; **~besitzer** m propriétaire
Häuschen n maisonnette f
Haus|dame f gouvernante; **~diener** m portier, bagagiste; **2en** F nicher, percher; (*verwüsten*) faire des ravages
Häuserblock m pâté de maisons
Haus|flur m vestibule; **~frau** f maîtresse de maison, ménagère; **2gemacht** de ménage; **~halt** m ménage; **~hälterin** f ménagère, gouvernante; **~herr** m maître de maison
hausier|en colporter (mit et qc.); **2er** m colporteur
Hauslehrer m précepteur
häuslich domestique
Haus|mädchen n bonne f; **~mannskost** f cuisine bourgeoise; **~meister** m concierge; **~nummer** f numéro m de la maison; **~ordnung** f règlement m intérieur; **~schlüssel** m clé f de la maison; **~schuh** m pantoufle f, chausson f; **~suchung** f perquisition; **~telefon** n téléphone m intérieur; **~tier** n animal m domestique; **~tür** f porte de la maison
Haut f peau; **~abschürfung** f écorchure, égratignure; **~arzt** m dermatologue; **~ausschlag** m éruption f; **~creme** f crème de beauté; **~entzündung** f dermite; **~farbe** f couleur de la peau, teint m; **~schere** f ciseaux m/pl à peau
Havarie f avarie
Hebamme f sage-femme
Hebel m levier
heben lever, soulever; élever
hebräisch hébreu
Hecht m brochet; **~sprung** m plongeon
Heck n Mar poupe f; Kfz arrière m
Hecke f 'haie; **~nrose** f églantier m; (*Blüte*) églantine; **~nschütze** m franc-tireur
Heckscheibe f Kfz glace arrière
Heer n armée f
Hefe f levure
Heft n cahier m; carnet m; (*Griff*) manche f
heften attacher; (*nähen*) faufiler; Buch: brocher
heftig violent; **2keit** f violence
Heft|klammer f agrafe; trombone m; **~pflaster** n sparadrap; **~zwecke** f punaise
hegen protéger, soigner; **Verdacht (Zweifel) ~** nourrir des soupçons (des doutes)
Hehler m receleur; **~ei** f recel m
Heide[1] m païen
Heide[2] f lande(s pl) f; **~kraut** n bruyère f
Heidelbeere f airelle, myrtille
heikel délicat

heil sain et sauf; *(ganz)* intact; 2 n salut m
Heiland m Sauveur
Heil|anstalt f maison f de santé; 2**bar** guérissable, curable; 2**en** guérir
heilig saint; sacré; 2**abend** m veille f de Noël, ~**en** sanctifier; 2**enschein** m auréole f; 2**e(r)** m saint; ~**sprechen** canoniser; 2**tum** n sanctuaire m
Heil|kraft f vertu curative; ~**mittel** n remède m; 2**praktiker** m guérisseur; ~**quelle** f source minérale; ~**sam** salutaire *(a fig)*; ~**sarmee** f Armée du Salut; ~**ung** f guérison
heim à la maison, chez soi, 2 n foyer m; 2**arbeit** f travail m à domicile
Heimat f pays m (natal), patrie; ~**anschrift** f adresse habituelle; 2**lich** natal; ~**los** sans patrie; ~**museum** n musée m régional; ~**vertriebene(r)** m expulsé
Heim|fahrt f retour m; 2**isch**: sich 2**isch fühlen** se sentir comme chez soi; ~**kehr** f rentrée; 2**lich** secret; clandestin; ~**reise** f voyage m de retour
heimtückisch sournois
Heim|weg m chemin du retour; ~**weh** n mal m du pays; nostalgie f
Heirat f mariage m; 2**en** épouser, se marier
Heirats|antrag m demande f en mariage; ~**schwindler** m escroc [-o] au mariage; ~**urkunde** f acte m de mariage [rouement m]
heiser enroué; 2**keit** f en-
heiß (très) chaud
heißen s'appeler, se nommer; *(bedeuten)* signifier, vouloir dire; **das heißt** c'est-à-dire; **es heißt, daß ... von** ... je m'appelle ...
heiter gai; serein; 2**keit** f sérénité; *(Gelächter)* hilarité
heiz|en chauffer; 2**er** m chauffeur; 2**kissen** n coussin m électrique; 2**körper** m radiateur; 2**material** n combustible m/pl; 2**ofen** m radiateur électrique; 2**öl** n mazout m; 2**ung** f chauffage m
Hektar n hectare m
Held m 'héros;' 2**enhaft** héroïque; ~**entat** f exploit m; ~**in** f héroïne
helf|en: j-m ~**en** aider q., secourir q., assister q.; 2**er** m aide, assistant; 2**ershelfer** m complice
hell clair; *fig* lucide; **es wird** ~ il commence à faire jour; **am** ~**en Tag** en plein jour; ~**blau** bleu clair; ~**hörig** *(Wand)* sonore; 2**igkeit** f clarté; 2**seher(in** f**)** m voyant(e)
Helm m casque
Hemd n chemise f; ~**bluse** f chemisier m; 2**särmelig** en bras de chemise

hemmen arrêter, ralentir; (*behindern*) gêner

Hemmung *f fig* complexe *m*; ⁓slos déchaîné

Hengst *m* cheval entier; étalon

Henkel *m* anse *f*

Henker *m* bourreau

Henne *f* poule

her ici; **von oben (unten)** ⁓ d'en 'haut (bas)

herab en bas; **von oben** ⁓ d'en 'haut; ⁓**hängen** pendre; ⁓**lassen** faire descendre, baisser; ⁓**lassend** condescendant; ⁓**setzen** *Preis*: réduire, diminuer, baisser; ⁓**steigen** descendre; ⁓**stürzen** précipiter; ⁓**würdigen** déprécier

heran|bringen apporter; **näher** ⁓**bringen** rapprocher; ⁓**kommen** approcher (**an et.** qc.); ⁓**rufen** appeler; *Taxi*: 'héler; ⁓**wachsen** grandir; ⁓**ziehen** attirer; (*aufziehen*) élever

herauf en 'haut; ⁓**beschwören** évoquer; provoquer; ⁓**kommen** monter; ⁓**setzen** *Preis*: augmenter, majorer; ⁓**ziehen** *Gewitter*: approcher

heraus (en) dehors; **von innen** ⁓ du pedans; **zum Fenster** ⁓ par la fenêtre; ⁓**bekommen** parvenir à enlever; (*erfahren*) découvrir; *Geld*: avoir à recevoir; ⁓**bringen** sortir; *Fabrikat* a: lancer; *Buch*: éditer; ⁓**fallen** tomber; ⁓**fordern** provoquer, défier; ⁓**geben** remettre; *Geld*: rendre; *Buch*: éditer; ⁓**kommen** sortir; ⁓**lassen** laisser sortir; ⁓**nehmen** retirer; ⁓**platzen** éclater (*od.* pouffer) de rire; ⁓**schrauben** dévisser; ⁓**stellen**: sich ⁓**stellen** apparaître, se révéler; ⁓**strecken** tendre; *Zunge*: tirer; ⁓**ziehen** tirer, sortir

herb *adj Wein*: âpre

herbei (par) ici; ⁓**eilen** accourir; ⁓**holen** aller chercher, faire venir

Herberge *f* auberge; ⁓**vater** *m* père aubergiste

Herbst *m* automne; ⁓**lich** automnal

Herd *m* fourneau, cuisinière *f*; *fig* foyer

Herde *f* troupeau *m*

herein en dedans; ⁓**!** entrez!; ⁓**bitten** prier d'entrer; ⁓**fallen** *fig* tomber dans le panneau; ⁓**kommen** entrer; ⁓**lassen** laisser (*od.* faire) entrer; ⁓**legen**: j-n ⁓**legen** mettre q. dedans

Her|fahrt *f*: **auf der** ⁓**fahrt** en venant; ⁓**gang** *m* déroulement; ⁓**geben** donner; prendre

Hering *m* 'hareng; (*Zelt*⁓) piquet

herkommen venir; **wo kommen Sie her?** d'où venez-vous?; **komm her!** viens ici!

herkömmlich traditionnel
Herkunft f provenance, origine f
hermetisch hermétique
Heroin n doppel f
heroisch héroïque
Herr m monsieur; maître; Rel Seigneur; **sehr geehrter ~ ...** Monsieur,
Herren|**doppel** n (~**einzel** n) double (simple m) messieurs; ~**konfektion** f confection masculine; **2los** sans emploi; abandonné; ~**schneider** m tailleur pour hommes
Herr|**in** f maîtresse; **2isch** autoritaire, impérieur; **2lich** magnifique
Herrsch|**aft** f domination; empire m, règne m; **2aftlich** seigneurial; **2en** régner; ~**er** m souverain
her|**rühren** provenir (**von** de); ~**sagen** dire, réciter; ~**schicken** envoyer (ici)
herstell|**en** produire, fabriquer; **2er** m fabricant, producteur; **2ung** f fabrication, production
herüber de ce côté-ci; ~**reichen** passer
herum autour (de); **rings ~** tout autour; ~**drehen** tourner; ~**fahren** contourner (**um et.** qc.); (ziellos) circuler; ~**führen** Fremde: guider, piloter; ~**irren** errer; ~**liegen** traîner; ~**reichen** faire passer, circuler; ~**stehen** (Personen) badauder; (Sachen) traîner; ~**treiben**: **sich ~treiben** traîner, vagabonder
herunter en bas; ~**fallen** tomber (par terre); ~**klappen** rabattre; ~**kommen** descendre; fig déchoir; ~**lassen** baisser; ~**nehmen** descendre; enlever
hervor en avant; ~**bringen** produire, faire naître; ~**gehen** résulter, sortir (**aus** de); ~**heben** souligner; ~**ragend** excellent, éminent; ~**rufen** fig provoquer
Herz n cœur m (a Kartenspiel); ~**anfall** m crise f cardiaque; ~**beklemmung** f serrement m de cœur; **2ergreifend** saisissant; ~**fehler** m affection f cardiaque; **2haft** (Speise) savoureux; **2haft lachen** rire de bon cœur; ~**infarkt** m infarctus du myocarde; ~**klopfen** n battements m/pl de cœur; **2krank** cardiaque
herzlich cordial, affectueux; **2keit** f cordialité
Herzog m duc; ~**in** f duchesse
Herz|**schlag** m battement du cœur; Med apoplexie f du cœur; ~**verpflanzung** f greffe du cœur
Hetze|**e** f précipitation, 'hâte, fig excitation, provocation; **2en** faire courir; Hund: lâcher (**auf sth** sur); fig exciter, agiter; ~**jagd** f chasse à courre

Heu n foin m; ~boden m fenil, grenier

Heuchel|ei f hypocrisie; 2n feindre

Heu|ernte f fenaison; ~gabel f fourche

heulen 'hurler; F (*weinen*) pleurnicher

Heu|schnupfen m rhume des foins; ~schober m meule f; ~schrecke f sauterelle

heut|e aujourd'hui; ~e morgen ce matin; ~e in 14 Tagen d'ici quinze jours; 2ig d'aujourd'hui; ~zutage de nos jours

Hexe f sorcière; ~nschuß m lumbago

Hieb m coup

hier ici; ~! présent!; ~ entlang par ici; ~ ist, ~ sind voici; ~ bin ich me voici; ~ und da çà et là; ~ auf là-dessus; ~ bleiben rester (ici); ~ durch par là; ~ für pour cela; ~ her, ~ hin ici, par ici; ~ mit par cela, avec cela; ~ von de cela; en; ~ zu à cela; y

hiesig d'ici

Hilfe f aide, secours m; zu ~! au secours!; mit ~ von à l'aide de; Erste ~ premiers soins m/pl; ~ruf m appel au secours

hilflos désarmé, délaissé

Hilfs|arbeiter m manœuvre; 2bedürftig nécessiteux; 2bereit serviable; ~mittel n moyen m; ~motor m moteur auxiliaire

Himbeer|e f framboise; ~saft m jus de framboise

Himmel m ciel; unter freiem ~ en plein air; 2blau bleu céleste; ~fahrt f (*Christi*) l'Ascension; (*Mariä*) l'Assomption

Himmels|körper m corps céleste; ~richtung f point m cardinal

himmlisch céleste; *fig* divin, sublime

hin vers, y; ~ und wieder de temps à autre; ~ und zurück aller et retour

hinab en bas, vers le bas; ~steigen descendre

hinauf en haut, vers le haut; ~fahren, ~gehen monter

hinaus dehors; ~gehen sortir; (*Fenster*) donner (**auf** sur); ~laufen *fig* aboutir (**auf** à); ~lehnen: sich ~lehnen se pencher au dehors; ~schieben *fig* ajourner; ~werfen mettre à la porte

Hinblick m: im ~ auf en vue de

hinder|lich gênant; ~n empêcher (**an** de); gêner; 2nis n obstacle m, entrave f; 2nisrennen n course f d'obstacles

hindurch à travers, par; die ganze Nacht ~ durant toute la nuit

hinein dans, dedans; ~gehen entrer dans; ~lassen laisser (*od.* faire) entrer; ~stecken, ~stopfen fourrer dedans

hinfahr|en aller; *et. od j-n:* transporter; ♂t *f* aller *m*
hin|fallen tomber; **~fällig** caduc; **~führen** conduire; ♂gabe *f* dévouement *m*; **~geben:** sich **~geben** (*D*) s'adonner à; **~gehen** aller; **~halten** tendre; *fig* faire attendre
hinken boiter
hinlegen poser, mettre; sich **~** s'allonger; se coucher
hin|nehmen accepter; **~reißen:** sich **~reißen** lassen zu se porter à; **~richten** exécuter; ♂richtung *f* exécution; **~setzen** mettre, poser; sich **~setzen** s'asseoir
Hinsicht *f:* in dieser **~** à cet égard; ♂lich à l'égard de, quant à [placer]
hinstellen mettre, poser,
hinten derrière, à l'arrière; **von ~** par derrière; **nach ~** en arrière
hinter derrière; ♂achse *f* essieu *m* arrière; ♂bliebene(n) *m/pl* survivants; **~e** postérieur, arrière; **~einander** l'un après l'autre; ♂grund *m* fond; ♂halt *m* embuscade *f;* **~hältig** insidieux; ♂haus *n* bâtiment *m* sur la cour; **~her** après
Hinter|kopf *m* occiput [-yt]; **~land** *n* arrière-pays *m;* **~lassen** laisser; **~legen** déposer; ♂listig astucieux; **~mann** *m fig* instigateur, machinateur

Hintern *m F* derrière, postérieur; **j-m den ~ versohlen** fesser q.
Hinter|rad *n* roue *f* arrière, **~treppe** *f* escalier *m* de service; **~tür** *f* porte de derrière
hintun mettre
hinüber au-delà, de l'autre côté; **~führen** (*Weg*) mener de l'autre côté; **~gehen** traverser (**über** et. qc.); **~reichen** passer; **~springen** sauter de l'autre côté
hinunter en bas; **~fallen** tomber; **~gehen, ~klettern** descendre; **~schlucken** avaler [l'aller)
Hinweg *m:* **auf dem ~** à
hinwegsehen: über et. **~** fermer les yeux sur qc.
Hinweis *m* indication *f;* ♂en indiquer (**auf** et. qc.)
hinziehen: sich **~** traîner en longueur; (*räumlich*) s'étendre (**bis nach** jusqu'à)
hinzu de plus, en outre; **~fügen** ajouter (**zu** à); **~kommen** s'ajouter; **~ziehen** *Arzt:* consulter
Hirn *n* cervelle *f;* **~gespinst** *n* chimère *f.*
Hirsch *m* cerf [se:r]; **~käfer** *m* cerf-volant; **~kuh** *f* biche
Hirse *f* millet *m*
Hirt *m* berger, pâtre
hissen 'hisser
Histori|ker *m* historien; ♂sch historique
Hitze *f* chaleur *f,* **~welle** *f* vague de chaleur

hitzig

hitz|ig fougueux; ⁲**kopf** m tête f chaude; ⁲**schlag** m coup de chaleur

Hobby n 'hobby m

Hobel m rabot; ⁲**n** raboter

hoch 'haut; élevé; (nach oben) en 'haut; (Alter) grand; **auf hoher See** en 'haute mer

Hoch|achtung f grande estime f; ⁲**achtungsvoll** veuillez agréer, Monsieur, l'expression de mes sentiments distingués; ⁲**amt** n grand-messe f; ⁲**antenne** f antenne aérienne; ⁲**druck** m 'haute pression f; ⁲**ebene** f plateau m; ⁲**gebirge** f 'haute montagne f; ⁲**geschlossen** (Kleid) montant; ⁲**haus** n building m; ⁲**heben** lever; ⁲**kant** de chant; ⁲**mut** m orgueil, 'hauteur f; ⁲**mütig** orgueilleux, 'hautain

Hoch|ofen m 'haut fourneau; ⁲**relief** n 'haut--relief m; ⁲**schule** f école de l'enseignement supérieur; université; ⁲**seefischerei** f pêche en 'haute mer; ⁲**sommer** m plein été; ⁲**spannung** f 'haute tension; ⁲**sprung** m saut en 'hauteur

höchst le plus 'haut; *adv* extrêmement

Hochstapler m imposteur

Höchst|betrag m montant maximum; ⁲**ens** (tout) au plus; ⁲**geschwindigkeit** f vitesse maximum; ⁲**grenze** f plafond m

Hoch|verrat m 'haute trahison f; ⁲**wald** m futaie f; ⁲**wasser** m crue f, inondation f; ⁲**wertig** de valeur

Hochzeit f mariage m; (Fest) noces f/pl; ⁲**geschenk** n cadeau m de mariage; ⁲**gesellschaft** f noce; ⁲**sreise** f voyage m de noces

Hocker m tabouret, escabeau

Höcker m bosse f

Hockey n 'hockey [-ɛ] m

Hode(n) m testicule

Hof m cour f; **j-m den ~ machen** courtiser qn

hoffen espérer; ⁲**tlich** j'espère que ... ; ⁲**!** espérons-le!

Hoffnung f espoir m, espérance; ⁲**slauf** m Sp repêchage; ⁲**slos** sans espoir, désespéré

höflich poli, courtois; ⁲**keit** f politesse

Höhe f 'hauteur f; altitude

Hoheits|gebiet n territoire m; ⁲**gewässer** n/pl eaux f/pl territoriales

Höhen|kurort m station d'altitude; ⁲**messer** m altimètre; ⁲**sonne** f soleil m artificiel; ⁲**unterschied** m différence f de niveau

Höhepunkt m point culminant

hohl creux (a fig)

Höhle f caverne; (Tier⁲) antre m, tanière; ⁲**nforschung** f spéléologie

Hohl|maß n mesure f de capacité; **~raum** m vide; **~saum** m ourlet à jour

Hohn m dérision f; mépris

höhnisch méprisant; railleur

holen aller chercher; **~ Sie e-n Arzt!** faites venir un médecin!

Holl|and n la Hollande; **2ändisch** hollandais

Höll|e f enfer m; **~enmaschine** f machine infernale; **~enstein** m pierre infernale; **2isch** infernal; adv diablement

holp(e)rig raboteux

Holunder m sureau

Holz n bois m

hölzern (od en) bois

Holz|fäller m bûcheron; **2ig** ligneux, **~kohle** f charbon de bois; **~schnitt** m gravure f sur bois; **~schnitzerei** f sculpture [-ylt-] sur bois; **~wolle** f fibre de bois

Honig n miel m; **~kuchen** m pain d'épice

Honorar n honoraires m/pl

Hopfen m houblon

Hör|apparat m appareil auditif; **2bar** audible

horchen écouter

Horde f horde, bande

hören entendre; (erfahren) apprendre; **2sagen** n: **vom 2sagen** par ouï-dire

Hör|er m auditeur; Tel écouteur, récepteur; **~funk** m radio f

Horizont m horizon; **2al** horizontal

Hormon n hormone m

Horn n corne f; Mus cor m; **~brille** f lunettes f/pl d'écaille

Hörnchen n croissant m

Hornhaut f durillon m; (des Auges) cornée

Hornisse f frelon m

Horoskop n horoscope m

Hör|rohr n cornet m acoustique; **~saal** m auditoire m; **~spiel** n pièce f radiophonique; **~weite** f portée de la voix [culotte]

Hose f pantalon m (kurze)

Hosen|anzug m costume-pantalon; **~schlitz** m braguette f; **~tasche** f poche (de pantalon); **~träger** m/pl bretelles f/pl

Hostess f hôtesse

Hotel n hôtel m; **~besitzer** m hôtelier; **2eigen** de l'hôtel; **~fachschule** f école hôtelière

Hubraum m cylindrée f

hübsch joli [tère)

Hubschrauber m hélicoptère

Huf m sabot; **~eisen** n fer m à cheval; **~schmied** m maréchal-ferrant

Hüft|e f hanche f; **~halter** m gaine f

Hügel m colline f, coteau; **2ig** montueux

Huhn n poule f; **junges ~, Hühnchen** n poulet m

Hühner|auge n cor m, œil-de-perdrix m; **~brühe** f consommé m de poulet;

~stall *m* poulailler; **~stange** *f* perchoir *m*
Hülle *f* enveloppe; gaine
Hülse *f* cosse, gousse; (*Patronen*2) douille; **~nfrüchte** *f/pl* légumes *m/pl* secs
Hummel *f* bourdon *m*
Hummer *m* 'homard
Humor *m* humour
humpeln boiter
Humpen *m* 'hanap [-p]
Hund *m* chien
Hunde|futter *n* nourriture *f* pour chiens; **~hütte** *f* niche; **~kuchen** *m* pain de chien; **~leine** *f* laisse; **~marke** *f* plaque (de chien); 2müde éreinté
hundert cent; 2**jahrfeier** *f* centenaire *m*
Hündin *f* chienne
Hundstage *m/pl* canicule *f*
Hunger *m* faim *f*; **ich habe (großen) ~** j'ai (grand-) faim; **~kur** *f* diète absolue; 2**n** avoir faim; **~snot** *f* famine, disette; **~streik** *m* grève *f* de la faim

hungrig affamé
Hupe *f* klaxon *m*, avertisseur *m*; 2**n** klaxonner
hüpfen sautiller
Hürde *f* claie; *Sp* 'haie; **~nlauf** *m* course *f* de haies
Hure *f* F grue; P putain
hüsteln toussoter
husten tousser; 2 *m* toux *f*
Hut *m* chapeau; **~ablage** *f* porte-chapeaux *m*
hüten garder; **das Bett ~** garder le lit, s'aliter; **sich ~ vor** se garder de
Hut|feder *f* plumet *m*; **~geschäft** *n* chapellerie *f*
Hütte *f* cabane, 'hutte; *Tech* forge
Hyäne *f* hyène
Hyazinthe *f* jacinthe
Hydrant *m* bouche *f* d'incendie
hydraulisch hydraulique
Hygien|e *f* hygiène; 2**isch** hygiénique
Hymne *f* hymne *m*
Hypothek *f* hypothèque
hysterisch hystérique

I

ich je; moi; **~ bin's** c'est moi
ideal idéal
Idee *f* idée
ident|ifizieren identifier; **~isch** identique; 2**ität** *f* identité
Idiot *m* idiot; 2**isch** idiot
idyllisch idyllique
Igel *m* 'hérisson
ignorieren ignorer

ihm lui; à lui
ihn le; lui
ihnen leur; à eux, à elles; 2 vous; à vous
ihr lui; à elle; (*pl v du*) vous; (*possessiv*) son, sa, leur; *pl* ses, leurs; 2 votre; *pl* vos
Ikone *f* icône
illegal illégal
Illusion *f* illusion

Illustrierte f illustré m, magazine m
Iltis m putois
Imbiß m casse-croûte, collation f; ⁓**halle** f, ⁓**stube** f buvette, snack-bar m
Imker m apiculteur
immer toujours; ⁓ **noch** encore; **für** ⁓ pour toujours; ⁓**fort** continuellement; ⁓**hin** après tout, toutefois; ⁓**zu** sans cesse
Immobilien pl immeubles m/pl
Imperialismus m impérialisme
impf|en vacciner; 2**schein** m certificat de vaccination; 2**stoff** m vaccin
imponierend imposant
Import m importation f; 2**ieren** importer
impotent impuissant
imprägnieren imprégner
improvisieren improviser
impulsiv impulsif
instande: (nicht) ⁓ **sein** être (in)capable (**zu** de) in ein, dans, à; **in der Stadt** en ville; ⁓ **Paris** à Paris; ⁓ **drei Tagen** dans trois jours
Inbegriff m incarnation f; 2**en** (y) compris
inbrünstig fervent
indem pendant que; comme
indessen pendant ce temps; cependant
Index m indice
Indianer m Indien; ⁓**häuptling** m chef indien
Indien n l'Inde f
indirekt indirect

indisch indien
individu|ell individuel; 2**um** n individu m
Indiz n indice m; ⁓**ienbeweis** m preuve f par indices
Industrie f industrie; ⁓**gebiet** n région f industrielle
industriell industriel
Infanter|ie f infanterie; ⁓**ist** m fantassin
Infektion f infection; ⁓**skrankheit** f maladie infectieuse
infizieren infecter
Inflation f inflation
infolge par suite de; ⁓**dessen** par conséquent
Information f information, renseignement m
informieren (sich s')informer (**über** de, sur)
Ingenieur m ingénieur
Ingwer m gingembre
Inhaber m propriétaire; (e-s Passes) titulaire
Inhalt m contenu; ⁓**sverzeichnis** n table f des matières
Initiative f initiative
Injektion f injection
Inland n intérieur m
inmitten (G) au milieu (de)
innen dedans, à l'intérieur; 2**kabine** f cabine intérieure; 2**minister** m ministre de l'Intérieur; 2**stadt** f centre m de la ville, cité
inner intérieur, interne; 2**e(s)** n dedans m, intérieur

innerhalb

m; ~halb (G) au-dedans de; (binnen) en, dans
innig intime, cordial
Innung f corporation
Insasse m occupant, passager; (Heim~) pensionnaire
insbesondere en particulier
Inschrift f inscription
Insekt n insecte m; ~enpulver n insecticide m
Insel f île; (kleine) îlot m); ~bewohner m insulaire
Inserat n annonce f
insgesamt en tout, au total
insofern en tant (als que)
Inspektion f inspection; ~or m inspecteur
Installateur m plombier; 2ieren installer
instand|~halten (maintenir en état; ~ setzen (re)mettre en état
inständig instamment
Instanz f instance
Instinkt m instinct [-ɛ̃]
Institut n institut m
Instrument n instrument m
Inszenierung f mise en scène
intelligen|t intelligent; 2z f intelligence
intensiv intense
interes|**sant** intéressant; 2se n intérêt m; ~sieren (sich ~sieren s')intéresser (für à)
Internat n internat m
inter|**national** international; 2view n interview f; 2zonenverkehr m trafic m interzone

intim intime
Intrige f intrigue
Invalide m invalide
Invasion f invasion
Inventur f inventaire m
investieren investir
in|**wendig** intérieur; ~wiefern** dans quelle mesure; ~zwischen entre-temps
ird|**en** en terre cuite; ~isch terrestre
irgend|**ein** un ... quelconque; ~einer, ~jemand quelqu'un; n'importe qui; ~ etwas n'importe quoi; ~wie n'importe comment; ~wo(hin) quelque part
ir|**isch** irlandais; 2land n l'Irlande f
ironisch ironique
irre fou, aliéné; 2(r) su fou m, folle f, aliéné(e f) m; ~führen induire en erreur
irren errer; (a sich ~) se tromper; 2anstalt f asile m d'aliénés
irrig erroné
Irr|**licht** n feu m follet; ~sinn m démence f, folie f; ~tum m erreur f; 2tümlich erroné; adv par erreur
Ischias m sciatique f
is|**lamisch** islamique; 2land n l'Islande f; ~ländisch islandais
Isolier|**band** n ruban m isolant; 2en isoler; ~ung f isolement m; El isolation f
Israel n Israël m; 2isch israélien
Italien n l'Italie f; 2isch italien

ja oui
Jacht f yacht [jak(t), jɔt] m
Jack|e f veste; jaquette; **~enkleid** n tailleur m; **~ett** n veston m
Jagd f chasse; **~flugzeug** n avion m de chasse, chasseur m; **~hund** m (hütte f) chien (pavillon m de chasse; **~revier** n chasse f gardée; **~schein** m permis de chasse
jagen chasser; v/i fig courir (**nach** après)
Jäger m chasseur
Jahr n an m, année f; **~buch** n annuaire m
Jahres|ausgleich m péréquation f [-kwa-] f annuelle; **~tag** m anniversaire m; **~urlaub** m congé annuel; **~zeit** f saison
Jahr|gang m année f; **~hundert** n siècle m
jährlich annuel; adv par an
Jahrmarkt m foire f
jähzornig colérique, irascible
Jalousie f jalousie
jämmerlich piteux, lamentable
jammern se lamenter
Januar m janvier
Japan n le Japon; **2isch** japonais
Jasmin m jasmin
Jauche f purin m
jauchzen pousser des cris de joie, jubiler

Jazz m jazz [dʒɑːz]
je (~mals) jamais; (pro) par; **~ zwei und zwei** deux par deux; **~ ... desto** plus ... plus; **~ nachdem** selon que
jed|er ~e, ~es chaque, tout; chacun
jedenfalls en tout cas
jeder|mann chacun, tout le monde; **~zeit** à tout moment [(wenn que)]
jedesmal chaque fois
jedoch cependant
jemals jamais
jemand quelqu'un
jen|er ~e, ~es ce(t), cette; pl ces; **~seits** (G, von D) au-delà (de)
Jersey m jersey
Jesuit m jésuite
jetzig actuel
jetzt maintenant
Joch n joug m
Jodtinktur f teinture d'iode
Joghurt m ya(h)ourt, yog(h)ourt
Johannisbeere f groseille; **Schwarze 2** cassis [-is] m
Jolle f yole f
Jongleur m jongleur
Journalist m journaliste
Jubel m; **2n** pousser des cris d'allégresse
Jubiläum n jubilé m
juck|en démanger; **2reiz** m démangeaison f
jüdisch juif
Jugend f jeunesse; **2frei**

Jugendgruppe

permis au mineurs; ~gruppe f groupe m de jeunes; ~herberge f auberge de (la) jeunesse; 2lich jeune, juvénile; ~liche(r) m adolescent; jur mineur

Jugoslaw|ien n la Yougoslavie; 2isch yougoslave

Juli m juillet

jung jeune; 2e m garçon; 2e(s) n Zo petit m; 2frau f vierge

Junggesell|e m célibataire, vieux garçon; ~enwohnung f garçonnière

Jüngling m adolescent

jüngst dernier; adv dernièrement, récemment; 2e(r) m cadet

Juni m juin

Jur|a n/pl droit m; ~ist m juriste

Jury f jury m

Justiz f justice

Juwel n bijou m, joyau m; ~ier m bijoutier, joaillier

Jux m plaisanterie f

K

Kabarett n cabaret m artistique

Kabel n câble m

Kabeljau m cabillaud, morue f fraîche

Kabine f cabine

Kachel f carreau m

Käfer m scarabée

Kaffee m café; ~kanne f cafetière; ~maschine f cafetière; ~mühle f moulin m à café; ~wärmer m couvre-cafetière

Käfig m cage

kahl nu; Kopf: chauve

Kahn m canot, barque f

Kai m quai

Kaiser m empereur; ~in f impératrice; 2lich impérial; ~reich n empire m

Kajüte f cabine

Kakao m cacao

Kaktus m cactus

Kalb n, ~fleisch n veau m; ~braten m rôti de veau; ~sschnitzel n escalope f de veau

Kaldaunen f/pl tripes m/pl

Kalender m calendrier

Kalk m chaux f; ~stein m calcaire

kalt froid; es ist ~ il fait froid; mir ist ~ j'ai froid; ~ stellen mettre au frais

Kälte f froid m; fig froideur

Kamel n chameau m; ~treiber m chamelier

Kamera f caméra

Kamerad m camarade; F copain; ~schaft f camaraderie

Kamille f camomille

Kamin m cheminée f

Kamm m peigne; (Hahnen-2, Gebirgs2) crête f [gner

kämmen (sich ~ se) pei-⌐

Kammer f chambre; ~musik f musique de chambre

Kampf m combat, lutte f
kämpf|en combattre, lutter; ⁓**er** m combattant
Kampfrichter m Sp arbitre
kampieren camper
Kanad|a n le Canada; ⁓**isch** canadien
Kanal m canal; ⁓**isation** f canalisation
Kanarienvogel m canari
Kandidat m candidat
Känguruh n kangourou m
Kaninchen n lapin m
Kanister m bidon m
Kanne f broc [-o] m, pot m
Kanone f canon m; fig F as m
Kante f arête, bord m
Kantine f cantine
Kanu n canoë m
Kanzel f chaire
Kanzl|ei f bureau m; (Staats⁓) chancellerie; ⁓**er** m chancelier
Kap n cap m
Kapell|e f chapelle; Mus orchestre m; ⁓**meister** m chef d'orchestre
Kapern f/pl câpres
Kapital n capital m, fonds m; ⁓**istisch** capitaliste
Kapitän m capitaine
Kapitel n chapitre m
Kaplan m chapelain
Kappe f bonnet m
Kapsel f capsule
kaputt F fichu, abîmé; (müde) épuisé
Kapuze f capuchon m
Karaffe f carafe
Karat n carat m

Karawane f caravane
Kardinal m cardinal
Karfreitag m vendredi saint
kariert quadrillé; (Stoff) à carreaux
Karies f carie
Karneval m carnaval; ⁓**szug** m défilé (od cortège) de carnaval
Karo n carreau m
Karosserie f carrosserie
Karotte f carotte
Karpfen m carpe f
Karre(n) f charrette f, chariot m
Karriere f carrière
Karte f carte; (Eintritts⁓) billet m; **nach der ⁓ essen** manger à la carte; ⁓**n spielen** jouer aux cartes
Kartei f fichier m; ⁓**karte** f fiche
Kartoffel f pomme de terre; (⁓brei m (⁓salat m) ⁓püree f (salade f) de pommes de terre
Karton m carton
Karussell n manège m (de chevaux en bois, d'autos etc)
Käse m fromage; ⁓**blatt** n F feuille f de chou; ⁓**kuchen** m gâteau au fromage blanc
Kaserne f caserne
Kasino n casino m
Kaskoversicherung f assurance tous risques
Kasperle(theater n) m od n guignol m
Kasse f caisse; ⁓**nzettel** m bon (de caisse)

Kassette f cassette; ~nfilm m film à châssis
kassier|en encaisser; ~er m caissier; ~erin f caissière
Kastanie f châtaigne
Kasten m coffre, caisse f
Katalog m catalogue
Katarrh m catarrhe
Katastrophe f catastrophe
Kater m matou, chat (mâle); F fig e-n ~ haben avoir mal aux cheveux
Kathedrale f cathédrale
katholisch catholique
Katze f chat m, chatte
kauen mâcher, mastiquer
Kauf m achat; ²er m acheter
Käufer m acheteur, acquéreur
Kauf|haus m grand magasin; ~mann m commerçant; (Händler) marchand; ~vertrag m contrat de vente
Kaugummi m chewing-[gum]
kaum à peine, ne ... guère
Kaution f caution
Kaviar m caviar
keck 'hardi; effronté
Kegel m Math cône; (Spiel²) quille f; ~bahn f jeu de quilles; ²n jouer aux quilles
Kehl|e f gorge; ~kopf m larynx
Kehr|e f tournant m; ²en (fegen) balayer; ~seite f envers m; revers m
Keil m coin; ~hose f fuseau m; ~kissen m traversin m; ~riemen m courroie f trapézoïdale

Keim m germe; ²en germer; ²frei stérilisé
kein ne ... pas de; aucun, nul; ~erlei ne ... aucun, aucun ... ne; ~esfalls, ~eswegs nullement, point du tout
Keks m biscuit
Kelle f louche
Keller m cave f; ~meister m caviste
Kellner m garçon, serveur; ~in f serveuse
Kelter f pressoir m
kenn|en connaître; ~enlernen faire la connaissance de; ²er m connaisseur; ²tnis f connaissance f
Kennzeich|en n marque f; ²nen marquer
kentern chavirer
Keramik f céramique
Kerbe f entaille, cran m
Kerl m F type, gars [ga]
Kern m noyau (a Steinobst²); (Apfel²) pépin; ~energie f énergie nucléaire; ²gesund plein de santé
Kerze f bougie (a Kfz), chandelle; Rel cierge m; ~nhalter m bougeoir
Kessel m chaudron; Tech (Dampf²) chaudière f; (Wasser²) bouilloire f; (Tal²) vallée f encerclée; ~stein m tartre
Kette f chaîne; (Hals²) collier m
keuch|en 'haleter; ²husten m coqueluche f
Keule f massue; Kochk cuisse

keusch chaste
kichern ricaner
Kiefer¹ *m* mâchoire *f*
Kiefer² *f* pin *m*
Kiel *m* Mar quille *f*
Kiemen *f/pl* branchies
Kiepe *f* hotte
Kies *m* gravier; **~elstein** *m* caillou
Kilo(gramm *n*) *n* kilo (-gramme *m*)
Kilometer *m* kilomètre; **~stein** *m* (**~zähler** *m*) borne *f* (compteur) kilométrique
Kilowattstunde *f* kilowattheure
Kind *n* enfant *su*; F gosse *su*
Kinder|arzt *m* médecin pour enfants; **~bett** *n* lit *m* d'enfant; **~fahrschein** *m* billet pour enfants; **~garten** *m* (**~heim** *n*) jardin ('home *m*') d'enfants; **~lähmung** *f* polio(myélite); **~mädchen** *n* bonne *f* d'enfants; **~spiel** *n* jeu *m* d'enfa.t (*a fig*); **~wagen** *m* voiture *f* d'enfant; **~zimmer** *n* chambre *f* d'enfant(s)
Kind|heit *f* enfance; ♀**isch** puéril; ♀**lich** enfantin
Kinn *n* menton *m*; **~haken** *m* crochet (à la mâchoire)
Kino *n* cinéma *m*
Kiosk *m* kiosque
kippen basculer
Kirch|e *f* église; **~ensteuer** *f* impôt *m* ecclésiastique; ♀**lich** ecclésiastique
Kirchturm *m* clocher
Kirsch|baum *m* cerisier; **~e** *f* cerise; (*Sauer*♀) griotte; **~wasser** *n* kirsch *m*
Kissen *n* coussin *m*; **~bezug** *m* taie *f* (d'oreiller)
Kiste *f* caisse; boîte
Kitt *m* mastic [-k]
Kittel *m* blouse *f*
kitten mastiquer
kitz|eln chatouiller; **~lig** chatouilleux
klaffend béant
Klage *f* plainte; *jur* a action; ♀**n** se plaindre (**über** de); *jur* porter plainte (**gegen** contre, **wegen** pour)
Kläg|er *m* demandeur, plaignant; ♀**lich** lamentable
Klammer *f* pince; *Typ* parenthèse; ♀**n: sich** ♀**n an** (*A*) se cramponner à
Klang *m* son
Klapp|bett *n* lit *m* pliant; **~e** *f* valve, clapet *m*; ♀**en:** es ♀**t** *F* ça va bien; ♀**ern** cliqueter; (*Storch*) craqueter; **~sitz** *m* strapontin; **~stuhl** *m* pliant
Klaps *m* tape *f*, claque *f*
klar clair; limpide; (*Luft, Himmel*) serein; (*deutlich*) net
klären clarifier; éclaircir
Klarheit *f* clarté, netteté
Klarinette *f* clarinette
Klasse *f* classe; **~nzimmer** *n* (salle *f* de) classe *f*
klassisch classique
Klatsch *m* commérage, cancan; ♀**en** claquer; *Thea* applaudir; *fig* cancaner

Klaue

Klaue f ongle m, griffe; (*Vogel*) serre
Klavier n piano m; ~**spielen** jouer du piano
kleb|en coller; **~estreifen** m bande f gommée; **~rig** collant; **gluant**; **₂stoff** m)
Klee m trèfle [colle f)
Kleid n robe f
Kleider|bügel m cintre; **~bürste** f brosse à habits; **~haken** m patère f; **~schrank** m garde-robe f
Kleidung f vêtements m/pl, habillement m
klein petit; **₂asien** n l'Asie f Mineure; **~geld** n (petite) monnaie f; **₂igkeit** f rien m, bagatelle; (*ein wenig*) un petit quelque chose; **~lich** mesquin; minutieux
Kleister m colle f de pâte
Klemm|e f pince; *El* borne; *fig* **in der ~e sitzen** être dans l'embarras; **₂en** serrer; coincer
Klempner m plombier
Klerus m clergé
Klette f bardane
kletter|n grimper; **₂pflanze** f plante grimpante; **₂tour** f escalade
Klima n climat m; **~anlage** f climatisation, conditionnement m de l'air; **~wechsel** m changement de climat
Klinge f lame
Klingel f sonnette, sonnerie; **~knopf** m bouton de sonnette; **₂n** sonner; **es ₂t** on sonne

klingen sonner
Klinik f clinique
Klinke f loquet m
Klippe f écueil m
Klips m clip
klirren cliqueter
klopfen *Teppich:* battre; *Fleisch:* taper; *v/i* frapper (**an** à); (*Motor*) cogner; **es klopft** on frappe
Klops m boulette f
Kloß m boule f, quenelle f
Kloster n couvent m, cloître m
Klotz m bloc
Klub m club [klœb]
klug intelligent; **₂heit** f intelligence
Klumpen m masse f, boule f
knabbern grignoter (**an** *A* qc.)
Knabe m garçon
Knäckebrot n pain m croustillant
knacken *Nüsse:* casser; *Auto:* forcer; *v/i* craquer
Knall m éclat; **₂en** éclater, claquer; **~körper** m pétard
knapp rare; (*Zeit*) limité; (*eng*) juste, étroit
knarren grincer
knattern pétarader
Knäuel m pelote f, peloton
kneif|en pincer; **₂zange** f tenailles f/pl
Kneipe f bistro(t) m
Kneippkur f cure d'eau selon la méthode Kneipp
kneten pétrir
Knick m coude; **₂en** briser
Knie n genou f; **~beuge** f flexion de genoux; **~kehle**

komisch

f jarret m; ⁑n être à genoux; s'agenouiller; ⁑scheibe f rotule; ⁑strumpf m demi-bas

Kniff m pli; fig truc f -yk], artifice

knipsen Fahrkarte: poinçonner; F Fot photographier

knirschen crisser; **mit den Zähnen** ⁑ grincer des dents

knistern crépiter

knitter|frei infroissable; ⁑n se froisser

Knoblauch m ail [aj]; ⁑zehe f gousse d'ail

Knöchel m cheville f

Knoch|en m os [ɔs; pl o]; ⁑enbruch m fracture f; ⁑ig osseux

Knödel m quenelle f, boule f

Knolle f tubercule m; (Zwiebel) bulbe

Knopf m bouton; poussoir; ⁑loch n boutonnière f

Knorpel m cartilage

Knospe f bourgeon m, bouton n

Knoten m nœud; ⁑punkt m Esb embranchement

knüpfen nouer

Knüppel m gourdin, rondin

knurren gronder; (Magen) gargouiller

knusprig croquant

Koch m cuisinier; ⁑buch n livre m de cuisine; ⁑en cuire; **Kaffee** ⁑en faire du café; v/i (sieden) bouillir; (zubereiten) faire la cuisine; ⁑er m réchaud

Köcher m carquois

Kochgelegenheit f possibilité (de faire sa) cuisine

Köchin f cuisinière

Koch|nische f (re)coin m cuisine, cuisinette; ⁑topf m marmite f

koffeinfrei décaféiné

Koffer m valise f; malle f; ⁑radio n poste m portatif; ⁑raum m Kfz coffre

Kognak m cognac

Kohl m chou

Kohle m charbon m; ⁑nbergwerk n charbonnage m; ⁑papier n papier m carbone

Kohl|rabi m chou-rave; ⁑rübe f chou-navet m

Koje f cabine

Kokosnuß f (noix de) coco m

Koks m coke

Kolben m Tech piston

Kolibri m colibri, oiseau-mouche

Kolik f colique

Kolleg|e m, ⁑in f collègue su

Kollekte f quête

Kölnischwasser n eau f de Cologne

Kolonie f colonie

Kolonne f colonne

Kombi|nation f combinaison; ⁑wagen m voiture f commerciale

Komfort m confort

Komi|ker m comique; ⁑sch comique; **ein** ⁑**scher** ... un drôle de ...

Komma n virgule m
Kommando n commandement m; ~brücke f passerelle de commandement
kommen venir, arriver; ~lassen faire venir
Komment|ar m commentaire; ♀ieren commenter
Kommissar m commissaire
Kommode f commode
Kommun|ion f communion; ♀istisch communiste
Komödie f comédie
Kompanie f compagnie
Kompaß m boussole f
Kompetenz f compétence
komplett complet
Kompli|ze m complice; ~ment n compliment m; ♀ziert compliqué
Kom|ponist m compositeur; ~pott n compote f; ~presse f compresse; ~promiß m compromis
Kon|densmilch f lait m condensé; ~dition f Sp condition; ~ditorei f confiserie, pâtisserie; ~fekt n confiseries f/pl, sucreries f/pl; ~fektion f confection; ~ferenz f conférence; ~firmation f confirmation; ~flikt m conflit
Kongreß m congrès; ~teilnehmer m congressiste
König m roi; ~in f reine; ♀lich royal; ~reich n royaume m
Konjunktur f conjoncture
Konkurrenz f concurrence
können pouvoir; savoir
Konserve f conserve

Konsole f console
konstru|ieren construire; ♀ktion f construction
Konsulat n consulat m
Kon|takt m contact; ~tinent m continent; ~to n compte m; ~toauszug m relevé de compte; ~trast m contraste
Kontrollampe f lampe témoin
Kontroll|e f contrôle m; ~eur m contrôleur; ♀ieren contrôler; ~punkt m poste (od point) de contrôle
Konzentrationslager n camp m de concentration; ♀ieren concentrer
Konzert n concert m; ~pavillon m kiosque à musique; ~saal m salle f de concert
Kopf m tête f; ~hörer m écouteur; ~kissen n oreiller m; ~salat m laitue f pommée; ~schmerzen m/pl maux m/pl de tête; ~sprung m plongeon; ~stütze f Kfz repose-tête m; ~tuch n fichu m
Kopie f copie; ♀ren copier
Koralle f corail m
Korb m corbeille f, panier; ~flasche f bouteille clissée; ~weide f osier m
Kork m liège; ~en m bouchon; ~enzieher m tire-bouchon
Korn n grain m; (Getreide) céréales f/pl; (Visier) guidon m; ~(branntwein) m eau-de-vie f de grain

körnig granulaire
Körper *m* corps; **~behinderte(r)** *m* 'handicapé physique; **~lich** corporel, physique; **~pflege** *f* hygiène corporelle; **~schaft** *f* corporation
Korresponden|t *m* correspondant; **~z** *f* correspondance
Korridor *m* corridor, couloir
korrigieren corriger
Kors|ika *n* la Corse; **2isch** corse
Kosmetik *f* soins *m/pl* de beauté, cosmétologie; **~kum** *n* produit *m* de beauté, cosmétique *m*; **~salon** *m* institut de beauté
Kost *f* nourriture
kostbar précieux
kost|en coûter; *Speisen:* goûter, déguster; **was ~et ...? combien coûte ...?**; **2en** *pl* frais *m/pl*; **~enlos** gratuit
köstlich délicieux
kostspielig coûteux, onéreux
Kostüm *n* costume *m*
Kot *m* boue *f*, crotte *f*; excréments *m/pl*
Kotelett *n* côtelette *f*; **~en** *pl* favoris *m/pl*
Kotflügel *m* garde-boue
Krabbe *f* crabe *m*
Krach *m* (*Lärm*) bruit, fracas; (*Streit*) brouille *f*; **2en** craquer
Kraft *f* force, énergie; **~brühe** *f* consommé *m*

Kratzwunde

Kraftfahr|er *m* automobiliste, chauffeur; **~zeug** *n* véhicule *m* automobile; **~zeugversicherung** *f* assurance automobile
kräftig fort, vigoureux; (*Nahrung*) substantiel
kraft|los sans force, faible; **2stoff** *m* carburant; **2wagen** *m* automobile *f*; **2werk** *n* centrale *f* électrique
Kragen *m* col; **~weite** *f* encolure
Krähe *f* corneille
krähen coqueriquer
Kralle *f* griffe, ongle *m*
Krampf *m* crampe *f*; **~ader** *f* varice; **2haft** convulsif
Kran *m* grue *f*
Kranich *m* grue *f*
krank malade; **~ werden** tomber malade
kränken froisser, blesser
Kranken|haus *n* hôpital *m*; **~kasse** *f* caisse (de) maladie; **~pfleger** *m* infirmier; **~schein** *m* feuille *f* de maladie; **~schwester** *f* infirmière; **~versicherung** *f* assurance-maladie; **~wagen** *m* ambulance *f*
Krank|e(r) *su* malade *su*; **2haft** maladif, morbide; **~heit** *f* maladie
kränklich maladif
Kranz *m* couronne *f*
Krapfen *m* beignet
Krater *m* cratère
kratz|en gratter, égratigner; **2wunde** *f* égratignure

kraus crépu
Kraut n herbe f
Kräuter|likör m liqueur f aux herbes; **~tee** m tisane f
Krawall m échauffourée f, bagarre f
Krawatte f cravate
Krebs m écrevisse f; Med cancer [-ɛːr]
Kredit m crédit; **~brief** m lettre f de crédit; **~karte** f carte f de crédit, carte-crédit
Kreide f craie
Kreis m cercle; **~el** m toupie f; **2en** tourner (um autour de), circuler; **~förmig** circulaire; **~lauf** m circulation f (a Med); **~laufstörungen** f/pl troubles m/pl circulatoires; **~säge** f scie circulaire; **~stadt** f chef-lieu m; **~verkehr** m sens giratoire
Krematorium n crématoire m
Kreml: der **~** le Kremlin
Krempe f bord m
Krepp m crêpe
Kresse f cresson m
Kreta f la Crète
Kreuz n croix f; Anat reins m/pl; (Kartenspiel) trèfle m; **2en** (sich **2en** se) croiser; **~er** m croiseur; **~fahrt** f croisière; **~gang** m cloître; **2igen** crucifier; **~ung** f croisement m; (Straßen2) carrefour m; **~worträtsel** n mots m/pl croisés
kriechen ramper
Krieg m guerre f

kriegen F s bekommen
Krieger|denkmal n monument m aux morts; **2isch** guerrier
Kriegs|beschädigte(r) m mutilé de guerre; **~gefangene(r)** m (**~schiff** n) prisonnier (bâtiment m) de guerre
Kriminal|beamte(r) m agent de la police judiciaire; **~film** m film policier; **~polizei** f police judiciaire; **~roman** m roman policier
kriminell criminel
Krippe f mangeoire; (Rel u Kinder2) crèche
Krise f crise
Kristall n cristal m
Kritik f critique; **~er** m critique
Krokodil n crocodile m
Krokus m crocus
Kron|e f couronne; **~leuchter** m lustre
Kropf m jabot
Kröte f crapaud m
Krücke f béquille
Krug m cruche f, pichet m
krumm courbe
krümmen (sich **~** se) courber
Krüppel m estropié
Kruste f croûte
Kruzifix n crucifix [-i] m
Kübel m baquet
Kubikmeter m od n mètre m cube
Küche f cuisine; **kalte ~** mets m/pl froids
Kuchen m gâteau

Küchenschrank m buffet de cuisine
Kuckuck m coucou
Kugel f boule, bille; (Geschoß) balle; boulet m; Sp poids m; ⁓**förmig** sphérique; ⁓**lager** n roulement m à billes; ⁓**schreiber** m stylo à bille; ⁓**stoßen** n lancement m du poids
Kuh f vache
kühl frais; fig froid; ⁓e f fraîcheur; ⁓**en** refroidir; réfrigérer; ⁓**er** m Kfz radiateur; ⁓**schrank** m réfrigérateur; F frigo; ⁓**tasche** f sac m isotherme; ⁓**wasser** n eau f de refroidissement
kühn 'hardi, audacieux
Küken n poussin m
Kultur f culture; ⁓**film** m film documentaire
Kümmel m cumin; (Schnaps) kummel
Kummer m chagrin, peine f
kümmern: sich ⁓ um (A) se soucier de
Kund|**e** m client; ⁓**endienst** m service après vente
Kundgebung f manifestation
kündig|**en** (D) donner congé à; Vertrag: dénoncer; ⁓**ung** f dénonciation, congé m; ⁓**ungsfrist** f délai m de congé
Kund|**in** f cliente; ⁓**schaft** f clientèle
Kunst f art m; ⁓**ausstellung** f exposition; ⁓**dünger** m engrais chimique; ⁓**faser** f fibre synthétique; ⁓**gegenstand** m objet d'art; ⁓**gewerbe** n arts m/pl décoratifs; ⁓**leder** n cuir m artificiel
Künstl|**er(in** f) m artiste su; ⁓**erisch** artistique; ⁓**ich** artificiel
Kunst|**sammlung** f collection d'art; ⁓**seide** f soie artificielle; ⁓**stoff** m matière f plastique; ⁓**stück** n tour m d'adresse; ⁓**voll** ingénieux; ⁓**werk** n œuvre f d'art
Kupfer n cuivre m; ⁓**stich** m gravure f sur cuivre
Kuppel f coupole, dôme m
Kupplung f embrayage m
Kur f cure
Kür f exercices m/pl libres
Kurbel f manivelle
Kürbis m courge f
Kur|**gast** m curiste; ⁓**karte** f carte de curiste; ⁓**mittel** n/pl (moyens m/pl de) traitement m; ⁓**mittelhaus** n établissement m thermal; ⁓**ort** m station f thermale (od balnéaire)
Kurs m cours; Mar route f; ⁓**buch** n indicateur m des chemins de fer
Kürschner m pelletier
Kursus m cours
Kurswagen m voiture f directe
Kurtaxe f taxe de séjour
Kurve f courbe; (Straßen⁓) virage m
kurz court; (bes Zeit) bref; **vor** ⁓**em** récemment; ⁓

Kurzarbeit

(und gut) bref, enfin; ~arbeit f chômage m partiel
kürzen raccourcir
Kurz|film m (film de) court métrage; ~fristig à court terme; ~parkzone f zone bleue; ~schluß m court-circuit; ~sichtig myope
Kusine f cousine

Kuß m baiser
küssen (sich ~ s')embrasser
Küste f côte; ~nschiffahrt f cabotage m; ~nstrich m littoral
Kutsche f carrosse; ~r m cocher
Kutte f froc [-k] m
Kutter m cotre
Kuvert n enveloppe f

L

Labor n laboratoire m
Lache f flaque, mare
lächeln sourire (über de)
lachen rire
lächerlich ridicule; (gering) dérisoire
Lachs m saumon
Lack m laque f, vernis; ~ieren laquer, vernir; ~leder n cuir m verni
laden s auf-, einladen; Waffe: charger
Laden m magasin, boutique f; ~schlüssel m rossignol; ~schluß m fermeture f des magasins; ~tisch m comptoir
Ladung f charge (a El); Mar cargaison; jur citation
Lage f situation; position; (Schicht) couche; (Getränke) tournée
Lager n couche f, lit m; Mil camp m; (Waren~) dépôt m; ~feuer n feu m de camp; 2n camper; Waren~: emmagasiner
Lagune f lagune
lahm perclus; boiteux

lähm|en paralyser (a fig); ~ung f paralysie
Laie m profane; Rel laïque
Laken n drap m (de lit)
Lamm n agneau m
Lampe f lampe; ~nfieber n trac m; ~nschirm m abat-jour
Land n pays m; (Fest~) terre f; (Ggs Stadt) campagne f; ~arbeiter m ouvrier agricole; 2en Flgw atterrir; ~enge f isthme [ism] m
Länderspiel n Sp match m international
Landes|grenze f frontière nationale; ~tracht f costume m national (od régional)
Land|gut n propriété f rurale; ~haus n maison f de campagne; ~karte f carte géographique
ländlich champêtre, rural
Land|schaft f paysage m; ~smann m compatriote; f pays; ~straße f grand-route; ~streicher m chemineau
Landung f Mar débarque-

ment m; Flgw atterrissage m; ~sbrücke f débacadère m
Landwirt m agriculteur; ~schaft f agriculture; 2~schaftlich agricole
lang long; ~e longtemps, wie ~e? combien de temps?; seit ~em depuis longtemps
Länge f longueur; Geogr longitude
Langeweile f ennui m
lang|fristig à long terme; 2lauf m (Skisp) (course f de) fond m
läng|lich oblong; ~s (G) le long de
lang|sam lent; 2spielplatte f microsillon m
längst depuis longtemps
Languste f langouste
langweil|en (sich ~en s'ennuyer; ~ig ennuyeux
Lanze f lance
Lappen m chiffon, lambeau, torchon
Lärm m bruit; 2en faire du bruit
Larve f Zo larve
lassen (zu~, dulden) laisser; (veranlassen) faire
lässig nonchalant
Last f charge; fardeau m; ~auto n camion m; ~enaufzug m monte-charge
Laster n vice m
lästern médire (über de)
lästig importun, embêtant
Last|kahn f péniche f; ~(kraft)wagen m camion m
lateinisch latin

Laterne f lanterne; (Straßen2) réverbère
Latte f latte; Sp barre
Lätzchen n bavette f
lau tiède
Laub n feuillage m, feuilles f/pl; ~e f tonnelle
lauern guetter (auf A qc.)
Lauf m (Maschine) marche f; (Gewehr2) canon; im ~e de; ~bahn f carrière; 2en aller à pied, marcher; (rennen) courir; (Film) passer; (Maschine) marcher; 2end: auf dem 2enden sein être au courant (od à jour)
Läufer m coureur; (Fußball) demi; (Schach) fou; (Teppich) passage
Laufmasche f maille filée
Lauge f lessive
Laune f humeur; (Grille) caprice m; 2haft capricieux
Laus f pou m
lauschen (D) écouter
laut bruyant; (Stimme) 'haut'; prp (G) d'après, [selon]
Laut m son
läuten sonner
laut|los silencieux, muet; 2sprecher m 'haut-parleur; 2stärke f intensité du son
lauwarm tiède
Lava f lave
Lawine f avalanche; ~ngefahr f danger m d'avalanche; 2nsicher sans risques d'avalanches

leben

leb|en vivre; ~ **wohl!** adieu; ⚯**en** n vie f; ~**end(ig)** vivant

Lebens|gefahr f danger de mort; ~**haltungskosten** pl coût de la vie; ⚯**länglich** à perpétuité; ~**lauf** m curriculum vitae

Lebensmittel n/pl aliments m/pl, denrées f/pl (alimentaires); ~**geschäft** n épicerie f; ~**vergiftung** f intoxication alimentaire

lebens|müde las de vivre; ⚯**standard** m niveau de vie; ⚯**unterhalt** m subsistance f; ⚯**versicherung** f assurance-vie

Leber f foie m; ~**pastete** f pâté m de foie gras; ~**wurst** f saucisse de foie

Lebewesen n être m vivant

lebhaft vif, animé

Lebkuchen m pain d'épice

leblos inanimé

Leck n fuite f; Mar voie f

lecken lécher [d'eau]

lecker appétissant; ⚯**bissen** m friandise f

Leder n cuir m; ~**handschuhe** m/pl gants de cuir; ~**lappen** m peau f de chamois; ~**jacke** f blouson m en cuir; ~**warengeschäft** n maroquinerie f

ledig célibataire

leer vide; ~**en** vider; ⚯**ung** f (Briefkasten) levée

legen mettre, placer; Eier: pondre; Karten ~ tirer les cartes; **sich** ~ se coucher; (Wind) s'abattre, tomber

Legende f légende

Lehm m glaise f

Lehn|e f dos m; ⚯**en (sich** ⚯**en)** s'appuyer (an contre); (s')adosser (an à)

Lehr|buch n manuel m; ~**e** f leçon; (Ausbildung) apprentissage m; ⚯**en** enseigner, apprendre; ~**er** m instituteur; maître; (Oberschul⚯) professeur; ~**erin** f institutrice, maîtresse; professeur m; ~**gang** m cours; ~**ling** m apprenti; ⚯**reich** instructif; ~**stuhl** m chaire f; ~**zeit** f apprentissage m

Leib m corps f; (Unter⚯) ventre

Leibes|erziehung f éducation physique; ~**übungen** f/pl exercices m/pl physiques; ~**visitation** f fouille corporelle

Leib|schmerzen m/pl mal m au ventre; ~**wächter** m garde du corps

Leiche f cadavre m; ~**nhalle** f dépôt m mortuaire; ~**nschauhaus** n morgue f; ~**nwagen** m corbillard

Leichnam m cadavre m

leicht léger; (einfach) facile, simple; ⚯**athletik** f athlétisme m; ~**fertig** léger, étourdi; ~**gläubig** crédule; ⚯**igkeit** f légèreté; facilité; ⚯**metall** n métal m léger; ⚯**sinn** m étourderie f, insouciance f; ~**sinnig** léger, étourdi

leid: es tut mir ~ je regrette; **er tut mir** ~ il me

fait pitié; ~ n mal m; chagrin m; ~en souffrir (an D de); nicht ~en können ne pas pouvoir souffrir; ~en n souffrance f; mal m
Leidenschaft f passion; **2lich** passionné
leid|er malheureusement; **~er!** hélas!; **~lich** passable
Leierkasten m orgue f de Barbarie
leih|en prêter (j-m qc. à q.); emprunter (A von j-m qc. à q.); **2gebühr** f prix m de louage; **2haus** n mont-de-piété m; **2wagen** m voiture f de louage; **~weise** à titre de prêt
Leim m colle f
Lein m lin; **~e** f corde; **~en** n toile f; **~wand** f écran m
leise bas; adv doucement
Leiste f liteau f
leisten faire, effectuer; Widerstand: résister; Hilfe: prêter; sich ~ se permettre
Leistung f travail m, accomplissement m; Sp performance
Leit|artikel m article de fond; **2en** conduire, diriger, guider; **~er¹** m conducteur (a El); directeur, chef; **~er²** f échelle; **~planke** f glissière de sécurité; **~ung** f direction, conduite, gestion; Tel, El ligne; (Wasser 2) conduite
Lekt|ion f leçon; **~üre** f lecture
Lenden f/pl reins m/pl
lenk|en diriger; Kfz conduire; **2rad** n volant m; **2stange** f guidon m; **2ung** f direction
Lepra f lèpre
Lerche f alouette
lernen apprendre
lese|n lire; **2r** m lecteur; **~rlich** lisible; **2zeichen** n liseuse f; **2zimmer** n salle f de lecture
letzt dernier, extrême
Leucht|e f lampe; **2en** luire, éclairer; **2end** lumineux; **~er** m chandelier; **~gas** n gaz m d'éclairage; **~reklame** f réclame lumineuse; **~turm** m phare
leugnen nier
Leukämie f leucémie
Leute pl gens m/pl, monde m
Leutnant m sous-lieutenant
Lexikon n dictionnaire m
Libelle f libellule
Licht n lumière f; ~ **machen** allumer la lumière; **~bild** n photographie; **~bildervortrag** m conférence f avec projections
lichten Anker: lever; Wald: éclaircir; sich ~ s'éclaircir
Licht|hupe f avertisseur m lumineux; **~maschine** f dynamo; **~schalter** m interrupteur; **~ung** f éclaircie, clairière
lieb cher, chéri; gentil; **2e** f amour m; pl amours
liebenswürdig aimable; **2keit** f amabilité
lieber adv plutôt; ~ **haben** aimer mieux

Liebes|brief *m* lettre *f* d'amour; ~**kummer** *m* chagrin d'amour; ~**paar** *n* couple *m* d'amoureux

lieb|evoll affectueux; **2ling** *m* chéri(e *f*) *m*, favori *m*, favorite *f*

Lied *n* chanson *f*, chant *m*; ~**erabend** *m* récital *m* de chant

liederlich négligent, désordonné

Liefer|ant *m* fournisseur; **2bar** livrable; ~**frist** *f* délai *m* de livraison; **2n** livrer, fournir; ~**ung** *f* livraison; ~**wagen** *m* voiture *f* de livraison, camionnette *f*

Liege *f* divan *m*, ~**kur** *f* cure de repos; **2n** être couché, *fig* être situé; ~**stuhl** *m* chaise-longue *f*, transatlantique; ~**wagen** *m* voiture-couchettes *f*; ~**wiese** *f* pelouse *f* de repos

Lift *m* ascenseur; ~**boy** *m* liftier

Likör *m* liqueur *f*

lila lilas

Lilie *f* lis [-s] *m*

Limonade *f* limonade *f*

Linde *f* tilleul *m*

linder|n adoucir, calmer; ~**ung** *f* adoucissement *m*

Lineal *n* règle *f*

Linie *f* ligne

Linien|bus *m* autobus régulier; ~**richter** *m* juge de touche

link gauche; ~**isch** gauche

links à gauche; (*Stoff*) à l'envers; **2händer** *m* gaucher; **2verkehr** *m* circulation *f* à gauche

Linse *f* *Bot*, *Opt* lentille

Lippe *f* lèvre; ~**nstift** *m* bâton *m* de rouge

lispeln zézayer

List *f* ruse

Liste *f* liste

listig rusé

Liter *m od* *n* litre *m*

Literatur *f* littérature

Litfaßsäule *f* colonne d'affiches, colonne Morris

Lizenz *f* licence

Lob *n* louange *f*, éloge *m*; **2en** louer; **2enswert** louable

Loch *n* trou *m*; **2en** perforer, poinçonner; ~**er** *m* perforateur; ~**karte** *f* carte perforée

Locke *f* boucle

locken affriander; *fig* attirer

Lockenwickel *m* bigoudi

locker lâche; ~**n** (sich ~n se) relâcher

lockig bouclé

Löffel *m* cuiller [-ɛr] *f*

Loge *f* loge

logisch logique

Lohn *m* salaire, paie *f*; *fig* récompense *f*; ~**büro** *n* bureau *m* de paie; **2en: es 2t sich (nicht)** cela (ne) vaut (pas) la peine

Lokal *n* restaurant *m*, café *m*

Lokomotive *f* locomotive

Lorbeer *m* laurier

los détaché; ~**!** allons!; **was ist ~?** qu'y a-t-il?

Los *n* billet *m* de loterie; lot *m*; (*Schicksal*) sort *m*

losbinden détacher, délier
Lösch|blatt n (papier m) buvard f; ②en Feuer, Licht: éteindre; Durst: étancher; Mar décharger
lose lâche, ~ (*unverpackt*) en vrac
Lösegeld n rançon f
losen tirer au sort
lösen délier; Problem: résoudre, dénouer; Fahrkarte: prendre
los|gehen s'en aller, partir; ~**lassen** lâcher; ~**lösen**, ~**machen** détacher; ~**reißen** arracher
Lösung f solution (*a* Chem)
Lot n fil m à plomb
löt|en souder; ②**kolben** m (②**lampe** f) fer (lampe) à souder
Lotse m pilote; ~**ndienst** m pilotage
Lotterie f loterie
Lotto n loto m
Löwe m lion; ~**nmaul** n Bot gueule-de-loup f
Luchs m lynx, loup-cervier
Lücke f lacune; brèche
Luft f air m; ②**ballon** m ballon; ②**dicht** hermétique, ~**druck** m pression f atmosphérique
lüften aérer
Luftfahrt f aviation, aéronautique; ~**gesellschaft** f compagnie aérienne
Luft|fracht f fret m aérien; ~**gewehr** n fusil m à air

comprimé; ~**kissenfahrzeug** n aéro-glisseur m; ~**krankheit** f mal m de l'air; ~**kühlung** f refroidissement m par air; ~**kurort** m station f climatique; ②**leer** vide; ~**linie** f: **in** ~**linie** à vol d'oiseau; ~**matratze** f matelas m pneumatique; ~**post** f: **mit** ~**post** par avion; ~**pumpe** f pompe à air
Lüftung f aération
Luft|veränderung f changement m d'air; ~**verkehr** m trafic aérien; ~**waffe** f force aérienne
Lüg|e f mensonge m; ②**en** mentir; ~**ner** m menteur
Luke f lucarne; Mar écoutille
Lump m gredin, 'haillon; ~**en** m chiffon, 'haillon
Lunge f poumon m; ~**nentzündung** f pneumonie
Lupe f loupe
Lust f envie (**zu** de)
lüstern lascif
lustig gai, joyeux, amusant; **sich** ~ **machen über** (*A*) se moquer de
Lustspiel n comédie f
Lutscher m sucette f
Luxemburg n le Luxembourg; ②**isch** luxembourgeois
luxuriös luxueux
Luxus m luxe; ~**hotel** n hôtel m de luxe
Lyrik f poésie lyrique

M

mach|en faire; fabriquer; produire; rendre; **sich ~en an** se mettre à; **das ~t nichts** cela ne fait rien

Macht f pouvoir m, puissance; **~haber** m homme au pouvoir

mächtig puissant; fig énorme

machtlos impuissant

Mädchen n (jeune) fille f; **~name** m nom de jeune fille

Made|e f ver m, asticot m; **2ig** véreux

Magd f servante, bonne

Magen m estomac [-a]; **~bitter** m amer; **~geschwür** n ulcère m gastrique; **~schmerzen** m/pl maux d'estomac

mager maigre

Magnet m aimant; **2isch** magnétique

Mahagoni m acajou m

mähen faucher

Mahl n repas m

mahlen moudre

Mahlzeit f repas m

Mähmaschine f moissonneuse, faucheuse

Mähne f crinière

mahn|en rappeler (j-n an A qc. à q.); **2ung** f rappel m, avertissement m

Mai m mai; **~glöckchen** n muguet m; **~käfer** m hanneton

Mais m maïs; **~kolben** m épi de maïs

Majestät f majesté; (Anrede) Sire

Majoran m marjolaine f

makellos immaculé

Make-up n maquillage m

Makkaroni pl macaronis m/pl

Makler m courtier

Makrele f maquereau m

Makrone f macaron m

mal s einmal; Math **zwei ~ zwei** deux fois deux

Mal n (Zeichen) marque f, signe m; **das nächste ~** la prochaine fois

mal|en peindre; **2er** m peintre; **2erei** f peinture; **~erin** f femme peintre

Malz n malt m; **~bier** n (**~kaffee** m) bière f (café) de malt

man (l')on; **~ muß** il faut

manch|e, ~er, ~es maint(e); **~mal** quelquefois, parfois

Mandarine f mandarine

Mandel f amande; Anat amygdale; **~entzündung** f amygdalite

Manege f manège m

Mangel m manque, absence f; (Fehler) défaut f; **2haft** défectueux; **2s** à défaut de, faute de

Manieren f/pl bonnes manières

Maniküre f manucure

Mann m homme; (Ehe2) mari

Männchen n Zo mâle m; **~ machen** faire le beau

Mannequin n mannequin m
mannigfaltig varié, divers
männlich masculin, viril, mâle
Mannschaft f équipage m; Sp équipe
Manöver n manœuvre f
Manschette f manchette; ~**knopf** m bouton de manchette
Mantel m manteau; (Reifen~) enveloppe f
Manuskript n manuscrit m
Mappe f serviette; (Schul~) cartable m, sac m
Märchen n conte m (de fées); ~**buch** n livre m de contes; **2haft** fabuleux
Marder m martre
Margarine f margarine
Marine f marine
mariniert mariné
Mark¹ f (Geld) mark m
Mark² f moelle f
Marke f Hdl marque; (Spiel~, Tel) jeton m; (Gebühren~, Brief~) timbre m
markieren marquer
Markise f marquise
Markt m marché; ~**flecken** m bourg; ~**halle** f 'halle, marché m couvert; ~**platz** m marché
Marmelade f confiture
Marmor m marbre
marok|kanisch marocain; **2ko** n le Maroc
Marone f marron m
Marsch m marche f (a Mus); **2ieren** marcher
Märtyrer m martyr
März m mars

Marzipan n pâte f d'amandes
Maschine f machine, engin m; Flgw appareil m
Maschinen|bau m construction f mécanique; ~**gewehr** n mitrailleuse f; ~**pistole** f mitraillette; ~**raum** m machinerie f; ~**schaden** m avarie f de machine
Maschinist m machiniste
Masern pl rougeole f
Mask|e f masque m; **2ieren** masquer
Maß n mesure f; **nach** ~ sur mesure
Massage f massage m
Masse f masse
Maßeinheit f unité f (de mesure)
Massen|artikel m article m de série; ~**grab** n fosse f commune; **2haft** en masse
Masseur m masseur
maß|gebend, ~**geblich** déterminant, compétent
massieren masser
mäßig modéré; ~**en** (sich ~ en se) modérer
maß|los outre mesure, démesuré; **2nahme** f mesure; **2stab** m échelle f; ~**voll** modéré, mesuré
Mast m mât
Mastdarm m rectum [-ɔm]
mästen engraisser
Mater|ial n matière f, matériel m; ~**ie** f matière; **2iell** matériel
Mathematik f mathématiques f/pl

Matjeshering *m* 'hareng vierge
Matratze *f* matelas *m*
Matrose *m* matelot
matt mat; *fig* épuisé
Matte *f* natte
Mattscheibe *f* verre *m* dépoli
Mauer *f* mur *m*, muraille
Maul *n* gueule *f*; (*Pferde*⁀) bouche *f*; ⁀**beerbaum** *m* mûrier; ⁀**esel** *m* mulet; ⁀**korb** *m* muselière *f*; ⁀**wurf** *m* taupe *f*
Maurer *m* maçon
Maus *f* souris; ⁀**efalle** *f* souricière
mausern: sich ⁀ muer
Mausoleum *n* mausolée *m*
Mayonnaise *f* mayonnaise
Mechan|ik *f* mécanique; ⁀**iker** *m* mécanicien; ⁀**isch** mécanique; *fig* machinal; ⁀**ismus** *m* mécanisme
meckern bêler; *fig* F rouspéter
Medaille *f* médaille
Medi|kament *n* médicament *m*; ⁀**zin** *f* médecine
Meer *n* mer *f*; ⁀**busen** *m* golfe; ⁀**enge** *f* détroit *m*; ⁀**esspiegel** *m* niveau *m* de la mer; ⁀**rettich** *m* raifort; ⁀**schweinchen** *n* cobaye *f*; ⁀**wasser** *n* eau *f* de mer
Mehl *n* farine *f*; ⁀**speise** *f* entremets *m*
mehr plus, davantage; ⁀ **als** plus de, plus que; **immer** ⁀ de plus en plus; **nichts** ⁀ rien de plus; **noch** ⁀ davantage

mehrere plusieurs
Mehr|gepäck *m* excédent *m* de bagages; ⁀**heit** *f* majorité; ⁀**kosten** *pl* frais *m/pl* supplémentaires; ⁀**mals** plusieurs fois; ⁀**zahl** *f* plupart, pluriel *m*
meiden éviter, fuir
Meile *f* mille *m*; (*französische*) lieue
mein, ⁀**e** mon, ma; *pl* mes
Meineid *m* parjure
meinen croire, penser; vouloir dire
meinetwegen à cause de moi; ⁀**!** soit!
Meinung *f* avis *m*, opinion, ⁀**sverschiedenheit** *f* dissentiment *m*
Meise *f* mésange
Meißel *m* ciseau
meistens le plus souvent
Meister *m* maître; *Sp* champion; ⁀**schaft** *f* maîtrise, perfection; *Sp* championnat *m*; ⁀**werk** *n* chef-d'œuvre *m*
meld|en annoncer; déclarer; ⁀**epflicht** *f* déclaration obligatoire; ⁀**eschein** *m* fiche *f* de voyageur; ⁀**ung** *f* annonce, rapport *m*; information
melken traire
Melodie *f* mélodie, air *m*
Melone *f* melon *m*
Menge *f* quantité, grand nombre *m*; (*Menschen*⁀) foule; ⁀**nlehre** *f* théorie des ensembles
Mennige *f* minium *m*
Mensch *m* homme

menschen|leer dépeuplé, désert; **2menge** *f* foule; **~scheu** timide
Mensch|heit *f* humanité; **2lich** humain; **~lichkeit** *f* humanité
Menstruation *f* règles *f/pl*
Menü *n* menu *m*
Merk|blatt *n* notice *f*; **2en** noter, remarquer, s'apercevoir de; **sich 2en** retenir; **2lich** visible; **~mal** *n* marque *f*; indice *m*; **2würdig** singulier, étrange
meßbar mesurable
Messe *f Rel* messe; *Hdl* foire; **~gelände** *n* terrain *m* de la foire
messen mesurer
Messer *n* couteau *m*
Messing *n* laiton *m*, cuivre *m* jaune
Metall *n* métal *m*; **~arbeiter** *m* (ouvrier) métallurgiste
meteorologisch météorologique
Meter *n* mètre *m*
Methode *f* méthode
Metzger *m* boucher; **~ei** *f*, **~laden** *m* boucherie *f*, charcuterie *f*
Meuterei *f* mutinerie
mich me, moi; **für ~** pour moi
Miene *f* air *m*, mine
Miet|e *f* loyer *m*; **2en** louer; **~er** *m* locataire; **~shaus** *n* maison *f* de rapport; **~wagen** *m* voiture *f* de louage
Migräne *f* migraine

Mikado *n* (*Spiel*) jonchets *m/pl*
Mikro|phon *n* microphone *m*; **~skop** *n* microscope *m*
Milch *f* lait *m*; **~bar** *f* milkbar *m*; **~geschäft** *n* laiterie *f*, crémerie *f*; **~kaffee** *m* café au lait; **~reis** *m* riz au lait; **~tüte** *f* berlingot *m*; **~zahn** *m* dent *f* de lait
mild doux; adoucir
Militär *n* troupes *f/pl*, armée *f*; **2isch** militaire
Milli|arde *f* milliard *m*; **~meter** *n u m* millimètre *m*; **~on** *f* million *m*; **~onär** *m* millionnaire
Milz *f* rate
Minarett *n* minaret *m*
minder moindre; **2heit** *f* minorité; **~jährig** mineur; **~wertig** inférieur
mindest le moins; **~ens** au moins; **2lohn** *m* (**2preis** *m*) salaire (prix) minimum; **2teilnehmerzahl** *f* minimum *m* de participants
Mine *f* mine
Mineral *n* minéral *m*; **~wasser** *n* eau *f* minérale
Minigolf *n* golf *m* miniature
Minister *m* ministre; **~ium** *n* ministère *m*
minus moins
Minute *f* minute
mir me, moi; **mit ~** avec moi
misch|en mêler, mélanger; **~Karten:** battre; **2ung** *f* mélange *m*
miß|achten dédaigner; **2bildung** *f* déformation; **~**

mißbilligen

billigen désapprouver; **2brauch** m abus; **~brauchen** abuser; **2erfolg** m échec, insuccès; **~ernte** f mauvaise récolte; **2geburt** f avorton; **2geschick** n adversité f, mésaventure f; **~handeln** maltraiter

Mission f mission; **~ar** m missionnaire

miß|lingen échouer; **~trauen** se méfier (j-m de q.); **2trauen** n méfiance f; **~trauisch** méfiant; **~verständnis** n malentendu; **~verstehen** mal entendre; **2wirtschaft** f mauvaise administration (*od* gérance)

Mist m fumier; F fig fatras

mit (D) avec; de; par; **2arbeiter** m collaborateur; **~bringen** apporter, amener; **~bürger** m concitoyen; **~einander** ensemble; **~fahren** accompagner q.; **~gehen** accompagner q.; **~geben** donner; **2gefühl** n compassion f; **~gehen** accompagner q.; **2gift** f dot [-ɔt]; **2glied** n membre m; affilié f; **~kommen** venir (avec q.)

Mitleid n pitié f; **2ig** compatissant, charitable

mit|machen prendre part (bei D à qc.); **~nehmen** emporter; emmener; **2reisende(r)** m compagnon de voyage; **2schüler** m camarade m de classe

Mittag m midi; **zu ~ essen** déjeuner; **~essen** n déjeuner m

mittags à midi; **2pause** f heure du déjeuner; **2ruhe** f sieste

Mitte f milieu m

mitteil|en communiquer (j-m A qc. à q.); **~ung** f communication; (*amtliche*) communiqué m; (*vertrauliche*) confidence

Mittel n moyen m; Med. remède m; **~alter** n moyen âge m; **2alterlich** médiéval; **2los** sans moyens; **2mäßig** médiocre; **~meer** n Méditerranée f; **~ohrentzündung** f otite moyenne; **~punkt** m centre; **~streifen** m bande f médiane; **~welle** f onde moyenne

mitten: **~ in ...** (D) au milieu de

Mitternacht f minuit m

mittlere moyen

Mittwoch m mercredi m

mitunter de temps en temps

mitwirk|en coopérer; **2ung** f assistance, coopération

Mix|becher m shaker; **2en** mélanger; **~er** m barman; (*Küchen2*) mixer

Möbel n meuble m; pl ameublement m; **~wagen** m voiture f de déménagement

Mobilmachung f mobilisation

möbliert: **~es Zimmer** chambre f meublée (*od* garnie)

Mode f mode

Modell n modèle m
Mode(n)|schau f défilé m de modes; **~zeitung** f journal m de modes
modern adj moderne, à la mode; **~isieren** moderniser
Mode|salon m atelier de couture; **~schmuck** m bijouterie f de fantaisie
modisch à la mode
mogeln f tricher
mögen aimer, vouloir; **ich möchte ...** je voudrais ...; **ich mag nicht ...** je n'aime pas ...
möglich possible; **2keit** f possibilité
Mohammedaner m mahométan, musulman
Mohn m pavot
Möhre f, **Mohrrübe** f carotte
Mokka m moka
Mole f môle m, jetée
Molkerei f laiterie
Moment m moment, minute f; **~aufnahme** f instantané m
Monarchie f monarchie
Monat m mois; **2lich** mensuel; par mois; **~skarte** f carte mensuelle; **~srate** f mensualité
Mönch m moine
Mond m lune f; **~finsternis** f éclipse f de lune; **~schein** m clair de lune; **~scheinfahrt** f Mar promenade au clair de lune
Montag m lundi
Mont|age f montage m, ajustage m; **~eur** m monteur; **2ieren** monter
Moor n marais m, marécage m; **~bad** n bain m de boue
Moos n mousse f
Moped n cyclomoteur m
Moral f morale
Morast m bourbe f
Mord m meurtre, assassinat, homicide
Mörder m meurtrier, assassin
morgen demain; **~ abend (früh)** demain soir (matin)
Morgen m matin; matinée f; **guten ~!** bonjour!; **~dämmerung** f aube; **~land** n Orient m; **~rock** m peignoir m; **~röte** f aurore; **2s** le matin
Morphium n morphine f
morsch pourri, vermoulu
Mörser m mortier
Mörtel m mortier
Mosaik n mosaïque f
Moschee f mosquée
Moskitonetz n moustiquaire f
Most m moût m; (*Apfel*2) cidre
Motel n motel m
Motor m moteur m; **~boot** n bateau m à moteur; **~haube** f capot m; **~rad** n motocyclette f; F moto f; **~radfahrer** m motocycliste; **~roller** m scooter [-ɛːr]; **~säge** f scie à moteur; **~schaden** m avarie f de moteur
Motte f mite
Möwe f mouette

Mücke f moustique m, moucheron m; ~nstich m piqûre f de moustique
müde fatigué, las; ~ werden se fatiguer, se lasser
Müdigkeit f fatigue
muffig moisi
Mühe f peine, mal m, effort m
Mühle f moulin m; (Spiel) marelle
mühsam pénible
Mulatte m mulâtre
Mulde f cuvette
Müll m ordures f/pl; ~abfuhr f enlèvement m des ordures ménagères
Mullbinde f bande de gaze
Mülleimer m poubelle f
Müller m meunier
Müll|schlucker m vide-ordures; ~tonne f poubelle
multiplizieren multiplier
Mumps m oreillons m/pl
Mund m bouche f; ~art f dialecte m, patois m
münden: ~ in se jeter dans
Mundharmonika f harmonica f
münd|ig majeur; ~lich oral
Mundstück n bout m; Mus embouchure f
Mündung f embouchure f
Mundwasser n eau f dentifrice
Munition f munition
munter vif, allègre; gai
Münz|e f (pièce de) monnaie; ~fernsprecher m taxiphone

mürbe tendre
murmel|n murmurer; ~tier n marmotte f
murren grogner
mürrisch grondeur, morose
Mus n marmelade f, purée f
Muschel f moule, coquillage m; coquille
Museum n musée m
Musik f musique; ~alisch musicien; musical; ~box f juke-box m; ~er m musicien; ~instrument n instrument m de musique
Muskatnuß f (noix) muscade
Muskel m muscle; ~kater m courbature f
muskulös musculeux, musclé
Muße f loisir m
müssen devoir; falloir
Muster n modèle m; (Zeichnung) dessin m; Hdl échantillon m, exemplaire; ~ung f examen m; inspection; Mil révision
Mut m courage m; 2ig courageux
Mutter f mère; Tech écrou m
mütterlich maternel
Mutter|mal n tache f de vin; ~sprache f langue maternelle
Mutti f F maman
mutwillig pétulent; adv de propos délibéré
Mütze f bonnet m, casquette

N

Nabe f moyeu m
Nabel m nombril [-i]
nach (D) (örtlich) à, vers, en; (zeitlich) après; ~ Paris à Paris; ~ Frankreich en France; ~ dem Essen après le repas; ~ und ~ peu à peu
nachahm|en imiter; 2**ung** f imitation
Nachbar m voisin; ~**schaft** f voisinage m
nach|bestellen commander en supplément; ~**bildung** f copie, reproduction; ~**dem** après que; je ~**dem** selon que; je ~**dem!** c'est selon!; ~**denken** (über A) réfléchir (à od sur), méditer (sur); ~**denklich** pensif; ~**drücklich** expressément; ~**einander** l'un après l'autre; 2**folger** m successeur; ~**forschen** rechercher; 2**forschung** f recherche; 2**frage** f Hdl demande; ~**füllen** remplir; ~**geben** céder, fléchir; ~**gebühr** f surtaxe; ~**gehen** (D) suivre; (Uhr) retarder; 2**geschmack** m arrière-goût; ~**giebig** flexible; fig souple
nachher après, plus tard
Nach|hilfestunde f leçon particulière; 2**kommen** suivre; ~**kommenschaft** f descendance; ~**kriegszeit** f après-guerre m; ~**laß** m Hdl remise f, réduction f; (Erbschaft) succession f; 2**lassen** (v/i se) relâcher; 2**lässig** négligent; 2**laufen** (D) courir après; 2**machen** imiter
Nachmittag m après-midi; **am ~ =** 2**s** (dans) l'après-midi; ~**kaffee** m goûter; ~**vorstellung** f matinée
Nachnahme f: **gegen ~** contre remboursement
Nach|porto n surtaxe f; 2**prüfen** vérifier; ~**prüfung** f vérification; 2**rechnen** vérifier
Nachricht f nouvelle; ~**en** pl Rdf, TV nouvelles, actualités; ~**endienst** m service d'information(s)
Nach|ruf m article nécrologique; 2**saison** f arrière-saison; 2**schicken** (j-m A) faire suivre
nachschlage|n: in e-m Buch ~ consulter un livre; 2**werk** n aide-mémoire m
Nach|schlüssel m fausse clef f; ~**schub** m ravitaillement; 2**sehen** voir (ob si); 2**senden** (j-m A) faire suivre; 2**sicht** f indulgence; 2**sichtig** indulgent; **nächst** prochain, suivant; **~e Woche** la semaine prochaine; **am ~en** le plus proche
nachstellen Uhr: retarder
nächstens prochainement

Nacht f nuit; gute ~! bonne nuit!; in der ~ (pendant) la nuit; ~dienst m service de nuit

Nachteil m désavantage; 2ig désavantageux

Nacht|falter m papillon nocturne; ~hemd n chemise f de nuit

Nachtisch m dessert

Nacht|leben n vie f nocturne; ~lokal n établissement m (F boîte f) de nuit; ~portier m concierge de nuit

Nach|trag m supplément; 2träglich ultérieur

nacht|s la (od de) nuit; 2tisch m table f de nuit; 2tischlampe f lampe de chevet; 2topf m vase de nuit; 2wächter m (2zug m) veilleur (train) de nuit

Nach|weis m preuve f; 2weisen prouver, démontrer; ~welt f postérité; ~wirkung f effet m ultérieur; ~wuchs m fig jeune génération f; 2zahlen payer un supplément; 2zählen recompter; ~zahlung f paiement m ultérieur; ~zügler m retardataire

Nacken m nuque f

nackt nu; ~badestrand m plage f nudiste

Nadel f aiguille, épingle; ~baum m conifère

Nagel m clou; (Finger2) ongle; ~bürste f (~lack m) brosse (vernis) à ongles; ~lackentferner m dissolvant; 2n clouer; 2neu battant (od flambant) neuf; ~reiniger m cure-ongles; ~schere f ciseaux m/pl à ongles; ~schuhe m/pl souliers cloutés

nage|n ronger (an D qc.); 2tier m rongeur m

nahe proche; ~ bei près de

Nähe f proximité, voisinage m

nähen coudre

näher plus proche; ~n: sich D ~n (s')approcher (de)

Näh|maschine f (~nadel f) machine (aiguille) à coudre

nahr|haft nutritif, nourrissant; 2ung f nourriture; 2ungsmittel n/pl vivres m/pl

Nähseide f soie à coudre

Naht f couture

Nähzeug n nécessaire m de couture

naiv naïf, ingénu

Name m nom; im ~n von au nom de; ~nstag m fête f; 2ntlich nominal; (besonders) nommément

namhaft notable

nämlich à savoir

Napf m écuelle f, jatte f; ~kuchen m kouglof

Narbe f cicatrice

Narko|se f narcose; ~tikum n narcotique m

Narr m fou

närrisch fou, bouffon

nasch|en manger par gourmandise; ~haft gourmand

Nase f nez m; **~nbluten** n saignement m du nez; **~nloch** n narine f
Nashorn n rhinocéros m
naß mouillé; **~ machen** mouiller
Nässe f humidité
Nation f nation; **2al** national; **~alfeiertag** m fête f nationale; **~alhymne** f hymne m national; **~alität** f nationalité; **~almannschaft** f Sp équipe f nationale; **~alspieler** m Sp sélectionné
Natur f nature; **~ereignis** n phénomène m naturel; **~forscher** m naturaliste; **~katastrophe** f cataclysme m naturel
natürlich naturel; adv naturellement, évidemment
Naturschutz|gebiet n, **~park** m parc m national
Nebel m brouillard, brume f; **~scheinwerfer** m phare m antibrouillard
neben (A, D) à côté de, auprès de; **~an** à côté de; **2anschluß** m Tel raccordement auxiliaire; **~bei** en passant; **2beschäftigung** f activité secondaire; **~einander** l'un à côté de l'autre; **2gebäude** n dépendance f, annexe m; **2kosten** pl faux frais m/pl; **2sache** f accessoire m; **2straße** f route secondaire; **2verdienst** m gain supplémentaire; **2-**

wirkung f effet m accessoire
neblig brumeux, nébuleux
necken taquiner, agacer
Neffe m neveu
Negativ n négatif m
Neger m nègre; **~in** f négresse
nehmen prendre, saisir; **Platz ~** prendre place
Neid m envie f; **2isch** envieux
neig|en pencher, incliner (**zu** D à qc.); **2ung** f inclinaison; fig penchant m
nein non
Nelke f œillet m
nennen nommer, appeler; **~swert** notable
Neonröhre f tube m au néon
Nerv m nerf
Nerven|arzt m neurologue; **~heilanstalt** f maison f de santé; **2krank** malade des nerfs, névropathe; **~zusammenbruch** m effondrement nerveux
nerv|ös nerveux; **2osität** f nervosité
Nerz m vison
Nesselfieber n urticaire f
Nest n nid m
nett gentil
netto net; **2preis** m prix net
Netz n filet m; **~anschluß** m raccordement au secteur; **~haut** f rétine
neu nouveau, neuf; **von ~em** de nouveau; **2bau** m construction f nouvelle; **2erung** f innovation

Neugier f curiosité; ⁀ig curieux

Neu|heit f nouveauté; ⁀igkeit f nouvelle; ⁀jahr n nouvel an m; ⁀jahrstag m jour de l'an; ⁀lich l'autre jour; ⁀mond m nouvelle lune f

neun neuf; ⁀te neuvième; ⁀zehn dix-neuf; ⁀zig quatre-vingt-dix

Neu|reiche(r) m nouveau riche; ⁀schnee m neige f fraîche

neutral neutre

nicht ne ... pas; ⁀ mehr ne ... plus; noch ⁀ (ne) pas encore; ⁀ wahr? n'est-ce pas?

Nichte f nièce

Nichtraucher m non-fumeur(s)

nichts (ne) rien; ⁀ n néant m

Nichtschwimmer m non-nageur

nicken faire un signe de tête

nie (ne) jamais; ⁀ wieder plus jamais

nieder en bas, à bas; ⁀brennen réduire en cendres; ⁀drücken abaisser; fig accabler; ⁀gehen descendre; (Regen) s'abattre; ⁀geschlagen abattu, déprimé; ⁀knien s'agenouiller; ⁀lage f défaite; ⁀lande: die ⁀lande pl les Pays-Bas m/pl; ⁀ländisch néerlandais

niederlassen: sich ⁀ s'établir

nieder|legen Amt: se démettre (de); ⁀schläge m/pl précipitations f/pl; ⁀schlagen abattre; Augen: baisser; ⁀trächtig infâme

niedlich mignon, gentil

niedrig bas

niemals (ne) jamais

niemand (ne) personne

Niere f rein m; Kochk rognon m; ⁀nentzündung f néphrite; ⁀nstein m calcul rénal

nieseln bruiner

niesen éternuer

Niet m rivet; ⁀e f (Los) billet m perdant

nikotin|arm dénicotinisé; ⁀vergiftung f nicotinisme m

Nilpferd n hippopotame m

Nippsache f bibelot m

nirgends nulle part

Nische f niche

nisten nicher

Nizza n Nice f

noch encore; **weder ...** ⁀ ni ... ni; ⁀mals encore une fois

Nockenwelle f arbre m à cames

Nonne f religieuse

Nonstopflug m vol sans escale

Norden m nord

nördlich septentrional, du nord; ⁀ von (D) au nord de

Nord|licht n aurore f boréale; ⁀osten m nord-est; ⁀pol m pôle nord; ⁀see f mer du Nord; ⁀westen m

nord-ouest; ~wind m vent du nord, bise f
Norm f norme, règle
normal normal; ²benzin n essence f ordinaire
Norwegen n la Norvège; ²isch norvégien
Not f nécessité, pénurie; misère; **zur ~** à la rigueur
Notar m notaire
Not|ausgang m sortie f de secours; ~**behelf** m en-cas; ~**bremse** f Esb signal m d'alarme; ²**dürftig** à peine suffisant; provisoire
Note f note
Notfall m cas de besoin; **im ~ = ²s** au besoin
notieren noter
nötig nécessaire; **es ist ~** il faut; **~ haben** avoir besoin de; **~en obliger (zu à)**
Notiz f note; ~**buch** n bloc--notes m
Not|landung f atterrissage m forcé; ²**leidend** nécessiteux; ~**ruf** m appel au secours; ~**signal** n signal m de détresse; ~**sitz** m strapontin; ~**verband** m pansement provisoire; ~**wehr** f

légitime défense; ~**wendig** nécessaire; ²**zucht** f viol m
Novelle f nouvelle
November m novembre
nüchtern: auf ~en Magen à jeun
Nudeln f/pl nouilles
Nudist m nudiste
null: eins zu ~ un à zéro; ² f zéro m; **unter** ² au--dessous de zéro
numerier|en numéroter; ²**ung** f numérotage m
Nummer f numéro m; ~**schild** n plaque f d'immatriculation
nun à présent, alors; **von ~ an** dorénavant, désormais
nur ne ... que; seulement
Nuß f noix; ~**baum** m noyer; ~**knacker** m casse--noix, casse-noisettes
nutzen, nützen v/t utiliser; v/i servir **(zu à)**
Nutz|en m utilité f; profit; ~**last** f poids m utile
nützlich utile
nutzlos inutile
Nylon n nylon m; ~**strümpfe** m/pl bas en nylon

O

Oase f oasis (a fig)
ob si; als ~ comme si
Obdach n abri m; ²**los** sans abri
oben en haut; **da ~** là-haut; **nach ~** vers le 'haut; **von ~ d'en 'haut**

ober supérieur; ² m garçon; **Herr ²!** garçon!
Ober|arzt m médecin-chef; ~**deck** n Mar pont m supérieur; (Bus) impériale f
Ober|fläche f surface; ²**flächlich** superficiel; ²-

oberhalb 372

halb (G) au-dessus de; ~**hemd** n chemise f; ~**kellner** m maître d'hôtel; ~**körper** m torse, buste; ~**schenkel** m cuisse f; ~**schule** f école secondaire
oberst le (la) plus 'haut(e); 2 m colonel
Oberteil m od n dessus m
obgleich bien que, quoique
Obhut f garde
objektiv objectif; 2 n objectif m
Oboe f 'hautbois m
Obst n fruits m/pl; ~**baum** m arbre fruitier; ~**garten** m verger; ~**händler** m fruitier; ~**kern** m pépin; ~**saft** m (~**wein** m) jus (vin) de fruits
obszön obscène
Obus m trolleybus
obwohl quoique, bien que
Ochse m bœuf
Ochsenschwanzsuppe f potage m oxtail
öde désert
oder ou
Ofen m poêle [pwal]; fourneau; ~**heizung** f chauffage m par poêle; ~**setzer** m fumiste
offen ouvert; fig sincère; ~**bar** évident, manifeste; 2**heit** f franchise; ~**kundig** notoire, patent; ~**sichtlich** évident
offensiv offensif; 2e f offensive
öffentlich public; 2**keit** f publicité
offiziell officiel

Offizier m officier
öffn|en ouvrir; Flasche: déboucher; 2**ung** f ouverture; 2**ungszeit(en)** f(pl) heures f/pl d'ouverture
oft souvent; **wie** ~? combien de fois?
öfter(s) assez souvent
ohne (A) sans; dépourvu de, dénué de; ~**gleichen** sans pareil
Ohn|macht f évanouissement m; 2**mächtig** évanoui; 2**mächtig werden** s'évanouir
Ohr n oreille f
Ohren|arzt m auriste; 2-**betäubend** assourdissant; ~**entzündung** f otite
Ohr|feige f gifle, soufflet m; ~**ring** m boucle f d'oreille
Oktober m octobre
Öl n huile f; ~**bild** n peinture f à l'huile; 2**en** huiler, graisser; ~**farbe** f couleur à l'huile; ~**heizung** f chauffage m au mazout
Olive f olive; ~**nbaum** m olivier
Öl|kanne f burette; ~**sardine** f sardine à l'huile; ~**stand** m niveau d'huile; ~**ung** f: Letzte ~**ung** extrême-onction; ~**wechsel** m vidange; ~**zeug** n ciré m
Olympia|de f olympiade; ~**mannschaft** f (~**sieger** m) équipe (champion) olympique
olympisch: 2e Spiele n/pl jeux m/pl olympiques
Omelett n omelette f

Omnibus m autobus; ~bahnhof m gare f routière
Onkel m oncle
Oper f opéra m
Operation f opération
Operette f opérette
operieren opérer
Opern|glas n jumelles f/pl; ~sänger(in f) m chanteur m (cantatrice f) d'opéra
Opfer n sacrifice m; 2n sacrifier
Opium n opium m
Opposition f opposition
Optiker m opticien
Optimist m optimiste
orange orange; 2 f orange; 2ade f orangeade
Orchester n orchestre m
Orchidee f orchidée
Orden m ordre; (Auszeichnung) décoration f
ordentlich en ordre, ordonné
ordinär vulgaire [donné]
ordn|en mettre en ordre, ranger; 2er m ordonnateur; (Mappe) classeur; 2ung f ordre m
Organ n organe m; ~isation f organisation; 2isieren organiser
Orgel f orgue m, orgues f/pl
orientalisch oriental
orientier|en: sich ~en s'orienter; 2ung f orientation
Origin|al n original m; 2al, 2ell original
Orkan m ouragan
Ort m lieu, endroit
Orthographie f orthographe
Orthopäde m orthopédiste
örtlich, Orts... local
Ortschaft f localité, agglomération
Orts|gespräch n Tel communication f urbaine; ~zeit f heure locale
Öse f œillet m
Ost|block m bloc oriental; ~en m est, orient; **der Nahe ~en** le Proche-Orient; **der Ferne ~en** l'Extrême-Orient
Oster|ei n œuf m de Pâques; ~n n Pâques m
Österreich n l'Autriche f; 2isch autrichien
östlich oriental, à l'est (**von** de)
Ostsee f mer Baltique
Otter[1] m loutre f; ~[2] f vipère
oval ovale
Overall m combinaison f
oxydieren oxyder
Ozean m océan

P

Paar n paire f; couple m; **ein** 2 quelques; 2**weise** deux par deux, par couples
Pacht f ferme; 2**en** affermer
Pächter m fermier
Pachtvertrag m bail
Päckchen n petit paquet m
pack|en emballer, 2**papier** n papier m d'emballage; 2**ung** f emballage m, pa-

quet m; Med enveloppement m

Paddel|boot n périssoire f, canoë m; ⁓n pagayer

Page m groom, chasseur

Paket n colis m, paquet m; ⁓karte f bulletin m d'expédition

Pakt m pacte

Palast m palais

Palm|e f palmier m; ⁓sonntag m dimanche des Rameaux

Pampelmuse f pamplemousse m od f

paniert pané

Panik f panique

Panne f panne; ⁓nhilfe f (service m de) dépannage m

Panorama n panorama m

Panther m panthère f

Pantoffel m pantoufle f

Panzer m cuirasse f; Mil char m de combat; ⁓schrank m coffre-fort

Papagei m perroquet m

Papier n papier m; ⁓e pl papiers m/pl; ⁓geld n papier-monnaie m; ⁓handlung f papeterie; ⁓korb m corbeille f à papier

Pappe f carton m

Pappel f peuplier m

Paprika m paprika; ⁓schote f poivron m

Papst m pape

päpstlich papal

Parade f revue

Paradies n paradis m; ⁓isch paradisiaque

Paragraph m paragraphe m

parallel parallèle

Pärchen n couple m

Parfüm n parfum m

Park m parc; ⁓en v/t u v/i parquer, garer; v/i stationner

Parkett n parquet m; Thea orchestre m

Park|gebühr f taxe de stationnement; ⁓(hoch)-haus n parking m à étages; ⁓lücke f créneau; ⁓platz m parking, (parc de) stationnement; ⁓scheibe f disque m de contrôle de stationnement; ⁓uhr f parcomètre m; ⁓verbot n interdiction f de stationnement; ⁓wächter m gardien de parc

Parlament n parlement m

Parodie f parodie

Partei f parti m; jur partie; ⁓isch partial

Parterre n rez-de-chaussée m

Partie f partie

Partisan m partisan; ⁓enkrieg m guérila f

Partner(in f) m partenaire su

Parzelle f parcelle, lot m

Paß m passeport; (Gebirgs⁓) col

Passagier m passager; ⁓liste f liste des passagers; ⁓schiff n paquebot m; transatlantique m

Paßbild n photo f d'identité

passen être juste, aller bien; convenir (zu à); ⁓d convenable

passier|en passer; v/i arriver, se passer; **₂schein** m laissez-passer
Passionszeit f temps m de la Passion, carême m
passiv passif
Paß|kontrolle f contrôle m des passeports; **~straße** f route de col
Pastete f pâté m
pasteurisiert pasteurisé
Pate m parrain; **~nkind** n filleul(e f) m
Patent n brevet m
Patient(in) f m malade su, patient(e f) m, client m
Patin f marraine
patriotisch patriote
Patrone f cartouche f
Pauke f timbale
pauschal forfaitaire, global; **₂e** f forfait m; **₂reise** f voyage m à forfait
Pause f pause; (Schule) récréation; Thea entracte m
Pauspapier n papier m calque
Pavillon m pavillon
Pech n poix f; fig malˑ)
Pedal n pédale f; [chancef
Pediküre f pédicure
peinlich gênant; **~ genau** minutieux
Peitsche f fouet m
Pell|e f pelure; **~kartoffel** f pomme de terre en robe de chambre
Pelz m fourrure f; **~mantel** m (**~mütze** f) manteau (bonnet m) de fourrure
Pendel n pendule f; **~verkehr** m navettes f/pl

Pension f pension; (Ruhestand) retraite; **~är** m pensionnaire; **₂iert** retraité; **~spreis** m prix de (la) pension
perfekt parfait
Pergamentpapier n papier m parchemin
Periode f période
Perl|e f perle; **₂en** pétiller; **~mutt** n nacre f
Persianer m astrakan
Person f personne
Personal n personnel m; **~ausweis** m carte f d'identité; **~ien** pl état m civil, identité f
Personen(kraft)wagen m voiture f particulière; **~zug** m train omnibus
persönlich personnel; **₂keit** f personnalité; personnage m
Perücke f perruque
Pest f peste
Petersilie f persil m
Petroleum n pétrole m; **~kocher** m (**~lampe** f) réchaud (lampe) à pétrole
Pfad m sentier m; **~finder** m (boy-)scout
Pfahl m pieu, poteau, (Zaun₂) palis
Pfand n gage m
Pfänderspiel n jeu m des gages
Pfann|e f poêle [pwal]; **~kuchen** m crêpe f; (Krapfen) beignet
Pfarr|ei f paroisse; **~er** m curé; evangelisch: pasteur
Pfau m paon

Pfeffer

Pfeffer *m* poivre; ~kuchen *m* pain d'épice
Pfefferminz|e *f* menthe (poivrée); ~likör *m* menthe *f*; ~tee *m* infusion *f* de menthe
Pfeffer|mühle *f* moulin à poivre; 2n poivrer
Pfeife *f* sifflet *m*; (*Tabaks2*) pipe; 2n siffler
Pfeil *m* flèche *f*
Pfeiler *m* pilier
Pfennig *m* pfennig
Pferd *n* cheval *m*
Pferde|händler *m* maquignon; ~rennen *n* course *f* de chevaux; ~schlitten *m* traîneau; ~stall *m* écurie *f*; ~stärke *f* cheval-vapeur *m*; ~wagen *m* voiture *f* à cheval
Pfiff *m* sifflement; coup de sifflet; ~erling *m* chanterelle *f*
Pfingsten *n* la Pentecôte
Pfirsich *m* pêche *f*
Pflanze *f* plante; 2n planter; ~nschutzmittel *n* pesticide *m*
Pflaster *n* pavé *m*; *Med* emplâtre *m*; ~stein *m* pavé
Pflaume *f* prune; ~nmus *n* marmelade *f* de prunes
Pflege *f* soin(s) *m(pl)*; 2n soigner; ~r *m* garde-malade, infirmier
Pflicht *f* devoir *m*; 2bewußt conscient de son devoir; ~versicherung *f* assurance obligatoire
Pflock *m* piquet
pflücken cueillir

Pflug *m* charrue *f*
pflügen labourer
Pförtner *m* concierge, portier
Pfosten *m* poteau
Pfote *f* patte
Propfen *m* tampon
Pfund *n* livre *f*
pfuschen bâcler
Pfütze *f* flaque, mare
Phanta|sie *f* imagination, fantaisie; 2stisch fantastique
Photo *m usw s* Foto
Physik *f* physique
Pickel *m* piolet; *Med* bouton
picken becqueter
Picknick *n* pique-nique *m*
pieken *F* piquer
Pik *n* pique *f*
pikant épicé
Pilger *m* pèlerin; ~fahrt *f* pèlerinage *m*
Pille *f* pilule
Pilot *m* pilote
Pilsner (Bier) *n* bière *f* de Pilzen
Pilz *m* champignon; ~krankheit *f* mycose
Pinguin *m* pingouin
Pinie *f* pin *m* parasol
Pinsel *m* pinceau, brosse *f*
Pinzette *f* pincettes *f/pl*
Pirat *m* pirate
Piste *f* piste
Pistole *f* pistolet *m*
Plage *f* tourment *m*; fléau *m*; 2n (sich 2n se) tourmenter
Plakat *n* affiche *f*, placard *m*
Plan *m* plan, dessin; projet

Plane f bâche
planen projeter
Planet m planète f
Planke f planche
plan|los sans méthode; **~mäßig** (*Zug, Flgw*) régulier
Plansch|becken n pataugeoire f; **2en** patauger
Plantage f plantation
Planwirtschaft f économie dirigée
Plastik|beutel m, **~tüte** f sac m en plastique
plätschern clapoter
platt plat
Platte f plaque; *Kochk* plat m; **kalte ~** assiette anglaise
plätten s bügeln
Plattenspieler m tourne-disque
Plattform f plate-forme
Platz m place; endroit; **~anweiserin** f ouvreuse; **2en** crever, éclater; **~karte** f ticket m de réservation; **~regen** m averse f
Plauder|ei f causerie; **2n** causer
Pleite f faillite
Plomb|e f plomb m; (*Zahn2*) plombage m; **2ieren** plomber
plötzlich subit, brusque; *adv* tout à coup
plump lourd, grossier
plünder|n piller; **2ung** f pillage m
Plüsch m peluche f
Pöbel m populace f
Pocken f/pl variole f; **~schutzimpfung** f vaccination antivariolique
Podium n estrade f
Pokal m coupe f; **~spiel** n *Sp* (match m de) coupe f
Pökelfleisch n viande f salée
Pol m pôle; **~arkreis** m cercle polaire
Polen n la Pologne
polieren polir, brunir
Poliklinik f policlinique
Poli|tik f politique; **~tiker** m homme politique; **2tisch** politique
Polizei f police; **2lich** policier; **~revier** n (**~streife** f) commissariat m (patrouille) de police; **~stunde** f heure de clôture
Polizist m agent de police
polnisch polonais
Polster n rembourrage m; **~sessel** m fauteuil rembourré
poltern faire du tapage
Pony n poney m
populär populaire
Por|e f pore m; **2ös** poreux
Porree m poireau
Portemonnaie n porte-monnaie m
Portier m concierge, portier
Portion f portion
Porto n port m; **2frei** franc de port
Porträt n portrait m
Portug|al n le Portugal; **2iesisch** portugais
Porzellan n porcelaine f
Posaune f trombone m
Posse f farce

Post f poste; (*Postsendung*) courrier m; ~amt n bureau m de poste; ~anweisung f mandat-poste m; ~bote m facteur; ~bus m autocar (*od* autobus) postal

Posten m poste, position f; *Hdl* lot, partie f; *Mil* sentinelle f

Post|fach n boîte f postale; ~karte f carte postale; 2lagernd poste restante; ~leitzahl f code m postal; ~scheckkonto n compte m de chèques postaux; ~sparbuch n livret m de caisse d'épargne postale; 2wendend par retour du courrier; ~zug m train-poste; ~zustellung f factage m

Pracht f magnificence
prächtig magnifique
prägen *Münzen:* frapper
prahlen se vanter (**mit** *D* de)
Prakti|kant m stagiaire; ~kum n stage m; 2sch pratique (*chocolat*)
Praline f bonbon m au
prall fortement tendu; **in der** ~**en Sonne** en plein soleil
Prä|mie f prime; récompense; ~parat n préparation f
Präsident m président
prasseln crépiter
Praxis f pratique; *Med* cabinet m de consultation
predig|en prêcher; 2er m prédicateur; 2t f sermon m

Preis m prix; ~angabe f indication des prix; ~ausschreiben n concours m
Preiselbeere f airelle rouge
preisen louer, vanter
Preis|erhöhung f augmentation des prix; ~ermäßigung f réduction de prix; 2geben abandonner; 2gekrönt couronné; 2gericht n jury m; ~liste f prix m courant; 2träger m lauréat; 2wert bon marché
Prell|bock m butoir; ~ung f *Med* contusion
Presse f presse; 2n presser, serrer
Preßluft f air m comprimé; ~hammer m marteau pneumatique [quant
prickeln picoter; ~d pi-
Priester m prêtre
prima F épatant, fameux
primitiv primitif
Prinz m prince; ~essin f princesse
Prinzip n principe m; 2iell par principe
Prise f (*Salz*) pincée; (*Tabak, Mar*) prise
privat privé, particulier; 2strand m (2zimmer n) plage f (chambre f) privée
pro: ~ **Person** par personne
Probe f épreuve, essai m; *Hdl* échantillon m; ~fahrt f course d'essai; 2n répéter; 2weise à titre d'essai
probieren essayer
Problem n problème m
Produkt n produit m; ~ion f production

produzieren produire
Professor m professeur
Profi m Sp professionnel
Profil n profil m (a Kfz)
Programm n programme m; TV erstes ~ première chaîne f
Projekt n projet m; ~or m projecteur
Promenade f promenade; ~ndeck n pont-promenade m
Promille n pour mille m
prominent éminent
Propangas n propane m
Propeller m hélice f
pro|phezeien prophétiser, prédire; **~sit!** à votre santé!; **2spekt** m prospectus; **2stituierte** f prostituée; **2test** m protestation f; **~testieren** protester; **2these** f prothèse; **2tokoll** n procès-verbal
Pro|viant m provisions f/pl; **~vinz** f province; **~vision** f commission; **~visorisch** provisoire; **~zent** n pour cent m; **~zeß** m procès; **~zession** f procession
prüf|en examiner; vérifier; **2ung** f examen m; épreuve; vérification
Prügel pl correction f, rossée f; **2n** bâtonner
Prunk m faste, apparat; **2voll** fastueux
Psych|iater m psychiatre [-k-]; **2ologisch** psychologique [-k-]

Publikum n public m; auditoire m
Pudding m pouding
Pudel m caniche
Puder m poudre f; **~dose** f poudrier m; **2n** poudrer
Pullover m pull-over
Puls m pouls f; **~ader** f artère
Pult n pupitre m
Pulver n poudre f; **~schnee** m neige f poudreuse
Pumpe f pompe; **2n** pomper; F taper (et. von j-m q. de qc.)
Punkt m point; drei Uhr ~ à trois heures précises
pünktlich ponctuel; à l'heure
Punktzahl f Sp score m
Punsch m punch [pɔʃ]
Pupille f pupille
Puppe f poupée
pur pur
Püree n purée f
Purpur m pourpre
Purzelbaum m culbute f
Pustel f pustule
pusten souffler
Pute f dinde
Putsch m coup d'Etat, putsch
Putz m Arch enduit; **2en** nettoyer; Gemüse: éplucher; Nase: moucher; **~frau** f femme de ménage; **~lappen** m chiffon; **~macherin** f modiste
Pyjama m pyjama
Pyramide f pyramide

Q

Quadrat n carré m; ~**meter** n od m mètre m carré
quaken coasser
Qual f peine, tourment m
quälen (sich ~ se) tourmenter
Quali|fikationsspiel n Sp match m de qualification; ~**tät** f qualité
Qualle f méduse
Qualm m fumée f épaisse; 2**en** fumer
Quarantäne f quarantaine
Quark m fromage blanc
Quartal n trimestre m
Quartett n quatuor [kw-] m
Quartier n logement m, gîte m; ~**vermittlung** f service m de logement
Quarz m quartz [kw-]
Quatsch F m sottises f/pl, bêtises f/pl
Quecksilber m mercure m
Quell|e f source, fontaine; 2**en (se)** gonfler; ~**wasser** n eau f de source, eau f vive
quer transversal; adv en (od de) travers; ~ **über** à travers; ~**schnitt** m (2**straße** f) section f (rue) transversale
quetsch|en écraser; Med contusionner, meurtrir; 2**ung** f Med contusion
quietschen grincer
Quirl m moulinet; 2**en** battre (avec un moulinet)
quitt quitte
Quitte f coing m
quitt|ieren acquitter; 2**ung** f quittance, acquit m, reçu m
Quiz n quiz m
Quotient m quotient

R

Rabatt m remise f, rabais m
Rabbiner m rabbin
Rabe m corbeau
Rache f vengeance
Rachen m arrière-bouche f; (Tier2) gueule f
rächen (sich ~ se) venger
Rad n roue f; (Fahr2) bicyclette f; F vélo m
Radau F m chahut
Raddampfer m bateau à aubes
radfahr|en aller à bicyclette; 2**er** m cycliste; 2**weg** m piste f cyclable
radier|en effacer, gommer; 2**gummi** m gomme f; 2**ung** f gravure à l'eau-forte
Radieschen n (petit) radis m
radikal radical; Pol extrémiste
Radio n radio f; vgl Rundfunk; 2**aktiv** radio-actif
Radius m rayon
Rad|kappe f chapeau m de

roue; ~**rennen** n course f cycliste; ~**sport** m cyclisme
raffiniert raffiné (a fig)
Ragout n ragoût m
Rahmen m cadre; châssis
Rakete f fusée
Rallye f rallye m
rammen Fahrzeug: tamponner
Rampe f rampe
Ramsch m camelote f
Rand m bord; (Heft♀, Buch♀) marge f; ~**bemerkung** f note marginale
Rang m rang, grade; Thea galerie f
rangieren Esb manœuvrer
Ranke f vrille; ♀n grimper
Ranzen m sac (d'écolier)
ranzig rance
rar rare; ♀**ität** f rareté f
rasch rapide; adv vite
rascheln bruire
Rasen m gazon, pelouse f
rasen tempêter; aller à toute vitesse; ~**d** enragé; (Beifall) frénétique
Rasier|apparat m rasoir (mécanique); ♀**en** (**sich** ♀**en se**) raser, (se) faire la barbe; ~**klinge** f lame de rasoir; ~**messer** n rasoir m; ~**pinsel** m blaireau, ~**seife** f savon m à barbe; ~**wasser** n lotion f
Raspel f râpe; ♀**n** râper
Rasse f race
rasseln cliqueter
Rast f repos m, 'halte; ~**machen** = ♀**en** se reposer, faire une 'halte; ~**stätte** f restoroute m, relais m routier
Rat m conseil; (Person) conseiller; (Körperschaft) conseil
Rate f acompte m; **monatliche** ~ mensualité f; **in** ~**n** à tempérament
raten conseiller; Rätsel: deviner
Ratenzahlung f payement m à tempérament
Rat|geber m conseiller; ~**haus** n hôtel m de ville, mairie f; ♀**los** perplexe; ♀**sam** à propos, opportun; ~**schlag** m conseil
Rätsel n énigme f, devinette f; ♀**haft** énigmatique
Ratte f rat m; ~**ngift** n mort-aux-rats m
Raub m rapine f, brigandage; ♀**en** ravir, enlever
Räuber m brigand
Raub|mörder m voleur assassin; ~**tier** n fauve m; ~**überfall** m attaque f à main armée; ~**vogel** m oiseau de proie
Rauch m fumée f; ♀**en** fumer; ~**en verboten!** défense de fumer!; ~**er** m fumeur
Räucher|aal m anguille f fumée; ♀**n** fumer
Rauch|fahne f panache m de fumée; ♀**ig** fumeux; ~**wolke** f nuage m de fumée; ~**zimmer** n fumoir m
rauf|en: sich ~ en se chamailler, se prendre aux cheveux; ♀**erei** f rixe, bagarre

rauh

rauh rude, âpre (*a Klima*); *Stimme*: rauque; ⁀**reif** *m* givre
Raum *m* espace; place *f*; (*Zimmer*) pièce *f*
räumen ôter, enlever; quitter, évacuer
Raumfahrt *f* astronautique
räumlich spatial, dans l'espace
Raumschiff *n* astronef *m*
Räumung *f* évacuation
Raupe *f* chenille; ⁀**fahrzeug** *n* autochenille *f*
Rausch *m* ivresse *f*, enivrement; ⁀**en** bruire; ⁀**gift** *n* stupéfiant *m*
räuspern: sich ~ toussoter; s'éclaircir la voix
Razzia *f* rafle
reagieren réagir
real réel, effectif; ⁀**istisch** réaliste; ⁀**ität** *f* réalité
Rebe *f* vigne
Rebell *m* rebelle; ⁀**ieren** se rebeller
Rebhuhn *n* perdrix *f*
Rechen *m* râteau; ⁀ râteler
Rechen|fehler *m* erreur *f* de calcul; ⁀**maschine** *f* machine à calculer
Rechenschaft *f*: **~ ablegen** rendre compte (*über de*) **zur ~ ziehen** rendre responsable (*für de*)
rechn|en calculer, compter (*auf A, mit D* sur); ⁀**ung** *f* calcul *m*; *Hdl* facture; (*Hotel*) note; (*Restaurant*) addition
recht droit; (*richtig*) juste; **~ haben** avoir raison

Recht *n* droit *m*; ⁀**e** *f* droite (*a Pol*)
Rechteck *n* rectangle *m*; ⁀**ig** rectangulaire
recht|fertigen justifier; ⁀**fertigung** *f* justification; ⁀**lich** juridique, légal; ⁀**mäßig** légal, légitime
rechts à droite
Rechts|anwalt *m* avocat; ⁀**berater** *m* jurisconsulte
recht|schaffen honnête, loyal; ⁀**schreibung** *f* orthographe
rechts|gültig, ⁀kräftig valable; ⁀**verkehr** *m* circulation *f* à droite; ⁀**widrig** illégal
recht|winklig rectangulaire; ⁀**zeitig** à temps
Reck *n* barre *f* fixe
Redakt|eur *m* rédacteur; ⁀**ion** *f* rédaction
Rede *f* parole, discours *m*
reden parler; ⁀**sart** *f* locution
redlich honnête
Redner *m* orateur
Reede|r *m* armateur; ⁀**rei** *f* société d'armateurs
reell loyal, convenable
Reflex *m* reflet; *Med* réflexe
Reform *f* réforme
Regal *n* étagère *f*
Regatta *f* régates *f*/*pl*
rege vif, alerte
Regel *f* règle, norme; ⁀**mäßig** régulier; ⁀**n** régler; ⁀**recht** correct; en règle; ⁀**ung** *f* règlement *m*
Regen *m* pluie *f*; ⁀**bogen** *m* arc-en-ciel; ⁀**mantel** *m*

imperméable; ~**schauer** *m* averse *f*, giboulée *f*; ~**schirm** *m* parapluie; ~**wasser** *n* eau *f* de pluie; ~**wurm** *m* ver de terre; ~**zeit** *f* saison des pluies

Regie *f* régie; *Thea* mise en scène

regier|en gouverner, régner; 2**ung** *f* gouvernement *m*

regional régional

Regisseur *m* metteur en scène

Register *n* registre *m*; index *m*

regn|en pleuvoir; **es ~et** il pleut; ~**erisch** pluvieux

regungslos immobile

Reh *n* chevreuil *m*; ~**kitz** *n* faon [fã] *m*

Reib|e *f*, ~**eisen** *n* râpe *f*; 2**en** frotter; *Kochk* râper; ~**ung** *f* frottement *m*, friction

reich riche; 2 *n* empire *m*

reich|en donner, passer; *v/i* s'étendre, aller (**bis** *D* jusqu'à); (*genügen*) suffire; ~**haltig** abondant; ~**lich** copieux, abondant; ample; 2**tum** *m* richesse *f*; 2**weite** *f* portée

reif mûr; 2 *m* gelée *f* blanche; 2**e** *f* maturité *f*; ~**en** mûrir

Reifen *m* cerceau *m*; *Kfz* pneu *m*; ~**druck** *m* pression *f* du pneu; ~**panne** *f* crevaison

Reifeprüfung *f* baccalauréat *m*

Reihe *f* rangée, file, ligne; ~**der** **nach** l'un après l'autre; **ich bin an der ~** c'est mon tour; ~**nfolge** *f* suite

Reiher *m* héron

reimen: sich ~ rimer

rein pur; 2**heit** *f* pureté *f*

reinig|en nettoyer; 2**ung** *f* nettoyage *m*; **chemische** 2**ung** nettoyage *m* à sec

Reis *m* riz

Reise *f* voyage *m*; **gute ~!** bon voyage!; ~**andenken** *n* souvenir *m* (de voyage); ~**bedarf** *m* articles *m/pl* de voyage; ~**begleiter** *m* accompagnateur; ~**büro** *n* agence *f* de voyages; ~**führer** *m* guide (*a Buch*) *m*; ~**gesellschaft** *f* société touristique; ~**gruppe** *f* groupe *m* de touristes; ~**kosten** *pl* frais *m/pl* de voyage; ~**leiter** *m* agent accompagnateur

reisen voyager; 2**de(r)** *m* voyageur

Reise|omnibus *m* autocar de tourisme; ~**paß** *m* passeport; ~**proviant** *m* provisions *f/pl* de route; ~**route** *f* itinéraire *m*; ~**scheck** *m* chèque de voyage; ~**tasche** *f* sac *m* de voyage, fourre-tout *m*; ~**verkehr** *m* trafic touristique; ~**ziel** *n* destination *f*

Reisig *n* ramilles *f/pl*

Reiß|brett *n* planche *f* à dessin; 2**en** *v/t* tirer; arracher, déchirer; *v/i* rom-

reißend

pre, se déchirer; ~**end** (*Strom*) impétueux, rapide; ~**feder** *f* tire-ligne *m*; ~**verschluß** *m* fermeture *f* éclair; ~**zwecke** *f* punaise

reit|en monter à cheval; ~**er** *m* cavalier; ~**pferd** *n* cheval *m* de selle; ~**schule** *f* école d'équitation; ~**sport** *m* équitation *f*; ~**turnier** *n* concours *m* hippique; ~**weg** *m* chemin équestre

Reiz *m* excitation *f*, irritation *f*; *fig* charme, attrait; ~**en** exciter, irriter; (*ärgern*) agacer; ~**end** charmant, ravissant

Reklam|ation *f* réclamation; ~**e** *f* publicité, réclame; ~**ieren** réclamer

Rekord *m* record; **e-n** ~ **aufstellen** (**halten**) établir (détenir) un record

Re|krut *m* conscrit, recrue *f*; *F* bleu; ~**lativ** relatif; ~**f** *e* publicité, réclame; ~**lief** *n* relief *m*; ~**ligion** *f* religion

Reling *f* bastingage *m*

Reliquie *f* relique

Remoulade *f* rémoulade

Renn|bahn *f* piste; champ *m* de course(s); ~**boot** *n* bateau *m* de course; ~**en** courir; **im** ~ course *f*; ~**fahrer** *m* coureur *m*; ~**pferd** *n* cheval *m* de course; ~**strecke** *f* circuit *m*, parcours *m*; ~**wagen** *m* voiture *f* de course

Rente *f* rente, retraite

Ren|tier *n* renne *m*

Rentner *m* rentier

Reparatur *f* réparation; ~**werkstatt** *f* atelier *m* de réparation

reparieren réparer

Report|age *f* reportage *m*; ~**er** *m* reporter [-ε:r]

Republik *f* république

Reservat *n* réserve *f*

Reserverad *n* roue *f* de rechange

reservier|en réserver; ~**ung** *f* réservation

Respekt *m* respect (**vor** pour)

Rest *m* reste

Restaurant *n* restaurant *m*

Rest|betrag *m* restant, solde; ~**los** total; sans reste

rett|en (**sich**) sauver; ~**er** *m* sauveur

Rettich *m* radis

Rettung *f* sauvetage *m*

Rettungs|boot *n* (*dienst m*) canot *m* (*service*) de sauvetage; ~**los** irrémédiablement; ~**mannschaft** *f* équipe de secours; ~**ring** *m* bouée *f* de sauvetage; ~**station** *f* poste *m* de secours

Reue *f* repentir *m*, regret *m*

Revier *n* district *m*; (*Jagd*~) terrain *m* de chasse; (*Polizei*~) commissariat *m*

Re|volution *f* révolution; ~**volver** *m* revolver; ~**vue** *f* revue; ~**zension** *f* compte *m* rendu, critique

Rezept *n* recette *f*; *Med* ordonnance *f*

Rhabarber *m* rhubarbe *f*

Rheuma *n* rhumatisme *m*

Rhythmus *m* rythme

richten ajuster, (re)dresser; *Blick:* porter (**auf** sur), diriger (**auf** vers); *Bitte, Brief:* adresser (**an** à); *Waffe:* pointer (**auf** sur); *jur* juger; *sich ~ nach* (D) se régler sur

Richt|er *m* juge; **♀ig** juste, correct; **♀ig!** c'est ça!; **~keit** *f* justesse; **♀igstellen** rectifier; **~linien** *f/pl* directives; **~ung** *f* direction

riechen sentir (**nach** *D* qc.)

Riegel *m* verrou

Riemen *m* courroie *f*, lanière *f*; *Mar* rame *f*

Riese *m* géant; **~nslalom** *m Sp* slalom géant

rieseln ruisseler

riesig géant, gigantesque

Riff *n* récif *m*

Rille *f* rainure

Rind *n* bœuf *m*

Rinde *f* écorce; (*Brot♀*)
(croûte)

Rind|erbraten *m* rôti de bœuf; **~fleisch** *n* bœuf *m*

Ring *m* anneau, bague *f*; (*Boxen*) ring

ring|en lutter; **♀er** *m* lutteur; **♀kampf** *m* lutte *f*

Ringfinger *m* annulaire

rings(her)um tout autour

rinn|en couler; **♀stein** *m* caniveau

Rippe *f* côte; **~nfellentzündung** *f* pleurésie

Risiko *n* risque *m*

risk|ant risqué; **~ieren** risquer

Riß *m* déchirure *f*; crevasse *f*; (*Sprung*) fêlure *f*

rissig crevassé; fêlé; (*Haut*) gercé

Ritt *m* chevauchée *f*; course *f* à cheval

Ritter *m* chevalier; **♀lich** chevaleresque

Ritze *f* fente; **♀n** rayer

Rivale *m* rival

Rizinusöl *n* huile *f* de ricin

Roastbeef *n* rosbif *m*

Robbe *f* phoque *m*

robust robuste

röcheln râler

Rock *m* jupe *f*

Rodel|bahn *f* piste de luge; **♀n** faire de la luge; **~schlitten** *m* luge *f*

roden essarter

Rogen *m* œufs *m/pl* de poisson

Roggen *m* seigle

roh cru; (*unverarbeitet*) brut [-t]; *fig* grossier, brutal; **♀kost** *f* crudités *f/pl*

Rohr *n* tube *m*, tuyau *m*; *Bot* roseau *m*

Röhre *f* tuyau *m*; *Rd f* lampe [matique)

Rohrpost *f* poste pneu-)

Rohstoff *m* matière *f* première

Rolladen *m* volet roulant

Roll|bahn *f Flgw* piste; **~e** *f* rouleau *m*; *Thea* rôle *m*; **♀en** rouler; **~er** *m* patinette *f*; **~film** *m* pellicule *f* en bobine; **~schuh** *m* patin à roulettes; **~stuhl** *m* (**~treppe** *f*) fauteuil (escalier *m*) roulant

Roman *m* roman; **♀tisch** romantique

römisch romain
röntgen radiographier; ~**aufnahme** f radiographie
rosa rose
Rose f rose
Rosen|**kohl** m chou de Bruxelles; ~**kranz** m chapelet, rosaire; ~**montag** m lundi gras; ~**öl** n huile f rosat
ros|**ig** rose; 2**ine** f raisin m sec; 2**marin** m romarin
Roßhaar n crin m
Rost[1] m rouille f
Rost[2] m gril; ~**braten** m grillade f
rosten (se) rouiller
rösten griller; *Kaffee:* torréfier
rost|**frei** inoxydable; ~**ig** rouillé; 2**schutzmittel** n antirouille m
rot rouge; (*Haar*) roux; ~ **werden** rougir; **das** 2~ **Kreuz** la Croix-Rouge
Röteln pl rubéole f
Rot|**haut** F f Peau-Rouge; ~**kohl** m chou rouge
rötlich rougeâtre
Rot|**stift** m crayon rouge; ~**wein** m vin rouge
Roulade f paupiette, roulade
Rübe f betterave; **weiße** ~ navet m; **rote** ~ betterave f
Rubin m rubis [rouge]
Ruck m saccade f
rück|**bestätigen** *Flgw* reconfirmer; 2**blick** m vue f rétrospective
rücken déplacer; *v/i* se pousser

Rücken m dos; ~**lehne** f dossier m; ~**mark** n moelle f épinière; ~**nummer** f *Sp* dossard m; ~**schwimmen** n nage f sur le dos; ~**wind** m vent de derrière
Rück|**erstattung** f remboursement m; ~**fahrkarte** f billet m de retour; ~**fahrt** f retour m; 2**fällig** ~ **fällig werden** récidiver; ~**gang** m recul, récession f; 2**gängig**: 2**gängig machen** annuler; ~**grat** n épine f dorsale; ~**licht** n feu m arrière; ~**porto** n port m de retour; ~**reise** f (voyage m de) retour m
Rucksack m sac à dos
Rück|**schritt** m pas en arrière, recul; ~**seite** f revers m; ~**sendung** f renvoi m
Rücksicht f égard m, considération f; **mit** ~ **auf** (A) eu égard à; 2**slos** sans égards; 2**svoll** plein d'égards
Rück|**sitz** m siège arrière; ~**spiegel** m rétroviseur; ~**stand** m *Chem* résidu; 2**ständig** arriéré (*a fig*); ~**tritt** m démission f; 2**wärts** en arrière; ~**wärtsgang** m marche f arrière; ~**weg** m retour; ~**zahlung** f remboursement m; ~**zug** m *Mil* retraite f
Rudel n troupe f, bande f
Ruder n rame f; aviron m; (*Steuer*) gouvernail m; ~

boot n bateau m à rames; ⏴n ramer; ⏴sport m aviron

Ruf m cri, appel; fig réputation f; ⏴en appeler, crier; ⏴name m prénom usuel; ⏴nummer f numéro m d'appel

Rüge f réprimande

Ruhe f tranquillité, calme m, silence m; in ⏴ lassen laisser tranquille; ⏴los sans repos; ⏴n reposer; **hier ruht** ci-gît; ⏴stand m retraite f; ⏴störung f perturbation f; ⏴tag m jour de repos

ruhig tranquille, calme

Ruhm m gloire f

rühmen glorifier, célébrer

ruhmreich glorieux

Ruhr f Med dysenterie f

Rühr|eier n/pl œufs m/pl brouillés; ⏴en remuer; fig toucher, attendrir; ⏴ung f émotion, attendrissement m

Ruine f ruine

rülpsen roter

Rum m rhum

Rumän|ien n la Roumanie; ⏴isch roumain

Rummel m foire f; ⏴platz m fête f foraine

Rumpelkammer f débarras m

Rumpf m tronc

Rumpsteak n romsteck m

rund rond; ⏴blick m vue f panoramique; ⏴e f ronde; Sp tour m; (Boxen) reprise; ⏴fahrt f circuit m

Rundfunk m radio f, T.S.F f; ⏴gerät n poste m de T.S.F.; ⏴sender m (poste) émetteur

Rund|gang m tour; ⏴herum tout autour; ⏴reise f voyage m circulaire; ⏴schreiben n circulaire f

Runzel f ride; ⏴n: **die Stirn** ⏴n froncer les sourcils

rupfen plumer

Ruß m suie f

Rüssel m trompe f

russisch russe

Rußland n la Russie

rüst|en (sich ⏴**en** se) préparer **(zu** D à); ⏴**ig** vigoureux, robuste; ⏴**ung** f armure

Rute f verge; (Schwanz) fouet

Rutsch|bahn f glissoire f; ⏴en glisser; Kfz déraper

rütteln secouer; cahoter

S

Saal m salle f

Saat f semailles f/pl

Säbel m sabre

Sach|bearbeiter m employé **(für** chargé de); ⏴e f chose; affaire; ⏴en pl effets m/pl; ⏴kundig expert, compétent; ⏴lich objectif

sächlich neutre

Sach|register n répertoire m; ⏴schaden m dégâts m/pl matériels; ⏴verhalt

Sachverständige(r)

faits *m/pl*; ~**verständige(r)** *m* expert
Sack *m* sac; poche *f*; ~**gasse** *f* impasse (*a fig*); cul-de-sac *m*
säen semer
Safari *m* safari *m*
Safe *m* coffre-fort
Saffianleder *n* maroquin *m*
Saft *m* jus; 2**ig** juteux
Sage *f* légende, mythe *m*
Säge *f* scie; ~**mehl** *n* sciure *f*
sagen dire
säge|n scier; 2**späne** *m/pl* sciure *f*; 2**werk** *n* scierie *f*
Sahne *f* crème
Saison *f* saison; ~**zuschlag** *m* supplément de haute saison
Saite *f* corde
Sakko *m* veston
Salat *m* salade *f*; ~**schüssel** *f* saladier *m*
Salbe *f* onguent *m*
Saline *f* saline
Salmiakgeist *m* ammoniaque *f*
Salpeter *m* salpêtre; ~**säure** *f* acide *m* nitrique
Salz *n* sel *m*; 2**en** saler; 2**ig** salé; ~**kartoffeln** pommes de terre nature; ~**säure** *f* acide *m* chlorhydrique; ~**stange** *f* stixi *m* au sel; ~**streuer** *m* salière *f*; ~**wasser** *n* eau *f* salée
Same(n) *m* semence *f*
Sammel|fahrschein *m* billet collectif; 2**n** collectionner; ~**platz** *m*, ~**punkt** *m* lieu de rassemblement
Sammlung *f* collection

Samstag *m* samedi
Samt *m* velours
Sanatorium *n* sanatorium *m*
Sand *m* sable
Sandale *f* sandale *f*; ~**tte** *f* sandalette
Sand|bank *f* (~**burg** *f*) banc *m* (château *m* de sable); 2**ig** sablonneux; ~**papier** *n* papier *m* de verre; ~**strand** *m* plage *f* de sable
sanft doux
Sänger *m* chanteur; ~**in** *f* chanteuse; cantatrice
Sanität|er *m* infirmier, brancardier; ~**swache** *f* poste *m* de secours
Sard|elle *f* anchois *m*; ~**dine** *f* sardine
Sarg *m* cercueil, bière *f*
Satellit *m* satellite
satt rassasié; **sich ~ essen** manger à sa faim
Sattel *m* selle *f*; 2**n** seller
sättigend nourrissant
Satz *m* *Gr* proposition *f*, phrase *f*; (*Sprung*) saut, bond; *Mus* mouvement (*Kaffee*2) marc; (*Fracht*2, *Zins*2) tarif; *Sp* (*Tennis*) set; ~**ung** *f* règlement *m*
Sau *f* truie
sauber propre, net; 2**keit** *f* propreté, netteté
säubern nettoyer
sauer aigre; ~ **werden** s'aigrir; (*Milch*) tourner; 2**kirsche** *f* griotte *f*; 2**kraut** *n* choucroute *f*; ~**stoff** *m* oxygène

saufen (*Tier*) boire; (*Mensch*) P pomper
Säufer *m* ivrogne
saugen sucer
säug|en allaiter; ⁀**etier** *n* mammifère *m*; ⁀**ling** *m* nourrisson
Säule *f* colonne
Saum *m* ourlet
säumen ourler, border
Sauna *f* sauna *m*
Säure *f* aigreur; acide *m*
sausen siffler, mugir; F filer
Schab|e *f* blatte; ⁀**en** racler
schäbig râpé; *fig* mesquin
Schablone *f* patron *m*, poncif *m*
Schach *n* échec *m*; ⁀ **brett** *n* échiquier *m*; ⁀**figur** *f* pièce (d'échecs); ⁀**matt** échec et mat
Schacht *m* fosse *f*; *Min* puits
Schachtel *f* boîte
schade! quel dommage!; es ist ⁀, daß ... c'est dommage, que ...
Schädel *m* crâne
schaden (*D*) nuire; ⁀ *m* dommage; dégât; **zum** ⁀ **von** au détriment de; ⁀**ersatz** *m* indemnité *f*; ⁀**freude** *f* joie maligne; ⁀**froh** malicieux
schadhaft endommagé; défectueux
schäd|igen nuire (à), léser; ⁀**lich** nuisible (à); ⁀**ling** *m* vermine *f*
Schaf *n* brebis *m*
Schäfer *m* berger; ⁀**hund** *m* (chien de) berger

schaffen créer, produire; (*fertigbringen*) (réussir à) faire; *v/i* travailler
Schaffner *m* receveur; *Esb* contrôleur
Schafott *n* échafaud *m*
schal fade; (*Getränk*) éventé; ⁀ *m* châle
Schale *f* peau, pelure, écorce; (*Gefäß*) jatte, bol *m*
schälen peler, éplucher
Schall *m* son; ⁀**dämpfer** *m* Kfz silencieux; ⁀**mauer** *f* mur *m* du son; ⁀**platte** *f* disque *m*
schalt|en (ac)coupler; Kfz changer de vitesse; ⁀**er** *m* El interrupteur; (Bank⁀, Post⁀) guichet; ⁀**erhalle** *f* salle des guichets; ⁀**jahr** *n* année *f* bissextile
Scham *f* 'honte, pudeur
schämen: sich ⁀ avoir 'honte
scham|haft pudique; ⁀**los** sans pudeur
Schande *f* 'honte
schändlich 'honteux
Schanktisch *m* comptoir, buffet
Schanze *f* retranchement *m*; (*Sprung⁀*) tremplin *m*
Schar *f* bande, troupe
scharf tranchant; *Speise*: âcre, assaisonné; *Wind*: âpre, perçant; *Fot* net; ⁀**blick** *m* perspicacité *f*
Schärfe *f* acuité *f*; ⁀**n** affiler, aiguiser
Scharfsinn *m* sagacité *f*
Scharlach *m* scarlatine *f*; ⁀**rot** écarlate

Scharnier *n* charnière *f*
scharren gratter
Scharte *f* brèche
Schatt|en *m* ombre *f*; **₂ig** ombreux
Schatz *m* trésor
schätzen taxer, évaluer; *(achten)* estimer, apprécier
Schau *f* exposition; **zur ~ stellen** étaler, exhiber
schauder|haft horrible; **~n** frémir
schauen voir, regarder
Schauer *m* frisson; *(Regen₂)* ondée *f*, averse *f*; **₂lich** macabre
Schaufel *f* pelle; **₂n** pelleter
Schaufenster *n* devanture *f*, étalage *m*; **e-n ~bummel machen** aller faire du lèche-vitrines
Schaukel *f* escarpolette; **₂n** *(v/i* se*)* balancer; *Mar* rouler; **~stuhl** *m* fauteuil à bascule, berceuse *f*
Schaum *m* écume *f*, mousse *f*; **~bad** *n* bain *m* de mousse
schäumen mousser, écumer
Schaum|gummi *m* caoutchouc mousse, crêpe (de latex); **~wein** *m* (vin) mousseux
Schauplatz *m* scène *f*, théâtre
Schauspiel *n* spectacle *m*; **~er** *m* acteur, **~erin** *f* actrice
Scheck *m* chèque; **~ausstellen (einlösen)** émettre (encaisser) un chèque; **~buch** *n* carnet *m* de chèques; **~karte** *f* carte-chèques
Scheibe *f* disque *m*; *(Glas₂)* carreau *m*, vitre; *(Brot₂, Wurst₂)* tranche; **~nbremse** *f* frein *m* à disque; **~ngardine** *f* brise-bise *m*; **~nwischer** *m* essuie-glace
Scheid|e *f* gaine; *Anat* vagin *m*; **₂en** séparer; **sich ₂en lassen** divorcer **(von** d'avec); **~ung** *f* divorce *m*
Schein *m* *(Licht₂)* lueur *f*; *(Bescheinigung)* certificat; *(Geld₂)* billet; **₂bar** apparent; **₂en** luire, briller; *fig* sembler, paraître; **~werfer** *m* projecteur; *Kfz* phare
Scheiße *V f* merde
Scheitel *m* raie *f*
Scheiterhaufen *m* bûcher
scheitern échouer
Schelle *f* grelot *m*
Schellfisch *m* aiglefin
Schelm *m* coquin
schelten gronder
Schema *n* schéma *m*; **₂tisch** schématique
Schemel *m* tabouret
Schenke *f* débit *m* (de boissons), taverne, cabaret *m*
Schenkel *m* cuisse *f*
schenken donner, faire cadeau de, offrir
Scherbe *f* tesson *m*
Schere *f* ciseaux *m/pl*; *Zo* pince
Scherz *m* plaisanterie *f*; **₂en** plaisanter, railler; **~haft** plaisant
scheu timide

Scheuer|lappen m torchon; ⟲n récurer; v/i frotter
Scheune f grange
Scheusal n monstre m
scheußlich horrible, 'hideux
Schi n ski; vgl **Ski**
Schicht f couche; (Arbeits⟲) équipe; **⟲arbeit** f travail m par équipes
schick chic
schicken envoyer
Schicksal n destin m, destinée f, sort m
Schiebe|dach n toit m ouvrant; ⟲n pousser; **⟲r** m tiroir, curseur; fig F mercanti; **⟲tür** f porte à coulisse
Schiebung f manœuvre frauduleuse; passe-droit m
Schieds|gericht n tribunal m arbitral; **⟲richter** m arbitre
schief oblique; incliné; **⟲gehen** tourner mal
Schiefer m ardoise f
schielen loucher
Schien|bein n tibia m; **⟲e** f Esb rail m; Med éclisse; ⟲en Med éclisser
schieß|en tirer; **⟲erei** f fusillade; **⟲platz** m champ de tir; **⟲scheibe** f cible
Schiff n bateau m, navire m, bâtiment m, vaisseau m; Arch nef f
Schiffahrt f navigation
schiff|bar navigable; **⟲bruch** m naufrage; **⟲brüchige(r)** m naufragé
Schiffs|arzt m médecin de bord; **⟲junge** m mousse; **⟲koch** m cuisinier de bord, coq; **⟲ladung** f cargaison
Schikan|e f chicane; **⟲ieren** chicaner
Schild[1] n écriteau m, enseigne f; (Verkehrs⟲) panneau m; **⟲**[2] m bouclier, **⟲drüse** f glande thyroïde; **⟲ern** (dé)peindre; **⟲erung** f description; **⟲kröte** f tortue
Schilf n roseau m
schillern miroiter
Schimmel m 1. Zo cheval blanc; 2. Bot moisi, moisissure f; **⟲ig** moisi; **⟲n** moisir
Schimmer m lueur f; **⟲n** (re)luire
schimpf|en gronder; **⟲wort** n gros mot m
Schinken m jambon
Schippe f pelle
Schirm m parapluie; **⟲herrschaft** f patronage m; **⟲mütze** f casquette; **⟲ständer** m porte-parapluies
Schlacht f bataille; **⟲en** abattre
Schlächter m boucher
Schlachthof m abattoir
Schlacke f scorie
Schlaf m sommeil; **⟲anzug** m pyjama
Schläfe f tempe
schlafen dormir; **~ gehen** (aller) se coucher
schlaff lâche, flasque
schlaflos sans sommeil; **⟲igkeit** f insomnie

Schlaf|mittel n somnifère m, soporifique m; ~saal m dortoir; ~sack m sac de couchage; ~wagen m wagon-lit, voiture-lit f; ~zimmer n chambre f à coucher

Schlag m coup; ~ader f artère; ~anfall m (attaque f d'apoplexie) f, ℒartig subit, brusque; ~baum m barrière f; ℒen battre, frapper; ~er m chanson f à la mode

Schläger m Sp raquette f; (Rowdy) spadassin; ~ei f rixe, bagarre

schlag|fertig prompt à la riposte; ℒloch m nid de poule; ℒring m coup de point; ℒsahne f crème fouettée; ℒwort m slogan m; ℒzeile f manchette; ℒzeug n Mus batterie f

Schlamm m fange f; limon, bourbe f; ~bad n bain m de boue; ℒig fangeux; bourbeux

schlampig négligé, peu soigneux

Schlange f serpent m; ~ stehen faire la queue

schlängeln: sich ~ serpenter

Schlangenlinie f ligne sinueuse

schlank svelte; ℒheitskur f cure d'amaigrissement

schlapp épuisé, mou; ℒe F f échec m

schlau rusé, malin, fin

Schlauch m tuyau; Kfz chambre f à air; ~boot n canot m pneumatique

schlecht mauvais; (verdorben) gâté; **mir ist ~** j'ai mal au cœur; ℒigkeit f méchanceté

schleichen se glisser; ~d furtif; Med lent

Schleier m voile; ℒhaft mystérieux

Schleif|e f nœud m (coulant); ℒen affiler, aiguiser; v/i glisser; ~mittel n abrasif m; ~stein m meule f

Schleim m mucosité f; ~haut f muqueuse; ~lift m remonte-pente; ~seil n remorque f

Schleuder f fronde; ~gefahr f route glissante; ℒn lancer, jeter; Kfz déraper

Schleuse f écluse

schlicht simple, modeste; ~en Streit: apaiser

schließ|en fermer; Vertrag: conclure; ~fach n (Gepäck2) consigne f automatique; ~lich enfin; ℒung f fermeture, clôture; conclusion

schlimm grave, mauvais; ~er pire; ~stenfalls au pis aller

Schling|e f lacet m; **₂ern Mar** rouler; **~pflanze** f plante grimpante
Schlips m cravate f
Schlitt|en m traîneau; (*Rodel₂*) luge f; **~enfahrt** f promenade en traîneau; **~erbahn** f glissoire; **₂ern** glisser
Schlittschuh m patin; **~laufen** patiner; **~läufer** m patineur
Schlitz m fente f
Schloß n château m; (*Tür₂*) serrure f; (*Vorhänge₂*) cadenas m
Schlosser m serrurier
schlottern trembler; (*Knie₂*) flageoler
Schlucht f gorge f, ravin m
schluchzen sangloter
Schluck m gorgée f; **~auf** m 'hoquet; **~en** avaler; **~impfung** f vaccination par voie buccale
schlummern sommeiller
Schlüpf|er m culotte f, slip; **₂rig** glissant; *fig* délicat, lascif
Schlupfwinkel m cachette f
schlürfen 'humer
Schluß m fin f, terminaison f; **zum ~** à la fin
Schlüssel m clé f, clef f; **~bein** n clavicule f; **~bund** n trousseau m de clefs; **~loch** n trou m de serrure; **~ring** m clavier
Schluß|folgerung f conclusion; **~licht** n feu m arrière [languir (**nach** après)]
Schmach f 'honte; **₂ten**
schmächtig fluet
schmackhaft savoureux
Schmähung f invective, insulte
schmal étroit
schmälern diminuer, réduire [format réduit]
Schmalfilm m film (de)
Schmalz n graisse f, saindoux m
Schmarotzer m parasite
schmeck|en goûter; **nach** D **~en** avoir le goût de; **es ~t gut** c'est bon
Schmeichel|ei f flatterie; **₂haft** flatteur; **₂n** flatter (j-m q.)
schmeißen F flanquer
schmelzen fondre
Schmerz m douleur f; **~en haben** avoir mal; **~en faire mal**; **₂haft** douloureux; **₂lich** douloureux; **₂los** indolore; **₂stillend** sédatif, calmant
Schmetterling m papillon
schmettern flanquer
Schmied m forgeron; **~e** f forge; **₂en** forger
schmier|en graisser, lubrifier; **₂geld** n pot-de-vin m; **~ig** graisseux; visqueux; **₂öl** n huile f de graissage; **₂seife** f savon m mou
Schminke f fard m; **₂n** (**sich**) se) farder, (se) maquiller
Schmirgelpapier n papier m d'émeri
Schmöker F m bouquin
schmollen bouder (**mit j-m** q.)

Schmor|braten m bœuf à la mode; ~en étuver, dauber

Schmuck m ornement; (*Juwelen*) bijouterie f, parure f [décorer]

schmücken orner, parer,

Schmugg|el m contrebande f; ~eln faire la contrebande; ~ler m contrebandier

schmunzeln sourire d'aise

Schmutz m saleté f; boue f, crotte f; ~ig sale, malpropre, crasseux

Schnabel m bec

Schnalle f boucle; ~n boucler

schnapp|en happer; ~schuß m Fot instantané

Schnaps m eau-de-vie f; ~glas n verre m à liqueur

schnarchen ronfler

schnattern (*Gans*) criailler; (*Ente*) caqueter

schnauben haleter; **sich die Nase ~** se moucher

Schnauze f museau m; P gueule

Schnecke f (*mit Haus*) escargot m, limaçon m; (*ohne Haus*) limace

Schnee m neige f; ~ball m boule f de neige; ~bedeckt neigeux; ~fall m (~gestöber n) chute f (tourbillons m/pl) de neige; ~glöckchen m perce-neige f; ~ketten f/pl Kfz chaînes antidérapantes; ~pflug m chasse-neige m; ~sturm m tempête f de neige; ~verhältnisse n/pl enneigement m; ~wehe f congère; ~weiß blanc comme la neige

Schneid|brenner m chalumeau (de découpage); ~e f tranchant m; ~en couper; trancher; *fig Kurve*: couper; ~er m tailleur; ~erin f couturière

schneiſen: es ~t il neige

Schneise f laie, percée

schnell rapide; *adv* vite; ~hefter m classeur, ~igkeit f vitesse, rapidité, célérité; ~imbiß m snack-bar; ~straße f autostrade, route express; ~zug m (train) express

Schnitt m coupe f; façon f; ~blumen f/pl fleurs coupées; ~e f tranche; tartine; ~fläche f coupe; ~lauch m civette f, ciboulette f; ~muster n patron m; ~punkt m point d'intersection; ~wunde f coupure, entaille

Schnitzel n escalope f

schnitz|en sculpter (sur bois); ~erei f sculpture sur bois

Schnorchel m tuba

schnüffeln renifler

Schnuller m sucette f

Schnupfen m rhume (de cerveau)

schnuppern renifler

Schnur f corde, ficelle

schnüren ficeler, lacer

Schnurr|bart m moustache f; ~en ronronner

Schnür|schuh m soulier à lacets; ~senkel m lacet
Schock m choc; 2ieren choquer; scandaliser
Schöffe m échevin
Schokolade f chocolat m
Scholle f glèbe, motte; Zo plie
schon déjà
schön beau (m), bel (m), belle (f)
schonen (sich ~ se) ménager
Schönheit f beauté; ~salon m salon de beauté; ~swettbewerb m concours de beauté
Schon|kost f régime m; ~ung f ménagement m; (Forst) réserve; ~zeit f temps m prohibé
schöpf|en puiser, fig Mut, Verdacht: prendre; 2er m créateur
Schoppen m chope f
Schorf m escarre f
Schornstein m cheminée f; ~feger m ramoneur
Schoß m sein, giron; auf dem ~ sur les genoux
Schote f cosse, gousse
Schotter m cailloutis
schott|isch écossais; 2land n l'Ecosse f
schräg oblique, biais
Schramme f éraflure
Schrank m armoire
Schranke f barrière; ~nwärter m garde-barrière
Schraub|e f vis; Mar, Flgw hélice; 2en visser; ~enmutter f écrou m; ~en-

schlüssel m clef f à écrous; ~enzieher m tournevis; ~stock m étau
Schreck m frayeur f, effroi; 2lich terrible, effroyable; ~schußpistole f pistolet m d'alarme
Schrei m cri
schreib|en écrire; 2en n lettre f; 2heft m cahier m; 2maschine f machine à écrire; 2tisch m bureau; 2warenhandlung f papeterie; 2zeug n écritoire f
schreien crier
Schreiner m menuisier
Schrift f écriture; (Abhandlung) traité m; 2lich par écrit; 2steller m écrivain; ~stück n écrit m, papier m; ~wechsel m correspondance f
schrill aigu, strident
Schritt m pas; fig démarche f; ~ fahren! aller au pas!; ~macher m Sp entraîneur
schroff raide, escarpé; fig rude
Schrot m blé m égrugé; ~flinte f fusil m de chasse
Schrott m ferraille f
schrubb|en frotter; 2er m balai-brosse
schrumpfen se rétrécir
Schub|fach n tiroir m; ~karre f brouette; 2sen bousculer
schüchtern timide; 2heit f timidité
Schuft m coquin
Schuh m soulier, chaussure

Schuhanzieher f; ~anzieher m chausse-pied; ~bürste f brosse à chaussures; ~geschäft n magasin m de chaussures; ~größe f pointure; ~krem f cirage m; ~macher m cordonnier; ~putzer m cireur; ~sohle f semelle

Schul|arbeiten f/pl devoirs m/pl; ~ausflug m excursion f scolaire; ~buch n livre m de classe

Schuld f faute; culpabilité; (Geld2) dette; 2en devoir; 2ig coupable; 2los innocent; ~ner m débiteur; ~schein m titre de créance

Schule f école

Schüler m écolier, élève; ~austausch m échange interscolaire; ~in f écolière, élève

Schul|ferien pl vacances f/pl scolaires; 2frei: 2frei haben avoir congé; ~freund m camarade d'école; ~funk m radio f scolaire; ~pflicht f enseignement m obligatoire

Schulter f épaule; ~blatt n omoplate f

Schulzeit f scolarité

Schund m pacotille f

Schupo f F flic

Schuppe f écaille; (Kopf2) pellicule

Schuppen m remise f

Schurke m coquin

Schurwolle f laine vierge

Schürze f tablier m

Schuß m coup de feu; ein ~ Essig un coup de vinaigre

Schüssel f plat m, terrine

Schußwaffe f arme à feu

Schuster m cordonnier

Schutt m décombres m/pl; ~abladeplatz m décharge f (publique)

Schüttel|frost m frissons m/pl; 2n secouer, agiter; Hand: serrer

schütten verser

Schutthaufen m tas de décombres

Schutz m protection f; ~blech n garde-boue m

schützen protéger (vor D de, contre)

Schutz|engel m ange gardien; ~heilige(r) m patron; ~hütte f chalet-refuge m; ~impfung f vaccination; 2los sans abri

schwäbisch souabe

schwach faible; frêle

Schwäch|e f faiblesse; fig faible (für pour); 2en affaiblir; ~lich faible, débile

schwach|sinnig imbécile; 2strom m courant à basse tension

Schwager m beau-frère

Schwägerin f belle-sœur

Schwalbe f hirondelle

Schwamm m éponge f

Schwan m cygne

schwanger enceinte; 2schaft f grossesse; 2schaftsunterbrechung f interruption de la grossesse

schwanken osciller, chanceler

Schwanz m queue f

schwänzen: die Schule ~ faire l'école buissonnière

Schwarm m (Bienen≷) essaim; (Vogel≷) volée f, nuée f

schwärmen (Bienen) essaimer; fig s'enthousiasmer (für A pour)

Schwarte f couenne

schwarz n≷brot n pain m bis; ≷markt m marché clandestin (od noir); ≷weißfilm m film blanc et noir

schwatzen bavarder

Schwebe|bahn f téléférique m; ~balken m Sp poutre f d'équilibre; ≷n planer; fig in Gefahr ≷n être en danger

Schwed|en n la Suède f; ≷isch suédois

Schwefel m soufre

schweig|en se taire; ≷en n silence m; ~sam taciturne

Schwein n cochon m, porc m; ~efleisch n (~efleisch n) rôti (viande f) de porc; ~erei f cochonnerie; ~estall m porcherie

Schweiß m sueur f; ~brenner m chalumeau soudeur; ≷en Tech souder

Schweiz f la Suisse f; ≷erisch suisse

Schwell|e f seuil m; ≷en enfler; ≷ung f enflure

schwenken agiter

schwer lourd, pesant; fig (schwierig) difficile; (ernst) grave; ≷beschädigte(r) m grand mutilé; ≷elosigkeit f apesanteur; ~fällig lourd, pesant; ~hörig dur d'oreille; ≷industrie f industrie lourde; ≷kraft f gravitation; ~krank gravement malade; ≷punkt m centre de gravité

Schwert n épée f; ~lilie f iris m

Schwester f sœur

Schwieger|eltern pl beaux-parents m|pl; ~mutter f belle-mère; ~sohn m beau-fils, gendre; ~tochter f belle-fille, bru; ~vater m beau-père

Schwiele f callosité

schwierig difficile; malaisé; ≷keit f difficulté

Schwimm|bad n piscine f; ≷en nager; (Sachen) flotter; ~er m nageur; Tech flotteur; ~flosse f palme; ~halle f piscine couverte; ~weste f gilet m de sauvetage

Schwindel m Med vertige; fig duperie f, imposture f; ≷eln mentir; ≷lig pris de vertige; mir ist ≷lig j'ai le vertige; ~sucht f phtisie

schwing|en agiter; v/i osciller; ≷ung f oscillation, vibration

Schwips F m: e-n ~ haben être éméché

Schwitz|bad n bain m de vapeur, bain m d'étuve; ≷en suer

schwören jurer

schwül lourd, accablant; ≷e f chaleur étouffante

Schwung *m* branle; *fig* élan, entrain; ~rad *n* volant *m*; 2voll plein d'entrain

Schwur *m* serment; ~gericht *n* cour *f* d'assises

sechs six; 2 *f* six *m*; 2tagerennen *n* course *f* des six jours; 2tel *m* sixième *m*

See[1] *m* lac; ~[2] *f* mer; an ~ à la mer; in ~ stechen prendre le large; ~bad *n* station *f* balnéaire; ~fisch *m* poisson de mer; ~gang *m*: hoher ~gang grosse mer *f*; ~hund *m* phoque; ~klima *n* climat *m* maritime; ~krankheit *f* mal *m* de mer

Seel|e *f* âme; 2isch psychique; ~sorge *f* charge d'âmes

See|luft *f* air *m* marin; ~mann *m* marin; ~meile *f* mille *m* marin; ~not *f* détresse, perdition; ~räuber *m* corsaire, pirate; ~reise *f* voyage *m* par mer; ~rose *f* nénuphar *m*; ~stern *m* étoile *f* de mer; ~zunge *f* sole

Segel *n* voile *f*; ~boot *n* canot *m* à voiles; ~flugzeug *n* planeur *m*; 2n faire voile; ~sport *m* yachting [-iŋ]; ~tuch *n* toile *f* à voiles [2nen bénir]

Seg|en *m* bénédiction *f*;}

sehen voir; vom 2 kennen connaître de vue; ~swert digne d'être vu; curieux; 2swürdigkeit *f* curiosité

Sehne *f* tendon *m*

sehnen: sich ~ nach (D) soupirer après

Sehnenzerrung *f* contorsion tendineuse

Sehn|sucht *f* désir *m* ardent, nostalgie (**nach** de); 2süchtig langoureux

sehr très, bien, fort

seicht peu profond, bas

Seide *f* soie

Seife *f* savon *m*; ~ndose *f* porte-savon *m*; ~npulver *n* poudre *f* de savon

Seil *n* corde *f*, câble *m*; ~bahn *f* funiculaire *m*, téléférique *m*

sein[1] être; ich bin ... je suis ...; wir sind ... nous sommes ...

sein[2], ~e son (*m*), sa (*f*), ses (*pl*)

seiner|seits de sa part; ~zeit alors, autrefois

seit (D) depuis, dès; ~ wann? depuis quand?; ~dem depuis, dès lors

Seite *f* côté *m*; (*Schrift*2) page

Seiten|sprung *m* écart; ~stechen *n* points *m/pl* de côté; ~strasse *f* rue latérale; ~wind *m* vent de côté

seitlich latéral

Sekretär(in *f*) *m* secrétaire *su*

Sekt *m* champagne

Sekunde *f* seconde

selbst même; von ~ de soi--même, tout seul

selbständig indépendant

Selbstauslöser *m* déclen-

cheur automatique; ~bedienung f libre-service m, self-service m; 2bewußt conscient de sa valeur; ~gespräch m monologue m; ~kostenpreis m prix coûtant; 2los désintéressé; ~mord m suicide m; ~mörder(in f) m suicidé(e)
selbst|süchtig égoïste; ~tätig automatique, 2tor n Sp autogoal m; 2unterricht m études f/pl sans professeur; ~verständlich adv naturellement, bien entendu; 2vertrauen n confiance f en soi; 2verwaltung f gestion autonome; 2wählverkehr m Tel trafic automatique interurbain
selig bienheureux
Sellerie f céleri m
selten rare; 2heit f rareté
Selterswasser n eau f gazeuse (od de Seltz)
seltsam étrange, bizarre
Semester n semestre m; ~ferien pl vacances f/pl universitaires
Semmel f petit pain m
Senat m sénat
send|en envoyer; Rdf émettre, diffuser; 2er m (poste) émetteur; 2ung f envoi m; Rdf émission, diffusion
Senf m moutarde f; ~glas n moutardier
sengen roussir
Senk|blei n fil m à plomb; 2en (sich 2en se) baisser, (s')abaisser; 2recht vertical

Sennhütte f chalet m
Sense f faux
September m septembre
serb|isch serbe; ~okroatisch serbo-croate
Serie f série
Serpentine f lacet m; ~nstraße f route en lacets; (an der Küste) (route en) corniche
Serum n sérum m
serv|ieren servir (à table); 2iererin f serveuse; 2iette f serviette (de table)
Sessel m fauteuil m; ~lift m télésiège
setzen mettre, placer, poser; sich ~ s'asseoir
Seuche f épidémie
seufz|en soupirer; 2er m soupir
sexuell sexuel
Shorts pl short m
sich se, soi
Sichel f faucille
sicher sûr, certain; 2heit f sûreté
Sicherheits|gurt m ceinture f de sécurité; ~nadel f épingle f de sûreté; ~schloß n serrure f de sûreté
sicher|lich certainement, assurément; 2n assurer, consolider; 2ung f préservation; El fusible m, coupe-circuit m
Sicht f vue, visibilité; in ~ en vue; 2bar visible, apparent; ~vermerk m visa; ~weite f (rayon m de) visibilité; in ~ (außer ~weite en ('hors de) vue

sickern

sickern suinter
sie *3. Pers Sg* elle (*A* la); *3. Pers Pl* ils (*m*), elles (*f*) (*A* les); 2 (*Anrede*) vous
Sieb *n* crible *m*
sieben sept
sieden bouillir
Siedl|er *m* colon; ~ung *f* colonie, agglomération
Sieg *m* victoire *f*
Siegel *n* cachet *m*; ~lack cire *f* à cacheter; ~ring *m* bague *f* à cachet
sieg|en vaincre (**über** j-n q.); triompher (**über** de); 2er *m* vainqueur; 2ehrung *f Sp* remise des prix
Signal *n* signal *m*
Silbe *f* syllabe
Silber *n* argent *m*; ~hochzeit *f* noces *f/pl* d'argent; 2n argenté
Silvester(nacht *f*) *n* (nuit de) la Saint-Sylvestre
Sinfonie *f* symphonie
sing|en chanter; 2vogel *m* oiseau chanteur
sinken s'abaisser, descendre; (*Schiff*) couler
Sinn *m* sens, *f*; ~bild *n* emblème *m*, symbole *m*; 2gemäß conforme au sens; 2lich sensuel, charnel; 2los insensé, absurde; 2los betrunken ivre mort; 2voll judicieux, utile
Sintflut *f* déluge *m*
Sirup *m* sirop
Sitte *f* coutume
sittlich moral; 2keitsverbrechen *n* attentat *m* à la pudeur

Sitz *m* siège; ~bad *n* bain *m* de siège; 2en être assis; (*Kleid*) aller bien, seoir; ~platz *m* place *f* assise; ~ung *f* séance, réunion
Skala *f* échelle
Skandal *m* scandale
Skandinav|ien *n* la Scandinavie; 2isch scandinave
Skelett *n* squelette *m*
skeptisch sceptique
Ski *m* ski; ~abfahrt *f* descente; ~hose *f* pantalon *m* de ski; ~hütte *f* chalet *m* (pour skieurs); ~läufer *m* skieur; ~lehrer *m* moniteur (de ski); ~lift *m* téléski; ~springen *n* saut *m* (à skis); ~stiefel *m* (~stock *m*) chaussure *f* (bâton) de ski; ~verleih *m* location *f* de skis
Skizze *f* esquisse
Sklave *m* esclave; ~rei *f* esclavage *m*
Skulptur *f* sculpture
Smaragd *m* émeraude *f*
so ainsi; si; tellement; ~ daß de façon que; ~ bald aussitôt que, dès que
Socke *f* chaussette
Sockel *m* piédestal
Soda *f u n* soude *f*
Sodbrennen *n* aigreurs *f/pl* d'estomac
soeben tout à l'heure
Sofa *n* canapé *m*, sofa *m*
so|fort tout de suite, immédiatement; ~gar même; ~genannt so-disant
Sohle *f* (*Schuh*2) semelle; (*Fuß*2) plante

Sohn m fils
solange tant que
solch tel, pareil
Sold m solde f, paie f; ~at m soldat, militaire
Söldner m mercenaire
solide solide, ferme
Solist(in f) m soliste su
Soll n Hdl doit m; 2en devoir
Sommer m été f; **im ~ en été**; ~frische f villégiature; ~frischler m, ~gast m estivant; ~kleid estival, d'été; ~schlußverkauf m soldes m/pl d'été; ~sprossen f/pl taches de rousseur
Sonder|angebot n offre f spéciale; 2bar curieux, étrange; ~(brief)marke f timbre-poste m spécial
sondern mais; **nicht nur ..., ~ auch** pas seulement ..., mais encore
Sonder|urlaub m congé exceptionnel; ~zug m train spécial (ou supplémentaire)
Sonnabend m samedi
Sonn|e f soleil m; 2en: 2en sich ~en se chauffer au soleil
Sonnen|aufgang m lever du soleil; ~bad n bain m de soleil; ~blende f Fot pare-soleil m; ~blume f tournesol m; ~brand m (~brille f) coup (lunettes f/pl) de soleil; ~dach n marquise f; ~deck n pont m de soleil; ~finsternis f éclipse du soleil; ~öl n huile f solaire; ~schein m soleil; ~schirm m parasol, ombrelle f; ~stich

m insolation f; ~terrasse f solarium m; ~uhr f cadran m solaire; ~untergang m coucher du soleil
sonnig ensoleillé
Sonntag m dimanche; **an Sonn- und Feiertagen** dimanches et fêtes
sonst sinon, autrement; **~ jemand?** quelqu'un d'autre?; **~ noch etwas?** et avec cela?; **~ nichts** rien d'autre
Sorg|e f souci m; peine; **sich ~en machen** être en souci (**um** pour); **~en prendre soin** (**für** de); pourvoir (**für** à); **sich ~en s'inquiéter**, se soucier (**um** de); 2fältig soigneux; 2los insouciant
Sort|e f sorte, espèce; 2ieren assortir, trier; ~iment n assortiment m
Soße f sauce
so|viel autant que; ~weit tant que, en tant que, aussitôt que; **~wie** de que, aussitôt que; ainsi que; ~wieso de toutes façons
sowjetisch soviétique
sowohl: ~ ... als auch et ... et
sozial social; ~demokratisch** social-démocrate; ~istisch** socialiste; 2versicherung f assurance sociale
sozusagen pour ainsi dire
Spalier n espalier m
Spalt|e f fente; (Druck2) colonne f; 2en (sich 2en se) fendre, (se) diviser

Span

Span *m* copeau, éclat
Spange *f* agrafe
Span|ien *n* l'Espagne *f*; ⟲isch espagnol
Spann *m* cou-de-pied; ⟲en tendre; ⟲end captivant; ⟲ung *f* tension (*a El u fig*); *El* voltage *m*; *fig* suspense *m*
Spar|buch *n* livret *m* de caisse d'épargne; ⟲büchse *f* tirelire; ⟲en épargner; économiser; ⟲er *m* épargnant
Spargel *m* asperge *f*
Spar|kasse *f* caisse d'épargne; ⟲sam économe
Spaß *m* plaisanterie *f*; es macht (mir) ⟲ cela (me) fait plaisir; ⟲en plaisanter; ⟲vogel *m* plaisantin, farceur
spät tard; wie ⟲ ist es? quelle heure est-il?; zu ⟲ trop tard
Spaten *m* bêche *f*
spät|er plus tard; ⟲estens au plus tard
Spatz *m* moineau
spazier|en(gehen) se promener; ⟲gang *m* promenade *f*; ⟲stock *m* canne *f*
Specht *m* pic
Speck *m* lard
Spedit|eur *m* expéditeur, transporteur; ⟲ion *f* expédition
Speer *m* javelot; ⟲werfen *n* lancement *m* du javelot
Speiche *f* rayon *m*
Speichel *m* salive *f*
Speicher *m* magasin, entrepôt; grenier

Speise *f* nourriture; (*Süß*⟲) entremets *m*; ⟲eis *n* glace *f*; ⟲kammer *f* garde-manger *m*; ⟲karte *f* carte, menu *m*; ⟲n prendre son repas; ⟲aufzug *m* monte-plats; ⟲röhre *f* œsophage *m*; ⟲saal *m* salle *f* à manger; ⟲wagen *m* wagon-restaurant
spend|abel *F* large; ⟲e *f* don *m*; ⟲en donner, faire don de; **Blut**⟲en donner du sang; ⟲er *m* donateur
Sperr|e *f* barrage *m*, barrière; (*Bahnsteig*⟲) contrôle *m*; ⟲en barrer; bloquer; ⟲gebiet *n* zone *f* interdite; ⟲gut *n* marchandises *f/pl* encombrantes; ⟲holz *n* contre-plaqué *m*; ⟲ig encombrant; ⟲stunde *f* couvre-feu *m*
Spesen *pl* frais *m/pl*
Spezi|alität *f* spécialité; ⟲ell spécial
spezifisch spécifique
spicken (entre)larder
Spiegel *m* miroir, glace; ⟲bild *n* image *f* inversée; ⟲ei *n* œuf *m* sur le plat; ⟲n miroiter; **sich** ⟲n se refléter, se mirer; ⟲reflexkamera *f* (appareil *m*) reflex *m*
Spiel *n* jeu *m*; *Sp* match *m*; ⟲automat *m* machine *f* à sous; ⟲bank *f* casino *m*; ⟲en jouer; ⟲er *m* joueur; ⟲feld *n* terrain *m*; (*Tennis*) court *m*; ⟲karte *f* carte (*à jouer*); ⟲marke *f* jeton *m*;

~plan *m* programme; **~platz** *m* terrain de jeu; **~regel** *f* règle du jeu; **~wiese** *f* pelouse (*od* terrain *m*) de jeux; **~zeug** *n* jouet *m*, joujou *m*

Spieß *m* pique *f*; *Koch*~ **am** ~ à la broche

Spinat *m* épinard

Spinn|**e** *f* araignée; **2en** filer; *fig* F être timbré; **~gewebe** *n* toile *f* d'araignée

Spion *m* espion; **~age** *f* espionnage *f*

Spirale *f* spirale

Spirituosen *pl* spiritueux *m/pl*

Spiritus *m* alcool; **~kocher** *m* réchaud à alcool

spitz pointu, aigu; **2e** *f* pointe; *Berg* ~ *m*; sommet *m*; (*Gewebe*) dentelle; **2el** *m* mouchard; **~en** aiguiser; **~findig** subtil, pointilleux; **2hacke** *f* pic *m*; **2name** *m* sobriquet

Splitter *m* éclat; (*Knochen*2) esquille *f*; (*in der Haut*) écharde *f*; **2n** éclater

Sporen *m/pl* éperons

Sport *m* sport; **~ treiben** faire du sport; **~halle** *f* salle des sports; **~lehrer** *m* moniteur; **~ler** *m* sportif; **~lerin** *f* sportive; **~lich** sportif; **~platz** *m* terrain de sport; **~veranstaltung** *f* manifestation sportive; **~verein** *m* société *f* sportive; **~wagen** *m* voiture *f* de sport; (*Kinder*2) poussette *f*

Spott *m* raillerie *f*, moquerie *f*; **2billig** à vil prix; **2en** se railler, se moquer (**über** de)

spöttisch railleur, moqueur

Sprach|**e** *f* langue, langage *m*; **~führer** *m* guide de conversation; **2los** stupéfait, interloqué

sprech|**en** parler (**mit** à, avec; **über** de); **2er** *m* porte-parole; **2stunde** *f* consultation; **2zimmer** *n* cabinet *m* de consultation

spreizen écarter

spreng|**en** faire sauter; (*mit Wasser*) arroser; **2stoff** *m* explosif; **2ung** *f* destruction (par explosion); **2wagen** *m* arroseuse *f*

Sprichwort *n* proverbe *m*

Spring|**brunnen** *m* fontaine *f*, jet d'eau; **2en** sauter; (*Glas*) se fêler; **~er** *m* *Sp* sauteur; (*Schwimmsport*) plongeur; (*Schach*) cavalier

Spritz|**e** *f* seringue; *Med* (*Einspritzung*) injection; **2en** jaillir; *Med* injecter; **~pistole** *f* pistolet *m* vaporisateur

spröde cassant, sec; *fig*) [prude]

Sprosse *f* échelon *m*

Sprößling *m* rejeton

Sprotte *f* sprat *m*

Spruch *m* sentence *f*; **~band** *n* calicot *m*

Sprudel *m* eau *f* gazeuse; **2n** bouillonner, pétiller

Sprüh|**dose** *f* atomiseur *m*; **2en** jaillir, vaporiser; **~regen** *m* bruine *f*

Sprung m saut, bond; (*Riß*) fêlure f; ~brett n tremplin m; ~schanze f tremplin m de saut; ~tuch n toile f de sauvetage; ~turm m plongeoir

Spuck|e f salive; 2en cracher

spuk|en: es ~t il y a des revenants

Spule f bobine

spül|en rincer; *Geschirr*: laver; 2ung f lavage m; (*W.C.*) chasse d'eau

Spur f trace, piste; (*Fuß*2) empreinte

spüren sentir

spurlos sans trace

Staat m Etat; 2enlos apatride, sans nationalité; 2lich, national

Staats|angehörigkeit f nationalité; ~anwalt m procureur (de la République); ~bürger m citoyen; ~mann m homme d'Etat, politique

Stab m bâton; *Sp* perche f; ~hochsprung m saut à la perche

Stachel m aiguillon, piquant; *Bot* épine f; ~beere f groseille à maquereau; ~draht m (fil de fer) barbelé; 2ig piquant, épineux; ~schwein n porc-épic m

Stadion n stade m

Stadt f ville, cité; ~autobahn f autoroute urbaine; ~bezirk m arrondissement

Städt|er m citadin; 2isch urbain, citadin

Stadt|plan m plan de la ville; ~rundfahrt f tour m de ville; ~teil m quartier

Staffellauf m course f de relais

Stahl m acier

Stall m étable f, écurie f

Stamm m tronc, tige f; *fig* race f; (*Volks*2) tribu f

stammeln balbutier

stamm|en être originaire (aus *D* de); 2gast m, 2kunde m habitué

stampfen fouler; **mit dem Fuß** ~ piétiner

Stand m état, position f; (*Wasser*2) niveau f; *Hdl* échoppe f; stand

Ständer m support

Stand|esamt n bureau m de l'état civil; 2haft ferme, constant; 2halten (*D*) résister (à)

ständig permanent

Stand|licht n feux m/pl de stationnement; ~ort m emplacement; ~punkt m point de vue

Stange f perche, barre

stänkern F chercher querelle

stanzen estamper

Stapel m pile f; ~lauf m lancement, mise f à l'eau; 2n empiler

Star m *Zo* étourneau; *Med* **grauer** ~ cataracte; (*Film*2) vedette f, star f

stark fort

Stärke f **1.** force; vigueur; **2.** (*Wäsche*2) amidon m

stärken fortifier; *Wäsche*:

amidonner; **sich ~** se restaurer

Starkstrom *m* courant fort

Stärkung *f* (*Imbiß*) collation; **~mittel** *n* fortifiant *m*

starr raide, rigide; **~en** regarder fixement (**auf** *A* qc.); **~köpfig** têtu, entêté; **2krampf** *m* tétanos

Start *m* départ; *Flgw* décollage; **2bereit** prêt à partir; *Flgw* prêt à décoller; **2en** partir; *Flgw* décoller; *Kfz* démarrer; **~zeichen** *n* *Sp* signal *m* de départ

Station *f* station; (*Krankenhaus*) division; **~sarzt** *m* médecin de division; **~svorsteher** *m* chef de gare

Statist *m* comparse, figurant; **~ik** *f* statistique

Stativ *n* Fot pied *m*

statt au lieu de; **~finden** avoir lieu; **~lich** imposant, majestueux

Statue *f* statue

Staub *m* poussière *f*; **2en** poudroyer; **2ig** poussiéreux, poudreux; **~sauger** *m* aspirateur *m*; **~tuch** *n* chiffon *m* (à épousseter)

Staudamm *m* barrage

stauen: sich ~ s'amasser

staunen s'étonner (**über** *de*)

Stausee *m* lac artificiel

stech|en piquer; (*Sonne*) brûler; **in See ~en** pousser au large; **~end** (*Schmerz*) poignant, aigu; **2mücke** *f* moustique *m*

Steck|brief *m* mandat d'arrêt; **~dose** *f* prise (de courant); **2en** mettre, enfoncer; **2enbleiben** rester enfoncé (**in** dans); **~er** *m* fiche *f*; **~nadel** *f* épingle *m*

Steg *m* passerelle *f*

Stehbierhalle *f* débit *m* de bière

stehen être debout; **~bleiben** s'arrêter

Stehlampe *f* lampadaire *m*

stehlen voler

Stehplatz *m* place *f* debout

steif raide, rigide

Steig|bügel *m* étrier; **2en** monter; (*zunehmen*) s'accroître; (*Preise*) augmenter; **2ern** augmenter; **~ung** *f* montée

steil raide, escarpé; **2hang** *m* escarpement; **~küste** *f* falaise

Stein *m* pierre *f*; (*Brettspiel*) pion; **~bock** *m* bouquetin; **~bruch** *m* carrière *f*; **2ig** pierreux; **~kohle** *f* houille; **~pilz** *m* cèpe; **~schlag** *m* chute *f* de pierres

Stell|dichein *n* rendez-vous *m*; **~e** *f* place, lieu *m*, endroit *m*; (*Amt*) emploi *m*; **auf der ~e** sur-le-champ; **2en** mettre, poser, placer; *Uhr*: régler; **~enangebot** *n* offre *f* d'emploi; **~engesuch** *n* demande *f* d'emploi; **~ung** *f* position, posture, pose; (*An*2) place, emploi *m*; **~vertreter** *m* remplaçant; **~werk** *n* poste *m* d'aiguillage

Stemm|eisen *n* fermoir *m*;

stemmen 406

2en *Gewichte*: élever; **sich 2en** s'appuyer (**auf** sur; **gegen** contre)
Stempel m cachet; **~kissen** n tampon m (encreur); 2n timbrer; **~uhr** f pendule de pointage
Stengel m tige f
steno|**graphieren** sténographier; **2typistin** f sténodactylographe
Steppdecke f courtepointe
sterb|**en** mourir; **im 2en liegen** se mourir; **~eurkunde** f acte m de décès; **~lich** mortel
stereo|**phonisch** stéréophonique; **2platte** f disque m stéréophonique
steril stérile
Stern m étoile f; **~bild** n constellation f; **~fahrt** f rallye m; **~förmig** étoilé; **~schnuppe** f étoile filante; **~warte** f observatoire m
stet|**ig** continu; **~s** toujours
Steuer[1] n *Mar* gouvernail m; *Kfz* volant m
Steuer[2] f impôt m, contribution, taxe; **~berater** m conseiller fiscal; **~erklärung** f déclaration d'impôt; **2frei** exempt d'impôt
Steuer|**knüppel** m manche à balai; **2mann** m pilote, (*Rudersport*) barreur; **2n** *Mar* gouverner; *Kfz* conduire
steuer|**pflichtig** contribuable; **2zahler** m contribuable

Steward m steward; **~eß** f hôtesse de l'air
Stich m piqûre f, morsure f; (*Messer*2) coup; (*Näh*2) point; (*Kupfer*2) gravure f; (*Karten*2) levée f; **im 2 lassen** abandonner; **2haltig** solide; **~probe** f épreuve au hasard; **~wort** n mot m vedette
sticke|**n** broder; **2rei** f broderie
Stickstoff m azote
Stiefel m botte f
Stief|**mutter** f belle-mère; **~mütterchen** n *Bot* pensée f; **~sohn** m beau-fils; **~tochter** f belle-fille; **~vater** m beau-père
Stiel m manche f; *Bot* tige f
Stier m taureau; **~kampf** m corrida f; **~kampfarena** f arènes f/pl
Stift m clou (sans tête), pointe f; (*Blei*2) crayon; **2en** faire don de; fonder; **~ung** f fondation
Stil m style
still tranquille, calme; **2e** f tranquillité, calme m
Stilleben n nature f morte
still|**en** *Kind*: allaiter, nourrir; *Hunger*: apaiser; *Blut*: étancher; **2stand** m arrêt
Stimm|**band** n corde f vocale; **~bruch** m mue f (de la voix); **~e** f voix; **2en** opiner, voter (**für** pour; **gegen** contre); *Mus* accorder; **das 2t** c'est juste; **~gabel** f diapason f; **~recht** n droit m de vote;

~ung f humeur; atmosphère; **~ungsmusik** f musique d'ambiance

stinken puer

Stipendium n bourse f

Stirn f front m

Stock m bâton; (Spazier≈) canne f; (~werk) étage m **≈en** s'arrêter; **~ung** f arrêt m; (Verkehrs≈) ralentissement m; **~werk** n étage m

Stoff m étoffe f, tissu; matière f

stöhnen gémir

Stollen m Bgb galerie f; Kochk gâteau de Noël

stolpern broncher

stolz fier [fjɛːr], orgueilleux (**auf** de); ≈ m fierté f, orgueil

stopf|en fourrer; Pfeife: bourrer; Loch: boucher; Wäsche: repriser; **~garn** n (≈nadel f) coton m (aiguille) à repriser

Stoppelfeld n chaume m

stopp|en stopper; **≈uhr** f chronomètre m

Stöpsel m bouchon

Stör m esturgeon

stör|en déranger, gêner; **~ung** f dérangement m; Tech, Rdf perturbation

Stoß m coup, poussée f; (Stapel) pile f, tas; **~dämpfer** m amortisseur; **≈en** pousser; 'heurter; **sich ≈en** se 'heurter (an contre); **~stange** f pare-chocs m; **~zeit** f heures f/pl de pointe

stottern bégayer, balbutier

Straf|anstalt f maison de correction; **~anzeige** f plainte; **≈bar** punissable, criminel; **~e** f punition, peine; Sp pénalité f; **≈en** punir

straff tendu, raide

straf|frei impuni; **≈gefangene(r)** m détenu; **≈gesetzbuch** n code m pénal; **≈porto** m surtaxe f; **≈punkt** m Sp point de pénalisation; **≈recht** n droit m pénal; **≈register** n casier m judiciaire; **≈stoß** m Sp penalty; **≈verfahren** n procédure f pénale

Strahl m rayon; (Wasser≈) jet, (dünner) filet; **≈en** rayonner (a fig); **~ung** f rayonnement m

Strähne f mèche

stramm tendu, raide

Strampel|höschen n barboteuse f; **≈n** gigoter

Strand m plage f; **~anzug** m costume m de plage; **~bad** n plage f; (im Mar (s')échouer; **~hotel** n hôtel m de la plage; **~korb** m fauteuil-cabine m

Strang m corde f

Strapaze f fatigue; **≈ierfähig** résistant, solide

Straße f rue; route; **auf der ~** dans la rue

Straßen|arbeiten f/pl travaux m/pl (routiers); **~bahn** f tram(way) m; **~bau** m construction f des routes; **~beleuchtung** f éclairage

Straßenhändler

~m des rues; ~händler m marchand ambulant; ~karte f carte routière; ~kreuzung f carrefour m; ~netz n réseau m routier; ~raub m brigandage; ~schild n plaque f de rue; ~verkehr m circulation f routière; ~verkehrsordnung f code m de la route; ~wacht f secours m routier; ~zustand m état des routes; ~zustandsbericht m bulletin des routes

sträuben: sich ~ se hérisser; *fig* résister (**gegen** à)

Strauch m arbrisseau

straucheln trébucher

Strauß m *Zo* autruche f; (*Blumen*2) bouquet

streb|en: nach *D* ~en chercher à atteindre qc.; ~sam ambitieux

Strecke f distance, parcours m; *Esb* ligne

strecken (**sich** ~) s'étendre

Streich m *fig* tour; ~eln caresser; 2en passer (la main) (**über** sur); *fig* allumette f; ~instrument n instrument m à cordes

Streif|band n bande f; ~e f patrouille; 2en m bande f; (*im Stoff*) raie f; 2en effleurer, frôler

Streik m grève f; 2en faire grève

Streit m querelle f, dispute f, différend; 2en se quereller; se disputer; ~kräfte f/pl forces; 2süchtig querelleur

streng sévère; rigoureux, strict

streuen saupoudrer (**auf** de)

Strich m trait; ligne f

Strick m corde f; 2en tricoter; ~jacke f jaquette tricotée; ~leiter f échelle de corde; ~waren f/pl tricotages m/pl

Strieme f raie, vergeture, strie

strikt strict

Striptease m strip-tease

strittig litigieux; contestable

Stroh n paille f; ~halm m paille f; ~sack m paillasse f

Strolch m truand; *P* voyou

Strom m fleuve; *El* courant

strömen couler; affluer

Strom|schnelle f rapide m; ~stärke f intensité du courant

Strömung f courant m

Strudel m tourbillon

Strumpf m bas; ~halter m jarretelle f; ~haltergürtel m porte-jarretelles; ~hose f collant(s) m (pl)

struppig 'hérissé, ébouriffé

Stube f chambre, pièce; ~mädchen n femme f de chambre

Stück n pièce f (*a Thea*); morceau m; partie f; 2weise pièce par (*od* à) pièce

Student m étudiant

Studenten|austausch m échange d'étudiants; ~heim n foyer m d'étudiants

Studentin f étudiante
Studie f étude; ~nreise f voyage d'études
studi|eren étudier; faire ses études; 2o n studio m; 2um n étude(s) f(pl)
Stufe f marche; fig échelon m; degré m; 2nweise graduellement, par degrés
Stuhl m chaise f; ~gang m selle f
stumm muet
Stummel m bout, tronçon; (Zigarette) mégot
Stümper m bousilleur
Stumpf m moignon
stumpf émoussé; sans pointe; (Zähne) agacé; ~sinnig stupide
Stunde f heure; (Schul2) leçon; classe; ~nlohn m salaire horaire; ~nplan m horaire
stündlich d'une heure à l'autre; par heure
Stupsnase f nez m retroussé
stur entêté
Sturm m tempête f, orage
stürm|en s'élancer; 2er m Sp avant; ~isch orageux; fig impétueux; tumultueux
Sturz m chute f
stürzen faire tomber, renverser; v/i tomber; faire une chute; v/i u **sich** ~ se précipiter, s'élancer (**auf** sur)
Sturzhelm m casque m de protection od de motocycliste)
Stute f jument
Stütze f appui m, soutien m

stutzen écourter; Bot étêter; tondre; Zo rogner; v/i s'arrêter court, hésiter
stütz|en appuyer, soutenir; **sich** ~**en auf** s'appuyer sur; 2**punkt** m base f
subtrahieren soustraire
Such|e f recherche; 2**en** (re)chercher; ~**er** m Fot viseur
Sucht f toxicomanie
süchtig toxicomane
Süd|en m sud; midi; ~**früchte** f/pl fruits m/pl du Midi; 2**lich** méridional; du sud; 2**lich von** au sud de; ~**osten** m sud-est; ~**westen** m sud-ouest; ~**wind** m vent du sud
Sühne f expiation
Sülze f viande à la gelée
Summe f somme
summen bourdonner; Melodie: chantonner
Sumpf m marais
Sünde f péché m
Super n, ~**benzin** n super (-carburant m) m; ~**markt** m supermarché
Suppe f potage m; soupe; ~**nfleisch** n bœuf m nature; ~**ngrün** n herbes f/pl potagères; ~**nteller** m assiette f creuse
süß doux; sucré; F suave; mignon; 2**en** sucrer; 2**igkeiten** f/pl sucreries, friandises; 2**speise** f entremets m; 2**stoff** m saccharine f
symbolisch symbolique
sympathisch sympathique
Symptom n symptôme m

Synagoge f synagogue
synchronisiert Film: synchronisé
synthetisch synthétique

Syphilis f syphilis
System n système m; 2**atisch** systématique
Szene f scène

T

Tabak m tabac [-a]; ~**laden** m bureau (od débit) de tabac; ~**waren** f/pl tabacs m/pl
Tabelle f table, tableau m
Tablett n plateau m; ~**e** f comprimé m
Tachometer m indicateur de vitesse; tachymètre
Tadel m blâme, réprimande f; 2**los** sans défaut(s); irréprochable; 2**n** blâmer
Tafel f tableau m; table; (Schokolade) tablette
Täfelung f lambris m
Tag m jour; journée f; **guten ~!** bonjour!; **am ~e** de jour; **am nächsten ~** le lendemain; **am hell(ich)ten ~** en plein jour; **jeden ~** tous les jours
Tage|buch n journal m; 2**lang** adv des jours entiers; 2**n** siéger; **es tagt** le jour point (od se lève)
Tages|anbruch m pointe f du jour; ~**kurs** m Hdl cours du jour; ~**licht** n (lumière f du) jour m; ~**marsch** m journée f de marche; ~**ordnung** f ordre m du jour
täglich journalier, quotidien; adv tous les jours; par jour

tagsüber toute (od pendant) la journée
Tagung f congrès m
Taille f taille; ~**nweite** f tour m de taille
Takelung f gréement m, agrès m/pl
Takt m tact; Mus mesure f; 2**los** indiscret; 2**voll** plein de tact, discret
Tal n vallée f
Talent n talent m
Talfahrt f descente
Talg m suif [de talc]
Talkumpuder m poudre f ʃ
Talsperre f barrage m
Tampon m tampon
Tang m varech [-k]
Tank m réservoir; citerne f; 2**en** prendre de l'essence; (voll) faire le plein; ~**stelle** f station-service; ~**wart** m pompiste
Tanne f sapin m
Tante f tante
Tanz m danse f; 2**en** danser
Tänzer m danseur; ~**in** f danseuse
Tanz|fläche f piste de danse; ~**kapelle** f orchestre m de danse; ~**lokal** n dancing m; ~**schule** f école de danse
Tapete f papier m peint, tapisserie

tapfer brave
Tarif m tarif; **~vertrag** m accord tarifaire
tarn|en camoufler; **2ung** f camouflage m
Tasche f poche; sac m
Taschen|buch n livre m de poche; **~dieb** m pickpocket; **~geld** n argent m de poche; **~lampe** f lampe de poche; **~messer** n couteau m de poche; **~tuch** n mouchoir m; **~uhr** f montre
Tasse f tasse m
Taste f touche
Tat f action; acte m; **in der ~ en** effet
Tatarbeefsteak n bœuf m tartare
Tat|bestand m faits m/pl; **2enlos** inactif; adv passivement
Tät|er m auteur; **2ig** actif; en activité; **~igkeit** f activité; occupation; **2lich**: **2lich werden** se livrer à des voies de fait (**gegen** sur)
Tätowierung f tatouage m
Tat|sache f fait m; **2sächlich** effectif; réel; adv en effet
Tatze f patte
Tau¹ m corde f, cordage m
Tau² m rosée f
taub sourd
Taube f pigeon m
taubstumm sourd-muet
tauchen plonger
Taucher m plongeur; scaphandrier; **~anzug** m scaphandre

Tauchsieder m thermo--plongeur
tau|en fondre; **es ~t** il dégèle
Tauf|e f baptême [-ɛ:m] m; **2en** baptiser [-at-]; **~pate** m parrain; **~patin** f marraine; **~schein** m extrait baptistaire (od de baptême) [-at-]
taug|en être bon (od propre) (**zu** à); valoir; **... t nichts** ne vaut rien; **~lich** Mil bon pour le service
taumeln chanceler; tituber
Tausch m échange; **2en** échanger (**gegen** contre)
täusch|en tromper; abuser; Sp feinter; **sich ~en** se tromper; se faire des illusions (**in** sur); **2ung** f tromperie; illusion; Sp, Mil feinte
tausend mille; **2** n mille m; millier m; **zu 2en** par milliers; **2stel** n millième m
Tauwetter n dégel m
Taxe f taxe; tarif m
Taxi n taxi m; **~stand** m station f de taxis
Technik f technique [-k-]; **~er** m technicien [-k-]
technisch technique [-k-]
Tee m thé; Med infusion f; **~beutel** m sachet de thé; **~gebäck** n gâteaux m/pl secs; **~kanne** f théière; **~kessel** m bouilloire f; **~löffel** m petite cuiller [-ɛ:r] f
Teer m goudron
Tee|sieb n passe-thé m; **~tasse** f tasse à thé

Teich m étang
Teig m pâte f; **~waren** f/pl pâtes alimentaires
Teil n od m partie f; part f; **zum ~** en partie; **zum größten ~** pour la plupart; **~en** diviser (in en); partager (mit avec); **~haber** m associé; **~nahme** f participation; fig sympathie, intérêt m
teilnehm|en prendre part, participer (**an** D à); **~er** m participant, assistant; Tel abonné; Sp concurrent; **~erzahl** f nombre m des participants (od assistants)
teil|s (en) partie f; **~ung** f division; partage m; **~weise** partiel; adv en partie
Telefon n téléphone m; **~gespräch** n conversation f téléphonique; communication f; **~ieren** téléphoner; **~istin** f téléphoniste; **~nummer** f numéro m d'appel; **~zentrale** f central m téléphonique
telegrafieren télégraphier
Telegramm n télégramme m; **~adresse** f adresse télégraphique; **~formular** n formule f de télégramme
Tele|objektiv n téléobjectif m; **~skop** n télescope m; **~x** n télex m
Teller m assiette f
Tempel m temple
tempera|mentvoll plein de vivacité (od de feu); **~tur** f température
Tempo n vitesse f; rythme m; Sp train m; Mus tempo m
tendenziös tendancieux
Tennis n tennis m; **~ball** m balle f de tennis; **~platz** m court [kort] (de tennis); **~schläger** m raquette f
Teppich m tapis
Termin m terme; date f; **~kalender** m échéancier
Terrasse f terrasse
Terrine f soupière
Terror m terreur f
Test m test
Testament n testament m
testen tester
Tetanus m tétanos
teuer cher; **wie ~ ist ...?** combien coûte ...?, quel est le prix de ...?; **zu ~** trop cher
Teufel m diable
Text m texte
Textilien pl textiles m/pl
Theater n théâtre m; fig **~ machen** faire des histoires; **~kasse** f bureau m de location; **~vorstellung** f spectacle m; représentation f
Theke f comptoir m
Thema n sujet m; Mus thème m, motif m
Theorie f théorie
Therapie f thérapie; traitement m
Thermal|bad n station f thermale; **~quelle** f source thermale
Thermometer n thermomètre m
Thermosflasche f thermos
Thrombose f thrombose

Thunfisch *m* thon
ticken faire tic tac
tief profond (*a fig*); (*Ton*) bas; (*Teller*) creux
Tief *n*, ~**druckgebiet** *n* cyclone; zone *f* de basse pression; ~**e** *f* profondeur; ~**gang** *m* tirant d'eau; ~**garage** *f* garage *m* souterrain; ~**gekühlt** surgelé; ~**kühlfach** *n* casier *m* à surgélation; ~**kühltruhe** *f* congélateur *m*, surgélateur *m*
Tier *n* animal *m*; ~**arzt** *m* vétérinaire; ~**isch** animal; *fig* bestial; ~**kreis(zeichen** *n*) *m* (signe *m* du) zodiaque; ~**quälerei** *f* cruauté envers les animaux; ~**schutzverein** *m* société *f* protectrice des animaux
Tiger *m* tigre
tilgen *Schuld:* amortir; an-[nuler]
Tinktur *f* teinture
Tinte *f* encre; ~**nfisch** *m* seiche *f*
Tip *m* tuyau
tippen taper; (*wetten*) parier (**auf** pour)
Tisch *m* table *f*; **bei** ~ à table; **nach** ~ après le repas; ~**lampe** *f* lampe de table; ~**ler** *m* menuisier; ébéniste; ~**tennis** *n* ping-pong *m*; ~**tuch** *n* nappe *f*; ~**wein** *m* vin de table; ~**zeit** *f* heure du repas
Titel *m* titre
Toast *m* toast
toben tempêter; être furieux; (*Kinder*) tapager

Tochter *f* fille
Tod *m* mort *f*
Todes|anzeige *f* faire-part *m* de décès; ~**gefahr** *f* danger *m* de mort; ~**opfer** *n* mort *m*; ~**strafe** *f* peine capitale (*od* de mort)
tödlich mortel
Toilette *f* toilette; cabinets *m/pl*, lavabo *m*; ~**npapier** *n* papier *m* hygiénique
toll fou; *F* formidable; épatant; 2**wut** *f* rage; ~**wütig** enragé
Tölpel *m* maladroit, lourdaud
Tomate *f* tomate
Ton[1] *m* argile *f*; (*terre f*) glaise *f*
Ton[2] *m* ton; son; ~**abnehmer** *m* pick-up; ~**band** *n* bande *f* magnétique; ~**bandgerät** *n* magnétophone *m*
tönen colorer; teinter; *v/i* sonner
Tonerde *f*: **essigsaure** ~ acétate *m* d'aluminium
Tonfilm *m* film sonore
Tonne *f* tonneau *m*, tonne
Tönung *f* coloration
Topf *m* pot, marmite *f*
Töpferwaren *f/pl* poteries
Tor *n* porte *f*; *Sp* but *m*; ~**einfahrt** *f* porte cochère
Torf *m* tourbe *f*
töricht sot, fou
torkeln zigzaguer
Tor|lauf *m* slalom; ~**linie** *f* ligne de but; ~**schütze** *m* marqueur de but, buteur
Törtchen *n* tartelette *f*

Torte f tarte
Torwart m gardien de but
tosen mugir
tot mort; défunt
töten tuer
Toten|schein m acte de décès; ~wache f veillée funèbre
Toto m paris m/pl de football
Totschlag m homicide
Tou|pet n postiche m; 2**pieren** faire un toupet
Tour f tour m; excursion; ~**ist**(in f) m touriste su; ~**istenklasse** f classe touriste; ~**istik** f tourisme m
Trabrennen n course f au trot
Tracht f costume m
Tradition f tradition
trag|bar portatif; fig supportable; admissible; 2**e** f brancard m
träge indolent, paresseux
tragen porter; bei sich ~ avoir sur soi
Träger m (Kleidung) bretelle f; Arch support
Trag|fläche f aile; ~**flächenboot** n, ~**flügelboot** n hydroglisseur m
Tragödie f tragédie
Tragweite f portée
Trai|ner m entraîneur; 2**nieren** (s')entraîner; ~**ning** n entraînement m; ~**ningsanzug** m survêtement de sport
trampeln trépigner
trampen faire de l'auto-stop

tranchieren découper
Träne f larme; ~**ngas** n gaz m lacrymogène
tränken Zo abreuver
Transfer m tranfert
Transistor m transistor
Transitverkehr m trafic en transit
Transport m transport; 2**fähig** transportable; 2**ieren** transporter; ~**kosten** pl frais m/pl de transport; ~**unternehmen** n entreprise f de transport
Traube f grappe; raisin m; ~**nsaft** m jus de raisin; ~**nzucker** m glucose f
trauen (D) avoir confiance en; se fier à; nicht ~ (D) se méfier de; sich ~ zu oser mit inf; v/t marier; sich ~ lassen se marier
Trauer f deuil m; ~**feier** f funérailles f/pl; 2**n** être en deuil (um de), pleurer (um la mort de q.
Traum m rêve
träumen rêver; songer
traurig triste, affligé; 2**keit** f tristesse
Trau|ring m alliance f; ~**schein** m acte de mariage; ~**ung** f mariage m; bénédiction nuptiale; ~**zeuge** m témoin du (de la) marié(e)
Treff n trèfle m
treff|en Ziel: toucher; j-n: rencontrer; Maßnahme: prendre; faire; fig (verletzen) toucher; die richtigen Worte: trouver; ~**end** exact, juste; propre; 2**er**

coup portant; 2punkt m rendez-vous
treiben pousser; *Vieh:* mener; *Sp* faire, pratiquer; *v/i* flotter
Treib|haus n serre f (chaude); 2**jagd** f battue, traque; ~**stoff** m carburant
trenn|en séparer; *Tel* couper; **sich ~en** se séparer; 2**ung** f séparation; disjonction; 2**wand** f cloison
Treppe f escalier m; ~**absatz** m palier; ~**ngeländer** n (~**nhaus** n) rampe f (cage f) d'escalier
Tresor m coffre-fort
treten donner un coup de pied (à); **über die Ufer ~** déborder
treu fidèle; loyal; 2**e** f fidélité; loyauté; ~**herzig** sincère; candide; ~**los** infidèle; perfide
Tribüne f tribune; estrade
Trichter m entonnoir
Trick m truc; ~**film** m dessins m/pl animés
Trieb m impulsion f; instinct; *Bot* pousse f; jet; ~**kraft** f force motrice; ~**wagen** m automotrice f
triefen dégoutter; ruisseler (von de)
triftig valable, plausible
Trikot m tricot m; maillot m
trink|bar potable, buvable; ~**en** boire; *a* prendre; 2**er** m buveur; ivrogne; 2**geld** n pourboire m; 2**kur** f cure d'eau; 2**wasser** n eau f potable

Tritt m coup de pied; ~**brett** n marchepied m
trocken sec; 2**eis** n carboglace f; 2**haube** f séchoir m; 2**heit** f sécheresse f; aridité; ~**legen** *Sumpf:* dessécher, drainer; *Kind:* changer; 2**milch** f lait m en poudre; 2**rasierer** m rasoir électrique
trocknen sécher
Trödelmarkt m marché aux puces
Trommel f tambour m; ~**fell** n tympan m; 2**n** battre le tambour
Trompete f trompette
Tropen pl tropiques m/pl (**in den** sous les); 2**fest** tropicalisé; ~**helm** m casque colonial
tropf|en dégoutter; 2**en** m goutte f; 2**steinhöhle** f
tropisch tropical [grotte]
Trost m consolation f
trösten consoler (**über** de); **sich ~** se consoler (**mit** avec)
trost|los desolé; 2**preis** m prix de consolation
Trottel m lourdaud
trotz (*G*) malgré; ~ **allem** malgré tout (cela)
Trotz m mutinerie f; **aus ~** de dépit; 2**dem** quand même; 2**ig** obstiné; mutin
trübe trouble; *Stimmung:* morne; *Wetter:* sombre; *Himmel:* couvert
Trubel m animation f
trübsinnig triste, mélancolique

Trüffel f truffe
trügerisch trompeur; illusoire
Truhe f coffre m, bahut m
Trümmer pl débris m/pl; décombres m/pl
Trumpf m atout
Trunk|enheit f ivresse; ~**sucht** f ivrognerie; alcoolisme m
Trupp m bande f; équipe f; ~**e** f troupe; *Thea* a compagnie
Truthahn m dindon
tschech|isch tchèque; 2o**slowakei** f la Tchécoslovaquie; ~**oslowakisch** tchécoslovaque
Tube f tube m
Tuberkulose f tuberculose
Tuch n tissu m, drap m
tüchtig bon, habile, capable
tückisch malin, malicieux
Tugend f vertu
Tulpe f tulipe
tummeln: sich ~ s'ébattre
Tümmler m marsouin
Tümpel m mare f
Tumult m tumulte; chahut
tun faire; **so** ~ **als ob** faire semblant de
Tunke f sauce

Tunnel m tunnel
Tür f porte
Turban m turban
Turbine f turbine
Turbopropflugzeug n avion m à turbopropulseurs
turbulent turbulent
Türkei f la Turquie
Türkis m turquoise f
türkisch turc
Türklinke f loquet m, bec-de-came m
Turm m tour f
turn|en faire de la gymnastique; 2**er(in** f) m gymnaste m; 2**halle** f salle de gymnastique
Turnier n tournoi m, concours m
Turnus m roulement
Turnverein m société f de gymnastique
Tusche f encre de Chine; 2**n** faire un lavis
Tüte f cornet m, sac m de papier
Typ m type
Typhus m (fièvre) f typhoïde f; ~**impfung** f vaccination antityphique
typisch typique, caractéristique

U

U-Bahn f métro m
übel mauvais; **mir wird** ~ je me sens mal; 2**keit** f mal m au cœur; 2**nehmen** prendre en mauvaise part
üben exercer
über (A, D) (*oberhalb von*) au-dessus de; sur; (*mehr als*) plus de; ~**all** partout
überanstrengen: sich ~ se surmener
über|belasten surcharger; ~**belichtet** surexposé; ~**bieten** enchérir (sur); *fig*

surpasser; *Rekord:* battre; 2bleibsel *n* reste *m*; ~blicken embrasser d'un coup d'œil; ~bringen remettre, porter; 2bringer *m* porteur; ~dauern *et:* survivre (à qc.)

überdies en outre, de plus

über|drehen faire foirer; 2druck *m* suppression *f*; ~eilt précipité

überein|ander l'un sur l'autre; ~kommen s'accorder, convenir; ~stimmen être d'accord (mit D avec); 2stimmung *f* accord *m*, harmonie

über|fahren *j-n:* écraser; *(über e-n Fluß)* traverser; 2fahrt *f* traversée

Über|fall *m* attaque *f* par surprise; agression *f*; 2fallen assaillir, agresser; 2fällig en retard; ~fallkommando *n* police *f* secours

über|fliegen survoler; *(flüchtig lesen)* parcourir des yeux; ~fließen déborder; ~flügeln *fig* surpasser; 2fluß *m* abondance *f*; ~flüssig superflu; ~fluten inonder; ~führen transférer; *Verbrecher:* convaincre; 2führung *f* translation, transfert *m*; *Esb* passage *m* supérieur; 2füllt *(Saal)* comble; 2gabe *f* remise; 2gang *m* passage; 2gangszeit *f* période transitoire

übergeben remettre; **sich ~** vomir

über|gehen *(auslassen)* omettre; 2gewicht *n* surpoids *m*; *fig* prépondérance *f*; ~gießen arroser (mit D de); 2griff *m* empiétement; ~handnehmen se multiplier à l'excès

überhaupt en général; ~ nicht pas du tout

über|holen *(im Verkehr)* doubler, dépasser; *Tech* réviser; 2holt périmé; 2holverbot *n* défense *f* de doubler; ~kleben coller dessus; ~kochen déborder; ~laden, ~lagern surcharger; ~lassen *(j-m A)* laisser; céder; ~laufen *v/i* déborder; *Mil* déserter; ~leben survivre; 2lebende(r) *m* survivant; ~legen[1] réfléchir; ~legen[2] *adj* supérieur; 2legenheit *f* supériorité; 2legung *f* réflexion; ~listen duper; ~mäßig démesuré; excessif; ~mitteln transmettre; ~morgen après-demain; ~mütig pétulant

übernachten en passer la nuit; 2ung *f* nuit; *(im Hotel a)* logement *m*

Über|nahme *f* (*Geschäft*) prise en charge; *(Besitz)* entrée en possession; 2natürlich surnaturel; 2nehmen prendre; *Verantwortung:* assumer; 2queren traverser; 2ragen dépasser; 2raschen surprendre;

überraschend

⁀raschend surprenant; ⁀raschung f surprise; ⁀reden persuader (zu D de faire qc.); ⁀reichen présenter; ⁀rumpeln Sp surprendre; ⁀runden Sp doubler; ⁀schallgeschwindigkeit f vitesse supersonique; ⁀schätzen surestimer

überschlagen Kosten: supputer; Seite: sauter; sich ~ Kfz capoter

überschneiden: sich ~ (Linien) se croiser; (zeitlich) coïncider

über|schreiten franchir; ⁀schrift f titre m; ⁀schuß m excédent; ⁀schütten couvrir (mit D de); ⁀schwemmung f inondation; ⁀seeisch d'outre-mer; ⁀sehen embrasser d'un coup d'œil; Fehler: ne pas voir, passer; ⁀senden envoyer

übersetz|en Text: traduire; (mit der Fähre) passer (en bac); ⁀er m traducteur; ⁀ung f traduction; Tech multiplication

Übersicht f vue d'ensemble; résumé m; ⁀lich clair

über|siedeln aller s'établir (nach D à); ⁀springen sauter; ⁀stehen supporter; surmonter; ⁀steigen franchir; passer; ⁀stunden f/pl heures supplémentaires; ⁀stürzt précipité; ⁀tragbar transmissible; ⁀tragen trans-

mettre (a Rdf); ⁀tragung f transmission; ⁀treffen surpasser; ⁀treiben exagérer; ⁀treten fig Gesetz: enfreindre; ⁀vorteilen écorcher; ⁀wachen surveiller; ⁀wachung f surveillance; ⁀wältigen vaincre

überweis|en Geld: virer; ⁀ung f virement m

über|wiegend prépondérant; ⁀winden vaincre; ⁀zeugen convaincre, persuader; sich ~zeugen se convaincre (von D de); ⁀zeugung f conviction; ⁀ziehen Kleid: mettre par-dessus; ⁀ziehen mit (D) couvrir de; ⁀zug m couverture f

üblich usuel; d'usage

U-Boot n sous-marin m

übrig de reste; ⁀bleiben rester; ⁀ens du reste; d'ailleurs; ⁀lassen laisser (de reste)

Übung f exercice m; pratique

Ufer n bord m; rivage m

Uhr f montre; (Turm⁀) horloge; vgl spät; ⁀macher m horloger; ⁀zeiger m aiguille f (de montre)

Uhu m grand duc

Ulk m plaisanterie f; ⁀ig drôle

Ultrakurzwellen f/pl ondes ultra-courtes

um (örtlich); ~ ... **herum** autour de; (Grund, Zweck, Preis) pour; (zeit-

lich) sur; vers; *(Uhrzeit)* à; ~ **jeden Preis** à tout prix; ~ **zu** pour; *s* besser, mehr
um|arbeiten transformer; remanier; ♀**armen** embrasser; ♀**armung** *f* embrassement *m*; ~**bilden** transformer; ~**binden** *Tuch:* mettre; ~**blättern** tourner les pages; ~**bringen** *F* tuer; ~**disponieren** disposer autrement
umdreh|en tourner; **sich ~en** se retourner (**nach** *D* vers); ♀**ung** *f* tour *m*
um|fallen tomber; ♀**fang** *m* circonférence *f*; étendue *f*; ~**fangreich** volumineux; ~**fassen** embrasser; ~**formen** transformer; ♀**frage** *f* enquête *f*; ~**füllen** transvaser
Umgang *m fig* relations *f/pl*; ~ **haben** avoir des relations, commercer (**mit** *D* avec)
umgänglich sociable
Umgangs|formen *f/pl* savoir-vivre *m*; ~**sprache** *f* language *m* familier
umgeb|en entourer (**mit** *D* de); ♀**ung** *f* (*Umwelt*) milieu *m*; (*Personen*) entourage *m*; (*e-r Stadt*) alentours *m/pl*
umgeh|en *Hindernis, Gesetz:* (con)tourner; *v/i* fréquenter (**mit** j-m q.); (*handhaben*) manier (**mit et.** qc.); ♀**ungsstraße** *f* route de contournement
um|gekehrt renversé; in-

verse; ~**gießen** transvaser; ~**graben** bêcher; ♀**hang** *m* pèlerine *f*
umher (tout) autour; ~**blicken** regarder de tous côtés; ~**streifen**, ~**wandern** vagabonder
Umhüllung *f* enveloppe
Umkehr *f* retour *m*; ♀**en** retourner; ~**film** *m* film inversible
um|kippen renverser; *v/i* perdre l'équilibre; (*Wagen*) verser; ~**klammern** étreindre
Umkleide|kabine *f*, ~**raum** *m* vestiaire *m*
umkommen périr
Umkreis *m:* **im ~ von** dans un rayon de
umladen transborder
umleit|en dévier; ♀**ung** *f* déviation; *s* **Umgehungsstraße**
um|liegend environnant; ~**pflanzen** transplanter; ~**quartieren** loger ailleurs; ~**rahmen** encadrer
umrechn|en convertir; ♀**ungskurs** *m* cours de conversion; ♀**ungstabelle** *f* table de conversion
um|ringen entourer; ♀**risse** *m/pl* contours *f*; ~**rühren** remuer; ♀**satz** *m Hdl* chiffre d'affaires; ~**schalten** *El* commuter; ~**schauen** *s* **umsehen**; ♀**schlag** *m Med* compresse *f*; (*Brief*♀) enveloppe *f*; (*Schutz*♀) couverture *f*; (*Wetter*♀) changement su-

umschlagen

bit; ~schlagen *Kragen*: rabattre; *Seite*: tourner; ~ (*Boot*) chavirer; (*Wetter*) changer subitement; ~schlingen enlacer; ~schnallen boucler; ~schütten transvaser; 2~schwung *m* changement brusque; révolution *f*
umsehen: sich ~ (*zurückblicken*) tourner la tête; (*besichtigen*) visiter; reconnaître
um|sichtig circonspect; 2~siedler *m* personne *f* rétablie; ~sonst (*gratis*) gratuitement; (*vergebens*) en vain; 2stand *m* circonstance *f*; 2stände *m/pl* (*Förmlichkeiten*) façons *f/pl*; ~ständlich ~mpliqué
Umstandskleid *n* robe *f* de grossesse
Umsteige|fahrschein *m* billet de correspondance; 2en changer (*de train*)
umstellen placer autrement, changer de place; *fig Betrieb*: réorganiser; sich ~ s'adapter (*auf A* à)
um|stoßen renverser; ~stritten discuté; contesté; 2sturz *m* révolution *f*; ~stürzen renverser; *v/i* (*Wagen*) verser; (*Auto*) capoter; (*Baum*) s'abattre
Umtausch *m* échange; 2en échanger
umwand|eln transformer; 2lung *f* transformation
umwechseln changer
Umweg *m* détour

um|wenden tourner; ~werfen renverser; ~wickeln envelopper (*mit D* de)
umziehen *v/i* déménager; sich ~ changer de vêtements
Umzug *m* déménagement; (*Festzug*) cortège
unab|hängig indépendant; ~kömmlich indispensable; ~lässig continuel; *adv* sans cesse; ~sichtlich *p* sans intention; ~wendbar inévitable
unachtsam inattentif
unan|gebracht déplacé; ~genehm désagréable; ~nehmbar inacceptable; 2~nehmlichkeit *f* désagrément *m*; ~sehnlich peu apparent; ~ständig indécent
un|appetitlich peu appétissant; ~artig méchant
unauf|fällig discret; ~findbar introuvable; ~haltsam irrésistible; ~merksam inattentif
unaus|führbar inexécutable; ~stehlich insupportable
unbarmherzig impitoyable
unbe|absichtigt non intentionné; ~baut (*Gelände*) non bâti; ~denklich *adv* sans hésiter; ~deutend insignifiant; ~dingt absolu; ~fahrbar impraticable; ~fangen non prévenu; ~friedigend peu satisfai-

ungebräuchlich

sant; insuffisant; ~fugt non autorisé; ~gabt peu doué; ~greiflich incompréhensible; ~grenzt illimité; ~gründet non fondé; ~haglich incommode; ~holfen maladroit; ~kannt inconnu; ~kleidet nu; ~liebt unpopulaire; ~mannt *Flgw* sans pilote; ~merkt inaperçu; ~obachtet inobservé

unbequem incommode; 2~lichkeit *f* incommodité

unbe|**rührt**, ~schädigt intact; ~schränkt illimité; ~schreiblich indescriptible; ~sonnen inconsidéré; ~ständig inconstant; ~stechlich incorruptible; ~stimmt uncertain; indéfini; ~teiligt désintéressé; ~wacht non surveillé; ~weglich immobile; ~wohnt inhabité; ~wußt inconscient; ~zahlbar impayable; ~zahlt impayé; (*Urlaub*) non payé

unbrauchbar inutilisable

und et; ~ zwar à savoir

un|**dankbar** ingrat; ~deutlich indistinct; ~dicht perméable; ~durchlässig imperméable; ~durchsichtig opaque

un|**eben** inégal; ~echt faux; imité; *Haar*: postiche; ~ehelich illégitime, naturel; ~eigennützig désintéressé; ~einig désuni; ~empfindlich insensible; ~endlich infini

unent|**behrlich** indispensable; ~schieden indécis; *adv* en suspens; 2~schieden *n Sp* match *m* nul; ~schlossen irrésolu

uner|**fahren** inexpérimenté; ~freulich désagréable; ~giebig improductif; ~heblich insignifiant; ~hört inouï; ~klärlich inexplicable; ~läßlich indispensable; ~laubt illicite; ~müdlich infatigable; ~reichbar inaccessible; ~sättlich insatiable; ~schöpflich inépuisable; ~setzlich irremplaçable; (*Verlust*) irréparable; ~träglich insupportable; ~wartet inattendu; imprévu; (*plötzlich*) soudain

un|**fähig** incapable; ~fair déloyal

Unfall *m* accident; ~meldung *f* déclaration d'accident; ~station *f* poste *m* de secours; ~versicherung *f* assurance contre les accidents

un|**faßbar** incompréhensible; ~fehlbar infaillible; ~förmig informe; difforme; ~frankiert non affranchi; ~freundlich peu aimable; ~fruchtbar stérile

Unfug *m* excès; **grober** ~ esclandre

ungar|**isch** 'hongrois; 2n *n* la 'Hongrie

unge|**bildet** inculte; illettré; ~bräuchlich inusité;

ungebührlich

~bührlich inconvenant; ~duldig impatient; ~eignet impropre; **~fähr** *adv* à peu près, environ; ~fährlich non dangereux; inoffensif; ~heizt non chauffé; ~heuer énorme, monstrueux; 2**heuer** *n* monstre *m*; ~horsam désobéissant; ~legen inopportun; *adv* mal à propos; ~mütlich peu confortable; ~nau inexact; ~niert sans gêne; ~nießbar (*Speise*) immangeable; (*Getränk*) imbuvable; ~nügend insuffisant; ~pflegt négligé; ~rade *Zahl:* impair; **~recht** in-
ungern à regret [juste]
~ge|schickt maladroit; ~schützt *Mil* sans défense; (*gegen Wind*) sans abri; ~setzlich illégal; ~stört non troublé; *adv* en paix; ~sund malsain; insalubre; 2**tüm** *n* monstre *m*; ~wiß incertain; ~wöhnlich extraordinaire; ~wohnt inaccoutumé; 2**ziefer** *n* vermine *f*; ~zogen méchant; ~zwungen sans contrainte; naturel

un|glaublich incroyable; ~gleichmäßig inégal;
Unglück *n* malheur *m*; (*Unfall*) accident *m*; 2**lich** malheureux; 2**licherweise** malheureusement
un|gültig nul (*a* Sp); (*Geld*) non valable; (*Ausweis*) périmé; ~**günstig** défavorable; ~**haltbar** inte-
nable; ~**handlich** peu maniable; 2**heil** *n* malheur *m*; désastre *m*; ~**heilbar** incurable; ~**heimlich** inquiétant; lugubre; *F* (*sehr*) énormément; ~**höflich** impoli; ~**hygienisch** non hygiénique

Uni|form *f* uniforme *m*; ~**versität** *f* université
un|klar peu clair; obscur; confus; ~**klug** imprudent; 2**kosten** *pl* frais *m/pl*; dépenses *f/pl*; 2**kraut** *n* mauvaise herbe *f*; ~**längst** naguère; ~**leserlich** illisible; ~**lösbar** insoluble; ~**löslich** *Chem* insoluble; ~**mäßig** immodéré; intempérant; 2**menge** *f* quantité énorme; ~**merklich** imperceptible; ~**mittelbar** immédiat; ~**modern** passé de mode; ~**möglich** impossible; ~**moralisch** immoral; ~**mündig** mineur; ~**natürlich** peu naturel; affecté; ~**nötig** inutile
unord|entlich en désordre; (*Person*) désordonné; 2**nung** *f* désordre *m*
un|parteiisch impartial; ~**passend** inopportun; déplacé; ~**pässlich** indisposé; ~**persönlich** impersonnel; ~**pünktlich** inexact; ~**rasiert** non rasé
Unrat *m* ordures *f/pl*
Unrecht *n* injustice *f*; tort *m*; 2 **haben** avoir tort; 2**mäßig** illégitime

un|regelmäßig irrégulier; ~reif non mûr; (Obst) vert; ~richtig faux; ℒruhe f inquiétude; (D) à nous
uns (A) nous; (D) à nous
un|sauber malpropre; sale; ~schädlich inoffensif; ~scharf Fot flou; ~scheinbar de peu d'apparence; ~schlagbar imbattable; ~schlüssig irrésolu
Unschuld f innocence; ℒig innocent
unser notre; ℒepl nos; der, die, das ~e le (la) nôtre
unsicher incertain; douteux; ℒheit f incertitude; insécurité
Un|sinn m non-sens; absurdité f; ℒsinnig absurde; insensé; ~sittlich immoral; ~sympathisch antipathique; ~tätig inactif; ~teilbar indivisible
unten en bas; au-dessous; von ~ d'en bas; nach ~ vers le bas
unter prp (A, D) sous; (unterhalb) au-dessous de; (zwischen) entre; parmi; ℒarm m avant-bras; ~belichtet sous-exposé; ~bewußtsein n subconscient m
unterbrech|en interrompre; ℒer m El interrupteur; ℒung f interruption
unter|bringen Gast: loger; ~deck n pont m inférieur; ~dessen en attendant; ~drücken réprimer; opprimer; ~e, ~er, ~es inférieur;

~einander mutuellement; ~entwickelt sous-développé; ~ernährt sous--alimenté; ℒführung f passage m inférieur; ℒgang m (Schiffs^2) naufrage; s Sonnenuntergang; ℒgebene(r) m subordonné; ~gehen (Schiff) couler, sombrer; (Sonne) se coucher
Untergrundbahn f métropolitain m
unterhalb (G) au-dessous de
Unterhalt m entretien; ℒen pl entretien; (zerstreuen) divertir, distraire; sich ℒen s'entretenir (über A de); (sich zerstreuen) s'amuser; ~ung f entretien m; conversation f; amusement m; divertissement m; ~ungsfilm m film amusant; ~ungsmusik f musique légère
Unter|hemd n gilet m; ~hose f caleçon m; ~kunft f logis m; ℒlage f couche f; base; ℒlassen omettre; ~leib m bas-ventre; ~liegen (D) succomber; ~lippe f lèvre inférieure; ~mieter m sous-locataire
unternehm|en entreprendre; ℒer m entreprise f; ℒer m entrepreneur; ~ungslustig entreprenant
Unter|offizier m sous-officier; ~redung f entretien m; ~richt m enseignement, instruction f; classe f; leçons

unterrichten

f/pl; ~richt geben donner des leçons; ⁀richten enseigner, instruire; informer (über A, von D de); ~rock m jupon; ~sagen (j-m A) interdire; ⁀schätzen sous-estimer; ⁀scheiden distinguer; ~schied m différence; distinction; ~schlagung f soustraction; ⁀schreiben signer; ~schrift f signature; ⁀seeboot n sous-marin m; ⁀setzt trapu

unterste(r) le plus bas, la plus basse

unter|stellen (zum Schutz) mettre à l'abri; ~streichen souligner; ~stützen appuyer; secourir; ⁀stützung f appui m; secours m; assistance

untersuch|en examiner (a Med); jur rechercher; ⁀ung f examen [-ɛ̃] m (a Med); jur enquête; recherche; ⁀ungshaft f détention préventive; ⁀ungsrichter m juge d'instruction

Unter|tasse f soucoupe; ⁀tauchen plonger; ~teil n od m partie f inférieure; ~titel m (Film) sous-titre; ~wäsche f linge m de corps

Unterwasser... sous-marin

unterwegs en chemin

unter|würfig servile; ~ziehen Hemd: mettre par-dessous; sich ~ziehen (D) se soumettre (à)

Un|tiefe f bas-fond m; ⁀tragbar insupportable; ⁀trennbar inséparable; ⁀treu infidèle; ⁀treue f infidélité; ⁀tröstlich inconsolable

unüber|legt inconsidéré, ~sichtlich peu clair; (Kurve) à mauvaise visibilité; ~troffen inégalé, sans égal

ununterbrochen ininterrompu

unver|änderlich invariable; ~ändert inchangé; ~antwortlich irresponsable; ~besserlich incorrigible; ~daulich indigeste; ~einbar incompatible (mit D avec); ~geßlich inoubliable; ~gleichlich incomparable; ~heiratet non marié; ~käuflich invendable; ~letzt sans blessure; indemne; ~meidlich inévitable; ~mutet inattendu; ~nünftig déraisonnable

unverschämt impudent; ⁀heit f impudence

unver|sehrt intact; indemne; ~ständlich inintelligible; ~wüstlich inusable; ~zeihlich impardonnable; ~züglich immédiatement

unvoll|endet inachevé; ~kommen imparfait; ~ständig incomplet

unvor|bereitet non préparé; ~hergesehen imprévu; ~sichtig imprudent; ~stellbar inimaginable; ~teilhaft désavantageux

unwahr faux; mensonger; ⁀heit f mensonge m;

scheinlich invraisemblable
un|wesentlich non essentiel; ⁓**wetter** n orage m; tempête f; ⁓**wichtig** sans importance; ⁓**widerstehlich** irrésistible; ⁓**willkürlich** involontaire; ⁓**wirksam** inefficace; ⁓**wissend** ignorant; ⁓**wohlsein** n indisposition f; ⁓**würdig** indigne; ⁓**zählig** innombrable; ⁓**zerbrechlich** incassable; ⁓**zertrennlich** inséparable
unzu|frieden mécontent; ⁓**gänglich** inaccessible; ⁓**länglich** insuffisant; ⁓**lässig** inadmissible; ⁓**rechnungsfähig** irresponsable; ⁓**verlässig** inexact; peu sûr (équivoque)
unzweideutig adv sans
üppig luxueux; somptueux
Ur|enkel m arrière-petit-fils;
⁓**großmutter** f bisaïeule;
⁓**großvater** m bisaïeul; ⁓**heber** m auteur
Urin m urine f; ⁓**ieren** uriner; ⁓**untersuchung** f uroscopie
Urkunde f document m
Urlaub m congé; vacances f/pl; Mil permission f; ⁓**er** m vacancier; Mil permissionnaire
Urlaubs|geld n prime f de vacances; ⁓**reise** f voyage m de vacances
Urne f urne
Ursache f cause; (Grund) raison f; **keine** ⁓**!** pas de quoi!
Ur|sprung m origine f; 2**sprünglich** original; ⁓**teil** n jugement f (a jur) 2**teilen** juger (**über** A de);
⁓**wald** m forêt f vierge
Utensilien pl ustensiles m/pl
utopisch utopique

V

Valuta f monnaie étrangère
Vanille f vanille; ⁓**eis** n glace f à la vanille
Varieté n music-hall m
Vase f vase m
Vater m père; ⁓**land** n patrie f
väterlich paternel
Vegetar|ier m, 2**isch** végétarien
Veilchen n violette f
Ven|e f veine; ⁓**enentzündung** f phlébite

Ventil n soupape f; valve f; ⁓**ator** m ventilateur
verabred|en et. ⁓**en** convenir de qc.; **sich** ⁓**en** prendre rendez-vous (**mit** D avec); 2**ung** f convention; (Stelldichein) rendez-vous m
verabschieden Gesetz: voter; **sich** ⁓ prendre congé (**von** D de)
ver|achten mépriser; ⁓**ächtlich** méprisable; 2-

Verachtung 426

achtung f mépris m; ~allgemeinern généraliser; ~altet vieilli; suranné
veränder|lich variable; ~n changer; modifier; 2ung f changement m; modification
veranlass|en donner lieu à; j-n ~en zu ... obliger q. de ...; 2ung f cause; impulsion
veranstalt|en arranger; organiser; 2er m organisateur; 2ung f arrangement m; manifestation (a Sp)
verantwort|en répondre; sich ~en se justifier; ~lich responsable; 2ung f responsabilité
verarbeit|en employer; usiner; transformer; 2ung f emploi m; transformation
Verband m association f; Med pansement; ~(s)kasten m boîte f de pansement; ~(s)zeug n matériel m de pansement
ver|bannen bannir; ~bergen cacher
verbesser|n améliorer; corriger; 2ung f amélioration; (Berichtigung) correction; (Schule) corrigé m
verbeug|en: sich ~en s'incliner; 2ung f révérence
ver|biegen déformer; ~bieten défendre; ~billigt à prix réduit; ~binden lier; unir; (Wunde) panser; ~bindlich obligatoire; (gefällig) obligeant; 2bindung f liaison; relation; Esb, Tel

communication; Chem combinaison
ver|blassen pâlir; ~blüfft ébahi; ~blühen défleurir; ~bluten perdre tout son sang; ~borgen adj caché
Verbot n défense f; 2en défendu; ~sschild n panneau d'interdiction
verbrannt brûlé
Verbrauch m consommation f; 2en consommer; ~er m consommateur
Verbrech|en n crime m; ~er m, 2erisch criminel
verbreit|en répandre; ~ern élargir; 2ung f propagation
verbrenn|en brûler; 2ung f combustion; (Leichen2) incinération; (Wunde) brûlure
ver|bringen Zeit: passer; ~brühen échauder
verbünd|en: sich ~en s'allier (mit D à); 2ete(r) m allié
verbürgen: sich ~ se porter garant (für de)
Verdacht m soupçon; im ~ stehen être soupçonné
verdächtig suspect; ~en suspecter
ver|dammen condamner; ~dampfen v/i s'évaporer; ~danken devoir (j-m A qc. à q.)
verdau|en digérer; ~lich digestible; 2ung f digestion; 2ungsbeschwerden f/pl troubles m/pl digestifs
Ver|deck n Kfz capote f; 2decken couvrir; 2derben

(v/t se) gâter; (se) corrompre; ~derblich périssable; ~deutlichen rendre clair
verdien|en Geld: gagner; Lob: mériter; 2st n mérite m; 2st m gain; profit
ver|doppeln doubler; ~dorben pourri; ~drängen déplacer, déloger; supplanter; ~drehen tordre; ~drießlich ennuyeux, fâcheux; ~dunkeln obscurcir; ~dünnen délayer; ~dunsten s'évaporer; ~dursten mourir de soif; ~edeln Tech affiner; Bot greffer
verehr|en vénérer; 2er m admirateur; 2ung f vénération
vereidig|en assermenter; ~t juré
Verein m association f; 2baren et: convenir (de); ~barung f convention; ~fachen simplifier; 2igen (ré)unir; ~igung f (ré)union
ver|einzelt isolé; ~eiteln déjouer; ~engen: sich ~engen se rétrécir; ~erben laisser; ~fahren procéder, sich ~fahren se tromper de route; 2fahren n procédé m; jur procédure f
Verfall m ruine f; Hdl échéance f; 2en (Haus) tomber en ruine; (ungültig werden) se périmer; adj délabré; caduc; ~tag m jour d'échéance
verfass|en écrire; composer; 2er m auteur; 2ung f Pol constitution; (Zustand) disposition
verfaulen pourrir
ver|fehlen manquer; Weg: se tromper de; ~filmen mettre à l'écran; ~fliegen (Duft) se perdre; ~fließen (Zeit) s'écouler; ~flossen passé; ~fluchen maudire; ~flucht maudit; ~flucht! sacré!, fichtre!
verfolg|en poursuivre (a jur; Spur, Ereignisse: suivre; 2er m poursuivant; 2ung f poursuite
ver|formen déformer; ~früht prématuré
verfüg|bar disponible; ~en ordonner; disposer (über A de); 2ung f ordonnance; j-m zur 2ung stellen mettre à la disposition de q.
verführ|en séduire; ~erisch séducteur
vergangen passé; 2heit f passé m
Vergaser m carburateur
vergeb|en donner; (verzeihen) pardonner; ~ens en vain; ~lich inutile; vain
vergehen (Zeit) passer; 2n faute f; jur délit m
vergelt|en récompenser (j-m A q. de qc.); 2ung f récompense; (Rache) revanche
ver|gessen oublier; ~geßlich oublieux; ~geuden dissiper; ~gewaltigen violer [surer (sich)
vergewissern: sich ~ s'as-

vergießen 428

ver|gießen répandre; verser; ~giften (sich ~giften s')empoisonner; 2giftung f empoisonnement m; 2gißmeinnicht n myosotis m; 2gleich m comparaison f; jur accommodement; ~gleichbar comparable; ~gleichen comparer
vergnüg|en: sich ~en s'amuser; 2en n plaisir m; ~t gai; ~ungsreise f voyage m d'agrément
ver|goldet doré; ~graben enterrer; ~griffen Buch: épuisé; ~größerung f agrandissement m (a Fot); 2günstigung f faveur; 2gütung f indemnité
verhaft|en arrêter; 2ung f arrestation
verhalten: sich ~ se conduire; (Sache) être; 2 n conduite f
Verhältnis n relation f; proportion f; ~se pl circonstances f/pl; 2mäßig relativement
verhand|eln négocier; 2lung f négociation; jur audience
ver|hängnisvoll fatal; ~haßt odieux; ~heimlichen cacher
verheiraten (sich ~ se) marier
verhinder|n empêcher; ~t sein être empêché
Verhör n interrogatoire m; 2en interroger; sich 2en mal entendre

ver|hüllen voiler; ~hungern mourir de faim; ~hüten empêcher; prévenir
verirren: sich ~ s'égarer
ver|jagen chasser; ~jährung f prescription; ~jüngen rajeunir
Verkauf m vente f; 2en vendre; zu 2en à vendre
Verkäuf|er m vendeur; ~erin f vendeuse; 2lich vendable
Verkaufs|preis m prix de vente; ~stand m boutique f
Verkehr m circulation f; trafic; Esb, Post service; 2en circuler; être en relations (mit D avec)
Verkehrs|ampel f feux m/pl (de signalisation); ~amt n, ~büro n syndicat m d'initiative; ~flugzeug n avion m de ligne; ~hindernis n obstacle m à la circulation; ~insel f refuge m; ~mittel n moyen m de transport; ~ordnung f code m de la route; ~polizei f police routière; ~polizist m agent de la circulation; ~schild n panneau m de signalisation; ~stokkung f encombrement m; ~teilnehmer m usager de la route; ~unfall m accident de la route; ~zeichen n signal m routier
verkehrt à l'envers; (falsch) faux
ver|klagen jur-n: porter plainte contre n; ~kleiden (sich ~kleiden se) dégui-

ser; *Tech* revêtir; ~kleinern rapetisser; ~kommen déchoir, se dépraver; (*Speise*) pourrir; *adj* déchu, dépravé; ~körpern personnifier
ver|krampfen: sich ~ se crisper
ver|krüppelt estropié; ~kümmern languir; dépérir; ~künden annoncer; publier; ~kürzen raccourcir
verlad|en charger; *Mar* embarquer; 2ung *f* chargement *m*; embarquement *m*
Verlag *m* maison *f* d'édition
verlangen demander; 2 *n* demande *f*; désir *m*
verlänger|n (r)allonger; prolonger; 2ung *f* (r)allongement *m*; prolongation; 2ungsschnur *f* rallonge; 2ungswoche *f* semaine supplémentaire
ver|langsamen ralentir; ~lassen quitter, abandonner; sich ~lassen se fier (auf à), compter (auf sur)
Verlauf *m* cours; 2en se passer, s'écouler; (*Grenze*) courir; (*Straße*) s'étirer; sich 2en s'égarer
ver|legen déplacer; *Wohnsitz:* transférer; *Termin:* remettre; (*falsch legen*) égarer; *adj* embarrassé; 2legenheit *f* embarras *m*; 2leger *m* éditeur; 2leih *m* location *f*; ~leihen louer; prêter; ~leiten entraîner (zu *D* à)
verletz|en (sich ~en se) blesser; 2te(r) *m* blessé; 2ung *f* blessure
verleumd|en calomnier; 2ung *f* calomnie
verlieb|en: sich ~en s'éprendre (in *A* de); ~t amoureux
verlieren perdre
verlob|en: sich ~en se fiancer; 2te *f* fiancée; 2te(r) *m* fiancé; 2ung *f* fiançailles *f*/*pl*
ver|lockend tentant; ~logen menteur; ~lorengehen se perdre; ~losen mettre en loterie; 2losung *f* loterie
Verlust *m* perte *f*
ver|machen léguer; 2mächtnis *n* legs *m*; 2mählung *f* mariage *m*; ~mehren (sich ~mehren s')augmenter; ~meiden éviter
Vermerk *m* note *f*
vermiet|en louer; 2er *m* loueur; 2ung *f* louage *m*
ver|mindern diminuer; ~missen ne pas retrouver; ~mitteln négocier; servir de médiateur (zwischen *D* entre); 2mittler *m* médiateur; 2mittlung *f* médiation; *Tel* central *m* téléphonique; ~mögen *v* pouvoir *m*; fortune *f*
vermut|en supposer, présumer; 2ung *f* supposition
ver|nachlässigen négliger; ~nehmen entendre; *s* verhören; ~neinen dire (que) non; ~nichten anéantir;

Vernichtung

détruire; ♀nichtung f anéantissement m; **~nickelt** nickelé; ♀nunft f raison; **~nünftig** raisonnable; **~öffentlichen** publier
verordn|en décréter; ordonner; ♀ung f décret m; ordonnance f (a Med)
ver|pachten affermer; **~packen** emballer; ♀packung f emballage m; **~passen** manquer; F rater; **~pfänden** mettre en gage; **~pflanzen** transplanter
verpfleg|en nourrir; ♀ung f alimentation
verpflicht|en obliger; sich **~en zu** (D) s'engager à; ♀ung f obligation
ver|pfuschen gâter; **~pönt** mal vu; **~prügeln** rouer de coups; ♀putz m crépi; **~rat** m trahison; **~raten** trahir; ♀räter m traître
verrechn|en compter; sich **~en** se tromper dans son calcul; ♀ung f compensation; ♀ungsscheck m chèque barré
ver|reisen partir, aller en voyage; **~renken** luxer; ♀renkung f luxation; **~riegeln** verrouiller; **~ringern** amoindrir; **~rosten** [se rouiller]
verrückt fou; **~rufen** adj mal famé; **~rutschen** se déplacer
Vers m vers
ver|sagen (j-m A) refuser; (Kräfte usw) manquer; (Motor usw) rater; **~salzen** trop saler; fig gâter

versamm|eln (sich ~eln s')assembler; ♀lung f assemblée
Versand m expédition f; **~haus** n maison f de vente sur catalogue
ver|säumen manquer; (unterlassen) omettre; **~schaffen** procurer; **~schämt** gêné, timide; **~schärfen** aggraver; **~schenken** faire cadeau (de); **~scheuchen** chasser; **~schicken** envoyer; **~schieben** déplacer; (zeitlich) remettre
ver|schieden différent; **~sein** différer; **~e** pl divers; **~farbig** de différentes couleurs; ♀heit f différence
ver|schiffen transporter par eau; **~schimmeln** (se) moisir; **~schlafen** Zeit: se lever trop tard; adj somnolent
verschlechter|n (sich ~n se) détériorer; ♀ung f détérioration
ver|schleiern voiler; **~schleppen** retarder; déporter; **~schleudern** dissiper; Ware: vendre à perte; **~schließen** fermer à clé; **~schlimmern** empirer; **~schlossen** fermé (à clé), clos; fig taciturne, réservé
verschlucken avaler; sich **~** avaler de travers
Ver|schluß m fermeture f; **~Stopf** obturateur; **~schmähen** dédaigner; ♀schmelzen fondre; ♀schmerzen

se consoler (de); 2schneit enneigné, couvert de neige; 2schnüren ficeler; 2schollen disparu; 2schonen épargner (j-n mit et. qc. à q.); 2schönern embellir verschreiben *Med* prescrire; **sich ~** faire une faute d'orthographe
ver|schrotten casser pour la ferraille; ~schütten répandre; j-n: ensevelir; ~schweigen taire
verschwend|en prodiguer, dissiper; ~erisch prodigue; 2ung *f* dissipation
ver|schwiegen discret; ~schwinden disparaître; ~schwommen flou; vague
Verschwör|er *m* conspirateur; 2ung *f* conjuration
versehen pourvoir (mit D de); Amt: remplir; sich ~ se tromper; 2 *n* méprise *f*; aus 2, ~tlich par méprise
ver|senden envoyer; ~sengen brûler; ~senken immerger; *Mar* couler; ~setzen déplacer; *Schüler*: faire passer dans la classe supérieure; *in e-e Lage*: mettre; *s* ~pfänden; ~seuchen infecter
versicher|n assurer; (*beteuern*) affirmer; 2ung *f* assurance; *fig* affirmation
Versicherungs|gesellschaft *f* compagnie d'assurances; ~karte *f* carte d'assurance
ver|siegeln cacheter; sceller; ~sinken s'enfoncer

versöhn|en (sich ~en se) réconcilier; 2ung *f* réconciliation
versorg|en pourvoir (mit D de); 2ung *f* fourniture
verspät|en: sich ~en être en retard; 2ung *f* retard *m*
ver|speisen manger; ~sperren barrer; ~spielen perdre au jeu; ~spotten se moquer de
versprechen promettre; sich ~ se tromper en parlant; 2 *n* promesse *f*
ver|staatlichen nationaliser; 2stand *m* intelligence *f*; raison *f*
verständ|ig raisonnable; ~en informer; sich ~en s'entendre; 2ung *f* information; entente
verständ|lich intelligible; compréhensible; 2nis *n* compréhension *f*
verstärk|en *Rdf* amplifier; 2er *m* amplificateur; 2ung *f* renforcement *m*
verstauchen: sich den Fuß ~en se fouler le pied; 2ung *f* entorse
Versteck *n* cachette *f*; ~ spielen jouer à cache-cache; ~en (sich 2en) cacher
verstehen comprendre; sich ~ s'entendre
Versteigerung *f* vente aux enchères
verstell|bar réglable; ajustable; ~en régler; ajuster; sich ~en feindre

ver|stimmt de mauvaise humeur; *Mus* désaccordé; ~stopfen boucher; *Straße*: encombrer; *Med* constiper; ℮stopfung *f* Med constipation; ~storben mort, défunt, décédé

Verstoß *m* faute *f*; ℮en repousser; manquer (**gegen** à)

ver|streichen (*Frist*) expirer; ~stümmeln mutiler; ~stummen se taire

Versuch *m* essai; épreuve *f*; ℮en essayer

ver|tagen ajourner; ~tauschen échanger

verteidig|en défendre; ℮er *m* défenseur; ℮ung *f* défense

ver|teilen distribuer; ~tiefen approfondir; ℮tiefung *f* approfondissement *m*; (*Grube*) creux *m*; ~tilgen exterminer

Vertrag *m* contrat; traité; ℮en supporter; **sich** ℮en s'accorder

vertrau|en (*D*) se fier à; ℮en *n* confiance *f*; ~lich, ~t intime; familier

vertreiben chasser; **sich die Zeit** ~ **mit** (*D*) s'amuser à faire (qc.)

vertret|en *j-n*: remplacer; *Firma usw.*: représenter; ℮er *m* remplaçant; représentant; ℮ung *f* remplacement *m*; représentation

Vertrieb *m* vente *f*

ver|trocknen sécher; ~unglücken avoir un accident; ~unreinigen salir; ~untreuen détourner; ~ursachen causer

verurteil|en condamner; ℮ung *f* condamnation

ver|vielfältigen multiplier; *Fot* reproduire; ~vollkommnen perfectionner; ~vollständigen compléter; ~wackelt *Fot* tremblé; ~wahrlost négligé; ℮wahrung *f* garde; dépôt *m*; **in** ℮wahrung **geben** donner en garde

verwalt|en administrer; ℮er *m* administrateur; ℮ung *f* administration

verwand|eln changer; transformer; ℮lung *f* changement *m*; transformation

verwandt parent (**mit** *D* de); ℮e(r) *m* parent; ℮schaft *f* parenté

Verwarnung *f* avertissement *m* (**a** *Sp*)

verwechs|eln confondre; ℮lung *f* confusion

ver|weigern refuser; ℮weis *m* réprimande *f*; ~welkt fané; ~wenden employer; utiliser; ℮wendung *f* emploi *m*; ~werfen rejeter; ~werflich répréhensible; ~werten utiliser; ~wickeln impliquer (**in** *A* dans); ~wirklichen réaliser

verwirr|en embrouiller; ~t confus; ℮ung *f* confusion

ver|wischen effacer; ~witwet veuf; ~wöhnen gâter; ~wunden blesser;

völlig

2wunderung f étonnement m; 2wundete(r) m blessé; 2wundung f blessure; ~wünschen maudire; s verzaubern; ~wüsten ravager (per en comptant)
verzählen: sich ~ se tromper
verzaubern enchanter
Verzehr m consommation f; 2en consommer; ~zwang m obligation f de consommation
Verzeichnis n liste f; relevé m; registre m
verzeih|en excuser, pardonner; 2ung f pardon m
verzerren (sich ~ se) déformer; (se) distordre
Verzicht m renoncement, renonciation f; 2en renoncer (auf à)
Verzierung f ornement m
verzöger|n retarder; 2ung f retard(ement) m
verzollen dédouaner; payer la douane
verzückt extasié, ravi
verzweif|eln désespérer; 2ung f désespoir m
Vetter m cousin
Viadukt m viaduc
Vieh n bétail m; bestiaux m/pl; ~zucht f élevage m
viel beaucoup (de); sehr ~ bien de; ziemlich ~ assez (de); zu ~ trop; ~ größer (de) beaucoup plus grand; ~fach multiple; adv souvent
vielleicht peut-être
viel|mals bien de fois; ~mehr plutôt; ~seitig varié; étendu

vier quatre; 2eck n quadrilatère m; ~eckig quadrangulaire; ~fach quadruple; 2taktmotor m moteur à quatre temps
Viertel n quart m; (Stadt2) quartier m; ~jahr n trimestre m; trois mois m/pl; ~stunde f quart m d'heure
Villa f villa
violett violet
Violine f violon m
Visitenkarte f carte (de) Visum n visa m [visite)f
Vogel m oiseau; ~käfig m cage f; ~scheuche f épouvantail m
Vokabel f mot m
Vokal m voyelle f
Volk n peuple m; nation f
volks|eigen nationalisé; 2fest n fête f populaire; 2kunst f art m folklorique; ~lied n chanson f populaire; 2republik f république populaire; 2schule f école primaire; 2tanz m danse f populaire; ~tümlich populaire; 2wirtschaft f économie politique
voll plein; rempli; (überfüllt) comble; (ganz) complet, entier; ~ und ganz entièrement; ~automatisch entièrement automatique; 2bad n bain m complet; 2bart m grande barbe f; ~enden achever; ~füllen remplir
Vollgas n: ~ geben mettre tous les gaz
völlig entier; complet

voll|jährig majeur; ⁓kaskoversicherung *f* assurance tous risques; ⁓kommen entier; *(ohne Makel)* parfait; ⁓macht *f* plein pouvoir *m*; ⁓milch *f* lait *m* entier; ⁓mond *m* pleine lune *f*; ⁓pension *f* pension complète; ⁓schlank rondelet; ⁓ständig complet; entier; ⁓tanken faire le plein; ⁓trunken ivre mort; ⁓zählig complet

Volumen *n* volume *m*

von (*D*) de; ⁓ ... bis de ... à; ⁓ ... ab (*od an*) à partir de, dès; ⁓einander l'un de l'autre

vor (*A, D*) *(örtlich)* devant; avant; *(zeitlich)* avant; il y a

Vorabend *m* veille *f*

voran en avant; ⁓gehen précéder (j-m q.)

Vor|anmeldung *f* préavis *m*; ⁓arbeiter *m* contremaître

voraus en avant; im ⁓ d'avance; ⁓fahren partir devant; ⁓gesetzt, daß ... à condition que ...; ⁓sagen prédire; ⁓sehen prévoir; ⁓sichtlich probable; ⁓zahlung *f* paiement *m* anticipé

Vorbehalt *m* réserve *f*

vorbei *adv (zeitlich)* passé; fini; *(örtlich)* ich kann nicht ⁓ je ne puis passer; ⁓fahren, ⁓gehen passer (an *D* devant); ⁓lassen laisser passer

vorbe|reiten préparer; ⁓reitung *f* préparation; ⁓stellen commander d'avance, retenir; ⁓stellung *f* commande préalable, réservation

vorbeug|en (*D*) prévenir (qc.); **sich ⁓en** se pencher en avant; ⁓ungsmaßnahme *f* mesure préventive

Vorbild *n* modèle *m*

vorder... de devant; antérieur; ⁓achse *f* essieu *m* avant; ⁓grund *m* devant *m*; ⁓haus *n* maison *f* de devant; ⁓rad *n* roue *f* avant; ⁓seite *f* devant *m*; ⁓sitz *m* siège avant; ⁓teil *m od n* devant *m*

Vor|druck *m* formulaire *m*; ⁓eilig précipité; ⁓eingenommen prévenu; ⁓erst en attendant, pour le moment; ⁓fahrt *f* priorité; ⁓fall *m* événement, incident; ⁓finden trouver; ⁓fristig anticipé

Vorführ|dame *f* mannequin *m*; ⁓en présenter; *jur* amener; ⁓ung *f* présentation

Vor|gang *m* marche *f*, cours; *(Ereignis)* événement; ⁓gänger *m* devancier; ⁓garten *m* jardin devant la maison; ⁓gehen *(handeln)* procéder, *(geschehen)* se passer; *(Uhr)* avancer; *(den Vorrang haben)* avoir la priorité; ⁓gesetzte(r) *m* supérieur; ⁓gestern avant-hier; ⁓ha-

ben avoir l'intention de; **⁓haben** n projet m; **⁓halle** f vestibule m
vorhanden existant; **⁓ sein** exister
Vor|hang m rideau; **⁓hängeschloß** n cadenas m
vorher avant, auparavant; d'avance; **⁓gehend** précédent; **⁓sage** f prévision, prédiction
vorhin tout à l'heure
vorig précédent; (vergangen) passé; dernier
vor|jährig de l'année passée; **⁓kenntnisse** f/pl connaissances préliminaires
vorkomm|en (geschehen) arriver, se passer; (sich finden) se trouver; (scheinen) sembler; **⁓nis** n événement m
Vorkriegszeit f avant-guerre f
vorlad|en citer; **⁓ung** f citation
Vor|lage f (Muster) modèle m; **⁓lassen** laisser passer (devant); **⁓läufig** provisoire; **⁓legen** présenter, soumettre; **⁓lesen** lire (à haute voix); **⁓lesung** f cours m; **⁓letzte(r, -s)** avant-dernier; **⁓liebe** f prédilection (**für** pour)
vorliebnehmen: **⁓ mit** f se contenter de
vor|liegend présent; **⁓malig** ancien; **⁓mals** autrefois; **⁓marsch** m marche f en avant; **⁓merken** prendre note de

Vormittag m matin, matinée f; **am ⁓**, **⁓s** dans la matinée; Uhrzeit: du matin
Vormund m tuteur
vorn devant; **nach ⁓** en avant; **von ⁓** par devant, de face; **von ⁓ anfangen** recommencer
Vor|name m prénom; **⁓nehm** distingué; noble; **⁓nehmen**: **sich ⁓nehmen** se proposer (A od zu de); **⁓nehmlich** surtout
vornherein: **von ⁓** de prime abord
vornüber la tête la première
Vor|ort m banlieue f; **⁓bahn** f ligne de banlieue; **⁓zug** m train de banlieue
Vor|rang m prééminence f; **⁓rat** m provision f; **⁓rätig** en stock; **⁓recht** n privilège m; **⁓richtung** f dispositif m; **⁓rücken** avancer; **⁓runde** f Sp éliminatoire; **⁓saison** f avant-saison; **⁓satz** m dessein; intention f; **⁓sätzlich** prémédité; adv à dessein
Vorschein m: **zum ⁓ kommen** paraître
Vor|schiff n proue f; **⁓schlag** m proposition f; **⁓schlagen** proposer; **⁓schlußrunde** f Sp demi-(finale); **⁓schreiben** prescrire; **⁓schrift** f prescription; **⁓schuß** m avance f
vorseh|en prévoir; **sich ⁓en** prendre garde à; **⁓ung** f providence
Vorsicht f prudence; pré-

vorsichtig

caution; ~! attention!; 2ig prudent

Vor|silbe f préfixe m; ~**sitz** m présidence f; ~**sitzende(r)** m président; 2**sorglich** prévoyant; ~**speise** f 'hors-d'œuvre m, entrée; ~**spiel** n prélude m; ~**sprung** m Arch saillie f; fig avance f; ~**stadt** f banlieue; ~**stand** m direction f; **vorstell|en (sich ~en se)** présenter; **sich et. ~en se** représenter qc., se figurer qc.; 2**ung** f présentation f; idée; Thea représentation f; (Kino) séance

Vor|teil m avantage; profit; 2**teilhaft** avantageux; ~**trag** m conférence f; 2**tragen** (darlegen) exposer; Gedicht: réciter; 2**trefflich** excellent; 2**treten** avancer

vorüber passé; ~**gehen** passer; ~**gehend** passager

Vor|urteil n préjugé m; ~**verkauf** m Thea location f; ~**wahlnummer** f numéro m de présélection; ~**wand** m prétexte

vorwärts en avant; ~**kommen** avancer; fig faire son chemin

vor|weisen montrer; ~**werfen** fig reprocher; ~**wiegend** prédominant; 2**wort** n préface f; 2**wurf** m reproche; 2**zeichen** n présage m; signe m précurseur; ~**zeigen** montrer; présenter; ~**zeitig** anticipé; ~**ziehen** tirer (en avant), avancer; (lieber mögen) préférer, aimer mieux; 2**zimmer** n antichambre f; 2**zug** m préférence f; ~**züglich** excellent; 2**zugspreis** m prix) **vulgär** vulgaire [de faveur/ **Vulkan** m volcan; 2**isieren** vulcaniser

W

Waage f balance, bascule; 2**recht** horizontal

wach éveillé; ~ **werden** s'éveiller; 2e f garde; ~**en** veiller

Wacholder m genièvre

Wachposten m poste de garde

Wachs n cire f

wachsam vigilant; 2**keit** f vigilance

wachs|en croître; (Mensch) grandir; (Pflanze, Bart) pousser; fig (zunehmen) augmenter; v/t cirer; 2**tum** n croissance f

Wächter m garde; gardien

wack(e)lig vacillant; ~**eln** branler

Wade f mollet m

Waffe f arme

Waffel f gaufre

Waffenschein m permis de port d'armes

wagen oser, risquer

Wagen m voiture f; Esb

(*Güter*≳) wagon; ~heber *m* cric; ~schlag *m* portière *f*; ~wäsche *f* lavage *m* de la voiture

Waggon *m* wagon

Wagnis *n* risque *m*

Wahl *f* choix *m*; (*zwischen zwei Dingen*) alternative; *Pol* élection, vote *m*, scrutin *m*; **nach** ~ au choix

wähl|en choisir; (*durch Abstimmung*) élire; *Pol* voter; *Tel* former, composer; **~er** *m* électeur; **~erisch** difficile (in *sur*)

Wahl|kampf *m* lutte *f* électorale; ~lokal *n* bureau *m* de vote; ~recht *n* droit *m* de vote; ~versammlung *f* réunion électorale

Wahnsinn *m* aliénation *f* mentale; **2ig** fou; aliéné

wahr vrai, véritable; **nicht ~?** n'est-ce pas?; **~en** garder; *Rechte*: défendre

während *prp* (*G*) pendant; *cj* pendant que

wahr|haft *adv* vraiment; 2heit *f* vérité; 2keit *f* (a)percevoir, s'apercevoir de, remarquer; (*nutzen*) profiter de

wahrsag|en prédire l'avenir; **~erin** *f* devineresse

wahrscheinlich vraisemblable, probable; 2keit *f* vraisemblance, probabilité

Währung *f* monnaie, valeur monétaire

Wahrzeichen *n* marque *f*; symbole *m*

Waise *f* orphelin(e *f*) *m*

Wal *m* baleine *f*

Wald *m* forêt *f*, bois; ~hüter *m* garde forestier; 2ig, 2reich boisé; ~weg *m* sentier (*od* chemin) forestier

Wall *m* rempart, remblai

Wallfahrt *f* pèlerinage *m*

Walnuß *f* noix

Walze *f* cylindre *m*; rouleau *m*

wälzen (**sich ~ se**) rouler

Walzer *m* valse *f*

Walzwerk *n* laminoir *m*

Wand *f* mur *m*; (*Gefäß*≳, *Zelt*≳, *Fels*≳) paroi

Wandel *m* changement; 2bar inconstant; variable; ~halle *f* salle des pas perdus; 2n changer; *v/i* (*spazieren*) se promener

Wander|ausstellung *f* exposition itinérante; ~karte *f* carte routière; 2n excursionner; voyager (à pied); ~ung *f* excursion; marche; ~weg *m* sentier pédestre

Wandlung *f* changement *m*

Wand|schirm *m* paravent; ~schrank *m* placard; ~teppich *m* tapisserie *f*

Wange *f* joue

wanken chanceler

wann quand; **seit ~?** depuis quand?

Wanne *f* cuve; (*Bade*≳) baignoire

Wanze *f* punaise

Wappen *n* armoiries *f/pl*, armes *f/pl*

Ware *f* marchandise

Waren|automat *m* distributeur automatique de

Warenhaus

marchandises; ~haus n grand magasin m; ~zeichen n marque f (de fabrique)
warm chaud; *fig* chaleureux
Wärm|e f chaleur; **2en** (ré-)chauffer; **~flasche** f bouillotte
warmlaufen: ~ lassen *Kfz* laisser chauffer
Warn|dreieck n triangle m avertisseur; **2en** avertir (vor D de); **~schuß** m coup tiré en l'air; **~ung** f avertissement m, avis m; **~zeichen** n signal m de danger
Warte|halle f salle d'attente; (*an Haltestellen*) abri-refuge m; **~liste** f liste d'attente
warten v/i attendre (auf j-n q.); v/t (*pflegen*) soigner; 2 n attente f
Wärter m gardien; (*Kranken*2) garde-malade
Warte|saal m salle f d'attente; **~zimmer** n salon m d'attente
Wartung f *Tech* entretien m
warum pourquoi
Warze f verrue
was *fragend*: quoi; que; *relativ*: ce qui, A ce que; (*wieviel*) combien; ~ **für ein(e)** quel(le)
wasch|bar lavable; **2becken** n lavabo
Wäsche f linge m; (*das Waschen*) blanchissage m; **~geschäft** n magasin m de

blanc; **~klammer** f pince à linge
waschen (sich ~ se) laver (*a Tech*); *Wäsche*: blanchir
Wäsche|rei f blanchisserie; **~schrank** m armoire f à linge
Wasch|korb m manne f; **~lappen** m gant de toilette; **~maschine** f machine à laver; **~pulver** n lessive f en poudre; **~raum** m lavabo; **~schüssel** f cuvette
Wasser n eau f; fließendes ~ eau courante; zu ~ par mer; **~ball** m water-polo; **2dicht** imperméable; **~fall** m chute f d'eau; **~flugzeug** n hydravion m; **~hahn** m robinet m d'eau; **~kraftwerk** n centrale f hydro-électrique; **~kühlung** f refroidissement m par eau; **~leitung** f conduite d'eau
wässern v eau f; (faire) tremper; *Fot* laver
wasser|scheu hydrophobe; **2schi** m, **2ski** m ski nautique; **2sport** m sport nautique; **2stoff** m hydrogène; **2stoffsuperoxyd** n eau f oxygénée; **2versorgung** f alimentation en eau; **2welle** f (*beim Friseur*) mise en plis
wäßrig aqueux
waten patauger
Watte f ouate; **~bausch** m tampon d'ouate
web|en tisser; **2stuhl** m métier à tisser
Wechsel m changement;

variation f; (Geld2) change; Hdl lettre f de change, traite f; ~geld n monnaie f; ~getriebe n boîte f de vitesses; ~kurs m cours de change; 2n changer; ~strom m courant alternatif; ~stube f bureau m de change

weck|en (r)éveiller; 2er m réveil [ni ...]

weder: ~ ... noch ...

weg absent, parti; (verschwunden) disparu; (verloren) perdu; weit ~ éloigné

Weg m chemin, sentier; route f; voie f (a fig)

weg|bleiben ne pas venir; ~bringen emporter

wegen (G) à cause de; pour

weg|fahren partir; ~fallen être supprimé; ~geben donner; se défaire de; ~gehen s'en aller; ~lassen laisser partir; (auslassen) omettre; ~laufen se sauver; ~nehmen ôter, enlever; ~räumen ranger; Hindernis: écarter; ~schicken envoyer; j-n: renvoyer; ~schieben repousser; ~tun ôter

Wegweiser m poteau indicateur

weg|werfen (re)jeter; ~ziehen enlever; v/i (umziehen) déménager

weh: j-m ~ tun faire mal à q.; der Kopf tut mir ~ j'ai mal à la tête; 2n mal m; douleur f; 2en f/pl douleurs f de l'enfantement

wehen souffler

wehmütig mélancolique

Wehr f barrage m

Wehrdienst m service militaire; ~verweigerer m objecteur de conscience

wehr|en: sich ~en se défendre; 2pflicht f service m militaire obligatoire

Weib n femme f; ~chen n Zo femelle f; 2lich féminin

weich mou; doux; mollet; tendre; ~ werden s'amollir

Weiche f Esb aiguille

weichen¹ céder (vor D devant)

weich|en² (im Wasser) tremper; ~gekocht (Ei) à la coque

Weide f (Vieh2) pâturage m; Bot saule m; (Korb2) osier m

weiger|n: sich ~n refuser (de); 2ung f refus m

weihen consacrer

Weihnachten Noël m; fröhliche ~! joyeux Noël!

Weihnachts|abend m veille f de Noël; ~baum m arbre de Noël; ~geschenk n cadeau m de Noël; ~mann m père Noël

Weih|rauch m encens; ~wasser n eau f bénite

weil parce que

Weile f (laps m de) temps m, moment m

Wein m vin; Bot vigne f; ~bau m viticulture f; ~berg m vignoble, vigne f; ~brand m cognac

wein|en pleurer; 2en n pleurs m/pl

Wein|flasche f bouteille à vin; **~glas** n verre m à vin; **~handlung** f débit m de vin; **~karte** f carte des vins; **~keller** m cave f à vin; **~lese** f vendange; **~lokal** n taverne f; **~probe** f dégustation de vin; **~traube** f (grappe de) raisin m

weise sage [m]

Weise f manière; façon; (Lied) air m

weisen montrer (auf j-n q.)

weiß blanc; **2brot** n pain m blanc; **~haarig** aux cheveux blancs; **2wein** m vin blanc

Weisung f instruction

weit (ausgedehnt) large (a Kleidung); étendu; (geräumig) spacieux; (entfernt) éloigné; (Reise) long; **~ entfernt von** (D) loin de; **von ~em** de loin

weiter plus loin; plus large; **nichts ~** rien d'autre; **ohne ~es** sans façons; **und so ~** et ainsi de suite; (Inf) continuer à; **~fahren** continuer sa route; **~gehen!** circulez!; **~machen** continuer; **2reise** f continuation du voyage

weit|läufig vaste, étendu; **~sichtig** presbyte; fig prévoyant; **~verbreitet** très répandu

Weizen m froment; blé

welch|e, ~er, ~es quel, quelle; lequel, laquelle; qui

welken se faner

Well|blech n tôle f ondulée; **~e** f onde (a Phys); vague, flot m; Tech arbre m; **~en** f/pl (im Haar) ondulations

wellen|förmig ondulé; **2länge** f Rdf longueur d'onde; **2linie** f ligne ondulée; **2surf** m aquaplane m; surf m; **2sittich** m perruche f

Welt f monde m; **~all** n univers m; **~anschauung** f idéologie; **2berühmt** célèbre dans le monde entier; **~karte** f mappemonde; **~krieg** m guerre f mondiale; **2lich** du monde; mondain; profane; **~meister** m champion du monde; **~meisterschaft** f championnat m du monde; **~raumfahrt** f astronautique; **2reise** f tour m du monde; **~rekord** m record mondial; **2weit** mondial; universel

wem à qui; **von ~?** de qui?

wen qui

Wendekreis m Geogr tropique; Kfz rayon de braquage

Wend|eltreppe f escalier m en colimaçon; **2en** (re-)tourner; Kfz virer; **bitte 2en!** tournez, s'il vous plaît!; **sich 2en an** (A) s'adresser à; **~ung** f tour m; virage m

wenig peu (de); **ein ~** un peu (de); quelque peu; **~er** moins; **am ~sten** le moins; **~stens** au (od du) moins

wenn si; (*zeitlich*) quand; **selbst ~** même si; **wer** qui; celui qui
Werbe|film *m* film publicitaire; **~funk** *m* publicité *f* radio-diffusée; **~kosten** *pl* frais *m/pl* de publicité; **2n** rechercher (**um** *A* q., qc.); faire de la réclame (**für** pour)
Werbung *f* publicité, réclame
werden devenir; (*entstehen*) naître; **Arzt ~** se faire médecin
werfen jeter; lancer
Werft *f* chantier *m* naval
Werk *n* ouvrage *m*; œuvre *f*; (*Arbeit*) travail *m*; (*Fabrik*) usine *f*; **~meister** *m* contremaître; **~statt** *f* atelier *m*; **~tag** *m* jour ouvrable; **2tags** les jours ouvrables, en semaine; **~zeug** *n* outil *m*; instrument *m*; **~zeugmacher** *m* outilleur
Wermut(wein) *m* vermouth
wert: **~ sein** valoir
Wert *m* valeur *f*; prix; **~angabe** *f* valeur déclarée; **~brief** *m* lettre *f* chargée; **~gegenstand** *m* objet de valeur; **2los** sans valeur; **~marke** *f* bon *m*; **2voll** précieux
Wesen *n* être *m*; (*Natur*) nature *f*; essence *f*; caractère *m*; **seinem ~ nach** de par sa nature
wesentlich essentiel; fondamental
weshalb pourquoi

Wespe *f* guêpe
wessen de qui; **~ Mantel ist das?** à qui est ce manteau?
Weste *f* gilet *m*
West|en *m* ouest *m*; **2lich** occidental; **2lich von** (*D*) à l'ouest de
Wett|bewerb *m* concours (*a Sp*); *Hdl* concurrence *f*; **~e** *f* pari *m*; **2eifern** rivaliser (**mit** *D*; **um** *A* avec q. de qc.); **2en** parier
Wetter *n* temps *m*; **~bericht** *m* bulletin météorologique; **~lage** *f* situation météorologique; **~vorhersage** *f/pl* prévisions *f/pl* météorologiques
Wett|kampf *m* compétition *f*; **~lauf** *m* course *f*; **~streit** *m* concours
wichtig important; **2keit** *f* importance
wickeln rouler; *Kind*: emmailloter
wider (*A*) contre; **~ meinen Willen** malgré moi; **~legen** réfuter; **~lich** rebutant; dégoûtant; **~rechtlich** contraire au droit; **~rufen** révoquer; rétracter; **~setzen: sich ~setzen** (*D*) s'opposer (à); résister (à); **~sinnig** absurde; **~spenstig** récalcitrant; **~sprechen** (*D*) contredire (q.); **2spruch** *m* contradiction *f*; **2stand** *m* résistance *f*; **2standskämpfer** *m* résistant; **~strebend** à contrecœur; **~wärtig** ré-

Widerwille pugnant; 2wille *m* répugnance *f*; ~willig à contrecœur

widm|en (sich ~en se) consacrer; *Buch*: dédier; 2ung *f* dédicace

wie comment; (*beim Vergleich*) comme

wieder de nouveau; 2aufbau *m* reconstruction *f*; ~bekommen recouvrer; 2belebungsversuche *m/pl* tentatives *f/pl* de ranimation; ~bringen rapporter; ~erkennen reconnaître; ~finden retrouver; 2gabe *f* restitution, reproduction; ~geben rendre, restituer; reproduire

wiedergutmach|en réparer; 2ung *f* réparation; **wieder|herstellen** rétablir; restaurer; ~holen répéter; 2holung *f* répétition; ~sehen revoir; **auf 2sehen!** au revoir!

Wiege *f* berceau *m*; 2n¹ *Kind*: bercer

wiegen² (*ab.*; *Gewicht haben*) peser

Wiese *f* pré *m*

wieso comment (cela)

wieviel combien (de)

wild sauvage

Wild *n* gibier *m*; ~bestand *m* réserve *f* de gibier; ~dieb *m* braconnier; ~fütterung *f* affouragement *m* du gibier; ~leder *n* peau *f* de daim; ~nis *f* désert *m*; ~schwein *n* sanglier *m*; ~westfilm *m* western

Wille *m* volonté *f*

willkommen bienvenu

Willkür *f* arbitraire *m*; 2lich arbitraire

wimmeln fourmiller (**von** *D* de)

wimmern gémir

Wimper *f* cil *m*

Wind *m* vent

Winde *f* (*Seil*2) treuil *m*

Windel *f* maillot *m*

winden tordre; **sich ~** (*Bach, Weg*) serpenter

wind|geschützt à l'abri du vent; ~ig venteux; 2mühle *f* moulin *m* à vent; 2pocken *pl* varicelle *f*; 2schutzscheibe *f* pare-brise *m*; 2stärke *f* force du vent; 2stille *f* calme *m*; 2stoß *m* rafale *f*

Windung *f* tour *m*, détour *m*

Wink *m* signe; *fig* avis; *F* tuyau

Winkel *m* angle; (*Ecke*) coin

wink|en faire signe (**mit** *D* de); 2er *m Kfz* indicateur de direction

Winter *m* hiver; **im ~** en hiver; ~fahrplan *m* horaire *f* d'hiver; ~garten *m* jardin *m* d'hiver; ~kurort *m* station *f* hivernale (d'hiver); ~lich hivernal; ~mantel *m* manteau *m* d'hiver; ~reifen *m/pl* pneus de neige; ~sport *m* sports *m/pl* d'hiver

Winzer *m* vigneron

winzig tout petit, menu; minime

Wipfel *m* cime *f*, sommet

wir nous
Wirbel *m Anat* vertèbre *f*; (*Luft*2) tourbillon; 2**n** tourbillonner; **säule** *f* colonne vertébrale; **sturm** *m* cyclone
wirken agir, opérer; (*Wirkung haben*) avoir de l'effet
wirklich réel; effectif; *adv* en effet; vraiment; 2**keit** *f* réalité
wirk|sam efficace; 2**ung** *f* effet *m*; **ungslos** sans effet
Wirkwaren *f*/*pl* tricotages
wirr confus [*m*/*pl*]
Wirsing(**kohl**) *m* chou frisé
Wirt *m* (*Gast*2) restaurateur, hôtelier, patron; **in** *f* patronne; (*Zimmer*2) logeuse
Wirtschaft *f* économie; (*Haus*2) ménage *m*; (*Gast*2) restaurant *m*; 2**en** tenir le ménage; 2**lich** économique; économe
Wirtshaus *n* café *m*, cabaret *m*; *P* bistrot *m*, auberge *f*
wisch|en essuyer; 2**lappen** *m* torchon
wissen savoir; 2 **lassen** faire savoir; 2 *n* savoir *m*
Wissenschaft *f* science; **ler** *m* savant; 2**lich** scientifique
wissentlich *adv* sciemment
witter|n flairer; 2**ung** *f* (*Geruch*) vent *m*; (*Wetter*) temps *m*
Witwe *f* veuve; **r** *m* veuf
Witz *m* plaisanterie *f*; bon
wo ou [mot]
Woche *f* semaine; **in drei**

n dans trois semaines; **zwei** **n** quinze jours, une quinzaine
Wochen|ende *n* fin *f* de semaine, week-end *m*; 2**lang** (pendant) des semaines entières; **markt** *m* marché hebdomadaire; **schau** *f* actualités *f*/*pl*; **tag** *m* jour hebdomadaire
wöchentlich hebdomadaire; **zweimal** deux fois par semaine
wo|durch par quoi?; *relativ:* par où; **gegen** contre quoi; **her** d'où; **hin** où
wohl bien; (*wahrscheinlich*) probablement; **ich fühle mich nicht** je ne me sens pas bien; **leben Sie** **!** adieu!
Wohl *n* bien *m*; **zum** **!** à votre santé!; **befinden** *n* bien-être *m*; 2**behalten** sain et sauf; 2**habend** aisé; 2**riechend** odorant; 2**schmeckend** savoureux; **stand** *m* aisance *f*; **tätigkeit** *f* bienfaisance *f*; 2**tuend** bienfaisant; 2**wollen** *n* bienveillance *f*
Wohn|block *m* pâté de maisons; 2**en** habiter, demeurer; **möbliert** 2**en** loger en meublé; 2**haft in** (*D*) domicilié à; **haus** *n* immeuble *m* d'habitation; **ort** *m* domicile; **sitz** *m* résidence *f*; **ung** *f* appartement *m*, logement *m*, habitation *f*; **wagen** *m* roulotte *f*; **zimmer** *n*

Wölbung f voûte
Wolke f nuage m; nuée
Wolken|bruch m pluie f torrentielle; **~los** sans nuages
wolkig couvert de nuages
Woll|decke f couverture de laine; **~e** f laine
wollen vouloir
Woll|kleid n robe f de laine, **~stoff** m étoffe f de laine
wo|mit avec quoi; **~nach** après quoi
Wonne f délice m
wor|an à quoi; **~auf** sur quoi; **~aus** de quoi; d'où; **~in** en; dans; où
Wort n mot m; terme m; **in ~en** en toutes lettres
Wörterbuch n dictionnaire
wörtlich littéral [m]
wor|über sur quoi; **~um** de quoi
wo|von de quoi; dont; **~vor** devant quoi; de quoi; **~zu** à quoi
Wrack n épave f (a fig)
wringen tordre
Wucher m usure f; **2n** faire l'usure; *Bot* pulluler; *Med* proliférer; **~ung** f *Med* prolifération [stalt] taille f
Wuchs m croissance f; (Ge-§
Wucht f poids m; force; violence; **mit voller ~** de toute sa force; **2ig** massif, pesant; violent, énergique
wühlen fouiller
Wulst m bourrelet
wund écorché; **sich ~ rei-**

ben s'écorcher; **2e** f blessure
Wunder n miracle m; merveille f; **2bar** merveilleux; magnifique; **2n: sich 2n** s'étonner (**über** de)
Wundstarrkrampf m tétanos (traumatique)
Wunsch m désir; souhait; vœu; m f:
wünsch|en désirer; j-m et: souhaiter; **~enswert** désirable
wurde, würde s **werden**
Würd|e f dignité; **2ig** digne; **2igen** juger digne (de); apprécier
Wurf m jet; *Zo* portée f
Würfel m cube; (*Spiel*2) dé; **~becher** m cornet (à dés); **2n** jouer aux dés; **~zucker** m sucre en morceaux
würgen prendre à la gorge; v/i: **~ an** (*D*) avoir du mal à manger qc.
Wurm m ver; **2stichig** vermoulu; (*Obst*) véreux
Wurst f saucisse, saucisson m
Würstchen n saucisse f
Würze f assaisonnement m; (*Gewürz*) épice
Wurzel f racine
würz|en assaisonner; **~ig** épicé; aromatique
wüst (*öde*) désert; inculte; (*ungeordnet*) confus; **2e** f désert m
Wut f fureur; rage, colère
wüten être en fureur; (*Sturm*) faire rage; **~d** furieux; **~d werden** se mettre en colère

Z

Zacke f, **~n** m pointe f; dent f
zaghaft craintif, timide
zäh(e) tenace; visqueux; (*Fleisch*) dur, coriace (*a fig*)
Zahl f nombre m; **2bar** payable; **2en** payer
zähl|en compter; **2er** m compteur
zahl|enmäßig numérique; **2karte** f mandat-carte m; **~los** innombrable; **~reich** nombreux; **~tag** m jour de paie; **2ung** f paiement m
Zählung f comptage m; (*Volks2*) recensement m
Zahlungs|anweisung f mandat m de paiement; **~bedingungen** f/pl conditions f/pl de paiement; **~frist** f délai m de paiement; **~mittel** n moyen m de paiement
zahm apprivoisé [ment]
zähmen apprivoiser
Zahn m dent f; **~arzt** m dentiste; **~bürste** f brosse à dents; **~ersatz** m dents f/pl artificielles; **~fleisch** n gencive f; **~pasta** f (pâte) dentifrice m
Zahnrad n roue f dentée; **~bahn** f chemin m de fer à crémaillère
Zahn|schmerzen m/pl mal m de (od aux) dents; **~stocher** m cure-dent; **~techniker** m mécanicien-dentiste
Zander m sandre

Zange f tenailles f/pl
Zank m querelle f; **2en: sich 2en** quereller
zänkisch querelleur
Zäpfchen n luette f; *Med* suppositoire m
Zapfen m *Tech* bouchon; tenon; *Bot* cône
Zapfsäule f pompe à essence
zart tendre; délicat; **2gefühl** n délicatesse f
zärtlich tendre; **2keit** f tendresse
Zauber m charme; enchantement; **~ei** f magie; **2haft** *fig* enchanteur; **~künstler** m prestidigitateur; **2n** pratiquer la magie
zaudern hésiter, tarder
Zaum m bride f
Zaun m clôture f
Zebrastreifen m passage zébré (*od* clouté)
Zeche f addition f; *Bgb* mine f
Zehe f orteil m
zehn dix; **2** f dix m; **2kampf** m *Sp* décathlon; **2tel** n dixième m
Zeichen n signe m, signal m; (*Kenn2*) marque f; (*An2*) indice m; **~papier** n papier m à dessin; **~stift** m crayon à dessin
zeichn|en dessiner; **2ung** f dessin m
Zeige|finger m index; **2n** montrer, faire voir; **~r** m aiguille f

Zeile f ligne
Zeit f temps m; keine ~ **haben** n'avoir pas le temps; ~**angabe** f date; ~**ansage** f Rdf indication de l'heure; Tel horloge parlante; ~**aufnahme** f Fot pose; ²**gemäß** moderne; actuel; ²**ig** tôt; de bonne heure; ~**karte** f (carte d'abonnement m; ~**punkt** m moment; ~**raum** m espace de temps; ~**schrift** f revue
Zeitung f journal m
Zeitungs|papier n papier-journal m; ~**stand** m kiosque à journaux
Zeit|unterschied m différence f de temps; ~**verlust** m perte f de temps; ~**vertreib** m passe-temps; ²**weise** par moments; ~**wort** n verbe m
Zell|e f cellule; Tel cabine; ~**stoff** m cellulose f
Zelt n tente f; ~ **en faire du camping; ~lager** n camping m; ~**platz** m terrain de camping
Zement m ciment
Zensur f censure; (Note) note [n centimètre m]
Zentimeter m od n; ~**maß**
Zentner m demi-quintal
zentral central; ²**e** f centrale; ²**heizung** f chauffage m central
Zentrum n centre m
zer|brechen (v/i se) casser; (se) briser; ~**brechlich** fragile; ~**drücken** écraser

Zeremonie f cérémonie
zer|fallen se délabrer; Chem se décomposer; ~**fetzen** déchirer; ~**fließen** fondre; ~**fressen** ronger; ~**kleinern** concasser; ~**knittern** froisser, chiffonner; ~**kratzen** égratigner; ~**legbar** Tech démontable; ~**legen** décomposer; Tech démonter; ~**platzen** crever, éclater; ~**quetschen** écraser; ~**reißen** (v/i se) déchirer
zerrissen déchiré
Zerrung f Med déchirure
zer|rütten désorganiser; ébranler; ruiner; Ehe: désunir; ~**schellen** Mar se briser; ~**schlagen** Flgw s'écraser; ~**schlagen** briser; casser; ~**schmettern** fracasser; ~**schneiden** (dé)couper; ~**setzen** décomposer; ~**splittern** (v/t faire) éclater; ~**springen** se briser
zerstäub|en vaporiser; ²**er** m vaporisateur
zerstör|en détruire; ²**ung** f destruction
zerstreu|en: (sich) ~**en** (Menge) (se) disperser; (ablenken) (se) distraire; (s')amuser; ~**t** distrait; ²**ung** f distraction; amusement m
zer|stückeln mettre en morceaux; ~**teilen** diviser; ~**treten** écraser du pied; ~**trümmern** briser, démolir

Zerwürfnis n différend m
zerzaust déchevelé
Zettel m bout de papier; billet; fiche f; ~kasten m fichier
Zeug n (Sachen) choses f/pl; (Kleider) vêtements m/pl; (Gerät) ustensiles m/pl; outils m/pl; (Stoff) étoffe f; F (Plunder) fatras m; **dummes ~** bêtises f/pl
Zeug|e m, ~**in** f témoin m, 2en témoigner (von D de); ~**nis** n certificat m (scolaire); ~**nis ablegen** rendre témoignage (über de); ~**ung** f procréation
Zickzack m: **im ~** en zigzag
Ziege f chèvre
Ziegel m brique f; (Dach2) tuile f; ~**ei** f briqueterie; tuilerie
Ziegenbock m bouc
ziehen tirer; traîner; Bot cultiver; Zahn: extraire; Strich: tracer; v/i (Ofen) tirer; (Tee) s'infuser; fig (Name) attirer le public; **es zieht hier** il y a un courant d'air ici
Zieh|harmonika f accordéon m; ~**ung** f tirage m
Ziel n but m; objectif m; Sp arrivée f; (Zweck) fin f; objet m; ~**bahnhof** m gare f de destination
zielen: ~ **auf** (A) viser q. od à qc.
Ziel|fernrohr n lunette f viseur; ~**linie** f Sp ligne d'arrivée; ~**scheibe** f cible

ziemlich assez
zieren: sich ~ minauder, faire des façons
zierlich gracile; gracieux
Ziffer f chiffre m; ~**blatt** n cadran m
Zigarette f cigarette
Zigaretten|automat m distributeur de cigarettes; ~**etui** n porte-cigarettes m
Zigarre f cigare m
Zigeuner m bohémien, gitan, tsigane
Zimmer n chambre f, pièce f, salle f; ~**kellner** m garçon d'étage; ~**mädchen** n femme f de chambre; ~**mann** m charpentier; ~**vermittlung** f service m d'hébergement
Zimt m cannelle f
Zink n zinc [zɛ̃g] m
Zinke f dent
Zinn n étain m
Zins|en m/pl intérêts; ~**fuß** m taux d'intérêt
Zipfel m bout; coin; pointe f
Zirkel m compas; fig cercle m
Zirkus m cirque
zischen siffler
Zisterne f citerne
Zitadelle f citadelle
Zitat n citation f
Zitrone f citron m
Zitronen|limonade f citronnade; ~**schale** f écorce de citron
Zitrusfrüchte f/pl agrumes m/pl
zittern trembler; 2 n tremblement m
zivil civil; **in** 2 **en** civil; 2-

Zivilbevölkerung f population civile; 2ist m civil

zögern tarder, hésiter

Zoll¹ m (*Maß*) pouce

Zoll² m (droits *m/pl* de) douane f; ~abfertigung f dédouanement m; ~amt n douane f; ~beamte(r) m douanier; ~erklärung f déclaration en douane; 2-frei exempt de droits de douane; ~grenze f frontière douanière; ~kontrolle f visite douanière; 2pflichtig soumis à la douane; ~tarif m tarif douanier; ~verwaltung f administration douanière

Zone f zone

Zoo m zoo

Zopf m natte f; tresse f

Zorn m colère f; 2ig en colère

zu (D) à; chez; (au)près de; vers; ~ Hause à la maison, chez soi; ~ Beginn au commencement; ~ Mittag à midi; ~ viel trop; ~ groß trop grand; Tür ~! fermez la porte!

Zubehör n accessoires *m/pl*

zubereit|en préparer; 2ung f préparation

zubinden fermer

Zubringer|(auto)bus m autobus aéroport-ville; ~dienst m service de liaison; ~straße f route d'accès

Zucht f (*Zo* élevage m; race; *Bot* culture; (*Disziplin*) discipline

züchten élever; cultiver

Zuchthaus n maison f de réclusion

zucken tressaillir; **mit den Achseln ~** 'hausser les épaules

Zucker m sucre; ~dose f sucrier m; 2krankheit f diabète m; 2n sucrer; ~rohr n canne f à sucre; ~rübe f betterave à sucre

Zuckung f convulsion

zudecken couvrir

zudrehen Hahn: fermer

zudringlich importun

zuerst premièrement, en premier lieu; le premier

Zu|fall m 'hasard; 2fällig par 'hasard

zufrieden content, satisfait; 2heit f contentement m, satisfaction; ~stellen contenter, satisfaire

zu|frieren geler complètement, prendre; ~fügen (*j-m A*) causer, faire; 2fuhr f amenée; arrivage m

Zug m *Esb* train; (*Zugkraft*) traction f; (*Um*2) cortège m, procession f; (*Luft*2) courant d'air; (*Gesichts*2) trait; (*Schach, Schluck*) coup; (*Rauchen*) bouffée f

Zu|gabe f supplément m; ~gang m accès; 2gänglich accessible; 2geben (*einräumen*) admettre; (*gestehen*) avouer; 2gehen aller (*auf*) vers); (*Tür*) se fermer; (*geschehen*) se passer

Zügel m rêne f, bride f; ~los effréné; 2n serrer la bride (à); *fig* brider

Zuge|ständnis n concession f; **≗stehen** (j-m A) concéder
Zugführer m Esb chef de train [d'air)
zugig exposé aux courants
zügig rapide;
Zugkraft f (force de) traction; fig (force d'attraction
zugleich en même temps
Zug|luft f courant m d'air; **~maschine** f machine f
zugrunde: **~ gehen** périr; **~ richten** ruiner
Zugschaffner m Esb contrôleur
zugunsten (G) en faveur de
Zug|verbindung f communication ferroviaire; **~verkehr** m trafic ferroviaire; **~vogel** m oiseau migrateur
zu|halten tenir fermé; boucher; **~hälter** m souteneur; **~heilen** se fermer; **~hören** écouter (j-m q.); **≗hörer** m auditeur; **~jubeln** acclamer (j-m q.); **~kleben** coller; **~knöpfen** boutonner
Zukunft f avenir m; Gr futur m; **in ~** à l'avenir
zukünftig futur
Zulage f augmentation
zu|lassen admettre; permettre; **~lässig** admissible; permis; **≗lassung** f admission; Kfz immatriculation; **~letzt** en dernier lieu; le dernier
zuliebe: **j-m ~** pour l'amour de q.

zu|machen fermer; **~meist** le plus souvent; **~mindest** au moins; **~muten** (j-m A) exiger; **≗mutung** f exigence; **~nächst** (tout) d'abord; en premier lieu; **≗nahme** f agrandissement m; augmentation; **≗name** m nom de famille
zünd|en s'allumer; **≗er** m fusée f; **≗holz** n allumette f; **≗kerze** f bougie d'allumage; **≗schlüssel** m clef f de contact; **≗schnur** f mèche (de sûreté); **≗ung** f allumage m
zu|nehmen augmenter; (an Gewicht) grossir; prendre (de); **≗neigung** f inclination
Zunge f langue
zunichte Plan: **~ machen** anéantir
zupfen tirer; Mus pincer
zurechtfinden: **sich ~** s'orienter
zurechtlegen préparer, tenir prêt
zurechtmachen arranger; préparer; **sich ~** se maquiller
zu|reden exhorter (j-m q.); **~richten** apprêter
zürnen: **j-m ~** en vouloir à q. (wegen de)
zurück en arrière; de retour; **~bekommen** récupérer; **~bleiben** rester (en arrière); **~bringen** rapporter; **~drängen** repousser; **~drehen** tourner en ar-

zurückerstatten

rière; ~erstatten rendre; restituer; ~fahren, ~fliegen retourner (en voiture, en avion); ~führen ramener; ~geben rendre; ~gehen retourner; (*sich vermindern*) baisser; diminuer; ~gezogen retiré

zurückhalten retenir; sich ~ se contenir; ~d réservé

zurück|holen aller rechercher; ~kommen revenir; ~lassen laisser; ~legen Ware: mettre de côté; Weg: faire; ~nehmen Ware: reprendre; Wort: rétracter; ~rufen rappeler; ~schicken, ~senden renvoyer; ~setzen Kfz reculer; fig j-n: traiter sans égards, négliger; ~stellen Uhr: retarder; (*aufschieben*) remettre à plus tard; ~stoßen repousser; ~treten reculer; (v Amt) démissionner; ~weisen refuser; ~werfen rejeter; Phys réfléchir; ~zahlen rembourser

zurückziehen (sich ~ se) retirer

Zuruf m appel; acclamation f

Zusage f (*Versprechen*) promesse; (*auf eine Einladung*) acceptation; 2n promettre; v/i accepter l'invitation; (*gefallen*) plaire, convenir

zusammen ensemble; 2arbeit f collaboration, coopération; ~bauen monter; ~binden lier; ~brechen s'effondrer (*a fig*); 2bruch m effondrement; ~drücken presser; comprimer; ~fallen tomber en ruine; (*zeitlich*) coïncider; ~falten plier; ~fassen résumer; ~fügen joindre; ~gehören aller ensemble; 2hang m liaison f, connexion; (*Text*) contexte

zusammenklapp|bar pliant; ~en (re)plier

zusammen|kommen se réunir; 2kunft f réunion; ~legen mettre ensemble; plier, pliage, réunir; ~packen empaqueter

Zusammenprall m choc; ~heurt; 2en se heurter; (*Autos*) entrer en collision

zusammen|rechnen additionner; ~rücken (v/i se) rapprocher; ~rufen convoquer; ~schlagen F j-n: accabler de coups

zusammensetz|en mettre ensemble; composer; monter; sich ~en aus (D) se composer de; 2ung f composition

zusammenstell|en combiner; 2ung f combinaison

Zusammenstoß m choc; collision f; tamponnement; 2en tamponner (mit ac., qc.); s **zusammenprallen**

zusammen|stürzen s'écrouler; ~treffen se rencontrer; (*zeitlich*) coïncider; ~zählen additionner

zusammenziehen (sich ~ se) contracter
Zu|satz m addition f; **2sätzlich** additionnel
zuschau|en regarder; **2er** m spectateur; **2erraum** m salle f de spectacle
zuschicken envoyer, faire parvenir
Zuschlag m supplément (a Esb); surtaxe f; **2en Tür:** fermer violemment, claquer; **~karte** f Esb supplément m
zu|schließen fermer à clef; **~schneiden** couper; **~schnitt** m coupe f; **~schnüren** Schuh: lacer; **~schrauben** visser; **2schrift** f lettre; **2schuß** m subvention f; **~sehen: j-m (bei et.) ~sehen** regarder (faire) q.; **~sehends** à vue d'œil; **~senden** envoyer, faire parvenir; **~setzen** v/t ajouter; Geld: perdre; v/i fig presser (j-m q.)
zusicher|n (j-m A) assurer; **2ung** f assurance
zuspitzen: sich ~ fig devenir critique
Zustand m état; **2e: et. 2e bringen** venir à bout de qc.; **2e kommen** se faire, se réaliser
zuständig compétent
zustehen: j-m ~ appartenir à q., revenir à q.
zustell|en Post: remettre; distribuer; **2gebühr** f factage m; **2ung** f remise; distribution

zustimm|en (D) consentir (à); **2ung** f consentement m
zu|stopfen boucher; **~stoßen (D)** arriver; **2taten** f/pl ingrédients m/pl
zuteil|en attribuer; Ware: rationner; **2ung** f attribution; rationnement m
zutragen: sich ~ se passer
zutrau|en: j-m et. ~en croire q. capable de qc.; **~lich** plein de confiance
zutreffen être juste; **~d** exact, juste
Zu|tritt m accès, entrée f; **2unterst** tout en bas
zuver|lässig sûr; éprouvé; **2lässigkeit** f sûreté; **2sicht** f confiance; **~sichtlich** adv avec confiance
zuviel trop (de)
zuvor (zuerst) d'abord, (vorher) auparavant; **~kommen** prévenir (j-m q.); **~kommend** prévenant
Zu|wachs m accroissement; **2weilen** parfois; **2weisen (j-m A)** assigner; **~wenden** Rücken: tourner; **~wenig** trop peu; **~widerhandeln** contrevenir (à); **~winken** faire signe (j-m à q.)
zuziehen Vorhang: tirer, fermer; (hin~) inviter (q.) à assister (à); **sich ~** s'attirer; Krankheit: contracter
zuzüglich en plus
Zwang m contrainte f; **2los** sans contrainte
Zwangs|arbeit f travaux m/pl forcés; **~jacke** f cami-

Zwangslage

sole de force; ~lage f nécessité; 2weise par contrainte

zwar à la vérité, à vrai dire; und ~ et ce(la), à savoir

Zweck m but, fin f

Zwecke f punaise

zweck|los inutile; ~mäßig approprié, convenable; opportun

zwecks en vue de

zwei deux; 2 f deux m

Zweibett|kabine f cabine double; ~zimmer n chambre f à deux lits

zwei|deutig ambigu; équivoque (a péj); ~erlei de deux espèces; ~fach double

Zweifel m doute; 2haft douteux; 2los sans aucun doute; 2n douter (an D de)

Zweig m branche f (a fig); rameau; 2geschäft n, ~stelle f succursale f

zwei|händig à deux mains; ~jährig de deux ans; 2kampf m duel; ~mal deux fois; ~motorig bimoteur; ~seitig bilatéral; 2sitzer m voiture f à deux places; ~spurig à deux voies; ~stöckig à deux étages

zweit: zu ~ à deux

zwei|teilig en deux parties; (Kleidung) en deux pièces; ~tens deuxièmement

Zwerchfell n diaphragme m

Zwerg m nain

Zwetsch(g)e f prune

zwicken pincer

Zwieback m biscuit

Zwiebel f oignon [ɔˈɲɔ̃] m; (Blumen2) bulbe m

Zwie|licht n demi-jour m; ~tracht f discorde

Zwilling m jumeau; (Mädchen) jumelle f

zwingen forcer, contraindre (zu à)

zwinkern cligner des yeux

Zwirn m fil retors

zwischen (D, A) entre; (mitten unter) parmi; 2deck n entrepont m; ~durch entre-temps; 2fall m incident

Zwischenlandung f (ohne ~ sans) escale

Zwischen|raum m espace, intervalle m; distance f; ~ruf m interruption f; ~saison f entre-saison, inter-saison; ~wand f cloison

Zwischenzeit f: in der ~ entre-temps, sur ces entrefaites

zwitschern gazouiller

Zwölffingerdarm m duodénum [-ɔm]

Zyankali n cyanure m de potassium

Zylinder m cylindre; (Hut) chapeau 'haut de forme; 2förmig cylindrique

zynisch cynique

Zypresse f cyprès m

Französische Abkürzungen

Abréviations françaises

a.c.	année courante *laufendes Jahr*
A.C.F.	Automobile-Club de France *französischer Automobilclub*
A. et R.	aller et retour *Hin- und Rückfahrt*
AF	ancien franc *alter Franc*
A.F.	Académie Française *französische Akademie*
A.J.	Auberge de (la) jeunesse *Jugendherberge*
apr.	après *nach*
à pr. f.	à prix fixe *zu festem Preis*
arr.	arrondissement *Bezirk, Kreis*
av.	avant *vor*
Av.	avenue *Allee*; avocat *Rechtsanwalt*
Bd.	boulevard *Boulevard*
c.-à-d.	c'est-à-dire *das heißt (d. h.)*
C.C.	Code Civil *Bürgerliches Gesetzbuch (BGB)*
C.C.F.	Camping-Club de France *französischer Campingclub*
C.C.P.	compte (de) chèques postaux *Postscheckkonto*
Ch. de F.	chemin de fer *Eisenbahn*
C.J.	camp de jeunesse *Jugendlager*
cl.	classe *Klasse*
C.R.I.	Croix-Rouge Internationale *Internationales Rotes Kreuz*
C.U.	cité universitaire *Universitätsstadt*
CV	cheval-vapeur *Pferdestärke (PS)*
D	Départ *Abfahrt*
Dépt.	Département *Regierungsbezirk; Abteilung*
D.G.T.	Direction générale du Tourisme *Staatliches Fremdenverkehrsamt*
ECG	électrocardiogramme *Elektrokardiogramm (EKG)*
env.	environ *ungefähr*

ex.	exemple *Beispiel*
exp.	expéditeur *Absender*
F	franc *Franc*
F.S.	faire suivre *bitte nachsenden*
h	heure *Stunde*; (bei Zeitangaben) *Uhr*
J.-C.	Jésus-Christ *Jesus Christus*
L.D.	livraison à domicile *Lieferung frei Haus*
LR	lettre recommandée *Einschreibebrief*
L.S.	lettre suit *Brief folgt*
M.	Monsieur *Herr*
Me	Maître (*Titel eines Rechtsanwalts oder Notars*)
Mlle	Mademoiselle *Fräulein*
MM.	Messieurs *Herren*
Mme	Madame *Frau*
NF	nouveau franc *neuer Franc*
No	numéro *Nummer*
O.N.U.	Organisation des Nations Unies *UNO*
O.R.T.F.	Office de la Radiotélévision française *französische (staatliche) Rundfunk- und Fernsehanstalt*
p.	page *Seite*
P.A.	poste aérienne *Luftpost*
P.D.	port dû *unfrankiert, portopflichtig*
P. et T.	Postes et Télécommunications *Post- und Fernmeldeverkehr*
p. ex.	par exemple *zum Beispiel*
P.J.	police judiciaire *Kriminalpolizei*
p.p.	port payé *Porto bezahlt*
P.P.	par procuration *in Vertretung*
P.R.	poste restante *postlagernd*
P.S.	police-secours *Überfallkommando*; poste de secours *Unfallstation*
P.-S.	post-scriptum *Nachschrift*
P.S.A.	parti sans laisser d'adresse *unbekannt verzogen*
P.S.R.	postes de secours routiers *Unfallstationen an Autobahnen*
R.D.A.	République démocratique allemande *Deutsche Demokratische Republik (DDR)*
R.F.	République française *Französische Republik*
R.F.A.	République fédérale d'Allemagne *Bundesrepublik Deutschland*

R.P.	réponse payée *Rückantwort bezahlt*
R.S.V.P.	répondez, s'il vous plaît *um Antwort wird gebeten*
S.A.	Société anonyme *Aktiengesellschaft (AG)*
S.I.	Syndicat d'initiative *Fremdenverkehrsverein*
S.N.C.F.	Société nationale des chemins de fer français *staatliche französische Eisenbahngesellschaft*
S.R.L.	Société à responsabilité limitée *Gesellschaft mit beschränkter Haftung (GmbH)*
St, Ste	saint(e), *Sankt, heilige(r)*
s.v.p.	s'il vous plaît *bitte*
t	tome *Band*
T.C.F.	Touring-Club de France *französischer Touristenverein*
T.S.F.	télégraphie sans fil *Rundfunk*
T.S.V.P.	tournez, s'il vous plaît *bitte wenden*
U.R.S.S.	Union des républiques socialistes soviétiques *Union der Sozialistischen Sowjetrepubliken (UdSSR)*
v.	voir *siehe*
XP	exprès payé *Eilbote bezahlt*

Speisenkarte

Carte

Hors d'œuvre — Vorspeisen

anchois *m Sardelle*
anguille *f* fumée *Räucheraal*
artichaut *m Artischocke;* cœur *m* (od fond *m*) d'~ *Artischockenboden*
assiette *f* anglaise *Kalter Aufschnitt*
boudin *m Blutwurst*
canapé *m* belegtes *Röstbrotschnittchen*
caviar *m Kaviar*
cervelas *m Zervelatwurst*
charcuterie *f Aufschnitt*
crabes *m/pl. Krabben*
crevettes *f/pl. Garnelen*
croque-monsieur *m geröstetes Käsesandwich mit Schinken*
croûte *m* au fromage *Käsetoast*
cuisses *f/pl.* de grenouilles *Froschschenkel*
duchesse *f* gefüllter *Blätterteigkrapfen*
écrevisses *f/pl Krebse*
escargots *m/pl Weinbergschnecken*
homard *m Hummer*
huîtres *f/pl Austern*
jambon *m Schinken;* ~ blanc (od cuit) *gekochter Schinken;* ~ fumé *roher Schinken*
œufs *m/pl* à la russe *Russische Eier*
olives *f/pl Oliven*
pâté *m* de foie *Leberwurst*
pâté *m* de foie gras *Gänseleberpastete*
sardines *f/pl* à l'huile *Ölsardinen*
saucisse *f Wurst;* ~ grillée *Bratwurst;* ~ fumée *Mettwurst*
saumon *m* fumé *Räucherlachs*
viande *f* froide *kaltes Fleisch*
vol-au-vent *m Blätterteigpastete*

Soupes, Potages — Suppen

bisque *f* *feine, gebundene Suppe von Krustentieren*
bouillabaisse *f* *Fischsuppe*
consommé *m* *Kraftbrühe;* ~ à la printanière *Kraftbrühe mit Gemüseeinlage;* ~ de gibier *Wildkraftbrühe;* ~ de volaille *Geflügelkraftbrühe;* ~ julienne *Gemüsesuppe;* ~ madrilène *Kraftbrühe mit Tomaten und Paprikaschoten*
cousinette *f* *Sauerampfersuppe*
crème *f* d'asperges *Spargelcremesuppe*
garbure *f* *Gemüsesuppe mit Gänsefleisch*
panade *f* *Brotsuppe*
potage *m* *Suppe;* ~ Saint-Germain *Suppe aus frischen Erbsen*
pot-au-feu *m* *Gemüseeintopf mit Rindfleisch*
potée *f* *Suppentopf (Eintopf)*
soupe *f* *Suppe;* ~ à l'ail *Knoblauchsuppe;* ~ à l'oignon *Zwiebelsuppe*
vichysoise *f* *kalte passierte Kartoffel- oder Lauchsuppe*

Nouilles — Nudeln

plat *m* de macaronis *od* de nouilles *Makkaroni- od Nudelgericht;* ~ à la crème fraîche *mit Sahne;* ~ au gratin *überbacken;* ~ au parmesan *mit Parmesankäse;* ~ au ragoût de viande *mit Fleischragout*

Sauces — Saucen

aillade *f* *Knoblauchsauce*
ailloli *f* *Sauce aus Eigelb, Knoblauchpüree und Olivenöl*
béchamel *f* *weiße Sauce aus Butter, Mehl, Milch und Gewürzen*
sauce *f* hollandaise *Holländische Sauce*
sauce *f* normande *rahmige Fischsauce mit Champignonessenz und Austernwasser*
sauce *f* paloise *Béarnaisesauce mit Minze*
sauce *f* suprême *feine weiße Geflügelsauce*
soubise *f* *Zwiebelsauce*
tapénade *f* *Sauce aus Oliven, Kapern, Sardellenfilet u. Zitronensaft*

Accompagnements et salades — Beilagen und Salate

beurre *m* aux fines herbes *Kräuterbutter*
beurre *m* d'anchois *Sardellenbutter*
pommes *f/pl* de terre *Kartoffeln*; ~ en robe de chambre *Pellkartoffeln*; ~ sautées *Bratkartoffeln*
pommes nature *Salzkartoffeln*; ~ frites *Pommes frites*
purée *f* de pommes de terre *Kartoffelbrei*
riz *m Reis*

Richelieu *m gefüllte Champignons und Tomaten, gedünsteter Kopfsalat, Röstkartoffeln*
salade *f Salat*
salade de concombres *Gurkensalat*; ~ d'écrevisses *Krebsschwanzsalat*; ~verte *grüner Salat*; ~ de tomates *Tomatensalat*
vert-pré *m Grüne Wiese (Strohkartoffeln, Kräuterbutter und Brunnenkresse)*

Poissons et crustacés — Fische und Schaltiere

aiglefin *m Schellfisch*
anguille *f Aal*
barbeau *m Barbe*
brochet *m Hecht*
cabillaud *m Kabeljau*
calmars *m/pl Tintenfisch*
carpe *f Karpfen*
colin *m Seehecht*
coquillages *m/pl Schaltiere*
crabe *m Krabbe*
crevettes *f/pl Garnelen*
écrevisse *f Krebs*
esturgeon *m Stör*
flétan *m Heilbutt*
hareng *m Hering*
homard *m Hummer*

huître *f Auster*
langouste *f Languste*
marquereau *m Makrele*
morue *f Stockfisch*
moules *f/pl Muscheln*
plie *f Scholle*
poisson *m Fisch*; ~ d'eau douce *Süßwasserfisch*; ~ de mer *Seefisch*
sandre *f Zander*
saumon *m Lachs*
sole *f Seezunge*
tanche *f Schleie*
thon *m Thunfisch*
truite *f Forelle*
turbot *m Steinbutt*

Gerichte

bourride *f Gericht von verschiedenartigen Fischen*
brandade *f gekochter Stockfisch*

cotriade *f Gericht aus mehreren Fischsorten*
homard *m* à l'armoricaine *Hummer in Stücken in Weißwein*

homard m thermidor *Hummer mit Käse überbacken*
meurette f *Gericht von Süßwasserfischen, flambiert*

pauchouse m *Gericht von Süßwasserfischen in Weißwein*
poisson m frit *gebackener Fisch*

Volaille — *Geflügel*

canard m *Ente*
dinde f *Pute*
faisan m *Fasan*
oie f *Gans*

perdrix f *Rebhuhn*
pigeon m *Taube*
poule f *Huhn*
poulet m de grain *Hähnchen*

Gerichte

abattis m d'oie *Gänseklein*
alicot m *Ragout von Geflügelklein*
blanc m de poulet *Hühnerbrust*

confit m de canard *im eigenen Fett eingelgte Ente*
coq m au vin *in Rotwein geschmorte Hahnenstücke*
poularde f rôtie *Brathuhn*

Viande *Fleisch*

agneau m *Lamm*
bœuf m *Ochse, Rind*
cerf m *Hirsch*
chevreau m *junge Ziege*
chevreuil m *Reh*
gibier m *Wild*

lapin m *Kaninchen*
lièvre m *Hase*
mouton m *Hammel*
porc m *Schwein*
sanglier m *Wildschwein*
veau m *Kalb*

Gerichte

aloyau m *Lendenstück*
andouillette f *kleine Schweinswurst*
bifteck m *Steak, Beefsteak*; ~ à cheval *mit Setzei*; ~ tartare *Tatarbeefsteak*
bœuf m à la mode *Schmorbraten*
boulette f *Bulette, Frikandelle*

cervelle f *Hirn*; ~ en beignet *Hirnkrapfen*; ~ en pain *Hirnpastete*
châteaubriand m *Rinderlendenstück*
civet m de lièvre *Hasenpfeffer*
côtelette f *Kotelett*
cuisse f *Keule*

cuisses f/pl de grenouilles *Froschschenkel*
cochon m de lait *Spanferkel [stück]*
entrecôte f *Mittelrippenstück*
escalope f *Schnitzel*; ~ à la Viennoise *Wiener Schnitzel [Filetbeefsteak]*
filet m *Filet*; ~ de bœuf *Filetbeefsteak*
foie m *Leber*
fricandeau m *Kalbsbraten, gespickt*
fricassée f *Frikassee*
gigot m de mouton *Hammelkeule*
grillade f *Rostbraten*
goulache m *Gulasch*
hachis m *Hackbraten, -fleisch*
haricot m de mouton *Hammelragout mit weißen Bohnen*

jambonneau m *Schweinshaxe, Eisbein*
langue f *Zunge*
miroton m *gekochtes Rindfleisch überbacken*
pâté m *Pastete*; ~ de viande *Falscher Hase*
petit salé m *Pökelfleisch*
quenelles f/pl *Fleischklößchen*
ris m de veau *Kalbsmilch*
rognonnade f *Kalbsnierenbraten*
rognons m/pl *Nieren*
rosbif m *Rostbraten*
rôti m *Braten*
roulade f *Roulade*
rumsteck m *Rumpsteak*
saucisses f/pl *Würstchen*
selle f de ·chevreuil *Rehrücken*

Légumes — Gemüse

artichaut m *Artischocke*
asperge f *Spargel*
aubergines f/pl *Eierfrüchte*
betteraves f/pl *Rüben*; ~ rouges *rote Rüben*
carottes f/pl *Mohrrüben*
céleri m *Sellerie*
champignons m/pl *Pilze*
chou m *Kohl*; ~ blanc *Weißkohl*; ~ de Bruxelles *Rosenkohl*; ~ frisé *Wirsingkohl*; ~ rouge *Rotkohl*

choucroute f *Sauerkraut*
chou-fleur m *Blumenkohl*
chou-rave m *Kohlrabi*
épinard m *Spinat*
haricots m/pl *Bohnen*; ~ verts *grüne Bohnen*
oignons m/pl *Zwiebeln*
petits pois m/pl *Erbsen*
poivrons m/pl *Paprikaschoten*
tomates f/pl *Tomaten*

Plats aux œufs — Eierspeisen

œufs m/pl à la tripe *hartgekochte Eier mit Zwiebelsauce*; ~ brouillés *Rühreier*; ~ sur le plat *Spiegeleier*

omelette f *Omelett*; ~ à la confiture *mit Marmelade*; ~ au jambon *mit Schinken*; ~ aux fines herbes *mit Kräutern*

Entremets sucrés — *Süßspeisen*

Charlotte f *Krustenspeise, warm, mit Cremefüllung*
clafoutis m *Kirscheierkuchen*
crème f *Pudding, Creme;* ~ caramel *Karamelcreme*
crémet m d'Angers *Quarkspeise*
crêpe f *dünner Eierkuchen*
Fontainebleau m *Rahmkäse mit Schlagsahne*
glace f *Eis*
meringue f *Baiser*
mousse f au chocolat *Schokoladenschaumspeise*
parfait m *Halbgefrorenes*
sabayon m *Weincreme*
Salammbô m *Windbeutel mit Kirschwassercreme*

Fromage — *Käse*

cacha m *Schafskäse*
caillebotte f *Quark*
fromage m *Käse;* ~ blanc *Weißkäse;* ~ de chèvre *Ziegenkäse;* ~ vert *Kräuterkäse*
Montcenis m *Schimmelkäse*
petit suisse m *Sahneweißkäse*
poivre-d'âne m *milder Ziegenkäse*
rocadamour m *scharfer Ziegenkäse*
Septmoncel m *Schimmelkäse*

Fruits — *Obst*

abricot m *Aprikose*
airelle f *Blaubeere*
ananas m *Ananas*
banane f *Banane*
cassis m *schwarze Johannisbeere*
cerise f *Kirsche*
datte f *Dattel*
figue f *Feige*
fraise f *Erdbeere*
framboise f *Himbeere*
griotte f *Sauerkirsche*
groseille f *Johannisbeere*
mandarine f *Mandarine*
melon m *Melone*
mûre f sauvage *Brombeere*
orange f *Apfelsine, Orange*
pamplemousse m *Grapefruit, Pampelmuse*
pastèque f *Wassermelone*
pêche f *Pfirsich*
poire f *Birne*
pomme f *Apfel*
prune f *Pflaume*
raisins m/pl *Weintrauben*

Zahlwörter

Adjectifs numéraux

Nombres cardinaux — *Grundzahlen*

0	zéro *null*	28	vingt-huit *achtundzwanzig*
1	un, une *eins*	29	vingt-neuf *neunundzwanzig*
2	deux *zwei*	30	trente *dreißig*
3	trois *drei*	31	trente et un *einunddreißig*
4	quatre *vier*	32	trente-deux *zweiunddreißig*
5	cinq *fünf*	40	quarante *vierzig*
6	six *sechs*	50	cinquante *fünfzig*
7	sept *sieben*	60	soixante *sechzig*
8	huit *acht*	70	soixante-dix *siebzig*
9	neuf *neun*	71	soixante et onze *einundsiebzig*
10	dix *zehn*	72	soixante-douze *zweiundsiebzig*
11	onze *elf*	80	quatre-vingt(s) *achtzig*
12	douze *zwölf*	81	quatre-vingt-un *einundachtzig*
13	treize *dreizehn*	82	quatre-vingt-deux *zweiundachtzig*
14	quatorze *vierzehn*	90	quatre-vingt-dix *neunzig*
15	quinze *fünfzehn*	91	quatre-vingt-onze *einundneunzig*
16	seize *sechzehn*	92	quatre-vingt-douze *zweiundneunzig*
17	dix-sept *siebzehn*	100	cent *hundert*
18	dix-huit *achtzehn*	101	cent un *(ein)hunderteins*
19	dix-neuf *neunzehn*	102	cent deux *hundertzwei*
20	vingt *zwanzig*	200	deux cent(s) *zweihundert*
21	vingt et un *einundzwanzig*		
22	vingt-deux *zweiundzwanzig*		
23	vingt-trois *dreiundzwanzig*		
24	vingt-quatre *vierundzwanzig*		
25	vingt-cinq *fünfundzwanzig*		
26	vingt-six *sechsundzwanzig*		
27	vingt-sept *siebenundzwanzig*		

210 deux cent dix	1000 mille *tausend*
zweihundertzehn	1001 mille un
300 trois cent(s)	*(ein)tausendeins*
dreihundert	1002 mille deux
400 quatre cent(s)	*(ein)tausendzwei*
vierhundert	1100 onze cent(s) *(ein-)*
500 cinq cent(s)	*tausendeinhundert*
fünfhundert	1311 treize cent onze
600 six cent(s)	*(ein)tausenddrei-*
sechshundert	*hundertelf*
700 sept cent(s)	2000 deux mille
siebenhundert	*zweitausend*
800 huit cent(s)	100 000 cent mille
achthundert	*hunderttausend*
900 neuf cent(s)	1 000 000 un million
neunhundert	*eine Million*

Nombres ordinaux — Ordnungszahlen

1er le premier *der erste*
1re la première *die erste*
2e le (la) deuxième
  le (la) second(e)
  der (die) zweite
3e le (la) troisième
  der (die) dritte
4e quatrième *vierte*
5e cinquième *fünfte*
6e sixième *sechste*
7e septième *siebente*
8e huitième *achte*
9e neuvième *neunte*
10e dixième *zehnte*
11e onzième *elfte*
12e douzième *zwölfte*
13e treizième *dreizehnte*
14e quatorzième
  vierzehnte
15e quinzième
  fünfzehnte
16e seizième *sechzehnte*
17e dix-septième *siebzehnte*
18e dix-huitième *achtzehnte*
19e dix-neuvième
  neunzehnte
20e vingtième *zwanzigste*
21e vingt et unième
  einundzwanzigste
22e vingt-deuxième
  zweiundzwanzigste
23e vingt-troisième
  dreiundzwanzigste
24e vingt-quatrième
  vierundzwanzigste
25e vingt-cinquième
  fünfundzwanzigste
26e vingt-sixième
  sechsundzwanzigste
27e vingt-septième
  siebenundzwanzigste
28e vingt-huitième
  achtundzwanzigste
29e vingt-neuvième
  neunundzwanzigste
30e trentième *dreißigste*

31ᵉ	trente et unième *einunddreißigste*	100ᵉ	centième *hundertste*
32ᵉ	trente-deuxième *zweiunddreißigste*	101ᵉ	cent unième *hunderterste*
40ᵉ	quarantième *vierzigste*	102ᵉ	cent deuxième *hundertzweite*
50ᵉ	cinquantième *fünfzigste*	200ᵉ	deux centième *zweihundertste*
60ᵉ	soixantième *sechzigste*	300ᵉ	trois centième *dreihundertste*
70ᵉ	soixante-dixième *siebzigste*	400ᵉ	quatre centième *vierhundertste*
71ᵉ	soixante et onzième *einundsiebzigste*	500ᵉ	cinq centième *fünfhundertste*
72ᵉ	soixante-douzième *zweiundsiebzigste*	600ᵉ	six centième *sechshundertste*
80ᵉ	quatre-vingtième *achtzigste*	1000ᵉ	millième *tausendste*
81ᵉ	quatre-vingt-unième *einundachtzigste*	1001ᵉ	mille unième *tausendste*
82ᵉ	quatre-vingt-deuxième *zweiundachtzigste*	1002ᵉ	mille deuxième *tausendzweite*
90ᵉ	quatre-vingt-dixième *neunzigste*	2000ᵉ	deux millième *zweitausendste*
91ᵉ	quatre-vingt-onzième *einundneunzigste*	100 000ᵉ	cent millième *hunderttausendste*
92ᵉ	quatre-vingt-douzième *zweiundneunzigste*	1 000 000ᵉ	millionième *millionste*

Fractions — *Brüche*

¹/₂	(un) demi *ein halb*; la moitié *die Hälfte*	¹/₅	un cinquième *ein Fünftel*
¹/₃	un tiers *ein Drittel*	²/₅	deux cinquièmes *zwei Fünftel*
²/₃	(les) deux tiers *zwei Drittel*	¹/₈	un huitième *ein Achtel*
¹/₄	un quart *ein Viertel*	¹/₁₀	un dixième *ein Zehntel*
³/₄	(les) trois quarts *drei Viertel*	⁹/₁₀	(les) neuf dixièmes *neun Zehntel*